2025 시험대비용
공개경쟁/경력경쟁 채용시험

▶ YouTube 이기덕 → 재생목록 → 소방관계법규

유튜브 무료강의

소방관계법규

소방공무원시험연구회 저

이 기 덕
- 유튜브 대표강사
- 대형소방학원 원장(전)
- 소방기술사
- 소방시설관리사

핵심이론 | 예상문제 | 기출문제 | 무료강의

기문사
www.kimoonsa.co.kr

머리말

이 교재는 소방공무원 공개경쟁 채용시험(25문제), 경력경쟁 채용시험(40문제)을 위한 **소방공무원 전용 소방관계법규**입니다.

"새 술은 새 부대에 담아야 한다"라는 말이 있습니다.

본서는 2014년 이후 기출문제를 반영하였으며, 특히 2023년도 시험부터 바뀐 새로운 시험과목 및 출제경향을 철저하게 분석하여 **한 권으로 합격할 수 있는 교재**를 목표로 집필하였습니다.

● 이 교재의 특징은

① 각 내용마다 별표로 중요도를 구분하였습니다. 사성급(별표 4개) 이상은 출제 가능성이 매우 높기 때문에 이해 및 암기까지 철저히 하는 것이 좋습니다.

② 시험에 출제될 수 있는 모든 내용을 빠짐없이 수록하였으며, 특히 중요한 부분은 핵심정리, 암기법 및 예상문제를 통해 좀 더 철저하게 학습할 수 있도록 하였습니다.

③ 이 교재는 2024년 2월 6일 개정 [2024년 12월 1일 시행] 된 소방관계법규까지 수록하였습니다. 시험은 시행일을 기준으로 출제·채점됩니다.

그리고, 소방관계법규의 암기 및 이해를 돕기 위해 **유튜브 무료강의를 제공**하고 있으니 많은 시청 바랍니다.

유튜브 → 이기덕 → 재생목록 → 소방관계법규 → 무료시청

열정을 가지고 자신의 모든 능력을 쏟아 부으면 합격은 당연히 따라오게 되어 있습니다. 소방공무원 합격을 응원합니다.

소방공무원시험연구회

출제경향

1. 소방간부후보생 선발 제1차시험(필기시험)

구분	필수과목(2과목)	선택과목(2과목)
인문사회계열	헌법, 행정법 한국사, 영어 → 검정시험으로 대체	행정학, 민법총칙, 형사소송법, 경제학, 소방학개론
자연계열	헌법, 자연과학개론 한국사, 영어 → 검정시험으로 대체	화학개론, 물리학개론, 건축공학개론, 전기공학개론, 소방학개론

2. 소방사 공개경쟁채용 제1차시험(필기시험)

필수과목(3과목)	대체시험
행정법총론, 소방학개론, 소방관계법규	한국사, 영어 → 검정시험으로 대체

3. 소방사 경력경쟁채용 제1차시험(필기시험)

구분		필수과목(2과목)	대체시험(2과목)
소방장, 소방교, 소방사		소방학개론, 소방관계법규	한국사, 영어 → 검정시험으로 대체
기타 분야	구급	소방학개론, 응급처치학개론	한국사, 영어 → 검정시험으로 대체
	화학	소방학개론, 화학개론	한국사, 영어 → 검정시험으로 대체
	정보통신	소방학개론, 컴퓨터일반	한국사, 영어 → 검정시험으로 대체

[소방관계법규 출제분석(2024년)]

구분	공개경쟁 채용시험	경력경쟁 채용시험
소방기본법	4 문항	7 문항
소방시설공사업법	3 문항	5 문항
화재의 예방 및 안전관리에 관한 법률	6 문항	9 문항
위험물안전관리법	6 문항	8 문항
소방시설 설치 및 관리에 관한 법률	4 문항	7 문항
소방의 화재조사에 관한 법률	2 문항	4 문항
합계	25 문항	40 문항

차 례

- 핵심정리 ··· 6

Part 1 소방기본법 ·· 28

Part 2 화재의 예방 및 안전관리에 관한 법률 ······················· 188

Part 3 소방시설 설치 및 관리에 관한 법률 ··························· 256

Part 4 소방시설공사업법 ·· 406

Part 5 위험물안전관리법 ·· 520

부 록 최신기출문제 ·· 702

핵심정리

[핵심정리]

 소방기본법

제1조(목적)
① 화재를 예방·경계하거나 진압
② 화재, 재난·재해, 그 밖의 위급한 상황에서의 구조·구급활동
③ 국민의 생명·신체 및 재산을 보호
④ 공공의 안녕 및 질서 유지와 복리증진에 이바지 → 궁극적인 목적

제2조(정의)
1. 소방대상물 : 건축물, 차량, 선박(항구에 매어둔 선박만 해당), 선박 건조 구조물, 산림, 그 밖의 인공 구조물 또는 물건

소방대상물에 해당되는 것	소방대상물에 해당되지 않는 것
① 건축물, 지방자치단체의 청사 ② 항공기 격납고, 대규모 원전시설 ③ 차량, 철도차량, 지정수량 미만인 차량 ④ 달리는 차량, 달리는 자동차 ⑤ 운전 중인 차량, 고속도로에 진입 중인 차량 ⑥ 정박 중인 선박, 항구에 매어둔 선박 ⑦ 선박건조구조물 ⑧ 산림, 호수 건너에 위치한 임야 ⑨ 인공구조물 ⑩ 활주로를 이동하는 비행기 ⑪ 삭도(케이블카) ⑫ 부선(큰 배에 끌려다니는 배)	① 항해 중인 선박 ② 바다에 항해 중인 선박 ③ 태종대 앞바다를 항해 중인 선박 ④ 운항 중인 비행기 ⑤ 운항 중인 항공기 ⑥ 나는 항공기 ⑦ 철도 ⑧ 지하매설물 ⑨ 인축(사람, 동물)

2. 관계지역 : 소방대상물이 있는 장소 및 그 이웃 지역으로서 화재의 예방·경계·진압, 구조·구급 등의 활동에 필요한 지역
3. 관계인 : 소방대상물의 소유자·관리자·점유자
4. 소방본부장 : 시·도에서 화재의 예방·경계·진압·조사 및 구조·구급 등의 업무를 담당하는 부서의 장
5. 소방대 : 화재를 진압하고 화재, 재난·재해, 그 밖의 위급한 상황에서 구조·구급 활동 등을 하기 위하여 구성된 조직체
   ① 소방공무원
   ② 의무소방원
   ③ 의용소방대원

6. 소방대장 : 소방본부장 또는 소방서장 등 화재, 재난·재해, 그 밖의 위급한 상황이 발생한 현장에서 소방대를 지휘하는 사람

제4조의3(소방기술민원센터의 설치·운영)

소방기술민원센터의 설치·운영	소방청장 또는 소방본부장	대통령령
119종합상황실의 설치·운영	소방청장, 소방본부장, 소방서장	행정안전부령

제5조(소방박물관 등의 설립과 운영)

소방박물관의 설립과 운영	소방청장	행정안전부령
소방체험관의 설립과 운영	시·도지사	시·도의 조례

제6조(소방업무에 관한 종합계획의 수립·시행 등)

종합계획	소방청장	5년마다 수립	관계 중앙행정기관의 장, 시·도지사에게 통보	대통령령
세부계획	시·도지사	매년 수립	소방청장에게 제출	대통령령

※ 종합계획에 포함되어야 하는 사항

> 1. 소방서비스의 질 향상을 위한 정책의 기본방향
> 2. 소방업무에 필요한 체계의 구축, 소방기술의 연구·개발 및 보급
> 3. 소방업무에 필요한 장비의 구비
> 4. 소방전문인력 양성
> 5. 소방업무에 필요한 기반조성
> 6. 소방업무의 교육 및 홍보(소방자동차의 우선 통행 등에 관한 홍보를 포함)
> 7. 그 밖에 소방업무의 효율적 수행을 위하여 필요한 사항으로서 대통령령으로 정하는 사항

제10조(소방용수시설의 설치 및 관리 등)

1. 소방용수시설 : 소화전·급수탑·저수조
2. 시·도지사는 소방용수시설을 설치·유지·관리하여야 한다.
3. 소화전을 설치하는 일반수도사업자는 관할 소방서장과 사전협의를 거친 후 소화전을 설치·유지·관리하여야 한다.
4. 비상소화장치 : 소방호스 또는 호스릴 등을 소방용수시설에 연결하여 화재를 진압하는 시설이나 장치
5. 시·도지사는 비상소화장치를 설치·유지·관리할 수 있다.
6. 소방용수시설과 비상소화장치의 설치기준은 행정안전부령으로 정한다.

제16조의3(생활안전활동)

소방지원활동	생활안전활동

1. 집회·공연 등 각종 행사 시 사고에 대비한 근접대기 등 지원활동
2. 자연재해에 따른 급수·배수 및 제설 등 지원활동
3. 산불에 대한 예방·진압 등 지원활동
4. 화재, 재난·재해로 인한 피해복구 지원활동
5. 그 밖에 행정안전부령으로 정하는 활동
  • 군·경찰 등 유관기관에서 실시하는 훈련지원 활동
  • 소방시설 오작동 신고에 따른 조치활동
  • 방송제작 또는 촬영 관련 지원활동
	1. 단전사고 시 비상전원 또는 조명의 공급
	2. 위해동물, 벌 등의 포획 및 퇴치 활동
	3. 붕괴, 낙하 등이 우려되는 고드름, 나무, 위험 구조물 등의 제거활동
	4. 끼임, 고립 등에 따른 위험제거 및 구출 활동
	5. 그 밖에 방치하면 급박해질 우려가 있는 위험을 예방하기 위한 활동

암기법 집자산 화재 군소방 / 단전 퇴치 고고

제17조(소방교육·훈련)

교육·훈련 실시자	교육·훈련 대상자	비고
소방청장, 소방본부장 또는 소방서장	소방대원	교육·훈련을 실시하여야 한다.
소방청장, 소방본부장 또는 소방서장	1. 어린이집의 영유아 2. 유치원의 유아 3. 학교의 학생 4. 장애인복지시설에 거주하거나 해당 시설을 이용하는 장애인	교육·훈련을 실시할 수 있다.

제19조(화재 등의 통지)

연막소독 신고 대상	연막소독 신고 대상이 아닌 것
1. 시장지역 2. 공장·창고가 밀집한 지역 3. 목조건물이 밀집한 지역 4. 위험물의 저장 및 처리시설이 밀집한 지역 5. 석유화학제품을 생산하는 공장이 있는 지역 6. 그 밖에 시·도의 조례로 정하는 지역 또는 장소	1. 상가지역 2. 공장·창고가 있는 지역 3. 목조건물이 있는 지역 4. 위험물의 저장 및 처리 시설이 있는 지역 5. 석유화학제품을 저장하는 공장이 있는 지역 6. 그 밖에 대통령령으로 정하는 지역 또는 장소 7. 그 밖에 행정안전부령으로 정하는 지역 또는 장소 8. 소방시설·소방용수시설 또는 소방출동로가 없는 지역 9. 고층건물이 밀집한 지역 10. 아파트가 밀집한 지역

제25조(강제처분 등)

소방본부장, 소방서장 또는 소방대장	사람을 구출하거나 불이 번지는 것을 막기 위하여 필요할 때	소방대상물 및 토지를 일시적으로 사용하거나 그 사용의 제한 또는 소방활동에 필요한 처분을 할 수 있다.
소방본부장, 소방서장 또는 소방대장	사람을 구출하거나 불이 번지는 것을 막기 위하여 긴급하다고 인정할 때	제1항에 따른 소방대상물 또는 토지 외의 소방대상물과 토지를 일시적으로 사용하거나 그 사용의 제한 또는 소방활동에 필요한 처분을 할 수 있다.

제57조(과태료)

500만 원 이하의 과태료 200만 원 이하의 과태료 100만 원 이하의 과태료	대통령령	시·도지사, 소방본부장 또는 소방서장이 부과·징수
20만 원 이하의 과태료	조례	소방본부장 또는 소방서장이 부과·징수

시행령 제1조의3(소방업무에 관한 종합계획 및 세부계획의 수립·시행)

종합계획	소방청장	계획 시행 전년도 10월 31일까지 수립
세부계획	시·도지사	계획 시행 전년도 12월 31일까지 수립

시행령 제2조(국고보조 대상사업의 범위와 기준보조율)

국고보조 대상사업의 범위에 포함되는 것	포함되지 않는 것

1. 다음 각 목의 소방활동장비와 설비의 구입 및 설치
  가. 소방자동차
  나. 소방헬리콥터 및 소방정
  다. 소방전용통신설비 및 전산설비
  라. 그 밖에 방화복 등 소방활동에 필요한 소방장비
2. 소방관서용 청사의 건축
	1. 공기호흡기
	2. 소방박물관
	3. 소방인건비, 소방공무원의 인건비
	4. 특정소방대상물의 소방시설
	5. 소방전기·기계설비 구입 및 설치
	6. 무선통신보조설비, 소화전
	7. 소방용수설비, 소방용수시설
	8. 소방복
	9. 소방통신설비

시행령 제8조(소방활동구역의 출입자)

소방활동구역의 출입자에 해당되는 사람	소방활동구역의 출입자에 해당되지 않는 사람
1. 소방활동구역 안에 있는 소방대상물의 소유자·관리자 또는 점유자 2. 전기·가스·수도·통신·교통의 업무에 종사하는 사람으로서 원활한 소방활동을 위하여 필요한 사람 3. 의사·간호사 그 밖의 구조·구급 업무에 종사하는 사람 4. 취재인력 등 보도업무에 종사하는 사람 5. 수사업무에 종사하는 사람 6. 그 밖에 소방대장이 소방활동을 위하여 출입을 허가한 사람	1. 소방활동구역 안에 있는 소방대상물의 근무자 2. 소방활동 구역의 인접한 지역에 있는 관계인 3. 소방대상물의 종업원 4. 전기·가스·수도·교통·통신 등의 업무에 종사하는 사람 5. 소방대장이 정하는 전기·가스·수도·통신·환경 업무에 종사하는 사람 6. 전기·가스·수도·교통·통신·기계 등의 업무에 종사하는 사람 7. 전기, 통신, 가스, 수도, 교통업무 종사자 8. 가스업무에 종사하는 사람 9. 군사업무에 종사하는 사람 10. 보험증권회사 직원 11. 보험업무에 종사하는 사람 12. 시·도지사가 출입을 허가한 사람 13. 시·도지사, 소방청장이 출입을 허가한 자 14. 의용소방대장이 정하는 자 15. 경찰서장이 소방활동을 위하여 출입을 허가한 자 16. 소방서장이 소방활동을 위하여 출입을 허가한 자 17. 소방서장의 업무 종사자

시행령 [별표 2의2] 소방안전교육사시험의 응시자격

구분	경력
초·중등교육법에 따라 교원의 자격을 취득한 사람 유아교육법에 따라 교원의 자격을 취득한 사람 영유아보육법에 따라 어린이집 원장의 자격을 취득한 사람 안전관리분야의 기술사 자격을 취득한 사람 소방시설관리사 자격을 취득한 사람 위험물 기능장 자격을 취득한 사람 특급 소방안전관리자	없음
안전관리분야의 기사 자격을 취득한 사람 1급 응급구조사 자격을 취득한 사람 1급 소방안전관리자 간호사 면허를 취득한 사람	1년 이상
안전관리분야의 산업기사 자격을 취득한 사람 2급 응급구조사 자격을 취득한 사람 2급 소방안전관리자 보육교사 자격을 취득한 사람 소방공무원	3년 이상
의용소방대원	5년 이상

시행령 [별표 2의3] 소방안전교육사의 배치대상별 배치기준

소방청 소방본부 한국소방안전원(본회) 한국소방산업기술원	2명 이상
소방서 한국소방안전원(시·도지부)	1명 이상

시행규칙 제3조(종합상황실의 실장의 업무 등)

※상부 종합상황실에 지체 없이 보고해야 하는 상황

- 망자가 5인 이상
- 사상자가 10인 이상
- 재산피해액이 50억 원 이상
- 이재민이 100인 이상

암기법	망상재이 5 10 50 100			
	망	상	재	이
	5	10	50	100

- 층수가 11층 이상인 건축물
- 3천배 이상의 위험물 제조소·저장소·취급소
- 층수가 5층 이상이거나 객실이 30실 이상인 숙박시설, 층수가 5층 이상이거나 병상이 30개 이상인 종합병원·정신병원·한방병원·요양소
- 항구에 매어둔 총 톤수가 1천 톤 이상인 선박
- 연면적 1만5천제곱미터 이상인 공장

암기법	11층 3천제 5월30일 1천선은 1만5천공

- 관공서 · 학교 · 정부미도정공장 · 문화재 · 지하철 또는 지하구의 화재
- 관광호텔
- 지하상가, 시장, 백화점
- 화재경계지구에서 발생한 화재
- 철도차량, 항공기, 발전소 또는 변전소에서 발생한 화재
- 가스 및 화약류의 폭발에 의한 화재
- 다중이용업소의 화재
- 통제단장의 현장지휘가 필요한 재난상황
- 언론에 보도된 재난상황
- 그 밖에 소방청장이 정하는 재난상황

시행규칙 제9조(소방교육 · 훈련의 종류 등)

소방청장은 소방안전교육훈련 운영계획의 작성에 필요한 지침을 소방본부장과 소방서장에게 통보	매년 10월 31일까지
소방청장, 소방본부장 또는 소방서장은 다음 해의 소방안전교육훈련 운영계획을 수립	매년 12월 31일까지

시행규칙 [별표 3] 소방용수시설의 설치기준

소화전	• 연결금속구의 구경 : 65밀리미터
급수탑	• 급수배관의 구경 : 100밀리미터 이상 • 개폐밸브 : 1.5미터 이상 1.7미터 이하
저수조	• 지면으로부터의 낙차 : 4.5미터 이하 • 흡수부분의 수심 : 0.5미터 이상 • 흡수관의 투입구 : 60센티미터 이상

시행규칙 [별표 3의2] 소방대원에게 실시할 교육 · 훈련의 종류 등

종류	교육 · 훈련을 받아야 할 대상자		
화재진압훈련	화재진압업무를 담당하는 소방공무원	의무소방대설치법 시행령 제20조제1항제1호에 따른 임무를 수행하는 의무소방원	의용소방대 설치 및 운영에 관한 법률 제3조에 따라 임명된 의용소방대원
인명구조훈련	구조업무를 담당하는 소방공무원		
응급처치훈련	구급업무를 담당하는 소방공무원	의무소방대설치법 제3조에 따라 임용된 의무소방원	
인명대피훈련	소방공무원		
현장지휘훈련	1) 지방소방정 2) 지방소방령 3) 지방소방경 4) 지방소방위		

암기법 위경령정

시행규칙 [별표 4] 소방신호의 방법

신호방법 종별	타종신호	싸이렌 신호	암기법
경계신호	1타와 연2타를 반복	5초 간격을 두고 30초씩 3회	경 12 5303
발화신호	난타	5초 간격을 두고 5초씩 3회	발 난 553
해제신호	상당한 간격을 두고 1타씩 반복	1분간 1회	해 1 11
훈련신호	연3타반복	10초 간격을 두고 1분씩 3회	훈 3 1013
그 밖의 신호	게시판, 기, 통풍대		게기통

화재의 예방 및 안전관리에 관한 법률

제1조(목적)

소방기본법	화재를 예방·경계하거나 진압하고 화재, 재난·재해, 그 밖의 위급한 상황에서의 구조·구급 활동 등을 통하여 국민의 생명·신체 및 재산을 보호함으로써 공공의 안녕 및 질서 유지와 복리 증진에 이바지함을 목적으로 한다.
화재의 예방 및 안전관리에 관한 법률	화재의 예방과 안전관리에 필요한 사항을 규정함으로써 화재로부터 국민의 생명·신체 및 재산을 보호하고 공공의 안전과 복리 증진에 이바지함을 목적으로 한다.

제18조(화재예방강화지구의 지정 등)

화재예방강화지구에 해당되는 것	화재예방강화지구에 해당되지 않는 것
1. 시장지역 2. 공장·창고가 밀집한 지역 3. 목조건물이 밀집한 지역 4. 노후·불량건축물이 밀집한 지역 5. 위험물의 저장 및 처리 시설이 밀집한 지역 6. 석유화학제품을 생산하는 공장이 있는 지역 7. 「산업입지 및 개발에 관한 법률」 제2조제8호에 따른 산업단지 8. 소방시설·소방용수시설 또는 소방출동로가 없는 지역 9. 그 밖에 제1호부터 제8호까지에 준하는 지역으로서 소방관서장이 화재예방강화지구로 지정할 필요가 있다고 인정하는 지역	1. 상가지역 2. 공장·창고가 있는 지역 3. 목조건물이 있는 지역 4. 위험물의 저장 및 처리 시설이 있는 지역 5. 석유화학제품을 저장하는 공장이 있는 지역 6. 소방시설·소방용수시설 또는 소방출동로가 미흡한 지역 7. 고층건물이 밀집한 지역 8. 공공시설이 밀집한 지역 9. 노유자시설이 밀집한 지역 10. 문화재가 밀집한 지역 11. 주택건물이 밀집한 지역 12. 콘크리트건물이 밀집한 지역 13. 업무지역이 밀집한 지역 14. 아파트가 밀집한 지역 15. 문화재 16. 종합병원 17. 내화구조지역 18. 11층 이상 아파트 19. 백화점 및 대형판매 시설이 있는 지역 20. 시·도의 조례가 정하는 장소

제24조(특정소방대상물의 소방안전관리)

특정소방대상물(소방안전관리대상물은 제외)의 관계인의 업무	소방안전관리대상물의 소방안전관리자의 업무
1. 피난시설, 방화구획 및 방화시설의 관리 2. 소방시설이나 그 밖의 소방 관련 시설의 관리 3. 화기(火氣) 취급의 감독 4. 화재발생 시 초기대응 5. 그 밖에 소방안전관리에 필요한 업무	1. 피난계획에 관한 사항과 대통령령으로 정하는 사항이 포함된 소방계획서의 작성 및 시행 2. 자위소방대 및 초기대응체계의 구성, 운영 및 교육 3. 피난시설, 방화구획 및 방화시설의 관리 4. 소방시설이나 그 밖의 소방 관련 시설의 관리 5. 소방훈련 및 교육 6. 화기(火氣) 취급의 감독 7. 행정안전부령으로 정하는 바에 따른 소방안전관리에 관한 업무수행에 관한 기록·유지 8. 화재발생 시 초기대응 9. 그 밖에 소방안전관리에 필요한 업무

시행령 제5조(세부시행계획의 수립·시행)

기본계획	계획 시행 전년도 8월 31일까지	관계 중앙행정기관의 장과 협의
	계획 시행 전년도 9월 30일까지	소방청장이 수립
시행계획	계획 시행 전년도 10월 31일까지	소방청장이 수립
기본계획 시행계획	계획 시행 전년도 10월 31일까지	시·도지사에게 통보
세부시행계획	계획 시행 전년도 12월 31일까지	소방청장에게 통보

시행령 [별표 1] 보일러 등의 설비 또는 기구 등의 위치·구조 및 관리와 화재예방을 위하여 불을 사용할 때 지켜야 하는 사항

0.5mm	[음식조리를 위하여 설치하는 설비] 주방설비에 부속된 배출덕트(공기 배출통로)는 0.5밀리미터 이상의 아연도금강판 또는 이와 같거나 그 이상의 내식성 불연재료로 설치할 것
0.1m	[노·화덕설비] 노 또는 화덕의 주위에는 녹는 물질이 확산되지 않도록 높이 0.1미터 이상의 턱을 설치해야 한다.
0.15m	[음식조리를 위하여 설치하는 설비] 열을 발생하는 조리기구로부터 0.15미터 이내의 거리에 있는 가연성 주요구조부는 단열성이 있는 불연재료로 덮어 씌울 것
0.5m	[보일러] 경유·등유 등 액체연료를 사용할 때 연료탱크에는 화재 등 긴급상황이 발생하는 경우 연료를 차단할 수 있는 개폐밸브를 연료탱크로부터 0.5미터 이내에 설치할 것 [보일러] 기체연료를 사용할 때 화재 등 긴급 시 연료를 차단할 수 있는 개폐밸브를 연료용기 등으로부터 0.5미터 이내에 설치할 것 [건조설비] 건조설비와 벽·천장 사이의 거리는 0.5미터 이상이어야 한다.
0.6m	[보일러] 보일러 본체와 벽·천장 사이의 거리는 0.6미터 이상이어야 한다. [음식조리를 위하여 설치하는 설비] 열을 발생하는 조리기구는 반자 또는 선반으로부터 0.6미터 이상 떨어지게 할 것 [보일러] 화목(火木) 등 고체연료를 사용할 때 연통은 천장으로부터 0.6미터 떨어지고, 연통의 배출구는 건물 밖으로 0.6미터 이상 나오도록 설치할 것 [난로] 연통은 천장으로부터 0.6미터 이상 떨어지고, 연통의 배출구는 건물 밖으로 0.6미터 이상 나오게 설치해야 한다.

1m	[보일러] 경유·등유 등 액체연료를 사용할 때 연료탱크는 보일러 본체로부터 수평거리 1미터 이상의 간격을 두어 설치할 것
2m	[보일러] 화목(火木) 등 고체연료를 사용할 때 고체연료는 보일러 본체와 수평거리 2미터 이상 간격을 두어 보관하거나 불연재료로 된 별도의 구획된 공간에 보관할 것 [보일러] 화목(火木) 등 고체연료를 사용할 때 연통의 배출구는 보일러 본체보다 2미터 이상 높게 설치할 것
5m	[불꽃을 사용하는 용접·용단 기구] 용접 또는 용단 작업장 주변 반경 5미터 이내에 소화기를 갖추어 둘 것
10m	[불꽃을 사용하는 용접·용단 기구] 용접 또는 용단 작업장 주변 반경 10미터 이내에는 가연물을 쌓아두거나 놓아두지 말 것. 다만, 가연물의 제거가 곤란하여 방화포 등으로 방호조치를 한 경우는 제외한다.

시행령 [별표 2] 특수가연물

품명		수량	암기법
면화류		200킬로그램 이상	면이백 대사 종사볏천 고고삼천 목탄 만들다. 액체목발 2 10 20
나무껍질 및 대팻밥		400킬로그램 이상	
넝마 및 종이부스러기		1,000킬로그램 이상	
사류(絲類)		1,000킬로그램 이상	
볏짚류		1,000킬로그램 이상	
가연성 고체류		3,000킬로그램 이상	
석탄·목탄류		10,000킬로그램 이상	
고무류·플라스틱류	발포시킨 것	-	
	그 밖의 것	3,000킬로그램 이상	
가연성 액체류		2세제곱미터 이상	
목재가공품 및 나무부스러기		10세제곱미터 이상	
고무류·플라스틱류	발포시킨 것	20세제곱미터 이상	
	그 밖의 것	-	

시행령 [별표 4] 소방안전관리자를 선임해야 하는 소방안전관리대상물의 범위와 소방안전관리자의 선임 대상별 자격 및 인원기준

※ 소방안전관리대상물의 범위

구분	아파트	아파트를 제외		가연성 가스	소방설비
특급	50층 이상(지하층은 제외) 200미터 이상	30층 이상(지하층을 포함) 120미터 이상	연면적 10만m² 이상		
1급	30층 이상(지하층은 제외) 120미터 이상	11층 이상(지하층은 제외)	연면적 1만5천m² 이상	1천톤 이상	
2급		지하구, 보물 또는 국보로 지정된 목조건축물		100톤 이상 1천톤 미만	옥내소화전설비 스프링클러설비 물분무등소화설비
3급					간이스프링클러설비 자동화재탐지설비
보조자	300세대 이상		연면적 1만5천m² 이상		

※ 소방안전관리자의 선임 대상별 자격

구분	자격증	자격증 + 경력	소방공무원 경력
특급	소방기술사 소방시설관리사	소방설비기사 + 5년 이상(1급) 소방설비산업기사 + 7년 이상(1급)	20년 이상
1급	소방설비기사 소방설비산업기사		7년 이상
2급	위험물기능장 위험물산업기사 위험물기능사		3년 이상
3급			1년 이상
보조자		소방안전 관련 업무 2년 이상	

소방시설 설치 및 관리에 관한 법률

제1조(목적)

소방기본법	이 법은 화재를 예방·경계하거나 진압하고 화재, 재난·재해, 그 밖의 위급한 상황에서의 구조·구급 활동 등을 통하여 국민의 생명·신체 및 재산을 보호함으로써 공공의 안녕 및 질서 유지와 복리증진에 이바지함을 목적으로 한다.
화재의 예방 및 안전관리에 관한 법률	이 법은 화재의 예방과 안전관리에 필요한 사항을 규정함으로써 화재로부터 국민의 생명·신체 및 재산을 보호하고 공공의 안전과 복리 증진에 이바지함을 목적으로 한다.
소방시설 설치 및 관리에 관한 법률	이 법은 특정소방대상물 등에 설치하여야 하는 소방시설등의 설치·관리와 소방용품 성능관리에 필요한 사항을 규정함으로써 국민의 생명·신체 및 재산을 보호하고 공공의 안전과 복리 증진에 이바지함을 목적으로 한다.

제18조(소방기술심의위원회)

중앙소방기술심의위원회의 심의사항	지방소방기술심의위원회의 심의사항
1. 화재안전기준에 관한 사항 2. 소방시설의 구조 및 원리 등에서 공법이 특수한 설계 및 시공에 관한 사항 3. 소방시설의 설계 및 공사감리의 방법에 관한 사항 4. 소방시설공사의 하자를 판단하는 기준에 관한 사항 5. 신기술·신공법 등 검토·평가에 고도의 기술이 필요한 경우로서 중앙위원회에 심의를 요청한 사항 6. 그 밖에 소방기술 등에 관하여 대통령령으로 정하는 사항 • 연면적 10만㎡ 이상의 특정소방대상물에 설치된 소방시설의 설계·시공·감리의 하자 유무에 관한 사항 • 새로운 소방시설과 소방용품 등의 도입 여부에 관한 사항 • 그 밖에 소방기술과 관련하여 소방청장이 소방기술심의위원회의 심의에 부치는 사항	1. 소방시설에 하자가 있는지의 판단에 관한 사항 2. 그 밖에 소방기술 등에 관하여 대통령령으로 정하는 사항 • 연면적 10만㎡ 미만의 특정소방대상물에 설치된 소방시설의 설계·시공·감리의 하자 유무에 관한 사항 • 소방본부장 또는 소방서장이 위험물제조소등의 시설기준 또는 화재안전기준의 적용에 관하여 기술검토를 요청하는 사항 • 그 밖에 소방기술과 관련하여 시·도지사가 소방기술심의위원회의 심의에 부치는 사항

제28조(자격의 취소·정지)

1차 : 자격취소	2차 : 자격정지 6개월, 3차 : 자격취소
1. 거짓이나 그 밖의 부정한 방법으로 시험에 합격한 경우 2. 소방시설관리사증을 다른 사람에게 빌려준 경우 3. 동시에 둘 이상의 업체에 취업한 경우 4. 관리사 결격사유에 해당하게 된 경우	1. 대행인력의 배치기준·자격·방법 등 준수사항을 지키지 아니한 경우 2. 점검을 하지 아니하거나 거짓으로 한 경우 3. 성실하게 자체점검 업무를 수행하지 아니한 경우

제35조(등록의 취소와 영업정지 등)

1차 : 등록취소	2차 : 영업정지 3개월, 3차 : 등록취소
1. 거짓이나 그 밖의 부정한 방법으로 등록을 한 경우 2. 관리업 등록의 결격사유에 해당하게 된 경우 3. 다른 자에게 등록증이나 등록수첩을 빌려준 경우	1. 점검을 하지 아니하거나 거짓으로 한 경우 2. 등록기준에 미달하게 된 경우 3. 점검능력 평가를 받지 아니하고 자체점검을 한 경우

제56조(벌칙)

소방시설에 폐쇄·차단 등의 행위를 한 자	5년 5천만 원
소방시설에 폐쇄·차단 등의 행위를 하여 사람을 상해에 이르게 한 때	7년 7천만 원
소방시설에 폐쇄·차단 등의 행위를 하여 사람을 사망에 이르게 한 때	10년 1억 원

제58조(벌칙)

3년 3천만 원 이하의 벌금	1년 1천만 원 이하의 벌금
관리업의 등록을 하지 아니하고 영업을 한 자	영업정지처분을 받고 그 영업정지기간 중에 관리업의 업무를 한 자
제품검사를 받지 아니한 자 또는 거짓이나 그 밖의 부정한 방법으로 제품검사를 받은 자	제품검사에 합격하지 아니한 제품에 합격표시를 하거나 합격표시를 위조 또는 변조하여 사용한 자
소방용품의 형식승인을 받지 아니하고 소방용품을 제조하거나 수입한 자 또는 거짓이나 그 밖의 부정한 방법으로 형식승인을 받은 자	형식승인의 변경승인을 받지 아니한 자
거짓이나 그 밖의 부정한 방법으로 성능인증 또는 제품검사를 받은 자	성능인증의 변경인증을 받지 아니한 자
제품검사를 받지 아니하거나 합격표시를 하지 아니한 소방용품을 판매·진열하거나 소방시설 공사에 사용한 자	제품검사에 합격하지 아니한 제품에 합격표시를 하거나 합격표시를 위조 또는 변조하여 사용한 자

시행령 [별표 2] 특정소방대상물

종교집회장(교회, 성당, 사찰, 기도원, 수도원, 수녀원, 제실(祭室), 사당)	300m² 미만은 근린생활시설 300m² 이상은 종교시설
탁구장, 체육도장, 테니스장, 체력단련장, 에어로빅장, 볼링장, 당구장, 실내낚시터, 골프연습장, 물놀이형 시설	500m² 미만은 근린생활시설 500m² 이상은 운동시설

종교집회장(교회, 성당, 사찰, 기도원, 수도원, 수녀원, 제실(祭室), 사당)	300m² 미만은 근린생활시설 300m² 이상은 종교시설
탁구장, 체육도장, 테니스장, 체력단련장, 에어로빅장, 볼링장, 당구장, 실내낚시터, 골프연습장, 물놀이형 시설	500m² 미만은 근린생활시설 500m² 이상은 운동시설
• 청소년게임제공업 및 일반게임제공업의 시설 • 인터넷컴퓨터게임시설제공업의 시설 • 복합유통게임제공업의 시설	500m² 미만은 근린생활시설 500m² 이상은 판매시설
슈퍼마켓과 일용품(식품, 잡화, 의류, 완구, 서적, 건축자재, 의약품, 의료기기 등) 등의 소매점	1000m² 미만은 근린생활시설 1000m² 이상은 판매시설
• 체육관으로서 관람석의 바닥면적의 합계 • 운동장으로서 관람석의 바닥면적의 합계	1000m² 미만은 근린생활시설 1000m² 이상은 문화 및 집회시설
학원(같은 건축물에 해당 용도로 쓰는 바닥면적의 합계가 500m² 미만인 것만 해당하며, 자동차학원 및 무도학원은 제외)	근린생활시설
학원(근린생활시설에 해당하는 것과 자동차운전학원·정비학원 및 무도학원은 제외)	교육연구시설
무도학원	위락시설

시행령 [별표 4] 특정소방대상물의 관계인이 특정소방대상물에 설치·관리해야 하는 소방시설의 종류

※ 터널의 길이에 따른 소방시설의 종류

소방시설의 종류	설치대상
소화기구	모든 터널
옥내소화전설비	• 길이가 1천미터 이상인 터널 • 예상교통량, 경사도 등 터널의 특성을 고려하여 행정안전부령으로 정하는 터널
물분무소화설비	지하가 중 예상 교통량, 경사도 등 터널의 특성을 고려하여 행정안전부령으로 정하는 터널
비상경보설비	지하가 중 터널로서 길이가 500m 이상인 것
자동화재탐지설비	지하가 중 터널로서 길이가 1천m 이상인 것
비상조명등	지하가 중 터널로서 그 길이가 500m 이상인 것
제연설비	지하가 중 예상 교통량, 경사도 등 터널의 특성을 고려하여 행정안전부령으로 정하는 터널
연결송수관설비	지하가 중 터널로서 길이가 1천m 이상인 것
비상콘센트설비	지하가 중 터널로서 길이가 500m 이상인 것
무선통신보조설비	지하가 중 터널로서 길이가 500m 이상인 것

※ 지하가(터널은 제외)에 설치하여야 하는 소방시설의 종류

지하가(터널은 제외)의 구분	소방시설의 종류
지하가(터널은 제외한다)로서 연면적 1천m² 이상인 것	• 스프링클러설비 • 자동화재탐지설비 • 제연설비 • 무선통신보조설비
지하가(터널은 제외한다)로서 연면적 3천m² 이상인 것	옥내소화전설비

※ 수용인원을 고려하여 설치하여야 하는 소방시설의 종류

소방시설의 종류	설치대상
스프링클러설비	• 문화 및 집회시설(동·식물원은 제외), 종교시설(주요구조부가 목조인 것은 제외), 운동시설(물놀이형 시설 및 바닥이 불연재료이고 관람석이 없는 운동시설은 제외)로서 수용인원이 100명 이상인 경우에는 모든 층 • 판매시설, 운수시설 및 창고시설(물류터미널에 한정한다)로서 수용인원이 500명 이상인 경우에는 모든 층 • 지붕 또는 외벽이 불연재료가 아니거나 내화구조가 아닌 창고시설(물류터미널에 한정한다) 중 수용인원이 250명 이상인 경우에는 모든 층
자동화재탐지설비	숙박시설이 있는 수련시설로서 수용인원 100명 이상인 경우에는 모든 층
공기호흡기	수용인원 100명 이상인 문화 및 집회시설 중 영화상영관
휴대용 비상조명등	수용인원 100명 이상의 영화상영관
제연설비	문화 및 집회시설 중 영화상영관으로서 수용인원 100명 이상인 경우에는 해당 영화상영관

※ 특수가연물 저장·취급에 따른 소방시설의 종류

소방시설의 종류	설치대상
옥내소화전설비	공장 또는 창고시설로서 750배 이상의 특수가연물을 저장·취급하는 것
스프링클러설비	• 공장 또는 창고시설로서 1천 배 이상의 특수가연물을 저장·취급하는 시설 • 공장 또는 창고시설로서 500배 이상의 특수가연물을 저장·취급하는 시설(지붕 또는 외벽이 불연재료가 아니거나 내화구조가 아닌 공장 또는 창고시설)
옥외소화전설비	공장 또는 창고시설로서 750배 이상의 특수가연물을 저장·취급하는 것
자동화재탐지설비	공장 또는 창고시설로서 500배 이상의 특수가연물을 저장·취급하는 것

시행규칙 제4조(성능위주설계의 신고)

구분	보완기한
건축허가등의 동의요구서	4일 이내의 기간을 정하여 보완을 요구
성능위주설계 신고서	7일 이내의 기간을 정하여 보완을 요청

시행규칙 제6조(성능위주설계의 변경신고)

구분	통보기한
신고된 성능위주설계에 대한 검토·평가, 수리 여부 결정 및 통보	20일 이내
신고된 성능위주설계의 변경신고에 대한 검토·평가, 수리 여부 결정 및 통보	14일 이내

시행규칙 제7조(성능위주설계의 사전검토 신청)

구분	보완기한
성능위주설계 신고서	7일 이내의 기간을 정하여 보완을 요청
성능위주설계 사전검토 신청서	7일 이내의 기간을 정하여 보완을 요청

소방시설공사업법

시행령 제4조(소방시설공사의 착공신고 대상)

※ 소방시설공사의 착공신고 대상 중 신설공사에 해당되는 것

착공신고 대상(O)	착공신고 대상(×)

• 옥내소화전설비, 옥외소화전설비
• 스프링클러설비등
• 물분무등소화설비
• 소화용수설비
• 소화활동설비
• 경보설비
  1. 비상경보설비
  2. 비상방송설비
  3. 자동화재탐지설비
	• 소화기구, 자동소화장치
	• 피난구조설비
	• 경보설비
	  1. 단독경보형감지기
	  2. 자동화재속보설비
	  3. 가스누설경보기
	  4. 누전경보기
	  5. 시각경보기
	  6. 통합감시시설

암기법 비경 비방 탐지	**암기법** 단독 속보! 가스 누전 시각경보기 통합

※ 소방시설공사의 착공신고 대상에서 증설공사에 해당하는 것

- 옥내·옥외소화전설비
- 스프링클러설비·간이스프링클러설비 또는 물분무등소화설비의 방호구역
- 자동화재탐지설비의 경계구역
- 제연설비의 제연구역, 연결송수관설비의 송수구역, 연결살수설비의 살수구역, 비상콘센트설비의 전용회로, 연소방지설비의 살수구역(=소화활동설비 중 무선통신보조설비는 제외)

암기법 옥내외 스간물 자탐 소활 무통은 제외

시행령 제5조(완공검사를 위한 현장확인 대상 특정소방대상물의 범위)

완공검사를 위한 현장확인 대상 특정소방대상물의 범위	암기법
문화 및 집회시설, 종교시설, 판매시설, 노유자시설, 수박시설, 창고시설, 수련시설, 운동시설, 지하상가 및 다중이용업소	문종판 노수창은 수운 지하상가다
다음의 설비가 설치되는 특정소방대상물 1. 스프링클러설비등 2. 물분무등소화설비(호스릴 방식의 소화설비는 제외)	스등물등 호스릴은 제외
1. 연면적 1만제곱미터 이상이거나 11층 이상인 특정소방대상물(아파트는 제외) 2. 가연성가스를 제조·저장 또는 취급하는 시설 중 지상에 노출된 가연성가스탱크의 저장용량 합계가 1천톤 이상인 시설	11층에 1만 1천톤 아파트는 제외

시행령 제6조(하자보수 대상 소방시설과 하자보수 보증기간)

하자보수 보증기간 2년	하자보수 보증기간 3년
유도등, 유도표지 비상경보설비, 비상조명등, 비상방송설비 소화활동설비 중 무선통신보조설비 피난기구	자동소화장치, 옥내소화전설비 스프링클러설비, 간이스프링클러설비 물분무등소화설비, 옥외소화전설비 자동화재탐지설비, 상수도소화용수설비 소화활동설비(제연설비, 연결송수관설비, 연결살수설비, 비상콘센트설비, 연소방지설비)

암기법 유비 무피 2년 비콘은 3년

시행령 제20조(업무의 위탁)

소방청장 → 소방시설업자협회	시·도지사 → 소방시설업자협회
1. 방염처리업자의 방염처리능력 평가 및 공시에 관한 업무 2. 소방시설공사업자의 시공능력 평가 및 공시에 관한 업무 3. 소방시설업 종합정보시스템의 구축·운영	1. 소방시설업 등록신청의 접수 및 신청내용의 확인 2. 소방시설업 등록사항 변경신고의 접수 및 신고내용의 확인 3. 소방시설업 휴업·폐업 또는 재개업 신고의 접수 및 신고내용의 확인 4. 소방시설업자의 지위승계 신고의 접수 및 신고내용의 확인

위험물안전관리법

제6조(위험물시설의 설치 및 변경 등)

시·도지사에게 허가를 받아야 하는 사항	1. 제조소등의 설치 2. 제조소등의 위치·구조 또는 설비 가운데 행정안전부령이 정하는 사항을 변경 → 시·도지사의 허가
시·도지사에게 신고하여야 하는 사항	제조소등에서 저장하거나 취급하는 위험물의 품명·수량 또는 지정수량의 배수를 변경 → 시·도지사에게 신고
허가나 신고가 필요하지 않는 사항	1. 주택의 난방시설을 위한 저장소 또는 취급소(공동주택의 중앙난방시설을 제외한다) 2. 농예용·축산용 또는 수산용으로 필요한 난방시설 또는 건조시설을 위한 지정수량 20배 이하의 저장소

암기법 주난저취 공중제 / 농축수 난건조 20저

제15조(위험물안전관리자)

위험물안전관리자(이하 "안전관리자"라 한다)의 선임	30일 이내
안전관리자의 선임신고	14일 이내
대리자가 안전관리자의 직무를 대행하는 기간	30일 이내

시행령 제8조(탱크안전성능검사의 대상이 되는 탱크 등)

검사종류	검사대상
기초 · 지반검사	옥외탱크저장소의 액체위험물탱크 중 그 용량이 100만리터 이상인 탱크
충수 · 수압검사	액체위험물을 저장 또는 취급하는 탱크
용접부검사	옥외탱크저장소의 액체위험물탱크 중 그 용량이 100만리터 이상인 탱크
암반탱크검사	액체위험물을 저장 또는 취급하는 암반내의 공간을 이용한 탱크

시행령 제12조(1인의 안전관리자를 중복하여 선임할 수 있는 경우 등)

구분	수량	암기법
간이탱크저장소	–	간지내탱 영영영
지하탱크저장소	–	
옥내탱크저장소	–	
옥내저장소	10개 이하	내외저암 십십십
옥외저장소	10개 이하	
암반탱크저장소	10개 이하	
옥외탱크저장소	30개 이하	외탱 30

시행령 제15조(관계인이 예방규정을 정하여야 하는 제조소등)

구분	지정수량	암기법		
제조소, 일반취급소	10배	제일10	제일십	제일씨
옥외저장소	100배	외100	외백	외박하고
옥내저장소	150배	내150	내일오십	내일오시오!! 그러면,
옥외탱크저장소	200배	탱200	탱이백	탱이백할테니~~
암반탱크저장소	–	암이영	암이영	From. 암이영
이송취급소	–			

암기법 제일씨 외박하고 내일오시오!! 그러면, 탱이백 할테니~~ From. 암이영

시행령 제16조(정기점검의 대상인 제조소등)

구분	암기법
제15조 각호의 1에 해당하는 제조소등	제일씨 외박하고 내일오시오!! 그러면, 탱이백 할테니~~ From. 암이영
지하탱크저장소	지이탱크 지매 제일주
이동탱크저장소	
위험물을 취급하는 탱크로서 지하에 매설된 탱크가 있는 제조소 · 주유취급소 또는 일반취급소	

시행령 제18조(자체소방대를 설치하여야 하는 사업소)

대통령령이 정하는 제조소 등	대통령령이 정하는 수량 이상
제4류 위험물을 취급하는 제조소 또는 일반취급소. 다만, 보일러로 위험물을 소비하는 일반취급소 등 행정안전부령으로 정하는 일반취급소는 제외한다.	제조소 또는 일반취급소에서 취급하는 제4류 위험물의 최대수량의 합이 지정수량의 3천배 이상
제4류 위험물을 저장하는 옥외탱크저장소	옥외탱크저장소에 저장하는 제4류 위험물의 최대수량이 지정수량의 50만배 이상

대상	위험물 종류	지정수량	암기법
제조소	제4류 위험물	3천배 이상	3천 4 제일
일반취급소	제4류 위험물	3천배 이상	
옥외탱크저장소	제4류 위험물	50만배 이상	옥외탱 50만

시행령 제19조(운송책임자의 감독·지원을 받아 운송하여야 하는 위험물)

구분	특성
알킬알루미늄	알킬알루미늄과 알킬리튬은 "금수성+자연발화성" 물질이다.
알킬리튬	
알킬알루미늄, 알킬리튬을 함유하는 물질	

시행령 [별표 1] 위험물 및 지정수량

※ 제1류 위험물(산화성고체)

품명		지정수량	
1. 아염소산염류	염무 브질요 과중	50킬로그램	오삼천(외삼촌)
2. 염소산염류		50킬로그램	
3. 과염소산염류		50킬로그램	
4. 무기과산화물		50킬로그램	
5. 브롬산염류		300킬로그램	
6. 질산염류		300킬로그램	
7. 요오드산염류		300킬로그램	
8. 과망간산염류		1,000킬로그램	
9. 중크롬산염류		1,000킬로그램	

※ 제2류 위험물(가연성고체)

품명		지정수량	
1. 황화린	황적유 철금마 인	100킬로그램	백오천(빼고쳐)
2. 적린		100킬로그램	
3. 유황		100킬로그램	
4. 철분		500킬로그램	
5. 금속분		500킬로그램	
6. 마그네슘		500킬로그램	
9. 인화성고체		1,000킬로그램	

※ 제3류 위험물(자연발화성물질 및 금수성물질)

품명		지정수량	
1. 칼륨	칼나알킬 황 알칼유 수인탄	10킬로그램	일이오삼 (이리오삼)
2. 나트륨		10킬로그램	
3. 알킬알루미늄		10킬로그램	
4. 알킬리튬		10킬로그램	
5. 황린		20킬로그램	
6. 알칼리금속(칼륨 및 나트륨을 제외한다) 및 알칼리토금속		50킬로그램	
7. 유기금속화합물(알킬알루미늄 및 알킬리튬을 제외한다)		50킬로그램	
8. 금속의 수소화물		300킬로그램	
9. 금속의 인화물		300킬로그램	
10. 칼슘 또는 알루미늄의 탄화물		300킬로그램	

※ 제4류 위험물(인화성액체)

품명			지정수량	
1. 특수인화물		특1알234동	50리터	오이사 126만
2. 제1석유류	비수용성액체		200리터	
	수용성액체		400리터	
3. 알코올류			400리터	
4. 제2석유류	비수용성액체		1,000리터	
	수용성액체		2,000리터	
5. 제3석유류	비수용성액체		2,000리터	
	수용성액체		4,000리터	
6. 제4석유류			6,000리터	
7. 동식물유류			10,000리터	

※ 제5류 위험물(자기반응성물질)

품명		지정수량	
1. 유기과산화물	유질 아민 니아히	10킬로그램	장백이(장빼기)
2. 질산에스테르류		10킬로그램	
8. 히드록실아민		100킬로그램	
9. 히드록실아민염류		100킬로그램	
3. 니트로화합물		200킬로그램	
4. 니트로소화합물		200킬로그램	
5. 아조화합물		200킬로그램	
6. 디아조화합물		200킬로그램	
7. 히드라진 유도체		200킬로그램	

※ 제6류 위험물(산화성액체)

품명		지정수량	
1. 과염소산	과과질	300킬로그램	삼백
2. 과산화수소		300킬로그램	
3. 질산		300킬로그램	

시행령 [별표 2] 지정수량 이상의 위험물을 저장하기 위한 장소와 그에 따른 저장소의 구분

구분		옥외저장소에 저장 가능 여부
제1류 위험물		×
제3류 위험물		×
제5류 위험물		×
제2류 위험물	유황, 인화성고체	○
	그 밖의 것	×
제4류 위험물	특수인화물	×
	그 밖의 것	○
제6류 위험물		○

시행령 [별표 3] 위험물을 제조외의 목적으로 취급하기 위한 장소와 그에 따른 취급소의 구분

취급소의 종류에 해당되는 것	취급소의 종류에 해당되지 않는 것
1. 주유취급소 2. 판매취급소 3. 이송취급소 4. 일반취급소	1. 저장탱크취급소 2. 관리취급소 3. 특수취급소 4. 이동탱크취급소 5. 저장취급소 6. 지하취급소

시행령 [별표 8] 자체소방대에 두는 화학소방자동차 및 인원

사업소의 구분	화학소방자동차
3천배 이상 12만배 미만인 제조소 또는 일반취급소(제4류 위험물)	1대
12만배 이상 24만배 미만인 제조소 또는 일반취급소(제4류 위험물)	2대
24만배 이상 48만배 미만인 제조소 또는 일반취급소(제4류 위험물)	3대
48만배 이상인 제조소 또는 일반취급소(제4류 위험물)	4대
50만배 이상인 옥외탱크저장소(제4류 위험물)	2대

시행규칙 제42조(경보설비의 기준)

경보설비 설치대상	지정수량의 10배 이상의 위험물을 저장 또는 취급하는 제조소등(이동탱크저장소를 제외한다)
경보설비 종류	1. 비상경보설비(비상벨장치 또는 경종을 포함) 2. 비상방송설비 3. 확성장치(휴대용확성기를 포함한다) 4. 자동화재탐지설비 5. 자동화재속보설비

암기법 비경 비방 확성 자탐 자속

시행규칙 제70조(정기검사의 시기)

구분	검사시기	암기법
정밀 정기검사	완공검사합격확인증을 발급받은 날부터 12년 최근의 정밀정기검사를 받은 날부터 11년	최초 12년, 11년마다
중간 정기검사	완공검사합격확인증을 발급받은 날부터 4년 최근의 정밀정기검사 또는 중간정기검사를 받은 날부터 4년	최초 4년, 4년 마다

시행규칙 [별표 4] 제조소의 위치·구조 및 설비의 기준

구분	안전관리
사용전압이 7,000V 초과 35,000V 이하의 특고압가공전선	3m 이상
사용전압이 35,000V를 초과하는 특고압가공전선	5m 이상
건축물 그 밖의 공작물로서 주거용으로 사용되는 것	10m 이상
고압가스, 액화석유가스 또는 도시가스를 저장 또는 취급하는 시설	20m 이상
학교·병원·극장, 그 밖에 다수인을 수용하는 시설	30m 이상
유형문화재와 기념물 중 지정문화재	50m 이상

암기법 주가학문 1235

시행규칙 [별표 13] 주유취급소의 위치·구조 및 설비의 기준

구분	고정 주유설비	고정 급유설비
도로경계선까지	4m 이상	4m 이상
부지경계선 및 담까지	2m 이상	1m 이상
건축물의 벽까지	2m 이상	2m 이상
개구부가 없는 벽까지	1m 이상	1m 이상

■ **긍정적 암시가 힘을 키워준다.**

영국 정신분석학자 J. A. 하트필드는 '힘의 심리'라는 저서에서 자신에 대한 긍정적 암시가 얼마나 위력을 발휘할 수 있는지 실험을 통해서 증명했다.
그는 악력계를 사용해서 정신 암시가 악력에 미치는 영향을 세 사람의 남자에게 실험해 보았다.
그는 그들에게 세 가지의 다른 조건 하에서 실험을 했다.
먼저 보통의 상태에서 그들에게 힘껏 악력계를 쥐게 했다.
이 실험에서 그들의 평균 악력은 101파운드였다.
다음에는 그들에게 최면술을 걸어 '당신은 참으로 약하다'라고 암시를 준 후 재어 보았더니, 겨우 29파운드로 보통 힘의 3분의 1 이하였다.
그리고 세 번째 실험에는 '당신은 강하다'는 암시를 준 후 재어 보았더니, 평균 악력이 무려 142파운드에 달했다.
마음이 '강하다'는 적극적인 관념으로 충만해지자 그들의 악력이 무려 50%나 증가한 것이다.

— J. A. 하트필드 —

"나는 합격할 수 있다. 나는 시험을 잘 본다. 나는 행운이 있다."라고 항상 생각(긍정적으로 암시)하면 시험이 나에게 있어서만은 좀 더 유리할 것입니다.

Part 1

소방기본법

★★★★☆
제1조(목적)

이 법은 화재를 예방·경계하거나 진압하고 화재, 재난·재해, 그 밖의 위급한 상황에서의 구조·구급 활동 등을 통하여 국민의 생명·신체 및 재산을 보호함으로써 공공의 안녕 및 질서 유지와 복리증진에 이바지함을 목적으로 한다.

핵심정리

※ 소방기본법의 목적
 ① 화재를 예방·경계하거나 진압
 ② 화재, 재난·재해, 그 밖의 위급한 상황에서의 구조·구급활동
 ③ 국민의 생명·신체 및 재산을 보호
 ④ 공공의 안녕 및 질서 유지와 복리증진에 이바지 → 궁극적인 목적

예상문제

01 소방기본법의 목적을 표현한 것이다. ( ) 속에 알맞은 것은?

> 이 법은 화재를 ( )·경계하거나 ( )하고 화재, 재난·재해 그 밖의 위급한 상황에서의 구조·구급활동 등을 통하여 국민의 생명·신체 및 재산을 보호함으로써 공공의 안녕 및 질서 유지와 복리증진에 이바지함을 목적으로 한다.

① 소화, 대피   ② 예방, 진압
③ 대피, 복구   ④ 복구, 경보

 해설
이 법은 화재를 예방·경계하거나 진압하고 화재, 재난·재해, 그 밖의 위급한 상황에서의 구조·구급 활동 등을 통하여 국민의 생명·신체 및 재산을 보호함으로써 공공의 안녕 및 질서 유지와 복리증진에 이바지함을 목적으로 한다.

정답 ②

02 다음은 소방기본법 목적에 관한 정의이다. 빈칸에 들어갈 말은 무엇인가?

> 이법은 화재를 (㉠)하거나 진압하고 화재, (㉡), 그 밖의 위급한 상황에서의 구조·구급활동 등을 통하여 (㉢)을 보호함으로써 공공의 안녕 및 질서 유지와 복리증진에 이바지함을 목적으로 한다.

① ㉠ 예방·경계 ㉡ 재난·재해 ㉢ 국민의 생명·신체 및 재산
② ㉠ 소화·대피 ㉡ 신속·피난 ㉢ 국민의 경보·복구 및 재산
③ ㉠ 예방·경계 ㉡ 경보·복구 ㉢ 국민의 생명·신체 및 재산
④ ㉠ 대피·복구 ㉡ 신속·피난 ㉢ 국민의 경보·복구 및 재산

해설
이 법은 화재를 예방·경계하거나 진압하고 화재, 재난·재해, 그 밖의 위급한 상황에서의 구조·구급활동 등을 통하여 국민의 생명·신체 및 재산을 보호함으로써 공공의 안녕 및 질서 유지와 복리증진에 이바지함을 목적으로 한다.

정답 ①

03 소방기본법에서 소방의 궁극적인 최종목적은?

① 복리증진
② 화재예방
③ 화재진압
④ 재난·재해방지

해설
소방기본법에서 소방의 궁극적인 최종목적은 공공의 안녕 및 질서 유지와 복리증진에 이바지하는 것이다.

정답 ①

04 다음 중 소방기본법의 목적에 해당되는 사항이 아닌 것은?

① 화재를 예방·경계·진압하는 것
② 위급한 상황에서 구조·구급활동을 하는 것
③ 공공의 안녕 및 질서 유지와 소방의 구조·구급질서에 이바지하는 것
④ 국민의 생명·신체 및 재산을 보호하는 것

해설
공공의 안녕 및 질서 유지와 소방의 구조·구급질서에 이바지하는 것 → 공공의 안녕 및 질서 유지와 복리증진에 이바지하는 것

정답 ③

제2조(정의)

이 법에서 사용하는 용어의 뜻은 다음과 같다.
1. "소방대상물"이란 건축물, 차량, 선박(선박법 제1조의2제1항에 따른 선박으로서 항구에 매어둔 선박만 해당한다), 선박 건조 구조물, 산림, 그 밖의 인공 구조물 또는 물건을 말한다.
2. "관계지역"이란 소방대상물이 있는 장소 및 그 이웃 지역으로서 화재의 예방·경계·진압, 구조·구급 등의 활동에 필요한 지역을 말한다.
3. "관계인"이란 소방대상물의 소유자·관리자 또는 점유자를 말한다.
4. "소방본부장"이란 특별시·광역시·특별자치시·도 또는 특별자치도(이하 "시·도"라 한다)에서 화재의 예방·경계·진압·조사 및 구조·구급 등의 업무를 담당하는 부서의 장을 말한다.
5. "소방대"(消防隊)란 화재를 진압하고 화재, 재난·재해, 그 밖의 위급한 상황에서 구조·구급 활동 등을 하기 위하여 다음 각 목의 사람으로 구성된 조직체를 말한다.
   가. 「소방공무원법」에 따른 소방공무원
   나. 「의무소방대설치법」 제3조에 따라 임용된 의무소방원(義務消防員)
   다. 「의용소방대 설치 및 운영에 관한 법률」에 따른 의용소방대원(義勇消防隊員)
6. "소방대장"(消防隊長)이란 소방본부장 또는 소방서장 등 화재, 재난·재해, 그 밖의 위급한 상황이 발생한 현장에서 소방대를 지휘하는 사람을 말한다.

핵심정리

1. 소방대상물 : 건축물, 차량, 선박(항구에 매어둔 선박만 해당), 선박 건조 구조물, 산림, 그 밖의 인공 구조물 또는 물건

소방대상물에 해당되는 것	소방대상물에 해당되지 않는 것
① 건축물, 지방자치단체의 청사	① 항해 중인 선박
② 항공기 격납고, 대규모 원전시설	② 바다에 항해 중인 선박
③ 차량, 철도차량, 지정수량 미만인 차량	③ 태종대 앞바다를 항해 중인 선박
④ 달리는 차량, 달리는 자동차	④ 운항 중인 비행기
⑤ 운전 중인 차량, 고속도로에 진입 중인 차량	⑤ 운항 중인 항공기
⑥ 정박 중인 선박, 항구에 매어둔 선박	⑥ 나는 항공기
⑦ 선박건조구조물	⑦ 철도
⑧ 산림, 호수 건너에 위치한 임야	⑧ 지하매설물
⑨ 인공구조물	⑨ 인축(사람, 동물)
⑩ 활주로를 이동하는 비행기	
⑪ 삭도(케이블카)	
⑫ 부선(큰 배에 끌려다니는 배)	

2. 관계지역 : 소방대상물이 있는 장소 및 그 이웃 지역으로서 화재의 예방·경계·진압, 구조·구급 등의 활동에 필요한 지역
3. 관계인 : 소방대상물의 소유자·관리자·점유자
4. 소방본부장 : 시·도에서 화재의 예방·경계·진압·조사 및 구조·구급 등의 업무를 담당하는 부서의 장
5. 소방대 : 화재를 진압하고 화재, 재난·재해, 그 밖의 위급한 상황에서 구조·구급 활동 등을 하기 위하여 구성된 조직체
    ① 소방공무원
    ② 의무소방원
    ③ 의용소방대원
6. 소방대장 : 소방본부장 또는 소방서장 등 화재, 재난·재해, 그 밖의 위급한 상황이 발생한 현장에서 소방대를 지휘하는 사람

예상문제

01 건축물, 차량, 선박(선박법 제1조의2 제1항에 따른 선박으로서 항구에 매어둔 선박만 해당한다), 선박건조구조물, 산림, 그 밖의 인공구조물 또는 물건으로 옳은 것은?

① 관계지역 ② 소방대상물
③ 특정소방대상물 ④ 소방대

해설
"소방대상물"이란 건축물, 차량, 선박(항구에 매어둔 선박만 해당한다), 선박건조구조물, 산림, 그 밖의 인공구조물 또는 물건을 말한다.

정답 ②

02 다음 중 소방기본법에서 규정하는 소방대상물이 아닌 것은?

① 선박건조구조물 ② 부선
③ 항해 중인 선박 ④ 삭도

해설
선박건조구조물, 부선(큰 배에 밧줄 등을 이용하여 끌려다니는 배), 삭도(케이블카)는 소방대상물에 해당하지만, 항해 중인 선박은 소방대상물에 해당하지 않는다.

정답 ③

03 소방기본법 상 소방대상물에 해당하는 것은?
① 인축
② 항구에 매어둔 선박
③ 운항 중인 비행기
④ 지하 매설물

▶ 해설
항구에 매어둔 선박은 소방대상물에 해당하지만, 인축(사람, 동물), 운항 중인 비행기, 지하 매설물은 소방대상물에 해당하지 않는다.

정답 ②

04 소방기본법에서 소방대상물로 옳은 것을 고르시오.

| a. 인공구조물 | b. 건축물 | c. 산림 |
| d. 달리는 차량 | e. 나는 항공기 | f. 항해 중인 선박 |

① a, b, c
② a, b, c, d
③ a, b, c, d, e
④ a, b, c, d, e, f

▶ 해설
인공구조물, 건축물, 산림, 달리는 차량은 소방대상물에 해당하지만, 나는 항공기와 항해 중인 선박은 소방대상물에 해당하지 않는다.

정답 ②

05 소방대상물이 있는 장소 및 그 이웃 지역으로서 화재의 예방·경계·진압, 구조·구급 등의 활동에 필요한 지역은 무엇인가?
① 위험대상지역
② 위험지역
③ 관계지역
④ 소방활동지역

▶ 해설
"관계지역"이란 소방대상물이 있는 장소 및 그 이웃 지역으로서 화재의 예방·경계·진압, 구조·구급 등의 활동에 필요한 지역을 말한다.

정답 ③

06 다음 중 관계인의 정의로서 옳지 않은 것은?
① 소유자
② 관리자
③ 신고자
④ 점유자

▶ 해설
"관계인"이란 소방대상물의 소유자·관리자 또는 점유자를 말한다.

정답 ③

07 화재의 예방·경계·진압, 조사 및 구조·구급 등의 업무를 담당하는 부서의 장은?

① 의용소방대장   ② 소방청장
③ 자율방재단원   ④ 전북소방본부장

해설

"소방본부장"이란 시·도(특별시, 광역시, 특별자치시·도 또는 특별자치도)에서 화재의 예방·경계·진압·조사 및 구조·구급 등의 업무를 담당하는 부서의 장을 말한다.

정답 ④

08 화재를 진압하고 화재, 재난·재해, 그 밖의 위급한 상황에서 구조·구급 활동 등을 하기 위한 조직체는?

① 소방대장   ② 소방대
③ 자위소방대   ④ 소방안전관리자

해설

"소방대"란 화재를 진압하고 화재, 재난·재해, 그 밖의 위급한 상황에서 구조·구급 활동 등을 하기 위하여 다음 각 목의 사람으로 구성된 조직체를 말한다.
가. 「소방공무원법」에 따른 소방공무원
나. 「의무소방대 설치법」 제3조에 따라 임용된 의무소방원
다. 「의용소방대 설치 및 운영에 관한 법률」에 따른 의용소방대원

정답 ②

09 다음 중 화재를 진압하고 화재, 재난·재해 그 밖의 위급한 상황에서의 구조·구급 활동 등을 하기 위한 소방대가 아닌 것은?

① 소방공무원   ② 의무소방원
③ 의용소방대원   ④ 자체소방대원

해설

소방대는 소방공무원, 의무소방원, 의용소방대원으로 구성되며, 자체소방대원은 소방대의 구성원이 아니니다.

정답 ④

10 소방기본법에서 소방대의 구성이 아닌 것은?

① 소방공무원   ② 의용소방대원
③ 자위소방대원   ④ 의무소방원

해설

소방대는 소방공무원, 의무소방원, 의용소방대원으로 구성되며, 자위소방대원은 소방대의 구성원이 아니니다.

정답 ③

11 다음 중 소방대원으로 옳은 것은?

① 의용소방대원 ② 자위소방대
③ 위험물안전관리자 ④ 소방안전관리자

해설
소방대는 소방공무원, 의무소방원, 의용소방대원으로 구성되며, 자위소방대, 위험물안전관리자, 소방안전관리자는 소방대의 구성원이 아니다.

정답 ①

12 소방기본법에서 화재, 재난·재해, 그 밖의 위급한 상황이 발생한 현장에서 소방대를 지휘하는 사람은 누구인가?

① 소방본부장 ② 소방서장
③ 소방대장 ④ 소방청장

해설
"소방대장"이란 소방본부장 또는 소방서장 등 화재, 재난·재해, 그 밖의 위급한 상황이 발생한 현장에서 소방대를 지휘하는 사람을 말한다.

정답 ③

13 다음 중 기본법에 관한 내용으로 옳지 않은 것은?

① 특정소방대상물 – 건축물, 차량, 선박(항구에 매어둔 선박), 선박건조구조물, 산림, 그 밖의 인공구조물 또는 물건
② 관계인 – 소방대상물의 소유자·관리자·점유자
③ 소방본부장 – 특별시·광역시·특별자치시·도 또는 특별자치도에서 화재의 예방, 경계·진압·조사 및 구조·구급 등의 업무를 담당하는 부서의 장
④ 소방대장 – 소방본부장 또는 소방서장 등 화재, 재난·재해, 그 밖의 위급한 상황이 발생한 현장에서 소방대를 지휘하는 사람

해설

용어의 정의		근거 법조문
소방대상물	건축물, 차량, 선박(항구에 매어둔 선박만 해당), 선박건조구조물, 산림, 그 밖의 인공구조물 또는 물건	소방기본법 제2조
특정소방대상물	건축물 등의 규모·용도 및 수용인원 등을 고려하여 소방시설을 설치하여야 하는 소방대상물로서 대통령령으로 정하는 것	소방시설 설치 및 관리에 관한 법률 제2조

정답 ①

14 다음 중 보기의 내용이 옳지 않은 것은?

① 운항 중인 선박은 소방대상물에 속한다.
② 관계인은 소방대상물의 소유자·관리자, 점유자를 말한다.
③ 소방대의 구성은 소방공무원, 의무소방원, 의용소방대원으로 구성된다.
④ 화재, 재난·재해 그 밖의 위급한 상황이 발생한 현장에서 소방대를 지휘하는 자를 소방대장이라 한다.

해설
운항 중인 선박은 화재, 재난·재해, 그 밖의 위급한 상황에서의 구조·구급 활동 등을 통하여 국민의 생명·신체 및 재산을 보호할 수 없기 때문에 소방대상물에 속하지 않는다.

정답 ①

15 다음 중 옳지 않은 것은?

① 관계지역 : 소방대상물이 있는 장소 및 그 이웃 지역으로서 화재의 예방·경계·진압·조사, 구조·구급 등의 활동이 필요한 지역
② 소방대 : 화재를 진압하고 화재, 재난·재해, 그 밖의 위급한 상황에서 구조·구급 활동 등을 하기 위한 조직체
③ 소방본부장 : 시·도에서 화재의 예방·경계·진압·조사 및 구조·구급 등의 업무를 담당하는 부서의 장
④ 관계인 : 소방대상물의 소유자·관리자 또는 점유자

해설
"관계지역"이란 소방대상물이 있는 장소 및 그 이웃 지역으로서 화재의 예방·경계·진압, 구조·구급 등의 활동에 필요한 지역으로서 "조사"는 해당하지 않는다.

정답 ①

16 다음 중 소방기본법의 용어의 뜻으로 옳지 않은 것은?

① 관계인 : 소방대상물의 소유자·관리자 또는 점유자를 말한다.
② 소방대 : 화재를 진압하고 화재, 재난·재해 그 밖의 위급한 상황에서의 구조·구급활동 등을 하기 위한 조직체
③ 소방대상물 : 건축물, 차량, 선박(항구 안에 매어둔 선박), 선박건조구조물, 산림, 그 밖의 인공구조물, 물건을 말한다.
④ 소방본부장 : 시·군에서 화재의 예방·경계·진압·조사 및 구조·구급 등의 업무를 담당하는 부서의 장

해설
소방본부장이란 시·군이 아닌 시·도(특별시·광역시·특별자치시·도 또는 특별자치도)에서 화재의 예방·경계·진압·조사 및 구조·구급 등의 업무를 담당하는 부서의 장에 해당한다.

정답 ④

17 소방기본법에서 용어의 뜻으로 옳지 않은 것은?

① 관계인이란 소방대상물의 소유자·관리자 또는 점유자를 말한다.
② 소방대는 소방공무원만을 지칭한다.
③ 관계지역이란 소방대상물이 있는 장소 및 그 이웃 지역으로서 화재의 예방·경계·진압, 구조·구급 등의 활동에 필요한 지역을 말한다.
④ 소방대장이란 소방본부장 또는 소방서장 등 화재, 재난·재해, 그 밖의 위급한 상황이 발생한 현장에서 소방대를 지휘하는 사람을 말한다.

해설
소방대는 소방공무원만을 지칭하는 것이 아니라 소방공무원, 의무소방원, 의용소방대원으로 구성된 조직체이다.

정답 ②

18 다음 중 용어의 정의로 옳지 않은 것은?

① 소방대상물이란 건축물, 차량, 선박(항구에 매어둔 선박만 해당한다), 선박건조구조물, 산림, 그 밖의 인공구조물 또는 물건을 말한다.
② 소방대란 화재를 진압하고 화재, 재난·재해, 그 밖의 위급한 상황에서 구조·구급 활동 등을 하기 위하여 소방공무원, 사회복무요원 등으로 구성된 조직체를 말한다.
③ 관계지역이란 소방대상물이 있는 장소 및 그 이웃 지역으로서 화재의 예방·경계·진압, 구조·구급 등의 활동에 필요한 지역을 말한다.
④ 소방본부장이란 특별시·광역시·특별자치시·도 또는 특별자치도(이하 "시·도"라 한다)에서 화재의 예방·경계·진압·조사 및 구조·구급 등의 업무를 담당하는 부서의 장을 말한다.

해설
소방대란 화재를 진압하고 화재, 재난·재해, 그 밖의 위급한 상황에서 구조·구급 활동 등을 하기 위하여 소방공무원, 의무소방원, 의용소방대원으로 구성된 조직체를 말한다.

정답 ②

19 다음 중 소방기본법에서 용어의 정의가 옳지 않은 것은?

① 소방대상물이란 건축물, 차량, 선박(항구에 매어둔 선박만 해당한다), 선박건조구조물, 산림, 그 밖의 인공구조물 또는 물건을 말한다.
② 관계지역이란 소방대상물이 있는 장소 및 그 이웃 지역으로서 화재의 예방·경계·진압, 구조·구급 등의 활동에 필요한 지역을 말한다.
③ 관계인이란 소유자·관리자·점유자를 말한다.
④ 소방대장이란 소방본부장 또는 소방서장 등 화재, 재난·재해·조사, 그 밖의 위급한 상황이 발생한 현장에서 소방대를 지휘하는 사람을 말한다.

해설
"소방대장"이란 소방본부장 또는 소방서장 등 화재, 재난·재해, 그 밖의 위급한 상황이 발생한 현장에서 소방대를 지휘하는 사람을 말한다. 조사는 소방대장의 업무에 해당하지 않는다.

정답 ④

20 소방기본법 용어의 정의 중 옳은 것은?
① "소방대상물"이란 건축물, 차량, 항해 중인 선박, 선박건조구조물, 산림, 그 밖의 인공구조물 또는 물건을 말한다.
② "소방대장"이란 소방본부장 또는 소방서장, 방화서장 등 화재, 재난·재해, 그 밖의 위급한 상황이 발생한 현장에서 소방대를 지휘하는 사람을 말한다.
③ "소방대"란 화재를 진압하고 화재, 재난·재해, 그 밖의 위급한 상황에서 구조·구급 활동 등을 하기 위하여 소방공무원, 의무소방원, 자위소방대원으로 구성된 조직체를 말한다.
④ "관계지역"이란 소방대상물이 있는 장소 및 이웃 지역으로서 화재의 예방·경계·진압, 구조·구급 등의 활동에 필요한 지역을 말한다.

해설
- "소방대상물"이란 건축물, 차량, 선박(항구에 매어둔 선박만 해당), 선박 건조 구조물, 산림, 그 밖의 인공구조물 또는 물건을 말한다.
- "소방대장"이란 소방본부장 또는 소방서장 등 화재, 재난·재해, 그 밖의 위급한 상황이 발생한 현장에서 소방대를 지휘하는 사람을 말한다.
- "소방대"란 화재를 진압하고 화재, 재난·재해, 그 밖의 위급한 상황에서 구조·구급 활동 등을 하기 위하여 소방공무원, 의무소방원, 의용소방대원으로 구성된 조직체를 말한다.

정답 ④

21 다음 중 소방기본법에서 용어의 뜻이 옳지 않은 것은?
① 소방대상물이란 건축물, 차량, 선박(항구에 매어둔 선박만 해당한다), 선박건조구조물, 산림, 그 밖의 인공구조물 또는 물건을 말한다.
② 관계인이란 소유자·관리자 또는 점유자를 말한다.
③ 소방대장이란 소방본부장 또는 소방의용대장 등 화재, 재난, 재해 그 밖의 위급한 상황이 발생한 현장에서 소방대를 지휘하는 사람을 말한다.
④ 소방본부장이란 특별시·광역시·특별자치시·도 또는 특별자치도("시·도"라 한다)에서 화재의 예방·경계·진압·조사 및 구조·구급 등의 업무를 담당하는 부서의 장을 말한다.

해설
소방대장이란 소방본부장 또는 소방서장 등 화재, 재난·재해, 그 밖의 위급한 상황이 발생한 현장에서 소방대를 지휘하는 사람을 말하며, 소방의용대장은 소방대장이 될 수 없다.

정답 ③

22 소방기본법에 관한 용어의 정의 내용 중 그 기준에 가장 옳은 것은?
   ① 소방대상물에는 항해 중인 선박이 포함된다.
   ② 의용소방대원에는 소방안전관리자가 포함된다.
   ③ 소방대장은 소방본부장, 소방서장 등이 될 수 있다.
   ④ 소방청장은 소방대장에 포함된다.

   해설
   "소방대장"이란 소방본부장 또는 소방서장 등 화재, 재난·재해, 그 밖의 위급한 상황이 발생한 현장에서 소방대를 지휘하는 사람을 말한다.

   정답 ③

제3조(소방기관의 설치 등)

① 시·도의 화재 예방·경계·진압 및 조사, 소방안전교육·홍보와 화재, 재난·재해, 그 밖의 위급한 상황에서의 구조·구급 등의 업무(이하 "소방업무"라 한다)를 수행하는 소방기관의 설치에 필요한 사항은 대통령령으로 정한다.
② 소방업무를 수행하는 소방본부장 또는 소방서장은 그 소재지를 관할하는 특별시장·광역시장·특별자치시장·도지사 또는 특별자치도지사(이하 "시·도지사"라 한다)의 지휘와 감독을 받는다.
③ 제2항에도 불구하고 소방청장은 화재 예방 및 대형 재난 등 필요한 경우 시·도 소방본부장 및 소방서장을 지휘·감독할 수 있다.
④ 시·도에서 소방업무를 수행하기 위하여 시·도지사 직속으로 소방본부를 둔다.

예상문제

01 시·도의 화재 예방·경계·진압 및 조사, 소방안전교육·홍보와 화재, 재난, 재해, 그 밖의 위급한 상황에서의 구조·구급 등의 업무를 수행하는 소방기관의 설치에 필요한 사항은 무엇으로 정하는가?
   ① 대통령령   ② 행정안전부령
   ③ 소방청장령   ④ 시·도 조례

📋 **해설**

시·도의 화재 예방·경계·진압 및 조사, 소방안전교육·홍보와 화재, 재난·재해, 그 밖의 위급한 상황에서의 구조·구급 등의 소방업무를 수행하는 소방기관의 설치에 필요한 사항은 대통령령으로 정한다.

정답 ①

02 다음 중 관할구역 안에서 소방업무를 수행하는 소방서장을 지휘와 감독할 수 없는 자는?

① 시장, 군수
② 도지사
③ 광역시장
④ 특별시장

📋 **해설**

소방업무를 수행하는 소방본부장 또는 소방서장은 그 소재지를 관할하는 시·도지사(특별시장·광역시장·특별자치시장·도지사 또는 특별자치도지사)의 지휘와 감독을 받는다.

정답 ①

03 다음 중 소방본부장 또는 소방서장을 지휘·감독하는 자는?

① 대통령
② 국무총리
③ 소방청장
④ 시·도지사

📋 **해설**

소방본부장 또는 소방서장을 지휘·감독할 수 있는 사람은 그 소재지를 관할하는 시·도지사(특별시장·광역시장·특별자치시장·도지사 또는 특별자치도지사)이다. 소방청장은 화재 예방 및 대형 재난 등 필요한 경우 시·도 소방본부장 및 소방서장을 지휘·감독할 수 있다.

정답 ④

04 다음 중 우리나라 광역자치체제에서 소방업무의 책임자는?

① 소방본부장
② 소방서장
③ 시·도지사
④ 소방청장

📋 **해설**

우리나라 광역자치체제에서 소방업무의 책임자는 그 소재지를 관할하는 시·도지사(특별시장·광역시장·특별자치시장·도지사 또는 특별자치도지사)이다.

정답 ③

★★★☆☆ [개정 2024.1.30.]

제4조(119종합상황실의 설치와 운영)

① 소방청장, 소방본부장 및 소방서장은 화재, 재난·재해, 그 밖에 구조·구급이 필요한 상황이 발생하였을 때에 신속한 소방활동(소방업무를 위한 모든 활동을 말한다. 이하 같다)을 위한 정보의 수집·분석과 판단·전파, 상황관리, 현장 지휘 및 조정·통제 등의 업무를 수행하기 위하여 119종합상황실을 설치·운영하여야 한다.
② 제1항에 따라 소방본부에 설치하는 119종합상황실에는 「지방자치단체에 두는 국가공무원의 정원에 관한 법률」에도 불구하고 대통령령으로 정하는 바에 따라 경찰공무원을 둘 수 있다. 〈신설 2024. 1. 30.〉
③ 제1항에 따른 119종합상황실의 설치·운영에 필요한 사항은 행정안전부령으로 정한다. 〈개정 2024. 1. 30.〉

핵심정리

※ 119종합상황실의 설치·운영
- 소방청장, 소방본부장 및 소방서장
- 행정안전부령

예상문제

01 다음 중 119종합상황실의 설치·운영권자는?
① 시·도지사 ② 종합상황실장
③ 소방본부장 ④ 119구조본부장

해설
119종합상황실의 설치·운영권자는 소방청장, 소방본부장 및 소방서장이다.

정답 ③

02 119종합상황실에 대하여 옳지 않은 것은?
① 소방청장, 소방본부장 및 소방서장이 설치·운영하여야 한다.
② 화재, 재난, 재해 그 밖에 구조·구급이 필요한 상황이 발생하였을 때를 대비한다.
③ 신속한 소방활동을 위한 정보의 수집·분석과 판단·전파, 상황관리, 현장지휘 및 화재진압 등의 업무를 수행하기 위하여 설치·운영하여야 한다.
④ 119종합상황실의 설치·운영에 필요한 사항은 행정안전부령으로 정한다.

📘 **해설**

신속한 소방활동을 위한 정보의 수집·분석과 판단·전파, 상황관리, 현장 지휘 및 조정·통제 등의 업무를 수행하기 위하여 119종합상황실을 설치·운영하여야 한다.

정답 ③

★★☆☆☆ [본조신설 2021. 1. 5.]

제4조의3(소방기술민원센터의 설치·운영)

① 소방청장 또는 소방본부장은 소방시설, 소방공사 및 위험물 안전관리 등과 관련된 법령해석 등의 민원을 종합적으로 접수하여 처리할 수 있는 기구(이하 이 조에서 "소방기술민원센터"라 한다)를 설치·운영할 수 있다.
② 소방기술민원센터의 설치·운영 등에 필요한 사항은 대통령령으로 정한다.

핵심정리

소방기술민원센터의 설치·운영	소방청장 또는 소방본부장	대통령령
119종합상황실의 설치·운영	소방청장, 소방본부장, 소방서장	행정안전부령

★★★★★

제5조(소방박물관 등의 설립과 운영)

① 소방의 역사와 안전문화를 발전시키고 국민의 안전의식을 높이기 위하여 소방청장은 소방박물관을, 시·도지사는 소방체험관(화재 현장에서의 피난 등을 체험할 수 있는 체험관을 말한다. 이하 이 조에서 같다)을 설립하여 운영할 수 있다.
② 제1항에 따른 소방박물관의 설립과 운영에 필요한 사항은 행정안전부령으로 정하고, 소방체험관의 설립과 운영에 필요한 사항은 행정안전부령으로 정하는 기준에 따라 시·도의 조례로 정한다.

핵심정리

소방박물관의 설립과 운영	소방청장	행정안전부령
소방체험관의 설립과 운영	시·도지사	시·도의 조례

예상문제

01 소방박물관 등의 설립과 운영에 관한 설명이다. ( ) 안의 내용으로 옳은 것은?

> 소방의 역사와 안전문화를 발전시키고 국민의 안전의식을 높이기 위하여 (가)은/는 소방박물관을, (나)은/는 소방체험관을 설립하여 운영할 수 있다.

　　(가)　　　　(나)　　　　　　　　(가)　　　　(나)
① 소방청장, 시·도지사　　　　② 소방청장, 소방본부장
③ 시·도지사, 소방본부장　　　④ 시·도지사, 소방청장

해설
소방의 역사와 안전문화를 발전시키고 국민의 안전의식을 높이기 위하여 소방청장은 소방박물관을, 시·도지사는 소방체험관을 설립하여 운영할 수 있다.

정답 ①

02 다음의 빈칸에 들어갈 말로 적절한 것은?

> 소방의 역사와 안전문화를 발전시키고 국민의 안전의식을 높이기 위하여 소방청장은 ( )을, 시·도지사는 ( )을 설립하여 운영할 수 있다.

① 소방체험관, 소방박물관　　　② 소방박물관, 소방체험관
③ 한국소방안전원, 소방체험관　④ 소방박물관, 한국소방안전원

해설
소방의 역사와 안전문화를 발전시키고 국민의 안전의식을 높이기 위하여 소방청장은 소방박물관을, 시·도지사는 소방체험관을 설립하여 운영할 수 있다.

정답 ②

03 다음 중 소방체험관을 설치해야 하는 사람은?

① 소방청장　　　　　　② 소방본부장
③ 시·도지사　　　　　　④ 소방서장

해설
시 · 도지사는 소방체험관(화재 현장에서의 피난 등을 체험할 수 있는 체험관을 말한다)을 설립하여 운영할 수 있다.

정답 ③

04 소방의 역사와 안전문화를 발전시키고 국민의 안전의식을 높이기 위하여 소방박물관 또는 화재 현장에서의 피난 등을 체험할 수 있는 소방체험관을 설치해야 하는 사람의 순서는?
① 소방청장, 시 · 도지사
② 소방본부장, 시 · 도지사
③ 시 · 도지사, 소방청장
④ 시 · 도지사, 소방서장

해설
소방청장은 소방박물관을, 시 · 도지사는 소방체험관을 설립하여 운영할 수 있다.

정답 ①

05 소방의 역사와 안전문화를 발전시키고 국민의 안전의식을 높이기 위해 설립 · 운영하는 소방박물관과 소방체험관의 설립 · 운영권자의 연결로 옳은 것은?
① 소방박물관 − 소방청장, 소방체험관 − 시 · 도지사
② 소방박물관 − 시 · 도지사, 소방체험관 − 소방청장
③ 소방박물관 − 소방서장, 소방체험관 − 시 · 도지사
④ 소방박물관 − 소방본부장, 소방체험관 − 소방청장

해설
소방박물관의 설립 · 운영권자는 소방청장이며, 소방체험관의 설립 · 운영권자는 시 · 도지사이다.

정답 ①

06 소방기본법 제5조 [소방박물관 등의 설립과 운영]에서 소방체험관의 설립 · 운영에 관하여 필요한 사항은 행정안전부령으로 정하는 기준에 따라 무엇으로 정하는가?
① 대통령령
② 시 · 도의 조례
③ 소방기본법 시행규칙
④ 행정안전부령

해설
소방박물관의 설립과 운영에 필요한 사항은 행정안전부령으로 정하고, 소방체험관의 설립과 운영에 필요한 사항은 행정안전부령으로 정하는 기준에 따라 시 · 도의 조례로 정한다.

정답 ②

07 다음 중 소방본부장 또는 소방서장의 권한이 아닌 것은?

① 소방활동 및 소방교육·훈련
② 화재의 예방조치
③ 소방박물관의 설립·운영
④ 소방업무의 응원요청

해설
- 소방활동 및 소방교육·훈련 : 소방청장, 소방본부장, 소방서장
- 화재의 예방조치 : 소방본부장, 소방서장
- 소방박물관의 설립·운영 : 소방청장
- 소방업무의 응원요청 : 소방본부장, 소방서장

정답 ③

08 다음 중 소방기본법에 관한 설명으로 옳지 않은 것은?

① 소방기관의 설치에 관하여 필요한 사항은 대통령령으로 정한다.
② 소방기관이 소방업무를 수행하는데 필요한 인력과 장비 등(소방력)에 관한 기준은 행정안전부령으로 정한다.
③ 소방박물관은 소방청장이, 소방체험관은 소방본부장이 설립·운영한다.
④ 한국소방산업기술원에서 소방기술의 연구·개발 사업을 수행하게 할 수 있다.

해설
소방박물관은 소방청장이, 소방체험관은 시·도지사가 설립·운영할 수 있다.

정답 ③

★★★★☆

제6조(소방업무에 관한 종합계획의 수립·시행 등)

① 소방청장은 화재, 재난·재해, 그 밖의 위급한 상황으로부터 국민의 생명·신체 및 재산을 보호하기 위하여 소방업무에 관한 종합계획(이하 이 조에서 "종합계획"이라 한다)을 5년마다 수립·시행하여야 하고, 이에 필요한 재원을 확보하도록 노력하여야 한다.

② 종합계획에는 다음 각 호의 사항이 포함되어야 한다.
  1. 소방서비스의 질 향상을 위한 정책의 기본방향
  2. 소방업무에 필요한 체계의 구축, 소방기술의 연구·개발 및 보급
  3. 소방업무에 필요한 장비의 구비
  4. 소방전문인력 양성
  5. 소방업무에 필요한 기반조성

6. 소방업무의 교육 및 홍보(제21조에 따른 소방자동차의 우선 통행 등에 관한 홍보를 포함한다)
7. 그 밖에 소방업무의 효율적 수행을 위하여 필요한 사항으로서 대통령령으로 정하는 사항

③ 소방청장은 제1항에 따라 수립한 종합계획을 관계 중앙행정기관의 장, 시·도지사에게 통보하여야 한다.
④ 시·도지사는 관할 지역의 특성을 고려하여 종합계획의 시행에 필요한 세부계획(이하 이 조에서 "세부계획"이라 한다)을 매년 수립하여 소방청장에게 제출하여야 하며, 세부계획에 따른 소방업무를 성실히 수행하여야 한다.
⑤ 소방청장은 소방업무의 체계적 수행을 위하여 필요한 경우 제4항에 따라 시·도지사가 제출한 세부계획의 보완 또는 수정을 요청할 수 있다.
⑥ 그 밖에 종합계획 및 세부계획의 수립·시행에 필요한 사항은 대통령령으로 정한다.

핵심정리

종합계획	소방청장	5년마다 수립	관계 중앙행정기관의 장, 시·도지사에게 통보	대통령령
세부계획	시·도지사	매년 수립	소방청장에게 제출	대통령령

※ 종합계획에 포함되어야 하는 사항
1. 소방서비스의 질 향상을 위한 정책의 기본방향
2. 소방업무에 필요한 체계의 구축, 소방기술의 연구·개발 및 보급
3. 소방업무에 필요한 장비의 구비
4. 소방전문인력 양성
5. 소방업무에 필요한 기반조성
6. 소방업무의 교육 및 홍보(소방자동차의 우선 통행 등에 관한 홍보를 포함)
7. 그 밖에 소방업무의 효율적 수행을 위하여 필요한 사항으로서 대통령령으로 정하는 사항

예상문제

01 소방청장은 화재, 재난. 재해, 그 밖의 위급한 상황으로부터 국민의 생명·신체 및 재산을 보호하기 위하여 소방업무에 관한 종합계획을 몇 년마다 수립·시행하여야 하는가?

① 1년 ② 3년
③ 5년 ④ 6년

해설

소방청장은 화재, 재난·재해, 그 밖의 위급한 상황으로부터 국민의 생명·신체 및 재산을 보호하기 위하여 소방업무에 관한 종합계획을 5년마다 수립·시행하여야 한다.

정답 ③

02 소방업무에 관한 종합계획의 수립·시행 사항으로 옳지 않은 것은?

① 소방업무에 필요한 장비의 구비
② 소방업무에 필요한 기반조성
③ 소방업무에 필요한 소방기술의 교육
④ 소방전문인력 양성

해설

소방업무에 필요한 소방기술의 교육은 종합계획에 포함되어야 하는 사항이 아니며, "소방업무에 필요한 체계의 구축, 소방기술의 연구·개발 및 보급"은 종합계획에 포함되어야 하는 사항이다.

정답 ③

03 다음 괄호 속에 문장으로 옳은 것은?

> (　)는 관할 지역의 특성을 고려하여 종합계획의 시행에 필요한 세부계획을 (　) 수립하여 소방청장에게 제출하여야 하며, 세부계획에 따른 (　)를 성실히 수행하여야 한다.

① 시·도지사, 매년, 소방업무
② 소방서장, 매년, 소화업무
③ 시·도지사, 5년마다, 소방업무
④ 시·도지사, 2년마다, 소화업무

해설

시·도지사는 관할 지역의 특성을 고려하여 종합계획의 시행에 필요한 세부계획을 매년 수립하여 소방청장에게 제출하여야 하며, 세부계획에 따른 소방업무를 성실히 수행하여야 한다.

정답 ①

04 다음 중 관할구역 안에서의 소방업무를 성실히 수행해야 하는 소방업무 책임자는?

① 소방본부장·소방서장
② 시·도지사
③ 소방청장
④ 경찰공무원

해설

관할구역 안에서의 소방업무를 성실히 수행해야 하는 소방업무 책임자는 시·도지사이다.

정답 ②

★★☆☆☆

제7조(소방의 날 제정과 운영 등)

① 국민의 안전의식과 화재에 대한 경각심을 높이고 안전문화를 정착시키기 위하여 매년 11월 9일을 소방의 날로 정하여 기념행사를 한다.
② 소방의 날 행사에 관하여 필요한 사항은 소방청장 또는 시·도지사가 따로 정하여 시행할 수 있다.
③ 소방청장은 다음 각 호에 해당하는 사람을 명예직 소방대원으로 위촉할 수 있다.
   1. 「의사상자 등 예우 및 지원에 관한 법률」 제2조에 따른 의사상자(義死傷者)로서 같은 법 제3조제3호 또는 제4호에 해당하는 사람
   2. 소방행정 발전에 공로가 있다고 인정되는 사람

예상문제

01 다음 중 우리나라 소방의 날 제정 일자는 며칠인가?
   ① 3월 11일   ② 1월 19일
   ③ 11월 9일   ④ 5월 29일

해설
국민의 안전의식과 화재에 대한 경각심을 높이고 안전문화를 정착시키기 위하여 매년 11월 9일을 소방의 날로 정하여 기념행사를 한다.

정답 ③

★★★☆☆

제8조(소방력의 기준 등)

① 소방기관이 소방업무를 수행하는 데에 필요한 인력과 장비 등[이하 "소방력"(消防力)이라 한다]에 관한 기준은 행정안전부령으로 정한다.
② 시·도지사는 제1항에 따른 소방력의 기준에 따라 관할구역의 소방력을 확충하기 위하여 필요한 계획을 수립하여 시행하여야 한다.
③ 소방자동차 등 소방장비의 분류·표준화와 그 관리 등에 필요한 사항은 따로 법률에서 정한다.

예상문제

01 소방기관이 소방업무를 수행하는 데 필요한 인력과 장비 등(소방력)에 관한 기준은 어느 것으로 정하는가?
① 대통령령
② 행정안전부령
③ 시·도의 조례
④ 소방청 고시

해설
소방기관이 소방업무를 수행하는 데에 필요한 인력과 장비 등(소방력)에 관한 기준은 행정안전부령으로 정한다.

정답 ②

02 다음 중 소방력의 기준 등에 대하여 옳지 않은 것은?
① 소방기관이 소방업무를 수행하는 데에 필요한 인력과 장비를 소방력이라 한다.
② 소방업무를 수행하는 데에 필요한 소방력에 관한 기준은 행정안전부령으로 정한다.
③ 소방청장은 소방력의 기준에 따라 관할구역의 소방력을 확충하기 위하여 필요한 계획을 수립하여 시행하여야 한다.
④ 소방기관이 소방업무를 수행하는 데에 필요한 인력과 장비 등(소방력)에 관한 기준은 행정안전부령으로 정한다.

해설
시·도지사는 소방력의 기준에 따라 관할구역의 소방력을 확충하기 위하여 필요한 계획을 수립하여 시행하여야 한다.

정답 ③

03 소방력 기준에 따라 소방력을 확충하기 위하여 계획을 수립하고 시행하는 사람은?
① 국무총리
② 소방청장
③ 시·도지사
④ 소방서장

해설
시·도지사는 소방력의 기준에 따라 관할구역의 소방력을 확충하기 위하여 필요한 계획을 수립하여 시행하여야 한다.

정답 ③

★★☆☆☆

제9조(소방장비 등에 대한 국고보조)

① 국가는 소방장비의 구입 등 시·도의 소방업무에 필요한 경비의 일부를 보조한다.
② 제1항에 따른 보조 대상사업의 범위와 기준보조율은 대통령령으로 정한다.

01 다음 중 바르게 설명한 것을 모두 고르시오.

> a. 시·도지사는 소방력의 기준에 따라 관할구역의 소방력을 확충하기 위하여 필요한 계획을 수립하여 시행하여야 한다.
> b. 일부 국고보조의 대상사업의 범위와 기준보조율은 대통령령으로 정한다.
> c. 소방기관이 소방업무를 수행하는 데에 필요한 인력과 장비 등에 관한 기준은 시·도의 조례로 정한다.

① a
② a, b
③ b, c
④ a, b, c

해설
소방기관이 소방업무를 수행하는 데에 필요한 인력과 장비 등에 관한 기준은 행정안전부령으로 정한다.

정답 ②

★★★★☆

제10조(소방용수시설의 설치 및 관리 등)

① 시·도지사는 소방활동에 필요한 소화전(消火栓)·급수탑(給水塔)·저수조(貯水槽)(이하 "소방용수시설"이라 한다)를 설치하고 유지·관리하여야 한다. 다만, 「수도법」 제45조에 따라 소화전을 설치하는 일반수도사업자는 관할 소방서장과 사전협의를 거친 후 소화전을 설치하여야 하며, 설치 사실을 관할 소방서장에게 통지하고, 그 소화전을 유지·관리하여야 한다.
② 시·도지사는 제21조제1항에 따른 소방자동차의 진입이 곤란한 지역 등 화재발생 시에

초기 대응이 필요한 지역으로서 대통령령으로 정하는 지역에 소방호스 또는 호스릴 등을 소방용수시설에 연결하여 화재를 진압하는 시설이나 장치(이하 "비상소화장치"라 한다)를 설치하고 유지·관리할 수 있다.

③ 제1항에 따른 소방용수시설과 제2항에 따른 비상소화장치의 설치기준은 행정안전부령으로 정한다.

핵심정리

1. 소방용수시설 : 소화전·급수탑·저수조
2. 시·도지사는 소방용수시설을 설치·유지·관리하여야 한다.
3. 소화전을 설치하는 일반수도사업자는 관할 소방서장과 사전협의를 거친 후 소화전을 설치·유지·관리하여야 한다.
4. 비상소화장치 : 소방호스 또는 호스릴 등을 소방용수시설에 연결하여 화재를 진압하는 시설이나 장치
5. 시·도지사는 비상소화장치를 설치·유지·관리할 수 있다.
6. 소방용수시설과 비상소화장치의 설치기준은 행정안전부령으로 정한다.

예상문제

01 다음 중 소방기본법에서 정하는 소방용수시설이 아닌 것은?
① 급수탑 ② 저수조
③ 소화전 ④ 옥외소화전설비

해설
소방활동에 필요한 소화전(消火栓)·급수탑(給水塔)·저수조(貯水槽)를 소방용수시설이라고 한다.

정답 ④

02 소방용수시설을 설치하고 유지·관리하여야 하는 자는 누구인가?
① 시·도지사 ② 소방본부장
③ 소방서장 ④ 수도관리사업소장

해설
시·도지사는 소방활동에 필요한 소방용수시설(소화전·급수탑·저수조)을 설치하고 유지·관리하여야 한다.

정답 ①

03 소방용수시설의 설치 및 관리기준으로 옳지 않은 것은?
① 시·도지사는 소방활동에 필요한 소화전·급수탑·저수조를 설치하고 유지·관리하여야 한다.
② 수도법에 따라 소화전을 설치하는 일반수도사업자는 관할 소방서장과 사전협의를 거친 후 소화전을 설치하여야 한다.
③ 일반수도사업자는 소화전 설치 사실을 관할 소방서장에게 통지하고, 그 소화전을 유지·관리하여야 한다.
④ 소방용수시설의 설치기준은 시·도의 조례로 정한다.

해설
소방용수시설의 설치기준은 행정안전부령으로 정한다.

정답 ④

★★★★☆

제11조(소방업무의 응원)

① 소방본부장이나 소방서장은 소방활동을 할 때에 긴급한 경우에는 이웃한 소방본부장 또는 소방서장에게 소방업무의 응원(應援)을 요청할 수 있다.
② 제1항에 따라 소방업무의 응원 요청을 받은 소방본부장 또는 소방서장은 정당한 사유 없이 그 요청을 거절하여서는 아니 된다.
③ 제1항에 따라 소방업무의 응원을 위하여 파견된 소방대원은 응원을 요청한 소방본부장 또는 소방서장의 지휘에 따라야 한다.
④ 시·도지사는 제1항에 따라 소방업무의 응원을 요청하는 경우를 대비하여 출동 대상지역 및 규모와 필요한 경비의 부담 등에 관하여 필요한 사항을 행정안전부령으로 정하는 바에 따라 이웃하는 시·도지사와 협의하여 미리 규약(規約)으로 정하여야 한다.

예상문제

01 다음 중 소방업무의 응원에 대하여 옳지 않은 것은?

① 소방본부장이나 소방서장은 소방활동을 할 때에 긴급한 경우에는 이웃한 소방본부장 또는 소방서장에게 소방업무의 응원(應援)을 요청할 수 있다.
② 소방업무의 응원 요청을 받은 소방본부장 또는 소방서장은 정당한 사유 없이 그 요청을 거절하여서는 아니 된다.
③ 소방업무의 응원을 위하여 파견된 소방대원은 응원을 요청받은 소방본부장 또는 소방서장의 지휘에 따라야 한다.
④ 시·도지사는 소방업무의 응원을 요청하는 경우를 대비하여 출동 대상지역 및 규모와 필요한 경비의 부담 등에 관하여 필요한 사항을 이웃하는 시·도지사와 협의하여 미리 규약(規約)으로 정하여야 한다.

해설
소방업무의 응원을 위하여 파견된 소방대원은 응원을 요청한 소방본부장 또는 소방서장의 지휘에 따라야 한다.

정답 ③

02 다음 중 이웃하는 시·도 간의 상호응원협정에 대하여 틀린 것은?

① 소방본부장, 소방서장은 소방활동에 있어서 긴급한 때에는 이웃한 소방본부장, 소방서장에게 응원을 요청할 수 있다.
② 소방업무의 응원을 요청받은 소방본부장 또는 소방서장은 정당사유 없이 그 요청을 거절하여서는 아니 된다.
③ 소방업무의 응원을 위하여 파견된 소방대원은 응원을 요청한 소방본부장, 소방서장의 지휘에 따라야 한다.
④ 시·도지사는 소방업무를 요청하는 경우를 대비하여 출동 대상지역 및 규모와 필요한 경비의 부담 등에 관하여 필요한 사항을 시·도의 조례로 정하는 바에 따라 이웃하는 시·도지사와 협의하여 미리 규약으로 정하여야 한다.

해설
시·도지사는 소방업무를 요청하는 경우를 대비하여 출동 대상지역 및 규모와 필요한 경비의 부담 등에 관하여 필요한 사항을 행정안전부령으로 정하는 바에 따라 이웃하는 시·도지사와 협의하여 미리 규약으로 정하여야 한다.

정답 ④

03 소방업무의 응원협정에 관한 내용 중 옳지 않은 것은?

① 소방본부장이나 소방서장은 소방활동을 할 때에 긴급한 경우에는 이웃한 소방본부장 또는 소방서장에게 소방업무의 응원을 요청할 수 있다.
② 소방업무의 응원요청을 받은 소방본부장 또는 소방서장은 정당한 사유 없이 그 요청을 거절하여서는 안 된다.
③ 소방업무의 응원을 위하여 파견된 소방대원은 응원을 요청한 소방본부장 또는 소방서장의 지휘에 따라야 한다.
④ 소방본부장 또는 소방서장은 응원을 요청하는 경우를 대비하여 출동 대상지역 및 규모와 소요경비의 부담 등을 이웃하는 소방본부장 또는 소방서장과 협의하여 미리 규약으로 정하여야 한다.

해설
시·도지사는 응원을 요청하는 경우를 대비하여 출동 대상지역 및 규모와 소요경비의 부담 등을 이웃하는 시·도지사와 협의하여 미리 규약으로 정하여야 한다.

정답 ④

04 다음 중 이웃하는 시·도지사 간의 소방업무 응원요청 시 옳은 것은?

① 시·도지사는 소방활동에 있어서 긴급한 때에는 이웃한 소방본부장 또는 소방서장에게 소방업무의 응원(應援)을 요청할 수 있다.
② 소방업무의 응원요청을 받은 시·도지사는 정당한 사유 없이 이를 거절하여서는 아니 된다. 또한 지휘권은 요청한 쪽에서 갖는다.
③ 소방업무의 응원을 위하여 파견된 소방대원은 응원을 요청한 소방본부장 또는 소방서장의 지휘에 따라야 한다.
④ 소방본부장 또는 소방서장은 규정에 따라 소방업무의 응원을 요청하는 경우를 대비하여 출동 대상지역 및 규모와 소요경비의 부담 등에 관하여 필요한 사항을 행정안전부령이 정하는 바에 따라 이웃하는 시·도지사와 협의하여 미리 규약(規約)으로 정하여야 한다.

해설
- 소방본부장 또는 소방서장은 소방활동에 있어서 긴급한 때에는 이웃한 소방본부장 또는 소방서장에게 소방업무의 응원(應援)을 요청할 수 있다.
- 소방업무의 응원요청을 받은 소방본부장 또는 소방서장은 정당한 사유 없이 이를 거절하여서는 아니 된다. 또한 지휘권은 요청한 쪽에서 갖는다.
- 시·도지사는 규정에 따라 소방업무의 응원을 요청하는 경우를 대비하여 출동 대상지역 및 규모와 소요경비의 부담 등에 관하여 필요한 사항을 행정안전부령이 정하는 바에 따라 이웃하는 시·도지사와 협의하여 미리 규약(規約)으로 정하여야 한다.

정답 ③

05 다음 중 소방응원에 관한 내용으로 옳지 않은 것은?

① 소방업무의 상호응원협정은 소방본부장 또는 소방서장이 미리 규약으로 정하여야 한다.
② 소방업무의 응원을 위하여 파견된 소방대원은 응원을 요청한 소방본부장 또는 소방서장의 지휘에 따라야 한다.
③ 요청받은 대상자는 정당한 사유 없이 이를 거절하여서는 안 된다.
④ 소방본부장 또는 소방서장은 소방활동에 있어서 긴급한 때에는 이웃한 소방본부장 또는 소방서장에게 소방업무의 응원을 요청할 수 있다.

해설
소방업무의 상호응원협정은 시·도지사가 미리 규약으로 정하여야 한다.

정답 ①

06 소방활동에 있어서 A지역 소방대원이 응원을 요청한 B지역으로 응원을 갔을 때 지휘관의 상황에 대하여 옳은 것은?

① 소방업무의 응원을 위하여 파견된 A지역 소방공무원은 응원을 요청한 B지역 소방본부장 또는 소방서장의 지휘에 따라야 한다.
② 소방업무의 응원을 위하여 파견된 A지역 소방공무원은 A지역 소방본부장 또는 소방서장의 지휘에 따라야 한다.
③ 소방업무의 응원을 위하여 파견된 A지역 소방공무원은 A지역과 B지역의 소방본부장 또는 소방서장의 지휘에 따라야 한다.
④ 소방업무의 응원을 위하여 파견된 A지역 소방공무원은 A지역과 B지역의 소방본부장 또는 소방서장의 동시 지휘에 따라야 한다.

해설
소방업무의 응원을 위하여 파견된 소방대원은 응원을 요청한 소방본부장 또는 소방서장의 지휘에 따라야 한다.

정답 ①

★★★☆☆

제11조의2(소방력의 동원)

① 소방청장은 해당 시·도의 소방력만으로는 소방활동을 효율적으로 수행하기 어려운 화재, 재난·재해, 그 밖의 구조·구급이 필요한 상황이 발생하거나 특별히 국가적 차원에서 소방활동을 수행할 필요가 인정될 때에는 각 시·도지사에게 행정안전부령으로 정하는 바에 따라 소방력을 동원할 것을 요청할 수 있다.
② 제1항에 따라 동원 요청을 받은 시·도지사는 정당한 사유 없이 요청을 거절하여서는 아니 된다.
③ 소방청장은 시·도지사에게 제1항에 따라 동원된 소방력을 화재, 재난·재해 등이 발생한 지역에 지원·파견하여 줄 것을 요청하거나 필요한 경우 직접 소방대를 편성하여 화재진압 및 인명구조 등 소방에 필요한 활동을 하게 할 수 있다.
④ 제1항에 따라 동원된 소방대원이 다른 시·도에 파견·지원되어 소방활동을 수행할 때에는 특별한 사정이 없으면 화재, 재난·재해 등이 발생한 지역을 관할하는 소방본부장 또는 소방서장의 지휘에 따라야 한다. 다만, 소방청장이 직접 소방대를 편성하여 소방활동을 하게 하는 경우에는 소방청장의 지휘에 따라야 한다.
⑤ 제3항 및 제4항에 따른 소방활동을 수행하는 과정에서 발생하는 경비 부담에 관한 사항, 제3항 및 제4항에 따라 소방활동을 수행한 민간 소방 인력이 사망하거나 부상을 입었을 경우의 보상주체·보상기준 등에 관한 사항, 그 밖에 동원된 소방력의 운용과 관련하여 필요한 사항은 대통령령으로 정한다.

예상문제

01 소방활동을 수행하는 과정에서 발생하는 경비 부담에 관한 사항, 소방활동을 수행한 민간 소방 인력이 사망하거나 부상을 입었을 경우의 보상주체·보상기준 등에 관한 사항, 그 밖에 동원된 소방력의 운용과 관련하여 필요한 사항은 무엇으로 정하는가?

① 헌법
② 대통령령
③ 행정안전부령
④ 시·도 조례

해설
소방활동을 수행하는 과정에서 발생하는 경비 부담에 관한 사항, 소방활동을 수행한 민간 소방 인력이 사망하거나 부상을 입었을 경우의 보상주체·보상기준 등에 관한 사항, 그 밖에 동원된 소방력의 운용과 관련하여 필요한 사항은 대통령령으로 정한다.

정답 ②

02 다음 괄호 속에 문장으로 옳은 것은?

(㉠)은 해당 시·도의 소방력만으로는 소방활동을 효율적으로 수행하기 어려운 화재, 재난·재해, 그 밖의 구조·구급이 필요한 상황이 발생하거나 특별히 (㉡) 차원에서 소방활동을 수행할 필요가 인정될 때에는 각 시·도지사에게 (㉢)으로 정하는 바에 따라 소방력을 동원할 것을 요청할 수 있다.

	㉠	㉡	㉢
①	소방청장	국가적	행정안전부령
②	시·도지사	시·도	대통령령
③	소방청장	시·도	대통령령
④	시·도지사	국가적	행정안전부령

해설

소방청장은 해당 시·도의 소방력만으로는 소방활동을 효율적으로 수행하기 어려운 화재, 재난·재해, 그 밖의 구조·구급이 필요한 상황이 발생하거나 특별히 국가적 차원에서 소방활동을 수행할 필요가 인정될 때에는 각 시·도지사에게 행정안전부령으로 정하는 바에 따라 소방력을 동원할 것을 요청할 수 있다.

정답 ①

★★★★★

제16조의2(소방지원활동)

① 소방청장·소방본부장 또는 소방서장은 공공의 안녕질서 유지 또는 복리증진을 위하여 필요한 경우 소방활동 외에 다음 각 호의 활동(이하 "소방지원활동"이라 한다)을 하게 할 수 있다.
1. 산불에 대한 예방·진압 등 지원활동
2. 자연재해에 따른 급수·배수 및 제설 등 지원활동
3. 집회·공연 등 각종 행사 시 사고에 대비한 근접대기 등 지원활동
4. 화재, 재난·재해로 인한 피해복구 지원활동
5. 삭제 〈2015. 7. 24.〉
6. 그 밖에 행정안전부령으로 정하는 활동

> ※ 그 밖에 행정안전부령으로 정하는 활동(시행규칙 제8조의4)
> 1. 군·경찰 등 유관기관에서 실시하는 훈련지원 활동
> 2. 소방시설 오작동 신고에 따른 조치활동
> 3. 방송제작 또는 촬영 관련 지원활동

② 소방지원활동은 제16조의 소방활동 수행에 지장을 주지 아니하는 범위에서 할 수 있다.
③ 유관기관·단체 등의 요청에 따른 소방지원활동에 드는 비용은 지원요청을 한 유관기관·단체 등에게 부담하게 할 수 있다. 다만, 부담금액 및 부담방법에 관하여는 지원요청을 한 유관기관·단체 등과 협의하여 결정한다.

예상문제

01 다음 중 소방지원활동에 해당하지 않는 것은?
① 급수 및 도로정비 지원활동
② 산불에 대한 예방·진압 등 지원활동
③ 소방시설 오작동 신고에 따른 조치활동
④ 군·경찰 등 유관기관에서 실시하는 훈련지원 활동

해설
급수 및 도로정비 지원활동은 소방지원활동에 해당하지 않는다.

정답 ①

02 다음 중 소방지원활동의 내용 중 옳지 않은 것은?
① 소방지원활동은 소방활동 수행에 지장을 주지 아니하는 범위에서 할 수 있다.
② 소방청장, 소방본부장 또는 소방서장은 공공의 안녕 및 질서유지 또는 복리증진을 위하여 필요한 경우 소방활동 외에 소방지원활동을 하게 할 수 있다.
③ 유관기관. 단체 등의 요청에 따른 소방지원활동에 드는 모든 비용은 지원요청을 한 유관기관·단체 등이 무료로 부담한다.
④ 화재, 재난·재해로 인한 피해복구 또는 자연재해에 따른 급수·배수, 제설 등 지원활동을 포함한다.

해설
유관기관·단체 등의 요청에 따른 소방지원활동에 드는 비용은 지원요청을 한 유관기관·단체 등에게 부담하게 할 수 있다. 다만, 부담금액 및 부담방법에 관하여는 지원요청을 한 유관기관·단체 등과 협의하여 결정한다.

정답 ③

★★★★★

 제16조의3(생활안전활동)

① 소방청장·소방본부장 또는 소방서장은 신고가 접수된 생활안전 및 위험제거 활동(화재, 재난·재해, 그 밖의 위급한 상황에 해당하는 것은 제외한다)에 대응하기 위하여 소방대를 출동시켜 다음 각 호의 활동(이하 "생활안전활동"이라 한다)을 하게 하여야 한다.
  1. 붕괴, 낙하 등이 우려되는 고드름, 나무, 위험 구조물 등의 제거활동
  2. 위해동물, 벌 등의 포획 및 퇴치 활동
  3. 끼임, 고립 등에 따른 위험제거 및 구출 활동
  4. 단전사고 시 비상전원 또는 조명의 공급
  5. 그 밖에 방치하면 급박해질 우려가 있는 위험을 예방하기 위한 활동
② 누구든지 정당한 사유 없이 제1항에 따라 출동하는 소방대의 생활안전활동을 방해하여서는 아니 된다.

핵심정리

소방지원활동	생활안전활동
1. 집회·공연 등 각종 행사 시 사고에 대비한 근접대기 등 지원활동 2. 자연재해에 따른 급수·배수 및 제설 등 지원활동 3. 산불에 대한 예방·진압 등 지원활동 4. 화재, 재난·재해로 인한 피해복구 지원활동 5. 그 밖에 행정안전부령으로 정하는 활동 • 군·경찰 등 유관기관에서 실시하는 훈련지원 활동 • 소방시설 오작동 신고에 따른 조치활동 • 방송제작 또는 촬영 관련 지원활동	1. 단전사고 시 비상전원 또는 조명의 공급 2. 위해동물, 벌 등의 포획 및 퇴치 활동 3. 붕괴, 낙하 등이 우려되는 고드름, 나무, 위험 구조물 등의 제거활동 4. 끼임, 고립 등에 따른 위험제거 및 구출 활동 5. 그 밖에 방치하면 급박해질 우려가 있는 위험을 예방하기 위한 활동

암기법 집자산 화재 군소방 / 단전 퇴치 고고

예상문제

01 다음 중 소방지원활동 등에 대한 내용으로 틀린 것은?
① 화재·재난·재해로 인한 피해복구 소방지원활동을 할 수 있다.
② 소방지원활동에는 단전사고 시 비상전원 또는 조명의 공급이 있다.
③ 소방지원활동은 소방활동 수행에 지장을 주지 아니하는 범위에서 할 수 있다.
④ 유관기관·단체 등의 요청에 따른 소방지원활동에 드는 비용은 지원요청을 한 유관기관·단체 등에게 부담하게 할 수 있다.

해설
단전사고 시 비상전원 또는 조명의 공급은 소방지원활동이 아닌 생활안전활동에 해당된다.

정답 ②

02 소방기본법 및 같은 법 시행규칙에서 소방지원활동으로 옳지 않은 것은?
① 집회·공연 등 각종 행사 시 사고에 대비한 근접대기 등 지원활동
② 소방시설 오작동 신고에 따른 조치활동
③ 방송제작 또는 촬영 관련 지원활동
④ 위해동물, 벌 등의 포획 및 퇴치활동

해설
위해동물, 벌 등의 포획 및 퇴치활동은 소방지원활동이 아닌 생활안전활동에 해당된다.

정답 ④

03 다음 중 소방기본법에서 소방지원활동이 아닌 것은?
① 집회·공연 등 각종 행사 시 사고에 대비한 근접대기 등 지원활동
② 화재, 재난·재해로 인한 피해복구 지원활동
③ 자연재해에 따른 급수·배수, 제설 등 지원활동
④ 붕괴, 낙하 등이 우려되는 고드름, 나무, 위험 구조물 등의 제거활동

해설
붕괴, 낙하 등이 우려되는 고드름, 나무, 위험 구조물 등의 제거활동은 소방지원활동이 아닌 생활안전활동에 해당된다.

정답 ④

04 다음 소방기본법상 생활안전활동이 아닌 것은?
① 위해동물 벌 등의 포획 및 퇴치 활동
② 끼임, 고립 등에 따른 위험제거 및 구출 활동
③ 자연재해 단수 시 물을 공급
④ 단전사고 시 비상전원 또는 조명의 공급

해설
자연재해 단수 시 물을 공급(자연재해에 따른 급수·배수 및 제설 등 지원활동)은 생활안전활동이 아닌 소방지원활동에 해당된다.

정답 ③

★★★☆☆ [개정 2022. 11. 15.]

제17조(소방교육·훈련)

① 소방청장, 소방본부장 또는 소방서장은 소방업무를 전문적이고 효과적으로 수행하기 위하여 소방대원에게 필요한 교육·훈련을 실시하여야 한다.
② 소방청장, 소방본부장 또는 소방서장은 화재를 예방하고 화재 발생 시 인명과 재산피해를 최소화하기 위하여 다음 각 호에 해당하는 사람을 대상으로 행정안전부령으로 정하는 바에 따라 소방안전에 관한 교육과 훈련을 실시할 수 있다. 이 경우 소방청장, 소방본부장 또는 소방서장은 해당 어린이집·유치원·학교의 장 또는 장애인복지시설의 장과 교육일정 등에 관하여 협의하여야 한다. 〈개정 2022. 11. 15.〉
  1. 「영유아보육법」 제2조에 따른 어린이집의 영유아
  2. 「유아교육법」 제2조에 따른 유치원의 유아
  3. 「초·중등교육법」 제2조에 따른 학교의 학생
  4. 「장애인복지법」 제58조에 따른 장애인복지시설에 거주하거나 해당 시설을 이용하는 장애인
③ 소방청장, 소방본부장 또는 소방서장은 국민의 안전의식을 높이기 위하여 화재 발생 시 피난 및 행동 방법 등을 홍보하여야 한다.
④ 제1항에 따른 교육·훈련의 종류 및 대상자, 그 밖에 교육·훈련의 실시에 필요한 사항은 행정안전부령으로 정한다.

핵심정리

교육·훈련 실시자	교육·훈련 대상자	비고
소방청장, 소방본부장 또는 소방서장	소방대원	교육·훈련을 실시하여야 한다.
소방청장, 소방본부장 또는 소방서장	1. 어린이집의 영유아 2. 유치원의 유아 3. 학교의 학생 4. 장애인복지시설에 거주하거나 해당 시설을 이용하는 장애인	교육·훈련을 실시할 수 있다.

예상문제

01 소방청장, 소방본부장 또는 소방서장이 화재를 예방하고 화재 발생 시 인명과 재산피해를 최소화하기 위하여 실시하는 소방교육·훈련 대상이 아닌 것은?

① 「영유아보육법」 제2조에 따른 어린이집의 영유아
② 대규모 아파트의 입주민
③ 유아교육법에 따른 유치원의 유아
④ 초·중등교육법에 따른 중학교의 학생

해설
대규모 아파트의 입주민은 소방청장, 소방본부장 또는 소방서장이 화재를 예방하고 화재 발생 시 인명과 재산피해를 최소화하기 위하여 실시하는 소방교육·훈련 대상이 아니다.

정답 ②

★★★☆☆

제17조의2(소방안전교육사)

① 소방청장은 제17조제2항에 따른 소방안전교육을 위하여 소방청장이 실시하는 시험에 합격한 사람에게 소방안전교육사 자격을 부여한다.
② 소방안전교육사는 소방안전교육의 기획·진행·분석·평가 및 교수업무를 수행한다.

③ 제1항에 따른 소방안전교육사 시험의 응시자격, 시험방법, 시험과목, 시험위원, 그 밖에 소방안전교육사 시험의 실시에 필요한 사항은 대통령령으로 정한다.

④ 제1항에 따른 소방안전교육사 시험에 응시하려는 사람은 대통령령으로 정하는 바에 따라 수수료를 내야 한다.

핵심정리

※ 소방교육 · 훈련

구분	내용
소방기본법 제17조제1항	① 소방청장, 소방본부장 또는 소방서장은 소방업무를 전문적이고 효과적으로 수행하기 위하여 소방대원에게 필요한 교육·훈련을 실시하여야 한다.
소방기본법 제17조제2항	② 소방청장, 소방본부장 또는 소방서장은 화재를 예방하고 화재 발생 시 인명과 재산피해를 최소화하기 위하여 다음 각 호에 해당하는 사람을 대상으로 행정안전부령으로 정하는 바에 따라 소방안전에 관한 교육과 훈련을 실시할 수 있다. 1. 「영유아보육법」 제2조에 따른 어린이집의 영유아 2. 「유아교육법」 제2조에 따른 유치원의 유아 3. 「초·중등교육법」 제2조에 따른 학교의 학생
초·중등교육법 제2조	초·중등교육을 실시하기 위하여 다음 각 호의 학교를 둔다. 1. 초등학교 2. 중학교·고등공민학교 3. 고등학교·고등기술학교 4. 특수학교 5. 각종학교
소방기본법 제17조의2	소방청장은 제17조제2항에 따른 소방안전교육을 위하여 소방청장이 실시하는 시험에 합격한 사람에게 소방안전교육사 자격을 부여한다.

예상문제

01 다음 중 소방안전교육사의 교육대상이 아닌 것은?

① 어린이집의 영·유아
② 유치원의 유아
③ 고등학교
④ 교육학원

해설

소방안전교육사가 실시하는 소방안전교육의 대상자는 영유아보육법에 따른 어린이집의 영유아, 유아교육법에 따른 유치원의 유아, 초·중등교육법에 따른 학교(초등학교, 중학교, 고등학교)의 학생이다.

정답 ④

02 다음 중 소방안전교육사의 수행업무가 아닌 것은?
① 기획
② 진행
③ 분석
④ 홍보

📖 해설
소방안전교육사는 소방안전교육의 기획 · 진행 · 분석 · 평가 및 교수업무를 수행한다.

정답 ④

03 다음 중 소방안전교육사의 수행하는 업무가 아닌 것은?
① 소방안전 교육의 기획
② 소방안전 교육의 감사
③ 소방안전 교육의 분석
④ 소방안전 교육의 평가

📖 해설
소방안전교육사는 소방안전교육의 기획 · 진행 · 분석 · 평가 및 교수업무를 수행한다.

정답 ②

★★★☆☆ [개정 2021. 1. 12.]

제17조의3(소방안전교육사의 결격사유)

다음 각 호의 어느 하나에 해당하는 사람은 소방안전교육사가 될 수 없다. 〈개정 2021. 1. 12.〉
1. 피성년후견인
2. 금고 이상의 실형을 선고받고 그 집행이 끝나거나(집행이 끝난 것으로 보는 경우를 포함한다) 집행이 면제된 날부터 2년이 지나지 아니한 사람
3. 금고 이상의 형의 집행유예를 선고받고 그 유예기간 중에 있는 사람
4. 법원의 판결 또는 다른 법률에 따라 자격이 정지되거나 상실된 사람

― 예상문제 ―

01 다음 중 소방안전교육사 결격사유에 해당하지 않은 것은?
① 피성년후견인
② 법원의 판결 또는 다른 법률에 따라 자격이 정지되거나 상실된 사람
③ 금고 이상의 형의 집행유예를 선고받고 그 유예기간 중에 있는 사람
④ 금고 이상의 실형을 선고받고 그 집행이 끝나거나 집행이 면제된 날부터 2년이 경과된 사람

해설
금고 이상의 실형을 선고받고 그 집행이 끝나거나 집행이 면제된 날부터 2년이 경과된 사람은 소방안전교육사가 될 수 있고, 금고 이상의 실형을 선고받고 그 집행이 끝나거나 집행이 면제된 날부터 2년이 지나지 아니한 사람은 소방안전교육사가 될 수 없다.

정답 ④

02 다음 중 소방안전교육사의 결격사유가 아닌 것은?
① 금고 이상의 실형을 선고받고 그 집행이 면제된 날부터 5년이 지나지 아니한 사람
② 금고 이상의 형의 집행유예를 선고받고 그 유예기간 중에 있는 사람
③ 법원의 판결 또는 다른 법률에 따라 자격이 정지되거나 상실된 사람
④ 피성년후견인

해설
금고 이상의 실형을 선고받고 그 집행이 면제된 날부터 2년이 지나지 아니한 사람은 소방안전교육사가 될 수 없다.

정답 ①

★★★☆☆

제18조(소방신호)

화재예방, 소방활동 또는 소방훈련을 위하여 사용되는 소방신호의 종류와 방법은 행정안전부령으로 정한다.

예상문제

01 화재예방, 소방활동 또는 소방훈련을 위하여 사용되는 신호는?
① 경계신호　　　　　　　　　② 소방신호
③ 발화신호　　　　　　　　　④ 훈련신호

해설
화재예방, 소방활동 또는 소방훈련을 위하여 사용되는 신호는 소방신호이다. 소방신호의 종류에는 경계신호, 발화신호, 해제신호, 훈련신호가 있다.

정답 ②

★★★★★

제19조(화재 등의 통지)

① 화재 현장 또는 구조·구급이 필요한 사고 현장을 발견한 사람은 그 현장의 상황을 소방본부, 소방서 또는 관계 행정기관에 지체 없이 알려야 한다.
② 다음 각 호의 어느 하나에 해당하는 지역 또는 장소에서 화재로 오인할 만한 우려가 있는 불을 피우거나 연막(煙幕) 소독을 하려는 자는 시·도의 조례로 정하는 바에 따라 관할 소방본부장 또는 소방서장에게 신고하여야 한다.
　1. 시장지역
　2. 공장·창고가 밀집한 지역
　3. 목조건물이 밀집한 지역
　4. 위험물의 저장 및 처리시설이 밀집한 지역
　5. 석유화학제품을 생산하는 공장이 있는 지역
　6. 그 밖에 시·도의 조례로 정하는 지역 또는 장소

핵심정리

연막소독 신고 대상	연막소독 신고 대상이 아닌 것
1. 시장지역 2. 공장·창고가 밀집한 지역 3. 목조건물이 밀집한 지역 4. 위험물의 저장 및 처리시설이 밀집한 지역 5. 석유화학제품을 생산하는 공장이 있는 지역 6. 그 밖에 시·도의 조례로 정하는 지역 또는 장소	1. 상가지역 2. 공장·창고가 있는 지역 3. 목조건물이 있는 지역 4. 위험물의 저장 및 처리 시설이 있는 지역 5. 석유화학제품을 저장하는 공장이 있는 지역 6. 그 밖에 대통령령으로 정하는 지역 또는 장소 7. 그 밖에 행정안전부령으로 정하는 지역 또는 장소 8. 소방시설·소방용수시설 또는 소방출동로가 없는 지역 9. 고층건물이 밀집한 지역 10. 아파트가 밀집한 지역

예상문제

01 화재로 오인할 만할 우려가 있는 불을 피우거나 연막소독을 실시할 때 신고하지 않아도 되는 지역은?

① 시장지역
② 공장·창고가 밀집한 지역
③ 소방시설·소방용수시설 또는 소방 출동로가 없는 지역
④ 석유화학제품을 생산하는 공장이 있는 지역

해설
소방시설·소방용수시설 또는 소방 출동로가 없는 지역은 화재로 오인할 만할 우려가 있는 불을 피우거나 연막소독을 실시할 때 신고하지 않아도 되는 지역이다.

정답 ③

02 연막소독을 하려는 자가 시·도의 조례로 정하는 바에 따라 관할 소방본부장 또는 소방서장에게 신고하지 않아도 되는 지역은?

① 공장·창고가 밀집한 지역
② 아파트 지역
③ 위험물의 저장 및 처리시설이 밀집한 지역
④ 목조건물이 밀집한 지역

해설
아파트 지역은 연막소독을 하려는 자가 시·도의 조례로 정하는 바에 따라 관할 소방본부장 또는 소방서장에게 신고하지 않아도 되는 지역이다.

정답 ②

★★☆☆☆ [개정 2022. 4. 26.]

제20조(관계인의 소방활동)

① 관계인은 소방대상물에 화재, 재난·재해, 그 밖의 위급한 상황이 발생한 경우에는 소방대가 현장에 도착할 때까지 경보를 울리거나 대피를 유도하는 등의 방법으로 사람을 구출하는 조치 또는 불을 끄거나 불이 번지지 아니하도록 필요한 조치를 하여야 한다. 〈개정 2022. 4. 26.〉
② 관계인은 소방대상물에 화재, 재난·재해, 그 밖의 위급한 상황이 발생한 경우에는 이를 소방본부, 소방서 또는 관계 행정기관에 지체 없이 알려야 한다. 〈신설 2022. 4. 26.〉

예상문제

01 다음 중 화재발생현장에서 관계인의 소방활동 조치사항이 아닌 것은?
① 교통정리 작업
② 대피유도
③ 불을 번지지 않게 하는 소화작업
④ 인명구조

해설
관계인은 소방대상물에 화재, 재난·재해, 그 밖의 위급한 상황이 발생한 경우에는 소방대가 현장에 도착할 때까지 경보를 울리거나 대피를 유도하는 등의 방법으로 사람을 구출하는 조치 또는 불을 끄거나 불이 번지지 아니하도록 필요한 조치를 하여야 한다.

정답 ①

02 소방대가 현장에 도착할 때까지 관계인이 하는 소방활동으로 옳지 않은 것은?
① 관계인은 소방대가 현장에 도착할 때까지 사람을 구출하는 인명구조를 해야 한다.
② 관계인은 소방대가 현장에 도착할 때까지 불이 번지지 아니하도록 소화작업을 해야 한다.
③ 관계인은 소방대가 현장에 도착할 때까지 경보를 울리거나 인명대피를 유도해야 한다.
④ 관계인은 소방대가 현장에 도착할 때까지 소방활동구역을 설정한다.

해설
소방활동구역의 설정권자는 소방대장이다.(소방대장은 화재, 재난·재해, 그 밖의 위급한 상황이 발생한 현장에 소방활동구역을 정하여 소방활동에 필요한 사람으로서 대통령령으로 정하는 사람 외에는 그 구역에 출입하는 것을 제한할 수 있다.)

정답 ④

제21조(소방자동차의 우선 통행 등)

① 모든 차와 사람은 소방자동차(지휘를 위한 자동차와 구조·구급차를 포함한다. 이하 같다)가 화재진압 및 구조·구급 활동을 위하여 출동을 할 때에는 이를 방해하여서는 아니 된다.
② 소방자동차가 화재진압 및 구조·구급 활동을 위하여 출동하거나 훈련을 위하여 필요할 때에는 사이렌을 사용할 수 있다.
③ 모든 차와 사람은 소방자동차가 화재진압 및 구조·구급 활동을 위하여 제2항에 따라 사이렌을 사용하여 출동하는 경우에는 다음 각 호의 행위를 하여서는 아니 된다.
  1. 소방자동차에 진로를 양보하지 아니하는 행위
  2. 소방자동차 앞에 끼어들거나 소방자동차를 가로막는 행위
  3. 그 밖에 소방자동차의 출동에 지장을 주는 행위
④ 제3항의 경우를 제외하고 소방자동차의 우선 통행에 관하여는「도로교통법」에서 정하는 바에 따른다.

예상문제

01 소방기본법에서 규정하고 있는 소방자동차의 우선 통행 등에 대한 설명으로 틀린 것은?

① 모든 차와 사람은 소방자동차가 화재진압 및 구조·구급 활동을 위하여 출동하는 경우에는 이를 방해하여서는 아니 된다.
② 소방자동차의 우선 통행에 관하여는 자동차 관리법에서 정하는 바에 따른다.
③ 소방자동차가 화재진압 및 구조·구급 활동을 위하여 출동하거나 훈련을 위하여 필요할 때에는 사이렌을 사용할 수 있다.
④ 소방자동차가 화재진압을 위하여 출동하는 것을 방해한 사람은 5년 이하의 징역 또는 5천만 원 이하의 벌금에 처한다.

해설
소방자동차의 우선 통행에 관하여는「도로교통법」에서 정하는 바에 따른다.

정답 ②

★★★☆☆
제21조의2(소방자동차 전용구역 등)

① 「건축법」 제2조제2항제2호에 따른 공동주택 중 대통령령으로 정하는 공동주택의 건축주는 제16조제1항에 따른 소방활동의 원활한 수행을 위하여 공동주택에 소방자동차 전용구역(이하 "전용구역"이라 한다)을 설치하여야 한다.

> ※ 대통령령으로 정하는 공동주택(시행령 제7조의12)
> 1. 100세대 이상인 아파트
> 2. 3층 이상의 기숙사

② 누구든지 전용구역에 차를 주차하거나 전용구역에의 진입을 가로막는 등의 방해행위를 하여서는 아니 된다.
③ 전용구역의 설치 기준·방법, 제2항에 따른 방해행위의 기준, 그 밖의 필요한 사항은 대통령령으로 정한다.

★★☆☆☆
제22조(소방대의 긴급통행)

소방대는 화재, 재난·재해, 그 밖의 위급한 상황이 발생한 현장에 신속하게 출동하기 위하여 긴급할 때에는 일반적인 통행에 쓰이지 아니하는 도로·빈터 또는 물 위로 통행할 수 있다.

예상문제

01 소방자동차의 출동 및 통행에 대한 설명으로 옳지 않은 것은?
① 모든 차와 사람은 소방자동차가 화재진압 및 구조·구급 활동을 위하여 출동을 할 때에는 이를 방해하여서는 아니 된다.
② 소방자동차의 우선 통행에 관하여는 도로교통법으로 정한다.
③ 화재진압 및 구조·구급 활동을 위하여 출동 시에 한하여 사이렌을 사용할 수 있다.
④ 소방대는 화재, 재난·재해 그 밖의 위급한 상황이 발생한 현장에서 신속하게 출동하기 위하여 긴급할 때에는 도로, 빈터 또는 물 위로 통행할 수 있다.

해설
소방자동차가 화재진압 및 구조·구급 활동을 위하여 출동하거나 훈련을 위하여 필요할 때에는 사이렌을 사용할 수 있다.

정답 ③

02 소방자동차의 우선통행과 긴급통행에 대하여 옳지 않은 것은?
① 모든 차와 사람은 소방자동차가 화재진압 및 구조·구급 활동을 위하여 출동할 경우에는 이를 방해하여서는 아니 된다.
② 소방자동차의 우선 통행은 소방기본법을 따른다.
③ 소방자동차가 화재진압 및 구조·구급 활동을 위하여 출동하거나 훈련을 위하여 필요할 때에는 사이렌을 사용할 수 있다.
④ 소방대는 화재, 재난·재해, 그 밖의 위급한 상황이 발생한 현장에 신속하게 출동하기 위하여 긴급할 때에는 일반적인 통행에 쓰이지 아니하는 도로·빈터 또는 물 위로 통행할 수 있다.

해설
소방자동차의 우선 통행에 관하여는 「도로교통법」에서 정하는 바에 따른다.

정답 ②

03 다음 중 소방자동차의 통행에 관하여 옳지 않은 것은?
① 훈련을 위해 필요시 주택가에서 사이렌을 울릴 수 있다.
② 긴급 시 개인주택의 정원이 있는 사도를 통과할 수 있다.
③ 반드시 일반 교통법규를 준수하며 운행한다.
④ 소방자동차가 출동 시 다른 차들은 길을 비켜 주어야 한다.

해설
소방자동차는 화재, 재난·재해, 그 밖의 위급한 상황이 발생한 현장에 신속하게 출동하기 위하여 긴급할 때에는 일반 교통법규를 준수하지 않고 운행할 수 있다.

정답 ③

04 다음 중 소방대의 긴급통행으로 옳은 것은?
① 소방대는 화재, 재난·재해, 그 밖의 위급한 상황이 발생한 현장에 신속하게 출동하기 위하여 긴급할 때에는 일반적인 통행에 쓰이지 아니하는 도로, 빈터 또는 물 위로 통행할 수 있다.
② 모든 차와 사람은 소방자동차(지휘를 위한 자동차와 구조·구급차를 포함한다)가 화재진압 및 구조·구급 활동을 위하여 출동을 할 때에는 이를 방해하여서는 아니 된다.
③ 소방자동차의 우선 통행에 관하여는 「도로교통법」에서 정하는 바에 따른다.
④ 소방자동차가 화재진압 및 구조·구급활동을 위하여 출동하거나 훈련을 위하여 필요할 때에는 사이렌을 사용할 수 있다.

해설
①번은 소방대의 긴급통행에 해당하는 내용이며, ②③④번은 "소방자동차의 우선통행"에 해당하는 내용이다.

정답 ①

05 소방차에 대한 관련사항이 아닌 것은?
① 소방자동차 출동 시 모든 사람과 차는 출동을 방해해서는 안 된다.
② 소방자동차의 우선 통행에 관하여는 도로교통법을 따르지 않는다.
③ 모든 차와 사람은 소방자동차가 화재진압 및 구조·구급활동을 위하여 출동을 할 때에는 이를 방해하여서는 아니 된다.
④ 소방대는 화재, 재난·재해, 그 밖의 위급한 상황이 발생한 현장에 신속하게 출동하기 위하여 긴급할 때에는 일반적인 통행에 쓰이지 아니하는 도로·빈터 또는 물 위로 통행할 수 있다.

해설
소방자동차의 우선 통행에 관하여는 「도로교통법」에서 정하는 바에 따른다.

정답 ②

06 다음 중 소방활동 및 소방대, 소방자동차에 대한 설명으로 옳지 않은 것은?
① 소방대는 긴급한 때 일반적으로 쓰이지 아니하는 도로, 빈터, 물 위로 통행할 수 없다.
② 관계인은 소방대가 현장에 도착할 때까지 소화작업 등의 필요한 조치를 하여야 한다.
③ 소방대장은 소방활동구역을 정하여 소방활동에 필요한 자로서 대통령령으로 정하는 자 외의 자에 대하여는 그 구역에의 출입을 제한할 수 있다.
④ 소방자동차가 화재진압 및 구조·구급활동을 위하여 출동하거나 훈련을 위하여 필요한 때에는 사이렌을 사용할 수 있다.

해설
소방대는 화재, 재난·재해, 그 밖의 위급한 상황이 발생한 현장에 신속하게 출동하기 위하여 긴급할 때에는 일반적인 통행에 쓰이지 아니하는 도로·빈터 또는 물 위로 통행할 수 있다.

정답 ①

★★★☆☆

제23조(소방활동구역의 설정)

① 소방대장은 화재, 재난·재해, 그 밖의 위급한 상황이 발생한 현장에 소방활동구역을 정하여 소방활동에 필요한 사람으로서 대통령령으로 정하는 사람 외에는 그 구역에 출입하는 것을 제한할 수 있다.
② 경찰공무원은 소방대가 제1항에 따른 소방활동구역에 있지 아니하거나 소방대장의 요청이 있을 때에는 제1항에 따른 조치를 할 수 있다.

예상문제

01 소방대장이 책임자로서 대통령령으로 정하는 자 외에 사람의 출입을 제한하는 곳은?
① 소화활동구역 ② 소방활동구역
③ 관계지역 ④ 화재경계지구

해설
소방대장은 화재, 재난·재해, 그 밖의 위급한 상황이 발생한 현장에 소방활동구역을 정하여 소방활동에 필요한 사람으로서 대통령령으로 정하는 사람 외에는 그 구역에 출입하는 것을 제한할 수 있다.

정답 ②

★★★★★

제24조(소방활동 종사 명령)

① 소방본부장, 소방서장 또는 소방대장은 화재, 재난·재해, 그 밖의 위급한 상황이 발생한 현장에서 소방활동을 위하여 필요할 때에는 그 관할구역에 사는 사람 또는 그 현장에 있는 사람으로 하여금 사람을 구출하는 일 또는 불을 끄거나 불이 번지지 아니하도록 하는 일을 하게 할 수 있다. 이 경우 소방본부장, 소방서장 또는 소방대장은 소방활동에 필요한 보호장구를 지급하는 등 안전을 위한 조치를 하여야 한다.
② 삭제 〈2017. 12. 26.〉
③ 제1항에 따른 명령에 따라 소방활동에 종사한 사람은 시·도지사로부터 소방활동의 비용을 지급받을 수 있다. 다만, 다음 각 호의 어느 하나에 해당하는 사람의 경우에는 그러하지 아니하다.

1. 소방대상물에 화재, 재난·재해, 그 밖의 위급한 상황이 발생한 경우 그 관계인
2. 고의 또는 과실로 화재 또는 구조·구급 활동이 필요한 상황을 발생시킨 사람
3. 화재 또는 구조·구급 현장에서 물건을 가져간 사람

예상문제

01 소방본부장, 소방서장 또는 소방대장은 화재, 재난, 재해, 그 밖에 위급한 상황발생 시 필요한 때에 그 관할구역 안에 사는 자 또는 그 현장에 있는 자로 하여금 사람을 구출하는 일 또는 불을 끄거나 번지지 아니하도록 하는 일을 하게 할 수 있다. 이 경우 소방활동에 종사한 자는 시·도지사로부터 소방활동의 비용을 지급받을 수 있다. 다음 중 소방활동 비용의 지급대상이 옳은 것은?

① 옆집 건축물에 불이 나서 소방활동에 종사한 사람
② 화재 또는 구조·구급 현장에서 물건을 가져간 사람
③ 소방대상물에 화재, 재난·재해 그 밖의 위급한 상황이 발생한 경우 그 관계인
④ 고의 또는 과실로 화재 또는 구조·구급활동이 필요한 상황을 발생시킨 사람

해설
시·도지사로부터 소방활동의 비용을 지급받을 수 없는 사람
1. 소방대상물에 화재, 재난·재해, 그 밖의 위급한 상황이 발생한 경우 그 관계인
2. 고의 또는 과실로 화재 또는 구조·구급 활동이 필요한 상황을 발생시킨 사람
3. 화재 또는 구조·구급 현장에서 물건을 가져간 사람

정답 ①

02 화재, 재난, 재해, 그 밖에 위급한 상황이 발생 시 필요한 때 그 관할구역 현장에서의 소방활동 종사 명령자는 누구인가?

① 대통령　　　　　　　　　　　② 국무총리
③ 소방서장　　　　　　　　　　④ 시·도지사

해설
소방활동 종사 명령 : 소방본부장, 소방서장 또는 소방대장은 화재, 재난·재해, 그 밖의 위급한 상황이 발생한 현장에서 소방활동을 위하여 필요할 때에는 그 관할구역에 사는 사람 또는 그 현장에 있는 사람으로 하여금 사람을 구출하는 일 또는 불을 끄거나 불이 번지지 아니하도록 하는 일을 하게 할 수 있다.

정답 ③

03 다음 중 소방활동종사를 하여도 비용을 지급받을 수 없는 사람은?

```
ㄱ. 소방대상물에 화재, 재난·재해 그 밖의 위급한 상황이 발생한 경우 그 관계인
ㄴ. 고의 또는 과실로 화재 또는 구조·구급활동이 필요한 상황을 발생시킨 사람
ㄷ. 화재 또는 구조·구급 등의 현장에서 물건을 가져간 사람
ㄹ. 보호장구를 착용하지 않고 사상을 입은 사람
```

① ㄱ
② ㄱ, ㄴ
③ ㄱ, ㄴ, ㄷ
④ ㄱ, ㄴ, ㄷ, ㄹ

해설
소방대상물에 화재, 재난·재해, 그 밖의 위급한 상황이 발생한 경우 "그 관계인, 고의 또는 과실로 화재 또는 구조·구급 활동이 필요한 상황을 발생시킨 사람, 화재 또는 구조·구급 현장에서 물건을 가져간 사람"은 비용을 지급받을 수 없다.

정답 ③

04 화재현장에서의 소방활동 종사 명령에 관한 설명으로 옳지 않은 것은?

① 명령권자는 소방본부장, 소방서장, 소방대장이다.
② 소방활동을 위하여 긴급하다고 인정될 때에 한하여 명령할 수 있다.
③ 그 관할구역 안에 사는 자 또는 그 현장에 있는 자에게 명령할 수 있다.
④ 사람을 구출하는 일 또는 불을 끄거나 불이 번지지 아니하도록 하는 일을 하게 할 수 있다.

해설
소방본부장, 소방서장 또는 소방대장은 화재, 재난·재해, 그 밖의 위급한 상황이 발생한 현장에서 소방활동을 위하여 필요할 때에 소방활동 종사 명령을 할 수 있다.

정답 ②

05 다음 중 소방활동 종사 명령에 관한 내용으로 옳지 않은 것은?

① 소방본부장, 소방서장 또는 소방대장은 화재, 재난·재해, 그 밖에 위급한 상황 발생 시 필요할 때에는 그 관할구역 안에 사는 사람 또는 그 현장에 있는 사람으로 하여금 사람을 구출하는 일 또는 불을 끄거나 번지지 아니하도록 하는 일을 하게 할 수 있다.
② 소방활동 종사 명령으로 인하여 소방활동 중 사망하거나 부상을 입은 경우 소방청장 또는 시·도지사가 이를 보상한다.
③ 화재가 발생한 소방대상물에서 소방활동 종사 명령에 의하여 소방활동에 종사한 관계인은 시·도지사로부터 소방활동의 비용을 지급받을 수 있다.
④ 화재 또는 구조·구급 현장에서 물건을 가져간 사람은 시·도지사로부터 소방활동의 비용을 지급받을 수 없다.

해설

화재가 발생한 소방대상물에서 소방활동 종사 명령에 의하여 소방활동을 한 "그 소방대상물 관계인"은 소방활동의 비용을 지급받을 수 없다.

정답 ③

06 다음 중 소방활동 종사 명령의 비용을 지급하는 사람으로 옳은 것은?
① 소방서장
② 소방본부장
③ 시·도지사
④ 소방청장

해설

소방본부장, 소방서장 또는 소방대장의 명령에 따라 소방활동에 종사한 사람은 시·도지사로부터 소방활동의 비용을 지급받을 수 있다.

정답 ③

★★★☆☆

제25조(강제처분 등)

① 소방본부장, 소방서장 또는 소방대장은 사람을 구출하거나 불이 번지는 것을 막기 위하여 필요할 때에는 화재가 발생하거나 불이 번질 우려가 있는 소방대상물 및 토지를 일시적으로 사용하거나 그 사용의 제한 또는 소방활동에 필요한 처분을 할 수 있다.

② 소방본부장, 소방서장 또는 소방대장은 사람을 구출하거나 불이 번지는 것을 막기 위하여 긴급하다고 인정할 때에는 제1항에 따른 소방대상물 또는 토지 외의 소방대상물과 토지에 대하여 제1항에 따른 처분을 할 수 있다.

③ 소방본부장, 소방서장 또는 소방대장은 소방활동을 위하여 긴급하게 출동할 때에는 소방자동차의 통행과 소방활동에 방해가 되는 주차 또는 정차된 차량 및 물건 등을 제거하거나 이동시킬 수 있다.

④ 소방본부장, 소방서장 또는 소방대장은 제3항에 따른 소방활동에 방해가 되는 주차 또는 정차된 차량의 제거나 이동을 위하여 관할 지방자치단체 등 관련 기관에 견인차량과 인력 등에 대한 지원을 요청할 수 있고, 요청을 받은 관련 기관의 장은 정당한 사유가 없으면 이에 협조하여야 한다.

⑤ 시·도지사는 제4항에 따라 견인차량과 인력 등을 지원한 자에게 시·도의 조례로 정하는 바에 따라 비용을 지급할 수 있다.

핵심정리

소방본부장, 소방서장 또는 소방대장	사람을 구출하거나 불이 번지는 것을 막기 위하여 필요할 때	소방대상물 및 토지를 일시적으로 사용하거나 그 사용의 제한 또는 소방활동에 필요한 처분을 할 수 있다.
소방본부장, 소방서장 또는 소방대장	사람을 구출하거나 불이 번지는 것을 막기 위하여 긴급하다고 인정할 때	제1항에 따른 소방대상물 또는 토지 외의 소방대상물과 토지를 일시적으로 사용하거나 그 사용의 제한 또는 소방활동에 필요한 처분을 할 수 있다.

예상문제

01 소방대장이 소방활동 중에 긴급하다고 인정할 때 소방대상물 및 토지의 일시적 사용이 가능한 행정 행위는?

① 강제처분
② 피난명령
③ 긴급처리
④ 소방활동 종사 명령

해설
소방본부장, 소방서장 또는 소방대장은 사람을 구출하거나 불이 번지는 것을 막기 위하여 긴급하다고 인정할 때에는 제1항에 따른 소방대상물 또는 토지 외의 소방대상물과 토지에 대하여 제1항에 따른 처분을 할 수 있다.(강제처분)

> **제1항** : 소방본부장, 소방서장 또는 소방대장은 사람을 구출하거나 불이 번지는 것을 막기 위하여 필요할 때에는 화재가 발생하거나 불이 번질 우려가 있는 소방대상물 및 토지를 일시적으로 사용하거나 그 사용의 제한 또는 소방활동에 필요한 처분을 할 수 있다. (강제처분)

정답 ①

02 소방기본법에서 소방활동에 필요한 강제처분 등을 할 수 있는 처분권자로 옳은 것은?

| ㉠ 소방서장 | ㉡ 소방본부장 | ㉢ 소방대장 | ㉣ 소방청장 | ㉤ 시·도지사 |

① ㄱ, ㄴ, ㄷ
② ㄱ, ㄴ, ㄹ
③ ㄱ, ㄷ, ㅁ
④ ㄱ, ㄹ, ㅁ

해설
소방기본법에서 소방활동에 필요한 강제처분 등을 할 수 있는 처분권자는 소방본부장, 소방서장 또는 소방대장이다.

정답 ①

03 소방기본법에서 사람을 구출하거나 불이 번지는 것을 막기 위하여 필요한 때에는 강제처분 등을 할 수 있다. 이와 같은 권한을 가진 자로 옳지 않은 것은?

① 행정안전부장관
② 소방본부장
③ 소방서장
④ 소방대장

해설

소방기본법에서 사람을 구출하거나 불이 번지는 것을 막기 위하여 필요한 때에는 강제처분 등을 할 수 있는 권한을 가진 자는 소방본부장, 소방서장 또는 소방대장이다.

정답 ①

04 다음 중 강제처분 등에 대한 설명으로 옳지 않은 것은?

① 소방본부장, 소방서장, 소방대장은 필요한 때에는 화재가 발생하거나 불이 번질 우려가 있는 소방대상물 및 토지의 일부분을 강제처분할 수 있다.
② 소방본부장, 소방서장, 소방대장은 소방활동을 위하여 긴급하게 출동하는 때에는 소방자동차의 통행과 소방활동에 방해가 되는 차량 및 물건 등을 제거 또는 이동시킬 수 있다.
③ 소방본부장, 소방서장 또는 소방대장은 소방활동에 방해가 되는 주차 또는 정차된 차량의 제거나 이동을 위하여 관할 지방자치단체 등 관련 기관에 견인차량과 인력 등에 대한 지원을 요청할 수 있고, 요청을 받은 관련 기관의 장은 정당한 사유가 없으면 이에 협조하여야 한다.
④ 시·도지사는 견인차량과 인력 등을 지원한 자에게 행정안전부령으로 정하는 바에 따라 비용을 지급할 수 있다.

해설

시·도지사는 견인차량과 인력 등을 지원한 자에게 시·도의 조례로 정하는 바에 따라 비용을 지급할 수 있다.

정답 ④

05 불이 번질 우려가 있는 소방대상물 및 토지의 일부를 일시적으로 사용하거나 그 사용의 제한 또는 소방활동에 필요한 처분을 하는 강제처분권자로 옳지 않은 것은?

① 소방본부장
② 소방서장
③ 소방대장
④ 시·도지사

해설

불이 번질 우려가 있는 소방대상물 및 토지의 일부를 일시적으로 사용하거나 그 사용의 제한 또는 소방활동에 필요한 처분을 하는 강제처분권자는 소방본부장, 소방서장 또는 소방대장이다.

정답 ④

★☆☆☆☆

 제26조(피난 명령)

① 소방본부장, 소방서장 또는 소방대장은 화재, 재난·재해, 그 밖의 위급한 상황이 발생하여 사람의 생명을 위험하게 할 것으로 인정할 때에는 일정한 구역을 지정하여 그 구역에 있는 사람에게 그 구역 밖으로 피난할 것을 명할 수 있다.
② 소방본부장, 소방서장 또는 소방대장은 제1항에 따른 명령을 할 때 필요하면 관할 경찰서장 또는 자치경찰단장에게 협조를 요청할 수 있다.

예상문제

01 화재, 재난·재해, 그 밖의 위급한 상황이 발생하여 사람의 생명을 위험하게 할 것으로 인정할 때에는 일정한 구역을 지정하여 그 구역에 있는 사람에게 그 구역 밖으로 피난할 것을 명할 수 있다. 이와 같은 피난명령의 권한을 가진 자로 옳지 않은 것은?

① 시·도지사　　　　　　　　② 소방본부장
③ 소방서장　　　　　　　　　④ 소방대장

해설
화재, 재난·재해, 그 밖의 위급한 상황이 발생하여 사람의 생명을 위험하게 할 것으로 인정할 때에는 일정한 구역을 지정하여 그 구역에 있는 사람에게 그 구역 밖으로 피난할 것을 명할 수 있는 피난명령의 권한을 가진 자는 소방본부장, 소방서장 또는 소방대장이다.

정답 ①

★★☆☆☆

 제27조(위험시설 등에 대한 긴급조치)

① 소방본부장, 소방서장 또는 소방대장은 화재 진압 등 소방활동을 위하여 필요할 때에는 소방용수 외에 댐·저수지 또는 수영장 등의 물을 사용하거나 수도(水道)의 개폐장치 등을 조작할 수 있다.
② 소방본부장, 소방서장 또는 소방대장은 화재 발생을 막거나 폭발 등으로 화재가 확대되는 것을 막기 위하여 가스·전기 또는 유류 등의 시설에 대하여 위험물질의 공급을 차단하는 등 필요한 조치를 할 수 있다.

예상문제

01 소방대장이 할 수 있는 강제처분 및 위험시설 등에 대한 긴급조치에 관한 설명으로 옳지 않은 것은?

① 화재 진압 등 소방활동을 위하여 필요할 때에는 소방용수 외에 댐·저수지 또는 수영장 등의 물을 사용하거나 수도(水道)의 개폐장치 등을 조작할 수 있다.
② 사람을 구출하거나 불이 번지는 것을 막기 위하여 필요할 때에는 화재가 발생하거나 불이 번질 우려가 있는 소방대상물 및 토지를 일시적으로 사용하거나 그 사용의 제한 또는 소방활동에 필요한 처분을 할 수 있다.
③ 화재 발생을 막거나 폭발 등으로 화재가 확대되는 것을 막기 위하여 가스·전기 또는 유류 등의 시설에 대하여 위험물질의 공급을 차단하는 등 필요한 조치를 할 수 있다.
④ 소방활동을 위하여 긴급하게 출동할 때에는 소방자동차의 통행과 소방활동에 방해가 되는 주차 또는 정차된 차량 및 물건 등을 제거하거나 이동시킬 수 없다.

해설
소방본부장, 소방서장 또는 소방대장은 소방활동을 위하여 긴급하게 출동할 때에는 소방자동차의 통행과 소방활동에 방해가 되는 주차 또는 정차된 차량 및 물건 등을 제거하거나 이동시킬 수 있다.

정답 ④

02 화재 진압 등 소방활동을 위하여 필요할 때에 소방용수 외에 댐·저수지 또는 수영장 등의 물을 사용하거나 수도(水道)의 개폐장치 등을 조작할 수 있는 권한을 가진 자로 옳지 않은 것은?

① 시·도지사
② 소방본부장
③ 소방서장
④ 소방대장

해설
소방본부장, 소방서장 또는 소방대장은 화재 진압 등 소방활동을 위하여 필요할 때에는 소방용수 외에 댐·저수지 또는 수영장 등의 물을 사용하거나 수도(水道)의 개폐장치 등을 조작할 수 있다.

정답 ①

★★★☆☆
제39조의7(소방기술 및 소방산업의 국제화사업)

① 국가는 소방기술 및 소방산업의 국제경쟁력과 국제적 통용성을 높이는 데에 필요한 기반 조성을 촉진하기 위한 시책을 마련하여야 한다.
② 소방청장은 소방기술 및 소방산업의 국제경쟁력과 국제적 통용성을 높이기 위하여 다음 각 호의 사업을 추진하여야 한다.
  1. 소방기술 및 소방산업의 국제 협력을 위한 조사·연구
  2. 소방기술 및 소방산업에 관한 국제 전시회, 국제 학술회의 개최 등 국제 교류
  3. 소방기술 및 소방산업의 국외시장 개척
  4. 그 밖에 소방기술 및 소방산업의 국제경쟁력과 국제적 통용성을 높이기 위하여 필요하다고 인정하는 사업

예상문제

01 다음 중 소방산업의 육성·진흥 및 지원 등에서 틀린 것은?
① 국가는 소방산업의 육성·진흥을 위하여 필요한 계획의 수립 등 행정상·재정상의 지원시책을 마련하여야 한다.
② 국가는 소방산업과 관련된 기술의 개발을 촉진하기 위하여 기술개발을 실시하는 자에게 그 기술개발에 드는 자금의 전부를 출연하거나 보조할 수 있다.
③ 국가는 우수소방제품의 전시·홍보를 위하여 무역전시장 등을 설치한 자에게 정한 범위에서 재정적인 지원을 할 수 있다
④ 국가는 소방기술 및 소방산업의 국제경쟁력과 국제적 통용성을 높이는 데에 필요한 기반 조성을 촉진하기 위한 시책을 마련하여야 한다.

해설
국가는 소방산업과 관련된 기술의 개발을 촉진하기 위하여 기술개발을 실시하는 자에게 그 기술개발에 드는 자금의 전부나 일부를 출연하거나 보조할 수 있다.

정답 ②

02 소방산업과 관련된 기술개발 등의 지원과 소방기술 및 소방산업의 국제경쟁력과 국제적 통용성을 높이는 데 필요한 기반 조성을 촉진하기 위한 시책 마련은 누가 하는가?
① 국가
② 국무총리
③ 소방청장
④ 시·도지사

해설
국가는 소방기술 및 소방산업의 국제경쟁력과 국제적 통용성을 높이는 데에 필요한 기반 조성을 촉진하기 위한 시책을 마련하여야 한다.

정답 ①

---

03 소방산업의 육성·진흥 및 지원 등에서 소방기술 및 소방산업의 국제경쟁력과 국제적 통용성을 높이기 위한 소방청장의 책무에 관해서 옳지 않은 것은?

① 소방기술과 안전관리에 관한 각종 간행물 발간
② 소방기술 및 소방산업의 국제 협력을 위한 조사·연구
③ 소방기술 및 소방산업에 관한 국제 전시회, 국제 학술회의 개최 등 국제 교류
④ 소방기술 및 소방산업의 국외시장 개척

해설
"소방기술과 안전관리에 관한 각종 간행물 발간"은 한국소방안전원의 업무에 해당한다.

> ※ 소방기술 및 소방산업의 국제경쟁력과 국제적 통용성을 높이기 위한 소방청장의 책무
> 1. 소방기술 및 소방산업의 국제 협력을 위한 조사·연구
> 2. 소방기술 및 소방산업에 관한 국제 전시회, 국제 학술회의 개최 등 국제 교류
> 3. 소방기술 및 소방산업의 국외시장 개척
> 4. 그 밖에 소방기술 및 소방산업의 국제경쟁력과 국제적 통용성을 높이기 위하여 필요하다고 인정하는 사업

정답 ①

★☆☆☆☆

 제40조(한국소방안전원의 설립 등)

① 소방기술과 안전관리기술의 향상 및 홍보, 그 밖의 교육·훈련 등 행정기관이 위탁하는 업무의 수행과 소방 관계 종사자의 기술 향상을 위하여 한국소방안전원(이하 "안전원"이라 한다)을 소방청장의 인가를 받아 설립한다.
② 제1항에 따라 설립되는 안전원은 법인으로 한다.
③ 안전원에 관하여 이 법에 규정된 것을 제외하고는 「민법」 중 재단법인에 관한 규정을 준용한다.

예상문제

01 소방기본법상 규정하고 있는 한국소방안전원에 대한 내용 중 옳지 않은 것은?

① 소방기술과 안전관리기술의 향상 및 홍보, 그 밖의 교육·훈련 등 행정기관이 위탁하는 업무의 수행과 소방 관계 종사자의 기술 향상을 위하여 한국소방안전원을 설립한다.
② 한국소방안전원은 시·도지사의 인가를 받아 설립한다.
③ 한국소방안전원은 법인으로 한다.
④ 한국소방안전원에 관하여 이 법에 규정된 것을 제외하고는 「민법」 중 재단법인에 관한 규정을 준용한다.

해설
한국소방안전원은 소방청장의 인가를 받아 설립한다.

정답 ②

★☆☆☆☆
제40조의2(교육계획의 수립 및 평가 등)

① 안전원의 장(이하 "안전원장"이라 한다)은 소방기술과 안전관리의 기술향상을 위하여 매년 교육 수요조사를 실시하여 교육계획을 수립하고 소방청장의 승인을 받아야 한다.
② 안전원장은 소방청장에게 해당 연도 교육결과를 평가·분석하여 보고하여야 하며, 소방청장은 교육평가 결과를 제1항의 교육계획에 반영하게 할 수 있다.
③ 안전원장은 제2항의 교육결과를 객관적이고 정밀하게 분석하기 위하여 필요한 경우 교육 관련 전문가로 구성된 위원회를 운영할 수 있다.
④ 제3항에 따른 위원회의 구성·운영에 필요한 사항은 대통령령으로 정한다.

예상문제

01 소방기본법상 규정하고 있는 한국소방안전원에 대한 내용 중 옳지 않은 것은?

① 한국소방안전원의 장은 소방기술과 안전관리의 기술향상을 위하여 매년 교육 수요조사를 실시하여 교육계획을 수립하고 행정안전부장관의 승인을 받아야 한다.
② 한국소방안전원장은 소방청장에게 해당 연도 교육결과를 평가·분석하여 보고하여야 하며, 소방청장은 교육평가 결과를 교육계획에 반영하게 할 수 있다.
③ 한국소방안전원장은 교육결과를 객관적이고 정밀하게 분석하기 위하여 필요한 경우 교육 관련 전문가로 구성된 위원회를 운영할 수 있다.
④ 위원회의 구성·운영에 필요한 사항은 대통령령으로 정한다.

◎ 해설
한국소방안전원의 장은 소방기술과 안전관리의 기술향상을 위하여 매년 교육 수요조사를 실시하여 교육계획을 수립하고 소방청장의 승인을 받아야 한다.

정답 ①

★★★★☆

제41조(안전원의 업무)

안전원은 다음 각 호의 업무를 수행한다.
1. 소방기술과 안전관리에 관한 교육 및 조사·연구
2. 소방기술과 안전관리에 관한 각종 간행물 발간
3. 화재 예방과 안전관리의식 고취를 위한 대국민 홍보
4. 소방업무에 관하여 행정기관이 위탁하는 업무
5. 소방안전에 관한 국제협력
6. 그 밖에 회원에 대한 기술지원 등 정관으로 정하는 사항

예상문제

01 다음 중 한국소방안전원의 업무가 아닌 것은?
① 소방기술과 안전관리에 관한 교육 및 조사·연구
② 소방기술자의 선임신고 접수 및 각종 간행물의 발간
③ 화재 예방과 안전관리의식의 고취를 위한 대국민 홍보
④ 소방업부에 관하여 행정기관이 위탁하는 업부

◎ 해설
소방기술자의 선임신고 접수는 한국소방안전원의 업무가 아니고, 한국소방시설협회의 업무이다.

정답 ②

★★★☆☆

제43조(안전원의 정관)

① 안전원의 정관에는 다음 각 호의 사항이 포함되어야 한다.
   1. 목적
   2. 명칭
   3. 주된 사무소의 소재지
   4. 사업에 관한 사항
   5. 이사회에 관한 사항
   6. 회원과 임원 및 직원에 관한 사항
   7. 재정 및 회계에 관한 사항
   8. 정관의 변경에 관한 사항
② 안전원은 정관을 변경하려면 소방청장의 인가를 받아야 한다.

예상문제

01 다음 중 한국소방안전원 정관의 기재사항이 아닌 것은?
① 목적, 명칭   ② 대표자 성명
③ 주된 사무소의 소재지   ④ 이사회에 관한 사항

해설
"대표자 성명"은 한국소방안전원의 정관에 포함되어야 하는 사항이 아니다.

정답 ②

★☆☆☆☆

제44조(안전원의 운영 경비)

안전원의 운영 및 사업에 소요되는 경비는 다음 각 호의 재원으로 충당한다.
   1. 제41조제1호 및 제4호의 업무 수행에 따른 수입금
   2. 제42조에 따른 회원의 회비
   3. 자산운영수익금
   4. 그 밖의 부대수입

예상문제

01 다음 중 한국소방안전원의 내용에 대하여 옳지 않은 것은?
① 한국소방안전원은 법인으로 한다.
② 소방안전관리자 또는 소방기술자로 선임된 사람도 회원이 될 수 있다.
③ 한국소방안전원의 운영과 경비는 국가 보조금으로 충당하여야 한다.
④ 한국소방안전원이 정관을 변경하려면 소방청장의 인가를 받아야 한다.

해설
한국소방안전원의 운영 및 사업에 소요되는 경비는 업무 수행에 따른 수입금, 회원의 회비, 자산운영수익금, 그 밖의 부대수입으로 충당한다.

정답 ③

 제44조의2(안전원의 임원)

① 안전원에 임원으로 원장 1명을 포함한 9명 이내의 이사와 1명의 감사를 둔다.
② 제1항에 따른 원장과 감사는 소방청장이 임명한다.

예상문제

01 다음 중 한국소방안전원의 내용에 대하여 옳지 않은 것은?
① 한국소방안전원은 소방청장의 인가를 받아 설립한다.
② 한국소방안전원의 장은 소방기술과 안전관리의 기술향상을 위하여 매년 교육 수요조사를 실시하여 교육계획을 수립하고 소방청장의 승인을 받아야 한다.
③ 한국소방안전원에는 임원으로 원장 1명을 포함한 7명 이내의 이사와 1명의 감사를 둔다.
④ 한국소방안전원의 원장과 감사는 소방청장이 임명한다.

해설
한국소방안전원에는 임원으로 원장 1명을 포함한 9명 이내의 이사와 1명의 감사를 둔다.

정답 ③

★☆☆☆☆

제49조(권한의 위임)

소방청장은 이 법에 따른 권한의 일부를 대통령령으로 정하는 바에 따라 시·도지사, 소방본부장 또는 소방서장에게 위임할 수 있다.

예상문제

01 다음 중 한국소방안전원의 내용에 대하여 옳지 않은 것은?
① 소방청장은 안전원의 업무를 감독한다.
② 소방청장은 안전원에 대하여 업무·회계 및 재산에 관하여 필요한 사항을 보고하게 하거나, 소속 공무원으로 하여금 안전원의 장부·서류 및 그 밖의 물건을 검사하게 할 수 있다.
③ 소방청장은 보고 또는 검사의 결과 필요하다고 인정되면 시정명령 등 필요한 조치를 할 수 있다.
④ 소방청장은 이 법에 따른 권한의 일부를 행정안전부령으로 정하는 바에 따라 시·도지사, 소방본부장 또는 소방서장에게 위임할 수 있다.

해설
소방청장은 이 법에 따른 권한의 일부를 대통령령으로 정하는 바에 따라 시·도지사, 소방본부장 또는 소방서장에게 위임할 수 있다.

정답 ④

★★★★★ [개정 2023. 8. 16.]

제49조의2(손실보상)

① 소방청장 또는 시·도지사는 다음 각 호의 어느 하나에 해당하는 자에게 제3항의 손실보상심의위원회의 심사·의결에 따라 정당한 보상을 하여야 한다.
 1. 제16조의3제1항에 따른 조치로 인하여 손실을 입은 자

> 제16조의3제1항 : 소방청장·소방본부장 또는 소방서장은 신고가 접수된 생활안전 및 위험제거 활동에 대응하기 위하여 소방대를 출동시켜 생활안전활동을 하게 하여야 한다.

2. 제24조제1항 전단에 따른 소방활동 종사로 인하여 사망하거나 부상을 입은 자

> 제24조제1항 : 소방본부장, 소방서장 또는 소방대장은 화재, 재난·재해, 그 밖의 위급한 상황이 발생한 현장에서 소방활동을 위하여 필요할 때에는 그 관할구역에 사는 사람 또는 그 현장에 있는 사람으로 하여금 사람을 구출하는 일 또는 불을 끄거나 불이 번지지 아니하도록 하는 일을 하게 할 수 있다.(소방활동 종사 명령)

3. 제25조제2항 또는 제3항에 따른 처분으로 인하여 손실을 입은 자. 다만, 같은 조 제3항에 해당하는 경우로서 법령을 위반하여 소방자동차의 통행과 소방활동에 방해가 된 경우는 제외한다.

> 제25조제2항 : 소방본부장, 소방서장 또는 소방대장은 사람을 구출하거나 불이 번지는 것을 막기 위하여 긴급하다고 인정할 때에는 소방대상물 또는 토지 외의 소방대상물과 토지에 대하여 강제처분을 할 수 있다.(강제처분)
> 제25조제3항 : 소방본부장, 소방서장 또는 소방대장은 소방활동을 위하여 긴급하게 출동할 때에는 소방자동차의 통행과 소방활동에 방해가 되는 주차 또는 정차된 차량 및 물건 등을 제거하거나 이동시킬 수 있다.

4. 제27조제1항 또는 제2항에 따른 조치로 인하여 손실을 입은 자

> 제27조제1항 : 소방본부장, 소방서장 또는 소방대장은 화재 진압 등 소방활동을 위하여 필요할 때에는 소방용수 외에 댐·저수지 또는 수영장 등의 물을 사용하거나 수도의 개폐장치 등을 조작할 수 있다.
> 제27조제2항 : 소방본부장, 소방서장 또는 소방대장은 화재 발생을 막거나 폭발 등으로 화재가 확대되는 것을 막기 위하여 가스·전기 또는 유류 등의 시설에 대하여 위험물질의 공급을 차단하는 등 필요한 조치를 할 수 있다.(위험시설 등에 대한 긴급조치)

5. 그 밖에 소방기관 또는 소방대의 적법한 소방업무 또는 소방활동으로 인하여 손실을 입은 자

② 제1항에 따라 손실보상을 청구할 수 있는 권리는 손실이 있음을 안 날부터 3년, 손실이 발생한 날부터 5년간 행사하지 아니하면 시효의 완성으로 소멸한다.

③ 소방청장 또는 시·도지사는 제1항에 따른 손실보상청구사건을 심사·의결하기 위하여 필요한 경우 손실보상심의위원회를 구성·운영할 수 있다. 〈개정 2023. 8. 16.〉

④ 소방청장 또는 시·도지사는 손실보상심의위원회의 구성 목적을 달성하였다고 인정하는 경우에는 손실보상심의위원회를 해산할 수 있다. 〈신설 2023. 8. 16.〉

⑤ 제1항에 따른 손실보상의 기준, 보상금액, 지급절차 및 방법, 제3항에 따른 손실보상심의위원회의 구성 및 운영, 그 밖에 필요한 사항은 대통령령으로 정한다. 〈개정 2023. 8. 16.〉

예상문제

01 소방기본법에서 손실보상에 관한 내용 중 소방청장 또는 시·도지사가 손실보상심의위원회의 심사·의결에 따라 정당한 보상을 하여야 하는 대상으로 옳지 않은 것은?

① 생활안전활동에 따른 조치로 인하여 손실을 입은 자
② 소방활동 종사 명령에 따른 소방활동 종사로 인하여 사망하거나 부상을 입은 자
③ 위험물 또는 물건의 보관기간 경과 후 매각이나 폐기로 손실을 입은 자
④ 소방기관 또는 소방대의 적법한 소방업무 또는 소방활동으로 인하여 손실을 입은 자

해설
위험시설 등에 대한 긴급조치로 손실을 입은 자는 손실보상 대상에 해당되며, 위험물 또는 물건의 보관기간 경과 후 매각이나 폐기로 손실을 입은 자는 손실보상 대상에 해당되지 않는다.

정답 ③

02 소방기본법에서 소방청장 또는 시·도지사가 손실보상심의위원회의 심사·의결에 따라 정당한 손실보상을 하여야 하는 대상으로 옳지 않은 것은?

① 생활안전활동에 따른 조치로 인하여 손실을 입은 자
② 화재가 확대되는 것을 막기 위하여 가스·전기 또는 유류 등의 시설에 대하여 위험물질의 공급을 차단하는 등 필요한 조치로 인하여 손실을 입은 자
③ 소방활동 종사명령으로 인하여 사망하거나 부상을 입은 자
④ 소방활동에 방해가 되는 불법 주차 차량을 제거하거나 이동시키는 처분으로 인하여 손실을 입은 자

해설
소방활동에 방해가 되는 불법 주차 차량을 제거하거나 이동시키는 처분으로 인하여 손실을 입은 자(법령을 위반하여 소방자동차의 통행과 소방활동에 방해가 된 경우)는 손실보상을 하여야 하는 대상이 아닙니다.

정답 ④

03 생활안전활동에 따른 조치로 인하여 손실을 입은 자가 있으면 누가 그 손실을 보상하여야 하는가?

① 대통령
② 행정안전부장관
③ 시·도지사
④ 소방본부장 또는 소방서장

해설
소방청장 또는 시·도지사는 생활안전활동에 따른 조치로 인하여 손실을 입은 자가 있으면 손실보상심의위원회의 심사·의결에 따라 정당한 보상을 하여야 한다.

정답 ③

04 화재현장에서 인접 건축물 강제처분 시 손실보상은 누가 하는가?
① 소방서장 ② 소방본부장
③ 시·도지사 ④ 대통령

📖 해설
소방청장 또는 시·도지사는 화재현장에서 인접 건축물 강제처분으로 인하여 손실을 입은 자가 있으면 손실보상심의위원회의 심사·의결에 따라 정당한 보상을 하여야 한다.

정답 ③

05 다음의 강제처분 및 손실보상에 대한 설명 중 옳은 것은?
① 소방본부장, 소방서장 또는 소방대장은 사람을 구출하거나 불이 번지는 것을 막기 위하여 필요할 때에는 불이 번질 우려가 있는 토지를 일시적으로 사용할 수 없다.
② 소방청장 또는 시·도지사는 법령을 위반하여 소방자동차의 통행과 소방활동에 방해가 된 경우도 보상하여야 한다.
③ 소방청장 또는 시·도지사는 강제처분으로 인하여 손실을 입은 자가 있는 경우에는 그 손실을 보상하여야 한다.
④ 소방본부장, 소방서장 또는 소방대장은 긴급한 토지 외에는 소방활동에 필요한 처분을 할 수 없다.

📖 해설
- 소방본부장, 소방서장, 소방대장은 사람을 구출하거나 불이 번지는 것을 막기 위하여 필요할 때에는 불이 번질 우려가 있는 소방대상물 및 토지를 일시적으로 사용할 수 있다.
- 소방청장 또는 시·도지사는 법령을 위반하여 소방자동차의 통행과 소방활동에 방해가 된 경우에는 보상하지 않는다.
- 소방본부장, 소방서장 또는 소방대장은 사람을 구출하거나 불이 번지는 것을 막기 위하여 긴급하다고 인정할 때에는 화재가 발생한 소방대상물 또는 토지 외의 소방대상물과 토지에 대하여 필요한 처분을 할 수 있다.

정답 ③

06 다음의 처분, 명령, 조치 중 소방청장 또는 시·도지사의 손실보상 대상에 해당하지 않는 것은?
① 강제처분 ② 피난명령
③ 위험시설 등에 대한 긴급조치 ④ 소방활동 종사 명령

📖 해설
강제처분, 위험시설 등에 대한 긴급조치, 소방활동 종사 명령은 손실보상 대상에 포함되지만, 피난명령은 포함되지 않는다.

정답 ②

07 소방기본법에서 소방활동을 할 때 보상을 요하지 않는 것은?

① 법령을 위반하여 소방활동에 방해가 되는 주차된 차량의 제거 및 물건 등을 제거하거나 이동
② 화재현장에서 현장에 있는 자를 필요에 의하여 소방활동 종사 명령을 할 때 소방활동에 종사한 사람이 그로 인하여 사망하거나 부상을 입은 경우
③ 사람을 구출하거나 불이 번지는 것을 막기 위하여 긴급하다고 인정할 때에는 소방대상물 또는 토지 외의 소방대상물과 토지에 대하여 강제처분
④ 화재 진압 등 소방활동을 위하여 필요할 때에는 소방용수 외에 댐·저수지 또는 수영장 등의 물을 사용하거나 수도의 개폐장치 등을 조작

해설
법령을 위반하여 소방활동에 방해가 되는 주차된 차량의 제거 및 물건 등을 제거하거나 이동한 경우에는 보상하지 않는다.

정답 ①

08 소방대장이 할 수 있는 강제처분 및 위험시설 등에 대한 긴급조치에 관한 설명으로 옳지 않은 것은?

① 화재 진압 등 소방활동을 위하여 필요할 때에는 소방용수 외에 댐·저수지 또는 수영장 등의 물을 사용하거나 수도(水道)의 개폐장치 등을 조작할 수 있다.
② 강제처분 등으로 인하여 손실을 받은 자가 있는 경우에는 소방청장 또는 시·도지사가 그 손실을 보상하여야 한다.
③ 화재 발생을 막거나 폭발 등으로 화재가 확대되는 것을 막기 위하여 가스·전기 또는 유류 등의 시설에 대하여 위험물질의 공급을 차단하는 등 필요한 조치를 할 수 있다.
④ 주차 또는 정차된 차량이 법령을 위반하여 소방자동차의 통행과 소방활동에 방해가 된 경우에 강제처분으로 인한 손실을 보상한다.

해설
주차 또는 정차된 차량 및 물건 등을 제거하거나 이동시킬 때 법령을 위반하여 소방자동차의 통행과 소방활동에 방해가 된 경우는 보상하지 않는다.

정답 ④

★★★★☆

 제50조(벌칙)

다음 각 호의 어느 하나에 해당하는 사람은 5년 이하의 징역 또는 5천만 원 이하의 벌금에 처한다.
1. 제16조제2항을 위반하여 다음 각 목의 어느 하나에 해당하는 행위를 한 사람
   가. 위력(威力)을 사용하여 출동한 소방대의 화재진압·인명구조 또는 구급활동을 방해하는 행위
   나. 소방대가 화재진압·인명구조 또는 구급활동을 위하여 현장에 출동하거나 현장에 출입하는 것을 고의로 방해하는 행위
   다. 출동한 소방대원에게 폭행 또는 협박을 행사하여 화재진압·인명구조 또는 구급활동을 방해하는 행위
   라. 출동한 소방대의 소방장비를 파손하거나 그 효용을 해하여 화재진압·인명구조 또는 구급활동을 방해하는 행위
2. 제21조제1항을 위반하여 소방자동차의 출동을 방해한 사람

> 제21조제1항 : 모든 차와 사람은 소방자동차가 화재진압 및 구조·구급 활동을 위하여 출동을 할 때에는 이를 방해하여서는 아니 된다.(소방자동차의 우선 통행)

3. 제24조제1항에 따른 사람을 구출하는 일 또는 불을 끄거나 불이 번지지 아니하도록 하는 일을 방해한 사람

> 제24조제1항 : 소방본부장, 소방서장 또는 소방대장은 화재, 재난·재해, 그 밖의 위급한 상황이 발생한 현장에서 소방활동을 위하여 필요할 때에는 그 관할구역에 사는 사람 또는 그 현장에 있는 사람으로 하여금 사람을 구출하는 일 또는 불을 끄거나 불이 번지지 아니하도록 하는 일을 하게 할 수 있다.(소방활동 종사 명령)

4. 제28조를 위반하여 정당한 사유 없이 소방용수시설 또는 비상소화장치를 사용하거나 소방용수시설 또는 비상소화장치의 효용을 해치거나 그 정당한 사용을 방해한 사람

> 제28조 : 누구든지 다음 각 호의 어느 하나에 해당하는 행위를 하여서는 아니 된다.
> 1. 정당한 사유 없이 소방용수시설 또는 비상소화장치를 사용하는 행위
> 2. 정당한 사유 없이 손상·파괴, 철거 또는 그 밖의 방법으로 소방용수시설 또는 비상소화장치의 효용(效用)을 해치는 행위
> 3. 소방용수시설 또는 비상소화장치의 정당한 사용을 방해하는 행위

예상문제

01 소방기본법의 벌칙에서 출동한 소방대원에게 폭행 또는 협박을 행사하여 화재진압·인명구조 또는 구급활동을 방해하는 행위를 한 자의 벌칙은?

① 5년 이하의 징역 또는 7천만 원 이하의 벌금
② 5년 이하의 징역 또는 5천만 원 이하의 벌금
③ 3년 이하의 징역 또는 3천만 원 이하의 벌금
④ 1년 이하의 징역 또는 1천만 원 이하의 벌금

해설
출동한 소방대원에게 폭행 또는 협박을 행사하여 화재진압·인명구조 또는 구급활동을 방해하는 행위를 한 사람은 5년 이하의 징역 또는 5천만 원 이하의 벌금에 처한다.

정답 ②

02 정당한 사유 없이 소방용수시설 또는 비상소화장치를 사용하거나 소방용수시설 또는 비상소화장치의 효용을 해치거나 그 정당한 사용을 방해한 사람의 벌칙은?

① 5년 이하의 징역 또는 5천만 원 이하의 벌금
② 3년 이하의 징역 또는 3천만 원 이하와 벌금
③ 1년 이하의 징역 또는 1천만 원 이하의 벌금
④ 3백만 원 이하의 벌금

해설
정당한 사유 없이 소방용수시설 또는 비상소화장치를 사용하거나 소방용수시설 또는 비상소화장치의 효용을 해치거나 그 정당한 사용을 방해한 사람은 5년 이하의 징역 또는 5천만 원 이하의 벌금에 처한다.

정답 ①

03 다음 중 소방자동차가 화재진압을 위하여 출동한 때 이를 방해하는 차와 사람에 대한 처벌로 바르게 된 것은?

① 징역형 : 3년 이하 또는 벌금형 : 3천만 원 이하
② 징역형 : 3년 이하 또는 벌금형 : 5천만 원 이하
③ 징역형 : 5년 이하 또는 벌금형 : 3천만 원 이하
④ 징역형 : 5년 이하 또는 벌금형 : 5천만 원 이하

해설
소방자동차가 화재진압 및 구조·구급활동을 위하여 출동할 때 이를 방해한 사람은 5년 이하의 징역 또는 5천만 원 이하의 벌금에 처한다.

정답 ④

04 정당한 사유 없이 소방용수시설 또는 비상소화장치를 사용하거나 소방용수시설 또는 비상소화장치의 효용을 해치거나 그 정당한 사용을 방해한 사람에 대한 벌칙은?

① 1년 이하의 징역 또는 300만 원 이하의 벌금
② 2년 이하의 징역 또는 500만 원 이하의 벌금
③ 3년 이하의 징역 또는 3천만 원 이하의 벌금
④ 5년 이하의 징역 또는 5천만 원 이하의 벌금

해설

정당한 사유 없이 소방용수시설 또는 비상소화장치를 사용하거나 소방용수시설 또는 비상소화장치의 효용을 해치거나 그 정당한 사용을 방해한 사람은 5년 이하의 징역 또는 5천만 원 이하의 벌금에 처한다.

정답 ④

05 다음 중 소방활동 등에 대하여 알맞은 것은?

① 소방활동에 종사한 관계인은 시·도지사로부터 비용을 지급받을 수 있다.
② 관계인이 소방활동을 돕다가 사망하거나 부상을 입은 경우에는 시·도에서 보상한다.
③ 소방서장은 인근 사람에게 인명구출, 화재진압, 화재조사를 명할 수 있다
④ 소방자동차의 출동을 방해하면 5년 이하의 징역 또는 5천만 원 이하의 벌금에 해당된다.

해설

- 관계인은 비용 지급 및 보상대상에서 제외된다.
- 소방본부장, 소방서장, 소방대장은 인근 사람에게 인명구출, 화재진압을 명할 수 있지만, 화재조사를 명할 수는 없다.

정답 ④

06 소방기본법상 5년 이하의 징역 또는 5천만 원 이하의 벌금에 해당하는 위반사항이 아닌 것은?

① 정당한 사유 없이 소방용수시설 또는 비상소화장치를 사용하거나 소방용수시설 또는 비상소화장치의 효용을 해치거나 그 정당한 사용을 방해한 사람
② 화재현장에서 사람을 구출하는 일 또는 불을 끄거나 불이 번지지 아니하도록 하는 일을 방해한 사람
③ 불이 번질 우려가 있는 소방대상물 및 토지를 일시적으로 사용하거나 그 사용의 제한 또는 소방활동에 필요한 처분을 방해한 자
④ 화재진압을 위하여 출동하는 소방자동차의 출동을 방해한 사람

해설

화재가 발생하거나 불이 번질 우려가 있는 소방대상물 및 토지를 일시적으로 사용하거나 그 사용의 제한 또는 소방활동에 필요한 처분을 방해한 자 또는 정당한 사유 없이 그 처분에 따르지 아니한 자는 3년 이하의 징역 또는 3천만원 이하의 벌금에 처한다.

정답 ③

07 다음 중 5년 이하의 징역 또는 5,000만 원 이하의 벌금이 아닌 것은?

① 정당한 사유 없이 소방대가 현장에 도착할 때까지 사람을 구출하는 조치 또는 불을 끄거나 불이 번지지 아니하도록 하는 조치를 하지 아니한 사람
② 위력을 사용하여 출동한 소방대의 화재진압·인명구조 또는 구급활동을 방해하는 행위
③ 사람을 구출하는 일 또는 불을 끄거나 불이 번지지 아니하도록 하는 일을 방해한 사람
④ 출동한 소방대원에게 폭행 또는 협박을 행사하여 화재진압·인명구조 또는 구급활동을 방해하는 행위

> 해설
> 정당한 사유 없이 소방대가 현장에 도착할 때까지 사람을 구출하는 조치 또는 불을 끄거나 불이 번지지 아니하도록 하는 조치를 하지 아니한 사람은 100만 원 이하의 벌금에 처한다.

정답 ①

08 다음 중 5년 이하의 징역 또는 5,000만 원 이하의 벌금이 아닌 것은?

① 위력을 사용하여 출동한 소방대의 화재진압·인명구조 또는 구급활동을 방해하는 사람
② 출동한 소방대원에게 폭행 또는 협박을 행사하여 화재진압, 인명구조 또는 구급활동을 방해하는 사람
③ 출동한 소방대의 소방장비를 파손하거나 그 효용을 해하여 화재진압, 인명구조 또는 구급활동을 방해하는 사람
④ 정당한 사유 없이 물의 사용이나 수도의 개폐장치의 사용 또는 조작을 하지 못하게 하거나 방해한 사람

> 해설
> 정당한 사유 없이 댐·저수지 또는 수영장 등의 물의 사용이나 수도의 개폐장치의 사용 또는 조작을 하지 못하게 하거나 방해한 자는 100만 원 이하의 벌금에 처한다.

정답 ④

★★★★☆

제51조(벌칙)

제25조제1항에 따른 처분을 방해한 자 또는 정당한 사유 없이 그 처분에 따르지 아니한 자는 3년 이하의 징역 또는 3천만 원 이하의 벌금에 처한다.

> 제25조제1항 : 소방본부장, 소방서장 또는 소방대장은 사람을 구출하거나 불이 번지는 것을 막기 위하여 필요할 때에는 화재가 발생하거나 불이 번질 우려가 있는 소방대상물 및 토지를 일시적으로 사용하거나 그 사용의 제한 또는 소방활동에 필요한 처분을 할 수 있다.(강제처분)

예상문제

01 다음 중 소방기본법에서 벌칙 규정이 다른 하나는?

① 소방대상물 및 토지의 강제처분을 방해한 자 또는 정당한 사유 없이 그 처분에 따르지 아니한 자
② 소방자동차의 출동을 방해한 자
③ 사람을 구출하는 일 또는 불을 끄거나 번지지 아니하도록 하는 일을 방해한 자
④ 정당한 사유 없이 소방용수시설 또는 비상소화장치를 사용하거나 소방용수시설 또는 비상소화장치의 효용을 해하거나 그 사용을 방해한 자

해설
- 소방대상물 및 토지의 강제처분을 방해한 자 또는 정당한 사유 없이 그 처분에 따르지 아니한 자 → 3년 이하의 징역 또는 3천만 원 이하의 벌금
- 소방자동차의 출동을 방해한 자 → 5년 이하의 징역 또는 5천만 원 이하의 벌금
- 사람을 구출하는 일 또는 불을 끄거나 번지지 아니하도록 하는 일을 방해한 자 → 5년 이하의 징역 또는 5천만 원 이하의 벌금
- 정당한 사유 없이 소방용수시설 또는 비상소화장치를 사용하거나 소방용수시설 또는 비상소화장치의 효용을 해하거나 그 사용을 방해한 자 → 5년 이하의 징역 또는 5천만 원 이하의 벌금

정답 ①

02 다음의 강제처분에 관한 사항 중 옳지 않은 것은?

① 강제처분권자는 소방본부장, 소방서장, 소방대장이다.
② 강제처분을 방해한 자는 1년 이하의 징역 또는 1천만 원 이하의 벌금에 처한다.
③ 긴급하게 출동하는 때에는 소방활동에 방해가 되는 주차된 차량을 제거할 수 있다.
④ 강제처분으로 인하여 손실을 받은 경우에는 소방청장 또는 시·도지사가 그 손실을 보상하여야 한다.

해설
강제처분을 방해한 자 또는 정당한 사유 없이 그 처분에 따르지 아니한 자는 3년 이하의 징역 또는 3천만 원 이하의 벌금에 처한다.

정답 ②

★★★★☆ [2021. 6. 8.]

제52조(벌칙)

다음 각 호의 어느 하나에 해당하는 자는 300만 원 이하의 벌금에 처한다.
1. 제25조제2항 및 제3항에 따른 처분을 방해한 자 또는 정당한 사유 없이 그 처분에 따르지 아니한 자

> 제25조제2항 : 소방본부장, 소방서장 또는 소방대장은 사람을 구출하거나 불이 번지는 것을 막기 위하여 긴급하다고 인정할 때에는 제1항에 따른 소방대상물 또는 토지 외의 소방대상물과 토지에 대하여 제1항에 따른 처분을 할 수 있다.
> 제25조제3항 : 소방본부장, 소방서장 또는 소방대장은 소방활동을 위하여 긴급하게 출동할 때에는 소방자동차의 통행과 소방활동에 방해가 되는 주차 또는 정차된 차량 및 물건 등을 제거하거나 이동시킬 수 있다.

2. 삭제 〈2021. 6. 8.〉

예상문제

01 소방활동을 위하여 소방자동차가 긴급하게 출동하는 때에 소방자동차의 통행과 소방활동에 방해가 되는 주차 또는 정차된 차량 및 물건 등을 제거하거나 이동시킬 수 있는 처분을 방해한 자 또는 정당한 사유 없이 그 처분에 따르지 아니한 자의 벌칙은?

① 5년 이하 징역 또는 5천만 원 이하의 벌금
② 3년 이하 징역 또는 3천만 원 이하의 벌금
③ 3백만 원 이하의 벌금
④ 2백만 원 이하의 벌금

해설
소방활동을 위하여 소방자동차가 긴급하게 출동하는 때에 소방자동차의 통행과 소방활동에 방해가 되는 주차 또는 정차된 차량 및 물건 등을 제거하거나 이동시킬 수 있는 처분을 방해한 자 또는 정당한 사유 없이 그 처분에 따르지 아니한 자는 300만 원 이하의 벌금에 처한다.

정답 ③

★★★★☆ [개정 2022. 4. 26.]

 ## 제54조(벌칙)

다음 각 호의 어느 하나에 해당하는 자는 100만 원 이하의 벌금에 처한다. 〈개정 2022. 4. 26.〉

1. 삭제 〈2021. 11. 30.〉
1의2. 제16조의3제2항을 위반하여 정당한 사유 없이 소방대의 생활안전활동을 방해한 자
2. 제20조제1항을 위반하여 정당한 사유 없이 소방대가 현장에 도착할 때까지 사람을 구출하는 조치 또는 불을 끄거나 불이 번지지 아니하도록 하는 조치를 하지 아니한 사람

> 제20조제1항 : 관계인은 소방대상물에 화재, 재난·재해, 그 밖의 위급한 상황이 발생한 경우에는 소방대가 현장에 도착할 때까지 경보를 울리거나 대피를 유도하는 등의 방법으로 사람을 구출하는 조치 또는 불을 끄거나 불이 번지지 아니하도록 필요한 조치를 하여야 한다.(관계인의 소방활동)

3. 제26조제1항에 따른 피난 명령을 위반한 사람

> 제26조제1항 : 소방본부장, 소방서장 또는 소방대장은 화재, 재난·재해, 그 밖의 위급한 상황이 발생하여 사람의 생명을 위험하게 할 것으로 인정할 때에는 일정한 구역을 지정하여 그 구역에 있는 사람에게 그 구역 밖으로 피난할 것을 명할 수 있다.(피난 명령)

4. 제27조제1항을 위반하여 정당한 사유 없이 물의 사용이나 수도의 개폐장치의 사용 또는 조작을 하지 못하게 하거나 방해한 자

> 제27조제1항 : 소방본부장, 소방서장 또는 소방대장은 화재 진압 등 소방활동을 위하여 필요할 때에는 소방용수 외에 댐·저수지 또는 수영장 등의 물을 사용하거나 수도(水道)의 개폐장치 등을 조작할 수 있다.

5. 제27조제2항에 따른 조치를 정당한 사유 없이 방해한 자

> 제27조제2항 : 소방본부장, 소방서장 또는 소방대장은 화재 발생을 막거나 폭발 등으로 화재가 확대되는 것을 막기 위하여 가스·전기 또는 유류 등의 시설에 대하여 위험물질의 공급을 차단하는 등 필요한 조치를 할 수 있다.(위험시설 등에 대한 긴급조치)

예상문제

01 다음 중 100만 원 이하의 벌금으로 해당되지 않는 것은?

① 정당한 사유 없이 소방대의 생활안전활동을 방해한 자
② 전용구역에 차를 주차하거나 전용구역에의 진입을 가로막는 등의 방해행위를 한 자
③ 정당한 사유 없이 물의 사용이나 수도의 개폐장치의 사용 또는 조작을 하지 못하게 하거나 방해한 자
④ 정당한 사유 없이 소방대가 현장에 도착할 때까지 사람을 구출하는 조치 또는 불을 끄거나 불이 번지지 아니하도록 하는 조치를 하지 아니한 사람

해설
전용구역에 차를 주차하거나 전용구역에의 진입을 가로막는 등의 방해행위를 한 자에게는 100만 원 이하의 과태료를 부과한다.

정답 ②

★★★★☆ [개정 2022. 4. 26.]

제56조(과태료)

① 다음 각 호의 어느 하나에 해당하는 자에게는 500만 원 이하의 과태료를 부과한다. 〈개정 2022. 4. 26.〉

1. 제19조제1항을 위반하여 화재 또는 구조·구급이 필요한 상황을 거짓으로 알린 사람

> 제19조제1항 : 화재 현장 또는 구조·구급이 필요한 사고 현장을 발견한 사람은 그 현장의 상황을 소방본부, 소방서 또는 관계 행정기관에 지체 없이 알려야 한다.

2. 정당한 사유 없이 제20조제2항을 위반하여 화재, 재난·재해, 그 밖의 위급한 상황을 소방본부, 소방서 또는 관계 행정기관에 알리지 아니한 관계인

> 제20조제2항 : 관계인은 소방대상물에 화재, 재난·재해, 그 밖의 위급한 상황이 발생한 경우에는 이를 소방본부, 소방서 또는 관계 행정기관에 지체 없이 알려야 한다.

② 다음 각 호의 어느 하나에 해당하는 자에게는 200만 원 이하의 과태료를 부과한다. 〈개정 2020. 10. 20.〉

1. 삭제 〈2021. 11. 30.〉
2. 삭제 〈2021. 11. 30.〉
2의2. 제17조의6제5항을 위반하여 한국119청소년단 또는 이와 유사한 명칭을 사용한 자
3. 삭제 〈2020. 10. 20.〉

3의2. 제21조제3항을 위반하여 소방자동차의 출동에 지장을 준 자

> 제21조제3항 : 모든 차와 사람은 소방자동차가 화재진압 및 구조·구급 활동을 위하여 사이렌을 사용하여 출동하는 경우에는 다음 각 호의 행위를 하여서는 아니 된다.
> 1. 소방자동차에 진로를 양보하지 아니하는 행위
> 2. 소방자동차 앞에 끼어들거나 소방자동차를 가로막는 행위
> 3. 그 밖에 소방자동차의 출동에 지장을 주는 행위

4. 제23조제1항을 위반하여 소방활동구역을 출입한 사람

> 제23조제1항 : 소방대장은 화재, 재난·재해, 그 밖의 위급한 상황이 발생한 현장에 소방활동구역을 정하여 소방활동에 필요한 사람으로서 대통령령으로 정하는 사람 외에는 그 구역에 출입하는 것을 제한할 수 있다.

5. 삭제 〈2021. 6. 8.〉
6. 제44조의3을 위반하여 한국소방안전원 또는 이와 유사한 명칭을 사용한 자

③ 제21조의2제2항을 위반하여 전용구역에 차를 주차하거나 전용구역에의 진입을 가로막는 등의 방해행위를 한 자에게는 100만 원 이하의 과태료를 부과한다. 〈신설 2020. 10. 20.〉

> 제21조의2제2항 : 누구든지 소방자동차 전용구역에 차를 주차하거나 전용구역에의 진입을 가로막는 등의 방해행위를 하여서는 아니 된다.

④ 제1항부터 제3항까지에 따른 과태료는 대통령령으로 정하는 바에 따라 관할 시·도지사, 소방본부장 또는 소방서장이 부과·징수한다. 〈개정 2020. 10. 20.〉

예상문제

01 소방기본법에서 과태료 부과대상으로 옳은 것은?

① 화재 또는 구조·구급이 필요한 상황을 거짓으로 알린 사람
② 정당한 사유 없이 소방대의 생활안전활동을 방해한 사람
③ 소방자동차가 화재진압 및 구조활동을 위하여 출동할 때, 소방자동차의 출동을 방해한 사람
④ 소방활동 종사 명령에 따라 사람을 구출하는 일 또는 불을 끄거나 불이 번지지 아니하도록 하는 일을 방해한 사람

해설
- 화재 또는 구조·구급이 필요한 상황을 거짓으로 알린 사람 → 500만 원 이하의 과태료
- 정당한 사유 없이 소방대의 생활안전활동을 방해한 사람 → 100만 원 이하의 벌금
- 소방자동차가 화재진압 및 구조·구급활동을 위하여 출동할 때 소방자동차의 출동을 방해한 사람 → 5년 이하의 징역 또는 5천만 원 이하의 벌금
- 소방활동 종사 명령에 따라 사람을 구출하는 일 또는 불을 끄거나 불이 번지지 아니하도록 하는 일을 방해한 사람 → 5년 이하의 징역 또는 5천만 원 이하의 벌금

정답 ①

02 다음 중 벌칙의 부과가 다른 것은?
① 정당한 사유 없이 물의 사용이나 수도의 개폐장치의 사용 또는 조작을 하지 못하게 하거나 방해한 사람
② 화재 또는 구조·구급이 필요한 상황을 거짓으로 알린 사람
③ 한국119청소년단 또는 이와 유사한 명칭을 사용한 사람
④ 소방자동차 전용구역에 차를 주차하거나 전용구역에의 진입을 가로막는 등의 방해행위를 한 사람

> **해설**
> • 정당한 사유 없이 물의 사용이나 수도의 개폐장치의 사용 또는 조작을 하지 못하게 하거나 방해한 자 → 100만 원 이하의 벌금
> • 화재 또는 구조·구급이 필요한 상황을 거짓으로 알린 사람 → 500만 원 이하의 과태료
> • 한국119청소년단 또는 이와 유사한 명칭을 사용한 자 → 200만 원 이하의 과태료
> • 소방자동차 전용구역에 차를 주차하거나 전용구역에의 진입을 가로막는 등의 방해행위를 한 사람 → 100만 원 이하의 과태료
>
> **정답** ①

03 화재 또는 구조·구급이 필요한 상황을 거짓으로 알린 사람의 벌칙에 해당하는 것은?
① 100만 원의 과태료
② 200만 원의 벌금
③ 500만 원 이하의 과태료
④ 500만 원 이하의 벌금

> **해설**
> 화재 또는 구조·구급이 필요한 상황을 거짓으로 알린 사람에게는 500만 원 이하의 과태료를 부과한다.
>
> **정답** ③

04 다음 벌칙 중 분류가 다른 하나로 옳은 것은?
① 정당한 사유 없이 소방용수시설 또는 비상소화장치를 사용하거나 효용을 해치거나 정당한 사용을 방해한 사람
② 소방활동구역 제한 출입자
③ 정당한 사유 없이 물의 사용이나 수도의 개폐장치의 사용 또는 조작을 하지 못하게 하거나 방해한 자
④ 정당한 사유 없이 소방대의 생활안전활동을 방해한 자

> **해설**
> • 정당한 사유 없이 소방용수시설 또는 비상소화장치를 사용하거나 효용을 해치거나 정당한 사용을 방해한 사람 → 5년 이하의 징역 또는 5천만 원 이하의 벌금
> • 소방활동구역 제한 출입자 → 200만 원 이하의 과태료
> • 정당한 사유 없이 물의 사용이나 수도의 개폐장치의 사용 또는 조작을 하지 못하게 하거나 방해한 자 → 100만 원 이하의 벌금
> • 정당한 사유 없이 소방대의 생활안전활동을 방해한 자 → 100만 원 이하의 벌금
>
> **정답** ②

05 다음 중 벌칙의 분류가 다른 하나는 무엇인가?
① 화재 또는 구조·구급이 필요한 상황을 거짓으로 알린 사람
② 소방자동차 출동을 방해한 사람
③ 정당한 사유 없이 소방용수시설 또는 비상소화장치를 사용하거나 효용을 해치거나 정당한 사용을 방해한 사람
④ 위력(威力)을 사용하여 출동한 소방대의 화재진압·인명구조 또는 구급활동을 방해한 사람

📖 해설
- 화재 또는 구조·구급이 필요한 상황을 거짓으로 알린 사람 → 500만 원 이하의 과태료
- 소방자동차 출동을 방해한 사람 → 5년 이하의 징역 또는 5,000만 원 이하의 벌금
- 정당한 사유 없이 소방용수시설 또는 비상소화장치를 사용하거나 효용을 해치거나 정당한 사용을 방해한 사람 → 5년 이하의 징역 또는 5,000만 원 이하의 벌금
- 위력(威力)을 사용하여 출동한 소방대의 화재진압·인명구조 또는 구급활동을 방해한 사람 → 5년 이하의 징역 또는 5,000만 원 이하의 벌금

정답 ①

06 소방기본법에서 200만 원 이하의 과태료 부과권자가 아닌 것은?
① 시·도지사   ② 소방본부장
③ 소방서장   ④ 소방청장

📖 해설
500만 원, 200만 원, 100만 원 이하의 과태료는 대통령령으로 정하는 바에 따라 관할 시·도지사, 소방본부장 또는 소방서장이 부과·징수한다.

정답 ④

★★★★☆

제57조(과태료)

① 제19조제2항에 따른 신고를 하지 아니하여 소방자동차를 출동하게 한 자에게는 20만 원 이하의 과태료를 부과한다.
② 제1항에 따른 과태료는 조례로 정하는 바에 따라 관할 소방본부장 또는 소방서장이 부과·징수한다.

핵심정리

500만 원 이하의 과태료 200만 원 이하의 과태료 100만 원 이하의 과태료	대통령령	시·도지사, 소방본부장 또는 소방서장이 부과·징수
20만 원 이하의 과태료	조례	소방본부장 또는 소방서장이 부과·징수

예상문제

01 불을 피우거나 연막 소독을 실시하여 화재로 오인할 만한 우려가 있음에도 신고를 하지 아니하여 소방자동차를 출동하게 한 자에 대한 조치사항으로 가장 옳은 것은?

① 20만 원 이하의 과태료를 부과한다.
② 과태료는 시·도지사가 부과·징수한다.
③ 100만 원 이하의 과태료를 부과한다.
④ 200만 원 이하의 과태료를 부과한다.

해설
- 불을 피우거나 연막 소독을 실시하여 화재로 오인할 만한 우려가 있음에도 신고를 하지 아니하여 소방자동차를 출동하게 한 자에게는 20만 원 이하의 과태료를 부과한다.
- 20만 원 이하의 과태료는 조례로 정하는 바에 따라 관할 소방본부장 또는 소방서장이 부과·징수한다.

정답 ①

02 다음 중 과태료 처분의 부과 대상이 아닌 것은?

① 한국119청소년단 또는 이와 유사한 명칭을 사용한 자
② 소방자동차의 출동을 방해한 자
③ 한국소방안전원 또는 이와 유사한 명칭을 사용한 자
④ 소방자동차의 출동에 지장을 준 자

해설
- 한국119청소년단 또는 이와 유사한 명칭을 사용한 자 : 200만 원 이하의 과태료
- 소방자동차의 출동을 방해한 자 : 5년 이하의 징역 또는 5천만 원 이하의 벌금
- 한국소방안전원 또는 이와 유사한 명칭을 사용한 자 : 200만 원 이하의 과태료
- 소방자동차의 출동에 지장을 준 자 : 200만 원 이하의 과태료

정답 ②

03 다음 중 20만 원 이하의 과태료 부과에 관한 내용과 가장 관계가 없는 것은?
① 조례
② 소방본부장
③ 소방서장
④ 대통령령

해설
20만 원 이하의 과태료는 조례로 정하는 바에 따라 관할 소방본부장 또는 소방서장이 부과·징수한다.

정답 ④

04 위반행위를 하여 벌금형·벌칙의 양벌규정이 적용되는 것은?
① 화재 또는 구조·구급이 필요한 상황을 거짓으로 알린 사람
② 화재, 재난·재해, 그 밖의 위급한 상황을 소방본부, 소방서 또는 관계 행정기관에 알리지 아니한 관계인
③ 정당한 사유 없이 소방용수시설 또는 비상소화장치를 사용하거나 소방용수시설 또는 비상소화장치의 효용을 해치거나 그 정당한 사용을 방해한 사람
④ 소방자동차 전용구역에 차를 주차하거나 전용구역에의 진입을 가로막는 등의 방해행위를 한 자

해설
- 화재 또는 구조·구급이 필요한 상황을 거짓으로 알린 사람 → 500만 원 이하의 과태료
- 화재, 재난·재해, 그 밖의 위급한 상황을 소방본부, 소방서 또는 관계 행정기관에 알리지 아니한 관계인 → 500만 원 이하의 과태료
- 정당한 사유 없이 소방용수시설 또는 비상소화장치를 사용하거나 소방용수시설 또는 비상소화장치의 효용을 해치거나 그 정당한 사용을 방해한 사람 → 5년 이하의 징역 또는 5천만 원 이하의 벌금
- 소방자동차 전용구역에 차를 주차하거나 전용구역에의 진입을 가로막는 등의 방해행위를 한 자 → 100만 원 이하의 과태료

정답 ③

★★★☆☆ [본조신설 2022. 1. 4.]

시행령 제1조의2(소방기술민원센터의 설치·운영)

① 소방청장 또는 소방본부장은 「소방기본법」(이하 "법"이라 한다) 제4조의2제1항에 따른 소방기술민원센터(이하 "소방기술민원센터"라 한다)를 소방청 또는 소방본부에 각각 설치·운영한다.
② 소방기술민원센터는 센터장을 포함하여 18명 이내로 구성한다.
③ 소방기술민원센터는 다음 각 호의 업무를 수행한다.

1. 소방시설, 소방공사와 위험물 안전관리 등과 관련된 법령해석 등의 민원(이하 "소방기술민원"이라 한다)의 처리
2. 소방기술민원과 관련된 질의회신집 및 해설서 발간
3. 소방기술민원과 관련된 정보시스템의 운영·관리
4. 소방기술민원과 관련된 현장 확인 및 처리
5. 그 밖에 소방기술민원과 관련된 업무로서 소방청장 또는 소방본부장이 필요하다고 인정하여 지시하는 업무

④ 소방청장 또는 소방본부장은 소방기술민원센터의 업무수행을 위하여 필요하다고 인정하는 경우에는 관계 기관의 장에게 소속 공무원 또는 직원의 파견을 요청할 수 있다.
⑤ 제1항부터 제4항까지에서 규정한 사항 외에 소방기술민원센터의 설치·운영에 필요한 사항은 소방청에 설치하는 경우에는 소방청장이 정하고, 소방본부에 설치하는 경우에는 해당 특별시·광역시·특별자치시·도 또는 특별자치도(이하 "시·도"라 한다)의 규칙으로 정한다.

예상문제

01 소방기본법 시행령에 있는 소방기술민원센터의 설치·운영에 대한 내용 중 옳지 않은 것은?

① 소방청장 또는 소방본부장은 소방기술민원센터를 소방청 또는 소방본부에 각각 설치·운영한다.
② 소방기술민원센터는 센터장을 포함하여 20명 이내로 구성한다.
③ 소방청장 또는 소방본부장은 소방기술민원센터의 업무수행을 위하여 필요하다고 인정하는 경우에는 관계 기관의 장에게 소속 공무원 또는 직원의 파견을 요청할 수 있다.
④ 소방기술민원센터의 설치·운영에 필요한 사항은 소방청에 설치하는 경우에는 소방청장이 정하고, 소방본부에 설치하는 경우에는 해당 시·도의 규칙으로 정한다.

해설
소방기술민원센터는 센터장을 포함하여 18명 이내로 구성한다.

정답 ②

02 소방기본법 시행령에 있는 소방기술민원센터의 수행업무 중 옳지 않은 것은?

① 소방시설, 소방공사와 위험물 안전관리 등과 관련된 법령해석 등의 민원의 처리
② 소방기술민원과 관련된 질의회신집 및 해설서 발간
③ 소방기술민원과 관련된 정보시스템의 운영·관리
④ 그 밖에 소방기술민원과 관련된 업무로서 행정안전부장관이 필요하다고 인정하여 지시하는 업무

해설

소방기본법 시행령에 있는 소방기술민원센터의 수행업무는 "그 밖에 소방기술민원과 관련된 업무로서 소방청장 또는 소방본부장이 필요하다고 인정하여 지시하는 업무"이다.

정답 ④

★★★☆☆ [개정 2022. 1. 4.]

시행령 제1조의3(소방업무에 관한 종합계획 및 세부계획의 수립·시행)

① 소방청장은 법 제6조제1항에 따른 소방업무에 관한 종합계획을 관계 중앙행정기관의 장과의 협의를 거쳐 계획 시행 전년도 10월 31일까지 수립해야 한다. 〈개정 2022. 1. 4.〉
② 법 제6조제2항제7호에서 "대통령령으로 정하는 사항"이란 다음 각 호의 사항을 말한다.
  1. 재난·재해 환경 변화에 따른 소방업무에 필요한 대응 체계 마련
  2. 장애인, 노인, 임산부, 영유아 및 어린이 등 이동이 어려운 사람을 대상으로 한 소방활동에 필요한 조치
③ 특별시장·광역시장·특별자치시장·도지사 또는 특별자치도지사(이하 "시·도지사"라 한다)는 법 제6조제4항에 따른 종합계획의 시행에 필요한 세부계획을 계획 시행 전년도 12월 31일까지 수립하여 소방청장에게 제출하여야 한다.

핵심정리

종합계획	소방청장	계획 시행 전년도 10월 31일까지 수립
세부계획	시·도지사	계획 시행 전년도 12월 31일까지 수립

예상문제

01 다음 중 소방업무에 관한 종합계획의 수립기한은?
① 계획 시행 연도 10월 31일까지
② 계획 시행 전년도 10월 31일까지
③ 계획 시행 연도 12월 31일까지
④ 계획 시행 전년도 12월 31일까지

> **해설**
> 소방청장은 소방업무에 관한 종합계획을 관계 중앙행정기관의 장과의 협의를 거쳐 계획 시행 전년도 10월 31일까지 수립하여야 한다.
>
> **정답** ②

02 시·도지사는 종합계획의 시행에 필요한 세부계획을 언제까지 수립하여 소방청장에게 제출하여야 하는가?

① 계획 시행 연도 10월 31일까지
② 계획 시행 전년도 10월 31일까지
③ 계획 시행 연도 12월 31일까지
④ 계획 시행 전년도 12월 31일까지

> **해설**
> 시·도지사(특별시장·광역시장·특별자치시장·도지사 또는 특별자치도지사)는 종합계획의 시행에 필요한 세부계획을 계획 시행 전년도 12월 31일까지 수립하여 소방청장에게 제출하여야 한다.
>
> **정답** ④

★★★★★
시행령 제2조(국고보조 대상사업의 범위와 기준보조율)

① 법 제9조제2항에 따른 국고보조 대상사업의 범위는 다음 각 호와 같다.
  1. 다음 각 목의 소방활동장비와 설비의 구입 및 설치
     가. 소방자동차
     나. 소방헬리콥터 및 소방정
     다. 소방전용통신설비 및 전산설비
     라. 그 밖에 방화복 등 소방활동에 필요한 소방장비
  2. 소방관서용 청사의 건축(「건축법」 제2조제1항제8호에 따른 건축을 말한다)
② 제1항제1호에 따른 소방활동장비 및 설비의 종류와 규격은 행정안전부령으로 정한다.
③ 제1항에 따른 국고보조 대상사업의 기준보조율은 「보조금 관리에 관한 법률 시행령」에서 정하는 바에 따른다.

핵심정리

국고보조 대상사업의 범위에 포함되는 것	포함되지 않는 것

1. 다음 각 목의 소방활동장비와 설비의 구입 및 설치
   가. 소방자동차
   나. 소방헬리콥터 및 소방정
   다. 소방전용통신설비 및 전산설비
   라. 그 밖에 방화복 등 소방활동에 필요한 소방장비
2. 소방관서용 청사의 건축
	1. 공기호흡기
	2. 소방박물관
	3. 소방인건비, 소방공무원의 인건비
	4. 특정소방대상물의 소방시설
	5. 소방전기·기계설비 구입 및 설치
	6. 무선통신보조설비, 소화전
	7. 소방용수설비, 소방용수시설
	8. 소방복
	9. 소방통신설비

예상문제

01 국가는 소방장비의 구입 등 시·도의 소방업무에 필요한 경비의 일부를 보조한다. 국고보조대상이 옳은 것으로 묶인 것은?

① 소방정, 소방관서용 청사의 건축, 소방전용통신설비
② 소방대원 인건비, 전산설비, 소방자동차
③ 소방용수설비, 소방전용통신설비 및 전산설비
④ 소방용수설비, 소방헬리콥터 및 소방정

해설
소방정, 소방관서용 청사의 건축, 소방전용통신설비, 소방전용통신설비 및 전산설비, 소방자동차는 국고보조대상이지만, 소방대원 인건비, 소방용수설비는 국고보조대상이 아니다.

정답 ①

02 다음 중 소방장비 등의 국고보조에 대한 기준으로 옳지 않은 것은?

① 국가는 소방장비의 구입 등 시·도의 소방업무에 필요한 경비의 일부를 보조한다.
② 규정에 따른 국고보조 대상사업의 범위와 기준보조율은 대통령령으로 한다.
③ 소방관서용 청사의 건축도 국고 보조할 수 있다.
④ 국고보조 대상사업의 기준보조율은 집행된 금액의 1/3 이상을 보조한다.

해설
국고보조 대상사업의 기준보조율은 「보조금 관리에 관한 법률 시행령」에서 정하는 바에 따른다.

정답 ④

03 소방장비 등의 국고보조 대상사업범위와 기준보조율을 정하는 사항은?
① 행정안전부령
② 국무행정안전부령
③ 소방청 훈령
④ 대통령령

해설
- 소방장비 등의 국고보조 대상사업의 범위와 기준보조율은 대통령령으로 한다.(소방기본법 제9조 제2항)
- 국고보조 대상사업의 범위 중 소방활동장비 및 설비의 종류와 규격은 행정안전부령으로 정한다.(소방기본법 시행령 제2조 제2항)

정답 ④

04 다음 중 국고보조 대상사업의 범위에 해당되지 않는 것은?
① 소방자동차 구입
② 소방전용통신설비, 전산설비 구입 및 설치
③ 소방정 구입
④ 소방 전기·기계설비 구입 및 설치

해설
소방전기·기계설비 구입 및 설치는 국고보조 대상사업의 범위에 해당되지 않는다.

정답 ④

★★☆☆☆

시행령 제7조의4(시험과목)

① 소방안전교육사시험의 제1차 시험 및 제2차 시험 과목은 다음 각 호와 같다.
  1. 제1차 시험 : 소방학개론, 구급·응급처치론, 재난관리론 및 교육학개론 중 응시자가 선택하는 3과목
  2. 제2차 시험 : 국민안전교육 실무
② 제1항에 따른 시험 과목별 출제범위는 행정안전부령으로 정한다.

예상문제

01 다음 중 소방안전교육사 1차 시험과목이 아닌 것은?
① 구급 및 응급처치론
② 소방학개론
③ 재난관리론
④ 국민안전교육 실무

해설
소방안전교육사시험의 제1차 시험과목은 소방학개론, 구급·응급처치론, 재난관리론 및 교육학개론 중 응시자가 선택하는 3과목이다. 국민안전교육 실무는 제2차 시험과목이다.

정답 ④

02 소방안전교육사 시험과목 중 제2차 시험과목은?
① 재난관리론
② 소방학개론
③ 국민안전교육 실무
④ 구급·응급처치론

해설
소방안전교육사시험의 제2차 시험 과목은 "국민안전교육 실무"이다.

정답 ③

★★★☆☆ [개정 2020. 3. 10.]

시행령 제7조의5(시험위원 등)

① 소방청장은 소방안전교육사시험 응시자격심사, 출제 및 채점을 위하여 다음 각 호의 어느 하나에 해당하는 사람을 응시자격심사위원 및 시험위원으로 임명 또는 위촉하여야 한다. 〈개정 2020. 3. 10.〉
  1. 소방 관련 학과, 교육학과 또는 응급구조학과 박사학위 취득자
  2. 「고등교육법」 제2조제1호부터 제6호까지의 규정 중 어느 하나에 해당하는 학교에서 소방 관련 학과, 교육학과 또는 응급구조학과에서 조교수 이상으로 2년 이상 재직한 자
  3. 소방위 이상의 소방공무원
  4. 소방안전교육사 자격을 취득한 자
② 제1항에 따른 응시자격심사위원 및 시험위원의 수는 다음 각 호와 같다.
  1. 응시자격심사위원 : 3명

2. 시험위원 중 출제위원 : 시험과목별 3명
3. 시험위원 중 채점위원 : 5명
③ 제1항에 따라 응시자격심사위원 및 시험위원으로 임명 또는 위촉된 자는 소방청장이 정하는 시험문제 등의 작성 시 유의사항 및 서약서 등에 따른 준수사항을 성실히 이행해야 한다.
④ 제1항에 따라 임명 또는 위촉된 응시자격심사위원 및 시험위원과 시험감독업무에 종사하는 자에 대하여는 예산의 범위에서 수당 및 여비를 지급할 수 있다.

예상문제

01 다음 중 소방안전교육사시험의 응시자격심사, 출제 및 채점위원으로 옳지 않은 것은?

① 소방안전교육사 자격을 취득한 자
② 소방위 이상의 소방공무원
③ 소방 관련 학과, 교육학과 또는 응급구조학과 박사학위 취득자
④ 소방 관련 학과, 교육학과 또는 응급구조학과에서 조교수 이상으로 1년 이상 재직한 자

📖 해설

소방안전교육사시험의 응시자격심사, 출제 및 채점위원은 「고등교육법」 제2조제1호부터 제6호까지의 규정 중 어느 하나에 해당하는 학교에서 소방관련학과, 교육학과 또는 응급구조학과에서 조교수 이상으로 2년 이상 재직한 자이다.

> ※ **고등교육법 제2조제1호부터 제6호까지의 규정 중 어느 하나에 해당하는 학교**
> 1. 대학
> 2. 산업대학
> 3. 교육대학
> 4. 전문대학
> 5. 방송대학·통신대학·방송통신대학 및 사이버대학(이하 "원격대학"이라 한다)
> 6. 기술대학

정답 ②

02 다음 중 소방안전교육사에 대한 설명으로 옳은 것은?

① 소방안전교육사는 소방안전교육의 기획·진행·분석·평가 및 교수업무를 수행한다.
② 파산선고를 받고 복권되지 아니한 자는 소방안전교육사가 될 수 없다.
③ 소방안전교육사는 소방안전교육사의 시험을 출제할 수 없다.
④ 시험위원은 채점위원을 3명으로 하고 각 과목 출제위원은 5명으로 한다.

📖 해설
- 파산선고를 받고 복권되지 아니한 자는 소방안전교육사가 될 수 있다.
- 소방안전교육사는 소방안전교육사의 시험을 출제할 수 있다.
- 시험위원은 출제위원을 3명으로 하고 각 과목 채점위원은 5명으로 한다.

정답 ①

★★★☆☆ [개정 2020. 12. 9.]

시행령 제7조의6(시험의 시행 및 공고)

① 소방안전교육사시험은 2년마다 1회 시행함을 원칙으로 하되, 소방청장이 필요하다고 인정하는 때에는 그 횟수를 증감할 수 있다.
② 소방청장은 소방안전교육사시험을 시행하려는 때에는 응시자격·시험과목·일시·장소 및 응시절차 등에 관하여 필요한 사항을 모든 응시 희망자가 알 수 있도록 소방안전교육사시험의 시행일 90일 전까지 소방청의 인터넷 홈페이지 등에 공고해야 한다. 〈개정 2020. 12. 9.〉

예상문제

01 다음 중 소방안전교육사에 대하여 맞는 사항은?
① 한국소방안전원장은 소방안전교육을 위하여 시험실시 및 자격을 부여한다.
② 소방안전교육사는 소방안전교육의 기획·진행·분석·평가 및 교수업무를 수행한다.
③ 1차 시험과목은 소방안전관리론, 구급 및 응급처치론, 재난관리론이다.
④ 2차 시험과목은 소방안전교육실무이며, 시험은 1년마다 1회 시행함을 원칙으로 한다.

📖 해설
- 소방청장은 소방안전교육을 위하여 시험실시 및 자격을 부여한다.
- 제1차 시험은 소방학개론, 구급·응급처치론, 재난관리론 및 교육학개론 중 응시자가 선택하는 3과목이다.
- 2차 시험과목은 국민안전교육 실무이며, 시험은 2년마다 1회 시행함을 원칙으로 한다.

정답 ②

02 소방안전교육사 시험에 대한 설명으로 가장 옳지 않은 것은?

① 소방안전교육사는 소방안전교육의 기획·진행·분석·평가 및 교수업무를 수행한다.
② 소방안전교육사 시험의 응시자격, 시험방법, 시험과목, 시험위원, 그 밖에 소방안전교육사 시험의 실시에 필요한 사항은 행정안전부령으로 정한다.
③ 소방안전교육사시험은 2년마다 1회 시행을 원칙으로 하되, 소방청장이 필요하다고 인정하는 때에는 그 횟수를 증감할 수 있다.
④ 소방청장은 소방안전교육사시험에서 부정한 행위를 한 자에 대하여는 그 시험을 무효로 하고, 그 처분이 있는 날부터 2년간 소방안전교육사 시험의 응시자격을 정지한다.

해설
소방안전교육사 시험의 응시자격, 시험방법, 시험과목, 시험위원, 그 밖에 소방안전교육사 시험의 실시에 필요한 사항은 대통령령으로 정한다.

정답 ②

03 다음 중 소방안전교육사에 관한 내용으로 옳지 않은 것은?

① 응시자격심사위원은 3명이며, 시험위원 중 출제위원은 시험과목별 3명, 채점위원은 5명에 해당된다.
② 소방청장은 소방안전교육사시험을 시행하려는 때에는 응시자격·시험과목·일시·장소 및 응시절차 등에 관하여 필요한 사항을 모든 응시 희망자가 알 수 있도록 소방안전교육사시험의 시행일 60일 전까지 소방청의 인터넷 홈페이지 등에 공고해야 한다.
③ 소방청장은 소방안전교육사 시험에서 부정행위를 한 사람에 대하여는 그 시험을 무효로 하고, 그 처분이 있은 날부터 2년간 소방안전교육사 시험의 응시자격을 정지한다.
④ 소방청장은 소방안전교육사시험 응시자격 심사, 출제, 채점을 위하여 소방위 이상의 소방공무원을 응시자격심사위원 및 시험위원으로 임명 또는 위촉할 수 있다.

해설
소방청장은 소방안전교육사시험을 시행하려는 때에는 응시자격·시험과목·일시·장소 및 응시절차 등에 관하여 필요한 사항을 모든 응시 희망자가 알 수 있도록 소방안전교육사시험의 시행일 90일 전까지 소방청의 인터넷 홈페이지 등에 공고해야 한다.

정답 ②

★★★☆☆ [개정 2021. 5. 4.]

시행령 제7조의12(소방자동차 전용구역 설치 대상)

법 제21조의2제1항에서 "대통령령으로 정하는 공동주택"이란 다음 각 호의 주택을 말한다. 다만, 하나의 대지에 하나의 동(棟)으로 구성되고「도로교통법」제32조 또는 제33조에 따라 정차 또는 주차가 금지된 편도 2차선 이상의 도로에 직접 접하여 소방자동차가 도로에서 직접 소방활동이 가능한 공동주택은 제외한다. 〈개정 2021. 5. 4.〉
1.「건축법 시행령」별표 1 제2호가목의 아파트 중 세대수가 100세대 이상인 아파트
2.「건축법 시행령」별표 1 제2호라목의 기숙사 중 3층 이상의 기숙사

| 암기법 | 100 아 3 기 |

★☆☆☆☆ [개정 2021. 5. 4.]

시행령 제7조의13(소방자동차 전용구역의 설치 기준·방법)

① 제7조의12 각 호 외의 부분 본문에 따른 공동주택의 건축주는 소방자동차가 접근하기 쉽고 소방활동이 원활하게 수행될 수 있도록 각 동별 전면 또는 후면에 소방자동차 전용구역(이하 "전용구역"이라 한다)을 1개소 이상 설치해야 한다. 다만, 하나의 전용구역에서 여러 동에 접근하여 소방활동이 가능한 경우로서 소방청장이 정하는 경우에는 각 동별로 설치하지 않을 수 있다. 〈개정 2021. 5. 4.〉
② 전용구역의 설치 방법은 별표 2의5와 같다.

예상문제

01 소방기본법 및 같은 법 시행령에서 소방자동차 전용구역의 설치 등으로 옳지 않은 것은?
① 세대수가 100세대 이상인 아파트에는 소방자동차 전용구역을 설치하여야 한다.
② 소방본부장 또는 소방서장은 소방자동차가 접근하기 쉽고 소방활동이 원활하게 수행될 수 있도록 공동주택의 각 동별 전면 또는 후면에 소방자동차 전용구역을 1개소 이상 설치하여야 한다.
③ 소방자동차 전용구역의 설치 기준·방법, 방해행위의 기준, 그 밖의 필요한 사항은 대통령령으로 정한다.
④ 소방자동차 전용구역에 차를 주차하거나 전용구역에의 진입을 가로막는 등의 방해행위를 한 자에게는 100만 원 이하의 과태료를 부과한다.

> 📝 **해설**
> 공동주택의 건축주는 소방자동차가 접근하기 쉽고 소방활동이 원활하게 수행될 수 있도록 각 동별 전면 또는 후면에 소방자동차 전용구역을 1개소 이상 설치하여야 한다.

정답 ②

★☆☆☆☆

 시행령 제7조의14(전용구역 방해행위의 기준)

법 제21조의2제2항에 따른 방해행위의 기준은 다음 각 호와 같다.
1. 전용구역에 물건 등을 쌓거나 주차하는 행위
2. 전용구역의 앞면, 뒷면 또는 양 측면에 물건 등을 쌓거나 주차하는 행위. 다만, 「주차장법」 제19조에 따른 부설주차장의 주차구획 내에 주차하는 경우는 제외한다.
3. 전용구역 진입로에 물건 등을 쌓거나 주차하여 전용구역으로의 진입을 가로막는 행위
4. 전용구역 노면표지를 지우거나 훼손하는 행위
5. 그 밖의 방법으로 소방자동차가 전용구역에 주차하는 것을 방해하거나 전용구역으로 진입하는 것을 방해하는 행위

예상문제

01 소방기본법에서 규정하는 소방자동차 전용구역 방해행위 기준으로 옳지 않은 것은?
① 전용구역에 물건 등을 쌓거나 주차하는 행위
②「주차장법」 제19조에 따른 부설주차장의 주차구획 내에 주차하는 행위
③ 전용구역 진입로에 물건 등을 쌓거나 주차하여 전용구역으로의 진입을 가로막는 행위
④ 전용구역 노면표지를 지우거나 훼손하는 행위

> 📝 **해설**
> 「주차장법」 제19조에 따른 부설주차장의 주차구획 내에 주차하는 경우는 소방자동차 전용구역 방해행위에 해당되지 않는다.

정답 ②

★★★☆☆ [본조신설 2023. 4. 25.]

 시행령 제17조의15(운행기록장치 장착 소방자동차의 범위)

법 제21조의3제1항에서 "대통령령으로 정하는 소방자동차"란 「소방장비관리법 시행령」 제6조 및 별표 1 제1호가목에 따른 다음 각 호의 소방자동차를 말한다.
1. 소방펌프차
2. 소방물탱크차
3. 소방화학차
4. 소방고가차(消防高架車)
5. 무인방수차
6. 구조차
7. 그 밖에 소방청장이 소방자동차의 안전한 운행 및 교통사고 예방을 위하여 운행기록장치 장착이 필요하다고 인정하여 정하는 소방자동차

★★★★★

 **시행령 제8조(소방활동구역의 출입자)**

법 제23조제1항에서 "대통령령으로 정하는 사람"이란 다음 각 호의 사람을 말한다.
1. 소방활동구역 안에 있는 소방대상물의 소유자·관리자 또는 점유자
2. 전기·가스·수도·통신·교통의 업무에 종사하는 사람으로서 원활한 소방활동을 위하여 필요한 사람
3. 의사·간호사 그 밖의 구조·구급업무에 종사하는 사람
4. 취재인력 등 보도업무에 종사하는 사람
5. 수사업무에 종사하는 사람
6. 그 밖에 소방대장이 소방활동을 위하여 출입을 허가한 사람

핵심정리

소방활동구역의 출입자에 해당되는 사람	소방활동구역의 출입자에 해당되지 않는 사람
1. 소방활동구역 안에 있는 소방대상물의 소유자·관리자 또는 점유자 2. 전기·가스·수도·통신·교통의 업무에 종사하는 사람으로서 원활한 소방활동을 위하여 필요한 사람 3. 의사·간호사 그 밖의 구조·구급업무에 종사하는 사람 4. 취재인력 등 보도업무에 종사하는 사람 5. 수사업무에 종사하는 사람 6. 그 밖에 소방대장이 소방활동을 위하여 출입을 허가한 사람	1. 소방활동구역 안에 있는 소방대상물의 근무자 2. 소방활동 구역의 인접한 지역에 있는 관계인 3. 소방대상물의 종업원 4. 전기·가스·수도·교통·통신 등의 업무에 종사하는 사람 5. 소방대장이 정하는 전기·가스·수도·통신·환경 업무에 종사하는 사람 6. 전기·가스·수도·교통·통신·기계 등의 업무에 종사하는 사람 7. 전기, 통신, 가스, 수도, 교통업무 종사자 8. 가스업무에 종사하는 사람 9. 군사업무에 종사하는 사람 10. 보험증권회사 직원 11. 보험업무에 종사하는 사람 12. 시·도지사가 출입을 허가한 사람 13. 시·도지사, 소방청장이 출입을 허가한 자 14. 의용소방대장이 정하는 자 15. 경찰서장이 소방활동을 위하여 출입을 허가한 자 16. 소방서장이 소방활동을 위하여 출입을 허가한 자 17. 소방서장의 업무 종사자

예상문제

01 소방기본법에서 소방활동구역의 출입자로 옳지 않은 것은?

① 소방활동구역 안에 있는 소방대상물의 관계인
② 구조·구급업무에 종사하는 사람
③ 수사업무에 종사하는 사람
④ 시·도지사가 출입을 허가한 사람

해설
소방대장이 소방활동을 위하여 출입을 허가한 사람은 소방활동구역에 출입할 수 있지만, 시·도지사가 출입을 허가한 사람은 소방활동구역에 출입할 수 없다.

정답 ④

02 다음 중 화재 시 소방활동구역의 출입자에 해당되지 않는 것은?

① 구급업무에 종사하는 사람 ② 수사업무에 종사하는 사람
③ 보도업무에 종사하는 사람 ④ 군사업무에 종사하는 사람

해설
군사업무에 종사하는 사람은 소방활동구역에 출입할 수 없다.

정답 ④

03 다음 중 소방활동구역 출입자가 가장 아닌 것은?
① 수사업무에 종사하는 사람
② 취재인력 등 보도업무에 종사하는 사람
③ 의사, 간호사 그 밖의 구조·구급업무에 종사하는 사람
④ 소방활동 구역의 인접한 지역에 있는 관계인

 해설
소방활동구역 안에 있는 소방대상물의 관계인(소유자·관리자 또는 점유자)은 소방활동구역에 출입할 수 있으나, 소방활동구역의 인접한 지역에 있는 관계인은 출입할 수 없다.

정답 ④

04 다음 중 소방활동구역의 출입자로서 옳지 않은 것은?
① 소방활동구역 안에 있는 소방대상물의 소유자·관리자, 점유자는 출입할 수 있다.
② 전기·가스·수도·통신·교통의 업무에 종사하는 자로서 원활한 소방활동을 위하여 필요한 사람은 출입할 수 있다.
③ 화재가 발생한 건축물의 인접 건축물 이웃 사람은 출입할 수 있다.
④ 규정에 위반하여 소방활동구역을 출입한 사람은 200만 원 이하의 과태료를 부과한다.

 해설
화재가 발생한 건축물의 인접 건축물 이웃 사람은 출입은 소방활동구역에 출입할 수 없다.

정답 ③

05 다음 중 소방활동구역 출입자로서 옳지 않은 것은?
① 의사·간호사 그 밖의 구조·구급업무에 종사하는 사람
② 전기·가스·수도·통신·교통업무 종사자
③ 취재인력 등 보도업무에 종사하는 사람
④ 수사업무에 종사하는 사람

 해설
소방활동구역에 출입할 수 있는 자는 전기·가스·수도·통신·교통의 업무에 종사하는 사람으로서 원활한 소방활동을 위하여 필요한 사람이다.

정답 ②

06 다음 중 소방활동구역에 출입할 수 없는 자는?
① 소방활동구역 안에 있는 소방대상물의 관계인
② 의사·간호사 그 밖의 구조·구급업무에 종사하는 사람
③ 전기·통신·가스·수도·교통 업무에 종사한 자로서 원활한 소방활동을 위하여 필요한 자
④ 소방대상물의 종업원

🔲 해설
소방대상물의 종업원은 소방활동구역에 출입할 수 없다.

정답 ④

07 다음 중 소방활동구역을 출입할 수 있는 사람이 아닌 것은?
① 소방활동구역 안에 있는 소방대상물의 소유자·관리자 또는 점유자
② 전기·가스·수도·통신·교통의 업무에 종사하는 사람으로서 원활한 소방활동을 위하여 필요한 사람
③ 구조·구급업무에 종사하는 사람
④ 의용소방대장이 정하는 자

🔲 해설
소방대장이 소방활동을 위하여 출입을 허가한 사람은 소방활동구역에 출입할 수 있으나, 의용소방대장이 정하는 자는 출입할 수 없다.

정답 ④

08 다음 중 소방활동구역 출입자가 아닌 것은?
① 취재인력 등 보도업무에 종사하는 자
② 경찰서장이 소방활동을 위하여 출입을 허가한 자
③ 통신·교통의 업무에 종사하는 자로서 원활한 소방활동을 위하여 필요한 자
④ 구조·구급업무에 종사하는 자

🔲 해설
소방대장이 소방활동을 위하여 출입을 허가한 사람은 소방활동구역에 출입할 수 있으나, 경찰서장이 소방활동을 위하여 출입을 허가한 자는 출입할 수 없다.

정답 ②

09 다음 중 소방활동구역에 출입할 수 있는 사람이 아닌 것은?
 ① 전기 · 가스 · 수도 · 교통 · 통신 · 기계 등의 업무에 종사하는 자
 ② 소방활동 구역 안의 관계인
 ③ 취재인력 등 보도업무에 종사하는 자
 ④ 소방대장이 소방활동을 위하여 출입을 허가한 자

 해설
 전기 · 가스 · 수도 · 통신 · 교통의 업무에 종사하는 사람으로서 원활한 소방활동을 위하여 필요한 사람은 소방활동구역에 출입할 수 있으나, 전기 · 가스 · 수도 · 교통 · 통신 · 기계 등의 업무에 종사하는 자는 출입할 수 없다.

 정답 ①

10 소방대장이 정하는 소방활동구역에 출입할 수 없는 자는?
 ① 구급업무 종사자
 ② 보도업무 종사자 및 의사
 ③ 소방대장이 출입을 허가한 자
 ④ 소방서장의 업무 종사자

 해설
 소방서장의 업무 종사자는 소방활동구역에 출입할 수 없다.

 정답 ④

11 화재 시 소방활동구역에 출입할 수 없는 자는?
 ① 수사업무에 종사하는 자
 ② 보도업무에 종사하는 자
 ③ 소방활동구역 안의 소유자, 관리자, 점유자
 ④ 보험증권회사 직원

 해설
 보험증권회사 직원은 소방활동구역에 출입할 수 없다.

 정답 ④

12 다음 중 소방활동구역의 출입 대상자로 옳지 않은 것은?
 ① 전기 · 가스 · 수도 · 통신 · 환경업무 종사자
 ② 의사 · 간호사 그 밖의 구조 · 구급업무에 종사하는 자
 ③ 취재인력 등 보도업무에 종사하는 자
 ④ 그 밖에 소방대장이 소방활동을 위하여 출입을 허가한 자

해설
전기 · 가스 · 수도 · 통신 · 교통의 업무에 종사하는 사람으로서 원활한 소방활동을 위하여 필요한 사람은 소방활동구역에 출입할 수 있으나, 전기 · 가스 · 수도 · 통신 · 환경업무 종사자는 출입할 수 없다.

정답 ①

13 다음 중 소방활동구역의 출입자가 아닌 사람은?
① 소방활동구역 안에 있는 소방대상물의 소유자 · 관리자 · 점유자
② 의사 · 간호사 그 밖의 구조 · 구급업무에 종사하는 자
③ 취재인력 등 보도업무에 종사하는 자
④ 경찰서장이 출입을 허가한 자

해설
경찰서장이 출입을 허가한 자는 소방활동구역에 출입할 수 없다.

정답 ④

14 다음 중 소방활동구역 출입자에 해당되지 않는 것은?
① 가스업무 종사자
② 수사업무 종사자
③ 보도업무 종사자
④ 구급업무 종사자

해설
가스의 업무에 종사하는 사람으로서 원활한 소방활동을 위하여 필요한 사람은 소방활동구역에 출입할 수 있으나, 가스업무종사자는 출입할 수 없다.

정답 ①

15 다음 중 소방활동구역 출입자가 아닌 것은?
① 시 · 도지사, 소방청장이 출입을 허가한 자
② 소방활동구역 안에 있는 소방대상물의 관계인
③ 수사업무종사자, 간호사, 의사
④ 원활한 소방활동을 위해 필요한 자(전기 · 통신 · 수도 · 가스 · 교통의 업무에 종사하는 자)

해설
소방대장이 소방활동을 위하여 출입을 허가한 사람은 소방활동구역에 출입할 수 있으나, 시 · 도지사, 소방청장이 출입을 허가한 자는 출입할 수 없다.

정답 ①

16 소방활동구역을 출입할 수 있는 사람으로 그 기준이 맞지 않는 것은?
① 소방활동구역 안에 있는 소방대상물의 소유자·관리자 또는 점유자
② 의사, 간호사, 그 밖의 구조·구급업무에 종사하는 자
③ 소방서장이 소방활동을 위하여 출입을 허가한 자
④ 취재인력 등 보도업무에 종사하는 자

해설
소방대장이 소방활동을 위하여 출입을 허가한 사람은 소방활동구역에 출입할 수 있으나, 소방서장이 소방활동을 위하여 출입을 허가한 자는 출입할 수 없다.

정답 ③

17 다음 중 화재 시 소방활동구역의 출입을 제한할 수 있는 대상은?
① 구급업무에 종사하는 사람
② 수사업무에 종사하는 사람
③ 보험업무에 종사하는 사람
④ 보도업무에 종사하는 사람

해설
보험업무에 종사하는 사람은 소방활동구역에 출입할 수 없다.

정답 ③

18 다음 중 화재현장 출입자에 해당하지 않는 사람은?
① 소방대상물의 관계인
② 의사 및 간호사
③ 수사업무 종사자
④ 소방대상물 종업원

해설
소방대상물 종업원은 소방활동구역에 출입할 수 없다.

정답 ④

19 소방활동구역에 출입할 수 있는 자로서 옳지 않은 것은?
① 소방활동구역 안에 있는 소방대상물의 근무자
② 취재인력 등 보도업무에 종사하는 사람
③ 의사·간호사 그 밖의 구조·구급업무에 종사하는 사람
④ 전기·가스·수도·통신·교통의 업무에 종사하는 사람으로서 원활한 소방활동을 위하여 필요한 사람

해설
소방활동구역 안에 있는 소방대상물의 관계인(소유자·관리자 또는 점유자)은 소방활동구역에 출입할 수 있으나, 소방활동구역 안에 있는 소방대상물의 근무자는 출입할 수 없다.

정답 ①

20 다음 중 소방활동구역에 출입할 수 있는 자가 아닌 자는?

① 소방활동구역 안에 있는 소방대상물의 관계인
② 전기·가스·수도·교통·통신 등의 업무에 종사하는 사람
③ 의사·간호사 그 밖의 구조·구급업무에 종사하는 사람
④ 보도업무에 종사하는 사람

해설

전기·가스·수도·통신·교통의 업무에 종사하는 사람으로서 원활한 소방활동을 위하여 필요한 사람은 소방활동구역에 출입할 수 있으나, 전기·가스·수도.교통·통신 등의 업무에 종사하는 자는 출입할 수 없다.

정답 ②

시행령 제9조(교육평가심의위원회의 구성·운영)

① 안전원의 장(이하 "안전원장"이라 한다)은 법 제40조의2제3항에 따라 다음 각 호의 사항을 심의하기 위하여 교육평가심의위원회(이하 "평가위원회"라 한다)를 둔다.
  1. 교육평가 및 운영에 관한 사항
  2. 교육결과 분석 및 개선에 관한 사항
  3. 다음 연도의 교육계획에 관한 사항
② 평가위원회는 위원장 1명을 포함하여 9명 이하의 위원으로 성별을 고려하여 구성한다.
③ 평가위원회의 위원장은 위원 중에서 호선(互選)한다.
④ 평가위원회의 위원은 다음 각 호의 어느 하나에 해당하는 사람 중에서 안전원장이 임명 또는 위촉한다.
  1. 소방안전교육 업무 담당 소방공무원 중 소방청장이 추천하는 사람
  2. 소방안전교육 전문가
  3. 소방안전교육 수료자
  4. 소방안전에 관한 학식과 경험이 풍부한 사람
⑤ 평가위원회에 참석한 위원에게는 예산의 범위에서 수당을 지급할 수 있다. 다만, 공무원인 위원이 소관 업무와 직접 관련되어 참석하는 경우에는 수당을 지급하지 아니한다.
⑥ 제1항부터 제5항까지에서 규정한 사항 외에 평가위원회의 운영 등에 필요한 사항은 안전원장이 정한다.

예상문제

01 소방기본법 시행령에 있는 교육평가심의위원회의 구성·운영에 대한 내용 중 옳지 않은 것은?

① 평가위원회는 위원장 1명을 포함하여 7명 이하의 위원으로 성별을 고려하여 구성한다.
② 평가위원회의 위원장은 위원 중에서 호선(互選)한다.
③ 평가위원회에 참석한 위원에게는 예산의 범위에서 수당을 지급할 수 있다.
④ 평가위원회의 운영 등에 필요한 사항은 안전원장이 정한다.

해설
평가위원회는 위원장 1명을 포함하여 9명 이하의 위원으로 성별을 고려하여 구성하여야 한다.

정답 ①

시행령 제12조(손실보상의 지급절차 및 방법)

① 법 제49조의2제1항에 따라 소방기관 또는 소방대의 적법한 소방업무 또는 소방활동으로 인하여 발생한 손실을 보상받으려는 자는 행정안전부령으로 정하는 보상금 지급 청구서에 손실내용과 손실금액을 증명할 수 있는 서류를 첨부하여 소방청장 또는 시·도지사(이하 "소방청장등"이라 한다)에게 제출하여야 한다. 이 경우 소방청장등은 손실보상금의 산정을 위하여 필요하면 손실보상을 청구한 자에게 증빙·보완 자료의 제출을 요구할 수 있다.

② 소방청장등은 제13조에 따른 손실보상심의위원회의 심사·의결을 거쳐 특별한 사유가 없으면 보상금 지급 청구서를 받은 날부터 60일 이내에 보상금 지급 여부 및 보상금액을 결정하여야 한다.

③ 소방청장등은 다음 각 호의 어느 하나에 해당하는 경우에는 그 청구를 각하(却下)하는 결정을 하여야 한다.

　1. 청구인이 같은 청구 원인으로 보상금 청구를 하여 보상금 지급 여부 결정을 받은 경우. 다만, 기각 결정을 받은 청구인이 손실을 증명할 수 있는 새로운 증거가 발견되었음을 소명(疏明)하는 경우는 제외한다.
　2. 손실보상 청구가 요건과 절차를 갖추지 못한 경우. 다만, 그 잘못된 부분을 시정할 수 있는 경우는 제외한다.

④ 소방청장 등은 제2항 또는 제3항에 따른 결정일부터 10일 이내에 행정안전부령으로 정

하는 바에 따라 결정 내용을 청구인에게 통지하고, 보상금을 지급하기로 결정한 경우에는 특별한 사유가 없으면 통지한 날부터 30일 이내에 보상금을 지급하여야 한다.

⑤ 소방청장 등은 보상금을 지급받을 자가 지정하는 예금계좌(「우체국예금·보험에 관한 법률」에 따른 체신관서 또는 「은행법」에 따른 은행의 계좌를 말한다)에 입금하는 방법으로 보상금을 지급한다. 다만, 보상금을 지급받을 자가 체신관서 또는 은행이 없는 지역에 거주하는 등 부득이한 사유가 있는 경우에는 그 보상금을 지급받을 자의 신청에 따라 현금으로 지급할 수 있다.

⑥ 보상금은 일시불로 지급하되, 예산 부족 등의 사유로 일시불로 지급할 수 없는 특별한 사정이 있는 경우에는 청구인의 동의를 받아 분할하여 지급할 수 있다.

⑦ 제1항부터 제6항까지에서 규정한 사항 외에 보상금의 청구 및 지급에 필요한 사항은 소방청장이 정한다.

예상문제

01 소방기본법 및 같은 법 시행령에서 손실보상에 관한 설명 중 (   ) 안에 들어갈 숫자는?

- 손실보상을 청구할 수 있는 권리는 손실이 있음을 안 날부터 (가)년, 손실이 발생한 날부터 (나)년간 행사하지 아니하면 시효의 완성으로 소멸한다.
- 소방청장 등은 손실보상심의위원회의 심사·의결을 거쳐 특별한 사유가 없으면 보상금 지급청구서를 받은 날부터 (다)일 이내에 보상금 지급 여부 및 보상금액을 결정하여야 한다.
- 소방청장 등은 결정일부터 (라)일 이내에 행정안전부령으로 정하는 바에 따라 결정 내용을 청구인에게 통지하고, 보상금을 지급하기로 결정한 경우에는 특별한 사유가 없으면 통지한 날부터 (마)일 이내에 보상금을 지급하여야 한다.

	(가)	(나)	(다)	(라)	(마)		(가)	(나)	(다)	(라)	(마)
①	3	5	60	10	30	②	5	3	60	12	20
③	3	5	50	12	30	④	5	3	50	10	20

해설
- 손실보상을 청구할 수 있는 권리는 손실이 있음을 안 날부터 3년, 손실이 발생한 날부터 5년간 행사하지 아니하면 시효의 완성으로 소멸한다.(소방기본법 제49조의2 제2항)
- 소방청장 등은 손실보상심의위원회의 심사·의결을 거쳐 특별한 사유가 없으면 보상금 지급청구서를 받은 날부터 60일 이내에 보상금 지급 여부 및 보상금액을 결정하여야 한다.(소방기본법시행령 제12조 제2항)
- 소방청장 등은 결정일부터 10일 이내에 행정안전부령으로 정하는 바에 따라 결정 내용을 청구인에게 통지하고, 보상금을 지급하기로 결정한 경우에는 특별한 사유가 없으면 통지한 날부터 30일 이내에 보상금을 지급하여야 한다.(소방기본법시행령 제12조 제4항)

정답 ①

★★★★★ [개정 2024. 2. 6.]

시행령 제13조(손실보상심의위원회의 설치 및 구성)

① 소방청장등은 법 제49조의2제3항에 따라 손실보상청구 사건을 심사·의결하기 위하여 필요한 경우 각각 손실보상심의위원회(이하 "보상위원회"라 한다)를 구성·운영할 수 있다. 〈개정 2024. 2. 6.〉
② 보상위원회는 위원장 1명을 포함하여 5명 이상 7명 이하의 위원으로 구성한다. 다만, 청구금액이 100만 원 이하인 사건에 대해서는 제3항제1호에 해당하는 위원 3명으로만 구성할 수 있다. 〈개정 2024. 2. 6.〉
③ 보상위원회의 위원은 다음 각 호의 어느 하나에 해당하는 사람 중에서 소방청장등이 위촉하거나 임명한다. 이 경우 제2항 본문에 따라 보상위원회를 구성할 때에는 위원의 과반수는 성별을 고려하여 소방공무원이 아닌 사람으로 하여야 한다. 〈개정 2024. 2. 6.〉
  1. 소속 소방공무원
  2. 판사·검사 또는 변호사로 5년 이상 근무한 사람
  3. 「고등교육법」 제2조에 따른 학교에서 법학 또는 행정학을 가르치는 부교수 이상으로 5년 이상 재직한 사람
  4. 「보험업법」 제186조에 따른 손해사정사
  5. 소방안전 또는 의학 분야에 관한 학식과 경험이 풍부한 사람
④ 제3항에 따라 위촉되는 위원의 임기는 2년으로 한다. 다만, 법 제49조의2제4항에 따라 보상위원회가 해산되는 경우에는 그 해산되는 때에 임기가 만료되는 것으로 한다. 〈개정 2024. 2. 6.〉
⑤ 보상위원회의 사무를 처리하기 위하여 보상위원회에 간사 1명을 두되, 간사는 소속 소방공무원 중에서 소방청장등이 지명한다.

예상문제

01 소방기본법 시행령에서 손실보상심의위원회(보상위원회)의 설치 및 구성에 대한 내용 중 옳지 않은 것은?
  ① 소방청장등은 손실보상청구 사건을 심사·의결하기 위하여 필요한 경우 각각 손실보상심의위원회를 구성·운영할 수 있다.
  ② 보상위원회는 위원장 1명을 포함하여 5명 이상 7명 이하의 위원으로 구성한다.
  ③ 보상위원회 위원의 임기는 2년으로 한다.
  ④ 보상위원회의 사무를 처리하기 위하여 보상위원회에 간사 1명을 두되, 간사는 소속 소방공무원 중에서 소방본부장이 지명한다.

📋 **해설**

보상위원회의 사무를 처리하기 위하여 보상위원회에 간사 1명을 두되, 간사는 소속 소방공무원 중에서 소방청장 등이 지명한다.

정답 ④

★★★★☆ [개정 2023. 9. 12.]

시행령 [별표 2의2] 소방안전교육사시험의 응시자격

1. 소방공무원으로서 다음 각 목의 어느 하나에 해당하는 사람
   가. 소방공무원으로 3년 이상 근무한 경력이 있는 사람
   나. 중앙소방학교 또는 지방소방학교에서 2주 이상의 소방안전교육사 관련 전문교육과정을 이수한 사람
2. 「초·중등교육법」 제21조에 따라 교원의 자격을 취득한 사람
3. 「유아교육법」 제22조에 따라 교원의 자격을 취득한 사람
4. 「영유아보육법」 제21조에 따라 어린이집의 원장 또는 보육교사의 자격을 취득한 사람 (보육교사 자격을 취득한 사람은 보육교사 자격을 취득한 후 3년 이상의 보육업무 경력이 있는 사람만 해당한다)
5. 다음 각 목의 어느 하나에 해당하는 기관에서 교육학과, 응급구조학과, 의학과, 간호학과 또는 소방안전 관련 학과 등 소방청장이 고시하는 학과에 개설된 교과목 중 소방안전교육과 관련하여 소방청장이 정하여 고시하는 교과목을 총 6학점 이상 이수한 사람
   가. 「고등교육법」 제2조제1호부터 제6호까지의 규정의 어느 하나에 해당하는 학교
   나. 「학점인정 등에 관한 법률」 제3조에 따라 학습과정의 평가인정을 받은 교육훈련기관
6. 「국가기술자격법」 제2조제3호에 따른 국가기술자격의 직무분야 중 안전관리 분야(국가기술자격의 직무분야 및 국가기술자격의 종목 중 중직무분야의 안전관리를 말한다)의 기술사 자격을 취득한 사람
7. 「소방시설 설치 및 관리에 관한 법률」 제25조에 따른 소방시설관리사 자격을 취득한 사람
8. 「국가기술자격법」 제2조제3호에 따른 국가기술자격의 직무분야 중 안전관리 분야의 기사 자격을 취득한 후 안전관리 분야에 1년 이상 종사한 사람
9. 「국가기술자격법」 제2조제3호에 따른 국가기술자격의 직무분야 중 안전관리 분야의 산업기사 자격을 취득한 후 안전관리 분야에 3년 이상 종사한 사람
10. 「의료법」 제7조에 따라 간호사 면허를 취득한 후 간호업무 분야에 1년 이상 종사한 사람
11. 「응급의료에 관한 법률」 제36조제2항에 따라 1급 응급구조사 자격을 취득한 후 응급의료 업무 분야에 1년 이상 종사한 사람

12. 「응급의료에 관한 법률」 제36조제3항에 따라 2급 응급구조사 자격을 취득한 후 응급의료 업무 분야에 3년 이상 종사한 사람
13. 「화재의 예방 및 안전관리에 관한 법률 시행령」 별표 4 제1호나목 각 호의 어느 하나에 해당하는 사람 → 특급 소방안전관리자
14. 「화재의 예방 및 안전관리에 관한 법률 시행령」 별표 4 제2호나목 각 호의 어느 하나에 해당하는 자격을 갖춘 후 소방안전관리대상물의 소방안전관리에 관한 실무경력이 1년 이상 있는 사람 → 1급 소방안전관리자 + 실무경력이 1년 이상
15. 「화재의 예방 및 안전관리에 관한 법률 시행령」 별표 4 제3호나목 각 호의 어느 하나에 해당하는 자격을 갖춘 후 소방안전관리대상물의 소방안전관리에 관한 실무경력이 3년 이상 있는 사람 → 2급 소방안전관리자 + 실무경력이 3년 이상
16. 「의용소방대 설치 및 운영에 관한 법률」 제3조에 따라 의용소방대원으로 임명된 후 5년 이상 의용소방대 활동을 한 경력이 있는 사람
17. 「국가기술자격법」 제2조제3호에 따른 국가기술자격의 직무분야 중 위험물 중직무분야의 기능장 자격을 취득한 사람

핵심정리

구분	경력
초·중등교육법에 따라 교원의 자격을 취득한 사람 유아교육법에 따라 교원의 자격을 취득한 사람 영유아보육법에 따라 어린이집 원장의 자격을 취득한 사람 안전관리분야의 기술사 자격을 취득한 사람 소방시설관리사 자격을 취득한 사람 위험물 기능장 자격을 취득한 사람 특급 소방안전관리자	없음
안전관리분야의 기사 자격을 취득한 사람 1급 응급구조사 자격을 취득한 사람 1급 소방안전관리자 간호사 면허를 취득한 사람	1년 이상
안전관리분야의 산업기사 자격을 취득한 사람 2급 응급구조사 자격을 취득한 사람 2급 소방안전관리자 보육교사 자격을 취득한 사람 소방공무원	3년 이상
의용소방대원	5년 이상

예상문제

01 소방기본법에서 소방안전교육사시험 응시자격에 대한 설명으로 옳은 것은?

> 가. 「영유아보육법」 제21조에 따라 보육교사 자격을 취득한 후 2년 이상의 보육업무 경력이 있는 사람
> 나. 「국가기술자격법」 제2조 제3호에 따른 국가기술자격의 직무 분야 중 안전관리 분야의 산업기사 자격을 취득한 후 안전관리 분야에 3년 이상 종사한 사람
> 다. 「의료법」 제7조에 따라 간호사 면허를 취득한 사람
> 라. 「응급의료에 관한 법률」 제36조 제3항에 따라 2급 응급구조사 자격을 취득한 후 응급의료 업무 분야에 3년 이상 종사한 사람
> 마. 소방공무원으로 2년 이상 근무한 경력이 있는 사람
> 바. 「의용소방대 설치 및 운영에 관한 법률」 제3조에 따라 의용소방대원으로 임명된 후 5년 이상 의용소방대 활동을 한 경력이 있는 사람

① 가, 다, 마 ② 나, 라, 바
③ 다, 라, 마 ④ 라, 마, 바

해설
- 영유아보육법 제21조에 따라 어린이집의 원장 또는 보육교사의 자격을 취득한 사람(보육교사 자격을 취득한 사람은 보육교사 자격을 취득한 후 3년 이상의 보육업무 경력이 있는 사람만 해당한다)
- 의료법 제7조에 따라 간호사 면허를 취득한 후 간호업무 분야에 1년 이상 종사한 사람
- 소방공무원으로 3년 이상 근무한 경력이 있는 사람

정답 ②

02 다음 중 소방안전교육사의 응시자격 기준으로 옳은 것은?

① 소방공무원으로 2년 이상 근무한 경력이 있는 사람
② 소방공무원으로서 중앙소방학교 또는 지방소방학교에서 소방안전교육사 관련 전문교육과정을 1주 이상 이수한 자
③ 소방안전교과목(응급구조학과, 교육학과 등)을 3학점 이상 이수한 자
④ 「초·중등교육법」에 따라 교원의 자격을 취득한 사람

해설
- 소방공무원으로 3년 이상 근무한 경력이 있는 사람
- 소방공무원으로서 중앙소방학교 또는 지방소방학교에서 2주 이상의 소방안전교육사 관련 전문교육과정을 이수한 사람
- 다음 각 목의 어느 하나에 해당하는 기관에서 교육학과, 응급구조학과, 의학과, 간호학과 또는 소방안전 관련 학과 등 소방청장이 고시하는 학과에 개설된 교과목 중 소방안전교육과 관련하여 소방청장이 정하여 고시하는 교과목을 총 6학점 이상 이수한 사람
  가. 「고등교육법」 제2조 제1호부터 제6호까지의 규정의 어느 하나에 해당하는 학교
  나. 「학점인정 등에 관한 법률」 제3조에 따라 학습과정의 평가인정을 받은 교육훈련기관

정답 ④

03 소방안전교육사 응시자격으로 옳지 않은 것은?

① 소방공무원으로 3년 이상 근무한 경력이 있는 사람
② 소방공무원으로서 중앙소방학교 또는 지방소방학교에서 2주 이상의 소방안전교육사 관련 전문교육과정을 이수한 사람
③ 간호사 면허를 취득한 후 간호업무 분야에 1년 이상 종사한 사람
④ 2급 응급구조사 자격을 취득한 후 응급의료 업무 분야에 1년 이상 종사한 사람

해설

응급의료에 관한 법률 제36조 제3항에 따라 2급 응급구조사 자격을 취득한 후 응급의료 업무 분야에 3년 이상 종사한 사람은 소방안전교육사 시험에 응시할 수 있다.
• 1급 응급구조사 자격을 취득한 후 응급의료 업무 분야에 1년 이상 종사한 사람
• 2급 응급구조사 자격을 취득한 후 응급의료 업무 분야에 3년 이상 종사한 사람

정답 ④

04 다음 중 소방안전교육사에 대한 내용으로 틀린 것은?

① 소방안전교육사는 소방안전교육의 기획·진행·분석·평가 및 교수업무를 수행한다.
② 금고 이상의 실형을 선고받고 그 집행이 끝나거나 집행이 면제된 날부터 2년 지나지 않은 자는 결격사유에 해당한다.
③ 2급 응급구조사는 2년 경력이면 소방안전교육사 시험에 응시할 수 있다.
④ 1차 시험과목은 소방학개론, 구급·응급처치론, 재난관리론, 교육학개론 중 응시자가 선택하는 3과목으로 하며, 2차 시험과목은 국민안전교육 실무이다.

해설

2급 응급구조사는 3년 이상의 경력이 있어야 소방안전교육사 시험에 응시할 수 있다.

정답 ③

05 다음 중 소방안전교육사에 관한 설명으로 옳지 않은 것은?

① 소방안전교육사 시험의 실시에 필요한 사항은 대통령령으로 정한다.
② 소방안전교육사 시험은 소방청장이 필요하다고 인정하는 때에는 그 횟수를 증감할 수 있다.
③ 응시자격에는 국가기술자격의 직무분야 중 안전관리 분야의 산업기사 자격을 취득한 후 안전관리 분야에 2년 이상 종사한 사람
④ 소방령 또는 지방소방령 이상의 소방공무원은 시험위원에 해당한다.

해설

• 국가기술자격의 직무분야 중 안전관리 분야의 산업기사 자격을 취득한 후 안전관리 분야에 3년 이상 종사한 사람은 소방안전교육사 시험에 응시할 수 있다.
• 소방위 이상의 직급인 소방령 또는 지방소방령 이상의 소방공무원은 시험위원에 해당한다.

정답 ③

★★★★★ [개정 2022. 11. 29.]

시행령 [별표 2의3] 소방안전교육사의 배치대상별 배치기준

배치대상	배치기준(단위 : 명)	비고
1. 소방청	2 이상	
2. 소방본부	2 이상	
3. 소방서	1 이상	
4. 한국소방안전원	본회 : 2 이상 시·도지부 : 1 이상	
5. 한국소방산업기술원	2 이상	

핵심정리

소방청 소방본부 한국소방안전원(본회) 한국소방산업기술원	2명 이상
소방서 한국소방안전원(시·도지부)	1명 이상

예상문제

01 다음 중 소방안전교육사를 배치하는 기관이 아닌 것은?

① 소방본부　　② 의용소방대 설치법에 의한 의용소방대
③ 한국소방산업기술원　　④ 한국소방안전원

해설
소방안전교육사를 소방청, 소방본부, 소방서, 그 밖에 대통령령으로 정하는 대상(한국소방안전원, 한국소방산업기술원)에 배치할 수 있다.(소방기본법 제17조의5 제1항)

정답 ②

02 소방안전교육사 배치대상이 아닌 곳은?

① 소방서　　② 소방청
③ 가스안전공사　　④ 한국소방산업기술원

📝 해설

가스안전공사는 소방안전교육사 배치대상이 아니다.

정답 ③

03 다음 중 소방안전교육사 배치 인원으로 옳은 것은?

① 소방청 1인 이상
② 한국소방안전원 시·도지부 3인 이상
③ 소방서 3인 이상
④ 한국소방산업기술원 2인 이상

📝 해설

소방안전교육사 배치대상(배치인원) : 소방청(2명 이상), 소방서(1명 이상), 한국소방안전원 시·도지부(1명 이상), 한국소방산업기술원(2명 이상)

정답 ④

04 다음 중 소방안전교육사의 배치대상별 배치기준으로 옳은 것은?

① 소방청 : 2 이상, 소방본부 : 1 이상
② 소방청 : 2 이상, 한국소방산업기술원 : 2 이상
③ 소방청 : 2 이상, 소방서 : 2 이상
④ 소방청 : 2 이상, 한국소방안전원(본회) : 1 이상

📝 해설

소방안전교육사 배치대상(배치인원) : 소방청(2명 이상), 소방본부(2명 이상), 소방서(1명 이상), 한국소방안전원 본회(2명 이상), 한국소방산업기술원(2명 이상)

정답 ②

05 다음 중 소방안전교육사의 배치 인원으로 옳은 것은?

① 소방본부 1인 이상
② 소방서 2인 이상
③ 한국소방산업기술원 2인 이상
④ 한국소방안전원(본회) 1인 이상

📝 해설

소방안전교육사 배치대상(배치인원) : 소방본부(2명 이상), 소방서(1명 이상), 한국소방산업기술원(2명 이상), 한국소방안전원 본회(2명 이상)

정답 ③

06 다음 중 소방안전교육사 배치기준으로 옳지 않은 것은?

① 소방청 – 2명 이상
② 소방본부 – 2명 이상
③ 소방서 – 2명 이상
④ 한국소방안전원(본회) – 2명 이상

▶ 소방관계법규

📖 **해설**
소방서에는 소방안전교육사를 1명 이상 배치할 수 있다.

정답 ③

07 다음 중 소방안전교육사 배치대상별에서 그 배치기준이 옳지 않은 것은?
① 소방청 - 2인 이상
② 소방서 - 1인 이상
③ 한국소방안전원 본회 - 2인 이상
④ 한국소방산업기술원 - 1인 이상

📖 **해설**
한국소방산업기술원에는 소방안전교육사를 2명 이상 배치할 수 있다.

정답 ④

08 소방안전교육사에 대한 설명 중 옳지 않은 것은?
① 소방안전교육사 1차 시험과목은 소방학개론, 구급·응급처치론, 재난관리론, 교육학개론 중 응시자가 선택하는 3과목이다.
② 소방안전교육사 시험은 2년마다 1회 시행함을 원칙으로 하되, 소방청장이 필요하다고 인정하는 때에는 그 횟수를 증감할 수 있다.
③ 의용소방대원으로 임명된 후 3년 이상 의용소방대 활동을 한 경력이 있는 사람은 소방안전교육사 응시자격에 해당된다.
④ 소방안전교육사는 소방안전교육의 기획·진행·분석·평가 및 교수업무를 수행하며, 소방서에는 1명 이상의 소방안전교육사를 배치할 수 있다.

📖 **해설**
의용소방대원으로 임명된 후 5년 이상 의용소방대 활동을 한 경력이 있는 사람은 소방안전교육사 응시자격에 해당된다.

정답 ③

09 소방기본법 시행령에서 소방안전교육사의 배치대상별 배치기준에 관한 설명이다. (   ) 안의 내용으로 옳은 것은?

> 소방안전교육사의 배치대상별 배치기준에 따르면 소방청 (가)명 이상, 소방본부 (나)명 이상, 소방서 (다)명 이상이다.

	(가)	(나)	(다)		(가)	(나)	(다)
①	1	1	1	②	1	2	2
③	2	1	2	④	2	2	1

해설

소방안전교육사의 배치대상별 배치기준에 따르면 소방청 2명 이상, 소방본부 2명 이상, 소방서 1명 이상이다.

정답 ④

★★☆☆☆

시행령 [별표 2의5] 전용구역의 설치방법

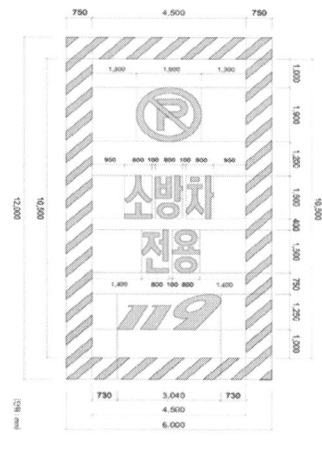 

1. 전용구역 노면표지의 외곽선은 빗금무늬로 표시하되, 빗금은 두께를 30센티미터로 하여 50센티미터 간격으로 표시한다.
2. 전용구역 노면표지 도료의 색채는 황색을 기본으로 하되, 문자(P, 소방차 전용)는 백색으로 표시한다.

예상문제

01 「소방기본법 시행령」상 소방자동차 전용구역에 대한 설명이다. ( ) 안에 들어갈 내용으로 옳은 것은?

> 1. 전용구역 노면표지의 외곽선은 빗금무늬로 표시하되, 빗금은 두께를 (가)로 하여 (나) 간격으로 표시한다.
> 2. 전용구역 노면표지 도료의 색채는 (다)을 기본으로 하되, 문자(P, 소방차 전용)는 (라)으로 표시한다.

	(가)	(나)	(다)	(라)
①	30센티미터	50센티미터	황색	백색
②	30센티미터	50센티미터	백색	황색
③	50센티미터	30센티미터	황색	백색
④	50센티미터	30센티미터	백색	황색

해설

소방자동차 전용구역의 설치방법
1. 전용구역 노면표지의 외곽선은 빗금무늬로 표시하되, 빗금은 두께를 30센티미터로 하여 50센티미터 간격으로 표시한다.
2. 전용구역 노면표지 도료의 색채는 황색을 기본으로 하되, 문자(P, 소방차 전용)는 백색으로 표시한다.

정답 ①

★★☆☆☆ [개정 2023. 9. 12.]

시행령 [별표 3] 과태료의 부과기준

1. 일반기준
   가. 위반행위의 횟수에 따른 과태료의 가중된 부과기준은 최근 1년간 같은 위반행위로 과태료 부과처분을 받은 경우에 적용한다. 이 경우 기간의 계산은 위반행위에 대하여 과태료 부과처분을 받은 날과 그 처분 후 다시 같은 위반행위를 하여 적발된 날을 기준으로 한다.
   나. 가목에 따라 가중된 부과처분을 하는 경우 가중처분의 적용 차수는 그 위반행위 전 부과처분 차수(가목에 따른 기간 내에 과태료 부과처분이 둘 이상 있었던 경우에는 높은 차수를 말한다)의 다음 차수로 한다.
   다. 부과권자는 다음의 어느 하나에 해당하는 경우에는 제2호의 개별기준에 따른 과태료의 2분의 1 범위에서 그 금액을 줄여 부과할 수 있다. 다만, 과태료를 체납하고 있는 위반행위자에 대해서는 그렇지 않다.

1) 위반행위가 사소한 부주의나 오류로 인한 것으로 인정되는 경우
2) 위반행위자가 법 위반상태를 시정하거나 해소하기 위하여 노력한 사실이 인정되는 경우
3) 위반행위자가 화재 등 재난으로 재산에 현저한 손실을 입거나 사업 여건의 악화로 그 사업이 중대한 위기에 처하는 등 사정이 있는 경우
4) 그 밖에 위반행위의 정도, 위반행위의 동기와 그 결과 등을 고려하여 감경할 필요가 있다고 인정되는 경우

2. 개별기준

위반행위	근거 법조문	과태료 금액(만원)		
		1회	2회	3회 이상
가. 법 제17조의6제5항을 위반하여 한국119청소년단 또는 이와 유사한 명칭을 사용한 경우	법 제56조 제2항제2호의2	100	150	200
나. 법 제19조제1항을 위반하여 화재 또는 구조·구급이 필요한 상황을 거짓으로 알린 경우	법 제56조 제1항제1호	200	400	500
다. 정당한 사유 없이 법 제20조제2항을 위반하여 화재, 재난·재해, 그 밖의 위급한 상황을 소방본부, 소방서 또는 관계 행정기관에 알리지 않은 경우	법 제56조 제1항제2호	500		
라. 법 제21조제3항을 위반하여 소방자동차의 출동에 지장을 준 경우	법 제56조 제2항제3호의2	100		
마. 법 제21조의2제2항을 위반하여 전용구역에 차를 주차하거나 전용구역에의 진입을 가로막는 등의 방해행위를 한 경우	법 제56조 제3항	50	100	100
바. 법 제23조제1항을 위반하여 소방활동구역을 출입한 경우	법 제56조 제2항제4호	100		
사. 법 제44조의3을 위반하여 한국소방안전원 또는 이와 유사한 명칭을 사용한 경우	법 제56조 제2항제6호	200		

예상문제

01 한국119청소년단 또는 이와 유사한 명칭을 1회 사용한 경우 과태료 금액으로 옳은 것은?

① 50만 원
② 100만 원
③ 200만 원
④ 300만 원

📖 해설
※ 한국119청소년단 또는 이와 유사한 명칭을 사용한 자에 대한 과태료 부과기준

1회	2회	3회 이상
100만 원	150만 원	200만 원

정답 ②

02 과태료 부과기준 중 과태료 금액이 다른 하나에 해당되는 것은? (단, 위반행위의 횟수에 따른 부과기준은 최근 1년간 같은 행위로 과태료처분을 받은 경우에 적용한다)
① 소방자동차의 출동에 지장을 준 경우
② 소방활동구역의 출입 제한을 위반한 경우
③ 한국소방안전원 또는 이와 유사한 명칭을 사용한 경우
④ 전용구역에 차를 주차하거나 전용구역에의 진입을 가로막는 등의 방해행위를 2회 한 경우

해설
위반행위(과태료 금액)
• 소방자동차의 출동에 지장을 준 경우 : 100만 원
• 소방활동구역의 출입 제한을 위반한 경우 : 100만 원
• 한국소방안전원 또는 이와 유사한 명칭을 사용한 경우 : 200만 원
• 전용구역에 차를 주차하거나 전용구역에의 진입을 가로막는 등의 방해행위를 2회 한 경우 : 100만 원

정답 ③

★☆☆☆☆

시행규칙 제2조(종합상황실의 설치·운영)

① 「소방기본법」(이하 "법"이라 한다) 제4조제2항의 규정에 의한 종합상황실은 소방청과 특별시·광역시·특별자치시·도 또는 특별자치도(이하 "시·도"라 한다)의 소방본부 및 소방서에 각각 설치·운영하여야 한다.
② 소방청장, 소방본부장 또는 소방서장은 신속한 소방활동을 위한 정보를 수집·전파하기 위하여 종합상황실에 「소방력 기준에 관한 규칙」에 의한 전산·통신요원을 배치하고, 소방청장이 정하는 유·무선통신시설을 갖추어야 한다.
③ 종합상황실은 24시간 운영체제를 유지하여야 한다.

예상문제

01 소방기본법에서의 종합상황실 설치에 대하여 옳지 않은 것은?
① 소방청에 설치·운영하여야 한다.
② 소방서에 설치·운영하여야 한다.
③ 시·도지사실에 설치·운영하여야 한다.
④ 소방본부에 설치·운영하여야 한다.

📖 해설

종합상황실은 소방청과 특별시·광역시·특별자치시·도 또는 특별자치도(이하 "시·도"라 한다)의 소방본부 및 소방서에 각각 설치·운영하여야 한다.

정답 ③

★★★★★ [개정 2022. 12. 1.]

  시행규칙 제3조(종합상황실의 실장의 업무 등)

① 종합상황실의 실장[종합상황실에 근무하는 자 중 최고직위에 있는 자(최고직위에 있는 자가 2인 이상인 경우에는 선임자)를 말한다]은 다음 각 호의 업무를 행하고, 그에 관한 내용을 기록·관리하여야 한다.
  1. 화재, 재난·재해 그 밖에 구조·구급이 필요한 상황(이하 "재난상황"이라 한다) 발생의 신고접수
  2. 접수된 재난상황을 검토하여 가까운 소방서에 인력 및 장비의 동원을 요청하는 등의 사고수습
  3. 하급소방기관에 대한 출동지령 또는 동급 이상의 소방기관 및 유관기관에 대한 지원요청
  4. 재난상황의 전파 및 보고
  5. 재난상황이 발생한 현장에 대한 지휘 및 피해현황의 파악
  6. 재난상황의 수습에 필요한 정보수집 및 제공
② 종합상황실의 실장은 다음 각 호의 어느 하나에 해당하는 상황이 발생하는 때에는 그 사실을 지체 없이 별지 제1호 서식에 따라 서면·팩스 또는 컴퓨터통신 등으로 소방서의 종합상황실의 경우는 소방본부의 종합상황실에, 소방본부의 종합상황실의 경우는 소방청의 종합상황실에 각각 보고해야 한다. 〈개정 2021. 7. 13.〉
  1. 다음 각 목의 1에 해당하는 화재
    가. 사망자가 5인 이상 발생하거나 사상자가 10인 이상 발생한 화재
    나. 이재민이 100인 이상 발생한 화재
    다. 재산피해액이 50억 원 이상 발생한 화재
    라. 관공서·학교·정부미도정공장·문화재·지하철 또는 지하구의 화재
    마. 관광호텔, 층수가 11층 이상인 건축물, 지하상가, 시장, 백화점, 「위험물안전관리법」 제2조제2항의 규정에 의한 지정수량의 3천배 이상의 위험물의 제조소·저장소·취급소, 층수가 5층 이상이거나 객실이 30실 이상인 숙박시설, 층수가 5층 이상이거나 병상이 30개 이상인 종합병원·정신병원·한방병원·요양소,

연면적 1만5천제곱미터 이상인 공장 또는 「화재의 예방 및 안전관리에 관한 법률」 제18조제1항 각 목에 따른 화재경계지구에서 발생한 화재
　　바. 철도차량, 항구에 매어둔 총 톤수가 1천 톤 이상인 선박, 항공기, 발전소 또는 변전소에서 발생한 화재
　　사. 가스 및 화약류의 폭발에 의한 화재
　　아. 「다중이용업소의 안전관리에 관한 특별법」 제2조에 따른 다중이용업소의 화재
　2. 「긴급구조 대응활동 및 현장 지휘에 관한 규칙」에 의한 통제단장의 현장지휘가 필요한 재난상황
　3. 언론에 보도된 재난상황
　4. 그 밖에 소방청장이 정하는 재난상황
③ 종합상황실 근무자의 근무방법 등 종합상황실의 운영에 관하여 필요한 사항은 종합상황실을 설치하는 소방청장, 소방본부장 또는 소방서장이 각각 정한다.

핵심정리

※ 상부 종합상황실에 지체 없이 보고해야 하는 상황(소방서 → 소방본부 → 소방청)

- 망자가 5인 이상
- 사상자가 10인 이상
- 재산피해액이 50억 원 이상
- 이재민이 100인 이상

암기법	망상재이 5 10 50 100			
	망	상	재	이
	5	10	50	100

- 층수가 11층 이상인 건축물
- 3천배 이상의 위험물 제조소·저장소·취급소
- 층수가 5층 이상이거나 객실이 30실 이상인 숙박시설, 층수가 5층 이상이거나 병상이 30개 이상인 종합병원·정신병원·한방병원·요양소
- 항구에 매어둔 총 톤수가 1천 톤 이상인 선박
- 연면적 1만5천제곱미터 이상인 공장

암기법	11층 3천제 5월30일 1천선은 1만5천공

- 관공서·학교·정부미도정공장·문화재·지하철 또는 지하구의 화재
- 관광호텔
- 지하상가, 시장, 백화점
- 화재경계지구에서 발생한 화재
- 철도차량, 항공기, 발전소 또는 변전소에서 발생한 화재
- 가스 및 화약류의 폭발에 의한 화재
- 다중이용업소의 화재
- 통제단장의 현장지휘가 필요한 재난상황
- 언론에 보도된 재난상황
- 그 밖에 소방청장이 정하는 재난상황

예상문제

01 소방기본법에서 종합상황실 운영자가 하는 업무로 적합하지 않는 것은?
① 재난상황이 발생한 현장에 대한 지휘 및 피해현황의 파악
② 접수된 재난상황을 검토하여 가까운 소방서에 인력 및 장비의 동원을 요청하는 등의 사고 수습
③ 화재, 재난·재해 그 밖에 구조·구급이 필요한 상황 발생의 신고 접수
④ 상급소방기관에 대한 출동지령 또는 동급 이상의 소방기관 및 유관기관에 대한 지원요청

해설
종합상황실 실장의 업무
1. 화재, 재난·재해 그 밖에 구조·구급이 필요한 상황(이하 "재난상황"이라 한다) 발생의 신고접수
2. 접수된 재난상황을 검토하여 가까운 소방서에 인력 및 장비의 동원을 요청하는 등의 사고수습
3. 하급소방기관에 대한 출동지령 또는 동급 이상의 소방기관 및 유관기관에 대한 지원요청
4. 재난상황의 전파 및 보고
5. 재난상황이 발생한 현장에 대한 지휘 및 피해현황의 파악
6. 재난상황의 수습에 필요한 정보수집 및 제공

정답 ④

02 종합상황실을 설치·운영하는 것은 화재, 재난·재해 그 밖에 구조·구급이 필요한 상황이 발생한 때에 신속한 소방활동을 위한 정보를 수집·전파하기 위함이다. 소방본부의 종합상황실이 소방청의 종합상황실에 지체 없이 보고해야 할 사항으로 옳은 것은?
① 재산피해액이 10억 원 발생하였다.
② 이재민이 50인 발생하였다.
③ 사망자가 3인 발생하고 사상자가 5인 발생하였다.
④ 연면적 15,000㎡인 공장에서 화재가 발생하였다.

해설
연면적 1만5천제곱미터 이상인 공장에서 발생한 화재 → 1만5천공

사망자	사상자	재산피해액	이재민
5인	10인	50억 원	100인

정답 ④

03 종합상황실에 지체 없이 보고 대상으로 옳지 않은 것은?
① 사망자 5명 이상
② 사상자 10명 이상
③ 재산피해액 10억 이상
④ 이재민 100명 이상

해설
재산피해액이 50억 원 이상 발생한 화재

사망자	사상자	재산피해액	이재민
5인	10인	50억 원	100인

정답 ③

04 다음 중 종합상황실에 지체 없이 보고해야 할 사항으로 옳지 않은 것은?
① 사상자가 10인 이상 발생한 화재
② 사망자가 5인 이상 발생한 화재
③ 이재민 50인 이상 발생한 화재
④ 재산피해액 50억 원 이상 발생한 화재

해설
이재민이 100인 이상 발생한 화재

사망자	사상자	재산피해액	이재민
5인	10인	50억 원	100인

정답 ③

05 소방기본법에서 상부에 지체 없이 보고해야 할 종합상황실 보고사항이 아닌 것은?
① 재산피해액 10억 원 이상
② 사망 5인 이상, 사상자 10인 이상
③ 정부미도정공장, 문화재, 화재경계지구에서 발생한 화재
④ 가스 및 화약류 폭발에 의한 화재

해설
재산피해액이 50억 원 이상 발생한 화재

사망자	사상자	재산피해액	이재민
5인	10인	50억 원	100인

정답 ①

06 다음 중 종합상황실 보고사항으로 옳은 것은?
① 사망자 3인 이상의 화재
② 사상자 7인 이상의 화재
③ 재산피해액 10억 이상의 화재
④ 철도차량, 항구에 매어둔 총 톤수가 1천톤 이상인 선박, 항공기, 발전소 또는 변전소에서 발생한 화재

해설

항구에 매어둔 총 톤수가 1천톤 이상인 선박에서 발생한 화재 → 1천선

사망자	사상자	재산피해액	이재민
5인	10인	50억 원	100인

정답 ④

07 종합상황실에 지체 없이 보고하여야 할 사항의 내용 중 옳지 않은 것은?

① 항공기, 철도차량
② 사망자 5인 사상자 10인, 재산피해액 1억 원 발생한 화재
③ 이재민 100인 이상 발생한 화재
④ 지하철, 지하구 등 화재

해설

재산피해액이 50억 원 이상 발생한 화재

사망자	사상자	재산피해액	이재민
5인	10인	50억 원	100인

정답 ②

08 다음 중 종합상황실에 지체 없이 보고하여야 할 사항 중 옳지 않은 것은?

① 30실 이상의 숙박시설
② 가스 및 화약류의 폭발에 의한 화재
③ 연면적 15,000㎡ 이상인 공장
④ 철도차량, 정박된 100톤 이상의 선박화재

해설

항구에 매어둔 총 톤수가 1천톤 이상인 선박에서 발생한 화재 → 1천선

정답 ④

09 다음 중 종합상황실에 지체 없이 보고하여야 할 사항 중 그 대상이 옳지 않은 것은?

① 사망 5인 이상, 사상자 10인 이상
② 이재민 100인 이상
③ 4층 이상이거나 병상이 20실 이상인 종합병원
④ 언론에 보도된 재난상황

해설

층수가 5층 이상이거나 병상이 30개 이상인 종합병원에서 발생한 화재 → 5월30일

정답 ③

10 다음 중 종합상황실에 지체 없이 보고해야 할 사항으로 옳지 않은 것은?
① 사망자 3인 이상
② 사상자 10인 이상
③ 지하구 화재
④ 이재민 100인 이상

> 해설
> 사망자가 5인 이상 발생한 화재

사망자	사상자	재산피해액	이재민
5인	10인	50억 원	100인

정답 ①

11 소방기본법에서 종합상황실의 업무 중 소방서에서 소방본부로, 소방본부에서 소방청의 종합상황실에 지체 없이 보고해야 하는 사항 중 옳지 않은 것은?
① 사망자 5인 이상
② 사상자 10인 이상
③ 이재민 50인 이상
④ 연면적 15,000㎡ 이상인 공장

> 해설
> 이재민이 100인 이상 발생한 화재

사망자	사상자	재산피해액	이재민
5인	10인	50억 원	100인

정답 ③

12 재난상황에서 상부 종합상황실에 지체 없이 보고(소방서 → 소방본부 → 소방청)해야 하는 것은?
① 사망자 3인 이상
② 재산피해 10억 이상
③ 이재민 100인 이상
④ 사상자 5인 이상

> 해설

사망자	사상자	재산피해액	이재민
5인	10인	50억 원	100인

정답 ③

13 소방서의 종합상황실장이 소방본부의 종합상황실에 지체 없이 보고해야 할 의무가 있는 사항이 아닌 것은?
① 사상자가 10인 이상 발생한 화재
② 이재민이 100인 이상 발생한 화재
③ 재산피해액이 10억 원 이상 발생한 화재
④ 11층 이상인 건축물에서 발생한 화재

해설
재산피해액이 50억 원 이상 발생한 화재

사망자	사상자	재산피해액	이재민
5인	10인	50억 원	100인

정답 ③

★★☆☆☆

시행규칙 제4조(소방박물관의 설립과 운영)

① 소방청장은 법 제5조제2항의 규정에 의하여 소방박물관을 설립·운영하는 경우에는 소방박물관에 소방박물관장 1인과 부관장 1인을 두되, 소방박물관장은 소방공무원 중에서 소방청장이 임명한다.
② 소방박물관은 국내·외의 소방의 역사, 소방공무원의 복장 및 소방장비 등의 변천 및 발전에 관한 자료를 수집·보관 및 전시한다.
③ 소방박물관에는 그 운영에 관한 중요한 사항을 심의하기 위하여 7인 이내의 위원으로 구성된 운영위원회를 둔다.
④ 제1항의 규정에 의하여 설립된 소방박물관의 관광업무·조직·운영위원회의 구성 등에 관하여 필요한 사항은 소방청장이 정한다.

예상문제

01 「소방기본법 시행규칙」상 소방박물관의 설립과 운영에 대한 내용으로 옳지 않은 것은?

① 소방청장은 소방박물관장 1인과 부관장 1인을 두되, 소방박물관장은 소방공무원 중에서 소방청장이 임명한다.
② 소방박물관은 국내·외의 소방의 역사, 소방공무원의 복장 및 소방장비 등의 변천 및 발전에 관한 자료를 수집·보관 및 전시한다.
③ 소방박물관에는 그 운영에 관한 중요한 사항을 심의하기 위하여 9인 이내의 위원으로 구성된 운영위원회를 둔다.
④ 소방박물관의 관광업무·조직·운영위원회의 구성 등에 관하여 필요한 사항은 소방청장이 정한다.

> 해설
> 소방박물관에는 그 운영에 관한 중요한 사항을 심의하기 위하여 7인 이내의 위원으로 구성된 운영위원회를 둔다.
>
> 정답 ③

★★☆☆☆

시행규칙 제5조(소방활동장비 및 설비의 규격 및 종류와 기준가격)

① 영 제2조제2항의 규정에 의한 국고보조의 대상이 되는 소방활동장비 및 설비의 종류 및 규격은 별표 1의2와 같다.
② 영 제2조제2항의 규정에 의한 국고보조산정을 위한 기준가격은 다음 각 호와 같다.
   1. 국내조달품 : 정부고시가격
   2. 수입물품 : 조달청에서 조사한 해외시장의 시가
   3. 정부고시가격 또는 조달청에서 조사한 해외시장의 시가가 없는 물품 : 2 이상의 공신력 있는 물가조사기관에서 조사한 가격의 평균가격

예상문제

01 소방장비 등의 국고보조 중 소방활동장비 및 설비의 규격 및 종류와 기준가격으로 옳지 않은 것은?

① 국고보조 대상사업의 범위와 기준보조율은 대통령령으로 정한다.
② 국내조달품은 국내시장의 가격으로 한다.
③ 수입물품은 조달청에서 조사한 해외시장의 시가로 한다.
④ 국고보조의 대상이 되는 소방활동장비 및 설비의 종류 및 규격과 기준가격은 행정안전부령으로 정한다.

> 해설
> 국내조달품은 정부고시가격으로 한다.
>
> 정답 ②

★☆☆☆☆ [개정 2022.12.1.]

시행규칙 제6조(소방용수시설 및 비상소화장치의 설치기준)

① 특별시장·광역시장·특별자치시장·도지사 또는 특별자치도지사(이하 "시·도지사"라 한다)는 법 제10조제1항의 규정에 의하여 설치된 소방용수시설에 대하여 별표 2의 소방용수표지를 보기 쉬운 곳에 설치하여야 한다.
② 법 제10조제1항에 따른 소방용수시설의 설치기준은 별표 3과 같다.
③ 법 제10조제2항에 따른 비상소화장치의 설치기준은 다음 각 호와 같다.
  1. 비상소화장치는 비상소화장치함, 소화전, 소방호스(소화전의 방수구에 연결하여 소화용수를 방수하기 위한 도관으로서 호스와 연결금속구로 구성되어 있는 소방용릴호스 또는 소방용고무내장호스를 말한다), 관창(소방호스용 연결금속구 또는 중간연결금속구 등의 끝에 연결하여 소화용수를 방수하기 위한 나사식 또는 차입식 토출기구를 말한다)을 포함하여 구성할 것
  2. 소방호스 및 관창은 「소방시설 설치 및 관리에 관한 법률」 제37조제5항에 따라 소방청장이 정하여 고시하는 형식승인 및 제품검사의 기술기준에 적합한 것으로 설치할 것
  3. 비상소화장치함은 「소방시설 설치 및 관리에 관한 법률」 제40조제4항에 따라 소방청장이 정하여 고시하는 성능인증 및 제품검사의 기술기준에 적합한 것으로 설치할 것
④ 제3항에서 규정한 사항 외에 비상소화장치의 설치기준에 관한 세부 사항은 소방청장이 정한다.

예상문제

01 「소방기본법 시행규칙」상 비상소화장치의 설치기준에 관한 세부 사항은 누가 정하는가?
① 행정안전부장관   ② 소방청장
③ 시·도지사   ④ 소방본부장

📖 해설
비상소화장치의 설치기준에 관한 세부 사항은 소방청장이 정한다.

정답 ②

★★★★☆

 시행규칙 제7조(소방용수시설 및 지리조사)

① 소방본부장 또는 소방서장은 원활한 소방활동을 위하여 다음 각 호의 조사를 월 1회 이상 실시하여야 한다.
  1. 법 제10조의 규정에 의하여 설치된 소방용수시설에 대한 조사
  2. 소방대상물에 인접한 도로의 폭·교통상황, 도로주변의 토지의 고저·건축물의 개황 그 밖의 소방활동에 필요한 지리에 대한 조사
② 제1항의 조사결과는 전자적 처리가 불가능한 특별한 사유가 없으면 전자적 처리가 가능한 방법으로 작성·관리하여야 한다.
③ 제1항제1호의 조사는 별지 제2호서식에 의하고, 제1항제2호의 조사는 별지 제3호서식에 의하되, 그 조사결과를 2년간 보관하여야 한다.

예상문제

01 다음의 박스 내용에 해당하는 것은?

> 소방대상물에 인접한 도로의 폭·교통상황, 도로 주변의 토지에 고저·건축물의 개황, 그 밖의 소방활동에 필요한 지리에 대한 조사

① 지리조사 ② 행정조사
③ 경방조사 ④ 사실조사

해설
지리조사란 소방대상물에 인접한 도로의 폭·교통상황, 도로 주변의 토지의 고저·건축물의 개황, 그 밖의 소방활동에 필요한 지리에 대한 조사를 말한다.

정답 ①

02 다음 중 소방용수시설 및 지리조사가 아닌 것은?

① 도로의 폭 ② 교통상황
③ 건축물 개황 ④ 인구밀도 조사

해설
인구밀도 조사는 소방용수시설 및 지리조사에 해당되지 않는다.
- 소방용수시설의 종류 : 소화전, 급수탑, 저수조
- 지리조사 : 소방대상물에 인접한 도로의 폭·교통상황, 도로 주변의 토지의 고저·건축물의 개황, 그 밖의 소방활동에 필요한 지리에 대한 조사

정답 ④

03 다음 중 소방기본법의 지리조사 대상이 아닌 것은?
① 도로의 폭 ② 교통상황
③ 건축물 개황 ④ 소방용수조사

해설
지리조사는 소방대상물에 인접한 도로의 폭·교통상황, 도로주변의 토지의 고저·건축물의 개황 그 밖의 소방활동에 필요한 지리에 대한 조사를 말한다.

정답 ④

04 다음 중 소방용수시설의 설치 및 관리에 관한 설명으로 옳지 않은 것은?
① 소방용수시설 및 지리조사는 분기별로 1회 이상 실시한다.
② 소방용수시설 및 지리조사는 소방본부장이나 소방서장이 실시한다.
③ 소방용수시설은 소화전, 급수탑, 저수조를 말한다.
④ 소방용수시설의 설치·유지 및 관리는 시·도지사가 한다.

해설
소방본부장 또는 소방서장은 원활한 소방활동을 위하여 소방용수시설 및 지리조사를 월 1회 이상 실시하여야 한다.

정답 ①

05 소방활동 등에 필요한 소방용수시설 및 지리조사에 대해 옳지 않은 것은?
① 소방본부장 또는 소방서장은 그 조사결과를 2년간 보관하여야 한다.
② 소방대상물에 인접한 도로의 폭·교통상황, 도로 주변의 토지의 고저·건축물의 개황, 그 밖의 소방활동에 필요한 지리에 대한 조사를 한다.
③ 조사결과는 전자적 처리가 불가능한 특별한 사유가 없으면 전자적 처리가 가능한 방법으로 작성·관리하여야 한다.
④ 소방본부장 또는 소방서장은 원활한 소방활동을 위하여 조사를 월 2회 이상 실시하여야 한다.

해설
소방본부장 또는 소방시장은 원활한 소방활동을 위하여 소방용수시설 및 지리조사를 월 1회 이상 실시하여야 한다.

정답 ④

06 다음 중 소방용수시설 및 지리조사에 대하여 옳지 않은 것은?
① 조사결과를 2년간 보관한다.
② 지리조사는 도로의 폭·교통상황, 도로 주변의 토지의 고저·건축물 개황 등을 조사한다.
③ 소방용수시설 및 지리조사는 월 2회 이상 실시해야 한다.
④ 소방용수시설 및 지리조사는 소방본부장 또는 소방서장이 실시한다.

> **해설**
> 소방용수시설 및 지리조사는 월 1회 이상 실시하여야 한다.
>
> 정답 ③

★★★★★ [개정 2021. 7. 13.]
시행규칙 제8조(소방업무의 상호응원협정)

법 제11조제4항에 따라 시·도지사는 이웃하는 다른 시·도지사와 소방업무에 관하여 상호응원협정을 체결하고자 하는 때에는 다음 각 호의 사항이 포함되도록 해야 한다. 〈개정 2021. 7. 13.〉

1. 다음 각 목의 소방활동에 관한 사항
   가. 화재의 경계·진압활동
   나. 구조·구급업무의 지원
   다. 화재조사활동
2. 응원출동대상지역 및 규모
3. 다음 각 목의 소요경비의 부담에 관한 사항
   가. 출동대원의 수당·식사 및 의복의 수선
   나. 소방장비 및 기구의 정비와 연료의 보급
   다. 그 밖의 경비
4. 응원출동의 요청방법
5. 응원출동훈련 및 평가

예상문제

01 시·도지사가 응원요청을 대비하여 이웃하는 시·도지사와 협의하여 미리 규약으로 정하는 것은?
① 응원협정 ② 진압협정
③ 예방협정 ④ 출동협정

> **해설**
> 시·도지사가 응원요청을 대비하여 이웃하는 시·도지사와 협의하여 미리 규약으로 정하는 것은 소방업무의 상호응원협정이다.
>
> 정답 ①

02 소방응원출동의 대상지역 및 규모와 소요경비의 부담 등에 대하여 시·도지사가 이웃하는 시·도지사와 미리 규약으로 정하는 것을 무엇이라 하는가?

① 응원협정 ② 예방협정
③ 대응협정 ④ 방법협정

해설
소방응원출동의 대상지역 및 규모와 소요경비의 부담 등에 대하여 시·도지사가 이웃하는 시·도지사와 미리 규약으로 정하는 것을 소방업무의 상호응원협정이라고 한다.

정답 ①

03 다음 중 소방업무의 상호응원협정 시 포함사항 기준이 아닌 것은?

① 응원출동 대상지역 및 규모 ② 의용소방대원의 숙식
③ 응원출동 훈련 및 평가 ④ 구조·구급업무의 지원

해설
응원출동 대상지역 및 규모, 응원출동 훈련 및 평가, 구조·구급업무의 지원은 상호응원협정 포함사항이지만, 의용소방대원의 숙식은 상호응원협정 포함사항이 아니다.

정답 ②

04 다음 중 시·도지사의 소방업무의 상호응원협정에 포함되지 않는 것은?

① 구조·구급업무의 지원 ② 화재의 경계·진압활동
③ 출동대원의 수당 ④ 지휘권의 관할 범위

해설
구조·구급업무의 지원, 화재의 경계·진압활동, 출동대원의 수당은 상호응원협정 포함사항이지만, 지휘권의 관할 범위는 상호응원협정 포함사항이 아니다.

정답 ④

05 다음 중 시·도지사가 이웃하는 다른 시·도지사와 미리 체결하는 상호응원협정에 포함되는 사항이 아닌 것은?

① 화재 예방조치 ② 화재의 경계·진압활동
③ 화재조사활동 ④ 출동대원의 수당

해설
화재의 경계·진압활동, 화재조사활동, 출동대원의 수당은 상호응원협정 포함사항이지만, 화재 예방조치는 상호응원협정 포함사항이 아니다.

정답 ①

06 다음의 소방업무의 상호응원협정 사항에서 소방활동에 관한 사항이 아닌 것은?
① 화상 환자의 치료　　　　　　② 화재의 경계 · 진압활동
③ 구조 · 구급업무의 지원　　　　④ 화재조사활동

해설
화재의 경계 · 진압활동, 구조 · 구급업무의 지원, 화재조사활동은 상호응원협정 중 소방활동에 관한 사항이지만, 화상 환자의 치료는 상호응원협정 사항이 아니다.

정답 ①

07 소방업무의 상호응원협정 중 소방활동에 포함되지 않는 것은?
① 화재의 경계 · 진압활동　　　　② 구조 · 구급업무의 지원
③ 화재조사활동　　　　　　　　④ 관계인과 협력체제의 소방활동 범위

해설
화재의 경계 · 진압활동, 구조 · 구급업무의 지원, 화재조사활동은 상호응원협정 중 소방활동에 관한 사항이지만, 관계인과 협력체제의 소방활동 범위는 상호응원협정 사항이 아니다.

정답 ④

08 소방업무의 상호응원협정 중 소방활동에 해당하지 않는 것은?
① 화재의 경계 · 진압활동　　　　② 화재조사활동
③ 구조 · 구급업무의 지원　　　　④ 소방장비 및 기구의 정비와 연료의 보급

해설
화재의 경계 · 진압활동, 구조 · 구급업무의 지원, 화재조사활동은 상호응원협정 중 소방활동에 관한 사항이지만, 소방장비 및 기구의 정비와 연료의 보급은 상호응원협정 중 소요경비의 부담에 관한 사항이다.

정답 ④

★★☆☆☆

시행규칙 제9조(소방교육 · 훈련의 종류 등)

① 법 제17조제1항에 따라 소방대원에게 실시할 교육 · 훈련의 종류, 해당 교육 · 훈련을 받아야 할 대상자 및 교육 · 훈련기간 등은 별표 3의2와 같다.
② 법 제17조제2항에 따른 소방안전에 관한 교육과 훈련(이하 "소방안전교육훈련"이라 한다)에 필요한 시설, 장비, 강사자격 및 교육방법 등의 기준은 별표 3의3과 같다.

③ 소방청장, 소방본부장 또는 소방서장은 소방안전교육훈련을 실시하려는 경우 매년 12월 31일까지 다음 해의 소방안전교육훈련 운영계획을 수립하여야 한다.
④ 소방청장은 제3항에 따른 소방안전교육훈련 운영계획의 작성에 필요한 지침을 정하여 소방본부장과 소방서장에게 매년 10월 31일까지 통보하여야 한다.

핵심정리

소방청장은 소방안전교육훈련 운영계획의 작성에 필요한 지침을 소방본부장과 소방서장에게 통보	매년 10월 31일까지
소방청장, 소방본부장 또는 소방서장은 다음 해의 소방안전교육훈련 운영계획을 수립	매년 12월 31일까지

★★★☆☆ [개정 2022. 12. 1.]

시행규칙 제10조(소방신호의 종류 및 방법)

① 법 제18조의 규정에 의한 소방신호의 종류는 다음 각 호와 같다.
  1. 경계신호 : 화재예방상 필요하다고 인정되거나「화재의 예방 및 안전관리에 관한 법률」제20조의 규정에 의한 화재위험경보시 발령
  2. 발화신호 : 화재가 발생한 때 발령
  3. 해제신호 : 소화활동이 필요없다고 인정되는 때 발령
  4. 훈련신호 : 훈련상 필요하다고 인정되는 때 발령
② 제1항의 규정에 의한 소방신호의 종류별 소방신호의 방법은 별표 4와 같다.

암기법 경발해훈

예상문제

01 다음 소방신호 중 옳지 않은 것은?
① 발화신호 – 화재가 발생한 때 발령
② 훈련신호 – 훈련상 필요하다고 인정되는 때 발령
③ 해제신호 – 소화활동이 필요없다고 인정되는 때 발령
④ 경보신호 – 화재예방상 필요하다고 인정되는 때 발령

해설
화재예방상 필요하다고 인정되거나 화재위험경보시 발령하는 소방신호는 경계신호이다.

정답 ④

02 다음 중 소방신호의 종류가 아닌 것은?
① 발화신호
② 경계신호
③ 출동신호
④ 해제신호

해설
소방신호의 종류에는 경계신호, 발화신호, 해제신호, 훈련신호가 있으며, 출동신호는 소방신호가 아니다.

정답 ③

03 다음 중 소방신호의 종류가 아닌 것은?
① 위험신호
② 발화신호
③ 경계신호
④ 해제신호

해설
소방신호의 종류에는 경계신호, 발화신호, 해제신호, 훈련신호가 있으며, 위험신호는 소방신호가 아니다.

정답 ①

★★★☆☆ [개정 2022. 12. 1.]

시행규칙 [별표 1] 소방체험관의 설립 및 운영에 관한 기준

1. 설립 입지 및 규모 기준
   가. 소방체험관은 도로 등 교통시설을 갖추고, 재해 및 재난 위험요소가 없는 등 국민의 접근성과 안전성이 확보된 지역에 설립되어야 한다.
   나. 소방체험관 중 제2호의 소방안전 체험실로 사용되는 부분의 바닥면적의 합이 900제곱미터 이상이 되어야 한다.
2. 소방체험관의 시설 기준
   가. 소방체험관에는 다음 표에 따른 체험실을 모두 갖추어야 한다. 이 경우 체험실별 바닥면적은 100제곱미터 이상이어야 한다.

분야	체험실
생활안전	화재안전 체험실
	시설안전 체험실
교통안전	보행안전 체험실
	자동차안전 체험실
자연재난안전	기후성 재난 체험실
	지질성 재난 체험실
보건안전	응급처치 체험실

나. 소방체험관의 규모 및 지역 여건 등을 고려하여 다음 표에 따른 체험실을 갖출 수 있다. 이 경우 체험실별 바닥면적은 100제곱미터 이상이어야 한다.

분야	체험실
생활안전	전기안전 체험실, 가스안전 체험실, 작업안전 체험실, 여가활동 체험실, 노인안전 체험실
교통안전	버스안전 체험실, 이륜차안전 체험실, 지하철안전 체험실
자연재난안전	생물권 재난안전 체험실(조류독감, 구제역 등)
사회기반안전	화생방·민방위안전 체험실, 환경안전 체험실, 에너지·정보통신안전 체험실, 사이버안전 체험실
범죄안전	미아안전 체험실, 유괴안전 체험실, 폭력안전 체험실, 성폭력안전 체험실, 사기범죄 안전 체험실
보건안전	중독안전 체험실(게임·인터넷, 흡연 등), 감염병안전 체험실, 식품안전 체험실, 자살방지 체험실
기타	시·도지사가 필요하다고 인정하는 체험실

다. 소방체험관에는 사무실, 회의실, 그 밖에 시설물의 관리·운영에 필요한 관리시설이 건물규모에 적합하게 설치되어야 한다.

3. 체험교육 인력의 자격 기준

가. 체험실별 체험교육을 총괄하는 교수요원은 소방공무원 중 다음의 어느 하나에 해당하는 사람이어야 한다.
  1) 소방 관련학과의 석사학위 이상을 취득한 사람
  2) 「소방기본법」 제17조의2에 따른 소방안전교육사, 「소방시설 설치 및 관리에 관한 법률」 제25조에 따른 소방시설관리사, 「국가기술자격법」에 따른 소방기술사 또는 소방설비기사 자격을 취득한 사람
  3) 간호사 또는 「응급의료에 관한 법률」 제36조에 따른 응급구조사 자격을 취득한 사람
  4) 소방청장이 실시하는 인명구조사시험 또는 화재대응능력시험에 합격한 사람
  5) 「소방기본법」 제16조 또는 제16조의3에 따른 소방활동이나 생활안전활동을 3년 이상 수행한 경력이 있는 사람
  6) 5년 이상 근무한 소방공무원 중 시·도지사가 체험실의 교수요원으로 적합하다고 인정하는 사람

나. 체험실별 체험교육을 지원하고 실습을 보조하는 조교는 다음의 어느 하나에 해당하는 사람이어야 한다.

1) 가목에 따른 교수요원의 자격을 갖춘 사람
2) 「소방기본법」 제16조 및 제16조의3에 따른 소방활동이나 생활안전활동을 1년 이상 수행한 경력이 있는 사람
3) 중앙소방학교 또는 지방소방학교에서 2주 이상의 소방안전교육사 관련 전문교육과정을 이수한 사람
4) 소방체험관에서 2주 이상의 체험교육에 관한 직무교육을 이수한 의무소방원
5) 그 밖에 1)부터 4)까지의 규정에 준하는 자격 또는 능력을 갖추었다고 시·도지사가 인정하는 사람

4. 소방체험관의 관리인력 배치 기준 등
가. 소방체험관의 규모 등에 비추어 체험교육 프로그램의 기획·개발, 대외협력 및 성과분석 등을 담당할 적정한 수준의 행정인력을 두어야 한다.
나. 소방체험관의 규모 등에 비추어 건축물과 체험교육 시설·장비 등의 유지관리를 담당할 적정한 수준의 시설관리인력을 두어야 한다.
다. 시·도지사는 소방체험관 이용자에 대한 안전지도 및 질서 유지 등을 담당할 자원봉사자를 모집하여 활용할 수 있다.

5. 체험교육 운영 기준
가. 체험교육을 실시할 때 체험실에는 1명 이상의 교수요원을 배치하고, 조교는 체험교육대상자 30명당 1명 이상이 배치되도록 하여야 한다. 다만, 소방체험관의 장은 체험교육대상자의 연령 등을 고려하여 조교의 배치기준을 달리 정할 수 있다.
나. 교수요원은 체험교육 실시 전에 소방체험관 이용자에게 주의사항 및 안전관리 협조사항을 미리 알려야 한다.
다. 시·도지사는 설치되어 있는 체험실별로 체험교육 표준운영절차를 마련하여야 한다.
라. 시·도지사는 체험교육대상자의 정신적·신체적 능력을 고려하여 체험교육을 운영하여야 한다.
마. 시·도지사는 체험교육 운영인력에 대하여 체험교육과 관련된 지식·기술 및 소양 등에 관한 교육훈련을 연간 12시간 이상 이수하도록 하여야 한다.
바. 체험교육 운영인력은 「소방공무원 복제 규칙」 제12조에 따른 기동장을 착용하여야 한다. 다만, 계절이나 야외 체험활동 등을 고려하여 제복의 종류 및 착용방법을 달리 정할 수 있다.

6. 안전관리 기준
가. 시·도지사는 소방체험관에서 발생한 사고로 인한 이용자 등의 생명·신체나 재산상의 손해를 보상하기 위한 보험 또는 공제에 가입하여야 한다.
나. 교수요원은 체험교육 실시 전에 체험실의 시설 및 장비의 이상 유무를 반드시 확인하는 등 안전점검을 실시하여야 한다.
다. 소방체험관의 장은 소방체험관에서 발생하는 각종 안전사고 등을 총괄하여 관리하는 안전관리자를 지정하여야 한다.
라. 소방체험관의 장은 안전사고 발생 시 신속한 응급처치 및 병원 이송 등의 조치를 하여야 한다.

마. 소방체험관의 장은 소방체험관의 이용자의 안전에 위해(危害)를 끼치거나 끼칠 위험이 있다고 인정되는 이용자에 대하여 출입 금지 또는 행위의 제한, 체험교육의 거절 등의 조치를 하여야 한다.
7. 이용현황 관리 등
   가. 소방체험관의 장은 체험교육의 운영결과, 만족도 조사결과 등을 기록하고 이를 3년간 보관하여야 한다.
   나. 소방체험관의 장은 체험교육의 효과 및 개선 사항 발굴 등을 위하여 이용자를 대상으로 만족도 조사를 실시하여야 한다. 다만, 이용자가 거부하거나 만족도 조사를 실시할 시간적 여유가 없는 등의 경우에는 만족도 조사를 실시하지 아니할 수 있다.
   다. 소방체험관의 장은 체험교육을 이수한 사람에게 교육이수자의 성명, 체험내용, 체험시간 등을 적은 체험교육 이수증을 발급할 수 있다.

핵심정리

1. 소방안전 체험실로 사용되는 부분의 바닥면적의 합이 900제곱미터 이상이 되어야 한다.
2. 체험실별 바닥면적은 100제곱미터 이상이어야 한다.
3. 체험교육을 실시할 때 체험실에는 1명 이상의 교수요원을 배치하고, 조교는 체험교육대상자 30명당 1명 이상이 배치되도록 하여야 한다.
4. 시·도지사는 체험교육 운영인력에 대하여 체험교육과 관련된 지식·기술 및 소양 등에 관한 교육훈련을 연간 12시간 이상 이수하도록 하여야 한다.
5. 소방체험관의 장은 체험교육의 운영결과, 만족도 조사결과 등을 기록하고 이를 3년간 보관하여야 한다.

예상문제

01 「소방기본법 시행규칙」상 소방체험관이 설립 및 운영에 관한 기준에 대한 내용으로 옳지 않은 것은?
① 소방체험관 중 소방안전 체험실로 사용되는 부분의 바닥면적의 합이 900제곱미터 이상이 되어야 한다.
② 체험교육을 실시할 때 체험실에는 1명 이상의 교수요원을 배치하고, 조교는 체험교육대상자 20명당 1명 이상이 배치되도록 하여야 한다.
③ 시·도지사는 체험교육 운영인력에 대하여 체험교육과 관련된 지식·기술 및 소양 등에 관한 교육훈련을 연간 12시간 이상 이수하도록 하여야 한다.
④ 소방체험관의 장은 체험교육의 운영결과, 만족도 조사결과 등을 기록하고 이를 3년간 보관하여야 한다.

> **해설**
> 체험교육을 실시할 때 체험실에는 1명 이상의 교수요원을 배치하고, 조교는 체험교육대상자 30명당 1명 이상이 배치되도록 하여야 한다.
>
> **정답** ②

★☆☆☆☆ [개정 2021. 7. 13.]

 시행규칙 [별표 1의2] 국고보조의 대상이 되는 소방활동장비 및 설비의 종류와 규격

구분	종류			규격
소방활동장비	소방자동차	펌프차	대형	240마력 이상
			중형	170마력 이상 240마력 미만
			소형	120마력 이상 170마력 미만
		물탱크 소방차	대형	240마력 이상
			중형	170마력 이상 240마력 미만
		화학 소방차	비활성가스를 이용한 소방차	
			고성능	340마력 이상
			내폭	340마력 이상
			일반 / 대형	240마력 이상
			일반 / 중형	170마력 이상 240마력 미만
		사다리 소방차	고가(사다리의 길이가 33m 이상인 것에 한한다)	330마력 이상
			굴절 / 27m 이상급	330마력 이상
			굴절 / 18m 이상 27m 미만급	240마력 이상
		조명차	중형	170마력
		배연차	중형	170마력 이상
		구조차	대형	240마력 이상
			중형	170마력 이상 240마력 미만
		구급차	특수	90마력 이상
			일반	85마력 이상 90마력 미만
	소방정		소방정	100톤 이상급, 50톤급
			구조정	30톤급
	소방헬리콥터			5~17인승

소방전용통신설비 및 전산설비	통신설비	유선통신장비	디지털전화교환기	국내 100회선 이상, 내선 1000회선 이상
			키폰장치	국내 100회선 이상, 내선 200회선 이상
			팩스	일제 개별 동보장치
			영상장비다중화장치	동화상 및 정지화상 E1급 이상
		무선통신기기	극초단파 무선기기 고정용	공중전력 50와트 이하
			극초단파 무선기기 이동용	공중전력 20와트 이하
			극초단파 무선기기 휴대용	공중전력 5와트 이하
			초단파 무선기기 고정용	공중전력 50와트 이하
			초단파 무선기기 이동용	공중전력 20와트 이하
			초단파 무선기기 휴대용	공중전력 5와트 이하
			단파무전기 고정용	공중전력 100와트 이하
			단파무전기 이동용	공중전력 50와트 이하
	전산설비	주전산기기	중앙처리장치	클럭속도 : 90메가헤르즈 이상, 워드길이 : 32비트 이상
			주기억장치	용량 : 125메가바이트 이상 전송속도 : 초당22메가바이트 이상 캐시메모리 : 1메가바이트 이상
			보조기억장치	용량 5기가바이트 이상
		보조전산기기	중앙처리장치	성능 : 26밉스 이상 클럭속도 : 25메가헤르즈 이상 워드길이 : 32비트 이상
			주기억장치	용량 : 32메가바이트 이상 전송속도 : 초당 22메가바이트 이상 캐시메모리 : 128킬로바이트 이상
			보조기억장치	용량 : 22기가바이트 이상
		서버	중앙처리장치	성능 : 80밉스 이상 클럭속도: 100메가헤르즈 이상 워드길이: 32비트 이상
			주기억장치	용량 : 초당 32메가바이트 이상 전송속도 : 초당 22메가바이트 이상 캐시메모리 : 128킬로바이트 이상
			보조기억장치	용량 : 3기가바이트 이상
		단말기	중앙처리장치	클럭속도 : 100메가헤르즈 이상
			주기억장치	용량 : 16메가바이트 이상
			보조기억장치	용량 : 1기가바이트 이상
			모니터	칼라, 15인치 이상
		라우터(네트워크 연결장치)		6시리얼포트 이상
		스위칭허브		16이더넷포트 이상
		디에스유, 씨에스유		초당 56킬로바이트 이상
		스캐너		A4사이즈, 칼라 600, 인치당 2400도트 이상
		플로터		A4사이즈, 칼라 300, 인치당 600도트 이상
		빔프로젝트		밝기 400럭스 이상 컴퓨터 데이터 접속 가능
		액정프로젝트		밝기 400럭스 이상 컴퓨터 데이터 접속 가능
		무정전 전원장치		5킬로볼트암페어 이상

예상문제

01 다음 중 국고보조 대상의 소방활동장비가 아닌 것은?
① 소방자동차(펌프차 대형) 240마력 이상
② 전산설비(무정전 전원장치) 5kVA 이상
③ 소방정(구조정) 30톤급
④ 소방헬리콥터 5~17인승

📖 해설
소방자동차(펌프차), 소방정(구조정), 소방헬리콥터는 "소방활동장비"에 해당되지만, 전산설비(무정전 전원장치)는 "소방전용통신설비 및 전산설비"에 해당된다.

정답 ②

★★★★☆ [개정 2020. 2. 20.]

시행규칙 [별표 2] 소방용수표지

1. 지하에 설치하는 소화전 또는 저수조의 경우 소방용수표지는 다음 각 목의 기준에 따라 설치한다.
   가. 맨홀 뚜껑은 지름 648밀리미터 이상의 것으로 할 것. 다만, 승하강식 소화전의 경우에는 이를 적용하지 않는다.
   나. 맨홀 뚜껑에는 "소화전·주정차금지" 또는 "저수조·주정차금지"의 표시를 할 것
   다. 맨홀뚜껑 부근에는 노란색 반사도료로 폭 15센티미터의 선을 그 둘레를 따라 칠할 것
2. 지상에 설치하는 소화전, 저수조 및 급수탑의 경우 소방용수표지는 다음 각 목의 기준에 따라 설치한다.
   가. 규격

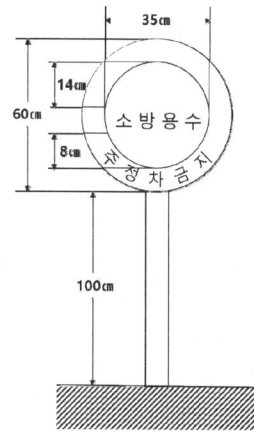

나. 안쪽 문자는 흰색, 바깥쪽 문자는 노란색으로, 안쪽 바탕은 붉은색, 바깥쪽 바탕은 파란색으로 하고, 반사재료를 사용해야 한다.

다. 가목의 규격에 따른 소방용수표지를 세우는 것이 매우 어렵거나 부적당한 경우에는 그 규격 등을 다르게 할 수 있다.

핵심정리

지하에 설치하는 경우	지상에 설치하는 경우
맨홀 뚜껑은 지름 648밀리미터 이상 노란색 반사도료로 폭 15센티미터의 선	안쪽 문자는 흰색, 바깥쪽 문자는 노란색으로, 안쪽 바탕은 붉은색, 바깥쪽 바탕은 파란색

예상문제

01 지하에 설치하는 소화전 또는 저수조의 경우 소방용수표지의 맨홀 뚜껑은 지름 몇 mm 이상의 것으로 해야 하는가? (다만, 승하강식 소화전의 경우에는 이를 적용하지 아니한다)

① 65mm ② 100mm
③ 140mm ④ 648mm

> **해설**
> 지하에 설치하는 소화전 또는 저수조의 경우 소방용수표지의 맨홀 뚜껑은 지름 648mm 이상의 것으로 하여야 한다. 다만, 승하강식 소화전의 경우에는 이를 적용하지 않는다.

정답 ④

02 지상에 설치하는 소화전, 저수조 및 급수탑의 경우 소방용수표지 설치기준으로 옳은 것은?

> 안쪽 문자는 ( ), 바깥쪽 문자는 ( )으로, 안쪽 바탕은 ( ), 바깥쪽 바탕은 ( )으로 하고, 반사재료를 사용해야 한다.

① 흰색, 노란색, 붉은색, 파란색
② 노란색, 흰색, 붉은색, 파란색
③ 흰색, 노란색, 파란색, 붉은색
④ 흰색, 붉은색, 노란색, 파란색

> **해설**
> 지상에 설치하는 소화전, 저수조 및 급수탑의 경우 소방용수표지는 안쪽 문자는 흰색, 바깥쪽 문자는 노란색으로, 안쪽 바탕은 붉은색, 바깥쪽 바탕은 파란색으로 하고, 반사재료를 사용해야 한다.

정답 ①

★★★★★ 시행규칙 [별표 3] 소방용수시설의 설치기준

1. 공통기준
   가. 국토의 계획 및 이용에 관한 법률 제36조제1항제1호의 규정에 의한 주거지역·상업지역 및 공업지역에 설치하는 경우 : 소방대상물과의 수평거리를 100미터 이하가 되도록 할 것
   나. 가목 외의 지역에 설치하는 경우 : 소방대상물과의 수평거리를 140미터 이하가 되도록 할 것

   암기법 주상공100 기타는 140

2. 소방용수시설별 설치기준
   가. 소화전의 설치기준 : 상수도와 연결하여 지하식 또는 지상식의 구조로 하고, 소방용 호스와 연결하는 소화전의 연결금속구의 구경은 65밀리미터로 할 것
   나. 급수탑의 설치기준 : 급수배관의 구경은 100밀리미터 이상으로 하고, 개폐밸브는 지상에서 1.5미터 이상 1.7미터 이하의 위치에 설치하도록 할 것

다. 저수조의 설치기준
  (1) 지면으로부터의 낙차가 4.5미터 이하일 것
  (2) 흡수부분의 수심이 0.5미터 이상일 것
  (3) 소방펌프자동차가 쉽게 접근할 수 있도록 할 것
  (4) 흡수에 지장이 없도록 토사 및 쓰레기 등을 제거할 수 있는 설비를 갖출 것
  (5) 흡수관의 투입구가 사각형의 경우에는 한 변의 길이가 60센티미터 이상, 원형의 경우에는 지름이 60센티미터 이상일 것
  (6) 저수조에 물을 공급하는 방법은 상수도에 연결하여 자동으로 급수되는 구조일 것

핵심정리

소화전	• 연결금속구의 구경 : 65밀리미터
급수탑	• 급수배관의 구경 : 100밀리미터 이상 • 개폐밸브 : 1.5미터 이상 1.7미터 이하
저수조	• 지면으로부터의 낙차 : 4.5미터 이하 • 흡수부분의 수심 : 0.5미터 이상 • 흡수관의 투입구 : 60센티미터 이상

예상문제

01 주거지역, 상업지역, 공업지역의 소방용수시설 설치기준은 몇 m 이내인가?
  ① 120m
  ② 80m
  ③ 140m
  ④ 100m

  해설
  주거지역, 상업지역, 공업지역에 소방용수시설을 설치하는 경우에는 소방대상물과의 수평거리를 100미터 이하가 되도록 하여야 한다.(그 밖의 지역에 설치하는 경우에는 140미터 이하)

  정답 ④

02 소방기본법에 의한 소방용수시설의 설치기준 중 주거지역, 상업지역, 공업지역에 대하여 옳은 것은?
  ① 소방대상물과 소방용수시설과의 수평거리는 40m 이하이다.
  ② 소방대상물과 소방용수시설과의 수평거리는 65m 이하이다.
  ③ 소방대상물과 소방용수시설과의 수평거리는 100m 이하이다.
  ④ 소방대상물과 소방용수시설과의 수평거리는 140m 이하이다.

해설
주거지역, 상업지역, 공업지역에 소방용수시설을 설치하는 경우에는 소방대상물과의 수평거리를 100미터 이하가 되도록 하여야 한다.

정답 ③

03 다음 중 급수탑에 대하여 옳지 않은 것은?
① 급수탑은 소방용수시설에 해당된다.
② 개폐밸브는 지상에서 1.5m 이상 2m 이하에 해당된다.
③ 급수탑은 지상에 설치한다.
④ 급수탑의 급수배관 구경은 100mm 이상으로 해야 한다.

해설
소방용수시설 중 급수탑의 경우 급수배관의 구경은 100밀리미터 이상으로 하고, 개폐밸브는 지상에서 1.5미터 이상 1.7미터 이하의 위치에 설치하여야 한다.

정답 ②

04 다음 중 저수조의 설치기준으로 옳지 않은 것은?
① 지면으로부터 낙차가 4.5m 이상일 것
② 흡수관 투입구가 사각인 경우 한 변의 길이가, 원형인 경우 지름이 60cm 이상일 것
③ 저수조에 물을 공급하는 방법은 상수도에 연결하여 자동으로 급수되는 구조일 것
④ 흡수에 지장이 없도록 토사와 쓰레기 등을 제거할 수 있는 설비를 갖출 것

해설
저수조는 지면으로부터의 낙차가 4.5미터 이하여야 한다.

정답 ①

05 소방기본법 시행규칙에서 저수조의 설치기준으로 옳지 않은 것은?
① 지면으로부터의 낙차가 10m 이하일 것
② 흡수부분의 수심이 0.5m 이상일 것
③ 흡수관의 투입구가 사각형의 경우에는 한 변의 길이가 60cm 이상, 원형의 경우에는 지름이 60cm 이상일 것
④ 저수조에 물을 공급하는 방법은 상수도에 연결하여 자동으로 급수되는 구조일 것

해설
저수조는 지면으로부터의 낙차가 4.5미터 이하여야 한다.

정답 ①

06 다음 중 소방용수시설 설치기준으로 옳지 않은 것은?

① 주거지역·상업지역 및 공업지역에 설치하는 경우 소방대상물과의 수평거리를 100m 이하가 되도록 할 것
② 주거지역·상업지역 및 공업지역 외에 설치하는 경우 소방대상물과의 수평거리를 140m 이하가 되도록 할 것
③ 급수탑의 경우 급수배관의 구경은 100mm 이상으로 하고, 개폐밸브는 지상에서 1.5m 이상 1.8m 이하의 위치에 설치하도록 할 것
④ 소화전의 경우 상수도와 연결하여 지하식 또는 지상식의 구조로 하고, 소방용 호스와 연결하는 소화전의 연결금속구의 구경은 65mm로 할 것

해설
소방용수시설 중 급수탑의 경우 급수배관의 구경은 100mm 이상으로 하고, 개폐밸브는 지상에서 1.5m 이상 1.7m 이하의 위치에 설치하여야 한다.

정답 ③

07 소방용수시설에서 저수조의 설치기준이 아닌 것은?

① 지면으로부터의 낙차가 4.5m 이하일 것
② 흡수부분의 수심이 2m 이상일 것
③ 저수조에 물을 공급하는 방법은 상수도에 연결하여 자동으로 급수되는 구조일 것
④ 흡수에 지장이 없도록 토사 및 쓰레기 등을 제거할 수 있는 설비를 갖출 것

해설
저수조는 흡수부분의 수심이 0.5미터 이상이어야 한다.

정답 ②

08 다음 중 소방용수시설의 설치기준으로 옳은 것은?

① 소화전의 연결금속구 구경을 45mm로 한 것
② 급수탑 개폐밸브 설치 위치가 1m 이상인 것
③ 주거지역에 수평거리 90m에 소화전을 설치하였다.
④ 저수조 흡수부분의 수심이 0.4m 이하인 것

해설
- 소화전의 연결금속구의 구경은 65mm로 하여야 한다.
- 급수탑의 개폐밸브는 지상에서 1.5m 이상 1.7m 이하의 위치에 설치하여야 한다.
- 주거지역·상업지역 및 공업지역에 설치하는 경우에는 소방대상물과의 수평거리를 100미터 이하가 되도록 하여야 한다.
- 저수조의 흡수부분의 수심은 0.5m 이상으로 하여야 한다.

정답 ③

09 다음 중 소방용수시설에서 저수조 설치기준으로 옳지 않은 것은?

① 지면으로부터의 낙차가 4.5m 이하일 것
② 흡수부분의 수심이 0.5m 이상일 것
③ 흡수에 지장이 없도록 토사 및 쓰레기 등을 수집할 수 있는 설비를 갖출 것
④ 저수조에 물을 공급하는 방법은 상수도에 연결하여 자동으로 급수되는 구조일 것

해설
저수조에는 흡수에 지장이 없도록 토사 및 쓰레기 등을 제거할 수 있는 설비를 갖추어야 한다.

정답 ③

10 시·도지사는 소방활동에 필요한 소방용수시설을 설치·유지 및 관리하여야 한다. 다음 중 소방용수시설의 설치기준에 관하여 가장 올바르지 않은 것은?

① 저수조에 물을 공급하는 방법은 상수도를 연결하여 수동으로 급수되는 구조일 것
② 급수탑의 급수배관의 구경은 100mm 이상으로 할 것
③ 저수조는 지면으로부터의 낙차가 4.5m 이하일 것
④ 소화전의 연결금속구 구경은 65mm로 할 것

해설
저수조에 물을 공급하는 방법은 상수도를 연결하여 자동으로 급수되는 구조로 하여야 한다.

정답 ①

11 다음 중 소방용수시설의 설치기준으로 옳은 것은?

① 소화전의 연결금속구의 구경은 40mm 이상으로 한다.
② 급수탑의 급수배관 구경은 65mm 이상으로 한다.
③ 저수조는 지면으로부터의 낙차가 4.5m 이상일 것
④ 급수탑의 개폐밸브는 1.5m 이상 1.7m 이하에 설치한다.

해설
- 소화전의 연결금속구의 구경은 65mm로 하여야 한다.
- 급수탑의 급수배관의 구경은 100mm 이상으로 하여야 한다.
- 저수조는 지면으로부터의 낙차가 4.5m 이하가 되도록 설치하여야 한다.
- 급수탑의 개폐밸브는 지상에서 1.5m 이상 1.7m 이하의 위치에 설치하여야 한다.

정답 ④

12 소방용수시설과 관련된 사항이 아닌 것은?
① 시·도지사는 소방활동에 필요한 소방용수시설을 설치하고 유지·관리하여야 한다.
② 공업지역은 소방대상물과 수평거리 100m 이하마다 설치한다.
③ 주거지역은 소방대상물과 수평거리 140m 이하마다 설치한다.
④ 소방본부장 또는 소방서장은 원활한 소방활동을 위하여 소방용수시설 및 지리에 대한 조사를 월 1회 이상 실시하여야 한다.

▶ 해설
소방대상물과 수평거리를 주거·상업·공업지역은 100m 이하, 그 밖의 지역은 140m 이하로 하여야 한다.

정답 ③

13 소방용수시설 중 소화전, 급수탑, 저수조 설치기준이 아닌 것은?
① 저수조는 지면으로부터의 낙차가 4.5m 이하이다.
② 급수탑 개폐밸브의 높이는 1.5m 이상 1.7m 이하이다.
③ 소화전 연결금속구 구경은 65mm 이상으로 한다.
④ 급수탑에서 급수배관의 구경은 100mm 이상으로 한다.

▶ 해설
소방용 호스와 연결하는 소화전의 연결금속구의 구경은 65mm로 하여야 한다.

정답 ③

★★★★★ [개정 2023.4.27.]

시행규칙 [별표 3의2] 소방대원에게 실시할 교육·훈련의 종류 등

1. 교육·훈련의 종류 및 교육·훈련을 받아야 할 대상자

종류	교육·훈련을 받아야 할 대상자
가. 화재진압훈련	1) 화재진압업무를 담당하는 소방공무원 2) 「의무소방대설치법 시행령」 제20조제1항제1호에 따른 임무를 수행하는 의무소방원 3) 「의용소방대 설치 및 운영에 관한 법률」 제3조에 따라 임명된 의용소방대원
나. 인명구조훈련	1) 구조업무를 담당하는 소방공무원 2) 「의무소방대설치법 시행령」 제20조제1항제1호에 따른 임무를 수행하는 의무소방원 3) 「의용소방대 설치 및 운영에 관한 법률」 제3조에 따라 임명된 의용소방대원

다. 응급처치훈련	1) 구급업무를 담당하는 소방공무원 2) 「의무소방대설치법」 제3조에 따라 임용된 의무소방원 3) 「의용소방대 설치 및 운영에 관한 법률」 제3조에 따라 임명된 의용소방대원	
라. 인명대피훈련	1) 소방공무원 2) 「의무소방대설치법」 제3조에 따라 임용된 의무소방원 3) 「의용소방대 설치 및 운영에 관한 법률」 제3조에 따라 임명된 의용소방대원	
마. 현장지휘훈련	소방공무원 중 다음의 계급에 있는 사람 1) 지방소방정 2) 지방소방령 3) 지방소방경 4) 지방소방위	

2. 교육·훈련 횟수 및 기간

횟수	기간
2년마다 1회	2주 이상

3. 제1호 및 제2호에서 규정한 사항 외에 소방대원의 교육·훈련에 필요한 사항은 소방청장이 정한다.

핵심정리

1. **소방대원에게 실시할 교육·훈련의 종류**

종류
화재진압훈련
현장지휘훈련
인명대피훈련
인명구조훈련
응급처치훈련

암기법 진지대구처

2. **교육·훈련을 받아야 할 대상자**

종류	교육·훈련을 받아야 할 대상자		
화재진압훈련	화재진압업무를 담당하는 소방공무원	의무소방대설치법 시행령 제20조제1항제1호에 따른 임무를 수행하는 의무소방원	의용소방대 설치 및 운영에 관한 법률 제3조에 따라 임명된 의용소방대원
인명구조훈련	구조업무를 담당하는 소방공무원		
응급처치훈련	구급업무를 담당하는 소방공무원	의무소방대설치법 제3조에 따라 임용된 의무소방원	
인명대피훈련	소방공무원		
현장지휘훈련	1) 지방소방정 2) 지방소방령 3) 지방소방경 4) 지방소방위		

암기법 위경령정

예상문제

01 소방기본법에서의 소방교육·훈련의 종류가 아닌 것은?
① 인명대피훈련　　② 응급처치훈련
③ 화재진압훈련　　④ 수습복구훈련

■ 해설
소방교육·훈련의 종류에는 화재진압훈련, 인명구조훈련, 응급처치훈련, 인명대피훈련, 현장지휘훈련이 있다.

정답 ④

02 다음 중 소방대원이 하는 소방훈련의 종류가 아닌 것은?
① 현장지휘훈련　　② 화재진압훈련
③ 인명구조훈련　　④ 테러진압훈련

■ 해설
현장지휘훈련, 화재진압훈련, 인명구조훈련은 소방교육·훈련의 종류에 포함되지만, 테러진압훈련은 포함되지 않는다.

정답 ④

03 소방대원이 할 수 있는 소방교육·훈련의 종류가 아닌 것은?
① 예비군훈련　　② 화재진압훈련
③ 응급처치훈련　　④ 인명구조훈련

■ 해설
화재진압훈련, 응급처치훈련, 인명구조훈련은 소방교육·훈련의 종류에 포함되지만, 예비군훈련은 포함되지 않는다.

정답 ①

04 소방훈련 중 의용소방대원이 받지 않는 훈련은?
① 인명구조훈련　　② 화재진압훈련
③ 현장지휘훈련　　④ 응급처치훈련

■ 해설
의용소방대원이 받아야 할 소방교육·훈련은 화재진압훈련, 인명구조훈련, 응급처치훈련, 인명대피훈련이다.

정답 ③

05 다음 중 소방대원이 받는 소방교육 및 훈련의 종류가 아닌 것은?
① 인명구조훈련 : 구조업무를 담당하는 소방공무원, 의무소방원, 의용소방대원
② 화재진압훈련 : 화재진압업무를 담당하는 소방공무원, 의무소방원, 의용소방대원
③ 현장지휘훈련 : 소방공무원, 의무소방원, 의용소방대
④ 인명대피훈련 : 소방공무원, 의무소방원, 의용소방대원

🔲 해설
현장지휘훈련을 받아야 할 대상자는 소방공무원 중 지방소방위, 지방소방경, 지방소방령, 지방소방정의 계급에 있는 사람이다.

정답 ③

06 다음 중 소방교육·훈련의 종류가 아닌 것은?
① 화재진압훈련   ② 구급·구조훈련
③ 인명구조훈련   ④ 인명대피훈련

🔲 해설
화재진압훈련, 응급처치훈련, 인명구조훈련은 소방교육·훈련의 종류에 포함되지만, 구급·구조훈련은 포함되지 않는다.

교육·훈련의 종류에 포함되는 것	교육·훈련의 종류에 포함되지 않는 것
1. 화재진압훈련 2. 인명구조훈련 3. 응급처치훈련 4. 인명대피훈련 5. 현장지휘훈련	1. 수습복구훈련 2. 테러진압훈련 3. 예비군훈련 4. 구급·구조훈련

정답 ②

07 소방교육 훈련에서 현장지휘를 하는 사람이 아닌 것은?
① 지방소방령   ② 지방소방경
③ 지방소방정   ④ 지방소방준감

🔲 해설
현장지휘훈련을 받아야 할 대상자는 소방공무원 중 지방소방위, 지방소방경, 지방소방령, 지방소방정의 계급에 있는 사람이다.

현장지휘훈련을 받아야 할 대상자	현장지휘훈련을 받아야 할 대상자가 아닌 사람
1. 지방소방정 2. 지방소방령 3. 지방소방경 4. 지방소방위	1. 지방소방사 2. 지방소방교 3. 지방소방장 4. 지방소방준감 5. 소방감 6. 소방정감 7. 소방총감

정답 ④

08 소방청장, 소방본부장 또는 소방서장은 소방업무를 전문적이고 효과적으로 수행하기 위하여 소방대원에게 필요한 교육·훈련을 실시하여야 한다. 다음 중 소방대원이 실시하는 소방교육·훈련 중 현장지휘훈련을 받는 사람은?

① 지방소방위
② 지방소방사
③ 지방소방장
④ 지방소방준감

해설
현장지휘훈련을 받아야 할 대상자는 소방공무원 중 지방소방위, 지방소방경, 지방소방령, 지방소방정의 계급에 있는 사람이다.

정답 ①

★★☆☆☆ [개정 2022. 12. 1.]

시행규칙 [별표 3의3] 소방안전교육훈련의 시설, 장비, 강사자격 및 교육방법 등의 기준

☞ 교육대상 : 어린이집의 영유아, 유치원의 유아, 초·중·고등학교의 학생

1. 시설 및 장비 기준
   가. 소방안전교육훈련에 필요한 장소 및 차량의 기준은 다음과 같다.
      1) 소방안전교실 : 화재안전 및 생활안전 등을 체험할 수 있는 100제곱미터 이상의 실내시설
      2) 이동안전체험차량 : 어린이 30명(성인은 15명)을 동시에 수용할 수 있는 실내공간을 갖춘 자동차
   나. 소방안전교실 및 이동안전체험차량에 갖추어야 할 안전교육장비의 종류는 다음과 같다.

구분	종류
화재안전 교육용	안전체험복, 안전체험용 안전모, 소화기, 물소화기, 연기소화기, 옥내소화전 모형장비, 화재모형 타켓, 가상화재 연출장비, 연기발생기, 유도등, 유도표지, 완강기, 소방시설(자동화재탐지설비, 옥내소화전 등) 계통 모형도, 화재 대피용 마스크, 공기호흡기, 119신고 실습전화기
생활안전 교육용	구명조끼, 구명환, 공기 튜브, 안전벨트, 개인로프, 가스안전 실습 모형도, 전기안전 실습 모형도
교육 기자재	유·무선 마이크, 노트북 컴퓨터, 빔 프로젝터, 이동형 앰프, LCD 모니터, 디지털 캠코더
기타	그 밖에 소방안전교육훈련에 필요하다고 인정하는 장비

2. 강사 및 보조강사의 자격 기준 등
   가. 강사는 다음의 어느 하나에 해당하는 사람이어야 한다.
      1) 소방 관련학과의 석사학위 이상을 취득한 사람
      2) 「소방기본법」 제17조의2에 따른 소방안전교육사, 「소방시설 설치 및 관리에 관

한 법률」 제25조에 따른 소방시설관리사, 국가기술자격법」에 따른 소방기술사 또는 소방설비기사 자격을 취득한 사람
　　　3) 응급구조사, 인명구조사, 화재대응능력 등 소방청장이 정하는 소방활동 관련 자격을 취득한 사람
　　　4) 소방공무원으로서 5년 이상 근무한 경력이 있는 사람
　　나. 보조강사는 다음의 어느 하나에 해당하는 사람이어야 한다.
　　　1) 가목에 따른 강사의 자격을 갖춘 사람
　　　2) 소방공무원으로서 3년 이상 근무한 경력이 있는 사람
　　　3) 그 밖에 보조강사의 능력이 있다고 소방청장, 소방본부장 또는 소방서장이 인정하는 사람
　　다. 소방청장, 소방본부장 또는 소방서장은 강사 및 보조강사로 활동하는 사람에 대하여 소방안전교육훈련과 관련된 지식·기술 및 소양 등에 관한 교육 등을 받게 할 수 있다.
3. 교육의 방법
　　가. 소방안전교육훈련의 교육시간은 소방안전교육훈련대상자의 연령 등을 고려하여 소방청장, 소방본부장 또는 소방서장이 정한다.
　　나. 소방안전교육훈련은 이론교육과 실습(체험)교육을 병행하여 실시하되, 실습(체험)교육이 전체 교육시간의 100분의 30 이상이 되어야 한다.
　　다. 소방청장, 소방본부장 또는 소방서장은 나목에도 불구하고 소방안전교육훈련대상자의 연령 등을 고려하여 실습(체험)교육 시간의 비율을 달리할 수 있다.
　　라. 실습(체험)교육 인원은 특별한 경우가 아니면 강사 1명당 30명을 넘지 않아야 한다.
　　마. 소방청장, 소방본부장 또는 소방서장은 소방안전교육훈련 실시 전에 소방안전교육훈련대상자에게 주의사항 및 안전관리 협조사항을 미리 알려야 한다.
　　바. 소방청장, 소방본부장 또는 소방서장은 소방안전교육훈련대상자의 정신적·신체적 능력을 고려하여 소방안전교육훈련을 실시하여야 한다.
4. 안전관리 기준
　　가. 소방청장, 소방본부장 또는 소방서장은 소방안전교육훈련 중 발생한 사고로 인한 교육훈련대상자 등의 생명·신체나 재산상의 손해를 보상하기 위한 보험 또는 공제에 가입하여야 한다.
　　나. 소방청장, 소방본부장 또는 소방서장은 소방안전교육훈련 실시 전에 시설 및 장비의 이상 유무를 반드시 확인하는 등 안전점검을 실시하여야 한다.
　　다. 소방청장, 소방본부장 또는 소방서장은 사고가 발생한 경우 신속한 응급처치 및 병원 이송 등의 조치를 하여야 한다.
5. 교육현황 관리 등
　　가. 소방청장, 소방본부장 또는 소방서장은 소방안전교육훈련의 실시결과, 만족도 조사 결과 등을 기록하고 이를 3년간 보관하여야 한다.
　　나. 소방청장, 소방본부장 또는 소방서장은 소방안전교육훈련의 효과 및 개선사항 발굴

등을 위하여 이용자를 대상으로 만족도 조사를 실시하여야 한다. 다만, 이용자가 거부하거나 만족도 조사를 실시할 시간적 여유가 없는 등의 경우에는 만족도 조사를 실시하지 아니할 수 있다.
다. 소방청장, 소방본부장 또는 소방서장은 소방안전교육훈련을 이수한 사람에게 교육이수자의 성명, 교육내용, 교육시간 등을 기재한 소방안전교육훈련 이수증을 발급할 수 있다.

핵심정리

1. 소방안전교실 : 화재안전 및 생활안전 등을 체험할 수 있는 100제곱미터 이상의 실내시설
2. 이동안전체험차량 : 어린이 30명(성인은 15명)을 동시에 수용할 수 있는 실내공간을 갖춘 자동차
3. 소방안전교육훈련은 이론교육과 실습(체험)교육을 병행하여 실시하되, 실습(체험)교육이 전체 교육시간의 100분의 30 이상이 되어야 한다.
4. 실습(체험)교육 인원은 특별한 경우가 아니면 강사 1명당 30명을 넘지 않아야 한다.
5. 소방청장, 소방본부장 또는 소방서장은 소방안전교육훈련의 실시결과, 만족도 조사결과 등을 기록하고 이를 3년간 보관하여야 한다.

예상문제

01 「소방기본법 시행규칙」상 소방안전교육훈련의 시설, 장비, 강사자격 및 교육방법 등의 기준에 대한 내용으로 옳지 않은 것은?

① 소방안전교육훈련은 이론교육과 실습(체험)교육을 병행하여 실시하되, 실습(체험)교육이 전체 교육시간의 100분의 30 이상이 되어야 한다.
② 실습(체험)교육 인원은 특별한 경우가 아니면 강사 1명당 30명을 넘지 않아야 한다.
③ 소방청장, 소방본부장 또는 소방서장은 소방안전교육훈련 실시 전에 시설 및 장비의 이상 유무를 반드시 확인하는 등 안전점검을 실시하여야 한다.
④ 소방청장, 소방본부장 또는 소방서장은 소방안전교육훈련의 실시결과, 만족도 조사결과 등을 기록하고 이를 2년간 보관하여야 한다.

해설
소방청장, 소방본부장 또는 소방서장은 소방안전교육훈련의 실시결과, 만족도 조사결과 등을 기록하고 이를 3년간 보관하여야 한다.

정답 ④

시행규칙 [별표 4] 소방신호의 방법

종별 \ 신호방법	타종신호	싸이렌 신호	그 밖의 신호		
경계신호	1타와 연2타를 반복	5초 간격을 두고 30초씩 3회	"통풍대"	"게시판"	"기"
발화신호	난타	5초 간격을 두고 5초씩 3회	적색/백색	화재경보발령중	적색/백색
해제신호	상당한 간격을 두고 1타씩 반복	1분간 1회			
훈련신호	연3타반복	10초 간격을 두고 1분씩 3회			

[비고]
1. 소방신호의 방법은 그 전부 또는 일부를 함께 사용할 수 있다.
2. 게시판을 철거하거나 통풍대 또는 기를 내리는 것으로 소방활동이 해제되었음을 알린다.
3. 소방대의 비상소집을 하는 경우에는 훈련신호를 사용할 수 있다.

핵심정리

종별 \ 신호방법	타종신호	싸이렌 신호	암기법
경계신호	1타와 연2타를 반복	5초 간격을 두고 30초씩 3회	경 12 5303
발화신호	난타	5초 간격을 두고 5초씩 3회	발 난 553
해제신호	상당한 간격을 두고 1타씩 반복	1분간 1회	해 1 11
훈련신호	연3타반복	10초 간격을 두고 1분씩 3회	훈 3 1013
그 밖의 신호	게시판, 기, 통풍대		계기통

예상문제

01 다음 중 소방신호의 방법이 아닌 것은?
① 싸이렌
② 타종
③ 구두방송
④ 게시판

해설
소방신호의 방법에는 타종신호, 싸이렌신호, 그밖의 신호(통풍대, 게시판, 기)가 있다.

정답 ③

02 소방신호 중 타종신호가 바르게 나타난 것이 아닌 것은?
   ① 경계신호 – 1타와 연 2타를 반복
   ② 발화신호 – 연 5타를 3회 반복
   ③ 해제신호 – 상당한 간격을 두고 1타씩 반복
   ④ 훈련신호 – 연 3타 반복

   해설
   발화신호의 방법에는 타종신호(난타)와 싸이렌신호(5초 간격을 두고 5초씩 3회)가 있다.

   정답 ②

03 소방신호에서 '발화신호'의 타종신호는 어디에 해당하는가?
   ① 연 3타 반복   ② 난타
   ③ 1타와 2연타를 반복   ④ 상당한 간격을 두고 1타씩 반복

   해설
   발화신호의 방법에는 타종신호(난타)와 싸이렌신호(5초 간격을 두고 5초씩 3회)가 있다.

   정답 ②

04 다음 중 소방신호 중 싸이렌신호에 관하여 옳은 것은?
   ① 화재예방상 필요하다고 인정되거나 화재위험경보 시 발령하는 경계신호는 5초 간격을 두고 10초씩 3회를 울린다.
   ② 소화활동이 필요 없다고 인정되는 때 발령하는 해제신호는 10분간 1회를 울린다.
   ③ 화재가 발생한 때 발령하는 발화신호는 5초 간격을 두고 10초씩 3회를 울린다.
   ④ 훈련상 필요하다고 인정되는 때 발령하는 훈련신호는 10초 간격을 두고 1분씩 3회를 울린다.

   해설
   • 화재예방상 필요하다고 인정되거나 화재위험경보 시 발령하는 경계신호는 5초 간격을 두고 30초씩 3회를 울린다.
   • 소화활동이 필요 없다고 인정되는 때 발령하는 해제신호는 1분간 1회를 울린다.
   • 화재가 발생한 때 발령하는 발화신호는 5초 간격을 두고 5초씩 3회를 울린다.

   정답 ④

05 소방신호로서 그 내용이 옳지 않은 것은?
   ① 경계신호(타종) – 1타 연2타를 반복
   ② 발화신호(타종) – 난타
   ③ 해제신호(타종) – 상당한 간격을 두고 1타씩 반복
   ④ 훈련신호는 소방대의 비상소집 시 사용할 수 없다.

> **해설**
> 소방대의 비상소집을 하는 경우에는 훈련신호를 사용할 수 있다.
>
> **정답** ④

06 다음의 소방신호 중 싸이렌신호가 바르게 나타난 것이 아닌 것은?

① 해제신호 : 1분간 1회
② 훈련신호 : 1분씩 3회
③ 경계신호 : 5초 간격을 두고 30초씩 3회
④ 발화신호 : 5초 간격을 두고 5초씩 3회

> **해설**
> 훈련신호의 방법에는 타종신호(연3타 반복)와 싸이렌신호(10초 간격을 두고 1분씩 3회)가 있다.
>
> **정답** ②

07 소방신호의 방법으로 옳지 않은 것은?

① 싸이렌에 의한 경계신호는 5초 간격을 두고 30초씩 3회 취명
② 싸이렌에 의한 발화신호는 3초 간격을 두고 3회 취명
③ 타종에 의한 해제신호는 상당한 간격을 두고 1타씩 반복
④ 타종에 의한 훈련신호는 연 3타 반복

> **해설**
> 발화신호의 방법에는 타종신호(난타)와 싸이렌신호(5초 간격을 두고 5초씩 3회)가 있다.
>
> **정답** ②

08 소방신호에 대한 설명 중 옳지 않은 것은?

① 소방대의 비상소집을 하는 경우에는 훈련신호를 사용할 수 있다.
② 해제신호 싸이렌은 5초 간격을 두고 30초씩 3회를 한다.
③ 경계신호 타종은 1타와 연2타를 반복한다.
④ 발화신호 싸이렌은 화재발생 시 5초 간격을 두고 5초씩 3회를 한다.

> **해설**
> 해제신호의 방법에는 타종신호(상당한 간격을 두고 1타씩 반복)와 싸이렌신호(1분간 1회)가 있다.
>
> **정답** ②

09 다음 중 소방신호가 올바르게 짝지어진 것은?

① 경계신호 : 타종은 1타와 연 2타를 반복, 싸이렌은 5초 간격을 두고 30초씩 3회
② 발화신호 : 타종은 난타, 싸이렌은 5초 간격을 두고 30초씩 3회
③ 해제신호 : 타종은 상당한 간격을 두고 1타씩 반복, 싸이렌은 3분간 1회
④ 훈련신호 : 타종은 연 2타 반복, 싸이렌은 10초 간격을 두고 1분씩 3회

해설
- 발화신호 : 타종은 난타, 싸이렌은 5초 간격을 두고 5초씩 3회
- 해제신호 : 타종은 상당한 간격을 두고 1타씩 반복, 싸이렌은 1분간 1회
- 훈련신호 : 타종은 연 3타 반복, 싸이렌은 10초 간격을 두고 1분씩 3회

정답 ①

■ 배우고 때로 익히면 즐겁지 아니한가?

미래 사회에는 오직 두 부류의 사람만이 존재한다.
하나는 바빠서 죽을 지경인 사람이고, 또 다른 하나는 할일을 찾지 못해 시간이 남아도는 사람이다.
요즘 중국 직장인들 사이에 유행하는 것 중에 '38주의'라는 것이 있다.
8시간 쉬고, 8시간 일하며, 8시간 배운다는 말이다.

– 리우웨이리 –

사람의 능력과 가치, 재능도 시간에 따라 감가상각됩니다.
오늘 능력이 출중하다고 해서 앞으로도 핵심인재로 남아있다는 보장이 전혀 없습니다.
따라서 이제는 학력(學歷)이 아닌, 학력(學力)이 더 중요합니다.
학이시습지(學而時習之) 불역열호(不亦說乎)!
2500년전 공자님 말씀처럼 '평생 학습을 즐기는 사람'이 진정한 경쟁력을 갖는 시대가 되었습니다.
8시간 쉬고, 8시간 일하며, 8시간 소방 공부를 한다면 성공과 합격은 따라올 것입니다.

Part 2

화재의 예방 및 안전관리에 관한 법률

★★★★☆ [시행 2022. 12. 1.]

제1조(목적)

이 법은 화재의 예방과 안전관리에 필요한 사항을 규정함으로써 화재로부터 국민의 생명·신체 및 재산을 보호하고 공공의 안전과 복리 증진에 이바지함을 목적으로 한다.

> **핵심정리**
>
> ※ 소방기본법의 목적
>   이 법은 화재를 예방·경계하거나 진압하고 화재, 재난·재해, 그 밖의 위급한 상황에서의 구조·구급 활동 등을 통하여 국민의 생명·신체 및 재산을 보호함으로써 공공의 안녕 및 질서 유지와 복리증진에 이바지함을 목적으로 한다.
> ※ 소방기본법의 목적
>   이 법은 화재의 예방과 안전관리에 필요한 사항을 규정함으로써 화재로부터 국민의 생명·신체 및 재산을 보호하고 공공의 안전과 복리 증진에 이바지함을 목적으로 한다.

★★☆☆☆ [시행 2022. 12. 1.]

제2조(정의)

① 이 법에서 사용하는 용어의 뜻은 다음과 같다.
  1. "예방"이란 화재의 위험으로부터 사람의 생명·신체 및 재산을 보호하기 위하여 화재발생을 사전에 제거하거나 방지하기 위한 모든 활동을 말한다.
  2. "안전관리"란 화재로 인한 피해를 최소화하기 위한 예방, 대비, 대응 등의 활동을 말한다.
  3. "화재안전조사"란 소방청장, 소방본부장 또는 소방서장(이하 "소방관서장"이라 한다)이 소방대상물, 관계지역 또는 관계인에 대하여 소방시설등(「소방시설 설치 및 관리에 관한 법률」 제2조제1항제2호에 따른 소방시설등을 말한다. 이하 같다)이 소방 관계 법령에 적합하게 설치·관리되고 있는지, 소방대상물에 화재의 발생 위험이 있는지 등을 확인하기 위하여 실시하는 현장조사·문서열람·보고요구 등을 하는 활동을 말한다.
  4. "화재예방강화지구"란 특별시장·광역시장·특별자치시장·도지사 또는 특별자치도지사(이하 "시·도지사"라 한다)가 화재발생 우려가 크거나 화재가 발생할 경우 피

해가 클 것으로 예상되는 지역에 대하여 화재의 예방 및 안전관리를 강화하기 위해 지정·관리하는 지역을 말한다.
    5. "화재예방안전진단"이란 화재가 발생할 경우 사회·경제적으로 피해 규모가 클 것으로 예상되는 소방대상물에 대하여 화재위험요인을 조사하고 그 위험성을 평가하여 개선대책을 수립하는 것을 말한다.
② 이 법에서 사용하는 용어의 뜻은 제1항에서 규정하는 것을 제외하고는 「소방기본법」, 「소방시설 설치 및 관리에 관한 법률」, 「소방시설공사업법」, 「위험물안전관리법」 및 「건축법」에서 정하는 바에 따른다.

예상문제

01 화재발생 우려가 크거나 화재가 발생할 경우 피해가 클 것으로 예상되는 지역에 대하여 화재의 예방 및 안전관리를 강화하기 위해 시·도지사가 지정·관리하는 지역을 무엇이라 하는가?

① 화재예방강화지구 ② 화재예방지구
③ 방화경계지구 ④ 방화예방지구

해설
"화재예방강화지구"란 시·도지사가 화재발생 우려가 크거나 화재가 발생할 경우 피해가 클 것으로 예상되는 지역에 대하여 화재의 예방 및 안전관리를 강화하기 위해 지정·관리하는 지역을 말한다.

정답 ①

★★★★☆ [시행 2022. 12. 1.]
제4조(화재의 예방 및 안전관리 기본계획 등의 수립·시행)

① 소방청장은 화재예방정책을 체계적·효율적으로 추진하고 이에 필요한 기반 확충을 위하여 화재의 예방 및 안전관리에 관한 기본계획(이하 "기본계획"이라 한다)을 5년마다 수립·시행하여야 한다.
② 기본계획은 대통령령으로 정하는 바에 따라 소방청장이 관계 중앙행정기관의 장과 협의하여 수립한다.
③ 기본계획에는 다음 각 호의 사항이 포함되어야 한다.
    1. 화재예방정책의 기본목표 및 추진방향
    2. 화재의 예방과 안전관리를 위한 법령·제도의 마련 등 기반 조성

3. 화재의 예방과 안전관리를 위한 대국민 교육·홍보
4. 화재의 예방과 안전관리 관련 기술의 개발·보급
5. 화재의 예방과 안전관리 관련 전문인력의 육성·지원 및 관리
6. 화재의 예방과 안전관리 관련 산업의 국제경쟁력 향상
7. 그 밖에 대통령령으로 정하는 화재의 예방과 안전관리에 필요한 사항

> ※ 그 밖에 대통령령으로 정하는 화재의 예방과 안전관리에 필요한 사항(시행령 제3조)
> 1. 화재발생 현황
> 2. 소방대상물의 환경 및 화재위험특성 변화 추세 등 화재예방정책의 여건 변화에 관한 사항
> 3. 소방시설의 설치·관리 및 화재안전기준의 개선에 관한 사항
> 4. 계절별·시기별·소방대상물별 화재예방대책의 추진 및 평가 등에 관한 사항
> 5. 그 밖에 화재의 예방 및 안전관리와 관련하여 소방청장이 필요하다고 인정하는 사항

④ 소방청장은 기본계획을 시행하기 위하여 매년 시행계획을 수립·시행하여야 한다.
⑤ 소방청장은 제1항 및 제4항에 따라 수립된 기본계획과 시행계획을 관계 중앙행정기관의 장과 시·도지사에게 통보하여야 한다.
⑥ 제5항에 따라 기본계획과 시행계획을 통보받은 관계 중앙행정기관의 장과 시·도지사는 소관 사무의 특성을 반영한 세부시행계획을 수립·시행하고 그 결과를 소방청장에게 통보하여야 한다.
⑦ 소방청장은 기본계획 및 시행계획을 수립하기 위하여 필요한 경우에는 관계 중앙행정기관의 장 또는 시·도지사에게 관련 자료의 제출을 요청할 수 있다. 이 경우 자료 제출을 요청받은 관계 중앙행정기관의 장 또는 시·도지사는 특별한 사유가 없으면 이에 따라야 한다.
⑧ 제1항부터 제7항까지에서 규정한 사항 외에 기본계획, 시행계획 및 세부시행계획의 수립·시행에 필요한 사항은 대통령령으로 정한다.

예상문제

01 화재의 예방 및 안전관리에 관한 법률에서 화재의 예방 및 안전관리 기본계획 등의 수립·시행에 관한 내용으로 옳지 않은 것은?

① 기본계획에는 화재의 예방과 안전관리 관련 산업의 국제경쟁력 향상에 관한 사항이 포함되어야 한다.
② 소방청장은 화재예방정책을 체계적·효율적으로 추진하고 이에 필요한 기반 확충을 위하여 기본계획을 5년마다 수립·시행하여야 한다.
③ 기본계획은 행정안전부령으로 정하는 바에 따라 소방본부장이 관계 중앙행정기관의 장과 협의하여 수립한다.
④ 소방청장은 기본계획을 시행하기 위하여 매년 시행계획을 수립·시행하여야 한다.

해설
기본계획은 대통령령으로 정하는 바에 따라 소방청장이 관계 중앙행정기관의 장과 협의하여 수립한다.

정답 ③

02 화재의 예방 및 안전관리에 관한 기본계획 등의 수립·시행에서 옳지 않은 것은?
① 소방청장은 수립된 기본계획과 시행계획을 관계 중앙행정기관의 장과 시·도지사에게 통보하여야 한다.
② 기본계획과 시행계획을 통보받은 관계 중앙행정기관의 장과 시·도지사는 소관 사무의 특성을 반영한 세부시행계획을 수립·시행하고 그 결과를 소방청장에게 통보하여야 한다.
③ 소방청장은 기본계획 및 시행계획을 수립하기 위하여 필요한 경우에는 관계 중앙행정기관의 장 또는 시·도지사에게 관련 자료의 제출을 요청할 수 있다.
④ 기본계획, 시행계획 및 세부시행계획의 수립·시행에 필요한 사항은 행정안전부령으로 정한다.

해설
기본계획, 시행계획 및 세부시행계획의 수립·시행에 필요한 사항은 대통령령으로 정한다.

정답 ④

03 화재의 예방 및 안전관리에 관한 기본계획에 포함되어야 하는 사항이 아닌 것은?
① 화재예방정책의 기본목표 및 추진방향
② 화재예방의 여건 변화에 관한 사항
③ 화재의 예방과 안전관리를 위한 대국민 교육·홍보
④ 화재의 예방과 안전관리 관련 기술의 개발·보급

해설
화재예방정책의 기본목표 및 추진방향, 화재의 예방과 안전관리를 위한 대국민 교육·홍보, 화재의 예방과 안전관리 관련 기술의 개발·보급은 포함되어야 하지만, 화재예방의 여건 변화에 관한 사항은 포함되지 않는다.

정답 ②

★★★☆☆ [시행 2022. 12. 1.]

제7조(화재안전조사)

① 소방관서장은 다음 각 호의 어느 하나에 해당하는 경우 화재안전조사를 실시할 수 있다. 다만, 개인의 주거(실제 주거용도로 사용되는 경우에 한정한다)에 대한 화재안전조사는 관계인의 승낙이 있거나 화재발생의 우려가 뚜렷하여 긴급한 필요가 있는 때에 한정한다.
　1. 「소방시설 설치 및 관리에 관한 법률」 제22조에 따른 자체점검이 불성실하거나 불완전하다고 인정되는 경우
　2. 화재예방강화지구 등 법령에서 화재안전조사를 하도록 규정되어 있는 경우
　3. 화재예방안전진단이 불성실하거나 불완전하다고 인정되는 경우
　4. 국가적 행사 등 주요 행사가 개최되는 장소 및 그 주변의 관계 지역에 대하여 소방안전관리 실태를 조사할 필요가 있는 경우
　5. 화재가 자주 발생하였거나 발생할 우려가 뚜렷한 곳에 대한 조사가 필요한 경우
　6. 재난예측정보, 기상예보 등을 분석한 결과 소방대상물에 화재의 발생 위험이 크다고 판단되는 경우
　7. 제1호부터 제6호까지에서 규정한 경우 외에 화재, 그 밖의 긴급한 상황이 발생할 경우 인명 또는 재산 피해의 우려가 현저하다고 판단되는 경우
② 화재안전조사의 항목은 대통령령으로 정한다. 이 경우 화재안전조사의 항목에는 화재의 예방조치 상황, 소방시설등의 관리 상황 및 소방대상물의 화재 등의 발생 위험과 관련된 사항이 포함되어야 한다.
③ 소방관서장은 화재안전조사를 실시하는 경우 다른 목적을 위하여 조사권을 남용하여서는 아니 된다.

예상문제

01 다음 중 화재안전조사를 실시하는 경우로 옳지 않은 것은?
　① 국가적 행사 등 주요 행사가 개최되는 장소 및 그 주변의 관계 지역에 대하여 소방안전관리 실태를 조사할 필요가 있는 경우
　② 재난예측정보, 기상예보 등을 분석한 결과 소방대상물에 화재의 발생 위험이 크다고 판단되는 경우
　③ 태풍, 홍수 등 재난이 발생하여 소방대상물의 관리에 매우 어려움이 있다고 판단되는 경우
　④ 화재예방안전진단이 불성실하거나 불완전하다고 인정되는 경우

해설
태풍, 홍수 등 재난이 발생하여 소방대상물의 관리에 매우 어려움이 있다고 판단되는 경우는 화재안전조사를 실시하는 경우에 포함되지 않는다.

정답 ③

02 다음 중 화재안전조사에 대한 설명으로 맞지 않는 것은?
① 소방관서장은 화재가 자주 발생하였거나 발생할 우려가 뚜렷한 곳에 대한 조사가 필요한 경우 화재안전조사를 실시할 수 있다.
② 개인의 주거에 대한 화재안전조사는 관계인의 승낙이 있거나 화재발생의 우려가 뚜렷하여 긴급한 필요가 있는 경우 화재안전조사를 할 수 있다.
③ 화재안전조사의 항목은 행정안전부령으로 정한다.
④ 화재안전조사의 항목에는 화재의 예방조치 상황, 소방시설등의 관리 상황 및 소방대상물의 화재 등의 발생 위험과 관련된 사항이 포함되어야 한다.

해설
화재안전조사의 항목은 대통령령으로 정한다.

정답 ③

 ★★★☆☆ [시행 2022. 12. 1.]

제8조(화재안전조사의 방법·절차 등)

① 소방관서장은 화재안전조사를 조사의 목적에 따라 제7조제2항에 따른 화재안전조사의 항목 전체에 대하여 종합적으로 실시하거나 특정 항목에 한정하여 실시할 수 있다.
② 소방관서장은 화재안전조사를 실시하려는 경우 사전에 관계인에게 조사대상, 조사기간 및 조사사유 등을 우편, 전화, 전자메일 또는 문자전송 등을 통하여 통지하고 이를 대통령령으로 정하는 바에 따라 인터넷 홈페이지나 제16조제3항의 전산시스템 등을 통하여 공개하여야 한다. 다만, 다음 각 호의 어느 하나에 해당하는 경우에는 그러하지 아니하다.
  1. 화재가 발생할 우려가 뚜렷하여 긴급하게 조사할 필요가 있는 경우
  2. 제1호 외에 화재안전조사의 실시를 사전에 통지하거나 공개하면 조사목적을 달성할 수 없다고 인정되는 경우
③ 화재안전조사는 관계인의 승낙 없이 소방대상물의 공개시간 또는 근무시간 이외에는 할 수 없다. 다만, 제2항제1호에 해당하는 경우에는 그러하지 아니하다.
④ 제2항에 따른 통지를 받은 관계인은 천재지변이나 그 밖에 대통령령으로 정하는 사유로 화재안전조사를 받기 곤란한 경우에는 화재안전조사를 통지한 소방관서장에게 대통

령령으로 정하는 바에 따라 화재안전조사를 연기하여 줄 것을 신청할 수 있다. 이 경우 소방관서장은 연기신청 승인 여부를 결정하고 그 결과를 조사 시작 전까지 관계인에게 알려 주어야 한다.

⑤ 제1항부터 제4항까지에서 규정한 사항 외에 화재안전조사의 방법 및 절차 등에 필요한 사항은 대통령령으로 정한다.

예상문제

01 다음 중 화재안전조사의 방법·절차 등에 관련하여 옳지 않은 것은?

① 소방관서장은 화재안전조사를 조사의 목적에 따라 화재안전조사의 항목 전체에 대하여 종합적으로 실시하거나 특정 항목에 한정하여 실시할 수 있다.
② 소방관서장은 화재안전조사를 실시하려는 경우 사전에 관계인에게 조사대상, 조사기간 및 조사사유 등을 우편, 전화, 전자메일 또는 문자전송 등을 통하여 통지하여야 한다.
③ 화재안전조사는 관계인의 승낙 없이 소방대상물의 공개시간 또는 근무시간 이외에는 할 수 없다.
④ 관계인은 천재지변이나 그 밖에 대통령령으로 정하는 사유로 화재안전조사를 받기 곤란한 경우에는 화재안전조사를 통지한 소방관서장에게 행정안전부령으로 정하는 바에 따라 화재안전조사를 연기하여 줄 것을 신청할 수 있다.

해설
관계인은 천재지변이나 그 밖에 대통령령으로 정하는 사유로 화재안전조사를 받기 곤란한 경우에는 화재안전조사를 통지한 소방관서장에게 대통령령으로 정하는 바에 따라 화재안전조사를 연기하여 줄 것을 신청할 수 있다.

정답 ④

★★★☆☆ [시행 2022. 12. 1.]
제10조(화재안전조사위원회 구성·운영)

① 소방관서장은 화재안전조사의 대상을 객관적이고 공정하게 선정하기 위하여 필요한 경우 화재안전조사위원회를 구성하여 화재안전조사의 대상을 선정할 수 있다.
② 화재안전조사위원회의 구성·운영 등에 필요한 사항은 대통령령으로 정한다.

예상문제

01 다음 중 화재안전조사단 등에 대한 설명으로 옳지 않는 것은?

① 소방관서장은 화재안전조사를 효율적으로 수행하기 위하여 행정안전령으로 정하는 바에 따라 소방청에는 중앙화재안전조사단을, 소방본부 및 소방서에는 지방화재안전조사단을 편성하여 운영할 수 있다.
② 중앙화재안전조사단 및 지방화재안전조사단의 업무 수행을 위하여 필요한 경우에는 관계 기관의 장에게 그 소속 공무원 또는 직원의 파견을 요청할 수 있다.
③ 소방관서장은 화재안전조사의 대상을 객관적이고 공정하게 선정하기 위하여 필요한 경우 화재안전조사위원회를 구성하여 화재안전조사의 대상을 선정할 수 있다.
④ 화재안전조사위원회의 구성·운영 등에 필요한 사항은 대통령령으로 정한다.

해설
소방관서장은 화재안전조사를 효율적으로 수행하기 위하여 대통령령으로 정하는 바에 따라 소방청에는 중앙화재안전조사단을, 소방본부 및 소방서에는 지방화재안전조사단을 편성하여 운영할 수 있다.

정답 ①

★★★☆☆ [시행 2022. 12. 1.]

제11조(화재안전조사 전문가 참여)

① 소방관서장은 필요한 경우에는 소방기술사, 소방시설관리사, 그 밖에 화재안전 분야에 전문지식을 갖춘 사람을 화재안전조사에 참여하게 할 수 있다.
② 제1항에 따라 조사에 참여하는 외부 전문가에게는 예산의 범위에서 수당, 여비, 그 밖에 필요한 경비를 지급할 수 있다.

예상문제

01 다음 중 화재안전조사에 참여할 수 있는 사람이 아닌 것은?

① 소방기술사　　　　　　② 소방시설관리사
③ 소방안전교육사　　　　④ 화재안전 분야에 전문지식을 갖춘 사람

해설
소방관서장은 필요한 경우에는 소방기술사, 소방시설관리사, 그 밖에 화재안전 분야에 전문지식을 갖춘 사람을 화재안전조사에 참여하게 할 수 있다.

정답 ③

02 다음 중 화재안전조사를 할 수 없는 사람은?

① 소방기술사
② 소방시설관리사
③ 행정안전부령으로 소방청장이 화재안전조사를 허가한 사람
④ 화재안전 분야에 전문지식을 갖춘 사람

해설
소방관서장은 필요한 경우에는 소방기술사, 소방시설관리사, 그 밖에 화재안전 분야에 전문지식을 갖춘 사람을 화재안전조사에 참여하게 할 수 있다.

정답 ③

★★★☆☆ [시행 2022. 12. 1.]

제14조(화재안전조사 결과에 따른 조치명령)

① 소방관서장은 화재안전조사 결과에 따른 소방대상물의 위치·구조·설비 또는 관리의 상황이 화재예방을 위하여 보완될 필요가 있거나 화재가 발생하면 인명 또는 재산의 피해가 클 것으로 예상되는 때에는 행정안전부령으로 정하는 바에 따라 관계인에게 그 소방대상물의 개수(改修)·이전·제거, 사용의 금지 또는 제한, 사용폐쇄, 공사의 정지 또는 중지, 그 밖에 필요한 조치를 명할 수 있다.

② 소방관서장은 화재안전조사 결과 소방대상물이 법령을 위반하여 건축 또는 설비되었거나 소방시설등, 피난시설·방화구획, 방화시설 등이 법령에 적합하게 설치 또는 관리되고 있지 아니한 경우에는 관계인에게 제1항에 따른 조치를 명하거나 관계 행정기관의 장에게 필요한 조치를 하여 줄 것을 요청할 수 있다.

예상문제

01 다음 중 소방대상물의 화재안전조사 결과에 따른 조치명령 대상으로 옳은 것은?

① 소방대상물
② 특정소방대상물
③ 소방안전관리 대상물
④ 특정소방안전관리 대상물

해설
소방관서장의 소방대상물의 화재안전조사 결과에 따른 조치명령 대상은 소방대상물이다.

정답 ①

02 다음 중 소방대상물의 화재안전조사 결과에 따른 조치명령권자는 누구인가?

① 시·도지사   ② 대통령
③ 국무총리   ④ 소방관서장

📖 해설

소방관서장(소방청장, 소방본부장 또는 소방서장)은 화재안전조사 결과에 따른 소방대상물의 위치·구조·설비 또는 관리의 상황이 화재예방을 위하여 보완될 필요가 있거나 화재가 발생하면 인명 또는 재산의 피해가 클 것으로 예상되는 때에는 행정안전부령으로 정하는 바에 따라 관계인에게 그 소방대상물의 개수(改修)·이전·제거, 사용의 금지 또는 제한, 사용폐쇄, 공사의 정지 또는 중지, 그 밖에 필요한 조치를 명할 수 있다.

정답 ④

03 다음 중 소방대상물의 화재안전조사 결과에 따른 조치명령권자가 아닌 것은?

① 소방청장   ② 시·도지사
③ 소방본부장   ④ 소방서장

📖 해설

소방대상물의 화재안전조사 결과에 따른 조치명령권자는 소방관서장(소방청장, 소방본부장 또는 소방서장)이다.

정답 ②

04 다음 중 소방대상물의 화재안전조사 결과에 따른 조치명령이 아닌 것은?

① 소방대상물의 개수   ② 소방대상물의 사용폐쇄
③ 공사의 정지 또는 중지   ④ 소방대상물의 용도변경

📖 해설

소방관서장은 화재안전조사 결과에 따른 소방대상물의 위치·구조·설비 또는 관리의 상황이 화재예방을 위하여 보완될 필요가 있거나 화재가 발생하면 인명 또는 재산의 피해가 클 것으로 예상되는 때에는 행정안전부령으로 정하는 바에 따라 관계인에게 그 소방대상물의 개수(改修)·이전·제거, 사용의 금지 또는 제한, 사용폐쇄, 공사의 정지 또는 중지, 그 밖에 필요한 조치를 명할 수 있다.

정답 ④

★★★☆☆ [시행 2022. 12. 1.]

제15조(손실보상)

소방청장 또는 시·도지사는 제14조제1항에 따른 명령으로 인하여 손실을 입은 자가 있는 경우에는 대통령령으로 정하는 바에 따라 보상하여야 한다.

예상문제

01 다음 중 소방특별조치 명령의 손실보상은 누가 하는가?
① 대통령　　　　　　　　　　② 국무총리
③ 소방청장　　　　　　　　　④ 소방본부장, 소방서장

해설
화재안전조사 결과에 따른 조치명령으로 인한 손실보상은 소방청장 또는 시·도지사(특별시장·광역시장·특별자치시장·도지사 또는 특별자치도지사)가 하여야 한다.

정답 ③

★★★★★ [시행 2022. 12. 1.]

제17조(화재의 예방조치 등)

① 누구든지 화재예방강화지구 및 이에 준하는 대통령령으로 정하는 장소에서는 다음 각 호의 어느 하나에 해당하는 행위를 하여서는 아니 된다. 다만, 행정안전부령으로 정하는 바에 따라 안전조치를 한 경우에는 그러하지 아니한다.
1. 모닥불, 흡연 등 화기의 취급
2. 풍등 등 소형열기구 날리기
3. 용접·용단 등 불꽃을 발생시키는 행위
4. 그 밖에 대통령령으로 정하는 화재 발생 위험이 있는 행위

> ※ "대통령령으로 정하는 화재 발생 위험이 있는 행위"란 「위험물안전관리법」 제2조제1항제1호에 따른 위험물을 방치하는 행위를 말한다.(시행령 제16조제2항)

> ※ 대통령령으로 정하는 장소(시행령 제16조제1항)
> 1. 제조소등
> 2. 「고압가스 안전관리법」제3조제1호에 따른 저장소
> 3. 「액화석유가스의 안전관리 및 사업법」 제2조제1호에 따른 액화석유가스의 저장소·판매소
> 4. 「수소경제 육성 및 수소 안전관리에 관한 법률」 제2조제7호에 따른 수소연료공급시설 및 같은 조 제9호에 따른 수소연료사용시설
> 5. 「총포·도검·화약류 등의 안전관리에 관한 법률」 제2조제3항에 따른 화약류를 저장하는 장소

② 소방관서장은 화재 발생 위험이 크거나 소화 활동에 지장을 줄 수 있다고 인정되는 행

위나 물건에 대하여 행위 당사자나 그 물건의 소유자, 관리자 또는 점유자에게 다음 각 호의 명령을 할 수 있다. 다만, 제2호 및 제3호에 해당하는 물건의 소유자, 관리자 또는 점유자를 알 수 없는 경우 소속 공무원으로 하여금 그 물건을 옮기거나 보관하는 등 필요한 조치를 하게 할 수 있다.
1. 제1항 각 호의 어느 하나에 해당하는 행위의 금지 또는 제한
2. 목재, 플라스틱 등 가연성이 큰 물건의 제거, 이격, 적재 금지 등
3. 소방차량의 통행이나 소화 활동에 지장을 줄 수 있는 물건의 이동
③ 제2항 단서에 따라 옮긴 물건 등에 대한 보관기간 및 보관기간 경과 후 처리 등에 필요한 사항은 대통령령으로 정한다.

> ※ 옮긴 물건 등의 보관기간 및 보관기간 경과 후 처리(시행령 제17조)
> ① 소방관서장은 옮긴 물건 등을 보관하는 경우에는 그날부터 14일 동안 해당 소방관서의 인터넷 홈페이지에 그 사실을 공고해야 한다.
> ② 옮긴 물건 등의 보관기간은 제1항에 따른 공고기간의 종료일 다음 날부터 7일까지로 한다.

④ 보일러, 난로, 건조설비, 가스·전기시설, 그 밖에 화재 발생 우려가 있는 대통령령으로 정하는 설비 또는 기구 등의 위치·구조 및 관리와 화재 예방을 위하여 불을 사용할 때 지켜야 하는 사항은 대통령령으로 정한다.
⑤ 화재가 발생하는 경우 불길이 빠르게 번지는 고무류·플라스틱류·석탄 및 목탄 등 대통령령으로 정하는 특수가연물(特殊可燃物)의 저장 및 취급 기준은 대통령령으로 정한다.

예상문제

01 화재의 예방 및 안전관리에 관한 법률에서 화재의 예방조치에 관하여 옳지 않은 것은?

① 화재 예방조치의 명령권자는 소방관서장이다.
② 화재 발생 위험이 크거나 소화 활동에 지장을 줄 수 있다고 인정되는 행위나 물건에 대하여 행위 당사자나 그 물건의 소유자, 관리자 또는 점유자에게 명령을 할 수 있다.
③ 옮긴 물건 등을 보관하는 경우에는 그날부터 7일 동안 해당 소방관서의 인터넷 홈페이지에 그 사실을 공고해야 한다.
④ 옮긴 물건 등의 보관기간은 공고기간의 종료일 다음 날부터 7일까지로 한다.

📖 **해설**
옮긴 물건 등을 보관하는 경우에는 그날부터 14일 동안 해당 소방관서의 인터넷 홈페이지에 그 사실을 공고해야 한다.

정답 ③

02 다음 중 화재의 예방조치 명령권자는?
① 시장 또는 군수 ② 시·도지사
③ 소방관서장 ④ 경찰서장

해설
화재의 예방조치 명령권자는 소방관서장(소방청장, 소방본부장 또는 소방서장)이다.

정답 ③

03 소방관서장은 화재의 예방상 위험하다고 인정될 때 화재 예방조치에 관한 명령을 할 수 있다. 이 명령에 해당하지 않은 것은?
① 모닥불, 흡연 등 화기의 취급 금지 또는 제한
② 목재, 플라스틱 등 가연성이 큰 물건의 제거, 이격, 적재 금지
③ 자연재해에 따른 급수, 제설 작업
④ 소방차량의 통행이나 소화 활동에 지장을 줄 수 있는 물건의 이동

해설
자연재해에 따른 급수, 제설 작업은 화재 예방조치에 해당되지 않는다.

> ※ **화재 예방조치**
> 1. 다음의 어느 하나에 해당하는 행위의 금지 또는 제한
>   • 모닥불, 흡연 등 화기의 취급
>   • 풍등 등 소형열기구 날리기
>   • 용접·용단 등 불꽃을 발생시키는 행위
>   • 그 밖에 대통령령으로 정하는 화재 발생 위험이 있는 행위
> 2. 목재, 플라스틱 등 가연성이 큰 물건의 제거, 이격, 적재 금지 등
> 3. 소방차량의 통행이나 소화 활동에 지장을 줄 수 있는 물건의 이동

정답 ③

04 소방관서장은 소방차량의 통행이나 소화 활동에 지장을 줄 수 있는 물건의 소유자, 관리자 또는 점유자를 알 수 없는 경우 소속 공무원으로 하여금 그 물건을 옮기거나 보관하는 등 필요한 조치를 하게 할 수 있다. 옮긴 물건 등에 대한 보관기간 및 보관기간 경과 후 처리 등에 필요한 사항은 무엇으로 정하는가?
① 대통령령 ② 행정안전부령
③ 시·도의 조례 ④ 국토교통부령

해설
옮긴 물건 등에 대한 보관기간 및 보관기간 경과 후 처리 등에 필요한 사항은 대통령령으로 정한다.

정답 ①

05 보일러, 난로, 건조설비, 가스·전기시설, 그 밖에 화재 발생 우려가 있는 설비 또는 기구 등의 위치·구조 및 관리와 화재 예방을 위하여 불을 사용할 때 지켜야 하는 사항은 무엇으로 정하는가?

① 행정안전부령 ② 대통령령
③ 시·도의 조례 ④ 시·도의 규칙

해설
보일러, 난로, 건조설비, 가스·전기시설, 그 밖에 화재 발생 우려가 있는 대통령령으로 정하는 설비 또는 기구 등의 위치·구조 및 관리와 화재 예방을 위하여 불을 사용할 때 지켜야 하는 사항은 대통령령으로 정한다.

정답 ②

★★★★★ [시행 2022. 12. 1.]

제18조(화재예방강화지구의 지정 등)

① 시·도지사는 다음 각 호의 어느 하나에 해당하는 지역을 화재예방강화지구로 지정하여 관리할 수 있다.
  1. 시장지역
  2. 공장·창고가 밀집한 지역
  3. 목조건물이 밀집한 지역
  4. 노후·불량건축물이 밀집한 지역
  5. 위험물의 저장 및 처리 시설이 밀집한 지역
  6. 석유화학제품을 생산하는 공장이 있는 지역
  7. 「산업입지 및 개발에 관한 법률」 제2조제8호에 따른 산업단지
  8. 소방시설·소방용수시설 또는 소방출동로가 없는 지역
  9. 그 밖에 제1호부터 제8호까지에 준하는 지역으로서 소방관서장이 화재예방강화지구로 지정할 필요가 있다고 인정하는 지역
② 제1항에도 불구하고 시·도지사가 화재예방강화지구로 지정할 필요가 있는 지역을 화재예방강화지구로 지정하지 아니하는 경우 소방청장은 해당 시·도지사에게 해당 지역의 화재예방강화지구 지정을 요청할 수 있다.
③ 소방관서장은 대통령령으로 정하는 바에 따라 제1항에 따른 화재예방강화지구 안의 소방대상물의 위치·구조 및 설비 등에 대하여 화재안전조사를 하여야 한다.

※ 소방관서장은 화재예방강화지구 안의 소방대상물의 위치·구조 및 설비 등에 대한 화재안전조사를 연 1회 이상 실시해야 한다.(시행령 제20조 제1항)

④ 소방관서장은 제3항에 따른 화재안전조사를 한 결과 화재의 예방강화를 위하여 필요하다고 인정할 때에는 관계인에게 소화기구, 소방용수시설 또는 그 밖에 소방에 필요한 설비(이하 "소방설비 등"이라 한다)의 설치(보수, 보강을 포함한다. 이하 같다)를 명할 수 있다.

⑤ 소방관서장은 화재예방강화지구 안의 관계인에 대하여 대통령령으로 정하는 바에 따라 소방에 필요한 훈련 및 교육을 실시할 수 있다.

> ※ 소방관서장은 화재예방강화지구 안의 관계인에 대하여 소방에 필요한 훈련 및 교육을 연 1회 이상 실시할 수 있다.(시행령 제20조 제2항)
> ※ 소방관서장은 훈련 및 교육을 실시하려는 경우에는 화재예방강화지구 안의 관계인에게 훈련 또는 교육 10일 전까지 그 사실을 통보해야 한다.(시행령 제20조 제3항)

⑥ 시·도지사는 대통령령으로 정하는 바에 따라 제1항에 따른 화재예방강화지구의 지정현황, 제3항에 따른 화재안전조사의 결과, 제4항에 따른 소방설비 등의 설치 명령 현황, 제5항에 따른 소방훈련 및 교육 현황 등이 포함된 화재예방강화지구에서의 화재예방에 필요한 자료를 매년 작성·관리하여야 한다.

핵심정리

화재예방강화지구에 해당되는 것	화재예방강화지구에 해당되지 않는 것
1. 시장지역 2. 공장·창고가 밀집한 지역 3. 목조건물이 밀집한 지역 4. 노후·불량건축물이 밀집한 지역 5. 위험물의 저장 및 처리 시설이 밀집한 지역 6. 석유화학제품을 생산하는 공장이 있는 지역 7. 「산업입지 및 개발에 관한 법률」 제2조제8호에 따른 산업단지 8. 소방시설·소방용수시설 또는 소방출동로가 없는 지역 9. 그 밖에 제1호부터 제8호까지에 준하는 지역으로서 소방관서장이 화재예방강화지구로 지정할 필요가 있다고 인정하는 지역	1. 상가지역 2. 공장·창고가 있는 지역 3. 목조건물이 있는 지역 4. 위험물의 저장 및 처리 시설이 있는 지역 5. 석유화학제품을 저장하는 공장이 있는 지역 6. 소방시설·소방용수시설 또는 소방출동로가 미흡한 지역 7. 고층건물이 밀집한 지역 8. 공공시설이 밀집한 지역 9. 노유자시설이 밀집한 지역 10. 문화재가 밀집한 지역 11. 주택건물이 밀집한 지역 12. 콘크리트건물이 밀집한 지역 13. 업무지역이 밀집한 지역 14. 아파트가 밀집한 지역 15. 문화재 16. 종합병원 17. 내화구조지역 18. 11층 이상 아파트 19. 백화점 및 대형판매 시설이 있는 지역 20. 시·도의 조례가 정하는 장소

예상문제

01 소방기본법에서 정하는 화재예방강화지구의 지정권자는 누구인가?
① 소방본부장, 소방서장 ② 시 · 도지사
③ 대통령 ④ 행정안전부령

해설
소방기본법에서 정하는 화재예방강화지구의 지정권자는 시 · 도지사이다.

정답 ②

02 다음 중 시 · 도지사가 화재예방강화지구로 지정할 필요가 있는 지역을 화재예방강화지구로 지정하지 아니하는 경우 요청할 수 있는 사람은?
① 행정안전부장관 ② 소방서장
③ 소방본부장 ④ 소방청장

해설
시 · 도지사가 화재예방강화지구로 지정할 필요가 있는 지역을 화재예방강화지구로 지정하지 아니하는 경우 소방청장은 해당 시 · 도지사에게 해당 지역의 화재예방강화지구 지정을 요청할 수 있다.

정답 ④

03 화재예방강화지구 지정대상 지역으로 가장 옳지 않은 것은?
① 전통 한옥건물이 밀집한 지역
② 유치원 및 대학교가 한 부지 내에 있는 곳
③ 노후 · 불량건축물이 밀집한 지역
④ 소방관서장이 화재예방강화지구로 지정할 필요가 있다고 인정하는 지역

해설
전통 한옥건물이 밀집한 지역은 목조건물이 밀집한 지역으로 볼 수 있으므로 화재예방강화지구 지정대상 지역에 해당되지만, 유치원 및 대학교가 한 부지 내에 있는 곳은 화재예방강화지구 지정대상 지역에 해당되지 않는다.

정답 ②

04 시 · 도지사가 지정하는 화재예방강화지구의 지정대상 지역이 아닌 것은?
① 고층건물이 밀집한 지역 ② 공장 · 창고가 밀집한 지역
③ 목조건물이 밀집한 지역 ④ 시장지역

> **해설**
> 고층건물이 밀집한 지역은 화재예방강화지구 지정대상 지역에 해당하지 않는다.
>
> **정답** ①

05 다음 중 시·도지사가 지정하는 화재예방강화지구의 지정지역으로 옳은 것은?
① 시장지역
② 아파트 밀집지역
③ 내화구조지역
④ 업무시설로 고층건물이 밀집한 지역

> **해설**
> 시장지역은 화재예방강화지구의 지정대상 지역에 해당한다.
>
> **정답** ①

06 다음 중 화재예방강화지구 지정에 관한 것으로 옳지 않은 것은?
① 시·도지사가 화재예방강화지구로 지정할 필요가 있는 지역을 화재예방강화지구로 지정하지 아니하는 경우 소방청장이 지정할 수 있다.
② 소방관서장은 화재예방강화지구 안의 소방대상물의 위치·구조 및 설비 등에 대하여 화재안전조사를 하여야 한다.
③ 소방관서장은 화재안전조사를 한 결과 화재의 예방강화를 위하여 필요하다고 인정할 때에는 관계인에게 소방설비 등의 설치를 명할 수 있다.
④ 시·도지사는 화재예방강화지구의 지정 현황, 화재안전조사의 결과, 소방설비 등의 설치 명령 현황, 소방훈련 및 교육 현황 등이 포함된 화재예방강화지구에서의 화재예방에 필요한 자료를 매년 작성·관리하여야 한다.

> **해설**
> 시·도지사가 화재예방강화지구로 지정할 필요가 있는 지역을 화재예방강화지구로 지정하지 아니하는 경우 소방청장은 해당 시·도지사에게 해당 지역의 화재예방강화지구 지정을 요청할 수 있다.
>
> **정답** ①

07 소방기본법에서 화재예방강화지구의 지정에 대한 내용으로 옳지 않은 것은?
① 소방본부장 또는 소방서장은 화재발생 우려가 크거나 화재가 발생할 경우 피해가 클 것으로 예상되는 지역에 대하여 화재예방강화지구로 지정·관리할 수 있다.
② 석유화학제품을 생산하는 공장이 있는 지역을 화재예방강화지구로 지정할 수 있다.
③ 위험물의 저장 및 처리시설이 밀집한 지역을 화재예방강화지구로 지정할 수 있다.
④ 공장·창고가 밀집한 지역을 화재예방강화지구로 지정할 수 있다.

> **해설**
> 시·도지사는 화재발생 우려가 크거나 화재가 발생할 경우 피해가 클 것으로 예상되는 지역에 대하여 화재예방강화지구로 지정·관리할 수 있다.
>
> **정답** ①

08 다음 중 화재예방강화지구의 지정대상 지역 등에 대한 설명 중 옳지 않은 것은?

① 노후·불량건축물이 밀집한 지역은 화재예방강화지구의 지정대상 지역이 된다.
② 소방시설·소방용수시설 또는 소방출동로가 있는 지역은 화재예방강화지구의 지정대상 지역이 된다.
③ 소방관서장은 화재예방강화지구 안의 소방대상물의 위치·구조 및 설비 등에 대하여 화재안전조사를 하여야 한다.
④ 소방관서장은 화재예방강화지구 안의 관계인에 대하여 소방에 필요한 훈련 및 교육을 실시할 수 있다.

해설
소방시설·소방용수시설 또는 소방출동로가 없는 지역은 화재예방강화지구의 지정대상 지역이 된다.

정답 ②

09 화재예방강화지구의 화재안전조사의 기준에 대해 가장 옳지 않은 것은?

① 시·도지사는 화재발생 우려가 크거나 화재가 발생할 경우 피해가 클 것으로 예상되는 지역에 대하여 화재예방강화지구로 지정·관리할 수 있다.
② 소방관서장은 화재예방강화지구 안의 소방대상물의 위치·구조 및 설비 등에 대한 화재안전조사를 연 1회 이상 실시할 수 있다.
③ 소방관서장은 화재예방강화지구 안의 관계인에 대하여 소방에 필요한 훈련 및 교육을 연 1회 이상 실시할 수 있다.
④ 소방관서장은 훈련 및 교육을 실시하려는 경우에는 화재예방강화지구 안의 관계인에게 훈련 또는 교육 10일 전까지 그 사실을 통보해야 한다.

해설
소방관서장은 화재예방강화지구 안의 소방대상물의 위치·구조 및 설비 등에 대한 화재안전조사를 연 1회 이상 실시해야 한다.

정답 ②

★☆☆☆☆ [시행 2022. 12. 1.]

제20조(화재 위험경보)

소방관서장은 「기상법」제13조에 따른 기상현상 및 기상영향에 대한 예보·특보에 따라 화재의 발생 위험이 높다고 분석·판단되는 경우에는 행정안전부령으로 정하는 바에 따라 화재에 관한 위험경보를 발령하고 그에 따른 필요한 조치를 할 수 있다.

예상문제

01 기상현상 및 기상영향에 대한 예보·특보에 따라 화재의 발생 위험이 높다고 분석·판단되는 경우 화재에 관한 위험경보를 발령하여야 하는 사람은 누구인가?

① 시·도지사 ② 기상대장
③ 민방위본부장 ④ 소방관서장

해설
소방관서장(소방청장, 소방본부장 또는 소방서장)은 기상현상 및 기상영향에 대한 예보·특보에 따라 화재의 발생 위험이 높다고 분석·판단되는 경우 화재에 관한 위험경보를 발령하고 그에 따른 필요한 조치를 할 수 있다.

정답 ④

★★★★★ [시행 2022. 12. 1.]

제24조(특정소방대상물의 소방안전관리)

① 특정소방대상물 중 전문적인 안전관리가 요구되는 대통령령으로 정하는 특정소방대상물(이하 "소방안전관리대상물"이라 한다)의 관계인은 소방안전관리업무를 수행하기 위하여 제30조제1항에 따른 소방안전관리자 자격증을 발급받은 사람을 소방안전관리자로 선임하여야 한다. 이 경우 소방안전관리자의 업무에 대하여 보조가 필요한 대통령령으로 정하는 소방안전관리대상물의 경우에는 소방안전관리자 외에 소방안전관리보조자를 추가로 선임하여야 한다.

② 다른 안전관리자(다른 법령에 따라 전기·가스·위험물 등의 안전관리 업무에 종사하는 자를 말한다. 이하 같다)는 소방안전관리대상물 중 소방안전관리업무의 전담이 필요한 대통령령으로 정하는 소방안전관리대상물의 소방안전관리자를 겸할 수 없다. 다만, 다른 법령에 특별한 규정이 있는 경우에는 그러하지 아니하다.

> ※ 대통령령으로 정하는 소방안전관리대상물(소방안전관리업무 전담 대상물)
> 1. 특급 소방안전관리대상물
> 2. 1급 소방안전관리대상물

③ 제1항에도 불구하고 제25조제1항에 따른 소방안전관리대상물의 관계인은 소방안전관리업무를 대행하는 관리업자(「소방시설 설치 및 관리에 관한 법률」제29조제1항에 따른 소방시설관리업의 등록을 한 자를 말한다. 이하 "관리업자"라 한다)를 감독할 수 있는 사람을 지정하여 소방안전관리자로 선임할 수 있다. 이 경우 소방안전관리자로 선임된 자는 선임된 날부터 3개월 이내에 제34조에 따른 교육을 받아야 한다.

④ 소방안전관리자 및 소방안전관리보조자의 선임 대상별 자격 및 인원기준은 대통령령으로 정하고, 선임 절차 등 그 밖에 필요한 사항은 행정안전부령으로 정한다.
⑤ 특정소방대상물(소방안전관리대상물은 제외한다)의 관계인과 소방안전관리대상물의 소방안전관리자는 다음 각 호의 업무를 수행한다. 다만, 제1호·제2호·제5호 및 제7호의 업무는 소방안전관리대상물의 경우에만 해당한다.
  1. 제36조에 따른 피난계획에 관한 사항과 대통령령으로 정하는 사항이 포함된 소방계획서의 작성 및 시행
  2. 자위소방대(自衛消防隊) 및 초기대응체계의 구성, 운영 및 교육
  3. 「소방시설 설치 및 관리에 관한 법률」 제16조에 따른 피난시설, 방화구획 및 방화시설의 관리
  4. 소방시설이나 그 밖의 소방 관련 시설의 관리
  5. 제37조에 따른 소방훈련 및 교육
  6. 화기(火氣) 취급의 감독
  7. 행정안전부령으로 정하는 바에 따른 소방안전관리에 관한 업무수행에 관한 기록·유지(제3호·제4호 및 제6호의 업무를 말한다)
  8. 화재발생 시 초기대응
  9. 그 밖에 소방안전관리에 필요한 업무
⑥ 제5항제2호에 따른 자위소방대와 초기대응체계의 구성, 운영 및 교육 등에 필요한 사항은 행정안전부령으로 정한다.

핵심정리

특정소방대상물(소방안전관리대상물은 제외)의 관계인의 업무	소방안전관리대상물의 소방안전관리자의 업무
1. 피난시설, 방화구획 및 방화시설의 관리 2. 소방시설이나 그 밖의 소방 관련 시설의 관리 3. 화기(火氣) 취급의 감독 4. 화재발생 시 초기대응 5. 그 밖에 소방안전관리에 필요한 업무	1. 피난계획에 관한 사항과 대통령령으로 정하는 사항이 포함된 소방계획서의 작성 및 시행 2. 자위소방대 및 초기대응체계의 구성, 운영 및 교육 3. 피난시설, 방화구획 및 방화시설의 관리 4. 소방시설이나 그 밖의 소방 관련 시설의 관리 5. 소방훈련 및 교육 6. 화기(火氣) 취급의 감독 7. 행정안전부령으로 정하는 바에 따른 소방안전관리에 관한 업무수행에 관한 기록·유지 8. 화재발생 시 초기대응 9. 그 밖에 소방안전관리에 필요한 업무

예상문제

01 다음 중 소방안전관리자를 선임하여야 하는 사람은?
① 소방서장　　　　　　　　② 관계인
③ 시·도지사　　　　　　　④ 소방청장

해설
특정소방대상물 중 전문적인 안전관리가 요구되는 대통령령으로 정하는 특정소방대상물의 관계인은 소방안전관리업무를 수행하기 위하여 소방안전관리자 자격증을 발급받은 사람을 소방안전관리자로 선임하여야 한다.

정답 ②

02 "소방안전관리대상물"의 소방시설의 관리는 누가 하는가?
① 소방안전관리자　　　　② 특정소방대상물의 관계인
③ 시·도 소방본부장　　　④ 소방서장

해설
"소방안전관리 대상물"의 소방시설의 관리는 소방안전관리자가 하여야 하고, 소방안전관리대상물을 제외한 특정소방대상물에 대한 소방시설의 관리는 특정소방대상물의 관계인이 하여야 한다.

정답 ①

03 다음 중 소방안전관리대상물의 소방안전관리자의 업무가 아닌 것은?
① 소방계획서의 작성 및 시행
② 소방시설이나 그 밖의 소방 관련 시설의 관리
③ 소방훈련 및 교육
④ 소방시설의 설치

해설
소방시설이나 그 밖의 소방 관련 시설의 관리는 특정소방대상물의 관계인 및 소방안전관리자의 업무에 포함되지만, 소방시설의 설치는 포함되지 않는다.

정답 ④

04 다음 중 소방안전관리대상물의 소방안전관리자의 업무가 아닌 것은?
① 화기(火氣) 취급의 감독
② 소방시설의 보수공사
③ 소방시설이나 그 밖의 소방 관련 시설의 관리
④ 화재발생 시 초기대응

해설
소방시설의 보수공사는 특정소방대상물의 관계인과 소방안전관리자의 업무에 포함되지 않는다.

정답 ②

05 다음 중 소방안전관리대상물의 소방안전관리자의 업무에 해당되지 않는 것은?
① 소방시설이나 그 밖의 소방 관련 시설의 관리
② 화재발생 시 초기대응
③ 소방응원요청
④ 피난시설, 방화구획 및 방화시설의 관리

해설
소방응원요청은 관계인 또는 소방안전관리자가 하는 업무에 포함되지 않는다.

정답 ③

06 다음 중 소방안전관리대상물의 소방안전관리자의 업무가 아닌 것은?
① 소방훈련 및 교육
② 자위소방대 및 초기대응체계의 구성, 운영 및 교육
③ 방염물품의 검토
④ 소방시설이나 그 밖의 소방 관련 시설의 관리

해설
방염물품의 검토는 소방안전관리대상물의 관계인 및 소방안전관리자의 업무에 포함되지 않는다.

정답 ③

07 소방안전관리자를 선임하지 않은 특정소방대상물의 관계인의 업무가 아닌 것은?
① 자위소방대 및 초기대응체계의 구성, 운영 및 교육
② 소방시설이나 그 밖의 소방 관련 시설의 관리
③ 화기(火氣) 취급의 감독
④ 피난시설, 방화구획 및 방화시설의 관리

해설
소방안전관리자를 선임하지 않은 특정소방대상물의 관계인의 업무
1. 피난시설, 방화구획 및 방화시설의 관리
2. 소방시설이나 그 밖의 소방 관련 시설의 관리
3. 화기(火氣) 취급의 감독
4. 화재발생 시 초기대응
5. 그 밖에 소방안전관리에 필요한 업무

정답 ①

08 다음 중 소방안전관리대상물의 소방안전관리자의 업무가 아닌 것은?
① 화기 취급의 감독
② 자위소방대 및 초기대응체계의 구성, 운영 및 교육
③ 소방훈련 및 교육
④ 위험물관리에 관한 사항

해설
위험물관리에 관한 사항은 소방안전관리대상물에 대한 소방안전관리자의 업무에 포함되지 않는다.

정답 ④

09 다음 중 소방안전관리대상물의 소방안전관리자로 선임된 사람의 업무가 아닌 것은?
① 화기 취급자의 선임
② 소방시설이나 그 밖의 소방 관련 시설의 관리
③ 소방계획서의 작성 및 시행
④ 화재발생 시 초기대응

해설
화기 취급자의 선임은 소방안전관리자로 선임된 사람의 업무에 포함되지 않는다.

정답 ①

10 「화재의 예방 및 안전관리에 관한 법률」상 특정소방대상물의 소방안전관리에 대한 내용이다. ( ) 안에 들어갈 내용으로 옳은 것은?

> 소방안전관리자 및 소방안전관리보조자의 선임 대상별 자격 및 인원기준은 (가)으로 정하고, 선임 절차 등 그 밖에 필요한 사항은 (나)으로 정한다.

	(가)	(나)		(가)	(나)
①	대통령령	대통령령	②	행정안전부령	행정안전부령
③	대통령령	행정안전부령	④	행정안전부령	대통령령

해설
소방안전관리자 및 소방안전관리보조자의 선임 대상별 자격 및 인원기준은 대통령령으로 정하고, 선임 절차 등 그 밖에 필요한 사항은 행정안전부령으로 정한다.

정답 ③

★★★★☆ [시행 2022. 12. 1.]

제26조(소방안전관리자 선임신고 등)

① 소방안전관리대상물의 관계인이 제24조에 따라 소방안전관리자 또는 소방안전관리보조자를 선임한 경우에는 행정안전부령으로 정하는 바에 따라 선임한 날부터 14일 이내에 소방본부장 또는 소방서장에게 신고하고, 소방안전관리대상물의 출입자가 쉽게 알 수 있도록 소방안전관리자의 성명과 그 밖에 행정안전부령으로 정하는 사항을 게시하여야 한다.

> ※ 행정안전부령으로 정하는 사항(소방안전관리자 정보의 게시)
> 1. 소방안전관리대상물의 명칭 및 등급
> 2. 소방안전관리자의 성명 및 선임일자
> 3. 소방안전관리자의 연락처
> 4. 소방안전관리자의 근무 위치(화재 수신기 또는 종합방재실을 말한다)

② 소방안전관리대상물의 관계인이 소방안전관리자 또는 소방안전관리보조자를 해임한 경우에는 그 관계인 또는 해임된 소방안전관리자 또는 소방안전관리보조자는 소방본부장이나 소방서장에게 그 사실을 알려 해임한 사실의 확인을 받을 수 있다.

예상문제

01 소방안전관리자의 해임확인을 할 수 있는 자는?
① 소방안전관리대상물의 관계인
② 소방안전관리대상물의 관계인, 해임된 소방안전관리자
③ 소방안전관리대상물의 관계인, 해임된 소방안전관리자, 화재보험협회
④ 시 · 도지사, 해임된 소방안전관리자

해설
소방안전관리대상물의 관계인이 소방안전관리자 또는 소방안전관리보조자를 해임한 경우에는 그 관계인 또는 해임된 소방안전관리자 또는 소방안전관리보조자는 소방본부장이나 소방서장에게 그 사실을 알려 해임한 사실의 확인을 받을 수 있다.

정답 ②

02 다음 중 소방안전관리자 또는 소방안전관리보조자의 선임 신고는 누구에게 하는가?
① 시 · 도지사　　　　　　　　　② 소방본부장 또는 소방서장
③ 소방청장　　　　　　　　　　④ 총리

해설
소방안전관리대상물의 관계인이 소방안전관리자 또는 소방안전관리보조자를 선임한 경우에는 행정안전부령으로 정하는 바에 따라 선임한 날부터 14일 이내에 소방본부장 또는 소방서장에게 신고하여야 한다.

정답 ②

---

03 소방안전관리자를 선임한 경우에는 선임한 날로부터 며칠 이내에 소방본부장 또는 소방서장에게 신고하여야 하는가?

① 5일 ② 7일
③ 10일 ④ 14일

해설
소방안전관리자를 선임한 경우에는 선임한 날로부터 14일 이내에 소방본부장 또는 소방서장에게 신고하여야 한다.

정답 ④

---

04 「화재의 예방 및 안전관리에 관한 법률」상 소방안전관리자 선임신고 등에 대한 내용이다. ( ) 안에 들어갈 내용으로 옳은 것은?

> 소방안전관리대상물의 관계인이 소방안전관리자 또는 소방안전관리보조자를 선임한 경우에는 (가)으로 정하는 바에 따라 선임한 날부터 (나) 이내에 소방본부장 또는 소방서장에게 신고하고, 소방안전관리대상물의 출입자가 쉽게 알 수 있도록 소방안전관리자의 성명과 그 밖에 (다)으로 정하는 사항을 게시하여야 한다.

	(가)	(나)	(다)
①	대통령령	7일	대통령령
②	행정안전부령	7일	행정안전부령
③	대통령령	14일	대통령령
④	행정안전부령	14일	행정안전부령

해설
소방안전관리대상물의 관계인이 소방안전관리자 또는 소방안전관리보조자를 선임한 경우에는 행정안전부령으로 정하는 바에 따라 선임한 날부터 14일 이내에 소방본부장 또는 소방서장에게 신고하고, 소방안전관리대상물의 출입자가 쉽게 알 수 있도록 소방안전관리자의 성명과 그 밖에 행정안전부령으로 정하는 사항을 게시하여야 한다.

정답 ④

★★★★☆ [시행 2022. 12. 1.]

제29조(건설현장 소방안전관리)

① 「소방시설 설치 및 관리에 관한 법률」 제15조제1항에 따른 공사시공자가 화재발생 및 화재피해의 우려가 큰 대통령령으로 정하는 특정소방대상물(이하 "건설현장 소방안전관리대상물"이라 한다)을 신축·증축·개축·재축·이전·용도변경 또는 대수선 하는 경우에는 제24조제1항에 따른 소방안전관리자로서 제34조에 따른 교육을 받은 사람을 소방시설공사 착공 신고일부터 건축물 사용승인일(「건축법」 제22조에 따라 건축물을 사용할 수 있게 된 날을 말한다)까지 소방안전관리자로 선임하고 행정안전부령으로 정하는 바에 따라 소방본부장 또는 소방서장에게 신고하여야 한다.

> ※ 대통령령으로 정하는 특정소방대상물(건설현장 소방안전관리대상물)
> 1. 신축·증축·개축·재축·이전·용도변경 또는 대수선을 하려는 부분의 연면적의 합계가 1만5천제곱미터 이상인 것
> 2. 신축·증축·개축·재축·이전·용도변경 또는 대수선을 하려는 부분의 연면적이 5천제곱미터 이상인 것으로서 다음 각 목의 어느 하나에 해당하는 것
>   가. 지하층의 층수가 2개 층 이상인 것
>   나. 지상층의 층수가 11층 이상인 것
>   다. 냉동창고, 냉장창고 또는 냉동·냉장창고

> ※ 건설현장 소방안전관리대상물의 공사시공자는 같은 항에 따라 소방안전관리자를 선임한 경우에는 선임한 날부터 14일 이내에 소방본부장 또는 소방서장에게 신고해야 한다.(시행규칙 제17조)

② 제1항에 따른 건설현장 소방안전관리대상물의 소방안전관리자의 업무는 다음 각 호와 같다.
  1. 건설현장의 소방계획서의 작성
  2. 「소방시설 설치 및 관리에 관한 법률」 제15조제1항에 따른 임시소방시설의 설치 및 관리에 대한 감독
  3. 공사진행 단계별 피난안전구역, 피난로 등의 확보와 관리
  4. 건설현장의 작업자에 대한 소방안전 교육 및 훈련
  5. 초기대응체계의 구성·운영 및 교육
  6. 화기취급의 감독, 화재위험작업의 허가 및 관리
  7. 그 밖에 건설현장의 소방안전관리와 관련하여 소방청장이 고시하는 업무

③ 그 밖에 건설현장 소방안전관리대상물의 소방안전관리에 관하여는 제26조부터 제28조까지의 규정을 준용한다. 이 경우 "소방안전관리대상물의 관계인" 또는 "특정소방대상물의 관계인"은 "공사시공자"로 본다.

★★★★☆ [시행 2022. 12. 1.]
제35조(관리의 권원이 분리된 특정소방대상물의 소방안전관리)

① 다음 각 호의 어느 하나에 해당하는 특정소방대상물로서 그 관리의 권원(權原)이 분리되어 있는 특정소방대상물의 경우 그 관리의 권원별 관계인은 대통령령으로 정하는 바에 따라 제24조제1항에 따른 소방안전관리자를 선임하여야 한다. 다만, 소방본부장 또는 소방서장은 관리의 권원이 많아 효율적인 소방안전관리가 이루어지지 아니한다고 판단되는 경우 대통령령으로 정하는 바에 따라 관리의 권원을 조정하여 소방안전관리자를 선임하도록 할 수 있다.
  1. 복합건축물(지하층을 제외한 층수가 11층 이상 또는 연면적 3만제곱미터 이상인 건축물)
  2. 지하가(지하의 인공구조물 안에 설치된 상점 및 사무실, 그 밖에 이와 비슷한 시설이 연속하여 지하도에 접하여 설치된 것과 그 지하도를 합한 것을 말한다)
  3. 그 밖에 대통령령으로 정하는 특정소방대상물

> ※ "대통령령으로 정하는 특정소방대상물"이란 판매시설 중 도매시장, 소매시장 및 전통시장을 말한다.(시행령 제35조)

② 제1항에 따른 관리의 권원별 관계인은 상호 협의하여 특정소방대상물의 전체에 걸쳐 소방안전관리상 필요한 업무를 총괄하는 소방안전관리자(이하 "총괄소방안전관리자"라 한다)를 제1항에 따라 선임된 소방안전관리자 중에서 선임하거나 별도로 선임하여야 한다. 이 경우 총괄소방안전관리자의 자격은 대통령령으로 정하고 업무수행 등에 필요한 사항은 행정안전부령으로 정한다.
③ 제2항에 따른 총괄소방안전관리자에 대하여는 제24조, 제26조부터 제28조까지 및 제30조부터 제34조까지에서 규정한 사항 중 소방안전관리자에 관한 사항을 준용한다.
④ 제1항 및 제2항에 따라 선임된 소방안전관리자 및 총괄소방안전관리자는 해당 특정소방대상물의 소방안전관리를 효율적으로 수행하기 위하여 공동소방안전관리협의회를 구성하고, 해당 특정소방대상물에 대한 소방안전관리를 공동으로 수행하여야 한다. 이 경우 공동소방안전관리협의회의 구성·운영 및 공동소방안전관리의 수행 등에 필요한 사항은 대통령령으로 정한다.

예상문제

01 관리의 권원(權原)이 분리되어 있는 특정소방대상물의 경우 대통령령으로 정하는 바에 따라 소방안전관리자를 선임해야 하는 대상은 무엇인가?
① 지하층을 제외한 층수가 11층 이상인 건축물
② 연면적 30,000m² 이상인 복합건축물
③ 21m 높이 특정소방대상물
④ 지하구

해설
복합건축물(지하층을 제외한 층수가 11층 이상 또는 연면적 3만제곱미터 이상인 건축물)은 관리의 권원(權原)이 분리되어 있는 특정소방대상물의 경우 대통령령으로 정하는 바에 따라 소방안전관리자를 선임해야 하는 대상에 해당된다.

> ※ 관리의 권원(權原)이 분리되어 있는 특정소방대상물의 경우 대통령령으로 정하는 바에 따라 소방안전관리자를 선임해야 하는 대상
> 1. 복합건축물(지하층을 제외한 층수가 11층 이상 또는 연면적 3만제곱미터 이상인 건축물)
> 2. 지하가(지하의 인공구조물 안에 설치된 상점 및 사무실, 그 밖에 이와 비슷한 시설이 연속하여 지하도에 접하여 설치된 것과 그 지하도를 합한 것을 말한다)
> 3. 그 밖에 대통령령으로 정하는 특정소방대상물(=판매시설 중 도매시장, 소매시장 및 전통시장)

정답 ②

02 관리의 권원(權原)이 분리되어 있는 특정소방대상물의 경우 대통령령으로 정하는 바에 따라 소방안전관리자를 선임해야 하는 대상물 중 복합건축물은 몇 층 이상을 말하는가?
① 5층 이상   ② 8층 이상
③ 11층 이상   ④ 16층 이상

해설
지하층을 제외한 층수가 11층 이상인 복합건축물은 관리의 권원(權原)이 분리되어 있는 특정소방대상물의 경우 대통령령으로 정하는 바에 따라 소방안전관리자를 선임해야 하는 대상에 해당된다.

정답 ③

03 관리의 권원(權原)이 분리되어 있는 특정소방대상물의 경우 대통령령으로 정하는 바에 따라 소방안전관리자를 선임해야 하는 대상물이 아닌 것은?

① 복합건축물로서 연면적이 3만m² 이상인 것
② 지하가
③ 지하층을 포함한 층수가 11층 이상인 건축물
④ 판매시설 중 도매시장, 소매시장 및 전통시장

해설
지하층을 포함한 층수가 11층 이상인 건축물이 아니고, 지하층을 제외한 층수가 11층 이상인 복합건축물이다.

정답 ③

★★★★☆ [시행 2022. 12. 1.]

제37조(소방안전관리대상물 근무자 및 거주자 등에 대한 소방훈련 등)

① 소방안전관리대상물의 관계인은 그 장소에 근무하거나 거주하는 사람 등(이하 이 조에서 "근무자등"이라 한다)에게 소화·통보·피난 등의 훈련(이하 "소방훈련"이라 한다)과 소방안전관리에 필요한 교육을 하여야 하고, 피난훈련은 그 소방대상물에 출입하는 사람을 안전한 장소로 대피시키고 유도하는 훈련을 포함하여야 한다. 이 경우 소방훈련과 교육의 횟수 및 방법 등에 관하여 필요한 사항은 행정안전부령으로 정한다.

※ 소방안전관리대상물의 관계인은 소방훈련과 교육을 연 1회 이상 실시해야 한다.(시행규칙 제36조)

② 소방안전관리대상물 중 소방안전관리업무의 전담이 필요한 대통령령으로 정하는 소방안전관리대상물의 관계인은 제1항에 따른 소방훈련 및 교육을 한 날부터 30일 이내에 소방훈련 및 교육 결과를 행정안전부령으로 정하는 바에 따라 소방본부장 또는 소방서장에게 제출하여야 한다.

※ 대통령령으로 정하는 소방안전관리대상물(소방훈련·교육 결과 제출의 대상)
 1. 특급 소방안전관리대상물
 2. 1급 소방안전관리대상물

③ 소방본부장 또는 소방서장은 제1항에 따라 소방안전관리대상물의 관계인이 실시하는 소방훈련과 교육을 지도·감독할 수 있다.

④ 소방본부장 또는 소방서장은 소방안전관리대상물 중 불특정 다수인이 이용하는 대통령령으로 정하는 특정소방대상물의 근무자등에게 불시에 소방훈련과 교육을 실시할 수

있다. 이 경우 소방본부장 또는 소방서장은 그 특정소방대상물 근무자등의 불편을 최소화하고 안전 등을 확보하는 대책을 마련하여야 하며, 소방훈련과 교육의 내용, 방법 및 절차 등은 행정안전부령으로 정하는 바에 따라 관계인에게 사전에 통지하여야 한다.

> ※ 대통령령으로 정하는 특정소방대상물(불시 소방훈련·교육의 대상)
> 1. 의료시설
> 2. 교육연구시설
> 3. 노유자 시설
> 4. 그 밖에 화재 발생 시 불특정 다수의 인명피해가 예상되어 소방본부장 또는 소방서장이 소방훈련·교육이 필요하다고 인정하는 특정소방대상물

⑤ 소방본부장 또는 소방서장은 제4항에 따라 소방훈련과 교육을 실시한 경우에는 그 결과를 평가할 수 있다. 이 경우 소방훈련과 교육의 평가방법 및 절차 등에 필요한 사항은 행정안전부령으로 정한다.

예상문제

01 특정소방대상물의 근무자 및 거주자의 소방훈련에 대한 내용 중 옳지 않은 것은?

① 소방안전관리업무의 전담이 필요한 대통령령으로 정하는 소방안전관리대상물의 관계인은 소방훈련 및 교육을 한 날부터 30일 이내에 소방훈련 및 교육 결과를 행정안전부령으로 정하는 바에 따라 소방본부장 또는 소방서장에게 제출하여야 한다.
② 소방본부장 또는 소방서장은 소방훈련과 교육의 내용, 방법 및 절차 등은 대통령령으로 정하는 바에 따라 관계인에게 사전에 통지하여야 한다.
③ 소방안전관리대상물의 관계인은 소방훈련과 교육을 연 1회 이상 실시해야 한다.
④ 소방훈련과 교육의 평가방법 및 절차 등에 필요한 사항은 행정안전부령으로 정한다.

해설
소방본부장 또는 소방서장은 소방훈련과 교육의 내용, 방법 및 절차 등은 행정안전부령으로 정하는 바에 따라 관계인에게 사전에 통지하여야 한다.

정답 ②

02 다음 중 특정소방대상물의 근무자 및 거주자에 대한 소방훈련이 아닌 것은?

① 소화훈련   ② 통보훈련
③ 예방훈련   ④ 피난훈련

해설
소방안전관리대상물의 관계인은 그 장소에 근무하거나 거주하는 사람 등에게 소화·통보·피난 등의 훈련과 소방안전관리에 필요한 교육을 하여야 하고, 피난훈련은 그 소방대상물에 출입하는 사람을 안전한 장소로 대피시키고 유도하는 훈련을 포함하여야 한다.

정답 ③

★★★★☆ [시행 2024. 2. 6.]

제40조(소방안전 특별관리시설물의 안전관리)

① 소방청장은 화재 등 재난이 발생할 경우 사회·경제적으로 피해가 큰 다음 각 호의 시설(이하 "소방안전 특별관리시설물"이라 한다)에 대하여 소방안전 특별관리를 하여야 한다.
  1. 「공항시설법」 제2조제7호의 공항시설
  2. 「철도산업발전기본법」 제3조제2호의 철도시설
  3. 「도시철도법」 제2조제3호의 도시철도시설
  4. 「항만법」 제2조제5호의 항만시설
  5. 「문화유산의 보존 및 활용에 관한 법률」 제2조제3항의 지정문화유산 및 「자연유산의 보존 및 활용에 관한 법률」 제2조제5호에 따른 천연기념물등인 시설(시설이 아닌 지정문화유산 및 천연기념물등을 보호하거나 소장하고 있는 시설을 포함한다) 〈개정 2024. 2. 6.〉
  6. 「산업기술단지 지원에 관한 특례법」 제2조제1호의 산업기술단지
  7. 「산업입지 및 개발에 관한 법률」 제2조제8호의 산업단지
  8. 「초고층 및 지하연계 복합건축물 재난관리에 관한 특별법」 제2조제1호·제2호의 초고층 건축물 및 지하연계 복합건축물
  9. 「영화 및 비디오물의 진흥에 관한 법률」 제2조제10호의 영화상영관 중 수용인원 1천명 이상인 영화상영관
  10. 전력용 및 통신용 지하구
  11. 「한국석유공사법」 제10조제1항제3호의 석유비축시설
  12. 「한국가스공사법」 제11조제1항제2호의 천연가스 인수기지 및 공급망
  13. 「전통시장 및 상점가 육성을 위한 특별법」 제2조제1호의 전통시장으로서 대통령령으로 정하는 전통시장

  ※ 대통령령으로 정하는 전통시장 : 점포가 500개 이상인 전통시장

  14. 그 밖에 대통령령으로 정하는 시설물

  ※ 대통령령으로 정하는 시설물(시행령 제41조)
    1. 「전기사업법」 제2조제4호에 따른 발전사업자가 가동 중인 발전소(「발전소주변지역 지원에 관한 법률 시행령」제2조제2항에 따른 발전소는 제외한다)
    2. 「물류시설의 개발 및 운영에 관한 법률」 제2조제5호의2에 따른 물류창고로서 연면적 10만제곱미터 이상인 것
    3. 「도시가스사업법」 제2조제5호에 따른 가스공급시설

② 소방청장은 제1항에 따른 특별관리를 체계적이고 효율적으로 하기 위하여 시·도지사와 협의하여 소방안전 특별관리기본계획을 제4조제1항에 따른 기본계획에 포함하여 수립 및 시행하여야 한다.

③ 시·도지사는 제2항에 따른 소방안전 특별관리기본계획에 저촉되지 아니하는 범위에서 관할 구역에 있는 소방안전 특별관리시설물의 안전관리에 적합한 소방안전 특별관리시행계획을 제4조제6항에 따른 세부시행계획에 포함하여 수립 및 시행하여야 한다.

④ 그 밖에 제2항 및 제3항에 따른 소방안전 특별관리기본계획 및 소방안전 특별관리시행계획의 수립·시행에 필요한 사항은 대통령령으로 정한다.

> ※ 소방안전 특별관리기본계획·시행계획의 수립·시행(시행령 제42조)
> 1. 소방청장은 소방안전 특별관리기본계획을 5년마다 수립하여 시·도에 통보해야 한다.
> 2. 시·도지사는 특별관리기본계획을 시행하기 위하여 매년 소방안전 특별관리시행계획을 수립·시행하고, 그 결과를 다음 연도 1월 31일까지 소방청장에게 통보해야 한다.

예상문제

01 소방안전 특별관리시설물에 해당되지 않는 것은?
① 천연가스 인수기지 및 공급망
② 10개 이상의 영화상영관
③ 석유비축시설
④ 공항시설, 철도시설, 도시철도시설, 항만시설

해설
소방안전 특별관리시설물에는 수용인원 1천명 이상인 영화상영관이 해당된다.

정답 ②

★★★★☆ [시행 2022. 12. 1.]

제41조(화재예방안전진단)

① 대통령령으로 정하는 소방안전 특별관리시설물의 관계인은 화재의 예방 및 안전관리를 체계적·효율적으로 수행하기 위하여 대통령령으로 정하는 바에 따라「소방기본법」제40조에 따른 한국소방안전원(이하 "안전원"이라 한다) 또는 소방청장이 지정하는 화재예방안전진단기관(이하 "진단기관"이라 한다)으로부터 정기적으로 화재예방안전진단을 받아야 한다.

> ※ 대통령령으로 정하는 소방안전 특별관리시설물(화재예방안전진단의 대상)
>   1. 공항시설 중 여객터미널의 연면적이 1천제곱미터 이상인 공항시설
>   2. 철도시설 중 역 시설의 연면적이 5천제곱미터 이상인 철도시설
>   3. 도시철도시설 중 역사 및 역 시설의 연면적이 5천제곱미터 이상인 도시철도시설
>   4. 항만시설 중 여객이용시설 및 지원시설의 연면적이 5천제곱미터 이상인 항만시설
>   5. 전력용 및 통신용 지하구 중 「국토의 계획 및 이용에 관한 법률」 제2조제9호에 따른 공동구
>   6. 천연가스 인수기지 및 공급망 중 가스시설
>   7. 발전소 중 연면적이 5천제곱미터 이상인 발전소
>   8. 가스공급시설 중 가연성 가스 탱크의 저장용량의 합계가 100톤 이상이거나 저장용량이 30톤 이상인 가연성 가스 탱크가 있는 가스공급시설

② 제1항에 따른 화재예방안전진단의 범위는 다음 각 호와 같다.
  1. 화재위험요인의 조사에 관한 사항
  2. 소방계획 및 피난계획 수립에 관한 사항
  3. 소방시설 등의 유지·관리에 관한 사항
  4. 비상대응조직 및 교육훈련에 관한 사항
  5. 화재 위험성 평가에 관한 사항
  6. 그 밖에 화재예방진단을 위하여 대통령령으로 정하는 사항

> ※ 대통령령으로 정하는 사항(시행령 제45조)
>   1. 화재 등의 재난 발생 후 재발방지 대책의 수립 및 그 이행에 관한 사항
>   2. 지진 등 외부 환경 위험요인 등에 대한 예방·대비·대응에 관한 사항
>   3. 화재예방안전진단 결과 보수·보강 등 개선요구 사항 등에 대한 이행 여부

③ 제1항에 따라 안전원 또는 진단기관의 화재예방안전진단을 받은 연도에는 제37조에 따른 소방훈련과 교육 및 「소방시설 설치 및 관리에 관한 법률」 제22조에 따른 자체점검을 받은 것으로 본다.
④ 안전원 또는 진단기관은 제1항에 따른 화재예방안전진단 결과를 행정안전부령으로 정하는 바에 따라 소방본부장 또는 소방서장, 관계인에게 제출하여야 한다.
⑤ 소방본부장 또는 소방서장은 제4항에 따라 제출받은 화재예방안전진단 결과에 따라 보수·보강 등의 조치가 필요하다고 인정하는 경우에는 해당 소방안전 특별관리시설물의 관계인에게 보수·보강 등의 조치를 취할 것을 명할 수 있다.
⑥ 화재예방안전진단 업무에 종사하고 있거나 종사하였던 사람은 업무를 수행하면서 알게 된 비밀을 이 법에서 정한 목적 외의 용도로 사용하거나 다른 사람 또는 기관에 제공하거나 누설하여서는 아니 된다.

★★★★☆ [시행 2022. 12. 1.]

 제50조(벌칙)

① 다음 각 호의 어느 하나에 해당하는 자는 3년 이하의 징역 또는 3천만 원 이하의 벌금에 처한다.
  1. 제14조제1항 및 제2항에 따른 조치명령을 정당한 사유 없이 위반한 자

  ※ 제14조제1항 및 제2항에 따른 조치명령 : 화재안전조사 결과에 따른 조치명령

  2. 제28조제1항 및 제2항에 따른 명령을 정당한 사유 없이 위반한 자

  ※ 제28조제1항 및 제2항에 따른 명령 : 소방안전관리자 선임명령

  3. 제41조제5항에 따른 보수·보강 등의 조치명령을 정당한 사유 없이 위반한 자

  ※ 제41조제5항에 따른 보수·보강 등의 조치명령 : 화재예방안전진단 결과에 따라 보수·보강 등의 조치가 필요하다고 인정하는 경우에 해당 소방안전 특별관리시설물의 관계인에게 소방본부장 또는 소방서장이 하는 보수·보강 등의 조치명령

  4. 거짓이나 그 밖의 부정한 방법으로 제42조제1항에 따른 진단기관으로 지정을 받은 자

  ※ 제42조제1항에 따른 진단기관 : 소방청장이 지정하는 화재예방안전진단기관

② 다음 각 호의 어느 하나에 해당하는 자는 1년 이하의 징역 또는 1천만 원 이하의 벌금에 처한다.
  1. 제12조제2항을 위반하여 관계인의 정당한 업무를 방해하거나, 조사업무를 수행하면서 취득한 자료나 알게 된 비밀을 다른 사람 또는 기관에게 제공 또는 누설하거나 목적 외의 용도로 사용한 자

  ※ 비밀유지 의무자 : 화재안전조사 업무를 수행하는 관계 공무원 및 관계 전문가

  2. 제30조제4항을 위반하여 자격증을 다른 사람에게 빌려 주거나 빌리거나 이를 알선한 자

  ※ 자격증 : 소방안전관리자 자격증

  3. 제41조제1항을 위반하여 진단기관으로부터 화재예방안전진단을 받지 아니한 자

  ※ 제42조제1항에 따른 진단기관 : 소방청장이 지정하는 화재예방안전진단기관

③ 다음 각 호의 어느 하나에 해당하는 자는 300만 원 이하의 벌금에 처한다.
  1. 제7조제1항에 따른 화재안전조사를 정당한 사유 없이 거부·방해 또는 기피한 자

  ※ 제7조제1항에 따른 화재안전조사 : 소방관서장이 실시하는 화재안전조사

  2. 제17조제2항 각 호의 어느 하나에 따른 명령을 정당한 사유 없이 따르지 아니하거나 방해한 자

  ※ 제17조제2항 각 호의 어느 하나에 따른 명령 : 소방차량의 통행이나 소화 활동에 지장을 줄 수 있는 물건의 이동 등의 명령(화재의 예방조치 명령)

3. 제24조제1항·제3항, 제29조제1항 및 제35조제1항·제2항을 위반하여 소방안전관리자, 총괄소방안전관리자 또는 소방안전관리보조자를 선임하지 아니한 자
4. 제27조제3항을 위반하여 소방시설·피난시설·방화시설 및 방화구획 등이 법령에 위반된 것을 발견하였음에도 필요한 조치를 할 것을 요구하지 아니한 소방안전관리자
5. 제27조제4항을 위반하여 소방안전관리자에게 불이익한 처우를 한 관계인
6. 제41조제6항 및 제48조제3항을 위반하여 업무를 수행하면서 알게 된 비밀을 이 법에서 정한 목적 외의 용도로 사용하거나 다른 사람 또는 기관에 제공하거나 누설한 자

예상문제

01 소방시설·피난시설·방화시설 및 방화구획 등이 법령에 위반된 것을 발견하였음에도 필요한 조치를 할 것을 요구하지 아니한 소방안전관리자에 대한 벌칙은?

① 3년 이하의 징역 또는 3천만 원 이하의 벌금
② 1년 이하의 징역 또는 1천만 원 이하의 벌금
③ 300만 원 이하의 벌금
④ 300만 원 이하의 과태료

해설

소방시설·피난시설·방화시설 및 방화구획 등이 법령에 위반된 것을 발견하였음에도 필요한 조치를 할 것을 요구하지 아니한 소방안전관리자는 300만 원 이하의 벌금에 처한다.

정답 ③

02 다음 중 벌칙 사항이 다른 것은?

① 소방안전관리자 자격증을 다른 사람에게 빌려 주거나 빌리거나 이를 알선한 자
② 소방관서장이 실시하는 화재안전조사를 정당한 사유 없이 거부·방해 또는 기피한 자
③ 소방안전관리자, 총괄소방안전관리자 또는 소방안전관리보조자를 선임하지 아니한 자
④ 소방시설·피난시설·방화시설 및 방화구획 등이 법령에 위반된 것을 발견하였음에도 필요한 조치를 할 것을 요구하지 아니한 소방안전관리자

해설

- 소방안전관리자 자격증을 다른 사람에게 빌려 주거나 빌리거나 이를 알선한 자 → 1년 이하의 징역 또는 1천만 원 이하의 벌금
- 소방관서장이 실시하는 화재안전조사를 정당한 사유 없이 거부·방해 또는 기피한 자 → 300만 원 이하의 벌금
- 소방안전관리자, 총괄소방안전관리자 또는 소방안전관리보조자를 선임하지 아니한 자 → 300만 원 이하의 벌금
- 소방시설·피난시설·방화시설 및 방화구획 등이 법령에 위반된 것을 발견하였음에도 필요한 조치를 할 것을 요구하지 아니한 소방안전관리자 → 300만 원 이하의 벌금

정답 ①

03 소방안전관리자, 총괄소방안전관리자 또는 소방안전관리보조자를 선임하지 아니한 자에 대한 벌칙은?

① 3,000만 원 이하의 벌금 ② 1,000만 원 이하의 벌금
③ 300만 원 이하의 벌금 ④ 200만 원 이하의 벌금

 해설

소방안전관리자, 총괄소방안전관리자 또는 소방안전관리보조자를 선임하지 아니한 자는 300만 원 이하의 벌금에 처한다.

정답 ③

★★★★☆ [시행 2022. 12. 1.]

제52조(과태료)

① 다음 각 호의 어느 하나에 해당하는 자에게는 300만 원 이하의 과태료를 부과한다.
  1. 정당한 사유 없이 제17조제1항 각 호의 어느 하나에 해당하는 행위를 한 자

  > ※ 제17조제1항 각 호의 어느 하나에 해당하는 행위
  >   1. 모닥불, 흡연 등 화기의 취급
  >   2. 풍등 등 소형열기구 날리기
  >   3. 용접·용단 등 불꽃을 발생시키는 행위
  >   4. 그 밖에 대통령령으로 정하는 화재 발생 위험이 있는 행위 : 위험물안전관리법 제2조제1항제1호에 따른 위험물을 방치하는 행위를 말한다.

  2. 제24조제2항을 위반하여 소방안전관리자를 겸한 자

  > ※ 전기·가스·위험물 등의 안전관리 업무에 종사하는 자가 소방안전관리자를 겸한 경우

  3. 제24조제5항에 따른 소방안전관리업무를 하지 아니한 특정소방대상물의 관계인 또는 소방안전관리대상물의 소방안전관리자
  4. 제27조제2항을 위반하여 소방안전관리업무의 지도·감독을 하지 아니한 자
  5. 제29조제2항에 따른 건설현장 소방안전관리대상물의 소방안전관리자의 업무를 하지 아니한 소방안전관리자
  6. 제36조제3항을 위반하여 피난유도 안내정보를 제공하지 아니한 자
  7. 제37조제1항을 위반하여 소방훈련 및 교육을 하지 아니한 자
  8. 제41조제4항을 위반하여 화재예방안전진단 결과를 제출하지 아니한 자
② 다음 각 호의 어느 하나에 해당하는 자에게는 200만 원 이하의 과태료를 부과한다.
  1. 제17조제4항에 따른 불을 사용할 때 지켜야 하는 사항 및 같은 조 제5항에 따른 특수가연물의 저장 및 취급 기준을 위반한 자

2. 제18조제4항에 따른 소방설비 등의 설치 명령을 정당한 사유 없이 따르지 아니한 자
3. 제26조제1항을 위반하여 기간 내에 선임신고를 하지 아니하거나 소방안전관리자의 성명 등을 게시하지 아니한 자

> ※ 선임신고 : 소방안전관리자 또는 소방안전관리보조자 선임신고

4. 제29조제1항을 위반하여 기간 내에 선임신고를 하지 아니한 자

> ※ 선임신고 : 건설현장의 소방안전관리자 선임신고

5. 제37조제2항을 위반하여 기간 내에 소방훈련 및 교육 결과를 제출하지 아니한 자

> ※ 소방훈련 : 소방안전관리대상물 근무자 및 거주자 등에 대한 소방훈련

③ 제34조제1항제2호를 위반하여 실무교육을 받지 아니한 소방안전관리자 및 소방안전관리보조자에게는 100만 원 이하의 과태료를 부과한다.
④ 제1항부터 제3항까지에 따른 과태료는 대통령령으로 정하는 바에 따라 소방청장, 시·도지사, 소방본부장 또는 소방서장이 부과·징수한다.

예상문제

01 화재의 예방 및 안전관리에 관한 법률상 과태료 부과대상으로 옳은 것은?

① 소방안전관리자, 총괄소방안전관리자 또는 소방안전관리보조자를 선임하지 아니한 자
② 소방시설·피난시설·방화시설 및 방화구획 등이 법령에 위반된 것을 발견하였음에도 필요한 조치를 할 것을 요구하지 아니한 소방안전관리자
③ 소방안전관리업무를 하지 아니한 특정소방대상물의 관계인 또는 소방안전관리대상물의 소방안전관리자
④ 화재예방안전진단 업무를 수행하면서 알게 된 비밀을 이 법에서 정한 목적 외의 용도로 사용하거나 다른 사람 또는 기관에 제공하거나 누설한 자

해설
- 소방안전관리자, 총괄소방안전관리자 또는 소방안전관리보조자를 선임하지 아니한 자 → 300만 원 이하의 벌금
- 소방시설·피난시설·방화시설 및 방화구획 등이 법령에 위반된 것을 발견하였음에도 필요한 조치를 할 것을 요구하지 아니한 소방안전관리자 → 300만 원 이하의 벌금
- 소방안전관리업무를 하지 아니한 특정소방대상물의 관계인 또는 소방안전관리대상물의 소방안전관리자 → 300만 원 이하의 과태료
- 화재예방안전진단 업무를 수행하면서 알게 된 비밀을 이 법에서 정한 목적 외의 용도로 사용하거나 다른 사람 또는 기관에 제공하거나 누설한 자 → 300만 원 이하의 벌금

정답 ③

02 "화재의 예방 및 안전관리에 관한 법률"에서 대통령령으로 정하는 바에 따라 과태료를 부과·징수할 수 없는 자는?

① 소방청장 ② 국무총리
③ 소방본부장 ④ 소방서장

해설
과태료는 대통령령으로 정하는 바에 따라 소방청장, 시·도지사, 소방본부장 또는 소방서장이 부과·징수한다.

정답 ②

03 다음 중 과태료 부과대상이 아닌 것은?

① 소방안전관리업무를 하지 아니한 특정소방대상물의 관계인 또는 소방안전관리대상물의 소방안전관리자
② 피난유도 안내정보를 제공하지 아니한 자
③ 소방안전관리자, 총괄소방안전관리자 또는 소방안전관리보조자를 선임하지 아니한 자
④ 불을 사용할 때 지켜야 하는 사항 및 특수가연물의 저장 및 취급 기준을 위반한 자

해설
- 소방안전관리업무를 하지 아니한 특정소방대상물의 관계인 또는 소방안전관리대상물의 소방안전관리자 → 300만 원 이하의 과태료
- 피난유도 안내정보를 제공하지 아니한 자 → 300만 원 이하의 과태료
- 소방안전관리자, 총괄소방안전관리자 또는 소방안전관리보조자를 선임하지 아니한 자 → 300만 원 이하의 벌금
- 불을 사용할 때 지켜야 하는 사항 및 특수가연물의 저장 및 취급 기준을 위반한 자 → 200만 원 이하의 과태료

정답 ③

★★☆☆☆ [시행 2022. 12. 1.]

시행령 제5조(세부시행계획의 수립·시행)

① 소방청장은 법 제4조제5항에 따라 관계 중앙행정기관의 장과 특별시장·광역시장·특별자치시장·도지사 또는 특별자치도지사(이하 "시·도지사"라 한다)에게 기본계획 및 시행계획을 각각 계획 시행 전년도 10월 31일까지 통보해야 한다.
② 제1항에 따라 통보를 받은 관계 중앙행정기관의 장 및 시·도지사는 법 제4조제6항에 따른 세부시행계획(이하 "세부시행계획"이라 한다)을 수립하여 계획 시행 전년도 12월 31일까지 소방청장에게 통보해야 한다.

③ 세부시행계획에는 다음 각 호의 사항이 포함되어야 한다.
  1. 기본계획 및 시행계획에 대한 관계 중앙행정기관 또는 특별시·광역시·특별자치시·도·특별자치도(이하 "시·도"라 한다)의 세부 집행계획
  2. 직전 세부시행계획의 시행 결과
  3. 그 밖에 화재안전과 관련하여 관계 중앙행정기관의 장 또는 시·도지사가 필요하다고 결정한 사항

핵심정리

기본계획	계획 시행 전년도 8월 31일까지	관계 중앙행정기관의 장과 협의
	계획 시행 전년도 9월 30일까지	소방청장이 수립
시행계획	계획 시행 전년도 10월 31일까지	소방청장이 수립
기본계획 시행계획	계획 시행 전년도 10월 31일까지	시·도지사에게 통보
세부시행계획	계획 시행 전년도 12월 31일까지	소방청장에게 통보

★★★★☆ [시행 2022. 12. 1.]

시행령 제11조(화재안전조사위원회의 구성·운영 등)

① 법 제10조제1항에 따른 화재안전조사위원회(이하 "위원회"라 한다)는 위원장 1명을 포함하여 7명 이내의 위원으로 성별을 고려하여 구성한다.
② 위원회의 위원장은 소방관서장이 된다.
③ 위원회의 위원은 다음 각 호의 어느 하나에 해당하는 사람 중에서 소방관서장이 임명하거나 위촉한다.
  1. 과장급 직위 이상의 소방공무원
  2. 소방기술사
  3. 소방시설관리사
  4. 소방 관련 분야의 석사 이상 학위를 취득한 사람
  5. 소방 관련 법인 또는 단체에서 소방 관련 업무에 5년 이상 종사한 사람
  6. 「소방공무원 교육훈련규정」 제3조제2항에 따른 소방공무원 교육훈련기관, 「고등교육법」 제2조의 학교 또는 연구소에서 소방과 관련한 교육 또는 연구에 5년 이상 종사한 사람
④ 위촉위원의 임기는 2년으로 하며, 한 차례만 연임할 수 있다.
⑤ 소방관서장은 위원회의 위원이 다음 각 호의 어느 하나에 해당하는 경우에는 해당 위원을 해임하거나 해촉(解囑)할 수 있다.

1. 심신장애로 직무를 수행할 수 없게 된 경우
2. 직무와 관련된 비위사실이 있는 경우
3. 직무태만, 품위손상이나 그 밖의 사유로 위원으로 적합하지 않다고 인정되는 경우
4. 제12조제1항 각 호의 어느 하나에 해당함에도 불구하고 회피하지 않은 경우
5. 위원 스스로 직무를 수행하기 어렵다는 의사를 밝히는 경우
⑥ 위원회에 출석한 위원에게는 예산의 범위에서 수당, 여비, 그 밖에 필요한 경비를 지급할 수 있다. 다만, 공무원인 위원이 소관 업무와 직접 관련하여 위원회에 출석하는 경우에는 그렇지 않다.

예상문제

01 다음 중 화재안전조사위원회의 위원장이 될 수 없는 사람?
① 시·도지사
② 소방청장
③ 소방본부장
④ 소방서장

해설
화재안전조사위원회의 위원장은 소방관서장(소방청장, 소방본부장 또는 소방서장)이 된다.

정답 ①

02 다음 중 화재안전조사위원회의 위원이 될 수 없는 사람은?
① 과장급 직위 이상의 소방공무원
② 소방 관련 분야의 석사 이상 학위를 취득한 사람
③ 소방 관련 법인 또는 단체에서 소방 관련 업무에 3년 이상 종사한 사람
④ 소방시설관리사

해설
소방관서장은 소방 관련 법인 또는 단체에서 소방 관련 업무에 5년 이상 종사한 사람을 화재안전조사위원회의 위원으로 임명하거나 위촉할 수 있다.

칭팁 ③

03 다음 중 화재안전조사위원회의 구성·운영 등에 대하여 옳지 않은 것은?
① 화재안전조사위원회의 위원장은 소방관서장이 된다.
② 화재안전조사위원회는 위원장 1명을 포함하여 7명 이내의 위원으로 성별을 고려하여 구성한다.
③ 위촉위원의 임기는 5년으로 하고, 한 차례만 연임할 수 있다.
④ 위원회에 출석한 위원에게는 예산의 범위에서 수당, 여비, 그 밖에 필요한 경비를 지급할 수 있다.

해설
위촉위원의 임기는 2년으로 하며, 한 차례만 연임할 수 있다.

정답 ③

★★☆☆☆ [시행 2022. 12. 1.]

 시행령 제14조(손실보상)

① 법 제15조에 따라 소방청장 또는 시·도지사가 손실을 보상하는 경우에는 시가(時價)로 보상해야 한다.
② 제1항에 따른 손실보상에 관하여는 소방청장 또는 시·도지사와 손실을 입은 자가 협의해야 한다.
③ 소방청장 또는 시·도지사는 제2항에 따른 보상금액에 관한 협의가 성립되지 않은 경우에는 그 보상금액을 지급하거나 공탁하고 이를 상대방에게 알려야 한다.
④ 제3항에 따른 보상금의 지급 또는 공탁의 통지에 불복하는 자는 지급 또는 공탁의 통지를 받은 날부터 30일 이내에 「공익사업을 위한 토지 등의 취득 및 보상에 관한 법률」 제49조에 따른 중앙토지수용위원회 또는 관할 지방토지수용위원회에 재결(裁決)을 신청할 수 있다.

예상문제

01 화재안전조사 결과에 따른 조치명령과 손실보상에 관한 설명으로 옳지 않은 것은?

① 화재안전조사 결과에 따른 조치명령으로 인하여 손실을 입은 자에게 소방청장 또는 시·도지사가 손실을 보상하는 경우에는 원가(原價)로 보상해야 한다.
② 손실보상에 관하여는 소방청장 또는 시·도지사와 손실을 입은 자가 협의해야 한다.
③ 보상금액에 관한 협의가 성립되지 않은 경우에는 그 보상금액을 지급하거나 공탁하고 이를 상대방에게 알려야 한다.
④ 보상금의 지급 또는 공탁의 통지에 불복하는 자는 지급 또는 공탁의 통지를 받은 날부터 30일 이내에 중앙토지수용위원회 또는 관할 지방토지수용위원회에 재결(裁決)을 신청할 수 있다.

해설
화재안전조사 결과에 따른 조치명령으로 인하여 손실을 입은 자에게 소방청장 또는 시·도지사가 손실을 보상하는 경우에는 시가(時價)로 보상해야 한다.

정답 ①

★★☆☆☆ [시행 2022. 12. 1.]

 시행령 제15조(화재안전조사 결과 공개)

① 법 제16조제1항제4호에서 "대통령령으로 정하는 사항"이란 다음 각 호의 사항을 말한다.
  1. 제조소등 설치 현황
  2. 소방안전관리자 선임 현황
  3. 화재예방안전진단 실시 결과
② 소방관서장은 법 제16조제1항에 따라 화재안전조사 결과를 공개하는 경우 30일 이상 해당 소방관서 인터넷 홈페이지나 같은 조 제3항에 따른 전산시스템을 통해 공개해야 한다.
③ 소방관서장은 제2항에 따라 화재안전조사 결과를 공개하려는 경우 공개 기간, 공개 내용 및 공개 방법을 해당 소방대상물의 관계인에게 미리 알려야 한다.
④ 소방대상물의 관계인은 제3항에 따른 공개 내용 등을 통보받은 날부터 10일 이내에 소방관서장에게 이의신청을 할 수 있다.
⑤ 소방관서장은 제4항에 따라 이의신청을 받은 날부터 10일 이내에 심사·결정하여 그 결과를 지체 없이 신청인에게 알려야 한다.
⑥ 화재안전조사 결과의 공개가 제3자의 법익을 침해하는 경우에는 제3자와 관련된 사실을 제외하고 공개해야 한다.

예상문제

01 화재안전조사 결과 공개에 관한 설명으로 옳지 않은 것은?
① 소방관서장은 화재안전조사 결과를 공개하는 경우 10일 이상 해당 소방관서 인터넷 홈페이지나 전산시스템을 통해 공개해야 한다.
② 소방관서장은 화재안전조사 결과를 공개하려는 경우 공개 기간, 공개 내용 및 공개 방법을 해당 소방대상물의 관계인에게 미리 알려야 한다.
③ 소방대상물의 관계인은 공개 내용 등을 통보받은 날부터 10일 이내에 소방관서장에게 이의신청을 할 수 있다.
④ 소방관서장은 이의신청을 받은 날부터 10일 이내에 심사·결정하여 그 결과를 지체 없이 신청인에게 알려야 한다.

해설
소방관서장은 화재안전조사 결과를 공개하는 경우 30일 이상 해당 소방관서 인터넷 홈페이지나 전산시스템을 통해 공개해야 한다.

정답 ①

★★★★☆ [시행 2022. 12. 1.]
시행령 제17조(옮긴 물건 등의 보관기간 및 보관기간 경과 후 처리)

① 소방관서장은 법 제17조제2항 각 호 외의 부분 단서에 따라 옮긴 물건 등(이하 "옮긴물건등"이라 한다)을 보관하는 경우에는 그날부터 14일 동안 해당 소방관서의 인터넷 홈페이지에 그 사실을 공고해야 한다.
② 옮긴 물건 등의 보관기간은 제1항에 따른 공고기간의 종료일 다음 날부터 7일까지로 한다.
③ 소방관서장은 제2항에 따른 보관기간이 종료된 때에는 보관하고 있는 옮긴물건등을 매각해야 한다. 다만, 보관하고 있는 옮긴 물건 등이 부패·파손 또는 이와 유사한 사유로 정해진 용도로 계속 사용할 수 없는 경우에는 폐기할 수 있다.
④ 소방관서장은 보관하던 옮긴 물건 등을 제3항 본문에 따라 매각한 경우에는 지체 없이「국가재정법」에 따라 세입조치를 해야 한다.
⑤ 소방관서장은 제3항에 따라 매각되거나 폐기된 옮긴 물건 등의 소유자가 보상을 요구하는 경우에는 보상금액에 대하여 소유자와의 협의를 거쳐 이를 보상해야 한다.
⑥ 제5항의 손실보상의 방법 및 절차 등에 관하여는 제14조를 준용한다.

예상문제

01 화재예방 조치 상 옮긴 물건 등의 보관기간 및 보관기간 경과 후 처리방법으로 옳지 않은 것은?

① 소방관서장은 옮긴 물건 등을 보관하는 경우에는 그날부터 14일 동안 해당 소방관서의 인터넷 홈페이지에 그 사실을 공고해야 한다.
② 옮긴 물건 등의 보관기간은 공고기간의 종료일 다음 날부터 14일까지로 한다.
③ 소방관서장은 보관기간이 종료된 때에는 보관하고 있는 옮긴 물건 등을 매각해야 한다.
④ 소방관서장은 보관하던 옮긴 물건 등을 매각한 경우에는 지체 없이「국가재정법」에 따라 세입조치를 해야 한다.

해설
옮긴 물건 등의 보관기간은 공고기간의 종료일 다음 날부터 7일까지로 한다.

정답 ②

02 옮긴 물건 등의 보관기간 및 보관기간 경과 후 처리 등에 대한 설명이다. ( ) 안의 내용으로 옳은 것은?

> 소방관서장은 옮긴 물건 등을 보관하는 경우에는 그날부터 (   )일 동안 해당 소방관서의 인터넷 홈페이지에 그 사실을 공고해야 한다.

① 7
② 10
③ 12
④ 14

해설

소방관서장은 옮긴 물건 등을 보관하는 경우에는 그날부터 14일 동안 해당 소방관서의 인터넷 홈페이지에 그 사실을 공고해야 한다.

정답 ④

03 화재 예방조치에 관한 명령과 옮긴 물건 등의 보관기간 및 보관기간 경과 후 처리에 관하여 옳지 않은 것은?

① 소방관서장은 옮긴 물건 등을 보관하는 경우에는 그날부터 14일 동안 해당 소방관서의 인터넷 홈페이지에 그 사실을 공고해야 한다.
② 소방관서장은 보관하던 옮긴 물건 등을 매각한 경우에는 7일 이내에 「국가재정법」에 따라 세입조치를 해야 한다.
③ 보관하고 있는 옮긴 물건 등이 부패·파손 또는 이와 유사한 사유로 정해진 용도로 계속 사용할 수 없는 경우에는 폐기할 수 있다.
④ 소방관서장은 매각되거나 폐기된 옮긴 물건 등의 소유자가 보상을 요구하는 경우에는 보상금액에 대하여 소유자와의 협의를 거쳐 이를 보상해야 한다.

해설

소방관서장은 보관하던 옮긴 물건 등을 매각한 경우에는 지체 없이 「국가재정법」에 따라 세입조치를 해야 한다.

정답 ②

★★★★☆ [시행 2022. 12. 1.]

시행령 제20조(화재예방강화지구의 관리)

① 소방관서장은 법 제18조제3항에 따라 화재예방강화지구 안의 소방대상물의 위치·구조 및 설비 등에 대한 화재안전조사를 연 1회 이상 실시해야 한다.
② 소방관서장은 법 제18조제5항에 따라 화재예방강화지구 안의 관계인에 대하여 소방에 필요한 훈련 및 교육을 연 1회 이상 실시할 수 있다.

③ 소방관서장은 제2항에 따라 훈련 및 교육을 실시하려는 경우에는 화재예방강화지구 안의 관계인에게 훈련 또는 교육 10일 전까지 그 사실을 통보해야 한다.
④ 시·도지사는 법 제18조제6항에 따라 다음 각 호의 사항을 행정안전부령으로 정하는 화재예방강화지구 관리대장에 작성하고 관리해야 한다.
  1. 화재예방강화지구의 지정 현황
  2. 화재안전조사의 결과
  3. 법 제18조제4항에 따른 소화기구, 소방용수시설 또는 그 밖에 소방에 필요한 설비(이하 "소방설비등"이라 한다)의 설치(보수, 보강을 포함한다) 명령 현황
  4. 법 제18조제5항에 따른 소방훈련 및 교육의 실시 현황
  5. 그 밖에 화재예방 강화를 위하여 필요한 사항

예상문제

01 다음은 화재예방강화지구에 대한 설명이다. 옳지 않은 것은?
① 화재예방강화지구의 지정권자는 시·도지사이다.
② 시장지역, 목조건물이 밀집한 지역은 화재예방강화지구 지정지역이다.
③ 소방관서장은 화재예방강화지구 안의 소방대상물의 위치·구조 및 설비 등에 대한 화재안전조사를 연 1회 이상 실시해야 한다.
④ 소방관서장은 화재예방강화지구 안의 관계인에 대하여 소방에 필요한 훈련 및 교육을 연 1회 이상 실시하여야 한다.

해설
소방관서장은 화재예방강화지구 안의 관계인에 대하여 소방에 필요한 훈련 및 교육을 연 1회 이상 실시할 수 있다.

정답 ④

02 화재예방강화지구에 관한 설명으로 옳지 않은 것은?
① 소방관서장은 화재예방강화지구 안의 소방대상물의 위치·구조 및 설비 등에 대한 화재안전조사를 연 1회 이상 실시해야 한다.
② 소방관서장은 화재예방강화지구 안의 관계인에 대하여 소방에 필요한 훈련 및 교육을 연 1회 이상 실시할 수 있다.
③ 소방관서장은 훈련 및 교육을 실시하려는 경우에는 화재예방강화지구 안의 관계인에게 훈련 또는 교육 30일 전까지 그 사실을 통보해야 한다.
④ 시·도지사는 화재예방강화지구의 지정 현황 등을 행정안전부령으로 정하는 화재예방강화지구 관리대장에 작성하고 관리해야 한다.

📋 해설

소방관서장은 훈련 및 교육을 실시하려는 경우에는 화재예방강화지구 안의 관계인에게 훈련 또는 교육 10일 전까지 그 사실을 통보해야 한다.

정답 ③

03 화재예방강화지구 내에서 소방관서장이 실시하는 화재안전조사의 횟수는?
① 월 1회 이상
② 분기별 1회 이상
③ 반기별 1회 이상
④ 연 1회 이상

📋 해설

소방관서장은 화재예방강화지구 안의 소방대상물의 위치·구조 및 설비 등에 대한 화재안전조사를 연 1회 이상 실시해야 한다.

정답 ④

★★★★☆ [시행 2022. 12. 1.]

시행령 제27조(소방안전관리대상물의 소방계획서 작성 등)

① 법 제24조제5항제1호에서 "대통령령으로 정하는 사항"이란 다음 각 호의 사항을 말한다.
1. 소방안전관리대상물의 위치·구조·연면적(「건축법 시행령」 제119조제1항제4호에 따라 산정된 면적을 말한다. 이하 같다)·용도 및 수용인원 등 일반 현황
2. 소방안전관리대상물에 설치한 소방시설, 방화시설, 전기시설, 가스시설 및 위험물시설의 현황
3. 화재 예방을 위한 자체점검계획 및 대응대책
4. 소방시설·피난시설 및 방화시설의 점검·정비계획
5. 피난층 및 피난시설의 위치와 피난경로의 설정, 화재안전취약자의 피난계획 등을 포함한 피난계획
6. 방화구획, 제연구획(除煙區劃), 건축물의 내부 마감재료 및 방염대상물품의 사용 현황과 그 밖의 방화구조 및 설비의 유지·관리계획
7. 법 제35조제1항에 따른 관리의 권원이 분리된 특정소방대상물의 소방안전관리에 관한 사항
8. 소방훈련·교육에 관한 계획
9. 법 제37조를 적용받는 소방안전관리대상물의 근무자 및 거주자의 자위소방대 조직과 대원의 임무(화재안전취약자의 피난 보조 임무를 포함한다)에 관한 사항
10. 화기 취급 작업에 대한 사전 안전조치 및 감독 등 공사 중 소방안전관리에 관한 사항

11. 소화에 관한 사항과 연소 방지에 관한 사항
12. 위험물의 저장·취급에 관한 사항(「위험물안전관리법」 제17조에 따라 예방규정을 정하는 제조소등은 제외한다)
13. 소방안전관리에 대한 업무수행에 관한 기록 및 유지에 관한 사항
14. 화재발생 시 화재경보, 초기소화 및 피난유도 등 초기대응에 관한 사항
15. 그 밖에 소방본부장 또는 소방서장이 소방안전관리대상물의 위치·구조·설비 또는 관리 상황 등을 고려하여 소방안전관리에 필요하여 요청하는 사항

② 소방본부장 또는 소방서장은 소방안전관리대상물의 소방계획서의 작성 및 그 실시에 관하여 지도·감독한다.

예상문제

01 다음 중 소방안전관리대상물의 소방안전관리자가 작성하는 소방계획서에 포함되지 않는 것은?

① 화재 예방을 위한 자체점검계획 및 대응대책
② 완공된 소방시설 등의 성능시험
③ 위험물의 저장·취급에 관한 사항(예방규정을 정하는 제조소등은 제외)
④ 소방안전관리대상물의 위치·구조·연면적·용도 및 수용인원 등 일반 현황

해설
완공된 소방시설 등의 성능시험은 소방공사감리업을 등록한 자가 소방공사를 감리할 때 수행하여야 할 업무에 해당한다.

정답 ②

02 소방안전관리대상물의 소방계획서의 작성에 관하여 옳지 않은 것은?

① 화재 예방을 위한 자체점검계획 및 대응대책
② 소방안전관리대상물의 위치·구조·연면적·용도 및 수용인원 등 일반 현황
③ 피난시설의 규모와 피난 수용인원의 설정 등을 포함한 피난계획
④ 소방시설·피난시설 및 방화시설의 점검·정비계획

해설
소방안전관리대상물의 소방계획서에 포함되어야 할 사항은 "피난층 및 피난시설의 위치와 피난경로의 설정, 화재안전취약자의 피난계획 등을 포함한 피난계획"이다.

정답 ③

03 다음 중 소방안전관리대상물의 소방계획서 사항이 아닌 것은?
① 소방안전관리대상물의 위치·구조·연면적·용도 및 수용인원 등 일반 현황
② 관계인이 소방안전관리 업무를 성실하게 수행할 수 있도록 지도·감독현황
③ 소화에 관한 사항과 연소 방지에 관한 사항
④ 소방시설·피난시설 및 방화시설의 점검·정비계획

해설
소방안전관리대상물의 관계인은 소방안전관리자가 소방안전관리 업무를 성실하게 수행할 수 있도록 지도·감독하여야 한다. 지도·감독현황은 소방계획서에 포함되어야 하는 사항이 아니다.

정답 ②

04 소방안전관리자가 소방안전관리대상물의 소방계획서의 작성 시 포함되지 않는 것은?
① 소방안전관리대상물의 위치·구조·연면적·용도 및 수용인원 등 일반 현황
② 화기 취급 작업에 대한 사전 안전조치 및 감독 등 공사 중 소방안전관리에 관한 사항
③ 소방안전관리대상물에 설치한 소방시설, 방화시설, 전기시설, 가스시설 및 위험물시설의 현황
④ 소방시설공사의 하자를 판단하는 기준에 관한 사항

해설
소방시설공사의 하자를 판단하는 기준에 관한 사항은 중앙소방기술심의위원회의 심의 사항에 해당한다.

정답 ④

05 다음 중 소방안전관리대상물의 소방계획서의 작성에 포함되지 않는 것은?
① 피난층 및 피난시설의 위치와 피난경로의 설정, 화재안전취약자의 피난계획 등을 포함한 피난계획
② 소방안전관리대상물의 근무자 및 거주자의 자체소방대 조직과 대원의 임무에 관한 사항
③ 화기 취급 작업에 대한 사전 안전조치 및 감독 등 공사 중 소방안전관리에 관한 사항
④ 화재발생 시 화재경보, 초기소화 및 피난유도 등 초기대응에 관한 사항

해설
소방안전관리대상물의 소방계획서에 포함되어야 할 사항은 "소방안전관리대상물의 근무자 및 거주자의 자위소방대 조직과 대원의 임무에 관한 사항"이다.

정답 ②

06 다음 중 소방안전관리 대상물의 소방계획서의 작성사항이 아닌 것은?
① 소방안전관리에 대한 업무수행에 관한 기록 및 유지에 관한 사항
② 소화에 관한 사항과 연소 방지에 관한 사항
③ 소방훈련·교육에 관한 계획
④ 그 밖에 소방청장이 소방안전관리대상물의 위치·구조·설비 또는 관리 상황 등을 고려하여 소방안전관리에 필요하여 요청하는 사항

해설
소방안전관리대상물의 소방계획서에 포함되어야 할 사항은 "그 밖에 소방본부장 또는 소방서장이 소방안전관리대상물의 위치·구조·설비 또는 관리 상황 등을 고려하여 소방안전관리에 필요하여 요청하는 사항"이다.

정답 ④

07 다음 중 A, B에 알맞은 사람은?

> A : 소방안전관리대상물의 소방계획서의 작성 및 실시에 관하여 지도·감독하는 사람
> B : 소방안전관리자가 소방안전관리업무를 성실하게 수행하는지 지도·감독하는 사람

① A : 소방안전관리대상물의 관계인, B : 소방안전관리대상물의 관계인
② A : 소방본부장 또는 소방서장, B : 소방본부장 또는 소방서장
③ A : 소방안전관리대상물의 관계인, B : 소방본부장 또는 소방서장
④ A : 소방본부장 또는 소방서장, B : 소방안전관리대상물의 관계인

해설
- 소방본부장 또는 소방서장은 소방안전관리대상물의 소방계획서의 작성 및 그 실시에 관하여 지도·감독한다.
- 소방안전관리대상물의 관계인은 소방안전관리자가 소방안전관리업무를 성실하게 수행할 수 있도록 지도·감독하여야 한다.

정답 ④

★★★★★ [시행 2022. 12. 1.]

시행령 [별표 1] 보일러 등의 설비 또는 기구 등의 위치·구조 및 관리와 화재예방을 위하여 불을 사용할 때 지켜야 하는 사항

1. 보일러
   가. 가연성 벽·바닥 또는 천장과 접촉하는 증기기관 또는 연통의 부분은 규조토 등 난연성 또는 불연성 단열재로 덮어씌워야 한다.
   나. 경유·등유 등 액체연료를 사용할 때에는 다음 사항을 지켜야 한다.

1) 연료탱크는 보일러 본체로부터 수평거리 1미터 이상의 간격을 두어 설치할 것
2) 연료탱크에는 화재 등 긴급상황이 발생하는 경우 연료를 차단할 수 있는 개폐밸브를 연료탱크로부터 0.5미터 이내에 설치할 것
3) 연료탱크 또는 보일러 등에 연료를 공급하는 배관에는 여과장치를 설치할 것
4) 사용이 허용된 연료 외의 것을 사용하지 않을 것
5) 연료탱크가 넘어지지 않도록 받침대를 설치하고, 연료탱크 및 연료탱크 받침대는 「건축법 시행령」 제2조제10호에 따른 불연재료(이하 "불연재료"라 한다)로 할 것

다. 기체연료를 사용할 때에는 다음 사항을 지켜야 한다.
1) 보일러를 설치하는 장소에는 환기구를 설치하는 등 가연성 가스가 머무르지 않도록 할 것
2) 연료를 공급하는 배관은 금속관으로 할 것
3) 화재 등 긴급 시 연료를 차단할 수 있는 개폐밸브를 연료용기 등으로부터 0.5미터 이내에 설치할 것
4) 보일러가 설치된 장소에는 가스누설경보기를 설치할 것

라. 화목(火木) 등 고체연료를 사용할 때에는 다음 사항을 지켜야 한다.
1) 고체연료는 보일러 본체와 수평거리 2미터 이상 간격을 두어 보관하거나 불연재료로 된 별도의 구획된 공간에 보관할 것
2) 연통은 천장으로부터 0.6미터 떨어지고, 연통의 배출구는 건물 밖으로 0.6미터 이상 나오도록 설치할 것
3) 연통의 배출구는 보일러 본체보다 2미터 이상 높게 설치할 것
4) 연통이 관통하는 벽면, 지붕 등은 불연재료로 처리할 것
5) 연통재질은 불연재료로 사용하고 연결부에 청소구를 설치할 것

마. 보일러 본체와 벽·천장 사이의 거리는 0.6미터 이상이어야 한다.
바. 보일러를 실내에 설치하는 경우에는 콘크리트바닥 또는 금속 외의 불연재료로 된 바닥 위에 설치해야 한다.

2. 난로
가. 연통은 천장으로부터 0.6미터 이상 떨어지고, 연통의 배출구는 건물 밖으로 0.6미터 이상 나오게 설치해야 한다.
나. 가연성 벽·바닥 또는 천장과 접촉하는 연통의 부분은 규조토 등 난연성 또는 불연성의 단열재로 덮어씌워야 한다.
다. 이동식난로는 다음의 장소에서 사용해서는 안 된다. 다만, 난로가 쓰러지지 않도록 받침대를 두어 고정시키거나 쓰러지는 경우 즉시 소화되고 연료의 누출을 차단할 수 있는 장치가 부착된 경우에는 그렇지 않다.
1) 「다중이용업소의 안전관리에 관한 특별법」 제2조제1항제4호에 따른 다중이용업소
2) 「학원의 설립·운영 및 과외교습에 관한 법률」 제2조제1호에 따른 학원
3) 「학원의 설립·운영 및 과외교습에 관한 법률 시행령」 제2조제1항제4호에 따른 독서실

4) 「공중위생관리법」 제2조제1항제2호에 따른 숙박업, 같은 항 제3호에 따른 목욕장업 및 같은 항 제6호에 따른 세탁업의 영업장
5) 「의료법」 제3조제2항제1호에 따른 의원·치과의원·한의원, 같은 항 제2호에 따른 조산원 및 같은 항 제3호에 따른 병원·치과병원·한방병원·요양병원·정신병원·종합병원
6) 「식품위생법 시행령」 제21조제8호에 따른 식품접객업의 영업장
7) 「영화 및 비디오물의 진흥에 관한 법률」 제2조제10호에 따른 영화상영관
8) 「공연법」 제2조제4호에 따른 공연장
9) 「박물관 및 미술관 진흥법」 제2조제1호에 따른 박물관 및 같은 조 제2호에 따른 미술관
10) 「유통산업발전법」 제2조제7호에 따른 상점가
11) 「건축법」 제20조에 따른 가설건축물
12) 역·터미널

3. 건조설비
   가. 건조설비와 벽·천장 사이의 거리는 0.5미터 이상이어야 한다.
   나. 건조물품이 열원과 직접 접촉하지 않도록 해야 한다.
   다. 실내에 설치하는 경우에 벽·천장 및 바닥은 불연재료로 해야 한다.

4. 가스·전기시설
   가. 가스시설의 경우 「고압가스 안전관리법」, 「도시가스사업법」 및 「액화석유가스의 안전관리 및 사업법」에서 정하는 바에 따른다.
   나. 전기시설의 경우 「전기사업법」 및 「전기안전관리법」에서 정하는 바에 따른다.

5. 불꽃을 사용하는 용접·용단 기구
   용접 또는 용단 작업장에서는 다음 각 목의 사항을 지켜야 한다. 다만, 「산업안전보건법」 제38조의 적용을 받는 사업장에는 적용하지 않는다.
   가. 용접 또는 용단 작업장 주변 반경 5미터 이내에 소화기를 갖추어 둘 것
   나. 용접 또는 용단 작업장 주변 반경 10미터 이내에는 가연물을 쌓아두거나 놓아두지 말 것. 다만, 가연물의 제거가 곤란하여 방화포 등으로 방호조치를 한 경우는 제외한다.

6. 노·화덕설비
   가. 실내에 설치하는 경우에는 흙바닥 또는 금속 외의 불연재료로 된 바닥에 설치해야 한다.
   나. 노 또는 화덕을 설치하는 장소의 벽·천장은 불연재료로 된 것이어야 한다.
   다. 노 또는 화덕의 주위에는 녹는 물질이 확산되지 않도록 높이 0.1미터 이상의 턱을 설치해야 한다.
   라. 시간당 열량이 30만킬로칼로리 이상인 노를 설치하는 경우에는 다음의 사항을 지켜야 한다.
      1) 「건축법」 제2조제1항제7호에 따른 주요구조부(이하 "주요구조부"라 한다)는 불연재료 이상으로 할 것

2) 창문과 출입구는 「건축법 시행령」제64조에 따른 60분+ 방화문 또는 60분 방화문으로 설치할 것
   3) 노 주위에는 1미터 이상 공간을 확보할 것
7. 음식조리를 위하여 설치하는 설비
   「식품위생법 시행령」 제21조제8호에 따른 식품접객업 중 일반음식점 주방에서 조리를 위하여 불을 사용하는 설비를 설치하는 경우에는 다음 각 목의 사항을 지켜야 한다.
   가. 주방설비에 부속된 배출덕트(공기 배출통로)는 0.5밀리미터 이상의 아연도금강판 또는 이와 같거나 그 이상의 내식성 불연재료로 설치할 것
   나. 주방시설에는 동물 또는 식물의 기름을 제거할 수 있는 필터 등을 설치할 것
   다. 열을 발생하는 조리기구는 반자 또는 선반으로부터 0.6미터 이상 떨어지게 할 것
   라. 열을 발생하는 조리기구로부터 0.15미터 이내의 거리에 있는 가연성 주요구조부는 단열성이 있는 불연재료로 덮어 씌울 것

[비고]
1. "보일러"란 사업장 또는 영업장 등에서 사용하는 것을 말하며, 주택에서 사용하는 가정용 보일러는 제외한다.
2. "건조설비"란 산업용 건조설비를 말하며, 주택에서 사용하는 건조설비는 제외한다.
3. "노·화덕설비"란 제조업·가공업에서 사용되는 것을 말하며, 주택에서 조리용도로 사용되는 화덕은 제외한다.
4. 보일러, 난로, 건조설비, 불꽃을 사용하는 용접·용단기구 및 노·화덕설비가 설치된 장소에는 소화기 1개 이상을 갖추어 두어야 한다.

핵심정리

0.5mm	[음식조리를 위하여 설치하는 설비] 주방설비에 부속된 배출덕트(공기 배출통로)는 0.5밀리미터 이상의 아연도금강판 또는 이와 같거나 그 이상의 내식성 불연재료로 설치할 것
0.1m	[노·화덕설비] 노 또는 화덕의 주위에는 녹는 물질이 확산되지 않도록 높이 0.1미터 이상의 턱을 설치해야 한다.
0.15m	[음식조리를 위하여 설치하는 설비] 열을 발생하는 조리기구로부터 0.15미터 이내의 거리에 있는 가연성 주요구조부는 단열성이 있는 불연재료로 덮어 씌울 것
0.5m	[보일러] 경유·등유 등 액체연료를 사용할 때 연료탱크에는 화재 등 긴급상황이 발생하는 경우 연료를 차단할 수 있는 개폐밸브를 연료탱크로부터 0.5미터 이내에 설치할 것 [보일러] 기체연료를 사용할 때 화재 등 긴급 시 연료를 차단할 수 있는 개폐밸브를 연료용기 등으로부터 0.5미터 이내에 설치할 것 [건조설비] 건조설비와 벽·천장 사이의 거리는 0.5미터 이상이어야 한다.
0.6m	[보일러] 보일러 본체와 벽·천장 사이의 거리는 0.6미터 이상이어야 한다. [음식조리를 위하여 설치하는 설비] 열을 발생하는 조리기구는 반자 또는 선반으로부터 0.6미터 이상 떨어지게 할 것 [보일러] 화목(火木) 등 고체연료를 사용할 때 연통은 천장으로부터 0.6미터 떨어지고, 연통의 배출구는 건물 밖으로 0.6미터 이상 나오도록 설치할 것 [난로] 연통은 천장으로부터 0.6미터 이상 떨어지고, 연통의 배출구는 건물 밖으로 0.6미터 이상 나오게 설치해야 한다.

1m	[보일러] 경유·등유 등 액체연료를 사용할 때 연료탱크는 보일러 본체로부터 수평거리 1미터 이상의 간격을 두어 설치할 것
2m	[보일러] 화목(火木) 등 고체연료를 사용할 때 고체연료는 보일러 본체와 수평거리 2미터 이상 간격을 두어 보관하거나 불연재료로 된 별도의 구획된 공간에 보관할 것 [보일러] 화목(火木) 등 고체연료를 사용할 때 연통의 배출구는 보일러 본체보다 2미터 이상 높게 설치할 것
5m	[불꽃을 사용하는 용접·용단 기구] 용접 또는 용단 작업장 주변 반경 5미터 이내에 소화기를 갖추어 둘 것
10m	[불꽃을 사용하는 용접·용단 기구] 용접 또는 용단 작업장 주변 반경 10미터 이내에는 가연물을 쌓아두거나 놓아두지 말 것. 다만, 가연물의 제거가 곤란하여 방화포 등으로 방호조치를 한 경우는 제외한다.

예상문제

01 불을 사용하는 설비 등의 관리에서 보일러 본체와 벽·천장 사이의 거리는 몇 m 이상이어야 하는가?

① 0.1m
② 0.5m
③ 0.6m
④ 1m

해설
보일러 본체와 벽·천장 사이의 거리는 0.6미터 이상이어야 한다.

정답 ③

02 보일러 등의 설비 또는 기구 등의 위치·구조 및 관리와 화재예방을 위하여 불을 사용할 때 지켜야 하는 사항 중 '난로'에 대한 설명이다. ( ) 안의 내용으로 옳게 연결된 것은? 〈㉠, ㉡ 순〉

연통은 천장으로부터 (㉠)m 이상 떨어지고, 연통의 배출구는 건물 밖으로 (㉡)m 이상 나오게 설치해야 한다.

① 0.5, 0.6
② 0.6, 0.6
③ 0.5, 0.5
④ 0.6, 0.5

해설
연통은 천장으로부터 0.6미터 이상 떨어지고, 연통의 배출구는 건물 밖으로 0.6미터 이상 나오게 설치해야 한다.

정답 ②

03 보일러에 기체연료를 사용할 때 지켜야 하는 사항으로 바르지 않은 것은?

① 보일러를 설치하는 장소에는 환기구를 설치하는 등 가연성 가스가 머무르지 않도록 할 것
② 화재 등 긴급 시 연료를 차단할 수 있는 개폐밸브를 연료용기 등으로부터 0.5미터 이내에 설치할 것
③ 보일러가 설치된 장소에는 가스누설경보기를 설치할 것
④ 연료를 공급하는 배관은 금속관 또는 플라스틱합성관으로 할 것

해설
연료를 공급하는 배관은 금속관으로 하여야 한다.

정답 ④

04 다음 중 불꽃을 사용하는 용접·용단 기구에 대한 내용으로 옳은 것은?

> 용접 또는 용단 작업장 주변 반경 (　)m 이내에 소화기를 갖추고, 용접 또는 용단 작업장 주변 반경 (　)m 이내에는 가연물을 쌓아두거나 놓아두지 말 것

① 3, 5
② 5, 3
③ 5, 10
④ 10, 5

해설
용접 또는 용단 작업장 주변 반경 5미터 이내에 소화기를 갖추고, 용접 또는 용단 작업장 주변 반경 10미터 이내에는 가연물을 쌓아두거나 놓아두지 않아야 한다.

정답 ③

05 불을 사용하는 설비 중 노 주위에 1m 이상의 공간을 확보해야 하는 노·화덕 설비의 시간당 열량은 얼마 이상인가?

① 5만 kcal
② 10만 kcal
③ 20만 kcal
④ 30만 kcal

해설
노·화덕설비의 경우 시간당 열량이 30만킬로칼로리 이상인 노를 설치하는 경우에는 다음의 사항을 지켜야 한다.
1) 주요구조부는 불연재료 이상으로 할 것
2) 창문과 출입구는 60분+ 방화문 또는 60분 방화문으로 설치할 것
3) 노 주위에는 1미터 이상 공간을 확보할 것

정답 ④

06 불의 사용에 있어서 지켜야 하는 사항에서 노·화덕설비의 기준으로 옳지 않은 것은?
① 실내에 설치하는 경우에는 흙바닥 또는 금속 외의 불연재료로 된 바닥에 설치해야 한다.
② 노 또는 화덕을 설치하는 장소의 벽·천장은 난연재료로 된 것이어야 한다.
③ 노 또는 화덕의 주위에는 녹는 물질이 확산되지 않도록 높이 0.1m 이상의 턱을 설치해야 한다.
④ 시간당 열량이 30만kcal 이상인 노를 설치하는 경우 노 주위에는 1m 이상의 공간을 확보하여야 한다.

🔎 해설
노 또는 화덕을 설치하는 장소의 벽·천장은 불연재료로 된 것이어야 한다.

정답 ②

07 다음 중 음식조리를 위하여 설치하는 설비에 관한 사항으로 틀린 것은?
① 주방설비에 부속된 배출덕트(공기 배출통로)는 0.5mm 이상의 아연도금강판 또는 이와 같거나 그 이상의 내식성 불연재료로 설치할 것
② 주방시설에는 동물 또는 식물의 기름을 제거할 수 있는 필터 등을 설치할 것
③ 열을 발생하는 조리기구는 반자 또는 선반으로부터 0.5m 이상 떨어지게 할 것
④ 열을 발생하는 조리기구로부터 0.15m 이내의 거리에 있는 가연성 주요구조부는 단열성이 있는 불연재료로 덮어 씌울 것

🔎 해설
열을 발생하는 조리기구는 반자 또는 선반으로부터 0.6m 이상 떨어지게 하여야 한다.

정답 ③

08 다음 중 보일러 등의 설비 또는 기구 등의 위치·구조 및 관리와 화재예방을 위하여 불을 사용할 때 지켜야 하는 사항으로 옳지 않은 것은?
① 건조설비와 벽·천장 사이의 거리는 0.5m 이상이어야 한다.
② 난로의 연통은 천장으로부터 1m 이상 떨어지고, 연통의 배출구는 건물 밖으로 1m 이상 나오게 설치해야 한다.
③ 건조설비와 벽·천장 사이의 거리는 0.5m 이상이어야 한다.
④ 보일러를 실내에 설치하는 경우에는 콘크리트바닥 또는 금속 외의 불연재료로 된 바닥 위에 설치해야 한다.

🔎 해설
난로의 연통은 천장으로부터 0.6미터 이상 떨어지고, 연통의 배출구는 건물 밖으로 0.6미터 이상 나오게 설치해야 한다.

정답 ②

09 소방기본법에서 불을 사용하는 설비에 관하여 옳지 않은 것은?
① 보일러와 벽·천장 사이의 거리는 0.6m 이상으로 한다.
② 이동식 난로는 학원, 독서실, 박물관 및 미술관 등의 장소에서 사용하여서는 아니 된다.
③ 열을 발생하는 조리기구는 반자 또는 선반으로부터 0.6m 이상 떨어지게 한다.
④ 액체 연료를 사용하는 경우 보일러를 설치하는 장소에는 환기구를 설치한다.

해설
기체 연료를 사용하는 경우 보일러를 설치하는 장소에는 환기구를 설치하는 등 가연성 가스가 머무르지 아니하도록 하여야 한다.

정답 ④

10 화재의 예방 및 안전관리에 관한 법률 시행령에서 보일러 등의 설비 또는 기구 등의 위치·구조 및 관리와 화재예방을 위하여 불을 사용할 때 지켜야 하는 사항으로 옳지 않은 것은?
① 보일러 본체와 벽·천장 사이의 거리는 0.6m 이상이어야 한다.
② 난로의 연통은 천장으로부터 0.6m 이상 떨어지고, 연통의 배출구는 건물 밖으로 0.6m 이상 나오게 설치해야 한다.
③ 건조설비와 벽·천장 사이의 거리는 0.5m 이상이어야 한다.
④ 불꽃을 사용하는 용접 또는 용단 작업장 주변 반경 10m 이내에 소화기를 갖추어야 한다.

해설
불꽃을 사용하는 용접 또는 용단 작업장 주변 반경 5미터 이내에 소화기를 갖추어야 한다.

정답 ④

11 불의 사용에 있어 지켜야 할 사항 중 옳지 않은 것은?
① 경유·등유 등 액체연료를 사용할 때 연료탱크는 보일러 본체로부터 수평거리 1m 이상의 간격을 두어 설치할 것
② 건조설비와 벽·천장 사이의 거리는 0.6m 이상이어야 한다.
③ 열을 발생하는 조리기구는 반자 또는 선반으로부터 0.6m 이상 떨어지게 할 것
④ 열을 발생하는 조리기구로부터 0.15m 이내의 거리에 있는 가연성 주요구조부는 단열성이 있는 불연재료로 덮어 씌울 것

해설
건조설비와 벽·천장 사이의 거리는 0.5미터 이상이어야 한다.

정답 ②

12 보일러 연료로 화목 등 고체연료를 사용할 때 지켜야 하는 사항으로 옳지 않은 것은?

① 고체연료는 보일러 본체와 수평거리 2m 이상 간격을 두어 보관하거나 불연재료로 된 별도의 구획된 공간에 보관할 것
② 연통은 천장으로부터 0.6m 떨어지고, 연통의 배출구는 건물 밖으로 0.6m 이상 나오도록 설치할 것
③ 연통의 배출구는 보일러 본체보다 1m 이상 높게 설치할 것
④ 연통재질은 불연재료로 사용하고 연결부에 청소구를 설치할 것

해설
연통의 배출구는 보일러 본체보다 2미터 이상 높게 설치하여야 한다.

정답 ③

13 화재의 예방 및 안전관리에 관한 법률 시행령에서 불을 사용하는 설비의 관리기준에서 ( ) 안에 들어갈 숫자로 옳은 것은?

- 보일러 : 보일러와 벽·천장 사이의 거리는 (가)m 이상 되도록 하여야 한다.
- 건조설비 : 건조설비와 벽·천장 사이의 거리는 (나)m 이상 되도록 하여야 한다.
- 음식조리를 위하여 설치하는 설비 : 열을 발생하는 조리기구는 반자 또는 선반으로부터 (다)m 이상 떨어지게 하여야 한다.

	(가)	(나)	(다)		(가)	(나)	(다)
①	0.5	0.6	0.6	②	0.6	0.6	0.6
③	0.6	0.5	0.6	④	0.6	0.6	0.5

해설
- 보일러 본체와 벽·천장 사이의 거리는 0.6미터 이상이어야 한다.
- 건조설비와 벽·천장 사이의 거리는 0.5미터 이상이어야 한다.
- 열을 발생하는 조리기구는 반자 또는 선반으로부터 0.6미터 이상 떨어지게 할 것

정답 ③

★★★★★ [시행 2022. 12. 1.]

시행령 [별표 2] 특수가연물

품명		수량
면화류		200킬로그램 이상
나무껍질 및 대팻밥		400킬로그램 이상
넝마 및 종이부스러기		1,000킬로그램 이상
사류(絲類)		1,000킬로그램 이상
볏짚류		1,000킬로그램 이상
가연성 고체류		3,000킬로그램 이상
석탄·목탄류		10,000킬로그램 이상
가연성 액체류		2세제곱미터 이상
목재가공품 및 나무부스러기		10세제곱미터 이상
고무류·플라스틱류	발포시킨 것	20세제곱미터 이상
	그 밖의 것	3,000킬로그램 이상

암기법 면이백 대사 종사볏천 고고삼천 목탄 만들다. / 액체목발 2 10 20

[비고]
1. "면화류"란 불연성 또는 난연성이 아닌 면상(綿狀) 또는 팽이모양의 섬유와 마사(麻絲) 원료를 말한다.
2. 넝마 및 종이부스러기는 불연성 또는 난연성이 아닌 것(동물 또는 식물의 기름이 깊이 스며들어 있는 옷감·종이 및 이들의 제품을 포함한다)으로 한정한다.
3. "사류"란 불연성 또는 난연성이 아닌 실(실부스러기와 솜털을 포함한다)과 누에고치를 말한다.
4. "볏짚류"란 마른 볏짚·북데기와 이들의 제품 및 건초를 말한다. 다만, 축산용도로 사용하는 것은 제외한다.
5. "가연성 고체류"란 고체로서 다음 각 목에 해당하는 것을 말한다.
   가. 인화점이 섭씨 40도 이상 100도 미만인 것
   나. 인화점이 섭씨 100도 이상 200도 미만이고, 연소열량이 1그램당 8킬로칼로리 이상인 것
   다. 인화점이 섭씨 200도 이상이고 연소열량이 1그램당 8킬로칼로리 이상인 것으로서 녹는점(융점)이 100도 미만인 것
   라. 1기압과 섭씨 20도 초과 40도 이하에서 액상인 것으로서 인화점이 섭씨 70도 이상 섭씨 200도 미만이거나 나목 또는 다목에 해당하는 것
6. 석탄·목탄류에는 코크스, 석탄가루를 물에 갠 것, 마세크탄(조개탄), 연탄, 석유코크스, 활성탄 및 이와 유사한 것을 포함한다.
7. "가연성 액체류"란 다음 각 목의 것을 말한다.
   가. 1기압과 섭씨 20도 이하에서 액상인 것으로서 가연성 액체량이 40중량퍼센트 이하이면서 인화점이 섭씨 40도 이상 섭씨 70도 미만이고 연소점이 섭씨 60도 이상인 것
   나. 1기압과 섭씨 20도에서 액상인 것으로서 가연성 액체량이 40중량퍼센트 이하이고 인화점이 섭씨 70도 이상 섭씨 250도 미만인 것
   다. 동물의 기름과 살코기 또는 식물의 씨나 과일의 살에서 추출한 것으로서 다음의 어느 하나에 해당하는 것
      1) 1기압과 섭씨 20도에서 액상이고 인화점이 250도 미만인 것으로서 「위험물안전관리법」 제20조제1항에 따른 용기기준과 수납·저장기준에 적합하고 용기외부에 물품명·수량 및 "화기엄금" 등의 표시를 한 것

2) 1기압과 섭씨 20도에서 액상이고 인화점이 섭씨 250도 이상인 것
8. "고무류·플라스틱류"란 불연성 또는 난연성이 아닌 고체의 합성수지제품, 합성수지반제품, 원료합성수지 및 합성수지 부스러기(불연성 또는 난연성이 아닌 고무제품, 고무반제품, 원료고무 및 고무 부스러기를 포함한다)를 말한다. 다만, 합성수지의 섬유·옷감·종이 및 실과 이들의 넝마와 부스러기는 제외한다.

예상문제

01 다음 중 소방기본법에서 정하는 특수가연물이 아닌 것은?
① 가연성 고체류 ② 가연성 액체류
③ 고무류·플라스틱류 ④ 동·식물유류

해설
동·식물유류는 제4류 위험물에 해당된다.

정답 ④

02 다음 중 특수가연물에 속하지 않는 것은?
① 면화류 ② 나무부스러기
③ 유황 ④ 석탄·목탄류

해설
유황은 제2류 위험물에 해당된다.

정답 ③

03 다음 중 화재 시 불길이 빠르게 번지는 물품인 특수가연물이 아닌 것은?
① 특수인화물 ② 가연성 액체류
③ 가연성 고체류 ④ 석탄·목탄류

해설
특수인화물은 제4류 위험물에 해당된다.

정답 ①

04 소방기본법 상 특수가연물의 종류로서 옳은 것은?
① 인화성 고체 ② 인화성 액체
③ 가연성 고체류 ④ 가연성 기체

📝 **해설**

가연성 고체류 및 가연성 액체류는 특수가연물에 해당된다.

- 인화성 고체는 제2류 위험물에 해당된다.
- 인화성 액체는 제4류 위험물의 성질에 해당된다.
- 가연성 기체는 고압가스에 해당된다.

정답 ③

---

05 다음 중 특수가연물의 품명 및 지정수량에 해당하는 것은?
① 가연성 고체류 – 1,000kg
② 넝마 및 종이부스러기 – 400kg
③ 나무껍질 및 대팻밥 – 400kg
④ 석탄·목탄류 – 3,000kg

📝 **해설**

특수가연물의 품명 및 지정수량

가연성 고체류	넝마 및 종이부스러기	나무껍질 및 대팻밥	석탄·목탄류
3,000kg 이상	1,000kg 이상	400kg 이상	10,000kg 이상

정답 ③

---

06 다음 중 특수가연물 지정수량으로 옳은 것은?
① 볏짚류 500kg
② 넝마 1,000kg
③ 면화류 400kg
④ 나무껍질 및 대팻밥 200kg

📝 **해설**

특수가연물의 품명 및 지정수량

볏짚류	넝마 및 종이부스러기	면화류	나무껍질 및 대팻밥
1,000kg 이상	1,000kg 이상	200kg 이상	400kg 이상

정답 ②

---

07 다음 중 특수가연물의 종류와 지정수량의 조합으로 옳은 것은?
① 300kg 이상의 나무껍질
② 100kg 이상의 면화류
③ 500kg 이상의 볏짚류
④ 10m³ 이상의 나무부스러기

📝 **해설**

특수가연물의 품명 및 지정수량

나무껍질 및 대팻밥	면화류	볏짚류	목재가공품 및 나무부스러기
400kg 이상	200kg 이상	1,000kg 이상	10m³ 이상

정답 ④

08 소방기본법 시행령에서 규정하고 있는 특수가연물의 품명과 기준수량의 연결이 옳지 않은 것은?
① 면화류 : 1,000kg 이상
② 사류 : 1,000kg 이상
③ 볏짚류 : 1,000kg 이상
④ 넝마 및 종이부스러기 : 1,000kg 이상

해설

특수가연물의 품명 및 기준수량

면화류	사류	볏짚류	넝마 및 종이부스러기
200kg 이상	1,000kg 이상	1,000kg 이상	1,000kg 이상

정답 ①

09 다음 중 특수가연물에 해당하는 것으로 옳지 않은 것은?
① 면화류 200kg 이상
② 나무껍질 350kg 이상
③ 가연성 액체류 2m³ 이상
④ 사류 1,000kg 이상

해설

특수가연물의 품명 및 기준수량

면화류	나무껍질 및 대팻밥	가연성 액체류	사류
200kg 이상	400kg 이상	2m³ 이상	1,000kg 이상

정답 ②

10 특수가연물에서 "가연성 고체류"에 대하여 옳지 않은 것은?
① 인화점이 섭씨 40도 이상 100도 미만인 것
② 인화점이 섭씨 100도 이상 200도 미만이고, 연소열량이 1그램당 8킬로칼로리 이상인 것
③ 인화점이 섭씨 200도 이상이고 연소열량이 1그램당 8킬로칼로리 이상인 것으로서 녹는점(융점)이 200도 미만인 것
④ 1기압과 섭씨 20도 초과 40도 이하에서 액상인 것으로서 인화점이 섭씨 70도 이상 섭씨 200도 미만인 것

해설

"가연성 고체류"란 고체로서 인화점이 섭씨 200도 이상이고 연소열량이 1그램당 8킬로칼로리 이상인 것으로서 녹는점(융점)이 100도 미만인 것이 해당된다.

정답 ③

11 다음 중 특수가연물에 대한 설명으로 옳은 것은?

① 석탄·목탄류에는 코크스, 석탄가루를 물에 갠 것, 마세크탄(조개탄), 연탄, 석유코크스, 활성탄 및 이와 유사한 것을 포함한다.
② "사류"란 불연성 또는 난연성인 실(실 부스러기와 솜털 포함)과 누에고치를 말한다.
③ "볏짚류"란 젖은 볏짚·북더기와 이들의 제품 및 건초를 말한다.
④ "고무류·플라스틱류"란 합성수지의 섬유·옷감·종이 및 실과 이들의 넝마와 부스러기를 포함한다.

해설

- "사류"란 불연성 또는 난연성이 아닌 실(실 부스러기와 솜털을 포함)과 누에고치를 말한다.
- "볏짚류"란 마른 볏짚·북데기와 이들의 제품 및 건초를 말한다. 다만, 축산용도로 사용하는 것은 제외한다.
- "고무류·플라스틱류"란 불연성 또는 난연성이 아닌 고체의 합성수지제품, 합성수지반제품, 원료합성수지 및 합성수지 부스러기(불연성 또는 난연성이 아닌 고무제품, 고무반제품, 원료고무 및 고무 부스러기를 포함한다)를 말한다. 다만, 합성수지의 섬유·옷감·종이 및 실과 이들의 넝마와 부스러기는 제외한다.

정답 ①

★★★★★ [시행 2022. 12. 1.]

시행령 [별표 3] 특수가연물의 저장 및 취급 기준

1. 특수가연물의 저장·취급 기준
   특수가연물은 다음 각 목의 기준에 따라 쌓아 저장해야 한다. 다만, 석탄·목탄류를 발전용(發電用)으로 저장하는 경우는 제외한다.
   가. 품명별로 구분하여 쌓을 것
   나. 다음의 기준에 맞게 쌓을 것

구분	살수설비를 설치하거나 방사능력 범위에 해당 특수가연물이 포함되도록 대형수동식소화기를 설치하는 경우	그 밖의 경우
높이	15미터 이하	10미터 이하
쌓는 부분의 바닥면적	200제곱미터(석탄·목탄류의 경우에는 300제곱미터) 이하	50제곱미터(석탄·목탄류의 경우에는 200제곱미터) 이하

   다. 실외에 쌓아 저장하는 경우 쌓는 부분이 대지경계선, 도로 및 인접 건축물과 최소 6미터 이상 간격을 둘 것. 다만, 쌓는 높이보다 0.9미터 이상 높은 「건축법 시행령」 제2조 제7호에 따른 내화구조(이하 "내화구조"라 한다) 벽체를 설치한 경우는 그렇지 않다.
   라. 실내에 쌓아 저장하는 경우 주요구조부는 내화구조이면서 불연재료여야 하고, 다른 종류의 특수가연물과 같은 공간에 보관하지 않을 것. 다만, 내화구조의 벽으로 분리하는 경우는 그렇지 않다.

마. 쌓는 부분 바닥면적의 사이는 실내의 경우 1.2미터 또는 쌓는 높이의 1/2 중 큰 값 이상으로 간격을 두어야 하며, 실외의 경우 3미터 또는 쌓는 높이 중 큰 값 이상으로 간격을 둘 것

2. 특수가연물 표지
    가. 특수가연물을 저장 또는 취급하는 장소에는 품명, 최대저장수량, 단위부피당 질량 또는 단위체적당 질량, 관리책임자 성명·직책, 연락처 및 화기취급의 금지표시가 포함된 특수가연물 표지를 설치해야 한다.
    나. 특수가연물 표지의 규격은 다음과 같다.

특수가연물	
화기엄금	
품 명	합성수지류
최대저장수량(배수)	000톤(00배)
단위부피당 질량(단위체적당 질량)	000kg/m³
관리책임자(직책)	홍길동 팀장
연락처	02-000-0000

1) 특수가연물 표지는 한 변의 길이가 0.3미터 이상, 다른 한 변의 길이가 0.6미터 이상인 직사각형으로 할 것
2) 특수가연물 표지의 바탕은 흰색으로, 문자는 검은색으로 할 것. 다만, "화기엄금"표시 부분은 제외한다.
3) 특수가연물 표지 중 화기엄금 표시 부분의 바탕은 붉은색으로, 문자는 백색으로 할 것

다. 특수가연물 표지는 특수가연물을 저장하거나 취급하는 장소 중 보기 쉬운 곳에 설치해야 한다.

예상문제

01 다음 중 특수가연물 저장 및 취급기준으로 옳지 않은 것은?
① 특수가연물을 저장 또는 취급하는 장소에는 품명, 최대저장수량, 단위부피당 질량 또는 단위체적당 질량, 관리책임자 성명·직책, 연락처 및 화기취급의 금지표시가 포함된 특수가연물 표지를 설치해야 한다.
② 살수설비를 설치하거나 방사능력 범위에 해당 특수가연물이 포함되도록 대형수동식소화기를 설치하는 경우 쌓는 부분의 바닥면적은 300m² 이하가 되도록 할 것(석탄·목탄류는 제외)
③ 품명별로 구분하여 쌓을 것
④ 실외에 쌓아 저장하는 경우 쌓는 부분이 대지경계선, 도로 및 인접 건축물과 최소 6m 이상 간격을 둘 것

🔎 **해설**

살수설비를 설치하거나 방사능력 범위에 해당 특수가연물이 포함되도록 대형수동식소화기를 설치하는 경우 쌓는 부분의 바닥면적은 200제곱미터(석탄·목탄류의 경우에는 300제곱미터) 이하가 되도록 하여야 한다.

정답 ②

02 특수가연물의 저장 및 취급기준으로 옳지 않은 것은?

① 품명별로 구분하여 쌓을 것
② 살수설비를 설치하거나 방사능력 범위에 해당 특수가연물이 포함되도록 대형수동식소화기를 설치하는 경우 쌓는 높이는 10m 이하가 되도록 할 것
③ 쌓는 부분 바닥면적의 사이는 실내의 경우 1.2m 또는 쌓는 높이의 1/2 중 큰 값 이상으로 간격을 두어야 할 것
④ 특수가연물 표지는 한 변의 길이가 0.3m 이상, 다른 한 변의 길이가 0.6m 이상인 직사각형으로 할 것

🔎 **해설**

살수설비를 설치하거나 방사능력 범위에 해당 특수가연물이 포함되도록 대형수동식소화기를 설치하는 경우 쌓는 높이는 15미터 이하가 되도록 하여야 한다.

정답 ②

03 다음 중 특수가연물의 표지에 대한 내용 중 옳지 않은 것은?

① 특수가연물을 저장 또는 취급하는 장소에는 품명, 최대저장수량, 단위부피당 질량 또는 단위체적당 질량, 관리책임자 성명·직책, 연락처 및 화기취급의 금지표시가 포함된 특수가연물 표지를 설치해야 한다.
② 특수가연물 표지는 한 변이 길이가 0.3미터 이상, 다른 한 변의 길이가 0.6미터 이상인 직사각형으로 할 것
③ 특수가연물 표지의 바탕은 흰색으로, 문자는 검은색으로 할 것. 다만, "화기엄금" 표시 부분은 제외한다.
④ 특수가연물 표지 중 화기엄금 표시 부분의 바탕은 백색으로, 문자는 붉은색으로 할 것

🔎 **해설**

특수가연물 표지 중 화기엄금 표시 부분의 바탕은 붉은색으로, 문자는 백색으로 하여야 한다.

정답 ④

04 「화재의 예방 및 안전관리에 관한 법률 시행령」상 특수가연물의 저장·취급 기준에 대한 내용이다. ( ) 안에 들어갈 내용으로 옳은 것은?

> 특수가연물의 쌓는 부분 바닥면적의 사이는 실내의 경우 (가) 또는 쌓는 높이의 (나) 중 큰 값 이상으로 간격을 두어야 하며, 실외의 경우 (다) 또는 쌓는 높이 중 큰 값 이상으로 간격을 둘 것

	(가)	(나)	(다)		(가)	(나)	(다)
①	1m	1/2	2m	②	1m	1/3	3m
③	1.2m	1/3	2m	④	1.2m	1/2	3m

해설
특수가연물의 쌓는 부분 바닥면적의 사이는 실내의 경우 1.2m 또는 쌓는 높이의 1/2 중 큰 값 이상으로 간격을 두어야 하며, 실외의 경우 3m 또는 쌓는 높이 중 큰 값 이상의 간격을 두어야 한다.

정답 ④

★★★★★ [시행 2022. 12. 1.]

시행령 [별표 4] 소방안전관리자를 선임해야 하는 소방안전관리대상물의 범위와 소방안전관리자의 선임 대상별 자격 및 인원기준

1. 특급 소방안전관리대상물
   가. 특급 소방안전관리대상물의 범위
      「소방시설 설치 및 관리에 관한 법률 시행령」 별표 2의 특정소방대상물 중 다음의 어느 하나에 해당하는 것
      1) 50층 이상(지하층은 제외한다)이거나 지상으로부터 높이가 200미터 이상인 아파트
      2) 30층 이상(지하층을 포함한다)이거나 지상으로부터 높이가 120미터 이상인 특정소방대상물(아파트는 제외한다)
      3) 2)에 해당하지 않는 특정소방대상물로서 연면적이 10만제곱미터 이상인 특정소방대상물(아파트는 제외한다)
   나. 특급 소방안전관리대상물에 선임해야 하는 소방안전관리자의 자격
      다음의 어느 하나에 해당하는 사람으로서 특급 소방안전관리자 자격증을 발급받은 사람
      1) 소방기술사 또는 소방시설관리사의 자격이 있는 사람
      2) 소방설비기사의 자격을 취득한 후 5년 이상 1급 소방안전관리대상물의 소방안전관리자로 근무한 실무경력(법 제24조제3항에 따라 소방안전관리자로 선임되어 근무한 경력은 제외한다. 이하 이 표에서 같다)이 있는 사람
      3) 소방설비산업기사의 자격을 취득한 후 7년 이상 1급 소방안전관리대상물의 소방안전관리자로 근무한 실무경력이 있는 사람

4) 소방공무원으로 20년 이상 근무한 경력이 있는 사람
5) 소방청장이 실시하는 특급 소방안전관리대상물의 소방안전관리에 관한 시험에 합격한 사람
다. 선임인원 : 1명 이상
2. 1급 소방안전관리대상물
   가. 1급 소방안전관리대상물의 범위
      「소방시설 설치 및 관리에 관한 법률 시행령」별표 2의 특정소방대상물 중 다음의 어느 하나에 해당하는 것(제1호에 따른 특급 소방안전관리대상물은 제외한다)
      1) 30층 이상(지하층은 제외한다)이거나 지상으로부터 높이가 120미터 이상인 아파트
      2) 연면적 1만5천제곱미터 이상인 특정소방대상물(아파트 및 연립주택은 제외한다)
      3) 2)에 해당하지 않는 특정소방대상물로서 지상층의 층수가 11층 이상인 특정소방대상물(아파트는 제외한다)
      4) 가연성 가스를 1천톤 이상 저장·취급하는 시설
   나. 1급 소방안전관리대상물에 선임해야 하는 소방안전관리자의 자격
      다음의 어느 하나에 해당하는 사람으로서 1급 소방안전관리자 자격증을 발급받은 사람 또는 제1호에 따른 특급 소방안전관리대상물의 소방안전관리자 자격증을 발급받은 사람
      1) 소방설비기사 또는 소방설비산업기사의 자격이 있는 사람
      2) 소방공무원으로 7년 이상 근무한 경력이 있는 사람
      3) 소방청장이 실시하는 1급 소방안전관리대상물의 소방안전관리에 관한 시험에 합격한 사람
   다. 선임인원 : 1명 이상
3. 2급 소방안전관리대상물
   가. 2급 소방안전관리대상물의 범위
      「소방시설 설치 및 관리에 관한 법률 시행령」별표 2의 특정소방대상물 중 다음의 어느 하나에 해당하는 것(제1호에 따른 특급 소방안전관리대상물 및 제2호에 따른 1급 소방안전관리대상물은 제외한다)
      1) 「소방시설 설치 및 관리에 관한 법률 시행령」별표 4 제1호다목에 따라 옥내소화전설비를 설치해야 하는 특정소방대상물, 같은 호 라목에 따라 스프링클러설비를 설치해야 하는 특정소방대상물 또는 같은 호 바목에 따라 물분무등소화설비[화재안전기준에 따라 호스릴(hose reel) 방식의 물분무등소화설비만을 설치할 수 있는 특정소방대상물은 제외한다]를 설치해야 하는 특정소방대상물

      > ※ **물분무등소화설비** : 물분무소화설비, 미분무소화설비, 포소화설비, 이산화탄소소화설비, 할론소화설비, 할로겐화합물 및 불활성기체 소화설비, 분말소화설비, 강화액소화설비, 고체에어로졸소화설비

      2) 가스 제조설비를 갖추고 도시가스사업의 허가를 받아야 하는 시설 또는 가연성 가스를 100톤 이상 1천톤 미만 저장·취급하는 시설

3) 지하구
4) 「공동주택관리법」제2조제1항제2호의 어느 하나에 해당하는 공동주택(「소방시설 설치 및 관리에 관한 법률 시행령」별표 4 제1호다목 또는 라목에 따른 옥내소화전설비 또는 스프링클러설비가 설치된 공동주택으로 한정한다)
5) 「문화재보호법」제23조에 따라 보물 또는 국보로 지정된 목조건축물

나. 2급 소방안전관리대상물에 선임해야 하는 소방안전관리자의 자격

다음의 어느 하나에 해당하는 사람으로서 2급 소방안전관리자 자격증을 발급받은 사람, 제1호에 따른 특급 소방안전관리대상물 또는 제2호에 따른 1급 소방안전관리대상물의 소방안전관리자 자격증을 발급받은 사람

1) 위험물기능장·위험물산업기사 또는 위험물기능사 자격이 있는 사람
2) 소방공무원으로 3년 이상 근무한 경력이 있는 사람
3) 소방청장이 실시하는 2급 소방안전관리대상물의 소방안전관리에 관한 시험에 합격한 사람
4) 「기업활동 규제완화에 관한 특별조치법」제29조, 제30조 및 제32조에 따라 소방안전관리자로 선임된 사람(소방안전관리자로 선임된 기간으로 한정한다)

다. 선임인원 : 1명 이상

4. 3급 소방안전관리대상물

가. 3급 소방안전관리대상물의 범위

「소방시설 설치 및 관리에 관한 법률 시행령」별표 2의 특정소방대상물 중 다음의 어느 하나에 해당하는 것(제1호에 따른 특급 소방안전관리대상물, 제2호에 따른 1급 소방안전관리대상물 및 제3호에 따른 2급 소방안전관리대상물은 제외한다)

1) 「소방시설 설치 및 관리에 관한 법률 시행령」별표 4 제1호마목에 따라 간이스프링클러설비(주택전용 간이스프링클러설비는 제외한다)를 설치해야 하는 특정소방대상물
2) 「소방시설 설치 및 관리에 관한 법률 시행령」별표 4 제2호다목에 따른 자동화재탐지설비를 설치해야 하는 특정소방대상물

나. 3급 소방안전관리대상물에 선임해야 하는 소방안전관리자의 자격

다음의 어느 하나에 해당하는 사람으로서 3급 소방안전관리자 자격증을 발급받은 사람 또는 제1호부터 제3호까지의 규정에 따라 특급 소방안전관리대상물, 1급 소방안전관리대상물 또는 2급 소방안전관리대상물의 소방안전관리자 자격증을 발급받은 사람

1) 소방공무원으로 1년 이상 근무한 경력이 있는 사람
2) 소방청장이 실시하는 3급 소방안전관리대상물의 소방안전관리에 관한 시험에 합격한 사람
3) 「기업활동 규제완화에 관한 특별조치법」제29조, 제30조 및 제32조에 따라 소방안전관리자로 선임된 사람(소방안전관리자로 선임된 기간으로 한정한다)

다. 선임인원 : 1명 이상

[비고]
1. 동·식물원, 철강 등 불연성 물품을 저장·취급하는 창고, 위험물 저장 및 처리 시설 중 제조소등과 지하구는 특급 소방안전관리대상물 및 1급 소방안전관리대상물에서 제외한다.
2. 이 표 제1호에 따른 특급 소방안전관리대상물에 선임해야 하는 소방안전관리자의 자격을 산정할 때에는 동일한 기간에 수행한 경력이 두 가지 이상의 자격기준에 해당하는 경우 하나의 자격기준에 대해서만 그 기간을 인정하고 기간이 중복되지 않는 소방안전관리자 실무경력의 경우에는 각각의 기간을 실무경력으로 인정한다. 이 경우 자격기준별 실무경력 기간을 해당 실무경력 기준기간으로 나누어 합한 값이 1 이상이면 선임자격을 갖춘 것으로 본다.

핵심정리

※ 소방안전관리대상물

구분	아파트	아파트를 제외		가연성 가스	소방설비
특급	50층 이상(지하층은 제외) 200미터 이상	30층 이상(지하층을 포함) 120미터 이상	연면적 10만m² 이상		
1급	30층 이상(지하층은 제외) 120미터 이상	11층 이상(지하층은 제외)	연면적 1만5천m² 이상	1천톤 이상	
2급		지하구, 보물 또는 국보로 지정된 목조건축물		100톤 이상 1천톤 미만	옥내소화전설비 스프링클러설비 물분무등소화설비
3급					간이스프링클러설비 자동화재탐지설비
보조자	300세대 이상		연면적 1만5천m² 이상		

※ 소방안전관리자

구분	자격증	자격증 + 경력	소방공무원 경력
특급	소방기술사 소방시설관리사	소방설비기사 + 5년 이상(1급) 소방설비산업기사 + 7년 이상(1급)	20년 이상
1급	소방설비기사 소방설비산업기사		7년 이상
2급	위험물기능장 위험물산업기사 위험물기능사		3년 이상
3급			1년 이상
보조자		소방안전 관련 업무 2년 이상	

예상문제

01 다음 중 특급 소방안전관리자를 두어야 하는 특급 소방안전관리대상물이 아닌 것은?
① 50층 이상(지하층은 제외)이거나 지상으로부터 높이가 200m 이상인 아파트
② 30층 이상(지하층을 포함)인 특정소방대상물(아파트는 제외)
③ 지상으로부터 높이가 100m 이상인 특정소방대상물(아파트는 제외)
④ 연면적이 10만m² 이상인 특정소방대상물(아파트는 제외)

해설
특급 소방안전관리대상물은 지상으로부터 높이가 120미터 이상인 특정소방대상물이다.(아파트는 제외)

정답 ③

02 다음 중 특급 소방안전관리대상물에 선임해야 하는 소방안전관리자의 자격이 아닌 것은?
① 소방기술사 또는 소방시설관리사의 자격이 있는 사람
② 소방설비기사의 자격을 취득한 후 5년 이상 1급 소방안전관리대상물의 소방안전관리자로 근무한 실무경력이 있는 사람
③ 소방설비산업기사의 자격을 취득한 후 10년 이상 1급 소방안전관리대상물의 소방안전관리자로 근무한 실무경력이 있는 사람
④ 소방공무원으로 20년 이상 근무한 경력이 있는 사람

해설
특급 소방안전관리대상물에 선임해야 하는 소방안전관리자의 자격은 소방설비산업기사의 자격을 취득한 후 7년 이상 1급 소방안전관리대상물의 소방안전관리자로 근무한 실무경력이 있는 사람이다.

정답 ③

03 다음 중 1급 소방안전관리자를 두어야 하는 1급 소방안전관리대상물이 아닌 것은?
① 30층 이상(지하층은 제외한다)이거나 지상으로부터 높이가 120m 이상인 아파트
② 연면적 10,000m² 이상인 특정소방대상물
③ 지상층의 층수가 11층 이상인 특정소방대상물(아파트는 제외한다)
④ 가연성 가스를 1천 톤 이상 저장·취급하는 시설

해설
1급 소방안전관리대상물은 연면적 1만5천제곱미터 이상인 특정소방대상물이다.(아파트 및 연립주택은 제외)

정답 ②

04 다음 중 2급 소방안전관리자를 두어야 하는 2급 소방안전관리대상물이 아닌 것은?

① 자동화재탐지설비를 설치해야 하는 특정소방대상물
② 가스 제조설비를 갖추고 도시가스사업의 허가를 받아야 하는 시설 또는 가연성 가스를 100톤 이상 1천톤 미만 저장·취급하는 시설
③ 지하구
④ 보물 또는 국보로 지정된 목조건축물

📖 해설

2급 소방안전관리대상물은 옥내소화전설비를 설치해야 하는 특정소방대상물, 스프링클러설비를 설치해야 하는 특정소방대상물 또는 물분무등소화설비(호스릴방식의 물분무등소화설비만을 설치할 수 있는 특정소방대상물은 제외)를 설치해야 하는 특정소방대상물이다.

정답 ①

★★★★☆ [시행 2022. 12. 1.]

시행령 [별표 5] 소방안전관리보조자를 선임해야 하는 소방안전관리대상물의 범위와 선임 대상별 자격 및 인원기준

1. 소방안전관리보조자를 선임해야 하는 소방안전관리대상물의 범위
   별표 4에 따라 소방안전관리자를 선임해야 하는 소방안전관리대상물 중 다음 각 목의 어느 하나에 해당하는 소방안전관리대상물
   가. 「건축법 시행령」 별표 1 제2호가목에 따른 아파트 중 300세대 이상인 아파트
   나. 연면적이 1만5천제곱미터 이상인 특정소방대상물(아파트 및 연립주택은 제외한다)
   다. 가목 및 나목에 따른 특정소방대상물을 제외한 특정소방대상물 중 다음의 어느 하나에 해당하는 특정소방대상물
      1) 공동주택 중 기숙사
      2) 의료시설
      3) 노유자 시설
      4) 수련시설
      5) 숙박시설(숙박시설로 사용되는 바닥면적의 합계가 1천500제곱미터 미만이고 관계인이 24시간 상시 근무하고 있는 숙박시설은 제외한다)

2. 소방안전관리보조자의 자격
   가. 별표 4에 따른 특급 소방안전관리대상물, 1급 소방안전관리대상물, 2급 소방안전관리대상물 또는 3급 소방안전관리대상물의 소방안전관리자 자격이 있는 사람
   나. 「국가기술자격법」 제2조제3호에 따른 국가기술자격의 직무분야 중 건축, 기계제작, 기계장비설비·설치, 화공, 위험물, 전기, 전자 및 안전관리에 해당하는 국가기술자격이 있는 사람

다. 「공공기관의 소방안전관리에 관한 규정」 제5조제1항제2호나목에 따른 강습교육을 수료한 사람
라. 법 제34조제1항제1호에 따른 강습교육 중 이 영 제33조제1호부터 제4호까지에 해당하는 사람을 대상으로 하는 강습교육을 수료한 사람
마. 소방안전관리대상물에서 소방안전 관련 업무에 2년 이상 근무한 경력이 있는 사람

3. 선임인원
가. 제1호가목에 따른 소방안전관리대상물의 경우에는 1명. 다만, 초과되는 300세대마다 1명 이상을 추가로 선임해야 한다.
나. 제1호나목에 따른 소방안전관리대상물의 경우에는 1명. 다만, 초과되는 연면적 1만 5천제곱미터(특정소방대상물의 방재실에 자위소방대가 24시간 상시 근무하고 「소방장비관리법 시행령」별표 1 제1호가목에 따른 소방자동차 중 소방펌프차, 소방물탱크차, 소방화학차 또는 무인방수차를 운용하는 경우에는 3만제곱미터로 한다)마다 1명 이상을 추가로 선임해야 한다.
다. 제1호다목에 따른 소방안전관리대상물의 경우에는 1명. 다만, 해당 특정소방대상물이 소재하는 지역을 관할하는 소방서장이 야간이나 휴일에 해당 특정소방대상물이 이용되지 않는다는 것을 확인한 경우에는 소방안전관리보조자를 선임하지 않을 수 있다.

예상문제

01 소방안전관리보조자를 두어야 하는 특정소방대상물이 아닌 것은?
① 공동주택 중 기숙사, 의료시설
② 노유자 시설, 수련시설, 숙박시설
③ 300세대 이상인 아파트
④ 연면적이 10,000m² 이상인 특정소방대상물(아파트 및 연립주택은 제외)

해설
아파트 및 연립주택을 제외한 연면적이 15,000m² 이상인 특정소방대상물에는 소방안전관리보조자를 두어야 한다.

정답 ④

02 소방안전관리보조자를 두어야 하는 특정소방대상물(아파트를 제외한 연면적이 1만5천제곱미터 이상)로 옳은 것은?
① 초과되는 연면적 1만m²마다 1명 이상을 추가로 선임
② 초과되는 연면적 1만5천m²마다 1명 이상을 추가로 선임
③ 초과되는 연면적 2만m²마다 1명 이상을 추가로 선임
④ 초과되는 연면적 3만m²마다 1명 이상을 추가로 선임

📖 **해설**

아파트를 제외한 연면적이 1만5천제곱미터 이상인 특정소방대상물에는 초과되는 연면적 1만5천제곱미터(방재실에 자위소방대가 24시간 상시 근무하고 소방자동차 중 소방펌프차, 소방물탱크차, 소방화학차 또는 무인방수차를 운용하는 경우에는 3만제곱미터)마다 1명 이상을 추가로 선임해야 한다. 아파트는 초과되는 300세대마다 1명 이상을 추가로 선임해야 한다.

정답 ②

★★★★☆ [시행 2022. 12. 1.]

시행규칙 제14조(소방안전관리자의 선임신고 등)

① 소방안전관리대상물의 관계인은 법 제24조 및 제35조에 따라 소방안전관리자를 다음 각 호의 구분에 따라 해당 호에서 정하는 날부터 30일 이내에 선임해야 한다.
  1. 신축·증축·개축·재축·대수선 또는 용도변경으로 해당 특정소방대상물의 소방안전관리자를 신규로 선임해야 하는 경우 : 해당 특정소방대상물의 사용승인일(건축물의 경우에는 「건축법」 제22조에 따라 건축물을 사용할 수 있게 된 날을 말한다. 이하 이 조 및 제16조에서 같다)
  2. 증축 또는 용도변경으로 인하여 특정소방대상물이 영 제25조제1항에 따른 소방안전관리대상물로 된 경우 또는 특정소방대상물의 소방안전관리 등급이 변경된 경우 : 증축공사의 사용승인일 또는 용도변경 사실을 건축물관리대장에 기재한 날
  3. 특정소방대상물을 양수하거나 「민사집행법」에 따른 경매, 「채무자 회생 및 파산에 관한 법률」에 따른 환가(換價), 「국세징수법」·「관세법」 또는 「지방세기본법」에 따른 압류재산의 매각이나 그 밖에 이에 준하는 절차에 따라 관계인의 권리를 취득한 경우 : 해당 권리를 취득한 날 또는 관할 소방서장으로부터 소방안전관리자 선임 안내를 받은 날. 다만, 새로 권리를 취득한 관계인이 종전의 특정소방대상물의 관계인이 선임신고한 소방안전관리자를 해임하지 않는 경우는 제외한다.
  4. 법 제35조에 따른 특정소방대상물의 경우 : 관리의 권원이 분리되거나 소방본부장 또는 소방서장이 관리의 권원을 조정한 날
  5. 소방안전관리자의 해임, 퇴직 등으로 해당 소방안전관리자의 업무가 종료된 경우 : 소방안전관리자가 해임된 날, 퇴직한 날 등 근무를 종료한 날
  6. 법 제24조제3항에 따라 소방안전관리업무를 대행하는 자를 감독할 수 있는 사람을 소방안전관리자로 선임한 경우로서 그 업무대행 계약이 해지 또는 종료된 경우 : 소방안전관리업무 대행이 끝난 날
  7. 법 제31조제1항에 따라 소방안전관리자 자격이 정지 또는 취소된 경우 : 소방안전관리자 자격이 정지 또는 취소된 날

② 영 별표 4 제3호 및 제4호에 따른 2급 또는 3급 소방안전관리대상물의 관계인은 제20조에 따른 소방안전관리자 자격시험이나 제25조에 따른 소방안전관리자에 대한 강습교육이 제1항에 따른 소방안전관리자 선임기간 내에 있지 않아 소방안전관리자를 선임할 수 없는 경우에는 소방안전관리자 선임의 연기를 신청할 수 있다.

③ 제2항에 따라 소방안전관리자 선임의 연기를 신청하려는 2급 또는 3급 소방안전관리대상물의 관계인은 별지 제14호서식의 소방안전관리자·소방안전관리보조자 선임 연기 신청서를 작성하여 소방본부장 또는 소방서장에게 제출해야 한다. 이 경우 소방본부장 또는 소방서장은 법 제33조에 따른 종합정보망(이하 "종합정보망"이라 한다)에서 강습교육의 접수 또는 시험응시 여부를 확인해야 하며, 2급 또는 3급 소방안전관리대상물의 관계인은 소방안전관리자가 선임될 때까지 법 제24조제5항의 소방안전관리업무를 수행해야 한다.

④ 소방본부장 또는 소방서장은 제3항에 따라 선임 연기 신청서를 제출받은 경우에는 3일 이내에 소방안전관리자 선임기간을 정하여 2급 또는 3급 소방안전관리대상물의 관계인에게 통보해야 한다.

⑤ 소방안전관리대상물의 관계인은 법 제24조 또는 제35조에 따라 소방안전관리자 또는 총괄소방안전관리자(「기업활동 규제완화에 관한 특별조치법」 제29조제2항·제3항, 제30조제2항 또는 제32조제2항에 따라 소방안전관리자를 겸임하거나 공동으로 선임되는 사람을 포함한다)를 선임한 경우에는 법 제26조제1항에 따라 별지 제15호서식의 소방안전관리자 선임신고서(전자문서를 포함한다)에 다음 각 호의 어느 하나에 해당하는 서류(전자문서를 포함한다)를 첨부하여 소방본부장 또는 소방서장에게 제출해야 한다. 이 경우 소방안전관리대상물의 관계인은 종합정보망을 이용하여 선임신고를 할 수 있다.

1. 제18조에 따른 소방안전관리자 자격증
2. 소방안전관리대상물의 소방안전관리에 관한 업무를 감독할 수 있는 직위에 있는 사람임을 증명하는 서류 및 소방안전관리업무의 대행 계약서 사본(법 제24조제3항에 따라 소방안전관리대상물의 관계인이 소방안전관리업무를 대행하게 하는 경우만 해당한다)
3. 「기업활동 규제완화에 관한 특별조치법」 제29조제2항·제3항, 제30조제2항 또는 제32조제2항에 따라 해당 소방안전관리대상물의 소방안전관리자를 겸임할 수 있는 안전관리자로 선임된 사실을 증명할 수 있는 서류 또는 선임사항이 기록된 자격증(자격수첩을 포함한다)
4. 계약서 또는 권원이 분리됨을 증명하는 관련 서류(법 제35조에 따른 권원별 소방안전관리자를 선임한 경우만 해당한다)

⑥ 소방본부장 또는 소방서장은 소방안전관리대상물의 관계인이 제5항에 따라 소방안전관리자 등을 선임하여 신고하는 경우에는 신고인에게 별지 제16호서식의 선임증을 발급해야 한다. 이 경우 소방본부장 또는 소방서장은 신고인이 종전의 선임이력에 관한 확인을 신청하는 경우에는 별지 제17호서식의 소방안전관리자 선임 이력 확인서를 발급해야 한다.

⑦ 소방본부장 또는 소방서장은 소방안전관리자의 선임신고를 접수하거나 해임 사실을 확인한 경우에는 지체 없이 관련 사실을 종합정보망에 입력해야 한다.

⑧ 소방본부장 또는 소방서장은 선임신고의 효율적 처리를 위하여 소방안전관리대상물이 완공된 경우에는 지체 없이 해당 소방안전관리대상물의 위치, 연면적 등의 정보를 종합정보망에 입력해야 한다.

예상문제

01 소방안전관리자의 선임신고 등에 대한 기준으로 가장 옳지 않은 것은?
① 모든 소방안전관리대상물의 소방안전관리자 선임 연기신청이 가능하다.
② 소방안전관리자 선임의 연기를 신청하려는 관계인은 소방안전관리자·소방안전관리보조자 선임 연기 신청서를 작성하여 소방본부장 또는 소방서장에게 제출해야 한다.
③ 소방본부장 또는 소방서장은 선임 연기 신청서를 제출받은 경우에는 3일 이내에 소방안전관리자 선임기간을 정하여 관계인에게 통보해야 한다.
④ 소방본부장 또는 소방서장은 소방안전관리자의 선임신고를 접수하거나 해임 사실을 확인한 경우에는 지체 없이 관련 사실을 종합정보망에 입력해야 한다.

해설
2급 또는 3급 소방안전관리대상물의 관계인은 소방안전관리자 자격시험이나 소방안전관리자에 대한 강습교육이 소방안전관리자 선임기간 내에 있지 않아 소방안전관리자를 선임할 수 없는 경우에는 소방안전관리자 선임의 연기를 신청할 수 있다. (특급 또는 1급은 연기신청 대상이 아님)

정답 ①

02 특정방대상물의 소방안전관리자 선임기준일로 옳지 않은 것은?
① 신축·증축·개축·재축·대수선 또는 용도변경으로 해당 특정소방대상물의 소방안전관리자를 신규로 선임해야 하는 경우에는 해당 특정소방대상물의 사용승인일
② 증축으로 인하여 특정소방대상물이 소방안전관리대상물로 된 경우에는 증축공사의 착공일
③ 관리의 권원이 분리된 특정소방대상물의 경우에는 관리의 권원이 분리되거나 소방본부장 또는 소방서장이 관리의 권원을 조정한 날
④ 소방안전관리자의 해임, 퇴직 등으로 해당 소방안전관리자의 업무가 종료된 경우에는 소방안전관리자가 해임된 날, 퇴직한 날 등 근무를 종료한 날

해설
증축 또는 용도변경으로 인하여 특정소방대상물이 소방안전관리대상물로 된 경우 또는 특정소방대상물의 소방안전관리 등급이 변경된 경우에는 증축공사의 사용승인일 또는 용도변경 사실을 건축물관리대장에 기재한 날부터 30일 이내에 소방안전관리자를 선임해야 한다.

정답 ②

03 소방안전관리자의 해임, 퇴직 등으로 해당 소방안전관리자의 업무가 종료된 경우 해임된 날, 퇴직한 날 등 근무를 종료한 날로부터 며칠 이내에 선임하여야 하는가?

① 7일
② 14일
③ 30일
④ 90일

해설

소방안전관리자의 해임, 퇴직 등으로 해당 소방안전관리자의 업무가 종료된 경우 해임된 날, 퇴직한 날 등 근무를 종료한 날로부터 30일 이내에 선임하여야 한다.

정답 ③

★★★☆☆ [시행 2022. 12. 1.]

시행규칙 제29조(실무교육의 실시)

① 소방청장은 법 제34조제1항제2호에 따른 실무교육(이하 "실무교육"이라 한다)의 대상·일정·횟수 등을 포함한 실무교육의 실시 계획을 매년 수립·시행해야 한다.

② 소방청장은 실무교육을 실시하려는 경우에는 실무교육 실시 30일 전까지 일시·장소, 그 밖에 실무교육 실시에 필요한 사항을 인터넷 홈페이지에 공고하고 교육대상자에게 통보해야 한다.

③ 소방안전관리자는 소방안전관리자로 선임된 날부터 6개월 이내에 실무교육을 받아야 하며, 그 이후에는 2년마다(최초 실무교육을 받은 날을 기준일로 하여 매 2년이 되는 해의 기준일과 같은 날 전까지를 말한다) 1회 이상 실무교육을 받아야 한다. 다만, 소방안전관리 강습교육 또는 실무교육을 받은 후 1년 이내에 소방안전관리자로 선임된 사람은 해당 강습교육을 수료하거나 실무교육을 이수한 날에 실무교육을 이수한 것으로 본다.

④ 소방안전관리보조자는 그 선임된 날부터 6개월(영 별표 5 제2호마목에 따라 소방안전관리보조자로 지정된 사람의 경우 3개월을 말한다) 이내에 실무교육을 받아야 하며, 그 이후에는 2년마다(최초 실무교육을 받은 날을 기준일로 하여 매 2년이 되는 해의 기준일과 같은 날 전까지를 말한다) 1회 이상 실무교육을 받아야 한다. 다만, 소방안전관리자 강습교육 또는 실무교육이나 소방안전관리보조자 실무교육을 받은 후 1년 이내에 소방안전관리보조자로 선임된 사람은 해당 강습교육을 수료하거나 실무교육을 이수한 날에 실무교육을 이수한 것으로 본다.

예상문제

01 다음 중 소방안전관리자의 실무교육에 대한 내용으로 옳지 않은 것은?

① 소방안전관리자는 소방안전관리자로 선임된 날부터 6개월 이내에 실무교육을 받아야 하며, 그 이후에는 2년마다 1회 이상 실무교육을 받아야 한다.
② 소방안전관리보조자는 그 선임된 날부터 6개월 이내에 실무교육을 받아야 하며, 그 이후에는 2년마다 1회 이상 실무교육을 받아야 한다.
③ 소방청장은 실무교육의 대상·일정·횟수 등을 포함한 실무교육의 실시 계획을 매년 수립·시행해야 한다.
④ 소방청장은 실무교육을 실시하려는 경우에는 실무교육 실시 15일 전까지 일시·장소, 그 밖에 실무교육 실시에 필요한 사항을 인터넷 홈페이지에 공고하고 교육대상자에게 통보해야 한다.

해설
소방청장은 실무교육을 실시하려는 경우에는 실무교육 실시 30일 전까지 일시·장소, 그 밖에 실무교육 실시에 필요한 사항을 인터넷 홈페이지에 공고하고 교육대상자에게 통보해야 한다.

정답 ④

02 다음 중 소방안전관리자에 대한 강습교육 및 실무교육의 실시에 관하여 옳지 않은 것은?

① 소방청장은 강습교육의 대상·일정·횟수 등을 포함한 강습교육의 실시계획을 매년 수립·시행해야 한다.
② 소방청장은 강습교육을 실시하려는 경우에는 강습교육 실시 30일 전까지 일시·장소, 그 밖에 강습교육 실시에 필요한 사항을 인터넷 홈페이지에 공고해야 한다.
③ 소방청장은 실무교육을 실시하려는 경우에는 실무교육 실시 30일 전까지 일시·장소, 그 밖에 실무교육 실시에 필요한 사항을 인터넷 홈페이지에 공고하고 교육대상자에게 통보해야 한다.
④ 소방안전관리자는 소방안전관리자로 선임된 날부터 6개월 이내에 실무교육을 받아야 하며, 그 이후에는 2년마다 1회 이상 실무교육을 받아야 한다.

해설
소방청장은 강습교육을 실시하려는 경우에는 강습교육 실시 20일 전까지 일시·장소, 그 밖에 강습교육 실시에 필요한 사항을 인터넷 홈페이지에 공고해야 한다.

정답 ②

03 소방안전관리자는 행정안전부령으로 정하는 바에 따라 소방청장이 실시하는 실무교육을 받아야 한다. 그 시기와 횟수는?

① 1년마다 1회 이상
② 1년마다 2회 이상
③ 2년마다 1회 이상
④ 2년마다 2회 이상

해설
소방안전관리자 및 소방안전관리보조자는 선임된 날부터 6개월 이내에 실무교육을 받아야 하며, 그 이후에는 2년마다 1회 이상 실무교육을 받아야 한다.

정답 ③

Part
3

소방시설 설치 및 관리에 관한 법률

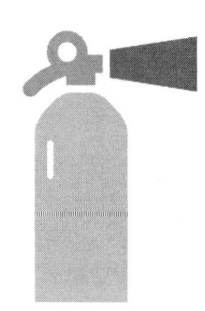

★★☆☆☆ [시행 2022. 12. 1.]

제1조(목적)

이 법은 특정소방대상물 등에 설치하여야 하는 소방시설등의 설치·관리와 소방용품 성능관리에 필요한 사항을 규정함으로써 국민의 생명·신체 및 재산을 보호하고 공공의 안전과 복리 증진에 이바지함을 목적으로 한다.

핵심정리

※ **소방기본법의 목적**
　이 법은 화재를 예방·경계하거나 진압하고 화재, 재난·재해, 그 밖의 위급한 상황에서의 구조·구급 활동 등을 통하여 국민의 생명·신체 및 재산을 보호함으로써 공공의 안녕 및 질서 유지와 복리증진에 이바지함을 목적으로 한다.

※ **화재의 예방 및 안전관리에 관한 법률의 목적**
　이 법은 화재의 예방과 안전관리에 필요한 사항을 규정함으로써 화재로부터 국민의 생명·신체 및 재산을 보호하고 공공의 안전과 복리 증진에 이바지함을 목적으로 한다.

※ **소방시설 설치 및 관리에 관한 법률**
　이 법은 특정소방대상물 등에 설치하여야 하는 소방시설등의 설치·관리와 소방용품 성능관리에 필요한 사항을 규정함으로써 국민의 생명·신체 및 재산을 보호하고 공공의 안전과 복리 증진에 이바지함을 목적으로 한다.

★★★☆☆ [시행 2022. 12. 1.]

제2조(정의)

① 이 법에서 사용하는 용어의 뜻은 다음과 같다.
　1. "소방시설"이란 소화설비, 경보설비, 피난구조설비, 소화용수설비, 그 밖에 소화활동설비로서 대통령령으로 정하는 것을 말한다.
　2. "소방시설등"이란 소방시설과 비상구(非常口), 그 밖에 소방 관련 시설로서 대통령령으로 정하는 것을 말한다.
　3. "특정소방대상물"이란 건축물 등의 규모·용도 및 수용인원 등을 고려하여 소방시설을 설치하여야 하는 소방대상물로서 대통령령으로 정하는 것을 말한다.
　4. "화재안전성능"이란 화재를 예방하고 화재발생 시 피해를 최소화하기 위하여 소방대상물의 재료, 공간 및 설비 등에 요구되는 안전성능을 말한다.
　5. "성능위주설계"란 건축물 등의 재료, 공간, 이용자, 화재 특성 등을 종합적으로 고

려하여 공학적 방법으로 화재 위험성을 평가하고 그 결과에 따라 화재안전성능이 확보될 수 있도록 특정소방대상물을 설계하는 것을 말한다.
6. "화재안전기준"이란 소방시설 설치 및 관리를 위한 다음 각 목의 기준을 말한다.
　가. 성능기준 : 화재안전 확보를 위하여 재료, 공간 및 설비 등에 요구되는 안전성능으로서 소방청장이 고시로 정하는 기준
　나. 기술기준 : 가목에 따른 성능기준을 충족하는 상세한 규격, 특정한 수치 및 시험방법 등에 관한 기준으로서 행정안전부령으로 정하는 절차에 따라 소방청장의 승인을 받은 기준
7. "소방용품"이란 소방시설등을 구성하거나 소방용으로 사용되는 제품 또는 기기로서 대통령령으로 정하는 것을 말한다.
② 이 법에서 사용하는 용어의 뜻은 제1항에서 규정하는 것을 제외하고는 「소방기본법」, 「화재의 예방 및 안전관리에 관한 법률」, 「소방시설공사업법」, 「위험물안전관리법」 및 「건축법」에서 정하는 바에 따른다.

예상문제

01 소방시설 설치 및 관리에 관한 법률의 용어의 정의 중 옳지 않은 것은?
① "소방시설"이란 소화설비, 경보설비, 피난구조설비, 소화용수설비, 그 밖에 소화활동설비로서 대통령령으로 정하는 것을 말한다.
② "소방시설등"이란 소방시설과 비상구(非常口), 그 밖에 소방 관련 시설로서 대통령령으로 정하는 것을 말한다.
③ "특정소방대상물"이란 건축물 등의 규모·용도 및 수용인원 등을 고려하여 소방시설을 설치하여야 하는 소방대상물로서 행정안전부령으로 정하는 것을 말한다.
④ "소방용품"이란 소방시설등을 구성하거나 소방용으로 사용되는 제품 또는 기기로서 대통령령으로 정하는 것을 말한다.

해설
"특정소방대상물"이란 건축물 등의 규모·용도 및 수용인원 등을 고려하여 소방시설을 설치하여야 하는 소방대상물로서 대통령령으로 정하는 것을 말한다.

정답 ③

02 건축물 등의 재료, 공간, 이용자, 화재 특성 등을 종합적으로 고려하여 공학적 방법으로 화재 위험성을 평가하고 그 결과에 따라 화재안전성능이 확보될 수 있도록 특정소방대상물을 설계하는 것을 무엇이라 하는가?
① 성능위주설계　　　　　　　　② 구조위주설계
③ 용도위주설계　　　　　　　　④ 특수위주설계

해설

"성능위주설계"란 건축물 등의 재료, 공간, 이용자, 화재 특성 등을 종합적으로 고려하여 공학적 방법으로 화재 위험성을 평가하고 그 결과에 따라 화재안전성능이 확보될 수 있도록 특정소방대상물을 설계하는 것을 말한다.

정답 ①

★★★☆☆ [시행 2022. 12. 1.]

제6조(건축허가등의 동의 등)

① 건축물 등의 신축·증축·개축·재축(再築)·이전·용도변경 또는 대수선(大修繕)의 허가·협의 및 사용승인(「주택법」 제15조에 따른 승인 및 같은 법 제49조에 따른 사용검사, 「학교시설사업 촉진법」 제4조에 따른 승인 및 같은 법 제13조에 따른 사용승인을 포함하며, 이하 "건축허가등"이라 한다)의 권한이 있는 행정기관은 건축허가등을 할 때 미리 그 건축물 등의 시공지(施工地) 또는 소재지를 관할하는 소방본부장이나 소방서장의 동의를 받아야 한다.

② 건축물 등의 증축·개축·재축·용도변경 또는 대수선의 신고를 수리(受理)할 권한이 있는 행정기관은 그 신고를 수리하면 그 건축물 등의 시공지 또는 소재지를 관할하는 소방본부장이나 소방서장에게 지체 없이 그 사실을 알려야 한다.

③ 제1항에 따른 건축허가등의 권한이 있는 행정기관과 제2항에 따른 신고를 수리할 권한이 있는 행정기관은 제1항에 따라 건축허가등의 동의를 받거나 제2항에 따른 신고를 수리한 사실을 알릴 때 관할 소방본부장이나 소방서장에게 건축허가등을 하거나 신고를 수리할 때 건축허가등을 받으려는 자 또는 신고를 한 자가 제출한 설계도서 중 건축물의 내부구조를 알 수 있는 설계도면을 제출하여야 한다. 다만, 국가안보상 중요하거나 국가기밀에 속하는 건축물을 건축하는 경우로서 관계 법령에 따라 행정기관이 설계도면을 확보할 수 없는 경우에는 그러하지 아니하다.

④ 소방본부장 또는 소방서장은 제1항에 따른 동의를 요구받은 경우 해당 건축물 등이 다음 각 호의 사항을 따르고 있는지를 검토하여 행정안전부령으로 정하는 기간 내에 해당 행정기관에 동의 여부를 알려야 한다.
1. 이 법 또는 이 법에 따른 명령
2. 「소방기본법」 제21조의2에 따른 소방자동차 전용구역의 설치

※ 소방본부장 또는 소방서장은 건축허가등의 동의 요구서류를 접수한 날부터 5일(허가를 신청한 건축물 등이 「화재의 예방 및 안전관리에 관한 법률 시행령」 별표 4 제1호 가목의 어느 하나에 해당하는 경우에는 10일) 이내에 건축허가등의 동의 여부를 회신해야 한다.(시행규칙 제3조제3항)
※ 화재의 예방 및 안전관리에 관한 법률 시행령 별표 4 제1호가목 : 특급 소방안전관리 대상물

⑤ 소방본부장 또는 소방서장은 제4항에 따른 건축허가등의 동의 여부를 알릴 경우에는 원활한 소방활동 및 건축물 등의 화재안전성능을 확보하기 위하여 필요한 다음 각 호의 사항에 대한 검토 자료 또는 의견서를 첨부할 수 있다.
  1. 「건축법」 제49조제1항 및 제2항에 따른 피난시설, 방화구획(防火區劃)
  2. 「건축법」 제49조제3항에 따른 소방관 진입창
  3. 「건축법」 제50조, 제50조의2, 제51조, 제52조, 제52조의2 및 제53조에 따른 방화벽, 마감재료 등(이하 "방화시설"이라 한다)
  4. 그 밖에 소방자동차의 접근이 가능한 통로의 설치 등 대통령령으로 정하는 사항
⑥ 제1항에 따라 사용승인에 대한 동의를 할 때에는 「소방시설공사업법」 제14조제3항에 따른 소방시설공사의 완공검사증명서를 발급하는 것으로 동의를 갈음할 수 있다. 이 경우 제1항에 따른 건축허가등의 권한이 있는 행정기관은 소방시설공사의 완공검사증명서를 확인하여야 한다.
⑦ 제1항에 따른 건축허가등을 할 때 소방본부장이나 소방서장의 동의를 받아야 하는 건축물 등의 범위는 대통령령으로 정한다.
⑧ 다른 법령에 따른 인가·허가 또는 신고 등(건축허가등과 제2항에 따른 신고는 제외하며, 이하 이 항에서 "인허가등"이라 한다)의 시설기준에 소방시설등의 설치·관리 등에 관한 사항이 포함되어 있는 경우 해당 인허가등의 권한이 있는 행정기관은 인허가등을 할 때 미리 그 시설의 소재지를 관할하는 소방본부장이나 소방서장에게 그 시설이 이 법 또는 이 법에 따른 명령을 따르고 있는지를 확인하여 줄 것을 요청할 수 있다. 이 경우 요청을 받은 소방본부장 또는 소방서장은 행정안전부령으로 정하는 기간 내에 확인 결과를 알려야 한다.

※ "행정안전부령으로 정하는 기간"이란 7일을 말한다.(시행규칙 제3조제7항)

예상문제

01 건축물 등의 신축·증축 등에 있어서 건축허가 등을 할 때 미리 그 건축물 등의 시공지(施工地) 또는 소재지를 관할하는 소방본부장이나 소방서장의 동의를 받아야 한다. 건축허가 등의 동의를 요청하는 자는?
① 건축주
② 소방시설 설계업자
③ 사용승인의 권한이 있는 행정기관
④ 소방시설 공사업자

해설
건축물 등의 신축·증축·개축·재축(再築)·이전·용도변경 또는 대수선(大修繕)의 허가·협의 및 사용승인의 권한이 있는 행정기관은 건축허가 등을 할 때 미리 그 건축물 등의 시공지(施工地) 또는 소재지를 관할하는 소방본부장이나 소방서장의 동의를 받아야 한다.

정답 ③

02 건축허가 등의 동의에 있어서 건축물 등의 건축허가 등의 동의권자는 누구인가?
① 관계인 ② 행정기관
③ 시·도지사 ④ 소방본부장, 소방서장

📖 해설

건축물 등의 건축허가 등의 동의권자는 "건축물 등의 시공지(施工地) 또는 소재지를 관할하는 소방본부장이나 소방서장"이다.

정답 ④

★★★☆☆ [시행 2022. 12. 1.]

제10조(주택에 설치하는 소방시설)

① 다음 각 호의 주택의 소유자는 소화기 등 대통령령으로 정하는 소방시설(이하 "주택용소방시설"이라 한다)을 설치하여야 한다.
  1. 「건축법」 제2조제2항제1호의 단독주택
  2. 「건축법」 제2조제2항제2호의 공동주택(아파트 및 기숙사는 제외한다)

> ※ "소화기 등 대통령령으로 정하는 소방시설"이란 소화기 및 단독경보형 감지기를 말한다.(시행령 제10조)

② 국가 및 지방자치단체는 주택용소방시설의 설치 및 국민의 자율적인 안전관리를 촉진하기 위하여 필요한 시책을 마련하여야 한다.
③ 주택용소방시설의 설치기준 및 자율적인 안전관리 등에 관한 사항은 특별시·광역시·특별자치시·도 또는 특별자치도(이하 "시·도"라 한다)의 조례로 정한다.

예상문제

01 소방시설 설치 및 관리에 관한 법률 및 같은 법 시행령에서 단독주택이나 공동주택(아파트 및 기숙사는 제외한다)의 소유자가 의무적으로 설치하여야 하는 소방시설로 옳은 것을 〈보기〉에서 있는 대로 고른 것은?

| ㄱ. 소화기 | ㄴ. 가스누설경보기 |
| ㄷ. 가스자동소화장치 | ㄹ. 단독경보형 감지기 |

① ㄱ, ㄹ ② ㄴ, ㄷ
③ ㄱ, ㄴ, ㄷ ④ ㄴ, ㄷ, ㄹ

해설
단독주택이나 공동주택(아파트 및 기숙사는 제외)의 소유자가 의무적으로 설치하여야 하는 주택용 소방시설은 소화기 및 단독경보형 감지기이다.

정답 ①

02 소방시설 설치 및 관리에 관한 법률 및 같은 법 시행령에서 다음에서 설명하는 '대통령령으로 정하는 소방시설'로 옳은 것은?

> 제10조(주택에 설치하는 소방시설) 다음 각 호의 주택의 소유자는 소화기 등 대통령령으로 정하는 소방시설을 설치하여야 한다.
> 1. 「건축법」 제2조제2항제1호의 단독주택
> 2. 「건축법」 제2조제2항제2호의 공동주택(아파트 및 기숙사는 제외한다)

① 소화기 및 시각경보기　　② 소화기 및 간이소화용구
③ 소화기 및 자동확산소화기　　④ 소화기 및 단독경보형 감지기

해설
"소화기 등 대통령령으로 정하는 소방시설(주택용 소방시설)"이란 소화기 및 단독경보형 감지기를 말한다.(시행령 제10조)

정답 ④

03 주택에 설치하는 소방시설 등에 관한 사항으로 옳지 않은 것은?
① 주택용 소방시설은 소방시설 중 소화기, 단독경보형감지기를 설치하여야 한다.
② 주택용소방시설의 설치기준 및 자율적인 안전관리 등에 관한 사항은 시·도의 조례로 정한다.
③ 국가 및 지방자치단체는 주택용소방시설의 설치 및 국민의 자율적인 안전관리를 촉진하기 위하여 필요한 시책을 마련하여야 한다.
④ 주택용 소방시설은 단독주택과 아파트, 기숙사, 공동주택에 설치하여야 한다.

해설
주택용 소방시설은 단독주택과 공동주택(아파트 및 기숙사는 제외)에 설치하여야 한다.

정답 ④

★★☆☆☆ [시행 2022. 12. 1.] [시행일 : 2024. 12. 1.]
제11조(자동차에 설치 또는 비치하는 소화기)

① 「자동차관리법」 제3조제1항에 따른 자동차 중 다음 각 호의 어느 하나에 해당하는 자동차를 제작·조립·수입·판매하려는 자 또는 해당 자동차의 소유자는 차량용 소화기를 설치하거나 비치하여야 한다.
  1. 5인승 이상의 승용자동차
  2. 승합자동차
  3. 화물자동차
  4. 특수자동차
② 제1항에 따른 차량용 소화기의 설치 또는 비치 기준은 행정안전부령으로 정한다.
③ 국토교통부장관은 「자동차관리법」 제43조제1항에 따른 자동차검사 시 차량용 소화기의 설치 또는 비치 여부 등을 확인하여야 하며, 그 결과를 매년 12월 31일까지 소방청장에게 통보하여야 한다.

★★★★★ [시행 2022. 12. 1.]
제13조(소방시설기준 적용의 특례)

① 소방본부장이나 소방서장은 제12조제1항 전단에 따른 대통령령 또는 화재안전기준이 변경되어 그 기준이 강화되는 경우 기존의 특정소방대상물(건축물의 신축·개축·재축·이전 및 대수선 중인 특정소방대상물을 포함한다)의 소방시설에 대하여는 변경 전의 대통령령 또는 화재안전기준을 적용한다. 다만, 다음 각 호의 어느 하나에 해당하는 소방시설의 경우에는 대통령령 또는 화재안전기준의 변경으로 강화된 기준을 적용할 수 있다.
  1. 다음 각 목의 소방시설 중 대통령령 또는 화재안전기준으로 정하는 것
     가. 소화기구
     나. 비상경보설비
     다. 자동화재탐지설비
     라. 자동화재속보설비
     마. 피난구조설비
  2. 다음 각 목의 특정소방대상물에 설치하는 소방시설 중 대통령령 또는 화재안전기준으로 정하는 것
     가. 「국토의 계획 및 이용에 관한 법률」 제2조제9호에 따른 공동구

나. 전력 및 통신사업용 지하구
　　다. 노유자(老幼者) 시설
　　라. 의료시설

> ※ 대통령령으로 정하는 것(강화된 소방시설기준의 적용대상)
> 1. 공동구에 설치하는 소화기, 자동소화장치, 자동화재탐지설비, 통합감시시설, 유도등 및 연소방지설비
> 2. 전력 및 통신사업용 지하구에 설치하는 소화기, 자동소화장치, 자동화재탐지설비, 통합감시시설, 유도등 및 연소방지설비
> 3. 노유자 시설에 설치하는 간이스프링클러설비, 자동화재탐지설비 및 단독경보형 감지기
> 4. 의료시설에 설치하는 스프링클러설비, 간이스프링클러설비, 자동화재탐지설비 및 자동화재속보설비

② 소방본부장이나 소방서장은 특정소방대상물에 설치하여야 하는 소방시설 가운데 기능과 성능이 유사한 스프링클러설비, 물분무등소화설비, 비상경보설비 및 비상방송설비 등의 소방시설의 경우에는 대통령령으로 정하는 바에 따라 유사한 소방시설의 설치를 면제할 수 있다.

③ 소방본부장이나 소방서장은 기존의 특정소방대상물이 증축되거나 용도변경되는 경우에는 대통령령으로 정하는 바에 따라 증축 또는 용도변경 당시의 소방시설의 설치에 관한 대통령령 또는 화재안전기준을 적용한다.

④ 다음 각 호의 어느 하나에 해당하는 특정소방대상물 가운데 대통령령으로 정하는 특정소방대상물에는 제12조제1항 전단에도 불구하고 대통령령으로 정하는 소방시설을 설치하지 아니할 수 있다.
1. 화재 위험도가 낮은 특정소방대상물
2. 화재안전기준을 적용하기 어려운 특정소방대상물
3. 화재안전기준을 다르게 적용하여야 하는 특수한 용도 또는 구조를 가진 특정소방대상물
4. 「위험물안전관리법」 제19조에 따른 자체소방대가 설치된 특정소방대상물

⑤ 제4항 각 호의 어느 하나에 해당하는 특정소방대상물에 구조 및 원리 등에서 공법이 특수한 설계로 인정된 소방시설을 설치하는 경우에는 제18조제1항에 따른 중앙소방기술심의위원회의 심의를 거쳐 제12조제1항 전단에 따른 화재안전기준을 적용하지 아니할 수 있다.

예상문제

01 소방본부장 또는 소방서장은 규정에 따른 대통령령 또는 화재안전기준의 변경으로 그 기준이 강화되는 경우라도 대통령령 또는 화재안전기준의 변경으로 강화된 기준을 적용하지 않는 것은?

① 공동구에 설치하는 소화기, 자동소화장치, 자동화재탐지설비, 통합감시시설, 유도등 및 연소방지설비
② 전력 및 통신사업용 지하구에 설치하는 소화기, 자동소화장치, 자동화재탐지설비, 통합감시시설, 유도등 및 연소방지설비
③ 판매시설에 설치하는 스프링클러설비, 간이스프링클러설비, 자동화재탐지설비 및 자동화재속보설비
④ 노유자 시설에 설치하는 간이스프링클러설비, 자동화재탐지설비 및 단독경보형 감지기

해설
대통령령 또는 화재안전기준의 변경으로 강화된 기준을 적용하는 것
1. 공동구에 설치하는 소화기, 자동소화장치, 자동화재탐지설비, 통합감시시설, 유도등 및 연소방지설비
2. 전력 및 통신사업용 지하구에 설치하는 소화기, 자동소화장치, 자동화재탐지설비, 통합감시시설, 유도등 및 연소방지설비
3. 노유자 시설에 설치하는 간이스프링클러설비, 자동화재탐지설비 및 단독경보형 감지기
4. 의료시설에 설치하는 스프링클러설비, 간이스프링클러설비, 자동화재탐지설비 및 자동화재속보설비

정답 ③

02 소방시설기준 적용의 특례에서 소방본부장이나 소방서장은 다음에 해당하는 소방시설 등의 경우에는 대통령령 또는 화재안전기준의 변경으로 강화된 기준을 적용한다. 그러나 대통령령 또는 화재안전기준 변경으로 강화된 기준으로 설치하지 않아도 되는 것은?

① 공동구에 설치하는 자동소화장치
② 전력 및 통신사업용 지하구에 설치하는 자동화재탐지설비
③ 노유자 시설에 설치하는 간이스프링클러설비
④ 의료시설에 설치하는 비상방송설비

해설
의료시설에 설치하는 스프링클러설비, 간이스프링클러설비, 자동화재탐지설비 및 자동화재속보설비에는 대통령령 또는 화재안전기준의 변경으로 강화된 기준을 적용하여야 한다.

정답 ④

03 소방시설기준 적용의 특례에서 대통령령 또는 화재안전기준의 변경으로 강화된 기준을 적용하는 것에 해당되지 않는 것은?

① 비상방송설비 ② 비상경보설비
③ 소화기구   ④ 피난구조설비

해설
대통령령 또는 화재안전기준의 변경으로 강화된 기준을 적용하는 것
1. 소화기구   2. 비상경보설비   3. 자동화재탐지설비
4. 자동화재속보설비 5. 피난구조설비

정답 ①

04 다음 중 대통령령으로 정하는 소방시설을 설치하지 아니할 수 있는 특정소방대상물에 해당되지 않은 것은?

① 화재위험도가 낮은 특정소방대상물
② 화재안전기준을 적용하기가 어려운 특정소방대상물
③ 화재안전기준을 다르게 적용하여야 하는 특수한 용도나 구조를 가진 특정소방대상물
④ 소화용수설비를 설치한 특정소방대상물

해설
대통령령으로 정하는 소방시설을 설치하지 아니할 수 있는 특정소방대상물
1. 화재 위험도가 낮은 특정소방대상물
2. 화재안전기준을 적용하기 어려운 특정소방대상물
3. 화재안전기준을 다르게 적용하여야 하는 특수한 용도 또는 구조를 가진 특정소방대상물
4. 「위험물 안전관리법」제19조에 따른 자체소방대가 설치된 특정소방대상물

정답 ④

★☆☆☆☆ [시행 2022. 12. 1.]

제14조(특정소방대상물별로 설치하여야 하는 소방시설의 정비 등)

① 제12조제1항에 따라 대통령령으로 소방시설을 정할 때에는 특정소방대상물의 규모·용도·수용인원 및 이용자 특성 등을 고려하여야 한다.
② 소방청장은 건축 환경 및 화재위험특성 변화사항을 효과적으로 반영할 수 있도록 제1항에 따른 소방시설 규정을 3년에 1회 이상 정비하여야 한다.
③ 소방청장은 건축 환경 및 화재위험특성 변화 추세를 체계적으로 연구하여 제2항에 따른 정비를 위한 개선방안을 마련하여야 한다.
④ 제3항에 따른 연구의 수행 등에 필요한 사항은 행정안전부령으로 정한다.

예상문제

01 소방청장은 건축 환경 및 화재위험특성 변화사항을 효과적으로 반영할 수 있도록 소방시설 규정을 몇 년에 1회 이상 정비하여야 하는가?

① 1년　　　　　　　　　　　② 2년
③ 3년　　　　　　　　　　　④ 5년

해설
소방청장은 건축 환경 및 화재위험특성 변화사항을 효과적으로 반영할 수 있도록 소방시설 규정을 3년에 1회 이상 정비하여야 한다.

정답 ③

★★★☆☆ [시행 2022. 12. 1.]

제17조(소방용품의 내용연수 등)

① 특정소방대상물의 관계인은 내용연수가 경과한 소방용품을 교체하여야 한다. 이 경우 내용연수를 설정하여야 하는 소방용품의 종류 및 그 내용연수 연한에 필요한 사항은 대통령령으로 정한다.

> ※ 내용연수 설정대상 소방용품(시행령 제19조)
>   1. 내용연수를 설정해야 하는 소방용품 : 분말형태의 소화약제를 사용하는 소화기
>   2. 소방용품의 내용연수 : 10년

② 제1항에도 불구하고 행정안전부령으로 정하는 절차 및 방법 등에 따라 소방용품의 성능을 확인받은 경우에는 그 사용기한을 연장할 수 있다.

> ※ 사용기한의 연장(소방용품의 품질관리 등에 관한 규칙 제2조의2 제6항)
>   1. 내용연수 경과 후 10년 미만 : 3년
>   2. 내용연수 경과 후 10년 이상 : 1년

예상문제

01 소방시설 설치 및 관리에 관한 법률에서 분말형태의 소화약제를 사용하는 소화기의 내용연수로 옳은 것은?

① 10년　　　　　　　　　　② 15년
③ 20년　　　　　　　　　　④ 25년

해설
분말형태의 소화약제를 사용하는 소화기의 내용연수는 10년이다.

정답 ①

★★★★★ [시행 2022. 12. 1.]

제18조(소방기술심의위원회)

① 다음 각 호의 사항을 심의하기 위하여 소방청에 중앙소방기술심의위원회(이하 "중앙위원회"라 한다)를 둔다.
  1. 화재안전기준에 관한 사항
  2. 소방시설의 구조 및 원리 등에서 공법이 특수한 설계 및 시공에 관한 사항
  3. 소방시설의 설계 및 공사감리의 방법에 관한 사항
  4. 소방시설공사의 하자를 판단하는 기준에 관한 사항
  5. 제8조제5항 단서에 따라 신기술·신공법 등 검토·평가에 고도의 기술이 필요한 경우로서 중앙위원회에 심의를 요청한 사항
  6. 그 밖에 소방기술 등에 관하여 대통령령으로 정하는 사항

> ※ 그 밖에 소방기술 등에 관하여 대통령령으로 정하는 사항(시행령 제20조제1항)
>   1. 연면적 10만제곱미터 이상의 특정소방대상물에 설치된 소방시설의 설계·시공·감리의 하자 유무에 관한 사항
>   2. 새로운 소방시설과 소방용품 등의 도입 여부에 관한 사항
>   3. 그 밖에 소방기술과 관련하여 소방청장이 소방기술심의위원회의 심의에 부치는 사항

② 다음 각 호의 사항을 심의하기 위하여 시·도에 지방소방기술심의위원회(이하 "지방위원회"라 한다)를 둔다.
  1. 소방시설에 하자가 있는지의 판단에 관한 사항
  2. 그 밖에 소방기술 등에 관하여 대통령령으로 정하는 사항

> ※ 그 밖에 소방기술 등에 관하여 대통령령으로 정하는 사항(시행령 제20조제2항)
>   1. 연면적 10만제곱미터 미만의 특정소방대상물에 설치된 소방시설의 설계·시공·감리의 하자 유무에 관한 사항
>   2. 소방본부장 또는 소방서장이 위험물제조소등의 시설기준 또는 화재안전기준의 적용에 관하여 기술검토를 요청하는 사항
>   3. 그 밖에 소방기술과 관련하여 시·도지사가 소방기술심의위원회의 심의에 부치는 사항

③ 중앙위원회 및 지방위원회의 구성·운영 등에 필요한 사항은 대통령령으로 정한다.

핵심정리

중앙소방기술심의위원회의 심의사항	지방소방기술심의위원회의 심의사항
1. 화재안전기준에 관한 사항 2. 소방시설의 구조 및 원리 등에서 공법이 특수한 설계 및 시공에 관한 사항 3. 소방시설의 설계 및 공사감리의 방법에 관한 사항 4. 소방시설공사의 하자를 판단하는 기준에 관한 사항 5. 신기술·신공법 등 검토·평가에 고도의 기술이 필요한 경우로서 중앙위원회에 심의를 요청한 사항 6. 그 밖에 소방기술 등에 관하여 대통령령으로 정하는 사항 　• 연면적 10만m^2 이상의 특정소방대상물에 설치된 소방시설의 설계·시공·감리의 하자 유무에 관한 사항 　• 새로운 소방시설과 소방용품 등의 도입 여부에 관한 사항 　• 그 밖에 소방기술과 관련하여 소방청장이 소방기술심의위원회의 심의에 부치는 사항	1. 소방시설에 하자가 있는지의 판단에 관한 사항 2. 그 밖에 소방기술 등에 관하여 대통령령으로 정하는 사항 　• 연면적 10만m^2 미만의 특정소방대상물에 설치된 소방시설의 설계·시공·감리의 하자 유무에 관한 사항 　• 소방본부장 또는 소방서장이 위험물제조소등의 시설기준 또는 화재안전기준의 적용에 관하여 기술검토를 요청하는 사항 　• 그 밖에 소방기술과 관련하여 시·도지사가 소방기술심의위원회의 심의에 부치는 사항

예상문제

01 다음 중 중앙소방기술심의위원회의 심의사항이 아닌 것은?

① 화재안전기준에 관한 사항
② 소방시설의 구조와 원리 등에서 공법이 특수한 설계 및 시공에 관한 사항
③ 소방시설공사의 하자를 판단하는 기준에 관한 사항
④ 소방시설에 하자가 있는지의 판단에 관한 사항

해설

소방시설공사의 하자를 판단하는 기준에 관한 사항은 중앙소방기술심의위원회의 심의사항이지만, 소방시설에 하자가 있는지의 판단에 관한 사항은 지방소방기술심의위원회의 심의사항이다.

정답 ④

02 다음 중 중앙소방기술심의위원회의 심의사항에 대한 설명으로 옳지 않은 것은?

① 소방시설의 구조 및 원리 등에서 공법이 특수한 설계 및 시공에 관한 사항
② 그 밖에 소방기술과 관련하여 소방청장이 소방기술심의위원회의 심의에 부치는 사항
③ 새로운 소방시설과 소방용품 등의 도입 여부에 관한 사항
④ 연면적 10만m^2 미만에 설치된 소방시설의 설계·시공·감리의 하자 유무에 관한 사항

해설
중앙소방기술심의위원회의 심의사항은 "연면적 10만m² 이상에 설치된 소방시설의 설계·시공·감리의 하자 유무에 관한 사항"이며, "연면적 10만m² 미만에 설치된 소방시설의 설계·시공·감리의 하자 유무에 관한 사항"은 지방소방기술심의위원회의 심의사항에 해당한다.

정답 ④

03 소방시설 설치 및 관리에 관한 법률 및 같은 법 시행령에서 중앙소방기술심의위원회의 심의사항에 관한 내용 중 옳지 않은 것은?
① 화재안전기준에 관한 사항
② 소방시설공사의 하자를 판단하는 기준에 관한 사항
③ 연면적 10만m² 이상의 특정소방대상물에 설치된 소방시설의 설계·시공·감리의 하자 유무에 관한 사항
④ 그 밖에 소방기술과 관련하여 시·도지사가 소방기술심의위원회의 심의에 부치는 사항

해설
중앙소방기술심의위원회의 심의사항은 "그 밖에 소방기술과 관련하여 소방청장이 소방기술심의위원회의 심의에 부치는 사항"이며, "그 밖에 소방기술과 관련하여 시·도지사가 소방기술심의위원회의 심의에 부치는 사항"은 지방소방기술심의위원회의 심의사항에 해당한다.

정답 ④

04 다음 중 지방소방기술심의위원회의 심의사항이 아닌 것은?
① 연면적 10만m² 미만의 특정소방대상물에 설치된 소방시설의 설계·시공·감리의 하자 유무에 관한 사항
② 소방본부장 또는 소방서장이 위험물제조소 등의 시설기준 또는 화재안전기준의 적용에 관하여 기술검토를 요청하는 사항
③ 그 밖에 소방기술과 관련하여 시·도지사가 소방기술심의위원회의 심의에 부치는 사항
④ 새로운 소방시설과 소방용품 등의 도입 여부에 관한 사항

해설
"새로운 소방시설과 소방용품 등의 도입 여부에 관한 사항"은 중앙소방기술심의위원회의 심의사항에 해당한다.

정답 ④

★★★☆☆ [시행 2022. 12. 1.]

제22조(소방시설등의 자체점검)

① 특정소방대상물의 관계인은 그 대상물에 설치되어 있는 소방시설등이 이 법이나 이 법에 따른 명령 등에 적합하게 설치·관리되고 있는지에 대하여 다음 각 호의 구분에 따른 기간 내에 스스로 점검하거나 제34조에 따른 점검능력 평가를 받은 관리업자 또는 행정안전부령으로 정하는 기술자격자(이하 "관리업자등"이라 한다)로 하여금 정기적으로 점검(이하 "자체점검"이라 한다)하게 하여야 한다. 이 경우 관리업자등이 점검한 경우에는 그 점검 결과를 행정안전부령으로 정하는 바에 따라 관계인에게 제출하여야 한다.
  1. 해당 특정소방대상물의 소방시설등이 신설된 경우 : 「건축법」 제22조에 따라 건축물을 사용할 수 있게 된 날부터 60일
  2. 제1호 외의 경우 : 행정안전부령으로 정하는 기간

> ※ 행정안전부령으로 정하는 기술자격자
>   소방안전관리자로 선임된 소방시설관리사 및 소방기술사

② 자체점검의 구분 및 대상, 점검인력의 배치기준, 점검자의 자격, 점검 장비, 점검 방법 및 횟수 등 자체점검 시 준수하여야 할 사항은 행정안전부령으로 정한다.
③ 제1항에 따라 관리업자등으로 하여금 자체점검하게 하는 경우의 점검 대가는 「엔지니어링산업 진흥법」 제31조에 따른 엔지니어링사업의 대가 기준 가운데 행정안전부령으로 정하는 방식에 따라 산정한다.
④ 제3항에도 불구하고 소방청장은 소방시설등 자체점검에 대한 품질확보를 위하여 필요하다고 인정하는 경우에는 특정소방대상물의 규모, 소방시설등의 종류 및 점검인력 등에 따라 관계인이 부담하여야 할 자체점검 비용의 표준이 될 금액(이하 "표준자체점검비"라 한다)을 정하여 공표하거나 관리업자등에게 이를 소방시설등 자체점검에 관한 표준가격으로 활용하도록 권고할 수 있다.
⑤ 표준자체점검비의 공표 방법 등에 관하여 필요한 사항은 소방청장이 정하여 고시한다.
⑥ 관계인은 천재지변이나 그 밖에 대통령령으로 정하는 사유로 자체점검을 실시하기 곤란한 경우에는 대통령령으로 정하는 바에 따라 소방본부장 또는 소방서장에게 면제 또는 연기 신청을 할 수 있다. 이 경우 소방본부장 또는 소방서장은 그 면제 또는 연기 신청 승인 여부를 결정하고 그 결과를 관계인에게 알려주어야 한다.

> ※ 대통령령으로 정하는 사유(소방시설등의 자체점검 면제 또는 연기 사유)
>   1. 「재난 및 안전관리 기본법」 제3조제1호에 해당하는 재난이 발생한 경우
>   2. 경매 등의 사유로 소유권이 변동 중이거나 변동된 경우
>   3. 관계인의 질병, 사고, 장기출장의 경우
>   4. 그 밖에 관계인이 운영하는 사업에 부도 또는 도산 등 중대한 위기가 발생하여 자체점검을 실시하기 곤란한 경우

★★★☆☆ [시행 2022. 12. 1.]

제27조(관리사의 결격사유)

다음 각 호의 어느 하나에 해당하는 사람은 관리사가 될 수 없다.
1. 피성년후견인
2. 이 법, 「소방기본법」, 「화재의 예방 및 안전관리에 관한 법률」, 「소방시설공사업법」 또는 「위험물안전관리법」을 위반하여 금고 이상의 실형을 선고받고 그 집행이 끝나거나(집행이 끝난 것으로 보는 경우를 포함한다) 집행이 면제된 날부터 2년이 지나지 아니한 사람
3. 이 법, 「소방기본법」, 「화재의 예방 및 안전관리에 관한 법률」, 「소방시설공사업법」 또는 「위험물안전관리법」을 위반하여 금고 이상의 형의 집행유예를 선고받고 그 유예기간 중에 있는 사람
4. 제28조에 따라 자격이 취소(이 조 제1호에 해당하여 자격이 취소된 경우는 제외한다)된 날부터 2년이 지나지 아니한 사람

예상문제

01 다음 중 소방시설관리사의 결격사유로서 옳지 않은 것은?
① 피성년후견인
② 소방시설 설치 및 관리에 관한 법률을 위반하여 금고 이상의 실형을 선고받고 그 집행이 끝나거나 집행이 면제된 날부터 2년이 지나지 아니한 사람
③ 소방시설 설치 및 관리에 관한 법률을 위반하여 금고 이상의 형의 집행유예를 선고받고 그 유예기간 중에 있는 사람
④ 소방시설관리사 자격이 취소된 날부터 1년이 지나지 아니한 사람

해설
소방시설관리사 자격이 취소된 날부터 2년이 지나지 아니한 사람은 관리사가 될 수 없다.

정답 ④

★★★☆☆ [시행 2022. 12. 1.]

제28조(자격의 취소·정지)

소방청장은 관리사가 다음 각 호의 어느 하나에 해당할 때에는 행정안전부령으로 정하는 바에 따라 그 자격을 취소하거나 1년 이내의 기간을 정하여 그 자격의 정지를 명할 수 있다. 다만, 제1호, 제4호, 제5호 또는 제7호에 해당하면 그 자격을 취소하여야 한다.

1. 거짓이나 그 밖의 부정한 방법으로 시험에 합격한 경우
2. 「화재의 예방 및 안전관리에 관한 법률」제25조제2항에 따른 대행인력의 배치기준·자격·방법 등 준수사항을 지키지 아니한 경우
3. 제22조에 따른 점검을 하지 아니하거나 거짓으로 한 경우
4. 제25조제7항을 위반하여 소방시설관리사증을 다른 사람에게 빌려준 경우
5. 제25조제8항을 위반하여 동시에 둘 이상의 업체에 취업한 경우
6. 제25조제9항을 위반하여 성실하게 자체점검 업무를 수행하지 아니한 경우
7. 제27조 각 호의 어느 하나에 따른 결격사유에 해당하게 된 경우

핵심정리

1차 : 자격취소	2차 : 자격정지 6개월, 3차 : 자격취소
1. 거짓이나 그 밖의 부정한 방법으로 시험에 합격한 경우 2. 소방시설관리사증을 다른 사람에게 빌려준 경우 3. 동시에 둘 이상의 업체에 취업한 경우 4. 관리사 결격사유에 해당하게 된 경우	1. 대행인력의 배치기준·자격·방법 등 준수사항을 지키지 아니한 경우 2. 점검을 하지 아니하거나 거짓으로 한 경우 3. 성실하게 자체점검 업무를 수행하지 아니한 경우

예상문제

01 다음 중 소방시설관리사 자격을 즉시 취소해야 하는 경우가 아닌 것은?

① 성실하게 자체점검업무를 수행하지 아니한 경우
② 거짓이나 그 밖의 부정한 방법으로 시험에 합격한 경우
③ 소방시설관리사증을 다른 사람에게 빌려준 경우
④ 관리사 결격사유에 해당하게 된 경우

해설
성실하게 자체점검업무를 수행하지 아니한 경우는 "1차 경고, 2차 자격정지 6개월, 3차 자격취소"에 해당된다.

정답 ①

★★★☆☆ [시행 2022. 12. 1.]

제30조(등록의 결격사유)

다음 각 호의 어느 하나에 해당하는 자는 관리업의 등록을 할 수 없다.
1. 피성년후견인
2. 이 법, 「소방기본법」, 「화재의 예방 및 안전관리에 관한 법률」, 「소방시설공사업법」 또는 「위험물안전관리법」을 위반하여 금고 이상의 실형을 선고받고 그 집행이 끝나거나(집행이 끝난 것으로 보는 경우를 포함한다) 집행이 면제된 날부터 2년이 지나지 아니한 사람
3. 이 법, 「소방기본법」, 「화재의 예방 및 안전관리에 관한 법률」, 「소방시설공사업법」 또는 「위험물안전관리법」을 위반하여 금고 이상의 형의 집행유예를 선고받고 그 유예기간 중에 있는 사람
4. 제35조제1항에 따라 관리업의 등록이 취소(제1호에 해당하여 등록이 취소된 경우는 제외한다)된 날부터 2년이 지나지 아니한 자
5. 임원 중에 제1호부터 제4호까지의 어느 하나에 해당하는 사람이 있는 법인

예상문제

01 소방시설관리업 등록의 결격사유 기준에 해당하지 않는 것은?
① 피성년후견인
② 소방시설 설치 및 관리에 관한 법률을 위반하여 금고 이상의 실형을 선고받고 그 집행이 끝나거나 집행이 면제된 날부터 2년이 지나지 아니한 사람
③ 소방시설 설치 및 관리에 관한 법률을 위반하여 금고 이상의 형의 집행유예를 선고받고 2년이 지나지 아니한 사람
④ 관리업의 등록이 취소된 날부터 2년이 지나지 아니한 자

해설
소방시설 설치 및 관리에 관한 법률을 위반하여 금고 이상의 형의 집행유예를 선고받고 그 유예기간 중에 있는 사람은 관리업의 등록을 할 수 없다.

정답 ③

★★☆☆☆ [시행 2022. 12. 1.]
제32조(관리업자의 지위승계)

① 다음 각 호의 어느 하나에 해당하는 자는 종전의 관리업자의 지위를 승계한다.
   1. 관리업자가 사망한 경우 그 상속인
   2. 관리업자가 그 영업을 양도한 경우 그 양수인
   3. 법인인 관리업자가 합병한 경우 합병 후 존속하는 법인이나 합병으로 설립되는 법인
② 「민사집행법」에 따른 경매, 「채무자 회생 및 파산에 관한 법률」에 따른 환가, 「국세징수법」, 「관세법」 또는 「지방세징수법」에 따른 압류재산의 매각과 그 밖에 이에 준하는 절차에 따라 관리업의 시설 및 장비의 전부를 인수한 자는 종전의 관리업자의 지위를 승계한다.
③ 제1항이나 제2항에 따라 종전의 관리업자의 지위를 승계한 자는 행정안전부령으로 정하는 바에 따라 시·도지사에게 신고하여야 한다.
④ 제1항이나 제2항에 따라 지위를 승계한 자의 결격사유에 관하여는 제30조를 준용한다. 다만, 상속인이 제30조 각 호의 어느 하나에 해당하는 경우에는 상속받은 날부터 3개월 동안은 그러하지 아니하다.

예상문제

01 다음 중 소방시설관리업의 지위승계는 누구에게 하여야 하는가?
① 시·도지사에게 등록한다.
② 시·도지사에게 신고한다.
③ 한국소방시설관리협회에 등록한다.
④ 한국소방시설관리협회에 신고한다.

해설
소방시설관리업자의 지위를 승계한 자는 행정안전부령으로 정하는 바에 따라 시·도지사에게 신고하여야 한다.

정답 ②

★★☆☆☆ [시행 2022. 12. 1.]

 제33조(관리업의 운영)

① 관리업자는 이 법이나 이 법에 따른 명령 등에 맞게 소방시설등을 점검하거나 관리하여야 한다.
② 관리업자는 관리업의 등록증이나 등록수첩을 다른 자에게 빌려주거나 빌려서는 아니 되며, 이를 알선하여서도 아니 된다.
③ 관리업자는 다음 각 호의 어느 하나에 해당하는 경우에는 「화재의 예방 및 안전관리에 관한 법률」 제25조에 따라 소방안전관리업무를 대행하게 하거나 제22조제1항에 따라 소방시설등의 점검업무를 수행하게 한 특정소방대상물의 관계인에게 지체 없이 그 사실을 알려야 한다.
  1. 제32조에 따라 관리업자의 지위를 승계한 경우
  2. 제35조제1항에 따라 관리업의 등록취소 또는 영업정지 처분을 받은 경우
  3. 휴업 또는 폐업을 한 경우
④ 관리업자는 제22조제1항 및 제2항에 따라 자체점검을 하거나 「화재의 예방 및 안전관리에 관한 법률」 제25조에 따른 소방안전관리업무의 대행을 하는 때에는 행정안전부령으로 정하는 바에 따라 소속 기술인력을 참여시켜야 한다.
⑤ 제35조제1항에 따라 등록취소 또는 영업정지 처분을 받은 관리업자는 그 날부터 소방안전관리업무를 대행하거나 소방시설등에 대한 점검을 하여서는 아니 된다. 다만, 영업정지처분의 경우 도급계약이 해지되지 아니한 때에는 대행 또는 점검 중에 있는 특정소방대상물의 소방안전관리업무 대행과 자체점검은 할 수 있다.

예상문제

01 다음 중 관리업자가 소방안전관리업무를 대행하게 하거나 소방시설 등의 점검업무를 수행하게 한 특정소방대상물의 관계인에게 지체 없이 그 사실을 알려야 하는 것이 아닌 것은?

① 관리업자의 지위를 승계한 경우
② 관리업의 등록취소 또는 영업정지처분을 받은 경우
③ 휴업을 한 경우
④ 폐업 또는 합병을 한 경우

해설
폐업을 한 경우는 관계인에게 지체 없이 그 사실을 알려야 하지만, 합병을 한 경우는 그렇지 않다.

정답 ④

★★★☆☆ [시행 2022. 12. 1.]

제35조(등록의 취소와 영업정지 등)

① 시·도지사는 관리업자가 다음 각 호의 어느 하나에 해당하는 경우에는 행정안전부령으로 정하는 바에 따라 그 등록을 취소하거나 6개월 이내의 기간을 정하여 이의 시정이나 그 영업의 정지를 명할 수 있다. 다만, 제1호·제4호 또는 제5호에 해당할 때에는 등록을 취소하여야 한다.
  1. 거짓이나 그 밖의 부정한 방법으로 등록을 한 경우
  2. 제22조에 따른 점검을 하지 아니하거나 거짓으로 한 경우
  3. 제29조제2항에 따른 등록기준에 미달하게 된 경우
  4. 제30조 각 호의 어느 하나에 해당하게 된 경우. 다만, 제30조제5호에 해당하는 법인으로서 결격사유에 해당하게 된 날부터 2개월 이내에 그 임원을 결격사유가 없는 임원으로 바꾸어 선임한 경우는 제외한다.
  5. 제33조제2항을 위반하여 등록증 또는 등록수첩을 빌려준 경우
  6. 제34조제1항에 따른 점검능력 평가를 받지 아니하고 자체점검을 한 경우
② 제32조에 따라 관리업자의 지위를 승계한 상속인이 제30조 각 호의 어느 하나에 해당하는 경우에는 상속을 개시한 날부터 6개월 동안은 제1항제4호를 적용하지 아니한다.

핵심정리

1차 : 등록취소	2차 : 영업정지 3개월, 3차 : 등록취소
1. 거짓이나 그 밖의 부정한 방법으로 등록을 한 경우 2. 관리업 등록의 결격사유에 해당하게 된 경우 3. 다른 자에게 등록증이나 등록수첩을 빌려준 경우	1. 점검을 하지 아니하거나 거짓으로 한 경우 2. 등록기준에 미달하게 된 경우 3. 점검능력 평가를 받지 아니하고 자체점검을 한 경우

예상문제

01 소방시설관리업의 등록을 즉시 취소하여야 하는 때가 아닌 것은?
  ① 관리업 등록의 결격사유에 해당하게 된 경우
  ② 규정에 따른 등록기준에 미달하게 된 경우
  ③ 다른 자에게 등록증 또는 등록수첩을 빌려준 경우
  ④ 거짓이나 그 밖의 부정한 방법으로 등록을 한 경우

해설
규정에 따른 등록기준에 미달하게 된 경우는 "1차 경고, 2차 영업정지 3개월, 3차 등록취소"이다.

정답 ②

★★★☆☆ [시행 2022. 12. 1.]

제36조(과징금처분)

① 시·도지사는 제35조제1항에 따라 영업정지를 명하는 경우로서 그 영업정지가 이용자에게 불편을 주거나 그 밖에 공익을 해칠 우려가 있을 때에는 영업정지처분을 갈음하여 3천만 원 이하의 과징금을 부과할 수 있다.
② 제1항에 따른 과징금을 부과하는 위반행위의 종류와 위반 정도 등에 따른 과징금의 금액, 그 밖에 필요한 사항은 행정안전부령으로 정한다.
③ 시·도지사는 제1항에 따른 과징금을 내야 하는 자가 납부기한까지 내지 아니하면 「지방행정제재·부과금의 징수 등에 관한 법률」에 따라 징수한다.
④ 시·도지사는 제1항에 따른 과징금의 부과를 위하여 필요한 경우에는 다음 각 호의 사항을 적은 문서로 관할 세무관서의 장에게 「국세기본법」제81조의13에 따른 과세정보의 제공을 요청할 수 있다.
  1. 납세자의 인적사항
  2. 과세정보의 사용 목적
  3. 과징금의 부과 기준이 되는 매출액

예상문제

01 "소방시설 설치 및 관리에 관한 법률"에서 시·도지사는 공익을 해칠 우려가 있는 때에는 영업정지 처분에 갈음하여 얼마의 과징금을 부과할 수 있는가?
① 3천만 원 이하 ② 1천만 원 이하
③ 500만 원 이하 ④ 300만 원 이하

해설
시·도지사는 영업정지를 명하는 경우로서 그 영업정지가 이용자에게 불편을 주거나 그 밖에 공익을 해칠 우려가 있을 때에는 영업정지처분을 갈음하여 3천만 원 이하의 과징금을 부과할 수 있다.

정답 ①

02 "소방시설 설치 및 관리에 관한 법률"에서 소방시설관리업의 영업정지로 인해 국민에게 심한 불편을 주거나 그 밖에 공익을 해칠 우려가 있을 때에 대신하여 3,000만 원 내에서 부과하는 것은?

① 과태료 ② 과징금
③ 이행강제금 ④ 가산세

해설
과징금이란 영업정지가 국민에게 심한 불편을 주거나 그 밖에 공익을 해칠 우려가 있을 때에는 영업정지 처분을 갈음하여 부과는 금액을 말한다.

정답 ②

03 영업정지 대신 돈으로 부과하는 것을 무엇이라 하는가?

① 과징금 ② 벌금
③ 과태료 ④ 과료

해설
영업정지 대신 돈으로 부과하는 것을 과징금이라고 한다.

정답 ①

★★★★☆ [시행 2022. 12. 1.]

제37조(소방용품의 형식승인 등)

① 대통령령으로 정하는 소방용품을 제조하거나 수입하려는 자는 소방청장의 형식승인을 받아야 한다. 다만, 연구개발 목적으로 제조하거나 수입하는 소방용품은 그러하지 아니하다.

> ※ "대통령령으로 정하는 소방용품(형식승인 대상 소방용품)"이란 별표 3의 소방용품(상업용 주방자동소화장치는 제외한다)을 말한다. (시행령 제46조)

② 제1항에 따른 형식승인을 받으려는 자는 행정안전부령으로 정하는 기준에 따라 형식승인을 위한 시험시설을 갖추고 소방청장의 심사를 받아야 한다. 다만, 소방용품을 수입하는 자가 판매를 목적으로 하지 아니하고 자신의 건축물에 직접 설치하거나 사용하려는 경우 등 행정안전부령으로 정하는 경우에는 시험시설을 갖추지 아니할 수 있다.

③ 제1항과 제2항에 따라 형식승인을 받은 자는 그 소방용품에 대하여 소방청장이 실시하는 제품검사를 받아야 한다.

④ 제1항에 따른 형식승인의 방법·절차 등과 제3항에 따른 제품검사의 구분·방법·순서·합격표시 등에 필요한 사항은 행정안전부령으로 정한다.
⑤ 소방용품의 형상·구조·재질·성분·성능 등(이하 "형상등"이라 한다)의 형식승인 및 제품검사의 기술기준 등에 필요한 사항은 소방청장이 정하여 고시한다.
⑥ 누구든지 다음 각 호의 어느 하나에 해당하는 소방용품을 판매하거나 판매 목적으로 진열하거나 소방시설공사에 사용할 수 없다.
  1. 형식승인을 받지 아니한 것
  2. 형상등을 임의로 변경한 것
  3. 제품검사를 받지 아니하거나 합격표시를 하지 아니한 것
⑦ 소방청장, 소방본부장 또는 소방서장은 제6항을 위반한 소방용품에 대하여는 그 제조자·수입자·판매자 또는 시공자에게 수거·폐기 또는 교체 등 행정안전부령으로 정하는 필요한 조치를 명할 수 있다.
⑧ 소방청장은 소방용품의 작동기능, 제조방법, 부품 등이 제5항에 따라 소방청장이 고시하는 형식승인 및 제품검사의 기술기준에서 정하고 있는 방법이 아닌 새로운 기술이 적용된 제품의 경우에는 관련 전문가의 평가를 거쳐 행정안전부령으로 정하는 바에 따라 제4항에 따른 방법 및 절차와 다른 방법 및 절차로 형식승인을 할 수 있으며, 외국의 공인기관으로부터 인정받은 신기술 제품은 형식승인을 위한 시험 중 일부를 생략하여 형식승인을 할 수 있다.
⑨ 다음 각 호의 어느 하나에 해당하는 소방용품의 형식승인 내용에 대하여 공인기관의 평가 결과가 있는 경우 형식승인 및 제품검사 시험 중 일부만을 적용하여 형식승인 및 제품검사를 할 수 있다.
  1. 「군수품관리법」 제2조에 따른 군수품
  2. 주한외국공관 또는 주한외국군 부대에서 사용되는 소방용품
  3. 외국의 차관이나 국가 간의 협약 등에 따라 건설되는 공사에 사용되는 소방용품으로서 사전에 합의된 것
  4. 그 밖에 특수한 목적으로 사용되는 소방용품으로서 소방청장이 인정하는 것
⑩ 하나의 소방용품에 두 가지 이상의 형식승인 사항 또는 형식승인과 성능인증 사항이 결합된 경우에는 두 가지 이상의 형식승인 또는 형식승인과 성능인증 시험을 함께 실시하고 하나의 형식승인을 할 수 있다.
⑪ 제9항 및 제10항에 따른 형식승인의 방법 및 절차 등에 필요한 사항은 행정안전부령으로 정한다.

예상문제

01 다음 중 괄호 속 내용이 옳은 것은?

> 형식승인을 받지 아니한 소방용품을 (　)하거나 (　)으로 (　)하거나 소방시설공사에 사용할 수 없다.

① 판매, 판매 목적, 진열
② 판매, 공사 목적, 진열
③ 진열, 판매 목적, 진열
④ 진열, 공사 목적, 진열

해설
누구든지 형식승인을 받지 아니한 소방용품을 판매하거나 판매 목적으로 진열하거나 소방시설공사에 사용할 수 없다.

정답 ①

02 소방용품으로서 판매, 진열, 공사에 사용할 수 없는 조건의 기준이 아닌 것은?

① 형식승인을 받지 아니한 것
② 형상 등을 임의로 변경한 것
③ 소방용품의 성능이 검증되지 아니한 것
④ 제품검사를 받지 아니하거나 합격표시를 하지 아니한 것

해설
누구든지 다음 각 호의 어느 하나에 해당하는 소방용품을 판매하거나 판매 목적으로 진열하거나 소방시설공사에 사용할 수 없다.
1. 형식승인을 받지 아니한 것
2. 형상 등을 임의로 변경한 것
3. 제품검사를 받지 아니하거나 합격표시를 하지 아니한 것

정답 ③

03 소방용품을 판매하거나 판매 목적으로 진열하거나 소방시설공사에 사용할 수 없는 경우에 해당하는 기준이 아닌 것은?

① 형식승인을 받지 아니한 것
② 형상 등을 임의로 변경한 것
③ 제품검사를 받지 아니한 것
④ 심사를 받지 아니한 것

해설
심사를 받지 아니한 것은 소방용품을 판매하거나 판매 목적으로 진열하거나 소방시설공사에 사용할 수 없는 경우에 해당하는 기준이 아니다.

정답 ④

04 소방용품의 형식승인 등에 관하여 옳지 않은 것은?
① 대통령령으로 정하는 소방용품을 제조하거나 수입하려는 자는 소방청장의 형식승인을 받아야 한다.
② 형식승인을 받으려는 자는 행정안전부령으로 정하는 기준에 따라 형식승인을 위한 시험시설을 갖추고 소방청장의 심사를 받아야 한다.
③ 형식승인을 받은 자는 그 소방용품에 대하여 소방청장이 실시하는 제품검사를 받아야 한다.
④ 소방용품의 형상 · 구조 · 재질 · 성분 · 성능 등의 형식승인 및 제품검사의 기술기준 등에 필요한 사항은 대통령이 정하여 고시한다.

해설
소방용품의 형상 · 구조 · 재질 · 성분 · 성능 등의 형식승인 및 제품검사의 기술기준 등에 필요한 사항은 소방청장이 정하여 고시한다.

정답 ④

05 대통령령으로 정하는 소방용품을 제조하거나 수입하고자 하는 자는 어떻게 하여야 하는가?
① 시 · 도지사에게 형식승인을 받는다.
② 시 · 도지사에게 성능시험을 받는다.
③ 소방청장에게 형식승인을 받는다.
④ 소방청장에게 성능시험을 받는다.

해설
대통령령으로 정하는 소방용품을 제조하거나 수입하려는 자는 소방청장의 형식승인을 받아야 한다. 다만, 연구개발 목적으로 제조하거나 수입하는 소방용품은 그러하지 아니하다.

정답 ③

06 다음 소방용품에 관한 설명 중 옳지 않은 것은?
① 대통령령으로 정하는 소방용품을 제조하거나 수입하려는 자는 소방청장의 형식승인을 받아야 한다.
② 형상 등을 임의로 변경한 것을 판매목적으로 진열할 수 있다.
③ 형식승인을 받은 자는 그 소방용품에 대하여 소방청장이 실시하는 제품검사를 받아야 한다.
④ 형식승인의 방법 및 절차 등에 필요한 사항은 행정안전부령으로 정한다.

해설
형식승인을 받지 아니한 것, 형상 등을 임의로 변경한 것, 제품검사를 받지 아니하거나 합격표시를 하지 아니한 것은 소방용품을 판매하거나 판매 목적으로 진열하거나 소방시설공사에 사용할 수 없다.

정답 ②

07 다음 중 소방용품의 형식승인권자는?
① 소방본부장, 소방서장
② 대통령, 국무총리
③ 소방청장
④ 시·도지사

해설
소방용품의 형식승인권자는 소방청장이다.

정답 ③

★★★☆☆ [시행 2022. 12. 1.]

제39조(형식승인의 취소 등)

① 소방청장은 소방용품의 형식승인을 받았거나 제품검사를 받은 자가 다음 각 호의 어느 하나에 해당할 때에는 행정안전부령으로 정하는 바에 따라 그 형식승인을 취소하거나 6개월 이내의 기간을 정하여 제품검사의 중지를 명할 수 있다. 다만, 제1호·제3호 또는 제5호의 경우에는 해당 소방용품의 형식승인을 취소하여야 한다.
  1. 거짓이나 그 밖의 부정한 방법으로 제37조제1항 및 제10항에 따른 형식승인을 받은 경우
  2. 제37조제2항에 따른 시험시설의 시설기준에 미달되는 경우
  3. 거짓이나 그 밖의 부정한 방법으로 제37조제3항에 따른 제품검사를 받은 경우
  4. 제품검사 시 제37조제5항에 따른 기술기준에 미달되는 경우
  5. 제38조에 따른 변경승인을 받지 아니하거나 거짓이나 그 밖의 부정한 방법으로 변경승인을 받은 경우
② 제1항에 따라 소방용품의 형식승인이 취소된 자는 그 취소된 날부터 2년 이내에는 형식승인이 취소된 소방용품과 동일한 품목에 대하여 형식승인을 받을 수 없다.

핵심정리

1차 : 형식승인취소	3차 : 형식승인취소
1. 거짓이나 그 밖의 부정한 방법으로 형식승인을 받은 경우 2. 거짓이나 그 밖의 부정한 방법으로 제품검사를 받은 경우 3. 변경승인을 받지 아니하거나 거짓이나 그 밖의 부정한 방법으로 변경승인을 받은 경우	1. 시험시설의 시설기준에 미달되는 경우 2. 제품검사 시 기술기준에 미달되는 경우

예상문제

01 소방청장은 소방용품의 형식승인을 취소하거나 6개월 이내의 기간을 정하여 제품검사의 중지를 명할 수 있다. 다음 중 즉시 취소할 수 있는 경우가 아닌 것은?

① 거짓이나 그 밖의 부정한 방법으로 제품검사를 받은 경우
② 거짓이나 그 밖의 부정한 방법으로 변경승인을 받은 경우
③ 시험시설의 시설기준에 미달되는 경우
④ 거짓 그 밖의 부정한 방법으로 형식승인을 얻은 경우

해설
시험시설의 시설기준에 미달되는 경우에는 "1차 시정명령, 2차 검사중지 3개월, 3차 형식승인 취소"에 해당된다.(소방용품의 품질관리 등에 관한 규칙 별표 6)

정답 ③

★★★★☆ [시행 2022. 12. 1.]

제49조(청문)

소방청장 또는 시·도지사는 다음 각 호의 어느 하나에 해당하는 처분을 하려면 청문을 하여야 한다.
1. 제28조에 따른 관리사 자격의 취소 및 정지
2. 제35조제1항에 따른 관리업의 등록취소 및 영업정지
3. 제39조에 따른 소방용품의 형식승인 취소 및 제품검사 중지
4. 제42조에 따른 성능인증의 취소
5. 제43조제5항에 따른 우수품질인증의 취소
6. 제47조에 따른 전문기관의 지정취소 및 업무정지

※ 전문기관=제품검사 전문기관

예상문제

01 소방청장 또는 시·도지사가 하는 청문대상이 아닌 것은?

① 관리사 자격의 취소 및 정지 ② 관리업의 등록취소 및 영업정지
③ 우수품질인증의 자격정지 ④ 소방용품 성능인증의 취소

해설
우수품질인증의 취소는 소방청장 또는 시·도지사가 하는 청문대상에 해당되지만, 우수품질인증의 자격정지는 해당되지 않는다.

정답 ③

02 소방청장 또는 시·도지사가 청문을 실시하지 않아도 되는 것은?
① 소방기술자 자격취소
② 소방시설관리업의 등록취소 및 영업정지
③ 소방용품의 형식승인 취소 및 제품검사 중지
④ 제품검사 전문기관의 지정취소 및 업무정지

해설
소방시설관리사 자격의 취소는 소방청장 또는 시·도지사가 청문을 실시하여야 하는 대상에 해당되지만, 소방기술자 자격 취소는 해당되지 않는다.

정답 ①

★★☆☆☆ [시행 2022. 12. 1.]
제55조(위반행위의 신고 및 신고포상금의 지급)

① 누구든지 소방본부장 또는 소방서장에게 다음 각 호의 어느 하나에 해당하는 행위를 한 자를 신고할 수 있다.
  1. 제12조제1항을 위반하여 소방시설을 설치 또는 관리한 자

  > ※ 제12조제1항
  > 특정소방대상물의 관계인은 대통령령으로 정하는 소방시설을 화재안전기준에 따라 설치·관리하여야 한다.

  2. 제12조제3항을 위반하여 폐쇄·차단 등의 행위를 한 자

  > ※ 제12조제3항
  > 특정소방대상물의 관계인은 소방시설을 설치·관리하는 경우 화재 시 소방시설의 기능과 성능에 지장을 줄 수 있는 폐쇄(잠금을 포함한다)·차단 등의 행위를 하여서는 아니 된다. 다만, 소방시설의 점검·정비를 위하여 필요한 경우 폐쇄·차단은 할 수 있다.

  3. 제16조제1항 각 호의 어느 하나에 해당하는 행위를 한 자

> ※ 제16조제1항 각 호
> 1. 피난시설, 방화구획 및 방화시설을 폐쇄하거나 훼손하는 등의 행위
> 2. 피난시설, 방화구획 및 방화시설의 주위에 물건을 쌓아두거나 장애물을 설치하는 행위
> 3. 피난시설, 방화구획 및 방화시설의 용도에 장애를 주거나 「소방기본법」제16조에 따른 소방활동에 지장을 주는 행위
> 4. 그 밖에 피난시설, 방화구획 및 방화시설을 변경하는 행위

② 소방본부장 또는 소방서장은 제1항에 따른 신고를 받은 경우 신고 내용을 확인하여 이를 신속하게 처리하고, 그 처리결과를 행정안전부령으로 정하는 방법 및 절차에 따라 신고자에게 통지하여야 한다.
③ 소방본부장 또는 소방서장은 제1항에 따른 신고를 한 사람에게 예산의 범위에서 포상금을 지급할 수 있다.
④ 제3항에 따른 신고포상금의 지급대상, 지급기준, 지급절차 등에 필요한 사항은 시·도의 조례로 정한다.

예상문제

01 소방본부장 또는 소방서장은 다음의 신고를 한 사람에게 시·도의 조례에 따라 포상금을 지급할 수 있다. 다음 중 옳지 않은 것은?
① 소방시설을 폐쇄·차단 등의 행위를 한 자
② 규정을 위반하여 소방시설을 설치 또는 유지·관리한 자
③ 피난시설, 방화구획 및 방화시설을 폐쇄하거나 훼손하는 등의 행위를 한 자
④ 피난시설, 방화구획 및 방화시설의 주위에 물건을 쌓아두거나 장애물을 철거하는 행위

해설
소방본부장 또는 소방서장이 시·도의 조례에 따라 포상금을 지급할 수 있는 경우는 피난시설, 방화구획 및 방화시설의 주위에 물건을 쌓아두거나 장애물을 설치하는 행위를 한 자를 신고한 경우이다.

정답 ④

★★★★☆ [시행 2022. 12. 1.]

제56조(벌칙)

① 제12조제3항 본문을 위반하여 소방시설에 폐쇄·차단 등의 행위를 한 자는 5년 이하의 징역 또는 5천만 원 이하의 벌금에 처한다.
② 제1항의 죄를 범하여 사람을 상해에 이르게 한 때에는 7년 이하의 징역 또는 7천만 원 이하의 벌금에 처하며, 사망에 이르게 한 때에는 10년 이하의 징역 또는 1억 원 이하의 벌금에 처한다.

핵심정리

소방시설에 폐쇄·차단 등의 행위를 한 자	5년 5천만 원
소방시설에 폐쇄·차단 등의 행위를 하여 사람을 상해에 이르게 한 때	7년 7천만 원
소방시설에 폐쇄·차단 등의 행위를 하여 사람을 사망에 이르게 한 때	10년 1억 원

★★★★☆ [시행 2022. 12. 1.]

제57조(벌칙)

다음 각 호의 어느 하나에 해당하는 자는 3년 이하의 징역 또는 3천만 원 이하의 벌금에 처한다.
1. 제12조제2항, 제15조제3항, 제16조제2항, 제20조제2항, 제23조제6항, 제37조제7항 또는 제45조제2항에 따른 명령을 정당한 사유 없이 위반한 자

> ※ 제12조제2항
>   소방본부장이나 소방서장은 소방시설이 화재안전기준에 따라 설치·관리되고 있지 아니할 때에는 해당 특정소방대상물의 관계인에게 필요한 조치를 명할 수 있다.
> ※ 제15조제3항
>   소방본부장 또는 소방서장은 건설현장의 임시소방시설 또는 소방시설이 설치 및 관리되지 아니할 때에는 해당 공사시공자에게 필요한 조치를 명할 수 있다.
> ※ 제16조제2항
>   소방본부장이나 소방서장은 특정소방대상물의 관계인이 피난시설, 방화구획 및 방화시설을 폐쇄하거나 훼손하는 등의 행위를 한 경우에는 피난시설, 방화구획 및 방화시설의 관리를 위하여 필요한 조치를 명할 수 있다.

> ※ 제20조제2항
>
> 　　소방본부장 또는 소방서장은 방염대상물품이 방염성능기준에 미치지 못하거나 방염성능검사를 받지 아니한 것이면 특정소방대상물의 관계인에게 방염대상물품을 제거하도록 하거나 방염성능검사를 받도록 하는 등 필요한 조치를 명할 수 있다.
>
> ※ 제23조제6항
>
> 　　소방본부장 또는 소방서장은 관계인이 이행계획을 완료하지 아니한 경우에는 필요한 조치의 이행을 명할 수 있고, 관계인은 이에 따라야 한다.(관계인이 자체점검을 한 경우 그 점검 결과에 따라 소방시설 등에 대한 수리·교체·정비에 관한 이행계획)
>
> ※ 제37조제7항
>
> 　　소방청장, 소방본부장 또는 소방서장은 제6항을 위반한 소방용품에 대하여는 그 제조자·수입자·판매자 또는 시공자에게 수거·폐기 또는 교체 등 행정안전부령으로 정하는 필요한 조치를 명할 수 있다.
>
> ※ 제45조제2항
>
> 　　소방청장은 제1항에 따른 수집검사 결과 행정안전부령으로 정하는 중대한 결함이 있다고 인정되는 소방용품에 대하여는 그 제조자 및 수입자에게 행정안전부령으로 정하는 바에 따라 회수·교환·폐기 또는 판매중지를 명하고, 형식승인 또는 성능인증을 취소할 수 있다.

2. 제29조제1항을 위반하여 관리업의 등록을 하지 아니하고 영업을 한 자
3. 제37조제1항, 제2항 및 제10항을 위반하여 소방용품의 형식승인을 받지 아니하고 소방용품을 제조하거나 수입한 자 또는 거짓이나 그 밖의 부정한 방법으로 형식승인을 받은 자
4. 제37조제3항을 위반하여 제품검사를 받지 아니한 자 또는 거짓이나 그 밖의 부정한 방법으로 제품검사를 받은 자
5. 제37조제6항을 위반하여 소방용품을 판매·진열하거나 소방시설공사에 사용한 자
6. 제40조제1항 및 제2항을 위반하여 거짓이나 그 밖의 부정한 방법으로 성능인증 또는 제품검사를 받은 자
7. 제40조제5항을 위반하여 제품검사를 받지 아니하거나 합격표시를 하지 아니한 소방용품을 판매·진열하거나 소방시설공사에 사용한 자
8. 제45조제3항을 위반하여 구매자에게 명령을 받은 사실을 알리지 아니하거나 필요한 조치를 하지 아니한 자

> ※ 제45조제3항
>
> 　　소방용품의 제품검사 후 수집검사로 소방용품의 회수·교환·폐기 또는 판매중지 명령을 받은 제조자 및 수입자는 해당 소방용품이 이미 판매되어 사용 중인 경우 행정안전부령으로 정하는 바에 따라 구매자에게 그 사실을 알리고 회수 또는 교환 등 필요한 조치를 하여야 한다.

9. 거짓이나 그 밖의 부정한 방법으로 제46조제1항에 따른 전문기관으로 지정을 받은 자

> ※ 전문기관=제품검사 전문기관

예상문제

01 다음 중 3년 이하의 징역 또는 3천만 원 이하의 벌금이 아닌 것은?
① 화재 시 소방시설의 기능과 성능에 지장을 줄 수 있는 소방시설의 폐쇄·차단 등의 행위를 한 자
② 소방시설관리업의 등록을 하지 아니하고 영업을 한 자
③ 소방용품의 형식승인을 받지 아니하고 소방용품을 제조하거나 수입한 자 또는 거짓이나 그 밖의 부정한 방법으로 형식승인을 받은 자
④ 거짓이나 그 밖의 부정한 방법으로 성능인증 또는 제품검사를 받은 자

해설
화재 시 소방시설의 기능과 성능에 지장을 줄 수 있는 소방시설의 폐쇄·차단 등의 행위를 한 자는 5년 이하의 징역 또는 5천만 원 이하의 벌금에 처한다.

정답 ①

02 다음 중 벌칙이 3년 이하의 징역 또는 3천만 원 이하의 벌금으로 옳지 않은 것은?
① 소방시설관리업의 등록을 하지 아니하고 영업을 한 자
② 소방시설관리업자가 영업정지처분을 받고 그 영업정지기간 중에 관리업의 업무를 한 자
③ 거짓이나 그 밖의 부정한 방법으로 제품검사 전문기관으로 지정을 받은 자
④ 소방용품의 형식승인을 받지 아니하고 소방용품을 제조하거나 수입한 자

해설
소방시설관리업자가 영업정지처분을 받고 그 영업정지기간 중에 관리업의 업무를 한 자는 1년 이하의 징역 또는 1천만원 이하의 벌금에 처한다.

정답 ②

★★★★☆ [시행 2022. 12. 1.]

제58조(벌칙)

다음 각 호의 어느 하나에 해당하는 자는 1년 이하의 징역 또는 1천만 원 이하의 벌금에 처한다.
1. 제22조제1항을 위반하여 소방시설등에 대하여 스스로 점검을 하지 아니하거나 관리업자등으로 하여금 정기적으로 점검하게 하지 아니한 자
2. 제25조제7항을 위반하여 소방시설관리사증을 다른 사람에게 빌려주거나 빌리거나 이를 알선한 자

3. 제25조제8항을 위반하여 동시에 둘 이상의 업체에 취업한 자

> ※ 소방시설관리사는 동시.에 둘 이상의 업체에 취업하여서는 아니 된다.

4. 제28조에 따라 자격정지처분을 받고 그 자격정지기간 중에 관리사의 업무를 한 자
5. 제33조제2항을 위반하여 관리업의 등록증이나 등록수첩을 다른 자에게 빌려주거나 빌리거나 이를 알선한 자
6. 제35조제1항에 따라 영업정지처분을 받고 그 영업정지기간 중에 관리업의 업무를 한 자
7. 제37조제3항에 따른 제품검사에 합격하지 아니한 제품에 합격표시를 하거나 합격표시를 위조 또는 변조하여 사용한 자
8. 제38조제1항을 위반하여 형식승인의 변경승인을 받지 아니한 자
9. 제40조제5항을 위반하여 제품검사에 합격하지 아니한 소방용품에 성능인증을 받았다는 표시 또는 제품검사에 합격하였다는 표시를 하거나 성능인증을 받았다는 표시 또는 제품검사에 합격하였다는 표시를 위조 또는 변조하여 사용한 자
10. 제41조제1항을 위반하여 성능인증의 변경인증을 받지 아니한 자
11. 제43조제1항에 따른 우수품질인증을 받지 아니한 제품에 우수품질인증 표시를 하거나 우수품질인증 표시를 위조하거나 변조하여 사용한 자
12. 제52조제3항을 위반하여 관계인의 정당한 업무를 방해하거나 출입·검사 업무를 수행하면서 알게 된 비밀을 다른 사람에게 누설한 자

핵심정리

3년 3천만 원 이하의 벌금	1년 1천만 원 이하의 벌금
관리업의 등록을 하지 아니하고 영업을 한 자	영업정지처분을 받고 그 영업정지기간 중에 관리업의 업무를 한 자
제품검사를 받지 아니한 자 또는 거짓이나 그 밖의 부정한 방법으로 제품검사를 받은 자	제품검사에 합격하지 아니한 제품에 합격표시를 하거나 합격표시를 위조 또는 변조하여 사용한 자
소방용품의 형식승인을 받지 아니하고 소방용품을 제조하거나 수입한 자 또는 거짓이나 그 밖의 부정한 방법으로 형식승인을 받은 자	형식승인의 변경승인을 받지 아니한 자
거짓이나 그 밖의 부정한 방법으로 성능인증 또는 제품검사를 받은 자	성능인증의 변경인증을 받지 아니한 자
제품검사를 받지 아니하거나 합격표시를 하지 아니한 소방용품을 판매·진열하거나 소방시설공사에 사용한 자	제품검사에 합격하지 아니한 제품에 합격표시를 하거나 합격표시를 위조 또는 변조하여 사용한 자

★★★★☆ [시행 2022. 12. 1.]

제59조(벌칙)

다음 각 호의 어느 하나에 해당하는 자는 300만 원 이하의 벌금에 처한다.
1. 제9조제2항 및 제50조제7항을 위반하여 업무를 수행하면서 알게 된 비밀을 이 법에서 정한 목적 외의 용도로 사용하거나 다른 사람 또는 기관에 제공하거나 누설한 자
2. 제21조를 위반하여 방염성능검사에 합격하지 아니한 물품에 합격표시를 하거나 합격표시를 위조하거나 변조하여 사용한 자
3. 제21조제2항을 위반하여 거짓 시료를 제출한 자

> ※ 제21조제2항
> 방염처리업의 등록을 한 자는 방염성능검사를 할 때에 거짓 시료(試料)를 제출하여서는 아니 된다.

4. 제23조제1항 및 제2항을 위반하여 필요한 조치를 하지 아니한 관계인 또는 관계인에게 중대위반사항을 알리지 아니한 관리업자등

> ※ 제23조제1항
> 특정소방대상물의 관계인은 자체점검 결과 소화펌프 고장 등 대통령령으로 정하는 중대위반사항이 발견된 경우에는 지체 없이 수리 등 필요한 조치를 하여야 한다.

★★★★☆ [시행 2022. 12. 1.]

제61조(과태료)

① 다음 각 호의 어느 하나에 해당하는 자에게는 300만 원 이하의 과태료를 부과한다.
1. 제12조제1항을 위반하여 소방시설을 화재안전기준에 따라 설치·관리하지 아니한 자
2. 제15조제1항을 위반하여 공사 현장에 임시소방시설을 설치·관리하지 아니한 자
3. 제16조제1항을 위반하여 피난시설, 방화구획 또는 방화시설의 폐쇄·훼손·변경 등의 행위를 한 자
4. 제20조제1항을 위반하여 방염대상물품을 방염성능기준 이상으로 설치하지 아니한 자
5. 제22조제1항 전단을 위반하여 점검능력 평가를 받지 아니하고 점검을 한 관리업자
6. 제22조제1항 후단을 위반하여 관계인에게 점검 결과를 제출하지 아니한 관리업자등
7. 제22조제2항에 따른 점검인력의 배치기준 등 자체점검 시 준수사항을 위반한 자
8. 제23조제3항을 위반하여 점검 결과를 보고하지 아니하거나 거짓으로 보고한 자

> ※ 제23조제3항
> 특정소방대상물의 관계인은 자체점검을 한 경우에는 그 점검 결과를 행정안전부령으로 정하는 바에 따라 소방시설등에 대한 수리·교체·정비에 관한 이행계획을 첨부하여 소방본부장 또는 소방서장에게 보고하여야 한다.

9. 제23조제4항을 위반하여 이행계획을 기간 내에 완료하지 아니한 자 또는 이행계획 완료 결과를 보고하지 아니하거나 거짓으로 보고한 자
10. 제24조제1항을 위반하여 점검기록표를 기록하지 아니하거나 특정소방대상물의 출입자가 쉽게 볼 수 있는 장소에 게시하지 아니한 관계인
11. 제31조 또는 제32조제3항을 위반하여 신고를 하지 아니하거나 거짓으로 신고한 자

> ※ 제31조
> 관리업자(관리업의 등록을 한 자를 말한다. 이하 같다)는 제29조에 따라 등록한 사항 중 행정안전부령으로 정하는 중요 사항이 변경되었을 때에는 행정안전부령으로 정하는 바에 따라 시·도지사에게 변경사항을 신고하여야 한다.

12. 제33조제3항을 위반하여 지위승계, 행정처분 또는 휴업·폐업의 사실을 특정소방대상물의 관계인에게 알리지 아니하거나 거짓으로 알린 관리업자
13. 제33조제4항을 위반하여 소속 기술인력의 참여 없이 자체점검을 한 관리업자
14. 제34조제2항에 따른 점검실적을 증명하는 서류 등을 거짓으로 제출한 자
15. 제52조제1항에 따른 명령을 위반하여 보고 또는 자료제출을 하지 아니하거나 거짓으로 보고 또는 자료제출을 한 자 또는 정당한 사유 없이 관계 공무원의 출입 또는 검사를 거부·방해 또는 기피한 자

② 제1항에 따른 과태료는 대통령령으로 정하는 바에 따라 소방청장, 시·도지사, 소방본부장 또는 소방서장이 부과·징수한다.

예상문제

01 소방시설등의 점검결과를 보고하지 않은 경우 과태료는?

① 50만 원 ② 100만 원
③ 200만 원 ④ 300만 원

해설
소방시설등의 점검 결과를 보고하지 아니하거나 거짓으로 보고한 자에게는 300만 원 이하의 과태료를 부과한다.

정답 ④

★★★★★ [시행 2022. 12. 1.]

시행령 제2조(정의)

이 영에서 사용하는 용어의 뜻은 다음과 같다.
1. "무창층"(無窓層)이란 지상층 중 다음 각 목의 요건을 모두 갖춘 개구부(건축물에서 채광·환기·통풍 또는 출입 등을 위하여 만든 창·출입구, 그 밖에 이와 비슷한 것을 말한다. 이하 같다)의 면적의 합계가 해당 층의 바닥면적(「건축법 시행령」 제119조제1항제3호에 따라 산정된 면적을 말한다. 이하 같다)의 30분의 1 이하가 되는 층을 말한다.
   가. 크기는 지름 50센티미터 이상의 원이 통과할 수 있을 것
   나. 해당 층의 바닥면으로부터 개구부 밑부분까지의 높이가 1.2미터 이내일 것
   다. 도로 또는 차량이 진입할 수 있는 빈터를 향할 것
   라. 화재 시 건축물로부터 쉽게 피난할 수 있도록 창살이나 그 밖의 장애물이 설치되지 않을 것
   마. 내부 또는 외부에서 쉽게 부수거나 열 수 있을 것
2. "피난층"이란 곧바로 지상으로 갈 수 있는 출입구가 있는 층을 말한다.

예상문제

01 다음 중 무창층이란 지상층 중 개구부가 바닥면적의 얼마 이하인 층을 말하는가?
① 바닥면적 1/10 이하인 층
② 바닥면적 1/20 이하인 층
③ 바닥면적 1/30 이하인 층
④ 바닥면적 1/40 이하인 층

해설
무창층이란 지상층 중 개구부의 면적의 합계가 해당 층의 바닥면적의 30분의 1 이하가 되는 층을 말한다.

정답 ③

02 무창층에 대한 개구부의 설치 기준으로 옳지 않은 것은?
① 크기는 지름 60cm 이상의 원이 통과할 수 있을 것
② 도로 또는 차량이 진입할 수 있는 빈터를 향할 것
③ 해당 층의 바닥면으로부터 개구부 밑부분까지의 높이가 1.2m 이내일 것
④ 내부 또는 외부에서 쉽게 부수거나 열 수 있을 것

📖 해설

개구부의 크기는 지름 50센티미터 이상의 원이 통과할 수 있는 크기로 하여야 한다.

정답 ①

03 소방시설 설치 및 관리에 관한 법률 시행령에서 규정하고 있는 무창층이 되기 위한 개구부의 요건에 해당 되지 않는 것은?

① 개구부의 크기는 비상구의 크기 이상일 것
② 해당 층의 바닥면으로부터 개구부 밑부분까지의 높이가 1.2m 이내일 것
③ 화재 시 건축물로부터 쉽게 피난할 수 있도록 창살이나 그 밖의 장애물이 설치되지 않을 것
④ 내부 또는 외부에서 쉽게 부수거나 열 수 있을 것

📖 해설

개구부의 크기는 지름 50센티미터 이상의 원이 통과할 수 있는 크기로 하여야 한다.

정답 ①

04 다음 중 무창층의 개구부에 대하여 적합하지 않은 것은?

① 내부 또는 외부에서 쉽게 부수거나 열 수 있을 것
② 도로 또는 차량이 진입할 수 있는 빈터를 향할 것
③ 크기는 지름 50cm 이상의 원이 통과할 수 있을 것
④ 해당 층의 바닥면으로부터 개구부 밑부분까지의 높이가 1.5m 이내일 것

📖 해설

개구부는 해당 층의 바닥면으로부터 개구부 밑부분까지의 높이가 1.2미터 이내로 하여야 한다.

정답 ④

05 다음 중 무창층에 대한 개구부의 설명으로 옳지 않은 것은?

① 크기는 지름 50cm 이상의 원이 통과할 수 있을 것
② 도로 또는 차량이 진입할 수 있는 빈터를 향할 것
③ 해당 층의 바닥면으로부터 개구부 밑부분까지의 높이가 1.2m 이내일 것
④ 도난방지를 위해 손쉽게 열수 없는 구조로 할 것

📖 해설

무창층에 대한 개구부는 내부 또는 외부에서 쉽게 부수거나 열 수 있도록 해야 한다.

정답 ④

06 소방시설 설치 및 관리에 관한 법률 시행령에서 정하는 피난층의 정의로서 옳은 것은?

① 직접 1층으로 갈 수 있는 출입구가 있는 층
② 내부로부터 지상 그 밖의 안전한 곳으로 피난할 수 있는 층
③ 개구부가 도로 또는 차량이 진입할 수 있는 층
④ 곧바로 지상으로 갈 수 있는 출입구가 있는 층

📖 해설

피난층이란 곧바로 지상으로 갈 수 있는 출입구가 있는 층을 말한다.

정답 ④

★★★★★ [시행 2022. 12. 1.]

시행령 제7조(건축허가등의 동의대상물의 범위 등)

① 법 제6조제1항에 따라 건축물 등의 신축·증축·개축·재축·이전·용도변경 또는 대수선의 허가·협의 및 사용승인(「주택법」제15조에 따른 승인 및 같은 법 제49조에 따른 사용검사, 「학교시설사업 촉진법」제4조에 따른 승인 및 같은 법 제13조에 따른 사용승인을 포함하며, 이하 "건축허가등"이라 한다)을 할 때 미리 소방본부장 또는 소방서장의 동의를 받아야 하는 건축물 등의 범위는 다음 각 호와 같다.
  1. 연면적이 400제곱미터 이상인 건축물이나 시설. 다만, 다음 각 목의 어느 하나에 해당하는 건축물이나 시설은 해당 목에서 정한 기준 이상인 건축물이나 시설로 한다.
     가. 「학교시설사업 촉진법」제5조의2제1항에 따라 건축등을 하려는 학교시설 : 100제곱미터
     나. 별표 2의 특정소방대상물 중 노유자(老幼者) 시설 및 수련시설 : 200제곱미터
     다. 「정신건강증진 및 정신질환자 복지서비스 지원에 관한 법률」제3조제5호에 따른 정신의료기관(입원실이 없는 정신건강의학과 의원은 제외하며, 이하 "정신의료기관"이라 한다) : 300제곱미터
     라. 「장애인복지법」제58조제1항제4호에 따른 장애인 의료재활시설(이하 "의료재활시설"이라 한다) : 300제곱미터
  2. 지하층 또는 무창층이 있는 건축물로서 바닥면적이 150제곱미터(공연장의 경우에는 100제곱미터) 이상인 층이 있는 것
  3. 차고·주차장 또는 주차 용도로 사용되는 시설로서 다음 각 목의 어느 하나에 해당하는 것

가. 차고·주차장으로 사용되는 바닥면적이 200제곱미터 이상인 층이 있는 건축물이나 주차시설
나. 승강기 등 기계장치에 의한 주차시설로서 자동차 20대 이상을 주차할 수 있는 시설
4. 층수가 6층 이상인 건축물
5. 항공기 격납고, 관망탑, 항공관제탑, 방송용 송수신탑
6. 별표 2의 특정소방대상물 중 의원(입원실이 있는 것으로 한정한다)·조산원·산후조리원, 위험물 저장 및 처리 시설, 발전시설 중 풍력발전소·전기저장시설, 지하구(地下溝)
7. 제1호나목에 해당하지 않는 노유자 시설 중 다음 각 목의 어느 하나에 해당하는 시설. 다만, 가목2) 및 나목부터 바목까지의 시설 중 「건축법 시행령」 별표 1의 단독주택 또는 공동주택에 설치되는 시설은 제외한다.
   가. 별표 2 제9호가목에 따른 노인 관련 시설 중 다음의 어느 하나에 해당하는 시설
      1) 「노인복지법」 제31조제1호에 따른 노인주거복지시설, 같은 조 제2호에 따른 노인의료복지시설 및 같은 조 제4호에 따른 재가노인복지시설
      2) 「노인복지법」 제31조제7호에 따른 학대피해노인 전용쉼터
   나. 「아동복지법」 제52조에 따른 아동복지시설(아동상담소, 아동전용시설 및 지역아동센터는 제외한다)
   다. 「장애인복지법」 제58조제1항제1호에 따른 장애인 거주시설
   라. 정신질환자 관련 시설(「정신건강증진 및 정신질환자 복지서비스 지원에 관한 법률」 제27조제1항제2호에 따른 공동생활가정을 제외한 재활훈련시설과 같은 법 시행령 제16조제3호에 따른 종합시설 중 24시간 주거를 제공하지 않는 시설은 제외한다)
   마. 별표 2 제9호마목에 따른 노숙인 관련 시설 중 노숙인자활시설, 노숙인재활시설 및 노숙인요양시설
   바. 결핵환자나 한센인이 24시간 생활하는 노유자 시설
8. 「의료법」 제3조제2항제3호라목에 따른 요양병원(이하 "요양병원"이라 한다). 다만, 의료재활시설은 제외한다.
9. 별표 2의 특정소방대상물 중 공장 또는 창고시설로서 「화재의 예방 및 안전관리에 관한 법률 시행령」 별표 2에서 정하는 수량의 750배 이상의 특수가연물을 저장·취급하는 것
10. 별표 2 제17호나목에 따른 가스시설로서 지상에 노출된 탱크의 저장용량의 합계가 100톤 이상인 것

② 제1항에도 불구하고 다음 각 호의 어느 하나에 해당하는 특정소방대상물은 소방본부장 또는 소방서장의 건축허가등의 동의대상에서 제외한다.
1. 별표 4에 따라 특정소방대상물에 설치되는 소화기구, 자동소화장치, 누전경보기, 단독경보형감지기, 가스누설경보기 및 피난구조설비(비상조명등은 제외한다)가 화재안전기준에 적합한 경우 해당 특정소방대상물

2. 건축물의 증축 또는 용도변경으로 인하여 해당 특정소방대상물에 추가로 소방시설이 설치되지 않는 경우 해당 특정소방대상물
3. 「소방시설공사업법 시행령」 제4조에 따른 소방시설공사의 착공신고 대상에 해당하지 않는 경우 해당 특정소방대상물

③ 법 제6조제1항에 따라 건축허가등의 권한이 있는 행정기관은 건축허가등의 동의를 받으려는 경우에는 동의요구서에 행정안전부령으로 정하는 서류를 첨부하여 해당 건축물 등의 소재지를 관할하는 소방본부장 또는 소방서장에게 동의를 요구해야 한다. 이 경우 동의 요구를 받은 소방본부장 또는 소방서장은 첨부서류 등이 미비한 경우에는 그 서류의 보완을 요구할 수 있다.

④ 법 제6조제5항제4호에서 "소방자동차의 접근이 가능한 통로의 설치 등 대통령령으로 정하는 사항"이란 다음 각 호의 사항을 말한다.
1. 소방자동차의 접근이 가능한 통로의 설치
2. 「건축법」 제64조 및 「주택건설기준 등에 관한 규정」제15조에 따른 승강기의 설치
3. 「주택건설기준 등에 관한 규정」 제26조에 따른 주택단지 안 도로의 설치
4. 「건축법 시행령」 제40조제2항에 따른 옥상광장, 같은 조 제3항에 따른 비상문자동개폐장치 또는 같은 조 제4항에 따른 헬리포트의 설치
5. 그 밖에 소방본부장 또는 소방서장이 소화활동 및 피난을 위해 필요하다고 인정하는 사항

예상문제

01 다음 중 건축허가 등의 동의대상물의 범위가 아닌 것은?

① 연면적 400m²(학교시설은 100m²) 이상인 건축물
② 승강기 등 기계장치에 의한 주차시설로서 자동차 15대 이상을 주차할 수 있는 시설
③ 지하층 또는 무창층이 있는 건축물로서 바닥면적이 150m²(공연장의 경우에는 100m²) 이상인 층이 있는 것
④ 항공기 격납고, 관망탑, 항공관제탑, 방송용 송수신탑

해설
건축허가 등의 동의대상물의 범위에는 "승강기 등 기계장치에 의한 주차시설로서 자동차 20대 이상을 주차할 수 있는 시설"이 해당된다.

정답 ②

02 "소방시설 설치 및 관리에 관한 법률 시행령"에서 건축허가 등의 동의대상이 아닌 것은?

① 층수가 11층 이상인 건축물
② 차고·주차장으로 사용되는 바닥면적이 200m² 이상인 층이 있는 건축물이나 주차시설
③ 특정소방대상물 중 의원(입원실이 있는 것으로 한정한다)·조산원·산후조리원, 위험물 저장 및 처리 시설, 발전시설 중 풍력발전소·전기저장시설, 지하구
④ 승강기 등 기계장치에 의한 주차시설로서 자동차 20대 이상을 주차할 수 있는 시설

📖 해설
건축허가 등의 동의대상물의 범위에는 "층수가 6층 이상인 건축물"이 해당된다.

정답 ①

03 다음 중 건축허가 등의 동의대상물로서 옳지 않은 것은?

① 연면적이 400m² 이상인 건축물
② 정신의료기관(입원실이 없는 정신건강의학과 의원은 제외)은 300m² 이상
③ 위험물 저장 및 처리 시설, 발전시설 중 풍력발전소·전기저장시설, 지하구
④ 지하층 또는 무창층이 있는 건축물은 바닥면적 100m² 이상

📖 해설
건축허가 등의 동의대상물의 범위에는 "지하층 또는 무창층이 있는 건축물로서 바닥면적이 150제곱미터(공연장의 경우에는 100제곱미터) 이상인 층이 있는 것"이 해당된다.

정답 ④

04 소방시설 설치 및 관리에 관한 법률 시행령에서 건축허가 등을 할 때 미리 소방본부장 또는 소방서장의 동의를 받아야 하는 건축물 등의 범위로 옳지 않은 것은?

① 연면적이 100m² 이상인 노유자시설 및 수련시설
② 지하층 또는 무창층이 있는 건축물로서 바닥면적이 150m²(공연장의 경우에는 100m²) 이상인 층이 있는 것
③ 차고·주차장으로 사용되는 바닥면적이 200m² 이상인 층이 있는 건축물이나 주차시설
④ 가스시설로서 지상에 노출된 탱크의 저장용량의 합계가 100톤 이상인 것

📖 해설
건축허가 등의 동의대상물의 범위에는 "연면적이 200m² 이상인 노유자시설 및 수련시설"이 해당된다.

정답 ①

05 다음 중 건축허가 등의 동의대상물 범위가 아닌 것은?

① 항공기 격납고, 관망탑, 항공관제탑, 방송용 송수신탑
② 차고·주차장으로 사용되는 바닥면적이 150m² 이상인 층이 있는 건축물이나 주차시설
③ 노유자시설 및 수련시설 200m² 이상
④ 지하층 또는 무창층이 있는 건축물로서 바닥면적이 150m²(공연장의 경우에는 100m²) 이상인 층이 있는 것

해설
건축허가 등의 동의대상물의 범위에는 "차고·주차장으로 사용되는 바닥면적이 200제곱미터 이상인 층이 있는 건축물이나 주차시설"이 해당된다.

정답 ②

06 다음 중 건축허가 등의 동의대상물의 범위로 옳지 않은 것은?

① 「정신건강증진 및 정신질환자 복지서비스 지원에 관한 법률」에 따른 정신의료기관 : 150m²
② 노유자시설 및 수련시설 : 200m²
③ 「학교시설사업 촉진법」에 따라 건축 등을 하려는 학교시설 : 100m²
④ 승강기 등 기계장치에 의한 주차시설로서 자동차 20대 이상을 주차할 수 있는 시설

해설
건축허가 등의 동의대상물의 범위에는 "「정신건강증진 및 정신질환자 복지서비스 지원에 관한 법률」에 따른 정신의료기관(입원실이 없는 정신건강의학과 의원은 제외)은 300제곱미터 이상"이 해당된다.

정답 ①

07 특정소방대상물 중 연면적에 상관없이 반드시 건축허가 등의 동의를 받아야 하는 시설은?

① 오피스텔
② 항공기 격납고
③ 판매시설
④ 학교시설

해설
연면적에 상관없이 반드시 건축허가 등의 동의를 받아야 하는 시설에는 "항공기 격납고, 관망탑, 항공관제탑, 방송용 송수신탑, 특정소방대상물 중 의원(입원실이 있는 것으로 한정한다)·조산원·산후조리원, 위험물 저장 및 처리 시설, 발전시설 중 풍력발전소·전기저장시설, 지하구"가 해당된다.

정답 ②

08 다음 중 건축허가 등의 동의 제외대상이 아닌 것은?

① 소화기구
② 비상조명등
③ 누전경보기
④ 공기호흡기

📝 **해설**

특정소방대상물에 설치되는 "소화기구, 자동소화장치, 누전경보기, 단독경보형감지기, 가스누설경보기 및 피난구조설비(비상조명등은 제외한다)"가 화재안전기준에 적합한 경우 해당 특정소방대상물은 건축허가 등의 동의대상에서 제외된다.

정답 ②

★★★★☆ [시행 2022. 12. 1.]

시행령 제8조(소방시설의 내진설계)

① 법 제7조에서 "대통령령으로 정하는 특정소방대상물"이란 「건축법」 제2조제1항제2호에 따른 건축물로서 「지진·화산재해대책법 시행령」 제10조제1항 각 호에 해당하는 시설을 말한다.

② 법 제7조에서 "대통령령으로 정하는 소방시설"이란 소방시설 중 옥내소화전설비, 스프링클러설비 및 물분무등소화설비를 말한다.

> ※ 물분무등소화설비
> 1) 물분무소화설비
> 2) 미분무소화설비
> 3) 포소화설비
> 4) 이산화탄소소화설비
> 5) 할론소화설비
> 6) 할로겐화합물 및 불활성기체소화설비
> 7) 분말소화설비
> 8) 강화액소화설비
> 9) 고체에어로졸소화설비

예상문제

01 특정소방대상물에 지진이 발생할 경우를 대비하여 소방청장이 정하는 내진설계기준에 맞게 소방시설을 설치하여야 한다. 내진설계기준 대상으로 옳은 것은?

① 소화설비, 피난기구
② 피난구조설비, 소화용수설비
③ 경보설비, 소화활동설비
④ 물분무등소화설비

해설
　　내진설계기준 대상에는 옥내소화전설비, 스프링클러설비, 물분무등소화설비가 해당된다.

　　정답 ④

02 특정소방대상물에 소방시설을 설치하려는 자는 지진이 발생할 경우 소방시설이 정상적으로 작동될 수 있도록 소방청장이 정하는 내진설계기준에 맞게 소방시설을 설치하여야 한다. 이에 해당되는 소방시설로 옳은 것은?
　① 자동화재탐지설비, 옥외소화전설비, 스프링클러설비
　② 자동화재탐지설비, 옥내소화전설비, 스프링클러설비
　③ 옥내소화전설비, 옥외소화전설비, 물분무등소화설비
　④ 옥내소화전설비, 스프링클러설비, 물분무등소화설비

　　해설
　　소방시설의 내진설계 대상은 "옥내소화전설비, 스프링클러설비, 물분무등소화설비"이다.

　　정답 ④

03 특정소방대상물에 대통령령으로 정하는 소방시설을 설치하려는 자는 지진이 발생할 경우 소방시설이 정상적으로 작동될 수 있도록 소방청장이 정하는 내진설계기준에 맞게 소방시설을 설치하여야 한다. 다음 중 내진설계기준에 해당하지 않은 것은?
　① 소화기구　　　　　　　　② 옥내소화전설비
　③ 물분무등소화설비　　　　④ 스프링클러설비

　　해설
　　소방시설의 내진설계 대상에는 옥내소화전설비, 스프링클러설비, 물분무등소화설비가 해당된다.

　　정답 ①

04 다음 중 정상적인 작동을 위해 소방시설을 설치하는 내진설계기준으로 옳지 않은 것은?
　① 옥내소화전　　　　　　　② 자동화재탐지설비
　③ 포소화설비　　　　　　　④ 미분무소화설비

　　해설
　　소방시설의 내진설계 대상에는 옥내소화전설비, 스프링클러설비, 물분무등소화설비(포소화설비, 미분무소화설비 포함)가 해당된다.

　　정답 ②

05 다음 중 소방청장이 정하는 내진설계 대상으로 옳지 않은 것은?

① 호스릴 옥내소화전설비 ② 스프링클러설비
③ 강화액소화설비 ④ 자동확산소화기

해설

소방시설의 내진설계 대상에는 옥내소화전설비(호스릴옥내소화전설비 포함), 스프링클러설비, 물분무등소화설비(강화액소화설비 포함)가 해당된다.

정답 ④

★★★★★ [시행 2022. 12. 1.]

시행령 제9조(성능위주설계를 해야 하는 특정소방대상물의 범위)

법 제8조제1항에서 "대통령령으로 정하는 특정소방대상물"이란 다음 각 호의 어느 하나에 해당하는 특정소방대상물(신축하는 것만 해당한다)을 말한다.

1. 연면적 20만제곱미터 이상인 특정소방대상물. 다만, 별표 2 제1호가목에 따른 아파트등(이하 "아파트등"이라 한다)은 제외한다.
2. 50층 이상(지하층은 제외한다)이거나 지상으로부터 높이가 200미터 이상인 아파트등
3. 30층 이상(지하층을 포함한다)이거나 지상으로부터 높이가 120미터 이상인 특정소방대상물(아파트등은 제외한다)
4. 연면적 3만제곱미터 이상인 특정소방대상물로서 다음 각 목의 어느 하나에 해당하는 특정소방대상물
    가. 별표 2 제6호나목의 철도 및 도시철도 시설
    나. 별표 2 제6호다목의 공항시설
5. 별표 2 제16호의 창고시설 중 연면적 10만제곱미터 이상인 것 또는 지하층의 층수가 2개 층 이상이고 지하층의 바닥면적의 합계가 3만제곱미터 이상인 것
6. 하나의 건축물에 「영화 및 비디오물의 진흥에 관한 법률」제2조제10호에 따른 영화상영관이 10개 이상인 특정소방대상물
7. 「초고층 및 지하연계 복합건축물 재난관리에 관한 특별법」제2조제2호에 따른 지하연계 복합건축물에 해당하는 특정소방대상물
8. 별표 2 제27호의 터널 중 수저(水底)터널 또는 길이가 5천미터 이상인 것

예상문제

01 다음 중 성능위주설계를 해야 할 특정소방대상물이 아닌 것은?
① 연면적 20만m² 이상인 특정소방대상물(아파트등은 제외)
② 지하층을 제외한 층수가 30층 이상인 특정소방대상물(아파트등은 제외)
③ 연면적 3만m² 이상인 철도 및 도시철도시설, 공항시설
④ 하나의 건축물에 영화상영관이 10개 이상인 특정소방대상물

해설
30층 이상(지하층을 포함)이거나 지상으로부터 높이가 120미터 이상인 특정소방대상물(아파트등은 제외)을 신축하는 경우에는 성능위주설계를 해야 한다.

정답 ②

02 신축건물로서 성능위주설계를 해야 할 특정소방대상물에 해당하는 기준으로 옳지 않은 것은?
① 연면적 20만m² 이상인 특정소방대상물(아파트등은 제외)
② 지하연계 복합건축물에 해당하는 특정소방대상물
③ 지하층을 포함한 층수가 40층 이상인 특정소방대상물(아파트등은 제외)
④ 터널 중 수저(水底)터널 또는 길이가 5천미터 이상인 것

해설
30층 이상(지하층을 포함)이거나 지상으로부터 높이가 120미터 이상인 특정소방대상물(아파트등은 제외)을 신축하는 경우에는 성능위주설계를 해야 한다.

정답 ③

03 성능위주설계를 하여야 하는 특정소방대상물에 해당하는 기준으로 옳지 않은 것은?
① 50층 이상(지하층은 제외)이거나 지상으로부터 높이가 200m 이상인 아파트등의 신축
② 30층 이상(지하층을 포함)이거나 지상으로부터 높이가 120m 이상인 특정소방대상물(아파트등은 제외)의 신축
③ 연면적 5만m² 이상인 철도 및 도시철도 시설, 공항시설의 신축
④ 하나의 건축물에 영화상영관이 10개 이상인 특정소방대상물의 신축

해설
연면적 3만제곱미터 이상인 철도 및 도시철도 시설, 공항시설을 신축하는 경우에는 성능위주설계를 해야 한다.

정답 ③

04 특정소방대상물에 소방시설을 설치하려는 자는 그 용도, 위치, 구조, 수용 인원, 가연물의 종류 및 양 등을 고려하여 "성능위주설계"를 하여야 한다. 다음 중 성능위주설계 대상으로 옳지 않은 것은?

① 터널 중 수저(水底)터널 또는 길이가 5천m 이상인 것
② 지하연계 복합건축물에 해당하는 특정소방대상물
③ 창고시설 중 연면적 10만m² 이상인 것 또는 지하층의 층수가 2개 층 이상이고 지하층의 바닥면적의 합계가 3만m² 이상인 것
④ 하나의 건축물에 영화상영관이 5개 이상인 특정소방대상물을 신축하는 경우

해설
하나의 건축물에 영화상영관이 10개 이상인 특정소방대상물을 신축하는 경우에는 성능위주설계를 해야 한다.

정답 ④

★★★★☆ [시행 2022. 12. 1.]

시행령 제15조(특정소방대상물의 증축 또는 용도변경 시의 소방시설기준 적용의 특례)

① 법 제13조제3항에 따라 소방본부장 또는 소방서장은 특정소방대상물이 증축되는 경우에는 기존 부분을 포함한 특정소방대상물의 전체에 대하여 증축 당시의 소방시설의 설치에 관한 대통령령 또는 화재안전기준을 적용해야 한다. 다만, 다음 각 호의 어느 하나에 해당하는 경우에는 기존 부분에 대해서는 증축 당시의 소방시설의 설치에 관한 대통령령 또는 화재안전기준을 적용하지 않는다.
  1. 기존 부분과 증축 부분이 내화구조(耐火構造)로 된 바닥과 벽으로 구획된 경우
  2. 기존 부분과 증축 부분이 「건축법 시행령」 제46조제1항제2호에 따른 자동방화셔터(이하 "자동방화셔터"라 한다) 또는 같은 영 제64조제1항제1호에 따른 60분+ 방화문(이하 "60분+ 방화문"이라 한다)으로 구획되어 있는 경우
  3. 자동차 생산공장 등 화재 위험이 낮은 특정소방대상물 내부에 연면적 33제곱미터 이하의 직원 휴게실을 증축하는 경우
  4. 자동차 생산공장 등 화재 위험이 낮은 특정소방대상물에 캐노피(기둥으로 받치거나 매달아 놓은 덮개를 말하며, 3면 이상 벽이 없는 구조의 것을 말한다)를 설치하는 경우

② 법 제13조제3항에 따라 소방본부장 또는 소방서장은 특정소방대상물이 용도변경되는 경우에는 용도변경되는 부분에 대해서만 용도변경 당시의 소방시설의 설치에 관한 대통령령 또는 화재안전기준을 적용한다. 다만, 다음 각 호의 어느 하나에 해당하는 경

우에는 특정소방대상물 전체에 대하여 용도변경 전에 해당 특정소방대상물에 적용되던 소방시설의 설치에 관한 대통령령 또는 화재안전기준을 적용한다.
1. 특정소방대상물의 구조·설비가 화재연소 확대 요인이 적어지거나 피난 또는 화재진압활동이 쉬워지도록 변경되는 경우
2. 용도변경으로 인하여 천장·바닥·벽 등에 고정되어 있는 가연성 물질의 양이 줄어드는 경우

예상문제

01 특정소방대상물의 증축 또는 용도변경 시의 소방시설기준 적용의 특례에서 괄호 안에 들어갈 내용으로 알맞은 것은?

> 소방본부장 또는 소방서장은 특정소방대상물이 (   )되는 경우에는 기존 부분을 포함한 특정소방대상물의 전체에 대하여 (   ) 당시의 소방시설의 설치에 관한 대통령령 또는 화재안전기준을 적용해야 한다.

① 용도변경, 증축
② 용도변경, 용도변경
③ 증축, 용도변경
④ 증축, 증축

해설
소방본부장 또는 소방서장은 특정소방대상물이 증축되는 경우에는 기존 부분을 포함한 특정소방대상물의 전체에 대하여 증축 당시의 소방시설의 설치에 관한 대통령령 또는 화재안전기준을 적용해야 한다.

정답 ④

02 특정소방대상물의 증축 시 소방시설기준 적용의 특례에서 옳지 않은 것은?

① 기존 부분과 증축 부분이 자동방화셔터 또는 60분+ 방화문으로 구획되어 있는 경우에는 기존 부분에 대해서는 증축 당시의 소방시설의 설치에 관한 대통령령 또는 화재안전기준을 적용하지 않는다.
② 자동차 생산공장 등 화재 위험이 낮은 특정소방대상물 내부에 연면적 33제곱미터 이하의 직원 휴게실을 증축하는 경우에는 기존 부분에 대해서는 증축 당시의 소방시설의 설치에 관한 대통령령 또는 화재안전기준을 적용하지 않는다.
③ 기존 부분과 증축 부분이 내화구조로 된 바닥과 벽으로 구획된 경우에는 기존 부분을 포함한 특정소방대상물 전체에 대해서는 증축 당시 소방시설의 설치에 관한 대통령령 또는 화재안전기준을 적용하지 않는다.
④ 자동차 생산공장 등 화재 위험이 낮은 특정소방대상물에 캐노피를 설치하는 경우에는 기존 부분에 대해서는 증축 당시의 소방시설의 설치에 관한 대통령령 또는 화재안전기준을 적용하지 않는다.

해설
기존 부분과 증축 부분이 내화구조로 된 바닥과 벽으로 구획된 경우에는 기존 부분에 대해서는 증축 당시의 소방시설의 설치에 관한 대통령령 또는 화재안전기준을 적용하지 않는다.

정답 ③

03 특정소방대상물의 증축 시의 소방시설기준 적용의 특례에서 옳지 않은 것은?
① 기존 부분과 증축 부분이 방화구조로 된 바닥과 벽으로 구획된 경우
② 기존 부분과 증축 부분이 자동방화셔터 또는 60분+ 방화문으로 구획되어 있는 경우
③ 자동차 생산공장 등 화재 위험이 낮은 특정소방대상물 내부에 연면적 33제곱미터 이하의 직원 휴게실을 증축하는 경우
④ 자동차 생산공장 등 화재 위험이 낮은 특정소방대상물에 캐노피를 설치하는 경우

해설
특정소방대상물의 증축 시의 소방시설기준 적용의 특례에 해당하는 것은 "기존 부분과 증축 부분이 내화구조로 된 바닥과 벽으로 구획된 경우"이다.

정답 ①

04 「소방시설 설치 및 관리에 관한 법률 시행령」에서 밑줄 친 각 호에 해당되지 않는 것은?

> 소방본부장 또는 소방서장은 특정소방대상물이 증축되는 경우에는 기존 부분을 포함한 특정소방대상물의 전체에 대하여 증축 당시의 소방시설의 설치에 관한 대통령령 또는 화재안전기준을 적용해야 한다. 다만, 다음 각 호의 어느 하나에 해당하는 경우에는 기존 부분에 대해서는 증축 당시의 소방시설의 설치에 관한 대통령령 또는 화재안전기준을 적용하지 않는다.

① 기존 부분과 증축 부분이 내화구조로 된 바닥과 벽으로 구획된 경우
② 기존 부분과 증축 부분이 자동방화셔터 또는 60분+ 방화문으로 구획되어 있는 경우
③ 자동차 생산공장 등 화재 위험이 낮은 특정소방대상물 내부에 연면적 $100m^2$ 이하의 직원 휴게실을 증축하는 경우
④ 자동차 생산공장 등 화재 위험이 낮은 특정소방대상물에 캐노피(기둥으로 받치거나 매달아 놓은 덮개를 말하며, 3면 이상에 벽이 없는 구조의 것)를 설치하는 경우

해설
특정소방대상물의 증축 시의 소방시설기준 적용의 특례에 해당하는 것은 "자동차 생산공장 등 화재 위험이 낮은 특정소방대상물 내부에 연면적 33제곱미터 이하의 직원 휴게실을 증축하는 경우"이다.

정답 ③

05 특정소방대상물의 증축 또는 용도변경 시의 소방시설기준 적용의 특례에 대한 설명 중 옳지 않은 것은?

① 소방본부장 또는 소방서장은 특정소방대상물이 증축되는 경우에는 기존 부분을 포함한 특정소방대상물의 전체에 대하여 증축 당시의 소방시설의 설치에 관한 대통령령 또는 화재안전기준을 적용해야 한다.
② 기존 부분과 증축 부분이 내화구조로 된 바닥과 벽으로 구획된 경우에는 기존 부분에 대해서는 증축 당시의 소방시설의 설치에 관한 대통령령 또는 화재안전기준을 적용하지 않는다.
③ 소방본부장 또는 소방서장은 특정소방대상물이 용도변경되는 경우에는 특정소방대상물의 전체에 대하여 용도변경 당시의 소방시설의 설치에 관한 대통령령 또는 화재안전기준을 적용한다.
④ 용도변경으로 인하여 천장·바닥·벽 등에 고정되어 있는 가연성 물질의 양이 줄어드는 경우에는 특정소방대상물 전체에 대하여 용도변경 전에 해당 특정소방대상물에 적용되던 소방시설의 설치에 관한 대통령령 또는 화재안전기준을 적용한다.

해설
소방본부장 또는 소방서장은 특정소방대상물이 용도변경되는 경우에는 용도변경되는 부분에 대해서만 용도변경 당시의 소방시설의 설치에 관한 대통령령 또는 화재안전기준을 적용한다.

정답 ③

★★★☆☆ [시행 2022. 12. 1.]

 시행령 제21조(소방기술심의위원회의 구성 등)

① 법 제18조제1항에 따른 중앙소방기술심의위원회(이하 "중앙위원회"라 한다)는 위원장을 포함하여 60명 이내의 위원으로 성별을 고려하여 구성한다.
② 법 제18조제2항에 따른 지방소방기술심의위원회(이하 "지방위원회"라 한다)는 위원장을 포함하여 5명 이상 9명 이하의 위원으로 구성한다.
③ 중앙위원회의 회의는 위원장과 위원장이 회의마다 지정하는 6명 이상 12명 이하의 위원으로 구성한다.
④ 중앙위원회는 분야별 소위원회를 구성·운영할 수 있다.

예상문제

01 다음 중 소방기술심의위원회의 설명 중 옳지 않은 것은?

① 중앙위원회는 위원장을 포함하여 60명 이내의 위원으로 성별을 고려하여 구성한다.
② 지방위원회는 위원장을 포함하여 5명 이상 9명 이하의 위원으로 구성한다.
③ 중앙위원회와 지방위원회는 분야별 소위원회를 구성할 수 있다.
④ 중앙위원회의 회의는 위원장과 위원장이 회의마다 지정하는 6명 이상 12명 이하의 위원으로 구성한다.

해설
중앙위원회는 분야별 소위원회를 구성할 수 있지만, 지방위원회는 분야별 소위원회를 구성할 수 없다.

정답 ③

★★★★★ [시행 2022. 12. 1.]

시행령 제30조(방염성능기준 이상의 실내장식물 등을 설치해야 하는 특정소방대상물)

법 제20조제1항에서 "대통령령으로 정하는 특정소방대상물"이란 다음 각 호의 것을 말한다.
1. 근린생활시설 중 의원, 조산원, 산후조리원, 체력단련장, 공연장 및 종교집회장
2. 건축물의 옥내에 있는 다음 각 목의 시설
   가. 문화 및 집회시설
   나. 종교시설
   다. 운동시설(수영장은 제외한다)
3. 의료시설
4. 교육연구시설 중 합숙소
5. 노유자 시설
6. 숙박이 가능한 수련시설
7. 숙박시설
8. 방송통신시설 중 방송국 및 촬영소
9. 「다중이용업소의 안전관리에 관한 특별법」제2조제1항제1호에 따른 다중이용업의 영업소(이하 "다중이용업소"라 한다)
10. 제1호부터 제9호까지의 시설에 해당하지 않는 것으로서 층수가 11층 이상인 것(아파트등은 제외한다)

예상문제

01 다음 중 방염성능기준 이상의 실내장식물 등을 설치하여야 하는 특정소방대상물이 아닌 것은?
① 방송통신시설 중 방송국 및 촬영소
② 근린생활시설 중 의원, 조산원, 산후조리원, 체력단련장, 공연장 및 종교집회장
③ 다중이용업소
④ 옥외에 있는 시설로서 문화 및 집회시설, 종교시설, 운동시설(수영장은 제외)

해설
방염성능기준 이상의 실내장식물 등을 설치하여야 하는 특정소방대상물은 "건축물의 옥내에 있는 시설로서 문화 및 집회시설, 종교시설, 운동시설(수영장은 제외)"이다.

정답 ④

02 다음 중 방염성능기준 이상의 실내장식물 등을 설치하여야 하는 특정소방대상물로 옳지 않은 것은?
① 근린생활시설 중 의원
② 의료시설
③ 노유자시설
④ 옥내의 운동시설 중 수영장

해설
방염성능기준 이상의 실내장식물을 설치해야 하는 특정소방대상물은 "건축물의 옥내에 있는 운동시설(수영장은 제외)"이다.

정답 ④

03 다음 중 방염성능기준 이상의 실내장식물을 설치해야 하는 특정소방대상물이 아닌 것은?
① 다중이용업소
② 11층 이상인 건축물(아파트는 제외)
③ 노유자시설
④ 숙박이 불가능한 수련시설

해설
방염성능기준 이상의 실내장식물을 설치해야 하는 특정소방대상물은 "숙박이 가능한 수련시설"이다.

정답 ④

04 다음의 설명 중 방염성능대상물에 해당되지 않는 것은?
① 11층 이상의 아파트
② 교육연구시설 중 합숙소
③ 근린생활시설 중 체력단련장
④ 종합병원

해설
방염성능기준 이상의 실내장식물을 설치해야 하는 특정소방대상물은 "층수가 11층 이상인 것(아파트 등은 제외)"이다.

정답 ①

05 다음 중 방염성능기준 이상의 것으로 설치하여야 할 특정소방대상물에 해당되지 않는 것은?
① 숙박시설
② 노유자시설
③ 의료시설
④ 층수가 11층 이상인 모든 특정소방대상물

해설
층수가 11층 이상인 모든 특정소방대상물 중 아파트는 방염성능기준 이상의 실내장식물을 설치해야 하는 특정소방대상물이 아니다.

정답 ④

06 방염성능기준 이상의 실내장식물 등을 설치하여야 하는 특정소방대상물이 아닌 것은?
① 방송국
② 종합병원
③ 연구소
④ 숙박시설

해설
방송통신시설인 방송국, 의료시설인 종합병원, 숙박시설은 방염성능기준 이상의 실내장식물 등을 설치하여야 하는 특정소방대상물이지만, 교육연구시설인 연구소는 아니다.

정답 ③

07 다음 중 방염성능기준 이상의 특정소방대상물이 아닌 것은?
① 다중이용업소
② 직업훈련소
③ 11층 이상의 건물(아파트는 제외)
④ 종합병원

해설
다중이용업소, 11층 이상의 건물(아파트는 제외), 의료시설인 종합병원은 방염성능기준 이상의 특정소방대상물이지만, 교육연구시설인 직업훈련소는 아니다.

정답 ②

★★★★★ [시행 2022. 12. 1.]
시행령 제31조(방염대상물품 및 방염성능기준)

① 법 제20조제1항에서 "대통령령으로 정하는 물품"이란 다음 각 호의 것을 말한다.
  1. 제조 또는 가공 공정에서 방염처리를 한 다음 각 목의 물품
     가. 창문에 설치하는 커튼류(블라인드를 포함한다)
     나. 카펫
     다. 벽지류(두께가 2밀리미터 미만인 종이벽지는 제외한다)
     라. 전시용 합판·목재 또는 섬유판, 무대용 합판·목재 또는 섬유판(합판·목재류의 경우 불가피하게 설치 현장에서 방염처리한 것을 포함한다)
     마. 암막·무대막(「영화 및 비디오물의 진흥에 관한 법률」 제2조제10호에 따른 영화상영관에 설치하는 스크린과 「다중이용업소의 안전관리에 관한 특별법 시행령」 제2조제7호의4에 따른 가상체험 체육시설업에 설치하는 스크린을 포함한다)
     바. 섬유류 또는 합성수지류 등을 원료로 하여 제작된 소파·의자(「다중이용업소의 안전관리에 관한 특별법 시행령」 제2조제1호나목 및 같은 조 제6호에 따른 단란주점영업, 유흥주점영업 및 노래연습장업의 영업장에 설치하는 것으로 한정한다)
  2. 건축물 내부의 천장이나 벽에 부착하거나 설치하는 다음 각 목의 것. 다만, 가구류(옷장, 찬장, 식탁, 식탁용 의자, 사무용 책상, 사무용 의자, 계산대, 그 밖에 이와 비슷한 것을 말한다. 이하 이 조에서 같다)와 너비 10센티미터 이하인 반자돌림대 등과 「건축법」 제52조에 따른 내부 마감재료는 제외한다.
     가. 종이류(두께 2밀리미터 이상인 것을 말한다)·합성수지류 또는 섬유류를 주원료로 한 물품
     나. 합판이나 목재
     다. 공간을 구획하기 위하여 설치하는 간이 칸막이(접이식 등 이동 가능한 벽체나 천장 또는 반자가 실내에 접하는 부분까지 구획하지 않는 벽체를 말한다)
     라. 흡음(吸音)을 위하여 설치하는 흡음재(흡음용 커튼을 포함한다)
     마. 방음(防音)을 위하여 설치하는 방음재(방음용 커튼을 포함한다)
② 법 제20조제3항에 따른 방염성능기준은 다음 각 호의 기준에 따르되, 제1항에 따른 방염대상물품의 종류에 따른 구체적인 방염성능기준은 다음 각 호의 기준의 범위에서 소방청장이 정하여 고시하는 바에 따른다.
  1. 버너의 불꽃을 제거한 때부터 불꽃을 올리며 연소하는 상태가 그칠 때까지 시간은 20초 이내일 것
  2. 버너의 불꽃을 제거한 때부터 불꽃을 올리지 않고 연소하는 상태가 그칠 때까지 시간은 30초 이내일 것
  3. 탄화(炭化)한 면적은 50제곱센티미터 이내, 탄화한 길이는 20센티미터 이내일 것
  4. 불꽃에 의하여 완전히 녹을 때까지 불꽃의 접촉 횟수는 3회 이상일 것

5. 소방청장이 정하여 고시한 방법으로 발연량(發煙量)을 측정하는 경우 최대연기밀도는 400 이하일 것

③ 소방본부장 또는 소방서장은 제1항에 따른 방염대상물품 외에 다음 각 호의 물품은 방염처리된 물품을 사용하도록 권장할 수 있다.
1. 다중이용업소, 의료시설, 노유자 시설, 숙박시설 또는 장례식장에서 사용하는 침구류·소파 및 의자
2. 건축물 내부의 천장 또는 벽에 부착하거나 설치하는 가구류

예상문제

01 "제조 또는 가공 공정에서 방염처리를 한 것"으로서 방염처리대상물품이 아닌 것은?
① 카펫
② 창문에 설치하는 커튼류(블라인드 제외)
③ 무대막(스크린 포함)
④ 전시용 합판·무대용 합판

해설
"창문에 설치하는 커튼류(블라인드를 포함한다)"은 방염처리대상물품에 해당된다.

정답 ②

02 다음 중 "제조 또는 가공 공정에서 방염처리를 한 것"으로서 방염처리대상물품이 아닌 것은?
① 창문에 설치하는 커튼류(블라인드를 포함한다)
② 벽지류(두께가 2밀리미터 미만인 종이벽지는 제외한다)
③ 암막, 무대막(영화상영관에 설치하는 스크린을 제외한다.)
④ 다중이용업소의 단란주점영업의 영업장에 설치하는 섬유류 또는 합성수지류 등을 원료로 하여 제작된 소파·의자

해설
"암막·무대막(영화상영관에 설치하는 스크린과 가상체험 체육시설업에 설치하는 스크린을 포함한다)"은 방염처리대상물품에 해당된다.

정답 ③

03 다음 중 "제조 또는 가공 공정에서 방염처리를 한 것"으로서 반드시 방염처리를 하지 않아도 되는 것은?
① 암막, 무대막
② 무대용 합판
③ 블라인드
④ 두께가 2mm 미만인 종이벽지

해설
"벽지류(두께가 2밀리미터 미만인 종이벽지는 제외한다)"은 방염처리대상물품에 해당된다.

정답 ④

04 다음 중 방염성능기준으로 옳지 않은 것은?

① 탄화한 면적 50cm² 이내, 탄화한 길이 20cm 이내로 한다.
② 불꽃에 의해 완전히 녹을 때까지 불꽃의 접촉 횟수는 3회 이상
③ 버너의 불꽃을 올리고 연소상태가 그칠 때까지 30초 이내
④ 발연량을 측정하는 경우 최대연기밀도는 400 이하로 한다.

해설
버너의 불꽃을 제거한 때부터 불꽃을 올리며 연소하는 상태가 그칠 때까지 시간은 20초 이내로 하여야 한다.

정답 ③

05 "소방시설 설치 및 관리에 관한 법률 시행령"에서 규정하는 방염성능기준의 내용 중 옳지 않은 것은?

① 탄화한 면적 50cm² 이내, 탄화한 길이 20cm 이내
② 불꽃을 올리지 아니하고 연소상태가 그칠 때까지의 시간은 30초 이내
③ 불꽃에 의하여 완전히 녹을 때까지 불꽃의 접촉 횟수는 2회 이상
④ 발연량을 측정하는 경우 최대연기밀도는 400 이하의 기준으로 한다.

해설
불꽃에 의하여 완전히 녹을 때까지 불꽃의 접촉 횟수는 3회 이상으로 하여야 한다.

정답 ③

06 다음 중 방염성능기준으로 옳지 않은 것은?

① 불꽃을 제거한 때부터 불꽃을 올리고 연소상태가 그칠 때까지의 시간은 20초 이내
② 불꽃을 제거한 때부터 불꽃을 올리지 아니하고 연소상태가 그칠 때까지 30초 이내
③ 탄화면적 50cm² 이내, 탄화 길이 50cm 이내
④ 불꽃에 의해 완전히 녹을 때까지 불꽃의 접촉횟수는 3회 이상

해설
탄화(炭化)한 면적은 50제곱센티미터 이내, 탄화한 길이는 20센티미터 이내로 하여야 한다.

정답 ③

07 다음 중 특정소방대상물의 방염성능기준으로 옳지 않은 것은?

① 불꽃을 제거한 때부터 불꽃을 올리며 연소하는 상태가 그칠 때까지의 시간이 20초 이내
② 불꽃을 제거한 때부터 불꽃을 올리지 아니하고 연소하는 상태가 그칠 때까지의 시간이 30초 이내
③ 소방청장이 정하여 고시한 방법으로 발연량을 측정하는 경우 최소연기밀도는 400 이상
④ 불꽃에 의하여 완전히 녹을 때까지 불꽃의 접촉 횟수는 3회 이상

해설
소방청장이 정하여 고시한 방법으로 발연량을 측정하는 경우 최대연기밀도는 400 이하로 하여야 한다.

정답 ③

08 소방본부장 또는 소방서장은 방염물품 외에 다중이용업소, 의료시설, 노유자시설, 숙박시설 또는 장례식장에서 사용하는 물건에 대하여 방염처리가 필요하다고 인정되는 경우에는 방염처리 된 제품을 사용하도록 권장할 수 있다. 이에 해당하지 않는 것은?

① 의자　　　　　　　　　　　② 소파
③ 섬유판　　　　　　　　　　④ 침구류

해설
소방본부장 또는 소방서장은 "다중이용업소, 의료시설, 노유자시설, 숙박시설 또는 장례식장에서 사용하는 침구류·소파 및 의자의 경우"에는 방염처리된 물품을 사용하도록 권장할 수 있다.

> ※ 방염처리된 물품을 사용하도록 권장할 수 있는 물품
> 1. 다중이용업소, 의료시설, 노유자시설, 숙박시설 또는 장례식장에서 사용하는 침구류·소파 및 의자
> 2. 건축물 내부의 천장 또는 벽에 부착하거나 설치하는 가구류

정답 ③

★★★★★ [시행 2023. 12. 1.]

시행령 [별표 1] 소방시설

1. 소화설비 : 물 또는 그 밖의 소화약제를 사용하여 소화하는 기계·기구 또는 설비로서 다음 각 목의 것
　가. 소화기구
　　1) 소화기

2) 간이소화용구 : 에어로졸식 소화용구, 투척용 소화용구, 소공간용 소화용구 및 소화약제 외의 것을 이용한 간이소화용구
3) 자동확산소화기
나. 자동소화장치
1) 주거용 주방자동소화장치
2) 상업용 주방자동소화장치
3) 캐비닛형 자동소화장치
4) 가스자동소화장치
5) 분말자동소화장치
6) 고체에어로졸자동소화장치
다. 옥내소화전설비[호스릴(hose reel) 옥내소화전설비를 포함한다]
라. 스프링클러설비등
1) 스프링클러설비
2) 간이스프링클러설비(캐비닛형 간이스프링클러설비를 포함한다)
3) 화재조기진압용 스프링클러설비
마. 물분무등소화설비
1) 물분무소화설비
2) 미분무소화설비
3) 포소화설비
4) 이산화탄소소화설비
5) 할론소화설비
6) 할로겐화합물 및 불활성기체(다른 원소와 화학반응을 일으키기 어려운 기체를 말한다. 이하 같다) 소화설비
7) 분말소화설비
8) 강화액소화설비
9) 고체에어로졸소화설비
바. 옥외소화전설비
2. 경보설비 : 화재발생 사실을 통보하는 기계·기구 또는 설비로서 다음 각 목의 것
가. 단독경보형 감지기
나. 비상경보설비
1) 비상벨설비
2) 자동식사이렌설비
다. 자동화재탐지설비
라. 시각경보기
마. 화재알림설비
바. 비상방송설비
사. 자동화재속보설비

아. 통합감시시설
　　　자. 누전경보기
　　　차. 가스누설경보기
　3. 피난구조설비 : 화재가 발생할 경우 피난하기 위하여 사용하는 기구 또는 설비로서 다음 각 목의 것
　　　가. 피난기구
　　　　1) 피난사다리
　　　　2) 구조대
　　　　3) 완강기
　　　　4) 간이완강기
　　　　5) 그 밖에 화재안전기준으로 정하는 것
　　　나. 인명구조기구
　　　　1) 방열복, 방화복(안전모, 보호장갑 및 안전화를 포함한다)
　　　　2) 공기호흡기
　　　　3) 인공소생기
　　　다. 유도등
　　　　1) 피난유도선
　　　　2) 피난구유도등
　　　　3) 통로유도등
　　　　4) 객석유도등
　　　　5) 유도표지
　　　라. 비상조명등 및 휴대용비상조명등
　4. 소화용수설비 : 화재를 진압하는 데 필요한 물을 공급하거나 저장하는 설비로서 다음 각 목의 것
　　　가. 상수도소화용수설비
　　　나. 소화수조·저수조, 그 밖의 소화용수설비
　5. 소화활동설비 : 화재를 진압하거나 인명구조활동을 위하여 사용하는 설비로서 다음 각 목의 것
　　　가. 제연설비
　　　나. 연결송수관설비
　　　다. 연결살수설비
　　　라. 비상콘센트설비
　　　마. 무선통신보조설비
　　　바. 연소방지설비

예상문제

01 다음 소방시설 중 소화설비가 아닌 것은?
① 스프링클러설비　② 자동화재탐지설비
③ 소화기구　④ 옥내소화전설비

해설
자동화재탐지설비는 경보설비(화재 발생 사실을 통보하는 기계·기구 또는 설비)에 해당한다.

정답 ②

02 소방시설 설치 및 관리에 관한 법률 시행령에서 소방시설의 분류 중 소화설비가 아닌 것은?
① 자동소화장치　② 자동화재속보설비
③ 스프링클러설비　④ 물분무소화설비

해설
자동화재속보설비는 경보설비(화재 발생 사실을 통보하는 기계·기구 또는 설비)에 해당한다.

정답 ②

03 다음의 소방시설 중 소화설비가 아닌 것은?
① 옥내소화전설비　② 옥외소화전설비
③ 미분무소화설비　④ 상수도소화용수설비

해설
상수도소화용수설비는 소화용수설비(화재를 진압하는 데 필요한 물을 공급하거나 저장하는 설비)에 해당한다.

정답 ④

04 다음 중 소화설비에 속하지 않는 것은?
① 고체에어로졸자동소화장치　② 소화수조
③ 자동확산소화기　④ 간이소화용구

해설
소화수조는 소화용수설비(화재를 진압하는 데 필요한 물을 공급하거나 저장하는 설비)에 해당한다.

정답 ②

05 소방관계법규에서 정하는 소방시설 중 소화설비가 아닌 것은?
① 옥내소화전설비 ② 스프링클러설비
③ 물분무소화설비 ④ 연결송수관설비

해설
연결송수관설비는 소화활동설비(화재를 진압하거나 인명구조활동을 위하여 사용하는 설비)에 해당한다.

정답 ④

06 소방시설 설치 및 관리에 관한 법률 시행령에서 소방시설 중 소화설비로서 옳지 않은 것은?
① 미분무소화설비 ② 포소화설비
③ 이산화탄소소화설비 ④ 연결살수설비

해설
연결살수설비는 소화활동설비(화재를 진압하거나 인명구조활동을 위하여 사용하는 설비)에 해당한다.

정답 ④

07 다음 중 소화기구에 해당하는 것이 아닌 것은?
① 소화기 ② 자동확산소화기
③ 고체에어로졸 자동소화장치 ④ 간이소화용구

해설
소화기구의 종류는 "소화기, 간이소화용구, 자동확산소화기"이다.

정답 ③

08 다음 중 물분무등소화설비에 속하지 않는 것은?
① 포소화설비 ② 이산화탄소소화설비
③ 스프링클러설비 ④ 분말소화설비

해설
물분무등소화설비의 종류는 "물분무소화설비, 미분무소화설비, 포소화설비, 이산화탄소소화설비, 할론소화설비, 할로겐화합물 및 불활성기체 소화설비, 분말소화설비, 강화액소화설비, 고체에어로졸소화설비"이다.

정답 ③

09 다음에 해당하는 소방시설은?

화재발생 사실을 통보하는 기계·기구 또는 설비로서 통합감시시설 등이 있다.

① 소화설비
② 경보설비
③ 피난구조설비
④ 소화활동설비

해설
경보설비(화재 발생 사실을 통보하는 기계·기구 또는 설비)의 종류는 "단독경보형 감지기, 비상경보설비, 자동화재탐지설비, 시각경보기, 비상방송설비, 자동화재속보설비, 통합감시시설, 누전경보기, 가스누설경보기"이다.

정답 ②

10 다음 소방시설의 분류 중 경보설비가 아닌 것은?

① 비상방송설비
② 자동화재탐지설비
③ 유도등
④ 누전경보기

해설
유도등은 피난구조설비(화재가 발생할 경우 피난하기 위하여 사용하는 기구 또는 설비)에 해당한다.

정답 ③

11 다음 소방시설 중 경보설비의 종류가 아닌 것은?

① 무선통신보조설비
② 비상방송설비
③ 단독경보형 감지기
④ 통합감시시설

해설
무선통신보조설비는 소화활동설비(화재를 진압하거나 인명구조활동을 위하여 사용하는 설비)에 해당한다.

정답 ①

12 다음의 소방시설 중 피난구조설비로서 옳지 않은 것은?

① 비상조명등
② 객석유도등
③ 유도표지
④ 비상방송설비

해설
비상방송설비는 경보설비(화재 발생 사실을 통보하는 기계·기구 또는 설비)에 해당한다.

정답 ④

13 다음 중 특정소방대상물에 설치하여야 할 소방시설 중 피난구조설비가 아닌 것은?

① 인명구조기구
② 휴대용 비상조명등
③ 유도등, 유도표지
④ 누전경보기

해설
누전경보기는 경보설비(화재 발생 사실을 통보하는 기계·기구 또는 설비)에 해당한다.

정답 ④

14 다음 소방시설 중 피난구조설비의 종류가 아닌 것은?

① 연소방지설비
② 방열복
③ 휴대용비상조명등
④ 공기안전매트

해설
연소방지설비는 소화활동설비(화재를 진압하거나 인명구조활동을 위하여 사용하는 설비)에 해당한다.

정답 ①

15 소방시설 설치 및 관리에 관한 법률 시행령에서 피난구조설비 중 인명구조기구로 옳지 않은 것은?

① 구조대
② 방열복
③ 공기호흡기
④ 인공소생기

해설
인명구조기구의 종류는 "방열복, 방화복(안전모, 보호장갑 및 안전화를 포함), 공기호흡기, 인공소생기"이다.

정답 ①

16 다음 중 소화용수설비가 아닌 것은?

① 상수도소화용수설비
② 소화수조
③ 저수조
④ 옥외소화전설비

해설
옥외소화전설비는 소화설비(물 또는 그 밖의 소화약제를 사용하여 소화하는 기계·기구 또는 설비)에 해당한다.

정답 ④

17 다음 중 소화활동설비로 구성된 것으로 옳은 것은?
① 무선통신보조설비, 제연설비, 비상콘센트설비
② 공기호흡기, 제연설비, 연소방지설비
③ 비상방송설비, 비상콘센트설비, 무선통신보조설비
④ 누전경보기, 통합감시시설, 자동확산소화기

▣ 해설
소화활동설비의 종류는 "제연설비, 연결송수관설비, 연결살수설비, 비상콘센트설비, 무선통신보조설비, 연소방지설비"이다.

정답 ①

18 다음 중 화재를 진압하거나 인명구조 활동을 위하여 사용하는 설비는?
① 소화설비
② 경보설비
③ 피난구조설비
④ 소화활동설비

▣ 해설
화재를 진압하거나 인명구조 활동을 위하여 사용하는 설비는 "소화활동설비"이다.

정답 ④

19 다음 소방시설의 분류 중 소화활동설비인 것은?
① 옥내소화전
② 누전경보기
③ 연소방지설비
④ 자동화재탐지설비

▣ 해설
소화활동설비의 종류는 "제연설비, 연결송수관설비, 연결살수설비, 비상콘센트설비, 무선통신보조설비, 연소방지설비"이다.

정답 ③

20 다음 중 화재를 진압하거나 인명구조활동을 위하여 사용하는 설비의 종류로 알맞은 것은?
① 제연설비
② 옥내소화전설비
③ 통합감시시설
④ 인명구조기구

▣ 해설
화재를 진압하거나 인명구조활동을 위하여 사용하는 설비(소화활동설비)의 종류는 "제연설비, 연결송수관설비, 연결살수설비, 비상콘센트설비, 무선통신보조설비, 연소방지설비"이다.

정답 ①

21 소방시설 중 화재를 진압하거나 인명구조활동을 위하여 사용하는 설비에 해당하는 것은?

① 옥내소화전설비　　　　　② 무선통신보조설비
③ 비상경보설비　　　　　　④ 소화용수설비

🔲 해설
화재를 진압하거나 인명구조활동을 위하여 사용하는 설비(소화활동설비)의 종류는 "제연설비, 연결송수관설비, 연결살수설비, 비상콘센트설비, 무선통신보조설비, 연소방지설비"이다.

정답 ②

22 소방시설 설치 및 관리에 관한 법률 시행령의 소방설비 중 화재를 진압하거나 인명구조활동을 위하여 사용하는 설비로서 옳지 않은 것은?

① 제연설비　　　　　　　　② 연결송수관설비
③ 무선통신보조설비　　　　④ 상수도소화용수설비

🔲 해설
상수도소화용수설비는 소화용수설비(화재를 진압하는 데 필요한 물을 공급하거나 저장하는 설비)에 해당한다.

정답 ④

23 다음의 소방시설 중 소화활동설비로서 옳지 않은 것은?

① 옥내소화전설비　　　　　② 연결살수설비
③ 연소방지설비　　　　　　④ 연결송수관설비

🔲 해설
옥내소화전설비는 소화설비(물 또는 그 밖의 소화약제를 사용하여 소화하는 기계·기구 또는 설비)에 해당한다.

정답 ①

24 소방시설 설치 및 관리에 관한 법률 시행령에서 규정하는 소화활동설비가 아닌 것은?

① 무선통신보조설비　　　　② 제연설비
③ 연소방지설비　　　　　　④ 비상경보설비

🔲 해설
비상경보설비는 경보설비(화재 발생 사실을 통보하는 기계·기구 또는 설비)에 해당한다.

정답 ④

25 다음의 소방시설 중 소화활동설비에 해당되지 않는 것은?
① 제연설비
② 연결송수관설비
③ 비상콘센트설비
④ 비상방송설비

해설
비상방송설비는 경보설비(화재 발생 사실을 통보하는 기계·기구 또는 설비)에 해당한다.

정답 ④

26 다음 소방시설 중 소화활동설비가 아닌 것은?
① 무선통신보조설비
② 제연설비
③ 통합감시시설
④ 연결살수설비

해설
통합감시시설은 경보설비(화재 발생 사실을 통보하는 기계·기구 또는 설비)에 해당한다.

정답 ③

27 소방시설의 분류 중 소화활동설비가 아닌 것은?
① 제연설비
② 연결살수설비
③ 무선통신보조설비
④ 소화수조, 저수조

해설
소화수조, 저수조는 소화용수설비(화재를 진압하는 데 필요한 물을 공급하거나 저장하는 설비)에 해당한다.

정답 ④

28 다음 중 소방시설의 연결이 옳지 않은 것은?
① 소화설비 - 통합감시시설
② 경보설비 - 비상방송설비
③ 피난구조설비 - 방열복
④ 소화용수설비 - 상수도소화용수설비

해설
통합감시시설은 경보설비(화재 발생 사실을 통보하는 기계·기구 또는 설비)에 해당한다.

정답 ①

29 다음 중 소방시설의 연결이 바르지 않은 것은?
① 소화설비 - 스프링클러설비, 연결살수설비
② 경보설비 - 비상방송설비, 시각경보기
③ 피난구조설비 - 비상조명등, 휴대용 비상조명등
④ 소화활동설비 - 무선통신보조설비, 비상콘센트설비

해설
연결살수설비는 소화활동설비(화재를 진압하거나 인명구조활동을 위하여 사용하는 설비)에 해당한다.

정답 ①

30 소방시설의 분류 중 그 설비의 종류와 품명이 옳지 않은 것은?
① 소화설비 – 소화기구
② 경보설비 – 시각경보기
③ 피난구조설비 – 제연설비
④ 소화활동설비 – 무선통신보조설비

해설
제연설비는 소화활동설비(화재를 진압하거나 인명구조활동을 위하여 사용하는 설비)에 해당한다.

정답 ③

31 다음의 소방시설 중 분류가 같은 것끼리 연결되지 않은 것은?
① 공기안전매트 – 방열복 – 비상벨설비
② 자동식사이렌설비 – 비상경보설비 – 통합감시시설
③ 미분무소화설비 – 자동확산소화기 – 옥내소화전설비
④ 소화수조 – 저수조 – 상수도소화용수설비

해설
공기안전매트, 방열복은 피난구조설비에 해당하며, 비상벨설비는 경보설비에 해당한다.

정답 ①

32 소방시설 설치 및 관리에 관한 법률 시행령에서 소방시설의 분류가 아닌 것은?
① 소화설비
② 비상구
③ 소화용수설비
④ 소화활동설비

해설
소방시설의 종류(분류)는 "소화설비, 경보설비, 피난구조설비, 소화용수설비, 소화활동설비"이다.

정답 ②

33 다음 중 소방시설 설치 및 관리에 관한 법률 시행령에서 소방시설에 해당되지 않는 것은?
① 누전차단기
② 캐비닛형 자동소화장치
③ 연소방지설비
④ 통합감시시설

해설
누전경보기는 소방시설 중 경보설비에 해당하지만, 누전차단기는 소방시설에 해당하지 않는다.

정답 ①

34 다음 중 소방시설의 분류로서 다른 하나는?
① 자동화재탐지설비　　　　② 통합감시시설
③ 시각경보기　　　　　　　④ 비상콘센트설비

📖 **해설**
자동화재탐지설비, 통합감시시설, 시각경보기는 경보설비에 해당하며, 비상콘센트설비는 소화활동설비에 해당한다.

정답 ④

35 다음 소방시설 중 그 분류가 다른 하나는 무엇인가?
① 비상경보설비　　　　　　② 자동화재탐지설비
③ 통합감시시설　　　　　　④ 무선통신보조설비

📖 **해설**
비상경보설비, 자동화재탐지설비, 통합감시시설은 경보설비에 해당하며, 무선통신보조설비는 소화활동설비에 해당한다.

정답 ④

36 다음 중 소방시설에 대한 설명으로 옳지 않은 것은?
① 소화설비는 물 또는 그 밖의 소화약제를 사용하여 소화하는 기계·기구 또는 설비로서 "강화액소화설비"가 있다.
② 소화활동설비는 화재를 진압하거나 인명구조활동을 위해 관계자가 사용하는 기계·기구 또는 설비로서 "공기호흡기"가 있다.
③ 피난구조설비는 화재가 발생할 경우 피난하기 위하여 사용하는 기구 또는 설비로서 "비상조명등"이 있다.
④ 경보설비는 화재 발생 사실을 통보하는 기계·기구 또는 설비로서 "통합감시시설"이 있다.

📖 **해설**
소화활동설비는 화재를 진압하거나 인명구조활동을 위하여 사용하는 설비로서 "제연설비, 연결송수관설비, 연결살수설비, 비상콘센트설비, 무선통신보조설비, 연소방지설비"가 있다.

정답 ②

37 다음의 소방시설 중 그 성격이 다른 하나는?
① 자동확산소화기　　　　　② 강화액소화설비
③ 포소화설비　　　　　　　④ 비상방송설비

📖 **해설**

자동확산소화기, 강화액소화설비, 포소화설비는 소화설비에 해당하며, 비상방송설비는 경보설비에 해당한다.

정답 ④

★★★★★ [시행 2022. 12. 1.]

시행령 [별표 2] 특정소방대상물

1. 공동주택
   가. 아파트등 : 주택으로 쓰는 층수가 5층 이상인 주택
   나. 연립주택 : 주택으로 쓰는 1개 동의 바닥면적(2개 이상의 동을 지하주차장으로 연결하는 경우에는 각각의 동으로 본다) 합계가 660㎡를 초과하고, 층수가 4개 층 이하인 주택 [시행일 : 2024. 12. 1.]
   다. 다세대주택 : 주택으로 쓰는 1개 동의 바닥면적(2개 이상의 동을 지하주차장으로 연결하는 경우에는 각각의 동으로 본다) 합계가 660㎡ 이하이고, 층수가 4개 층 이하인 주택 [시행일 : 2024. 12. 1.]
   라. 기숙사 : 학교 또는 공장 등의 학생 또는 종업원 등을 위하여 쓰는 것으로서 1개 동의 공동취사시설 이용 세대 수가 전체의 50퍼센트 이상인 것(「교육기본법」제27조제2항에 따른 학생복지주택 및 「공공주택 특별법」제2조제1호의3에 따른 공공매입임대주택 중 독립된 주거의 형태를 갖추지 않은 것을 포함한다)
2. 근린생활시설
   가. 슈퍼마켓과 일용품(식품, 잡화, 의류, 완구, 서적, 건축자재, 의약품, 의료기기 등) 등의 소매점으로서 같은 건축물(하나의 대지에 두 동 이상의 건축물이 있는 경우에는 이를 같은 건축물로 본다. 이하 같다)에 해당 용도로 쓰는 바닥면적의 합계가 1천㎡ 미만인 것
   나. 휴게음식점, 제과점, 일반음식점, 기원(棋院), 노래연습장 및 단란주점(단란주점은 같은 건축물에 해당 용도로 쓰는 바닥면적의 합계가 150㎡ 미만인 것만 해당한다)
   다. 이용원, 미용원, 목욕장 및 세탁소(공장에 부설된 것과 「대기환경보전법」, 「물환경보전법」 또는 「소음·진동관리법」에 따른 배출시설의 설치허가 또는 신고의 대상인 것은 제외한다)
   라. 의원, 치과의원, 한의원, 침술원, 접골원(接骨院), 조산원, 산후조리원 및 안마원(「의료법」제82조제4항에 따른 안마시술소를 포함한다)
   마. 탁구장, 테니스장, 체육도장, 체력단련장, 에어로빅장, 볼링장, 당구장, 실내낚시터, 골프연습장, 물놀이형 시설(「관광진흥법」제33조에 따른 안전성검사의 대상이

되는 물놀이형 시설을 말한다. 이하 같다), 그 밖에 이와 비슷한 것으로서 같은 건축물에 해당 용도로 쓰는 바닥면적의 합계가 500㎡ 미만인 것
　바. 공연장(극장, 영화상영관, 연예장, 음악당, 서커스장, 「영화 및 비디오물의 진흥에 관한 법률」 제2조제16호가목에 따른 비디오물감상실업의 시설, 같은 호 나목에 따른 비디오물소극장업의 시설, 그 밖에 이와 비슷한 것을 말한다. 이하 같다) 또는 종교집회장[교회, 성당, 사찰, 기도원, 수도원, 수녀원, 제실(祭室), 사당, 그 밖에 이와 비슷한 것을 말한다. 이하 같다]으로서 같은 건축물에 해당 용도로 쓰는 바닥면적의 합계가 300㎡ 미만인 것
　사. 금융업소, 사무소, 부동산중개사무소, 결혼상담소 등 소개업소, 출판사, 서점, 그 밖에 이와 비슷한 것으로서 같은 건축물에 해당 용도로 쓰는 바닥면적의 합계가 500㎡ 미만인 것
　아. 제조업소, 수리점, 그 밖에 이와 비슷한 것으로서 같은 건축물에 해당 용도로 쓰는 바닥면적의 합계가 500㎡ 미만인 것(「대기환경보전법」, 「물환경보전법」 또는 「소음·진동관리법」에 따른 배출시설의 설치허가 또는 신고의 대상인 것은 제외한다)
　자. 「게임산업진흥에 관한 법률」 제2조제6호의2에 따른 청소년게임제공업 및 일반게임제공업의 시설, 같은 조 제7호에 따른 인터넷컴퓨터게임시설제공업의 시설 및 같은 조 제8호에 따른 복합유통게임제공업의 시설로서 같은 건축물에 해당 용도로 쓰는 바닥면적의 합계가 500㎡ 미만인 것
　차. 사진관, 표구점, 학원(같은 건축물에 해당 용도로 쓰는 바닥면적의 합계가 500㎡ 미만인 것만 해당하며, 자동차학원 및 무도학원은 제외한다), 독서실, 고시원(「다중이용업소의 안전관리에 관한 특별법」에 따른 다중이용업 중 고시원업의 시설로서 독립된 주거의 형태를 갖추지 않은 것으로서 같은 건축물에 해당 용도로 쓰는 바닥면적의 합계가 500㎡ 미만인 것을 말한다), 장의사, 동물병원, 총포판매사, 그 밖에 이와 비슷한 것
　카. 의약품 판매소, 의료기기 판매소 및 자동차영업소로서 같은 건축물에 해당 용도로 쓰는 바닥면적의 합계가 1천㎡ 미만인 것
3. 문화 및 집회시설
　가. 공연장으로서 근린생활시설에 해당하지 않는 것
　나. 집회장 : 예식장, 공회당, 회의장, 마권(馬券) 장외 발매소, 마권 전화투표소, 그 밖에 이와 비슷한 것으로서 근린생활시설에 해당하지 않는 것
　다. 관람장 : 경마장, 경륜장, 경정장, 자동차 경기장, 그 밖에 이와 비슷한 것과 체육관 및 운동장으로서 관람석의 바닥면적의 합계가 1천㎡ 이상인 것
　라. 전시장 : 박물관, 미술관, 과학관, 문화관, 체험관, 기념관, 산업전시장, 박람회장, 견본주택, 그 밖에 이와 비슷한 것
　마. 동·식물원 : 동물원, 식물원, 수족관, 그 밖에 이와 비슷한 것
4. 종교시설
　가. 종교집회장으로서 근린생활시설에 해당하지 않는 것
　나. 가목의 종교집회장에 설치하는 봉안당(奉安堂)

5. 판매시설
   가. 도매시장 : 「농수산물 유통 및 가격안정에 관한 법률」 제2조제2호에 따른 농수산물 도매시장, 같은 조 제5호에 따른 농수산물공판장, 그 밖에 이와 비슷한 것(그 안에 있는 근린생활시설을 포함한다)
   나. 소매시장 : 시장, 「유통산업발전법」 제2조제3호에 따른 대규모점포, 그 밖에 이와 비슷한 것(그 안에 있는 근린생활시설을 포함한다)
   다. 전통시장 : 「전통시장 및 상점가 육성을 위한 특별법」 제2조제1호에 따른 전통시장(그 안에 있는 근린생활시설을 포함하며, 노점형시장은 제외한다)
   라. 상점 : 다음의 어느 하나에 해당하는 것(그 안에 있는 근린생활시설을 포함한다)
      1) 제2호가목에 해당하는 용도로서 같은 건축물에 해당 용도로 쓰는 바닥면적 합계가 1천㎡ 이상인 것
      2) 제2호자목에 해당하는 용도로서 같은 건축물에 해당 용도로 쓰는 바닥면적 합계가 500㎡ 이상인 것
6. 운수시설
   가. 여객자동차터미널
   나. 철도 및 도시철도 시설[정비창(整備廠) 등 관련 시설을 포함한다]
   다. 공항시설(항공관제탑을 포함한다)
   라. 항만시설 및 종합여객시설
7. 의료시설
   가. 병원 : 종합병원, 병원, 치과병원, 한방병원, 요양병원
   나. 격리병원 : 전염병원, 마약진료소, 그 밖에 이와 비슷한 것
   다. 정신의료기관
   라. 「장애인복지법」 제58조제1항제4호에 따른 장애인 의료재활시설
8. 교육연구시설
   가. 학교
      1) 초등학교, 중학교, 고등학교, 특수학교, 그 밖에 이에 준하는 학교 : 「학교시설사업 촉진법」 제2조제1호나목의 교사(校舍)(교실·도서실 등 교수·학습활동에 직접 또는 간접적으로 필요한 시설물을 말하되, 병설유치원으로 사용되는 부분은 제외한다. 이하 같다), 체육관, 「학교급식법」 제6조에 따른 급식시설, 합숙소(학교의 운동부, 기능선수 등이 집단으로 숙식하는 장소를 말한다. 이하 같다)
      2) 대학, 대학교, 그 밖에 이에 준하는 각종 학교 : 교사 및 합숙소
   나. 교육원(연수원, 그 밖에 이와 비슷한 것을 포함한다)
   다. 직업훈련소
   라. 학원(근린생활시설에 해당하는 것과 자동차운전학원·정비학원 및 무도학원은 제외한다)
   마. 연구소(연구소에 준하는 시험소와 계량계측소를 포함한다)
   바. 도서관

9. 노유자 시설
    가. 노인 관련 시설 : 「노인복지법」에 따른 노인주거복지시설, 노인의료복지시설, 노인여가복지시설, 주·야간보호서비스나 단기보호서비스를 제공하는 재가노인복지시설(「노인장기요양보험법」에 따른 장기요양기관을 포함한다), 노인보호전문기관, 노인일자리지원기관, 학대피해노인 전용쉼터, 그 밖에 이와 비슷한 것
    나. 아동 관련 시설 : 「아동복지법」에 따른 아동복지시설, 「영유아보육법」에 따른 어린이집, 「유아교육법」에 따른 유치원[제8호가목1)에 따른 학교의 교사 중 병설유치원으로 사용되는 부분을 포함한다], 그 밖에 이와 비슷한 것
    다. 장애인 관련 시설 : 「장애인복지법」에 따른 장애인 거주시설, 장애인 지역사회재활시설(장애인 심부름센터, 한국수어통역센터, 점자도서 및 녹음서 출판시설 등 장애인이 직접 그 시설 자체를 이용하는 것을 주된 목적으로 하지 않는 시설은 제외한다), 장애인 직업재활시설, 그 밖에 이와 비슷한 것
    라. 정신질환자 관련 시설 : 「정신건강증진 및 정신질환자 복지서비스 지원에 관한 법률」에 따른 정신재활시설(생산품판매시설은 제외한다), 정신요양시설, 그 밖에 이와 비슷한 것
    마. 노숙인 관련 시설 : 「노숙인 등의 복지 및 자립지원에 관한 법률」 제2조제2호에 따른 노숙인복지시설(노숙인일시보호시설, 노숙인자활시설, 노숙인재활시설, 노숙인요양시설 및 쪽방상담소만 해당한다), 노숙인종합지원센터 및 그 밖에 이와 비슷한 것
    바. 가목부터 마목까지에서 규정한 것 외에 「사회복지사업법」에 따른 사회복지시설 중 결핵환자 또는 한센인 요양시설 등 다른 용도로 분류되지 않는 것
10. 수련시설
    가. 생활권 수련시설 : 「청소년활동 진흥법」에 따른 청소년수련관, 청소년문화의집, 청소년특화시설, 그 밖에 이와 비슷한 것
    나. 자연권 수련시설 : 「청소년활동 진흥법」에 따른 청소년수련원, 청소년야영장, 그 밖에 이와 비슷한 것
    다. 「청소년활동 진흥법」에 따른 유스호스텔
11. 운동시설
    가. 탁구장, 체육도장, 테니스장, 체력단련장, 에어로빅장, 볼링장, 당구장, 실내낚시터, 골프연습장, 물놀이형 시설, 그 밖에 이와 비슷한 것으로서 근린생활시설에 해당하지 않는 것
    나. 체육관으로서 관람석이 없거나 관람석의 바닥면적이 1천m^2 미만인 것
    다. 운동장 : 육상장, 구기장, 볼링장, 수영장, 스케이트장, 롤러스케이트장, 승마장, 사격장, 궁도장, 골프장 등과 이에 딸린 건축물로서 관람석이 없거나 관람석의 바닥면적이 1천m^2 미만인 것
12. 업무시설
    가. 공공업무시설 : 국가 또는 지방자치단체의 청사와 외국공관의 건축물로서 근린생활시설에 해당하지 않는 것

나. 일반업무시설 : 금융업소, 사무소, 신문사, 오피스텔[업무를 주로 하며, 분양하거나 임대하는 구획 중 일부의 구획에서 숙식을 할 수 있도록 한 건축물로서 「건축법 시행령」 별표 1 제14호나목2)에 따라 국토교통부장관이 고시하는 기준에 적합한 것을 말한다], 그 밖에 이와 비슷한 것으로서 근린생활시설에 해당하지 않는 것
다. 주민자치센터(동사무소), 경찰서, 지구대, 파출소, 소방서, 119안전센터, 우체국, 보건소, 공공도서관, 국민건강보험공단, 그 밖에 이와 비슷한 용도로 사용하는 것
라. 마을회관, 마을공동작업소, 마을공동구판장, 그 밖에 이와 유사한 용도로 사용되는 것
마. 변전소, 양수장, 정수장, 대피소, 공중화장실, 그 밖에 이와 유사한 용도로 사용되는 것

13. 숙박시설
    가. 일반형 숙박시설 : 「공중위생관리법 시행령」 제4조제1호에 따른 숙박업의 시설
    나. 생활형 숙박시설 : 「공중위생관리법 시행령」 제4조제2호에 따른 숙박업의 시설
    다. 고시원(근린생활시설에 해당하지 않는 것을 말한다)
    라. 그 밖에 가목부터 다목까지의 시설과 비슷한 것

14. 위락시설
    가. 단란주점으로서 근린생활시설에 해당하지 않는 것
    나. 유흥주점, 그 밖에 이와 비슷한 것
    다. 「관광진흥법」에 따른 유원시설업(遊園施設業)의 시설, 그 밖에 이와 비슷한 시설(근린생활시설에 해당하는 것은 제외한다)
    라. 무도장 및 무도학원
    마. 카지노영업소

15. 공장
    물품의 제조·가공[세탁·염색·도장(塗裝)·표백·재봉·건조·인쇄 등을 포함한다] 또는 수리에 계속적으로 이용되는 건축물로서 근린생활시설, 위험물 저장 및 처리 시설, 항공기 및 자동차 관련 시설, 자원순환 관련 시설, 묘지 관련 시설 등으로 따로 분류되지 않는 것

16. 창고시설(위험물 저장 및 처리 시설 또는 그 부속용도에 해당하는 것은 제외한다)
    가. 창고(물품저장시설로서 냉장·냉동 창고를 포함한다)
    나. 하역장
    다. 「물류시설의 개발 및 운영에 관한 법률」에 따른 물류터미널
    라. 「유통산업발전법」 제2조제15호에 따른 집배송시설

17. 위험물 저장 및 처리 시설
    가. 제조소등
    나. 가스시설 : 산소 또는 가연성 가스를 제조·저장 또는 취급하는 시설 중 지상에 노출된 산소 또는 가연성 가스 탱크의 저장용량의 합계가 100톤 이상이거나 저장용량이 30톤 이상인 탱크가 있는 가스시설로서 다음의 어느 하나에 해당하는 것
        1) 가스 제조시설

가) 「고압가스 안전관리법」 제4조제1항에 따른 고압가스의 제조허가를 받아야 하는 시설
나) 「도시가스사업법」 제3조에 따른 도시가스사업허가를 받아야 하는 시설
2) 가스 저장시설
가) 「고압가스 안전관리법」 제4조제5항에 따른 고압가스 저장소의 설치허가를 받아야 하는 시설
나) 「액화석유가스의 안전관리 및 사업법」 제8조제1항에 따른 액화석유가스 저장소의 설치 허가를 받아야 하는 시설
3) 가스 취급시설
「액화석유가스의 안전관리 및 사업법」 제5조에 따른 액화석유가스 충전사업 또는 액화석유가스 집단공급사업의 허가를 받아야 하는 시설

18. 항공기 및 자동차 관련 시설(건설기계 관련 시설을 포함한다)
  가. 항공기 격납고
  나. 차고, 주차용 건축물, 철골 조립식 주차시설(바닥면이 조립식이 아닌 것을 포함한다) 및 기계장치에 의한 주차시설
  다. 세차장
  라. 폐차장
  마. 자동차 검사장
  바. 자동차 매매장
  사. 자동차 정비공장
  아. 운전학원·정비학원
  자. 다음의 건축물을 제외한 건축물의 내부(「건축법 시행령」 제119조제1항제3호다목에 따른 필로티와 건축물의 지하를 포함한다)에 설치된 주차장
    1) 「건축법 시행령」 별표 1 제1호에 따른 단독주택
    2) 「건축법 시행령」 별표 1 제2호에 따른 공동주택 중 50세대 미만인 연립주택 또는 50세대 미만인 다세대주택
  차. 「여객자동차 운수사업법」, 「화물자동차 운수사업법」 및 「건설기계관리법」에 따른 차고 및 주기장(駐機場)

19. 동물 및 식물 관련 시설
  가. 축사[부화장(孵化場)을 포함한다]
  나. 가축시설 : 가축용 운동시설, 인공수정센터, 관리사(管理舍), 가축용 창고, 가축시장, 동물검역소, 실험동물 사육시설, 그 밖에 이와 비슷한 것
  다. 도축장
  라. 도계장
  마. 작물 재배사(栽培舍)
  바. 종묘배양시설
  사. 화초 및 분재 등의 온실
  아. 식물과 관련된 마목부터 사목까지의 시설과 비슷한 것(동·식물원은 제외한다)

20. 자원순환 관련 시설
    가. 하수 등 처리시설
    나. 고물상
    다. 폐기물재활용시설
    라. 폐기물처분시설
    마. 폐기물감량화시설
21. 교정 및 군사시설
    가. 보호감호소, 교도소, 구치소 및 그 지소
    나. 보호관찰소, 갱생보호시설, 그 밖에 범죄자의 갱생·보호·교육·보건 등의 용도로 쓰는 시설
    다. 치료감호시설
    라. 소년원 및 소년분류심사원
    마. 「출입국관리법」 제52조제2항에 따른 보호시설
    바. 「경찰관 직무집행법」 제9조에 따른 유치장
    사. 국방·군사시설(「국방·군사시설 사업에 관한 법률」 제2조제1호가목부터 마목까지의 시설을 말한다)
22. 방송통신시설
    가. 방송국(방송프로그램 제작시설 및 송신·수신·중계시설을 포함한다)
    나. 전신전화국
    다. 촬영소
    라. 통신용 시설
    마. 그 밖에 가목부터 라목까지의 시설과 비슷한 것
23. 발전시설
    가. 원자력발전소
    나. 화력발전소
    다. 수력발전소(조력발전소를 포함한다)
    라. 풍력발전소
    마. 전기저장시설[20킬로와트시(kWh)를 초과하는 리튬·나트륨·레독스플로우 계열의 2차 전지를 이용한 전기저장장치의 시설을 말한다. 이하 같다]
    바. 그 밖에 가목부터 마목까지의 시설과 비슷한 것(집단에너지 공급시설을 포함한다)
24. 묘지 관련 시설
    가. 화장시설
    나. 봉안당(제4호나목의 봉안당은 제외한다)
    다. 묘지와 자연장지에 부수되는 건축물
    라. 동물화장시설, 동물건조장(乾燥葬)시설 및 동물 전용의 납골시설
25. 관광 휴게시설
    가. 야외음악당

나. 야외극장
다. 어린이회관
라. 관망탑
마. 휴게소
바. 공원·유원지 또는 관광지에 부수되는 건축물

26. 장례시설
  가. 장례식장[의료시설의 부수시설(「의료법」 제36조제1호에 따른 의료기관의 종류에 따른 시설을 말한다)은 제외한다]
  나. 동물 전용의 장례식장

27. 지하가
  지하의 인공구조물 안에 설치되어 있는 상점, 사무실, 그 밖에 이와 비슷한 시설이 연속하여 지하도에 면하여 설치된 것과 그 지하도를 합한 것
  가. 지하상가
  나. 터널 : 차량(궤도차량용은 제외한다) 등의 통행을 목적으로 지하, 수저 또는 산을 뚫어서 만든 것

28. 지하구
  가. 전력·통신용의 전선이나 가스·냉난방용의 배관 또는 이와 비슷한 것을 집합수용하기 위하여 설치한 지하 인공구조물로서 사람이 점검 또는 보수를 하기 위하여 출입이 가능한 것 중 다음의 어느 하나에 해당하는 것
    1) 전력 또는 통신사업용 지하 인공구조물로서 전력구(케이블 접속부가 없는 경우는 제외한다) 또는 통신구 방식으로 설치된 것
    2) 1)외의 지하 인공구조물로서 폭이 1.8m 이상이고 높이가 2m 이상이며 길이가 50m 이상인 것
  나. 「국토의 계획 및 이용에 관한 법률」 제2조제9호에 따른 공동구

29. 문화재
  「문화재보호법」 제2조제3항에 따른 지정문화재 중 건축물

30. 복합건축물
  가. 하나의 건축물이 제1호부터 제27호까지의 것 중 둘 이상의 용도로 사용되는 것. 다만, 다음의 어느 하나에 해당하는 경우에는 복합건축물로 보지 않는다.
    1) 관계 법령에서 주된 용도의 부수시설로서 그 설치를 의무화하고 있는 용도 또는 시설
    2) 「주택법」 제35조제1항제3호 및 제4호에 따라 주택 안에 부대시설 또는 복리시설이 설치되는 특정소방대상물
    3) 건축물의 주된 용도의 기능에 필수적인 용도로서 다음의 어느 하나에 해당하는 용도
      가) 건축물의 설비(제23호마목의 전기저장시설을 포함한다), 대피 또는 위생을 위한 용도, 그 밖에 이와 비슷한 용도

　　　　나) 사무, 작업, 집회, 물품저장 또는 주차를 위한 용도, 그 밖에 이와 비슷한 용도
　　　　다) 구내식당, 구내세탁소, 구내운동시설 등 종업원후생복리시설(기숙사는 제외한다) 또는 구내소각시설의 용도, 그 밖에 이와 비슷한 용도
　　나. 하나의 건축물이 근린생활시설, 판매시설, 업무시설, 숙박시설 또는 위락시설의 용도와 주택의 용도로 함께 사용되는 것

비고
1. 내화구조로 된 하나의 특정소방대상물이 개구부 및 연소 확대 우려가 없는 내화구조의 바닥과 벽으로 구획되어 있는 경우에는 그 구획된 부분을 각각 별개의 특정소방대상물로 본다. 다만, 제9조에 따라 성능위주설계를 해야 하는 범위를 정할 때에는 하나의 특정소방대상물로 본다.
2. 둘 이상의 특정소방대상물이 다음 각 목의 어느 하나에 해당되는 구조의 복도 또는 통로(이하 이 표에서 "연결통로"라 한다)로 연결된 경우에는 이를 하나의 특정소방대상물로 본다.
　가. 내화구조로 된 연결통로가 다음의 어느 하나에 해당되는 경우
　　1) 벽이 없는 구조로서 그 길이가 6m 이하인 경우
　　2) 벽이 있는 구조로서 그 길이가 10m 이하인 경우. 다만, 벽 높이가 바닥에서 천장까지의 높이의 2분의 1 이상인 경우에는 벽이 있는 구조로 보고, 벽 높이가 바닥에서 천장까지의 높이의 2분의 1 미만인 경우에는 벽이 없는 구조로 본다.
　나. 내화구조가 아닌 연결통로로 연결된 경우
　다. 컨베이어로 연결되거나 플랜트설비의 배관 등으로 연결되어 있는 경우
　라. 지하보도, 지하상가, 지하가로 연결된 경우
　마. 자동방화셔터 또는 60분+ 방화문이 설치되지 않은 피트(전기설비 또는 배관설비 등이 설치되는 공간을 말한다)로 연결된 경우
　바. 지하구로 연결된 경우
3. 제2호에도 불구하고 연결통로 또는 지하구와 특정소방대상물의 양쪽에 다음 각 목의 어느 하나에 해당하는 시설이 적합하게 설치된 경우에는 각각 별개의 특정소방대상물로 본다.
　가. 화재 시 경보설비 또는 자동소화설비의 작동과 연동하여 자동으로 닫히는 자동방화셔터 또는 60분+ 방화문이 설치된 경우
　나. 화재 시 자동으로 방수되는 방식의 드렌처설비 또는 개방형 스프링클러헤드가 설치된 경우
4. 위 제1호부터 제30호까지의 특정소방대상물의 지하층이 지하가와 연결되어 있는 경우 해당 지하층의 부분을 지하가로 본다. 다만, 다음 지하가와 연결되는 지하층에 지하층 또는 지하가에 설치된 자동방화셔터 또는 60분+ 방화문이 화재 시 경보설비 또는 자동소화설비의 작동과 연동하여 자동으로 닫히는 구조이거나 그 윗부분에 드렌처설비가 설치된 경우에는 지하가로 보지 않는다.

핵심정리

종교집회장(교회, 성당, 사찰, 기도원, 수도원, 수녀원, 제실(祭室), 사당)	$300m^2$ 미만은 근린생활시설 $300m^2$ 이상은 종교시설
탁구장, 체육도장, 테니스장, 체력단련장, 에어로빅장, 볼링장, 당구장, 실내낚시터, 골프연습장, 물놀이형 시설	$500m^2$ 미만은 근린생활시설 $500m^2$ 이상은 운동시설
• 청소년게임제공업 및 일반게임제공업의 시설 • 인터넷컴퓨터게임시설제공업의 시설 • 복합유통게임제공업의 시설	$500m^2$ 미만은 근린생활시설 $500m^2$ 이상은 판매시설
슈퍼마켓과 일용품(식품, 잡화, 의류, 완구, 서적, 건축자재, 의약품, 의료기기 등) 등의 소매점	$1000m^2$ 미만은 근린생활시설 $1000m^2$ 이상은 판매시설
• 체육관으로서 관람석의 바닥면적의 합계 • 운동장으로서 관람석의 바닥면적의 합계	$1000m^2$ 미만은 근린생활시설 $1000m^2$ 이상은 문화 및 집회시설

학원(같은 건축물에 해당 용도로 쓰는 바닥면적의 합계가 500m² 미만인 것만 해당하며, 자동차학원 및 무도학원은 제외)	근린생활시설
학원(근린생활시설에 해당하는 것과 자동차운전학원·정비학원 및 무도학원은 제외)	교육연구시설
무도학원	위락시설
운전학원·정비학원	항공기 및 자동차 관련시설

예상문제

01 특정소방대상물 중 노래연습장은 어디에 해당하는가?
① 근린생활시설 ② 위락시설
③ 문화집회 및 운동시설 ④ 관광휴게시설

해설
휴게음식점, 제과점, 일반음식점, 기원(棋院), 노래연습장 및 단란주점(단란주점은 같은 건축물에 해당 용도로 쓰는 바닥면적의 합계가 150m² 미만인 것만 해당한다)은 근린생활시설에 해당한다.

정답 ①

02 다음의 특정소방대상물 중 근린생활시설은?
① 예식장 ② 어린이회관
③ 치과의원 ④ 오피스텔

해설
예식장은 문화 및 집회시설, 어린이회관은 관광 휴게시설, 치과의원은 근린생활시설, 오피스텔은 업무시설에 해당한다.

정답 ③

03 다음 중 근린생활시설에 해당되지 않는 것은?
① 치과의원 ② 한의원
③ 무도학원 ④ 산후조리원

해설
무도장 및 무도학원은 위락시설에 해당한다.

정답 ③

04 바닥면적의 합계가 500m²일 때 인터넷컴퓨터게임시설제공업의 용도는?
① 근린생활시설 ② 위락시설
③ 판매시설 ③ 휴게시설

📖 해설

• 청소년게임제공업 및 일반게임제공업의 시설 • 인터넷컴퓨터게임시설제공업의 시설 • 복합유통게임제공업의 시설	500m² 미만은 근린생활시설 500m² 이상은 판매시설

정답 ③

05 다음 중 의료시설이 아닌 것은?
① 전염병원 ② 마약진료소
③ 요양병원 ④ 한의원

📖 해설
전염병원, 마약진료소, 요양병원은 의료시설에 해당하고, 한의원은 근린생활시설에 해당한다.

정답 ④

06 소방시설의 분류에서 노유자시설에 포함되지 않는 것은?
① 장애인 관련 시설 ② 정신의료기관
③ 아동 관련 시설 ④ 정신질환자 관련 시설

📖 해설
노인 관련 시설, 아동 관련 시설, 장애인 관련 시설, 정신질환자 관련 시설, 노숙인 관련 시설은 노유자시설에 해당하고, 정신의료기관은 의료시설에 해당한다.

정답 ②

07 다음 중 노유자시설에 해당하는 것은?
① 장애인 관련 시설 ② 정신의료기관
③ 어린이회관 ④ 초등학교(병설유치원 제외)

📖 해설
장애인 관련 시설은 노유자시설, 정신의료기관은 의료시설, 어린이회관은 관광휴게시설, 초등학교(병설유치원 제외)는 교육연구시설에 해당한다.

정답 ①

08 특정소방대상물 중 유스호스텔은 어느 시설에 해당하는가?

① 근린생활시설 ② 숙박시설
③ 업무시설 ④ 수련시설

해설
청소년수련관, 청소년문화의집, 청소년특화시설, 청소년수련원, 청소년야영장, 유스호스텔은 수련시설에 해당한다.

정답 ④

09 다음 중 문화 및 집회시설 또는 운동시설에 해당하지 않는 것은?

① 수족관 ② 실내낚시터
③ 마을공동구판장 ④ 전시장

해설
수족관은 문화 및 집회시설, 마을공동구판장은 업무시설, 전시장은 문화 및 집회시설, 500m² 이상인 실내낚시터는 운동시설에 해당한다.

탁구장, 체육도장, 테니스장, 체력단련장, 에어로빅장, 볼링장, 당구장, 실내낚시터, 골프연습장, 물놀이형 시설	500m² 미만은 근린생활시설 500m² 이상은 운동시설

정답 ③

10 소방관서용 청사는 대통령령으로 정하는 특정소방대상물 중 어느 시설에 속하는가?

① 근린생활시설 ② 업무시설
③ 복합건축물 ④ 교육연구시설

해설
국가 또는 지방자치단체의 청사는 업무시설에 해당한다.

정답 ②

11 다음 중 위락시설에 해당하는 것은?

① 야외극장 ② 요양병원
③ 항만시설 및 종합여객시설 ④ 무도장 및 무도학원

해설
야외극장은 관광휴게시설, 요양병원은 의료시설, 항만시설 및 종합여객시설은 운수시설, 무도장 및 무도학원은 위락시설에 해당한다.

정답 ④

12 다음 중 특정소방대상물의 동·식물 관련시설은 모두 몇 개인가?

| 가. 동물원 | 나. 도계장 | 다. 식물원 |
| 라. 도축장 | 마. 수족관 | 바. 경마장 |

① 2개 ② 3개
③ 4개 ④ 5개

📖 해설
동물원·식물원·수족관·경마장은 문화 및 집회시설에 해당하고, 도계장·도축장은 동물 및 식물 관련 시설에 해당한다.

정답 ①

13 다음 중 근린생활시설이 아닌 것은 모두 몇 개인가?

| ㉠ 슈퍼마켓 | ㉡ 휴게음식점 | ㉢ 의원 |
| ㉣ 사진관 | ㉤ 박물관 | ㉥ 도서관 |

① 1개 ② 2개
③ 3개 ④ 4개

📖 해설
슈퍼마켓·휴게음식점·의원·사진관은 근린생활시설에 해당하고, 박물관은 문화 및 집회시설, 도서관은 교육연구시설에 해당한다.

정답 ②

14 다음 중 특정소방대상물의 분류로서 옳지 않은 것은?
① 의원 - 근린생활시설
② 요양병원 - 노유자시설
③ 동물원 - 문화 및 집회시설
④ 공항시설(항공관제탑 포함) - 운수시설

📖 해설
요양병원은 의료시설에 해당한다.

정답 ②

15 다음 중 특정소방대상물의 분류가 잘못 연결된 것은?
① 오피스텔 - 업무시설
② 유스호스텔 - 수련시설
③ 항공관제탑 - 운수시설
④ 동·식물원 - 동물 및 식물 관련 시설

📖 해설
동·식물원은 문화 및 집회시설에 해당한다.

정답 ④

16 소방시설 설치 및 관리에 관한 법률 시행령에서 특정소방대상물에 대한 설명 중 옳지 않은 것은?

① 근린생활시설 – 안마시술소
② 노유자시설 – 장애인 거주시설
③ 판매시설 – 마권 장외 발매소
④ 문화 및 집회시설 – 예식장

해설
예식장, 공회당, 회의장, 마권 장외 발매소는 문화 및 집회시설에 해당한다.

정답 ③

17 다음 중 특정소방대상물의 구분으로서 옳지 않은 것은?

① 근린생활시설 : 독서실, 무도장
② 업무시설 : 신문사, 공중화장실
③ 교육연구시설 : 초등학교, 특수학교
④ 노유자시설 : 장애인 거주시설, 유치원

해설
독서실은 근린생활시설에 해당하고, 무도장은 위락시설에 해당한다.

정답 ①

18 다음 특정소방대상물의 연결이 옳지 않은 것은?

① 위락시설 – 안마시술소
② 의료시설 – 병원
③ 노유자시설 – 어린이집
④ 관광휴게시설 – 야외음악당

해설
안마시술소는 근린생활시설에 해당한다.

정답 ①

19 다음 중 특정소방대상물의 분류가 잘못 연결된 것은?

① 숙박시설 – 청소년수련원
② 의료시설 – 한방병원, 치과병원
③ 교육연구시설 – 직업훈련소, 도서관
④ 근린생활시설 – 치과의원, 산후조리원

해설
청소년수련원은 수련시설에 해당한다.

정답 ①

20 다음 중 특정소방대상물 분류로서 옳지 않은 것은?

① 근린생활시설 – 300㎡ 미만인 종교집회장
② 위락시설 – 카지노영업소
③ 발전시설 – 조력발전소
④ 판매시설 – 전시장

해설
전시장(박물관, 미술관, 과학관, 문화관, 체험관, 기념관, 산업전시장, 박람회장, 견본주택)은 문화 및 집회시설에 해당한다.

정답 ④

21 소방시설 설치 및 관리에 관한 법률 시행령에서 특정소방대상물의 분류로 옳지 않은 것은?
① 근린생활시설 – 한의원, 치과의원
② 문화 및 집회시설 – 동물원, 식물원
③ 항공기 및 자동차 관련시설 – 항공기격납고
④ 숙박시설 – 청소년활동 진흥법에 따른 유스호스텔

해설
청소년활동 진흥법에 따른 유스호스텔은 수련시설에 해당한다.

정답 ④

22 소방시설 설치 및 관리에 관한 법률 시행령에서 정하는 특정소방대상물에 해당되지 않는 것은?
① 단독주택
② 지하가
③ 교정 및 군사시설
④ 문화 및 집회시설

해설
단독주택은 소방시설 설치 및 관리에 관한 법률 시행령에서 정하는 특정소방대상물에 해당되지 않는다.

정답 ①

23 둘 이상의 특정소방대상물이 어느 하나에 해당되는 구조의 복도 또는 통로로 연결된 경우에는 이를 하나의 소방대상물로 본다. 다음 중 하나의 소방대상물로 보는 경우가 아닌 것은?
① 컨베이어로 연결되거나 플랜트설비의 배관 등으로 연결되어 있는 경우
② 자동방화셔터 또는 60분+ 방화문이 설치되지 않은 피트로 연결된 경우
③ 내화구조가 아닌 연결통로로 연결된 경우
④ 내화구조로 된 연결통로가 벽이 없는 구조로서 그 길이가 10m 이하인 경우

해설
내화구조로 된 연결통로가 벽이 없는 구조로서 그 길이가 6m 이하인 경우에는 이를 하나의 소방대상물로 본다.

정답 ④

24 다음 중 대통령령으로 정하는 특정소방대상물이 아닌 것은?
① 근린생활시설 : 종교집회장 300m² 미만
② 항공기 및 자동차관련시설 : 철도 및 도시철도시설, 항만시설 및 종합여객시설
③ 문화 및 집회시설 : 예식장, 동물원, 식물원
④ 업무시설 : 오피스텔, 공중화장실

해설
여객자동차터미널, 철도 및 도시철도시설, 공항시설, 항만시설 및 종합여객시설은 운수시설에 해당한다.

정답 ②

25 다음 설명에 관한 것 중 옳지 않은 것은?
① 내화구조로 된 하나의 특정소방대상물이 개구부 및 연소 확대 우려가 없는 내화구조의 바닥과 벽으로 구획되어 있는 경우에는 그 구획된 부분을 각각 별개의 특정소방대상물로 본다.
② 특정소방대상물 중 지하보도, 지하상가, 지하가로 연결된 경우에는 이를 하나의 소방대상물로 본다.
③ 관계 법령에서 주된 용도의 부수시설로서 그 설치를 의무화하고 있는 용도 또는 시설은 복합건축물로 본다.
④ 연결통로 또는 지하구와 특정소방대상물의 양쪽에 화재 시 자동으로 방수되는 방식의 드렌처설비 또는 개방형 스프링클러헤드가 설치된 경우 별개의 소방대상물로 본다.

해설
관계 법령에서 주된 용도의 부수시설로서 그 설치를 의무화하고 있는 용도 또는 시설은 복합건축물로 보지 않는다.

정답 ③

26 둘 이상의 특정소방대상물이 복도 또는 통로로 연결된 경우에 이를 하나의 소방대상물로 보지 않은 것은?
① 자동방화셔터 또는 60분+ 방화문이 설치되지 않은 피트로 연결된 경우
② 화재 시 자동으로 방수되는 방식의 드렌처설비 또는 개방형 스프링클러헤드가 설치된 경우
③ 컨베이어로 연결되거나 플랜트설비의 배관 등으로 연결되어 있는 경우
④ 지하보도, 지하상가, 지하가로 연결된 경우

해설
연결통로 또는 지하구와 특정소방대상물의 양쪽에 화재 시 자동으로 방수되는 방식의 드렌처설비 또는 개방형 스프링클러헤드가 설치된 경우에는 각각 별개의 소방대상물로 본다.

> ※ 둘 이상의 특정소방대상물을 각각 별개의 소방대상물로 볼 수 있는 경우
> 연결통로 또는 지하구와 소방대상물의 양쪽에 다음 각 목의 어느 하나에 적합한 경우에는 각각 별개의 소방대상물로 본다.
> 가. 화재 시 경보설비 또는 자동소화설비의 작동과 연동하여 자동으로 닫히는 방화셔터 또는 갑종 방화문이 설치된 경우
> 나. 화재 시 자동으로 방수되는 방식의 드렌처설비 또는 개방형 스프링클러헤드가 설치된 경우

정답 ②

★★★★★ [시행 2022. 12. 1.]

시행령 [별표 3] 소방용품

1. 소화설비를 구성하는 제품 또는 기기
   가. 별표 1 제1호가목의 소화기구(소화약제 외의 것을 이용한 간이소화용구는 제외한다)
   나. 별표 1 제1호나목의 자동소화장치
   다. 소화설비를 구성하는 소화전, 관창(菅槍), 소방호스, 스프링클러헤드, 기동용 수압개폐장치, 유수제어밸브 및 가스관선택밸브
2. 경보설비를 구성하는 제품 또는 기기
   가. 누전경보기 및 가스누설경보기
   나. 경보설비를 구성하는 발신기, 수신기, 중계기, 감지기 및 음향장치(경종만 해당한다)
3. 피난구조설비를 구성하는 제품 또는 기기
   가. 피난사다리, 구조대, 완강기(지지대를 포함한다) 및 간이완강기(지지대를 포함한다)
   나. 공기호흡기(충전기를 포함한다)
   다. 피난구유도등, 통로유도등, 객석유도등 및 예비 전원이 내장된 비상조명등
4. 소화용으로 사용하는 제품 또는 기기
   가. 소화약제[별표 1 제1호나목2) 및 3)의 자동소화장치와 같은 호 마목3)부터 9)까지의 소화설비용만 해당한다]
   나. 방염제(방염액·방염도료 및 방염성물질을 말한다)
5. 그 밖에 행정안전부령으로 정하는 소방 관련 제품 또는 기기

예상문제

01 다음 중 소방청장의 형식승인을 받지 않아도 되는 소방용품은?

① 공기호흡기
② 예비전원이 내장된 비상조명등
③ 피난구유도등
④ 소화약제 외의 것을 이용한 간이소화용구

해설
소화약제 외의 것을 이용한 간이소화용구는 소방청장의 형식승인을 받아야 되는 소방용품이 아니다.

정답 ④

02 다음 중 소방청장의 형식승인을 받아야 하는 소방용품이 아닌 것은?

① 사이렌
② 관창
③ 방염제
④ 소화약제

해설
사이렌은 소방청장의 형식승인을 받아야 하는 소방용품이 아니다. 형식승인을 받아야 하는 소방용품은 음향장치 중 경종만 해당한다.

정답 ①

03 다음 중 소방청장의 형식승인을 받아야 하는 소방용품이 아닌 것은?

① 자동소화장치
② 누전경보기 및 가스누설경보기
③ 음향장치(경종을 제외한다)
④ 공기호흡기(충전기를 포함한다)

해설
자동소화장치, 누전경보기 및 가스누설경보기, 음향장치(경종만 해당한다), 공기호흡기(충전기를 포함한다)는 소방청장의 형식승인을 받아야 하는 소방용품에 해당한다.

정답 ③

04 다음 중 소방청장의 형식승인을 얻어야 하는 소방용품이 아닌 것은?

① 관창
② 음향장치 중 사이렌
③ 기동용 수압개폐장치
④ 완강기(간이완강기 및 지지대를 포함한다)

해설
관창, 음향장치(경종만 해당한다), 기동용 수압개폐장치, 완강기(지지대를 포함한다)는 소방청장의 형식승인을 얻어야 하는 소방용품에 해당한다.

정답 ②

05 다음 중 형식승인을 받아야 하는 소방용품이 아닌 것은?
① 소화설비를 구성하는 제품 또는 기기로서 자동소화장치
② 경보설비를 구성하는 제품 또는 기기로서 누전경보기 및 가스누설경보기
③ 피난설비를 구성하는 제품 또는 기기로서 피난유도선
④ 소화용으로 사용하는 제품 또는 기기로서 방염제(방염액·방염도료 및 방염성물질)

해설
피난유도선은 형식승인을 받아야 하는 소방용품이 아니다.

정답 ③

06 소방청장의 형식승인을 받아야 하는 소방용품으로서 옳지 않은 것은?
① 누전경보기
② 공기호흡기 충전기
③ 완강기 지지대
④ 표시등

해설
누전경보기, 공기호흡기(충전기를 포함한다), 완강기(지지대를 포함한다)는 소방청장의 형식승인을 받아야 하는 소방용품에 해당하고, 표시등은 성능인증 대상 소방용품에 해당된다.

정답 ④

 ★★★★★ [시행 2022. 12. 1.]

시행령 [별표 4] 특정소방대상물의 관계인이 특정소방대상물에 설치·관리해야 하는 소방시설의 종류

1. 소화설비
   가. 화재안전기준에 따라 소화기구를 설치해야 하는 특정소방대상물은 다음의 어느 하나에 해당하는 것으로 한다.
      1) 연면적 33m² 이상인 것. 다만, 노유자 시설의 경우에는 투척용 소화용구 등을 화재안전기준에 따라 산정된 소화기 수량의 2분의 1 이상으로 설치할 수 있다.
      2) 1)에 해당하지 않는 시설로서 가스시설, 발전시설 중 전기저장시설 및 문화재
      3) 터널
      4) 지하구
   나. 자동소화장치를 설치해야 하는 특정소방대상물은 다음의 어느 하나에 해당하는 특정소방대상물 중 후드 및 덕트가 설치되어 있는 주방이 있는 특정소방대상물로 한다. 이 경우 해당 주방에 자동소화장치를 설치해야 한다.
      1) 주거용 주방자동소화장치를 설치해야 하는 것 : 아파트등 및 오피스텔의 모든 층

2) 상업용 주방자동소화장치를 설치해야 하는 것
   가) 판매시설 중 「유통산업발전법」 제2조제3호에 해당하는 대규모점포에 입점해 있는 일반음식점
   나) 「식품위생법」 제2조제12호에 따른 집단급식소
3) 캐비닛형 자동소화장치, 가스자동소화장치, 분말자동소화장치 또는 고체에어로졸 자동소화장치를 설치해야 하는 것 : 화재안전기준에서 정하는 장소

다. 옥내소화전설비를 설치해야 하는 특정소방대상물은 다음의 어느 하나에 해당하는 것으로 한다. 다만, 위험물 저장 및 처리 시설 중 가스시설, 지하구 및 업무시설 중 무인변전소(방재실 등에서 스프링클러설비 또는 물분무등소화설비를 원격으로 조정할 수 있는 무인변전소로 한정한다)는 제외한다.
1) 다음의 어느 하나에 해당하는 경우에는 모든 층
   가) 연면적 3천㎡ 이상인 것(지하가 중 터널은 제외한다)
   나) 지하층·무창층(축사는 제외한다)으로서 바닥면적이 600㎡ 이상인 층이 있는 것
   다) 층수가 4층 이상인 것 중 바닥면적이 600㎡ 이상인 층이 있는 것
2) 1)에 해당하지 않는 근린생활시설, 판매시설, 운수시설, 의료시설, 노유자 시설, 업무시설, 숙박시설, 위락시설, 공장, 창고시설, 항공기 및 자동차 관련 시설, 교정 및 군사시설 중 국방·군사시설, 방송통신시설, 발전시설, 장례시설 또는 복합건축물로서 다음의 어느 하나에 해당하는 경우에는 모든 층
   가) 연면적 1천5백㎡ 이상인 것
   나) 지하층·무창층으로서 바닥면적이 300㎡ 이상인 층이 있는 것
   다) 층수가 4층 이상인 것 중 바닥면적이 300㎡ 이상인 층이 있는 것
3) 건축물의 옥상에 설치된 차고·주차장으로서 사용되는 면적이 200㎡ 이상인 경우 해당 부분
4) 지하가 중 터널로서 다음에 해당하는 터널
   가) 길이가 1천m 이상인 터널
   나) 예상교통량, 경사도 등 터널의 특성을 고려하여 행정안전부령으로 정하는 터널

※ 행정안전부령으로 정하는 터널 : 국토교통부장관이 정하는 도로의 구조 및 시설에 관한 세부 기준에 따라 옥내소화전설비를 설치해야 하는 터널

5) 1) 및 2)에 해당하지 않는 공장 또는 창고시설로서 「화재의 예방 및 안전관리에 관한 법률 시행령」별표 2에서 정하는 수량의 750배 이상의 특수가연물을 저장·취급하는 것

라. 스프링클러설비를 설치해야 하는 특정소방대상물(위험물 저장 및 처리 시설 중 가스시설 및 지하구는 제외한다)은 다음의 어느 하나에 해당하는 것으로 한다.
1) 층수가 6층 이상인 특정소방대상물의 경우에는 모든 층. 다만, 다음의 어느 하나에 해당하는 경우는 제외한다.
   가) 주택 관련 법령에 따라 기존의 아파트등을 리모델링하는 경우로서 건축물의

연면적 및 층의 높이가 변경되지 않는 경우. 이 경우 해당 아파트등의 사용검사 당시의 소방시설의 설치에 관한 대통령령 또는 화재안전기준을 적용한다.
　　나) 스프링클러설비가 없는 기존의 특정소방대상물을 용도변경하는 경우. 다만, 2)부터 6)까지 및 9)부터 12)까지의 규정에 해당하는 특정소방대상물로 용도변경하는 경우에는 해당 규정에 따라 스프링클러설비를 설치한다.
2) 기숙사(교육연구시설·수련시설 내에 있는 학생 수용을 위한 것을 말한다) 또는 복합건축물로서 연면적 5천㎡ 이상인 경우에는 모든 층
3) 문화 및 집회시설(동·식물원은 제외한다), 종교시설(주요구조부가 목조인 것은 제외한다), 운동시설(물놀이형 시설 및 바닥이 불연재료이고 관람석이 없는 운동시설은 제외한다)로서 다음의 어느 하나에 해당하는 경우에는 모든 층
　　가) 수용인원이 100명 이상인 것
　　나) 영화상영관의 용도로 쓰는 층의 바닥면적이 지하층 또는 무창층인 경우에는 500㎡ 이상, 그 밖의 층의 경우에는 1천㎡ 이상인 것
　　다) 무대부가 지하층·무창층 또는 4층 이상의 층에 있는 경우에는 무대부의 면적이 300㎡ 이상인 것
　　라) 무대부가 다) 외의 층에 있는 경우에는 무대부의 면적이 500㎡ 이상인 것
4) 판매시설, 운수시설 및 창고시설(물류터미널로 한정한다)로서 바닥면적의 합계가 5천㎡ 이상이거나 수용인원이 500명 이상인 경우에는 모든 층
5) 다음의 어느 하나에 해당하는 용도로 사용되는 시설의 바닥면적의 합계가 600㎡ 이상인 것은 모든 층
　　가) 근린생활시설 중 조산원 및 산후조리원
　　나) 의료시설 중 정신의료기관
　　다) 의료시설 중 종합병원, 병원, 치과병원, 한방병원 및 요양병원
　　라) 노유자 시설
　　마) 숙박이 가능한 수련시설
　　바) 숙박시설
6) 창고시설(물류터미널은 제외한다)로서 바닥면적 합계가 5천㎡ 이상인 경우에는 모든 층
7) 특정소방대상물의 지하층·무창층(축사는 제외한다) 또는 층수가 4층 이상인 층으로서 바닥면적이 1천㎡ 이상인 층이 있는 경우에는 해당 층
8) 랙식 창고(rack warehouse): 랙(물건을 수납할 수 있는 선반이나 이와 비슷한 것을 말한다. 이하 같다)을 갖춘 것으로서 천장 또는 반자(반자가 없는 경우에는 지붕의 옥내에 면하는 부분을 말한다)의 높이가 10m를 초과하고, 랙이 설치된 층의 바닥면적의 합계가 1천5백㎡ 이상인 경우에는 모든 층
9) 공장 또는 창고시설로서 다음의 어느 하나에 해당하는 시설
　　가) 「화재의 예방 및 안전관리에 관한 법률 시행령」 별표 2에서 정하는 수량의 1천 배 이상의 특수가연물을 저장·취급하는 시설

나) 「원자력안전법 시행령」 제2조제1호에 따른 중·저준위방사성폐기물(이하 "중·저준위방사성폐기물"이라 한다)의 저장시설 중 소화수를 수집·처리하는 설비가 있는 저장시설

10) 지붕 또는 외벽이 불연재료가 아니거나 내화구조가 아닌 공장 또는 창고시설로서 다음의 어느 하나에 해당하는 것

가) 창고시설(물류터미널로 한정한다) 중 4)에 해당하지 않는 것으로서 바닥면적의 합계가 2천5백㎡ 이상이거나 수용인원이 250명 이상인 경우에는 모든 층

나) 창고시설(물류터미널은 제외한다) 중 6)에 해당하지 않는 것으로서 바닥면적의 합계가 2천5백㎡ 이상인 경우에는 모든 층

다) 공장 또는 창고시설 중 7)에 해당하지 않는 것으로서 지하층·무창층 또는 층수가 4층 이상인 것 중 바닥면적이 500㎡ 이상인 경우에는 모든 층

라) 랙식 창고 중 8)에 해당하지 않는 것으로서 바닥면적의 합계가 750㎡ 이상인 경우에는 모든 층

마) 공장 또는 창고시설 중 9)가)에 해당하지 않는 것으로서 「화재의 예방 및 안전관리에 관한 법률 시행령」 별표 2에서 정하는 수량의 500배 이상의 특수가연물을 저장·취급하는 시설

11) 교정 및 군사시설 중 다음의 어느 하나에 해당하는 경우에는 해당 장소

가) 보호감호소, 교도소, 구치소 및 그 지소, 보호관찰소, 갱생보호시설, 치료감호시설, 소년원 및 소년분류심사원의 수용거실

나) 「출입국관리법」 제52조제2항에 따른 보호시설(외국인보호소의 경우에는 보호대상자의 생활공간으로 한정한다. 이하 같다)로 사용하는 부분. 다만, 보호시설이 임차건물에 있는 경우는 제외한다.

다) 「경찰관 직무집행법」 제9조에 따른 유치장

12) 지하가(터널은 제외한다)로서 연면적 1천㎡ 이상인 것

13) 발전시설 중 전기저장시설

14) 1)부터 13)까지의 특정소방대상물에 부속된 보일러실 또는 연결통로 등

마. 간이스프링클러설비를 설치해야 하는 특정소방대상물은 다음의 어느 하나에 해당하는 것으로 한다.

1) 공동주택 중 연립주택 및 다세대주택(연립주택 및 다세대주택에 설치하는 간이스프링클러설비는 화재안전기준에 따른 주택전용 간이스프링클러설비를 설치한다)

2) 근린생활시설 중 다음의 어느 하나에 해당하는 것

가) 근린생활시설로 사용하는 부분의 바닥면적 합계가 1천㎡ 이상인 것은 모든 층

나) 의원, 치과의원 및 한의원으로서 입원실이 있는 시설

다) 조산원 및 산후조리원으로서 연면적 600㎡ 미만인 시설

3) 의료시설 중 다음의 어느 하나에 해당하는 시설

가) 종합병원, 병원, 치과병원, 한방병원 및 요양병원(의료재활시설은 제외한다)으로 사용되는 바닥면적의 합계가 600㎡ 미만인 시설

나) 정신의료기관 또는 의료재활시설로 사용되는 바닥면적의 합계가 300㎡ 이상 600㎡ 미만인 시설

다) 정신의료기관 또는 의료재활시설로 사용되는 바닥면적의 합계가 300㎡ 미만이고, 창살(철재·플라스틱 또는 목재 등으로 사람의 탈출 등을 막기 위하여 설치한 것을 말하며, 화재 시 자동으로 열리는 구조로 되어 있는 창살은 제외한다)이 설치된 시설

4) 교육연구시설 내에 합숙소로서 연면적 100㎡ 이상인 경우에는 모든 층
5) 노유자 시설로서 다음의 어느 하나에 해당하는 시설

가) 제7조제1항제7호 각 목에 따른 시설[같은 호 가목2) 및 같은 호 나목부터 바목까지의 시설 중 단독주택 또는 공동주택에 설치되는 시설은 제외하며, 이하 "노유자 생활시설"이라 한다]

나) 가)에 해당하지 않는 노유자 시설로 해당 시설로 사용하는 바닥면적의 합계가 300㎡ 이상 600㎡ 미만인 시설

다) 가)에 해당하지 않는 노유자 시설로 해당 시설로 사용하는 바닥면적의 합계가 300㎡ 미만이고, 창살(철재·플라스틱 또는 목재 등으로 사람의 탈출 등을 막기 위하여 설치한 것을 말하며, 화재 시 자동으로 열리는 구조로 되어 있는 창살은 제외한다)이 설치된 시설

6) 숙박시설로 사용되는 바닥면적의 합계가 300㎡ 이상 600㎡ 미만인 시설
7) 건물을 임차하여 「출입국관리법」 제52조제2항에 따른 보호시설로 사용하는 부분
8) 복합건축물(별표 2 제30호나목의 복합건축물만 해당한다)로서 연면적 1천㎡ 이상인 것은 모든 층

바. 물분무등소화설비를 설치해야 하는 특정소방대상물(위험물 저장 및 처리 시설 중 가스시설 및 지하구는 제외한다)은 다음의 어느 하나에 해당하는 것으로 한다.
1) 항공기 및 자동차 관련 시설 중 항공기 격납고
2) 차고, 주차용 건축물 또는 철골 조립식 주차시설. 이 경우 연면적 800㎡ 이상인 것만 해당한다.
3) 건축물의 내부에 설치된 차고·주차장으로서 차고 또는 주차의 용도로 사용되는 면적이 200㎡ 이상인 경우 해당 부분(50세대 미만 연립주택 및 다세대주택은 제외한다)
4) 기계장치에 의한 주차시설을 이용하여 20대 이상의 차량을 주차할 수 있는 시설
5) 특정소방대상물에 설치된 전기실·발전실·변전실(가연성 절연유를 사용하지 않는 변압기·전류차단기 등의 전기기기와 가연성 피복을 사용하지 않은 전선 및 케이블만을 설치한 전기실·발전실 및 변전실은 제외한다)·축전지실·통신기기실 또는 전산실, 그 밖에 이와 비슷한 것으로서 바닥면적이 300㎡ 이상인 것[하나의 방화구획 내에 둘 이상의 실(室)이 설치되어 있는 경우에는 이를 하나의 실로 보아 바닥면적을 산정한다]. 다만, 내화구조로 된 공정제어실 내에 설치된 주조정실로서 양압시설(외부 오염 공기 침투를 차단하고 내부의 나쁜 공기가 자연

스럽게 외부로 흐를 수 있도록 한 시설을 말한다)이 설치되고 전기기기에 220볼트 이하인 저전압이 사용되며 종업원이 24시간 상주하는 곳은 제외한다.
  6) 소화수를 수집·처리하는 설비가 설치되어 있지 않은 중·저준위방사성폐기물의 저장시설. 이 시설에는 이산화탄소소화설비, 할론소화설비 또는 할로겐화합물 및 불활성기체 소화설비를 설치해야 한다.
  7) 지하가 중 예상 교통량, 경사도 등 터널의 특성을 고려하여 행정안전부령으로 정하는 터널. 이 시설에는 물분무소화설비를 설치해야 한다.

> ※ 행정안전부령으로 정하는 터널 : 국토교통부장관이 정하는 도로의 구조 및 시설에 관한 세부 기준에 따라 물분무소화설비를 설치해야 하는 터널

  8) 문화재 중「문화재보호법」제2조제3항제1호 또는 제2호에 따른 지정문화재로서 소방청장이 문화재청장과 협의하여 정하는 것
사. 옥외소화전설비를 설치해야 하는 특정소방대상물(아파트등, 위험물 저장 및 처리시설 중 가스시설, 지하구 및 지하가 중 터널은 제외한다)은 다음의 어느 하나에 해당하는 것으로 한다.
  1) 지상 1층 및 2층의 바닥면적의 합계가 9천㎡ 이상인 것. 이 경우 같은 구(區) 내의 둘 이상의 특정소방대상물이 행정안전부령으로 정하는 연소(延燒) 우려가 있는 구조인 경우에는 이를 하나의 특정소방대상물로 본다.
  2) 문화재 중「문화재보호법」제23조에 따라 보물 또는 국보로 지정된 목조건축물
  3) 1)에 해당하지 않는 공장 또는 창고시설로서「화재의 예방 및 안전관리에 관한 법률 시행령」별표 2에서 정하는 수량의 750배 이상의 특수가연물을 저장·취급하는 것

2. 경보설비
가. 단독경보형 감지기를 설치해야 하는 특정소방대상물은 다음의 어느 하나에 해당하는 것으로 한다. 이 경우 5)의 연립주택 및 다세대주택에 설치하는 단독경보형 감지기는 연동형으로 설치해야 한다.
  1) 교육연구시설 내에 있는 기숙사 또는 합숙소로서 연면적 2천㎡ 미만인 것
  2) 수련시설 내에 있는 기숙사 또는 합숙소로서 연면적 2천㎡ 미만인 것
  3) 다목7)에 해당하지 않는 수련시설(숙박시설이 있는 것만 해당한다)
  4) 연면적 400㎡ 미만의 유치원
  5) 공동주택 중 연립주택 및 다세대주택
나. 비상경보설비를 설치해야 하는 특정소방대상물(모래·석재 등 불연재료 공장 및 창고시설, 위험물 저장 및 처리 시설 중 가스시설, 사람이 거주하지 않거나 벽이 없는 축사 등 동물 및 식물 관련 시설 및 지하구는 제외한다)은 다음의 어느 하나에 해당하는 것으로 한다.
  1) 연면적 400㎡ 이상인 것은 모든 층
  2) 지하층 또는 무창층의 바닥면적이 150㎡(공연장의 경우 100㎡) 이상인 것은 모든 층
  3) 지하가 중 터널로서 길이가 500m 이상인 것

4) 50명 이상의 근로자가 작업하는 옥내 작업장
다. 자동화재탐지설비를 설치해야 하는 특정소방대상물은 다음의 어느 하나에 해당하는 것으로 한다.
1) 공동주택 중 아파트등·기숙사 및 숙박시설의 경우에는 모든 층
2) 층수가 6층 이상인 건축물의 경우에는 모든 층
3) 근린생활시설(목욕장은 제외한다), 의료시설(정신의료기관 및 요양병원은 제외한다), 위락시설, 장례시설 및 복합건축물로서 연면적 600㎡ 이상인 경우에는 모든 층
4) 근린생활시설 중 목욕장, 문화 및 집회시설, 종교시설, 판매시설, 운수시설, 운동시설, 업무시설, 공장, 창고시설, 위험물 저장 및 처리 시설, 항공기 및 자동차 관련 시설, 교정 및 군사시설 중 국방·군사시설, 방송통신시설, 발전시설, 관광휴게시설, 지하가(터널은 제외한다)로서 연면적 1천㎡ 이상인 경우에는 모든 층
5) 교육연구시설(교육시설 내에 있는 기숙사 및 합숙소를 포함한다), 수련시설(수련시설 내에 있는 기숙사 및 합숙소를 포함하며, 숙박시설이 있는 수련시설은 제외한다), 동물 및 식물 관련 시설(기둥과 지붕만으로 구성되어 외부와 기류가 통하는 장소는 제외한다), 자원순환 관련 시설, 교정 및 군사시설(국방·군사시설은 제외한다) 또는 묘지 관련 시설로서 연면적 2천㎡ 이상인 경우에는 모든 층
6) 노유자 생활시설의 경우에는 모든 층
7) 6)에 해당하지 않는 노유자 시설로서 연면적 400㎡ 이상인 노유자 시설 및 숙박시설이 있는 수련시설로서 수용인원 100명 이상인 경우에는 모든 층
8) 의료시설 중 정신의료기관 또는 요양병원으로서 다음의 어느 하나에 해당하는 시설
   가) 요양병원(의료재활시설은 제외한다)
   나) 정신의료기관 또는 의료재활시설로 사용되는 바닥면적의 합계가 300㎡ 이상인 시설
   다) 정신의료기관 또는 의료재활시설로 사용되는 바닥면적의 합계가 300㎡ 미만이고, 창살(철재·플라스틱 또는 목재 등으로 사람의 탈출 등을 막기 위하여 설치한 것을 말하며, 화재 시 자동으로 열리는 구조로 되어 있는 창살은 제외한다)이 설치된 시설
9) 판매시설 중 전통시장
10) 지하가 중 터널로서 길이가 1천m 이상인 것
11) 지하구
12) 3)에 해당하지 않는 근린생활시설 중 조산원 및 산후조리원
13) 4)에 해당하지 않는 공장 및 창고시설로서 「화재의 예방 및 안전관리에 관한 법률 시행령」 별표 2에서 정하는 수량의 500배 이상의 특수가연물을 저장·취급하는 것
14) 4)에 해당하지 않는 발전시설 중 전기저장시설
라. 시각경보기를 설치해야 하는 특정소방대상물은 다목에 따라 자동화재탐지설비를 설치해야 하는 특정소방대상물 중 다음의 어느 하나에 해당하는 것으로 한다.

1) 근린생활시설, 문화 및 집회시설, 종교시설, 판매시설, 운수시설, 의료시설, 노유자 시설
2) 운동시설, 업무시설, 숙박시설, 위락시설, 창고시설 중 물류터미널, 발전시설 및 장례시설
3) 교육연구시설 중 도서관, 방송통신시설 중 방송국
4) 지하가 중 지하상가

마. 화재알림설비를 설치해야 하는 특정소방대상물은 판매시설 중 전통시장으로 한다.
바. 비상방송설비를 설치해야 하는 특정소방대상물(위험물 저장 및 처리 시설 중 가스시설, 사람이 거주하지 않거나 벽이 없는 축사 등 동물 및 식물 관련 시설, 지하가 중 터널 및 지하구는 제외한다)은 다음의 어느 하나에 해당하는 것으로 한다.
1) 연면적 3천5백m² 이상인 것은 모든 층
2) 층수가 11층 이상인 것은 모든 층
3) 지하층의 층수가 3층 이상인 것은 모든 층

사. 자동화재속보설비를 설치해야 하는 특정소방대상물은 다음의 어느 하나에 해당하는 것으로 한다. 다만, 방재실 등 화재 수신기가 설치된 장소에 24시간 화재를 감시할 수 있는 사람이 근무하고 있는 경우에는 자동화재속보설비를 설치하지 않을 수 있다.
1) 노유자 생활시설
2) 노유자 시설로서 바닥면적이 500m² 이상인 층이 있는 것
3) 수련시설(숙박시설이 있는 것만 해당한다)로서 바닥면적이 500m² 이상인 층이 있는 것
4) 문화재 중 「문화재보호법」 제23조에 따라 보물 또는 국보로 지정된 목조건축물
5) 근린생활시설 중 다음의 어느 하나에 해당하는 시설
  가) 의원, 치과의원 및 한의원으로서 입원실이 있는 시설
  나) 조산원 및 산후조리원
6) 의료시설 중 다음의 어느 하나에 해당하는 것
  가) 종합병원, 병원, 치과병원, 한방병원 및 요양병원(의료재활시설은 제외한다)
  나) 정신병원 및 의료재활시설로 사용되는 바닥면적의 합계가 500m² 이상인 층이 있는 것
7) 판매시설 중 전통시장

아. 통합감시시설을 설치해야 하는 특정소방대상물은 지하구로 한다.
자. 누전경보기는 계약전류용량(같은 건축물에 계약 종류가 다른 전기가 공급되는 경우에는 그중 최대계약전류용량을 말한다)이 100암페어를 초과하는 특정소방대상물(내화구조가 아닌 건축물로서 벽·바닥 또는 반자의 전부나 일부를 불연재료 또는 준불연재료가 아닌 재료에 철망을 넣어 만든 것만 해당한다)에 설치해야 한다. 다만, 위험물 저장 및 처리 시설 중 가스시설, 지하가 중 터널 및 지하구의 경우에는 그렇지 않다.
차. 가스누설경보기를 설치해야 하는 특정소방대상물(가스시설이 설치된 경우만 해당한다)은 다음의 어느 하나에 해당하는 것으로 한다.

1) 문화 및 집회시설, 종교시설, 판매시설, 운수시설, 의료시설, 노유자 시설
2) 수련시설, 운동시설, 숙박시설, 창고시설 중 물류터미널, 장례시설

3. 피난구조설비

　가. 피난기구는 특정소방대상물의 모든 층에 화재안전기준에 적합한 것으로 설치해야 한다. 다만, 피난층, 지상 1층, 지상 2층(노유자 시설 중 피난층이 아닌 지상 1층과 피난층이 아닌 지상 2층은 제외한다), 층수가 11층 이상인 층과 위험물 저장 및 처리시설 중 가스시설, 지하가 중 터널 및 지하구의 경우에는 그렇지 않다.

　나. 인명구조기구를 설치해야 하는 특정소방대상물은 다음의 어느 하나에 해당하는 것으로 한다.

　　1) 방열복 또는 방화복(안전모, 보호장갑 및 안전화를 포함한다), 인공소생기 및 공기호흡기를 설치해야 하는 특정소방대상물 : 지하층을 포함하는 층수가 7층 이상인 것 중 관광호텔 용도로 사용하는 층

　　2) 방열복 또는 방화복(안전모, 보호장갑 및 안전화를 포함한다) 및 공기호흡기를 설치해야 하는 특정소방대상물 : 지하층을 포함하는 층수가 5층 이상인 것 중 병원 용도로 사용하는 층

　　3) 공기호흡기를 설치해야 하는 특정소방대상물은 다음의 어느 하나에 해당하는 것으로 한다.

　　　가) 수용인원 100명 이상인 문화 및 집회시설 중 영화상영관
　　　나) 판매시설 중 대규모점포
　　　다) 운수시설 중 지하역사
　　　라) 지하가 중 지하상가
　　　마) 제1호바목 및 화재안전기준에 따라 이산화탄소소화설비(호스릴이산화탄소소화설비는 제외한다)를 설치해야 하는 특정소방대상물

　다. 유도등을 설치해야 하는 특정소방대상물은 다음의 어느 하나에 해당하는 것으로 한다.

　　1) 피난구유도등, 통로유도등 및 유도표지는 특정소방대상물에 설치한다. 다만, 다음의 어느 하나에 해당하는 경우는 제외한다.

　　　가) 동물 및 식물 관련 시설 중 축사로서 가축을 직접 가두어 사육하는 부분
　　　나) 지하가 중 터널

　　2) 객석유도등은 다음의 어느 하나에 해당하는 특정소방대상물에 설치한다.

　　　가) 유흥주점영업시설(「식품위생법 시행령」 제21조제8호라목의 유흥주점영업 중 손님이 춤을 출 수 있는 무대가 설치된 카바레, 나이트클럽 또는 그 밖에 이와 비슷한 영업시설만 해당한다)
　　　나) 문화 및 집회시설

다) 종교시설
라) 운동시설
3) 피난유도선은 화재안전기준에서 정하는 장소에 설치한다.
라. 비상조명등을 설치해야 하는 특정소방대상물(창고시설 중 창고 및 하역장, 위험물 저장 및 처리 시설 중 가스시설 및 사람이 거주하지 않거나 벽이 없는 축사 등 동물 및 식물 관련 시설은 제외한다)은 다음의 어느 하나에 해당하는 것으로 한다.
1) 지하층을 포함하는 층수가 5층 이상인 건축물로서 연면적 3천㎡ 이상인 경우에는 모든 층
2) 1)에 해당하지 않는 특정소방대상물로서 그 지하층 또는 무창층의 바닥면적이 450㎡ 이상인 경우에는 해당 층
3) 지하가 중 터널로서 그 길이가 500m 이상인 것
마. 휴대용비상조명등을 설치해야 하는 특정소방대상물은 다음의 어느 하나에 해당하는 것으로 한다.
1) 숙박시설
2) 수용인원 100명 이상의 영화상영관, 판매시설 중 대규모점포, 철도 및 도시철도 시설 중 지하역사, 지하가 중 지하상가

4. 소화용수설비

상수도소화용수설비를 설치해야 하는 특정소방대상물은 다음 각 목의 어느 하나에 해당하는 것으로 한다. 다만, 상수도소화용수설비를 설치해야 하는 특정소방대상물의 대지 경계선으로부터 180m 이내에 지름 75㎜ 이상인 상수도용 배수관이 설치되지 않은 지역의 경우에는 화재안전기준에 따른 소화수조 또는 저수조를 설치해야 한다.
가. 연면적 5천㎡ 이상인 것. 다만, 위험물 저장 및 처리 시설 중 가스시설, 지하가 중 터널 또는 지하구의 경우에는 제외한다.
나. 가스시설로서 지상에 노출된 탱크의 저장용량의 합계가 100톤 이상인 것
다. 자원순환 관련 시설 중 폐기물재활용시설 및 폐기물처분시설

5. 소화활동설비

가. 제연설비를 설치해야 하는 특정소방대상물은 다음의 어느 하나에 해당하는 것으로 한다.
1) 문화 및 집회시설, 종교시설, 운동시설 중 무대부의 바닥면적이 200㎡ 이상인 경우에는 해당 무대부
2) 문화 및 집회시설 중 영화상영관으로서 수용인원 100명 이상인 경우에는 해당 영화상영관
3) 지하층이나 무창층에 설치된 근린생활시설, 판매시설, 운수시설, 숙박시설, 위락시설, 의료시설, 노유자 시설 또는 창고시설(물류터미널로 한정한다)로서 해당 용도로 사용되는 바닥면적의 합계가 1천㎡ 이상인 경우 해당 부분
4) 운수시설 중 시외버스정류장, 철도 및 도시철도 시설, 공항시설 및 항만시설의 대기실 또는 휴게시설로서 지하층 또는 무창층의 바닥면적이 1천㎡ 이상인 경우에는 모든 층

5) 지하가(터널은 제외한다)로서 연면적 1천m² 이상인 것
6) 지하가 중 예상 교통량, 경사도 등 터널의 특성을 고려하여 행정안전부령으로 정하는 터널

> ※ 행정안전부령으로 정하는 터널 : 국토교통부장관이 정하는 도로의 구조 및 시설에 관한 세부 기준에 따라 제연설비를 설치해야 하는 터널

7) 특정소방대상물(갓복도형 아파트등은 제외한다)에 부설된 특별피난계단, 비상용 승강기의 승강장 또는 피난용 승강기의 승강장

나. 연결송수관설비를 설치해야 하는 특정소방대상물(위험물 저장 및 처리 시설 중 가스시설 및 지하구는 제외한다)은 다음의 어느 하나에 해당하는 것으로 한다.
  1) 층수가 5층 이상으로서 연면적 6천m² 이상인 경우에는 모든 층
  2) 1)에 해당하지 않는 특정소방대상물로서 지하층을 포함하는 층수가 7층 이상인 경우에는 모든 층
  3) 1) 및 2)에 해당하지 않는 특정소방대상물로서 지하층의 층수가 3층 이상이고 지하층의 바닥면적의 합계가 1천m² 이상인 경우에는 모든 층
  4) 지하가 중 터널로서 길이가 1천m 이상인 것

다. 연결살수설비를 설치해야 하는 특정소방대상물(지하구는 제외한다)은 다음의 어느 하나에 해당하는 것으로 한다.
  1) 판매시설, 운수시설, 창고시설 중 물류터미널로서 해당 용도로 사용되는 부분의 바닥면적의 합계가 1천m² 이상인 경우에는 해당 시설
  2) 지하층(피난층으로 주된 출입구가 도로와 접한 경우는 제외한다)으로서 바닥면적의 합계가 150m² 이상인 경우에는 지하층의 모든 층. 다만, 「주택법 시행령」 제46조제1항에 따른 국민주택규모 이하인 아파트등의 지하층(대피시설로 사용하는 것만 해당한다)과 교육연구시설 중 학교의 지하층의 경우에는 700m² 이상인 것으로 한다.
  3) 가스시설 중 지상에 노출된 탱크의 용량이 30톤 이상인 탱크시설
  4) 1) 및 2)의 특정소방대상물에 부속된 연결통로

라. 비상콘센트설비를 설치해야 하는 특정소방대상물(위험물 저장 및 처리 시설 중 가스시설 및 지하구는 제외한다)은 다음의 어느 하나에 해당하는 것으로 한다.
  1) 층수가 11층 이상인 특정소방대상물의 경우에는 11층 이상의 층
  2) 지하층의 층수가 3층 이상이고 지하층의 바닥면적의 합계가 1천m² 이상인 것은 지하층의 모든 층
  3) 지하가 중 터널로서 길이가 500m 이상인 것

마. 무선통신보조설비를 설치해야 하는 특정소방대상물(위험물 저장 및 처리 시설 중 가스시설은 제외한다)은 다음의 어느 하나에 해당하는 것으로 한다.
  1) 지하가(터널은 제외한다)로서 연면적 1천m² 이상인 것
  2) 지하층의 바닥면적의 합계가 3천m² 이상인 것 또는 지하층의 층수가 3층 이상이고 지하층의 바닥면적의 합계가 1천m² 이상인 것은 지하층의 모든 층
  3) 지하가 중 터널로서 길이가 500m 이상인 것

　　　4) 지하구 중 공동구
　　　5) 층수가 30층 이상인 것으로서 16층 이상 부분의 모든 층
　바. 연소방지설비는 지하구(전력 또는 통신사업용인 것만 해당한다)에 설치해야 한다.

비고
1. 별표 2 제1호부터 제27호까지 중 어느 하나에 해당하는 시설(이하 이 호에서 "근린생활시설등"이라 한다)의 소방시설 설치기준이 복합건축물의 소방시설 설치기준보다 강화된 경우 복합건축물 안에 있는 해당 근린생활시설등에 대해서는 그 근린생활시설등의 소방시설 설치기준을 적용한다.
2. 원자력발전소 중 「원자력안전법」 제2조에 따른 원자로 및 관계시설에 설치하는 소방시설에 대해서는 「원자력안전법」 제11조 및 제21조에 따른 허가기준에 따라 설치한다.
3. 특정소방대상물의 관계인은 제8조제1항에 따른 내진설계 대상 특정소방대상물 및 제9조에 따른 성능위주설계 대상 특정소방대상물에 설치·관리해야 하는 소방시설에 대해서는 법 제7조에 따른 소방시설의 내진설계기준 및 법 제8조에 따른 성능위주설계의 기준에 맞게 설치·관리해야 한다.

핵심정리

※ 터널의 길이에 따른 소방시설의 종류

소방시설의 종류	설치대상
소화기구	모든 터널
옥내소화전설비	• 길이가 1천미터 이상인 터널 • 예상교통량, 경사도 등 터널의 특성을 고려하여 행정안전부령으로 정하는 터널
물분무소화설비	지하가 중 예상 교통량, 경사도 등 터널의 특성을 고려하여 행정안전부령으로 정하는 터널
비상경보설비	지하가 중 터널로서 길이가 500m 이상인 것
자동화재탐지설비	지하가 중 터널로서 길이가 1천m 이상인 것
비상조명등	지하가 중 터널로서 그 길이가 500m 이상인 것
제연설비	지하가 중 예상 교통량, 경사도 등 터널의 특성을 고려하여 행정안전부령으로 정하는 터널
연결송수관설비	지하가 중 터널로서 길이가 1천m 이상인 것
비상콘센트설비	지하가 중 터널로서 길이가 500m 이상인 것
무선통신보조설비	지하가 중 터널로서 길이가 500m 이상인 것

※ 지하가(터널은 제외)에 설치하여야 하는 소방시설의 종류

지하가(터널은 제외)의 구분	소방시설의 종류
지하가(터널은 제외한다)로서 연면적 1천㎡ 이상인 것	• 스프링클러설비 • 자동화재탐지설비 • 제연설비 • 무선통신보조설비
지하가(터널은 제외한다)로서 연면적 3천㎡ 이상인 것	옥내소화전설비

※ 수용인원을 고려하여 설치하여야 하는 소방시설의 종류

소방시설의 종류	설치대상
스프링클러설비	• 문화 및 집회시설(동·식물원은 제외), 종교시설(주요구조부가 목조인 것은 제외), 운동시설(물놀이형 시설 및 바닥이 불연재료이고 관람석이 없는 운동시설은 제외)로서 수용인원이 100명 이상인 경우에는 모든 층 • 판매시설, 운수시설 및 창고시설(물류터미널에 한정한다)로서 수용인원이 500명 이상인 경우에는 모든 층 • 지붕 또는 외벽이 불연재료가 아니거나 내화구조가 아닌 창고시설(물류터미널에 한정한다) 중 수용인원이 250명 이상인 경우에는 모든 층
자동화재탐지설비	숙박시설이 있는 수련시설로서 수용인원 100명 이상인 경우에는 모든 층
공기호흡기	수용인원 100명 이상인 문화 및 집회시설 중 영화상영관
휴대용 비상조명등	수용인원 100명 이상의 영화상영관
제연설비	문화 및 집회시설 중 영화상영관으로서 수용인원 100명 이상인 경우에는 해당 영화상영관

※ 특수가연물 저장·취급에 따른 소방시설의 종류

소방시설의 종류	설치대상
옥내소화전설비	공장 또는 창고시설로서 750배 이상의 특수가연물을 저장·취급하는 것
스프링클러설비	• 공장 또는 창고시설로서 1천 배 이상의 특수가연물을 저장·취급하는 시설 • 공장 또는 창고시설로서 500배 이상의 특수가연물을 저장·취급하는 시설(지붕 또는 외벽이 불연재료가 아니거나 내화구조가 아닌 공장 또는 창고시설)
옥외소화전설비	공장 또는 창고시설로서 750배 이상의 특수가연물을 저장·취급하는 것
자동화재탐지설비	공장 또는 창고시설로서 500배 이상의 특수가연물을 저장·취급하는 것

예상문제

01 화재 시 쉽게 사용할 수 있는 투척용 소화기를 설치하여야 하는 특정소방대상물에 해당되는 것은?

① 노유자시설 ② 아파트
③ 위락시설 ④ 근린생활시설

해설
노유자 시설의 경우에는 투척용 소화용구 등을 화재안전기준에 따라 산정된 소화기 수량의 2분의 1 이상으로 설치할 수 있다.

정답 ①

02 다음 중 주거용 주방자동소화장치 설치대상은?
① 연면적 33m²   ② 가스시설
③ 지정문화재   ④ 아파트

해설
아파트등 및 오피스텔의 모든 층에는 주거용 주방자동소화장치를 설치해야 한다.

정답 ④

03 다음 중 판매시설에 스프링클러설비를 하여야 하는 것은?
① 연면적 5천 제곱미터 이상이거나 수용인원 300인 이상인 경우에는 모든 층
② 바닥면적의 합계가 5천 제곱미터 이상이거나 수용인원 500인 이상인 경우에는 모든 층
③ 연면적 1천 제곱미터 이상이거나 수용인원 100인 이상인 경우에는 모든 층
④ 바닥면적의 합계가 1천 제곱미터 이상이거나 수용인원 100인 이상인 경우에는 모든 층

해설
판매시설, 운수시설 및 창고시설(물류터미널로 한정한다)로서 바닥면적의 합계가 5천m² 이상이거나 수용인원이 500명 이상인 경우에는 모든 층에 스프링클러설비를 설치해야 한다.

정답 ②

04 다음 중 스프링클러설비의 설치대상이 아닌 것은?
① 수용인원 100명 이상의 영화상영관
② 바닥면적 5,000m² 이상의 판매시설
③ 의료시설 중 정신의료기관으로서 바닥면적의 합계가 600m²
④ 교육연구시설 내에 합숙소로서 연면적 100m² 이상인 것

해설
"교육연구시설 내에 합숙소로서 연면적 100m² 이상인 경우에는 모든 층"은 간이스프링클러설비를 설치하여야 하는 특정소방대상물에 해당한다.

정답 ④

05 스프링클러설비 설치대상물이 아닌 것은?
① 6층 이상인 특정소방대상물은 6층 이상의 층
② 문화 및 집회시설로서 수용인원 100명 이상인 것은 모든 층
③ 지하가(터널은 제외)로서 연면적 1,000m² 이상
④ 발전시설 중 전기저장시설

해설
층수가 6층 이상인 특정소방대상물의 경우에는 모든 층에 스프링클러설비를 설치해야 한다.

정답 ①

06 물분무등소화설비를 설치하여야 하는 특정소방대상물에 대한 설명으로 옳지 않은 것은?

① 건축물의 내부에 설치된 차고·주차장으로서 차고 또는 주차의 용도로 사용되는 면적이 200㎡ 이상인 경우 해당 부분
② 특정소방대상물에 설치된 전기실·발전실·변전실·축전지실·통신기기실 또는 전산실, 그 밖에 이와 비슷한 것으로서 바닥면적이 400㎡ 이상인 것
③ 소화수를 수집·처리하는 설비가 설치되어 있지 않은 중·저준위방사성폐기물의 저장시설
④ 지하가 중 예상 교통량, 경사도 등 터널의 특성을 고려하여 행정안전부령으로 정하는 터널

해설
물분무등소화설비를 설치하여야 하는 특정소방대상물의 기준은 "특정소방대상물에 설치된 전기실·발전실·변전실·축전지실·통신기기실 또는 전산실, 그 밖에 이와 비슷한 것으로서 바닥면적이 300㎡ 이상인 것"이다.

정답 ②

07 간이스프링클러설비를 설치하여야 하는 특정소방대상물의 기준으로 옳지 않은 것은?

① 근린생활시설로 사용하는 부분의 바닥면적 합계가 1천㎡ 이상인 것은 모든 층
② 교육연구시설 내에 합숙소로서 연면적 500㎡ 이상인 경우에는 모든 층
③ 복합건축물로서 연면적 1천㎡ 이상인 것은 모든 층
④ 숙박시설로 사용되는 바닥면적의 합계가 300㎡ 이상 600㎡ 미만인 시설

해설
교육연구시설 내에 합숙소로서 연면적 100㎡ 이상인 경우에는 모든 층에 간이스프링클러설비를 설치해야 한다.

정답 ②

08 소방시설 설치 및 관리에 관한 법률 시행령에서 물분무등소화설비를 설치하여야 하는 특정소방대상물로 옳지 않은 것은?

① 항공기격납고
② 연면적 600㎡ 이상인 주차용 건축물
③ 특정소방대상물에 설치된 바닥면적 300㎡ 이상인 전산실
④ 기계장치에 의한 주차시설을 이용하여 20대 이상의 차량을 주차할 수 있는 시설

해설
물분무등소화설비를 설치하여야 하는 특정소방대상물의 기준은 "차고, 주차용 건축물 또는 철골 조립식 주차시설(이 경우 연면적 800㎡ 이상인 것만 해당한다)"이다.

정답 ②

09 옥외소화전 설치내용 중 옳지 않은 것은?

① 지상 1층 및 2층의 바닥면적의 합계가 9천m² 이상인 것
② 보물 또는 국보로 지정된 목조건축물
③ 아파트등, 위험물 저장 및 처리 시설 중 가스시설, 지하구 및 지하가 중 터널은 제외한다.
④ 공장 또는 창고시설로서 「화재의 예방 및 안전관리에 관한 법률 시행령」 별표 2에서 정하는 수량의 1,000배 이상의 특수가연물을 저장·취급하는 것

해설
옥외소화전설비를 설치하여야 하는 특정소방대상물의 기준은 "공장 또는 창고시설로서 「화재의 예방 및 안전관리에 관한 법률 시행령」 별표 2에서 정하는 수량의 750배 이상의 특수가연물을 저장·취급하는 것"이다.

정답 ④

10 다음 중 자동화재탐지설비 설치대상물의 범위가 옳지 않은 것은?

① 근린생활시설로서 연면적 600m² 이상
② 지하가 중 터널로서 길이가 1,000m 이상
③ 위락시설로서 연면적 400m² 이상
④ 노유자 시설로서 연면적 400m² 이상

해설
자동화재탐지설비를 설치하여야 하는 특정소방대상물의 기준은 "근린생활시설(목욕장은 제외), 의료시설(정신의료기관 또는 요양병원은 제외), 숙박시설, 위락시설, 장례시설 및 복합건축물로서 연면적 600m² 이상인 것"이다.

정답 ③

11 경보설비를 설치하여야 하는 특정소방대상물 중 시각경보기를 설치하여야 하는 특정소방대상물로서 옳지 않은 것은?

① 노유자시설
② 지하상가
③ 방송통신시설 중 방송국
④ 교육연구시설 중 학교

해설
시각경보기를 설치하여야 하는 특정소방대상물
1) 근린생활시설, 문화 및 집회시설, 종교시설, 판매시설, 운수시설, 운동시설, 위락시설, 창고시설 중 물류터미널
2) 의료시설, 노유자시설, 업무시설, 숙박시설, 발전시설 및 장례시설
3) 교육연구시설 중 도서관, 방송통신시설 중 방송국
4) 지하가 중 지하상가

정답 ④

12 인명구조기구 중 방열복 또는 방화복(안전모, 보호장갑 및 안전화를 포함), 인공소생기 및 공기호흡기를 설치하여야 하는 특정소방대상물은?

① 지하층을 포함하는 층수가 5층 이상인 병원
② 지하층을 포함하는 층수가 7층 이상인 병원
③ 지하층을 포함하는 층수가 5층 이상인 관광호텔
④ 지하층을 포함하는 층수가 7층 이상인 관광호텔

해설
방열복 또는 방화복(안전모, 보호장갑 및 안전화를 포함한다), 인공소생기 및 공기호흡기를 설치해야 하는 특정소방대상물은 "지하층을 포함하는 층수가 7층 이상인 것 중 관광호텔 용도로 사용하는 층"이다.

정답 ④

13 근린생활시설(목욕장은 제외), 의료시설(정신의료기관 또는 요양병원은 제외), 위락시설, 장례시설 및 복합건축물에 자동화재탐지설비를 설치하여야 하는 연면적은?

① 300m²
② 600m²
③ 1000m²
④ 2000m²

해설
근린생활시설(목욕장은 제외), 의료시설(정신의료기관 또는 요양병원은 제외), 위락시설, 장례시설 및 복합건축물로서 연면적 600m² 이상인 경우에는 모든 층에 자동화재탐지설비를 설치해야 한다.

정답 ②

14 다음 중 인명구조기구를 설치하여야 하는 특정소방대상물 중 방열복 또는 방화복(안전모, 보호장갑 및 안전화를 포함) 및 공기호흡기를 모두 설치해야 하는 대상물로서 옳은 것은?

① 지하층을 포함하는 층수가 5층 이상인 병원
② 지하층을 포함하는 층수가 7층 이상인 병원
③ 지하층을 포함하는 층수가 5층 이상인 관광호텔
④ 지하층을 포함하는 층수가 7층 이상인 관광호텔

해설
방열복 또는 방화복(안전모, 보호장갑 및 안전화를 포함한다) 및 공기호흡기를 설치해야 하는 특정소방대상물은 "지하층을 포함하는 층수가 5층 이상인 것 중 병원 용도로 사용하는 층"이다.

정답 ①

15 다음 중 제연설비의 설치대상물로서 옳지 않은 것은?

① 문화 및 집회시설, 종교시설, 운동시설 중 무대부의 바닥면적이 200m² 이상인 경우에는 해당 무대부
② 문화 및 집회시설 중 영화상영관으로서 수용인원 150명 이상인 경우에는 해당 영화상영관
③ 지하층이나 무창층에 설치된 숙박시설로서 해당 용도로 사용되는 바닥면적의 합계가 1천m² 이상인 경우 해당 부분
④ 지하가(터널은 제외)로서 연면적 1천m² 이상인 것

해설
"문화 및 집회시설 중 영화상영관으로서 수용인원 100명 이상인 경우에는 해당 영화상영관"에는 제연설비를 설치해야 한다.

정답 ②

16 다음 중 제연설비의 설치기준으로 지하층이나 무창층에 설치된 근린생활시설, 판매시설, 운수시설, 숙박시설, 위락시설, 의료시설, 노유자시설 또는 창고시설(물류터미널로 한정한다)로서 해당 용도로 사용되는 바닥면적의 합계는 얼마 이상인가?

① 1,000m²
② 2,000m²
③ 3,000m²
④ 4,000m²

해설
"지하층이나 무창층에 설치된 근린생활시설, 판매시설, 운수시설, 숙박시설, 위락시설, 의료시설, 노유자 시설 또는 창고시설(물류터미널로 한정한다)로서 해당 용도로 사용되는 바닥면적의 합계가 1천m² 이상인 경우 해당 부분에는 제연설비"를 설치해야 한다.

정답 ①

17 다음 중 무선통신보조설비 설치기준으로 옳지 않은 것은?

① 지하가(터널은 제외한다)로서 연면적 1천m² 이상인 것
② 지하층의 바닥면적의 합계가 3천m² 이상인 것
③ 지하가 중 터널로서 길이가 5백m 이상인 것
④ 층수가 20층 이상인 것으로서 16층 이상 부분의 모든 층

해설
층수가 30층 이상인 것으로서 16층 이상 부분의 모든 층에는 무선통신보조설비를 설치해야 한다.

정답 ④

18 지하가 중 터널의 길이 1,000m 이상에 설치하여야 하는 소방시설로 옳지 않은 것은?

① 옥내소화전설비　　　　② 소화기구
③ 자동화재탐지설비　　　④ 연결살수설비

해설

지하가 중 터널의 길이가 1,000m 이상인 터널에 설치하여야 하는 소방시설은 소화기구, 옥내소화전설비, 비상경보설비, 자동화재탐지설비, 비상조명등, 연결송수관설비, 비상콘센트설비, 무선통신보조설비이다.

> ※ 터널의 길이에 따른 소방시설의 종류
> - 모든 터널 : 소화기구
> - 길이가 500m 이상인 터널 : 비상경보설비, 비상조명등, 비상콘센트설비, 무선통신보조설비
> - 길이가 1천미터 이상인 터널 : 옥내소화전설비, 자동화재탐지설비, 연결송수관설비
> - 예상 교통량, 경사도 등 터널의 특성을 고려하여 행정안전부령으로 정하는 터널 : 물분무소화설비, 제연설비

정답 ④

---

19 지하가 중 터널 길이에 따른 소방시설 설치기준 아닌 것은?

① 소화기구　　　　　　② 자동화재속보설비
③ 비상콘센트설비　　　④ 연결송수관설비

해설

지하가 중 터널에는 터널의 길이에 따라서 "소화기구, 옥내소화전설비, 물분무소화설비, 비상경보설비, 자동화재탐지설비, 비상조명등, 제연설비, 연결송수관설비, 비상콘센트설비, 무선통신보조설비"를 설치하여야 한다.

정답 ②

---

20 다음 중 700m인 터널에 해당되는 설비가 아닌 것은?

① 무선통신보조설비　　② 자동화재탐지설비
③ 비상경보설비　　　　④ 비상조명등

해설

터널의 길이가 700m인 터널에는 소화기구(모든 터널), 비상경보설비(500m 이상), 비상조명등(500m 이상), 비상콘센트설비(500m 이상), 무선통신보조설비(500m 이상)를 설치하여야 한다.

정답 ②

21 연면적 1,000m² 이상 지하가(터널 제외)에 설치해야 할 소방시설 중 제외되는 시설은?

① 무선통신보조설비 ② 제연설비
③ 연소방지설비 ④ 스프링클러설비

해설
"지하가(터널은 제외)로서 연면적 1천m² 이상인 것"에 설치하여야 하는 소방시설은 스프링클러설비, 자동화재탐지설비, 제연설비, 무선통신보조설비이다.

지하가(터널은 제외)의 구분	소방시설의 종류
지하가(터널은 제외한다)로서 연면적 1천m² 이상인 것	• 스프링클러설비 • 자동화재탐지설비 • 제연설비 • 무선통신보조설비
지하가(터널은 제외한다)로서 연면적 3천m² 이상인 것	옥내소화전설비

정답 ③

22 지하가 중 터널의 길이에 따른 소방시설의 설치기준으로 옳지 않은 것은?

① 모든 터널에 소화기를 설치하여야 한다.
② 자동화재탐지설비는 터널 길이 700m 이상일 때 설치한다.
③ 비상콘센트는 터널 길이 500m 이상일 때 설치한다.
④ 연결송수관설비는 터널 길이 1,000m 이상일 때 설치한다.

해설
자동화재탐지설비는 터널 길이 1,000m 이상일 때 설치해야 한다.

정답 ②

23 다음 특정소방대상물 중 수용인원에 해당되는 소방대상물이 아닌 것은?

① 휴대용 비상조명등 ② 스프링클러설비
③ 자동화재탐지설비 ④ 간이스프링클러설비

해설
수용인원을 고려하여 설치하여야 하는 소방시설은 "스프링클러설비, 자동화재탐지설비, 공기호흡기, 휴대용 비상조명등, 제연설비"이다.

정답 ④

24 다음 중 수용인원을 고려하지 않아도 되는 특정소방대상물의 소방시설은?

① 스프링클러설비 ② 제연설비
③ 자동화재탐지설비 ④ 비상콘센트설비

해설
수용인원을 고려하여 설치하여야 하는 소방시설은 "스프링클러설비, 자동화재탐지설비, 공기호흡기, 휴대용 비상조명등, 제연설비"이다.

정답 ④

★★★★☆ [시행 2022. 12. 1.]

시행령 [별표 5] 특정소방대상물의 소방시설 설치의 면제 기준

설치가 면제되는 소방시설	설치가 면제되는 기준
1. 자동소화장치	자동소화장치(주거용 주방자동소화장치 및 상업용 주방자동소화장치는 제외한다)를 설치해야 하는 특정소방대상물에 물분무등소화설비를 화재안전기준에 적합하게 설치한 경우에는 그 설비의 유효범위(해당 소방시설이 화재를 감지·소화 또는 경보할 수 있는 부분을 말한다. 이하 같다)에서 설치가 면제된다.
2. 옥내소화전설비	소방본부장 또는 소방서장이 옥내소화전설비의 설치가 곤란하다고 인정하는 경우로서 호스릴 방식의 미분무소화설비 또는 옥외소화전설비를 화재안전기준에 적합하게 설치한 경우에는 그 설비의 유효범위에서 설치가 면제된다.
3. 스프링클러설비	가. 스프링클러설비를 설치해야 하는 특정소방대상물(발전시설 중 전기저장시설은 제외한다)에 적응성 있는 자동소화장치 또는 물분무등소화설비를 화재안전기준에 적합하게 설치한 경우에는 그 설비의 유효범위에서 설치가 면제된다. 나. 스프링클러설비를 설치해야 하는 전기저장시설에 소화설비를 소방청장이 정하여 고시하는 방법에 따라 설치한 경우에는 그 설비의 유효범위에서 설치가 면제된다.
4. 간이스프링클러설비	간이스프링클러설비를 설치해야 하는 특정소방대상물에 스프링클러설비, 물분무소화설비 또는 미분무소화설비를 화재안전기준에 적합하게 설치한 경우에는 그 설비의 유효범위에서 설치가 면제된다.
5. 물분무등소화설비	물분무등소화설비를 설치해야 하는 차고·주차장에 스프링클러설비를 화재안전기준에 적합하게 설치한 경우에는 그 설비의 유효범위에서 설치가 면제된다.
6. 옥외소화전설비	옥외소화전설비를 설치해야 하는 문화재인 목조건축물에 상수도소화용수설비를 화재안전기준에서 정하는 방수압력·방수량·옥외소화전함 및 호스의 기준에 적합하게 설치한 경우에는 설치가 면제된다.
7. 비상경보설비	비상경보설비를 설치해야 할 특정소방대상물에 단독경보형 감지기를 2개 이상의 단독경보형 감지기와 연동하여 설치한 경우에는 그 설비의 유효범위에서 설치가 면제된다.
8. 비상경보설비 또는 단독경보형 감지기	비상경보설비 또는 단독경보형 감지기를 설치해야 하는 특정소방대상물에 자동화재탐지설비 또는 화재알림설비를 화재안전기준에 적합하게 설치한 경우에는 그 설비의 유효범위에서 설치가 면제된다.
9. 자동화재탐지설비	자동화재탐지설비의 기능(감지·수신·경보기능을 말한다)과 성능을 가진 화재알림설비, 스프링클러설비 또는 물분무등소화설비를 화재안전기준에 적합하게 설치한 경우에는 그 설비의 유효범위에서 설치가 면제된다.

10. 화재알림설비	화재알림설비를 설치해야 하는 특정소방대상물에 자동화재탐지설비를 화재안전기준에 적합하게 설치한 경우에는 그 설비의 유효범위에서 설치가 면제된다.
11. 비상방송설비	비상방송설비를 설치해야 하는 특정소방대상물에 자동화재탐지설비 또는 비상경보설비와 같은 수준 이상의 음향을 발하는 장치를 부설한 방송설비를 화재안전기준에 적합하게 설치한 경우에는 그 설비의 유효범위에서 설치가 면제된다.
12. 자동화재속보설비	자동화재속보설비를 설치해야 하는 특정소방대상물에 화재알림설비를 화재안전기준에 적합하게 설치한 경우에는 그 설비의 유효범위에서 설치가 면제된다.
13. 누전경보기	누전경보기를 설치해야 하는 특정소방대상물 또는 그 부분에 아크경보기(옥내배전선로의 단선이나 선로 손상 등으로 인하여 발생하는 아크를 감지하고 경보하는 장치를 말한다) 또는 전기 관련 법령에 따른 지락차단장치를 설치한 경우에는 그 설비의 유효범위에서 설치가 면제된다.
14. 피난구조설비	피난구조설비를 설치해야 하는 특정소방대상물에 그 위치·구조 또는 설비의 상황에 따라 피난상 지장이 없다고 인정되는 경우에는 화재안전기준에서 정하는 바에 따라 설치가 면제된다.
15. 비상조명등	비상조명등을 설치해야 하는 특정소방대상물에 피난구유도등 또는 통로유도등을 화재안전기준에 적합하게 설치한 경우에는 그 유도등의 유효범위에서 설치가 면제된다.
16. 상수도소화용수 설비	가. 상수도소화용수설비를 설치해야 하는 특정소방대상물의 각 부분으로부터 수평거리 140m 이내에 공공의 소방을 위한 소화전이 화재안전기준에 적합하게 설치되어 있는 경우에는 설치가 면제된다. 나. 소방본부장 또는 소방서장이 상수도소화용수설비의 설치가 곤란하다고 인정하는 경우로서 화재안전기준에 적합한 소화수조 또는 저수조가 설치되어 있거나 이를 설치하는 경우에는 그 설비의 유효범위에서 설치가 면제된다.

17. 제연설비	가. 제연설비를 설치해야 하는 특정소방대상물[별표 4 제5호가목6)은 제외한다]에 다음의 어느 하나에 해당하는 설비를 설치한 경우에는 설치가 면제된다.
	  1) 공기조화설비를 화재안전기준의 제연설비기준에 적합하게 설치하고 공기조화설비가 화재 시 제연설비기능으로 자동전환되는 구조로 설치되어 있는 경우
	  2) 직접 외부 공기와 통하는 배출구의 면적의 합계가 해당 제연구역[제연경계(제연설비의 일부인 천장을 포함한다)에 의하여 구획된 건축물 내의 공간을 말한다] 바닥면적의 100분의 1 이상이고, 배출구부터 각 부분까지의 수평거리가 30m 이내이며, 공기유입구가 화재안전기준에 적합하게(외부 공기를 직접 자연 유입할 경우에 유입구의 크기는 배출구의 크기 이상이어야 한다) 설치되어 있는 경우
	나. 별표 4 제5호가목6)에 따라 제연설비를 설치해야 하는 특정소방대상물 중 노대(露臺)와 연결된 특별피난계단, 노대가 설치된 비상용 승강기의 승강장 또는 「건축법 시행령」 제91조제5호의 기준에 따라 배연설비가 설치된 피난용 승강기의 승강장에는 설치가 면제된다.

18. 연결송수관 설비	연결송수관설비를 설치해야 하는 소방대상물에 옥외에 연결송수구 및 옥내에 방수구가 부설된 옥내소화전설비, 스프링클러설비, 간이스프링클러설비 또는 연결살수설비를 화재안전기준에 적합하게 설치한 경우에는 그 설비의 유효범위에서 설치가 면제된다. 다만, 지표면에서 최상층 방수구의 높이가 70m 이상인 경우에는 설치해야 한다.
19. 연결살수설비	가. 연결살수설비를 설치해야 하는 특정소방대상물에 송수구를 부설한 스프링클러설비, 간이스프링클러설비, 물분무소화설비 또는 미분무소화설비를 화재안전기준에 적합하게 설치한 경우에는 그 설비의 유효범위에서 설치가 면제된다.

19. 연결살수설비	나. 가스 관계 법령에 따라 설치되는 물분무장치 등에 소방대가 사용할 수 있는 연결송수구가 설치되거나 물분무장치 등에 6시간 이상 공급할 수 있는 수원(水源)이 확보된 경우에는 설치가 면제된다.
20. 무선통신보조설비	무선통신보조설비를 설치해야 하는 특정소방대상물에 이동통신 구내 중계기 선로설비 또는 무선이동중계기(「전파법」 제58조의2에 따른 적합성평가를 받은 제품만 해당한다) 등을 화재안전기준의 무선통신보조설비기준에 적합하게 설치한 경우에는 설치가 면제된다.
21. 연소방지설비	연소방지설비를 설치해야 하는 특정소방대상물에 스프링클러설비, 물분무소화설비 또는 미분무소화설비를 화재안전기준에 적합하게 설치한 경우에는 그 설비의 유효범위에서 설치가 면제된다.

예상문제

01 소방시설 설치 및 관리에 관한 법률 시행령에서 '특정소방대상물의 소방시설 설치의 면제기준'에 대한 설명이다. ( ) 안의 내용으로 옳게 연결된 것은?⟨㉠, ㉡ 순⟩

> 간이스프링클러를 설치해야 하는 특정소방대상물에 (㉠), (㉡) 또는 미분무소화설비를 화재안전기준에 적합하게 설치한 경우에는 그 설비의 유효범위에서 설치가 면제된다.

① 스프링클러설비, 옥내소화전설비
② 포소화설비, 물분무소화설비
③ 스프링클러설비, 물분무소화설비
④ 포소화설비, 옥내소화전설비

해설

간이스프링클러설비를 설치해야 하는 특정소방대상물에 스프링클러설비, 물분무소화설비 또는 미분무소화설비를 화재안전기준에 적합하게 설치한 경우에는 그 설비의 유효범위에서 설치가 면제된다.

정답 ③

02 자동화재탐지설비 설치면제요건으로서 설치가 면제되는 소방시설은?

① 스프링클러설비 또는 물분무등소화설비
② 누전경보기
③ 통합감시시설
④ 무선통신보조설비

해설

자동화재탐지설비의 기능(감지·수신·경보기능을 말한다)과 성능을 가진 화재알림설비, 스프링클러설비 또는 물분무등소화설비를 화재안전기준에 적합하게 설치한 경우에는 그 설비의 유효범위에서 설치가 면제된다.

정답 ①

03 특정소방대상물의 소방시설 설치 면제기준에서 그 설치가 면제되는 소방시설이 아닌 것은?

① 물분무등소화설비 ② 스프링클러설비
③ 단독경보형 감지기 ④ 비상콘센트설비

해설
특정소방대상물의 소방시설 설치 면제기준에서 그 설치가 면제되는 소방시설은 "자동소화장치, 옥내소화전설비, 스프링클러설비, 간이스프링클러설비, 물분무등소화설비, 옥외소화전설비, 비상경보설비, 단독경보형 감지기, 자동화재탐지설비, 화재알림설비, 비상방송설비, 자동화재속보설비, 누전경보기, 피난구조설비, 비상조명등, 상수도소화용수설비, 제연설비, 연결송수관설비, 연결살수설비, 무선통신보조설비, 연소방지설비"이다.

정답 ④

04 소방시설 설치의 면제기준에서 설치가 면제되는 소방시설로 옳지 않은 것은?

① 스프링클러설비 – 물분무등소화설비
② 물분무등소화설비 – 스프링클러설비
③ 간이스프링클러설비 – 스프링클러설비, 물분무소화설비, 미분무소화설비
④ 옥내소화전설비 – 스프링클러설비 또는 물분무소화설비

해설
옥내소화전설비의 경우 소방본부장 또는 소방서장이 옥내소화전설비의 설치가 곤란하다고 인정하는 경우로서 호스릴 방식의 미분무소화설비 또는 옥외소화전설비를 화재안전기준에 적합하게 설치한 경우에는 그 설비의 유효범위에서 설치가 면제된다.

정답 ④

★★★★☆ [시행 2022. 12. 1.]

시행령 [별표 6] 소방시설을 설치하지 않을 수 있는 특정소방대상물 및 소방시설의 범위

구분	특정소방대상물	설치하지 않을 수 있는 소방시설
1. 화재 위험도가 낮은 특정소방대상물	석재, 불연성금속, 불연성 건축재료 등의 가공공장·기계조립공장 또는 불연성 물품을 저장하는 창고	옥외소화전 및 연결살수설비
2. 화재안전기준을 적용하기 어려운 특정소방대상물	펄프공장의 작업장, 음료수 공장의 세정 또는 충전을 하는 작업장, 그 밖에 이와 비슷한 용도로 사용하는 것	스프링클러설비, 상수도소화용수설비 및 연결살수설비
	정수장, 수영장, 목욕장, 농예·축산·어류양식용 시설, 그 밖에 이와 비슷한 용도로 사용되는 것	자동화재탐지설비, 상수도소화용수설비 및 연결살수설비
3. 화재안전기준을 달리 적용해야 하는 특수한 용도 또는 구조를 가진 특정소방대상물	원자력발전소, 중·저준위방사성폐기물의 저장시설	연결송수관설비 및 연결살수설비
4. 「위험물 안전관리법」 제19조에 따른 자체소방대가 설치된 특정소방대상물	자체소방대가 설치된 제조소등에 부속된 사무실	옥내소화전설비, 소화용수설비, 연결살수설비 및 연결송수관설비

예상문제

01 다음 중 정수장, 수영장, 목욕장, 농예·축산·어류양식용 시설, 그 밖에 이와 비슷한 용도로 사용되는 특정소방대상물에 소방시설을 설치하지 아니할 수 있는 소방시설로서 옳은 것은?

① 옥내소화전설비　　② 옥외소화전설비
③ 연결살수설비　　　④ 연결송수관설비

해설
화재안전기준을 적용하기 어려운 특정소방대상물(정수장, 수영장, 목욕장, 농예·축산·어류양식용 시설, 그 밖에 이와 비슷한 용도로 사용되는 것)에는 "자동화재탐지설비, 상수도소화용수설비 및 연결살수설비"를 설치하지 않을 수 있다.

정답 ③

02 소방시설을 설치하지 아니할 수 있는 특정소방대상물 및 소방시설의 범위에서 펄프공장의 작업장·음료수공장의 세정 또는 충전하는 작업장 등의 구분은?

① 화재 위험도가 낮은 특정소방대상물
② 화재안전기준을 적용하기 어려운 특정소방대상물
③ 화재안전기준을 달리 적용하여야 하는 특수한 용도 또는 구조를 가진 특정소방대상물
④ 자체소방대가 설치된 특정소방대상물

📖 해설

펄프공장의 작업장, 음료수 공장의 세정 또는 충전을 하는 작업장, 그 밖에 이와 비슷한 용도로 사용하는 것은 "화재안전기준을 적용하기 어려운 특정소방대상물"에 해당한다.

정답 ②

03 소방시설을 설치하지 아니할 수 있는 특정소방대상물 및 소방시설 범위에 관한 규정으로 옳지 않은 것은?

① 불연성 물품을 저장하는 창고는 옥외소화전 및 연결살수설비를 설치하지 아니할 수 있다.
② 펄프공장의 작업장은 스프링클러설비, 상수도소화용수설비 및 연결살수설비를 설치하지 아니할 수 있다.
③ 정수장에는 연결송수관 및 연결살수설비를 설치하지 아니할 수 있다.
④ 원자력발전소에는 연결송수관, 연결살수설비를 설치하지 아니할 수 있다

📖 해설

정수장, 수영장, 목욕장, 농예·축산·어류양식용 시설, 그 밖에 이와 비슷한 용도로 사용되는 특정소방대상물에는 "자동화재탐지설비, 상수도소화용수설비 및 연결살수설비"를 설치하지 않을 수 있다.

정답 ③

04 소방시설을 설치하지 아니할 수 있는 특정소방대상물 및 소방시설의 범위로서 적절하지 않은 것은?

① 화재안전기준을 달리 적용하여야 하는 특수한 용도 또는 구조를 가진 특정소방대상물 – 원자력발전소, 중·저준위방사성폐기물의 저장시설
② 화재 위험도가 낮은 특정소방대상물 – 정수장, 수영장, 목욕장
③ 화재안전기준을 적용하기가 어려운 특정소방대상물 – 펄프공장의 작업장, 음료수 공장의 세정 또는 충전하는 작업장
④ 화재안전기준을 적용하기가 어려운 특정소방대상물 – 농예·축산·어류양식용 시설

📖 해설

정수장, 수영장, 목욕장, 농예·축산·어류양식용 시설, 그 밖에 이와 비슷한 용도로 사용되는 것은 "화재안전기준을 적용하기 어려운 특정소방대상물"에 해당된다.

정답 ②

05 석재, 불연성 금속 등 화재위험도가 낮은 특정소방물의 면제 대상에 해당하는 것은?
① 스프링클러, 옥내소화전설비
② 옥외소화전설비, 연결살수설비
③ 자동화재탐지설비, 연결살수설비
④ 옥외소화전설비, 연결송수관설비

 해설

화재 위험도가 낮은 특정소방대상물인 석재, 불연성금속, 불연성 건축재료 등의 가공공장·기계조립공장 또는 불연성 물품을 저장하는 창고에는 "옥외소화전 및 연결살수설비"를 설치하지 않을 수 있다.

정답 ②

★★★★★ [시행 2022. 12. 1.]

시행령 [별표 7] 수용인원의 산정 방법

1. 숙박시설이 있는 특정소방대상물
   가. 침대가 있는 숙박시설 : 해당 특정소방대상물의 종사자 수에 침대 수(2인용 침대는 2개로 산정한다)를 합한 수
   나. 침대가 없는 숙박시설 : 해당 특정소방대상물의 종사자 수에 숙박시설 바닥면적의 합계를 $3m^2$로 나누어 얻은 수를 합한 수
2. 제1호 외의 특정소방대상물
   가. 강의실·교무실·상담실·실습실·휴게실 용도로 쓰는 특정소방대상물 : 해당 용도로 사용하는 바닥면적의 합계를 $1.9m^2$로 나누어 얻은 수
   나. 강당, 문화 및 집회시설, 운동시설, 종교시설 : 해당 용도로 사용하는 바닥면적의 합계를 $4.6m^2$로 나누어 얻은 수(관람석이 있는 경우 고정식 의자를 설치한 부분은 그 부분의 의자 수로 하고, 긴 의자의 경우에는 의자의 정면너비를 0.45m로 나누어 얻은 수로 한다)
   다. 그 밖의 특정소방대상물 : 해당 용도로 사용하는 바닥면적의 합계를 $3m^2$로 나누어 얻은 수

[비고]
1. 위 표에서 바닥면적을 산정할 때에는 복도(「건축법 시행령」 제2조제11호에 따른 준불연재료 이상의 것을 사용하여 바닥에서 천장까지 벽으로 구획한 것을 말한다), 계단 및 화장실의 바닥면적을 포함하지 않는다.
2. 계산 결과 소수점 이하의 수는 반올림한다.

예상문제

01 특정소방대상물의 수용인원의 산정방법으로 옳지 않은 것은?
① 침대가 없는 숙박시설은 해당 특정소방대상물의 바닥면적의 합계를 3m²로 나누어 얻은 수를 합한 수
② 강의실·휴게실 등의 용도로 쓰이는 특정소방대상물은 해당 용도로 사용하는 바닥면적의 합계를 1.9m²로 나누어 얻은 수
③ 강당, 종교시설은 해당 용도로 사용하는 바닥면적의 합계를 4.6m²로 나누어 얻은 수
④ 바닥면적을 산정하는 때에는 복도, 계단 및 화장실의 바닥면적을 포함하지 않는다. 계산 결과 소수점 이하의 수는 반올림한다.

해설
특정소방대상물의 수용인원을 산정할 때 침대가 없는 숙박시설은 해당 특정소방대상물의 종사자 수에 숙박시설 바닥면적의 합계를 3m²로 나누어 얻은 수를 합한 수로 한다.

정답 ①

02 소방시설 설치 및 관리에 관한 법률 시행령에서 수용인원 산정방법으로 옳지 않은 것은?
① 침대가 있는 숙박시설은 해당 특정소방대상물의 종사자 수에 침대 수(2인용 침대는 2개로 산정)를 합한 수로 한다.
② 침대가 없는 숙박시설은 해당 특정소방대상물의 종사자 수에 숙박시설 바닥면적의 합계를 3m²로 나누어 얻은 수를 합한 수로 한다.
③ 강의실 용도로 쓰이는 특정소방대상물은 해당 용도로 사용하는 바닥면적의 합계를 1.9m²로 나누어 얻은 수로 한다.
④ 문화 및 집회시설은 해당 용도로 사용하는 바닥면적의 합계를 3m²로 나누어 얻은 수로 한다.

해설
수용인원을 산정할 때 강당, 문화 및 집회시설, 운동시설, 종교시설: 해당 용도로 사용하는 바닥면적의 합계를 4.6m²로 나누어 얻은 수로 한다.

정답 ④

03 다음 중 수용인원 산정으로 옳지 않은 것은?
① 복도, 계단, 화장실의 바닥면적은 포함하지 않는다.
② 강의실은 바닥면적의 합계를 1.9m²로 나누어 얻은 수
③ 강당으로 사용하는 것으로 바닥면적의 합계를 3m²로 나누어 얻은 수
④ 계산 결과 소수점 이하의 수는 반올림한다.

> **해설**
> 수용인원을 산정할 때 강당, 문화 및 집회시설, 운동시설, 종교시설은 해당 용도로 사용하는 바닥면적의 합계를 4.6m²로 나누어 얻은 수로 한다.
>
> **정답** ③

04 다음 중 특정소방대상물의 수용인원 산정방법으로 틀린 것은?

① 강의실·교무실·상담실·실습실·휴게실 용도로 쓰이는 특정소방대상물 : 해당 용도로 사용하는 바닥면적의 합계를 1.9m²로 나누어 얻은 수
② 강당, 문화 및 집회시설, 운동시설, 종교시설 : 해당 용도로 사용하는 바닥면적의 합계를 4.6m²로 나누어 얻은 수
③ 바닥면적을 산정하는 때에는 복도, 계단 및 화장실의 바닥면적을 포함한다.
④ 계산 결과 소수점 이하의 수는 반올림한다.

> **해설**
> 바닥면적을 산정할 때에는 복도, 계단 및 화장실의 바닥면적을 포함하지 않는다.
>
> **정답** ③

05 다음 중 수용인원의 산정방법에 대하여 옳지 않은 것은?

① 침대가 없는 숙박시설의 경우 해당 특정소방대상물의 종사자의 수에 숙박시설 바닥면적의 합계를 3m²로 나누어 얻는 수를 합한다.
② 강의실, 상담실, 실습실 등의 용도로 사용하는 경우 바닥면적의 합계를 1.9m² 로 나누어 얻은 수로 한다.
③ 바닥면적을 산정할 때에는 복도, 계단 및 화장실의 바닥면적은 포함하지 않는다.
④ 계산 결과 소수점 이하의 수는 삭제한다.

> **해설**
> 계산 결과 소수점 이하의 수는 반올림한다.
>
> **정답** ④

06 특정소방대상물의 수용인원 산정방법에서 강의실의 바닥면적이 200m²일 때 그 수용인원을 구하시오.

① 105 ② 106
③ 43   ④ 44

📖 **해설**

강의실 용도로 쓰이는 특정소방대상물은 해당 용도로 사용하는 바닥면적의 합계를 1.9㎡로 나누어 얻은 수로 한다.(계산 결과 소수점 이하의 수는 반올림)

$$= \frac{200m^2}{1.9m^2/명} = 105.2 \rightarrow 105명$$

정답 ①

07 특정소방대상물의 관계인이 특정소방대상물의 규모, 용도, 수용인원 등을 고려하여 갖추어야 하는 소방시설에서 강당 500㎡의 수용인원 산정으로 옳은 것은?

① 108명
② 109명
③ 263명
④ 264명

📖 **해설**

강당 용도로 쓰이는 특정소방대상물은 해당 용도로 사용하는 바닥면적의 합계를 4.6㎡로 나누어 얻은 수로 한다.(계산 결과 소수점 이하의 수는 반올림)

$$= \frac{500m^2}{4.6m^2/명} = 108.6 \rightarrow 109명$$

정답 ②

08 다음 중 수용인원이 가장 적은 곳은?

① 종사자 3명이 근무하는 숙박시설로 침대 수 110개(2인용 90개와 1인용 20개가 있다)
② 종사자 3명이 근무하는 숙박시설로 바닥면적이 600㎡
③ 강의실 용도로 쓰이는 특정소방대상물로 바닥면적이 400㎡
④ 운동시설로서 관람 의자가 없고 바닥면적이 900㎡

📖 **해설**

① 종사자수(3명) + 2인용침대(2×90) + 1인용침대(1×20) = 203명

② 종사자수(3명) + $\frac{600m^2}{3m^2/명}$ = 203명

③ $\frac{400m^2}{1.9m^2/명}$ = 210.5 → 211명

④ $\frac{900m^2}{4.6m^2/명}$ = 195.6 → 196명

정답 ④

★★★★☆ [시행 2022. 12. 1.]

시행령 [별표 8] 임시소방시설의 종류와 설치기준 등

1. 임시소방시설의 종류
   가. 소화기
   나. 간이소화장치 : 물을 방사(放射)하여 화재를 진화할 수 있는 장치로서 소방청장이 정하는 성능을 갖추고 있을 것
   다. 비상경보장치 : 화재가 발생한 경우 주변에 있는 작업자에게 화재사실을 알릴 수 있는 장치로서 소방청장이 정하는 성능을 갖추고 있을 것
   라. 가스누설경보기 : 가연성 가스가 누설되거나 발생된 경우 이를 탐지하여 경보하는 장치로서 법 제37조에 따른 형식승인 및 제품검사를 받은 것
   마. 간이피난유도선 : 화재가 발생한 경우 피난구 방향을 안내할 수 있는 장치로서 소방청장이 정하는 성능을 갖추고 있을 것
   바. 비상조명등 : 화재가 발생한 경우 안전하고 원활한 피난활동을 할 수 있도록 자동 점등되는 조명장치로서 소방청장이 정하는 성능을 갖추고 있을 것
   사. 방화포 : 용접·용단 등의 작업 시 발생하는 불티로부터 가연물이 점화되는 것을 방지해주는 천 또는 불연성 물품으로서 소방청장이 정하는 성능을 갖추고 있을 것

2. 임시소방시설을 설치해야 하는 공사의 종류와 규모
   가. 소화기 : 법 제6조제1항에 따라 소방본부장 또는 소방서장의 동의를 받아야 하는 특정소방대상물의 신축·증축·개축·재축·이전·용도변경 또는 대수선 등을 위한 공사 중 법 제15조제1항에 따른 화재위험작업의 현장(이하 이 표에서 "화재위험작업현장"이라 한다)에 설치한다.
   나. 간이소화장치 : 다음의 어느 하나에 해당하는 공사의 화재위험작업현장에 설치한다.
      1) 연면적 3천㎡ 이상
      2) 지하층, 무창층 또는 4층 이상의 층. 이 경우 해당 층의 바닥면적이 600㎡ 이상인 경우만 해당한다.
   다. 비상경보장치 : 다음의 어느 하나에 해당하는 공사의 화재위험작업현장에 설치한다.
      1) 연면적 400㎡ 이상
      2) 지하층 또는 무창층. 이 경우 해당 층의 바닥면적이 150㎡ 이상인 경우만 해당한다.
   라. 가스누설경보기 : 바닥면적이 150㎡ 이상인 지하층 또는 무창층의 화재위험작업현장에 설치한다.
   마. 간이피난유도선 : 바닥면적이 150㎡ 이상인 지하층 또는 무창층의 화재위험작업현장에 설치한다.
   바. 비상조명등 : 바닥면적이 150㎡ 이상인 지하층 또는 무창층의 화재위험작업현장에 설치한다.
   사. 방화포 : 용접·용단 작업이 진행되는 화재위험작업현장에 설치한다.

3. 임시소방시설과 기능 및 성능이 유사한 소방시설로서 임시소방시설을 설치한 것으로 보는 소방시설
   가. 간이소화장치를 설치한 것으로 보는 소방시설 : 소방청장이 정하여 고시하는 기준에 맞는 소화기(연결송수관설비의 방수구 인근에 설치한 경우로 한정한다) 또는 옥내소화전설비
   나. 비상경보장치를 설치한 것으로 보는 소방시설 : 비상방송설비 또는 자동화재탐지설비
   다. 간이피난유도선을 설치한 것으로 보는 소방시설 : 피난유도선, 피난구유도등, 통로유도등 또는 비상조명등

예상문제

01 다음 중 임시소방시설 종류로서 옳지 않은 것은?
① 소화기
② 스프링클러설비
③ 비상경보장치
④ 간이피난유도선

해설
공사의 종류와 규모에 따라서 설치하여야 하는 임시소방시설의 종류는 "소화기, 간이소화장치, 비상경보장치, 간이피난유도선"이다.

가스누설경보기, 비상조명등, 방화포의 시행일 : 2023. 7. 1.

정답 ②

02 다음 중 임시소방시설이 아닌 것은?
① 간이소화장치
② 소화기
③ 비상경보장치
④ 호스릴 옥내소화전

해설
공사의 종류와 규모에 따라서 설치하여야 하는 임시소방시설의 종류는 "소화기, 간이소화장치, 비상경보설비, 간이피난유도선"이다.

가스누설경보기, 비상조명등, 방화포의 시행일 : 2023. 7. 1.

정답 ④

03 소방시설 설치 및 관리에 관한 법률 시행령에서 건축허가 등의 동의대상물 중 화재위험작업 공사 현장에 설치하여야 하는 임시소방시설의 종류와 설치기준으로 옳지 않은 것은?

① 가연성 가스를 발생시키는 화재위험작업현장에는 소화기를 설치하여야 한다.
② 바닥면적 150m² 이상인 지하층 또는 무창층의 화재위험작업현장에는 간이소화장치를 설치하여야 한다.
③ 바닥면적 150m² 이상인 지하층 또는 무창층의 화재위험작업현장에는 비상경보장치를 설치하여야 한다.
④ 바닥면적 150m² 이상인 지하층 또는 무창층의 화재위험작업현장에는 간이피난유도선을 설치하여야 한다.

📖 해설

임시소방시설 중 간이소화장치의 설치대상
1) 연면적 3천m² 이상
2) 지하층, 무창층 또는 4층 이상의 층. 이 경우 해당 층의 바닥면적이 600m² 이상인 경우만 해당한다.

> ※ 화재위험작업
> 1. 인화성·가연성·폭발성 물질을 취급하거나 가연성 가스를 발생시키는 작업
> 2. 용접·용단(금속·유리·플라스틱 따위를 녹여서 절단하는 일을 말한다) 등 불꽃을 발생시키거나 화기(火氣)를 취급하는 작업
> 3. 전열기구, 가열전선 등 열을 발생시키는 기구를 취급하는 작업
> 4. 알루미늄, 마그네슘 등을 취급하여 폭발성 부유분진(공기 중에 떠다니는 미세한 입자를 말한다)을 발생시킬 수 있는 작업
> 5. 그 밖에 제1호부터 제4호까지와 비슷한 작업으로 소방청장이 정하여 고시하는 작업

정답 ②

★★★☆☆ [시행 2022. 12. 1.]
시행령 [별표 9] 소방시설관리업의 업종별 등록기준 및 영업범위

기술인력 등 업종별	기술인력	영업범위
전문 소방시설관리업	가. 주된 기술인력 　1) 소방시설관리사 자격을 취득한 후 소방 관련 실무경력이 5년 이상인 사람 1명 이상 　2) 소방시설관리사 자격을 취득한 후 소방 관련 실무경력이 3년 이상인 사람 1명 이상 나. 보조 기술인력 　1) 고급점검자 이상의 기술인력 : 2명 이상 　2) 중급점검자 이상의 기술인력 : 2명 이상 　3) 초급점검자 이상의 기술인력 : 2명 이상	모든 특정소방대상물
일반 소방시설관리업	가. 주된 기술인력 : 소방시설관리사 자격을 취득한 후 소방 관련 실무경력이 1년 이상인 사람 1명 이상 나. 보조 기술인력 　1) 중급점검자 이상의 기술인력 : 1명 이상 　2) 초급점검자 이상의 기술인력 : 1명 이상	특정소방대상물 중「화재의 예방 및 안전관리에 관한 법률 시행령」별표 4에 따른 1급, 2급, 3급 소방안전관리대상물

비고
1. "소방 관련 실무경력"이란「소방시설공사업법」제28조제3항에 따른 소방기술과 관련된 경력을 말한다.
2. 보조 기술인력의 종류별 자격은「소방시설공사업법」제28조제3항에 따라 소방기술과 관련된 자격·학력 및 경력을 가진 사람 중에서 행정안전부령으로 정한다.

■ 관리업의 업종별 등록기준에 관한 경과조치
① 이 영 시행 당시 종전의「화재예방, 소방시설 설치·유지 및 안전관리에 관한 법률 시행령」제45조제1항 및 별표 9의 개정규정에 따라 등록한 소방시설관리업자는 제45조제1항 및 별표 9의 개정규정에 따라 일반 소방시설관리업을 등록한 것으로 본다.
② 제1항에 따라 일반 소방시설관리업을 등록한 것으로 보는 자는 제45조제1항 및 별표 9의 개정규정에도 불구하고 2024년 11월 30일까지 모든 특정소방대상물을 영업범위로 한다. 다만, 2024년 12월 1일 이후 모든 특정소방대상물을 영업범위로 하기 위해서는 제45조제1항 및 별표 9의 개정규정에 따라 전문 소방시설관리업의 등록기준을 갖춰 등록해야 한다.

★★★★★ [시행 2022. 12. 1.]
시행규칙 제3조(건축허가등의 동의 요구)

① 법 제6조제1항에 따른 건축물 등의 신축·증축·개축·재축·이전·용도변경 또는 대수선의 허가·협의 및 사용승인(「주택법」제15조에 따른 승인 및 같은 법 제49조에 따른 사용검사, 「학교시설사업 촉진법」 제4조에 따른 승인 및 같은 법 제13조에 따른 사용승인을 포함하며, 이하 "건축허가등"이라 한다)의 동의 요구는 다음 각 호의 권한이 있는 행정기관이 「소방시설 설치 및 관리에 관한 법률 시행령」(이하 "영"이라 한다) 제7조제1항 각 호에 따른 동의대상물의 시공지 또는 소재지를 관할하는 소방본부장 또는 소방서장에게 해야 한다.
  1. 「건축법」 제11조에 따른 허가 및 같은 법 제29조제2항에 따른 협의의 권한이 있는 행정기관
  2. 「주택법」 제15조에 따른 승인 및 같은 법 제49조에 따른 사용검사의 권한이 있는 행정기관
  3. 「학교시설사업 촉진법」 제4조에 따른 승인 및 같은 법 제13조에 따른 사용승인의 권한이 있는 행정기관
  4. 「고압가스 안전관리법」 제4조에 따른 허가의 권한이 있는 행정기관
  5. 「도시가스사업법」 제3조에 따른 허가의 권한이 있는 행정기관
  6. 「액화석유가스의 안전관리 및 사업법」제5조 및 제6조에 따른 허가의 권한이 있는 행정기관
  7. 「전기안전관리법」 제8조에 따른 자가용전기설비의 공사계획의 인가의 권한이 있는 행정기관
  8. 「전기사업법」 제61조에 따른 전기사업용전기설비의 공사계획에 대한 인가의 권한이 있는 행정기관
  9. 「국토의 계획 및 이용에 관한 법률」 제88조제2항에 따른 도시·군계획시설사업 실시계획 인가의 권한이 있는 행정기관
② 제1항 각 호의 어느 하나에 해당하는 기관은 영 제7조제3항에 따라 건축허가등의 동의를 요구하는 경우에는 동의요구서(전자문서로 된 요구서를 포함한다)에 다음 각 호의 서류(전자문서를 포함한다)를 첨부해야 한다.
  1. 「건축법 시행규칙」 제6조에 따른 건축허가신청서, 같은 법 시행규칙 제8조에 따른 건축허가서 또는 같은 법 시행규칙 제12조에 따른 건축·대수선·용도변경신고서 등 건축허가등을 확인할 수 있는 서류의 사본. 이 경우 동의 요구를 받은 담당 공무원은 특별한 사정이 있는 경우를 제외하고는 「전자정부법」제36조제1항에 따른 행정정보의 공동이용을 통하여 건축허가서를 확인함으로써 첨부서류의 제출을 갈음할 수 있다.
  2. 다음 각 목의 설계도서. 다만, 가목 및 나목2)·4)의 설계도서는 「소방시설공사업법 시행령」제4조에 따른 소방시설공사 착공신고 대상에 해당되는 경우에만 제출한다.

가. 건축물 설계도서
　　1) 건축물 개요 및 배치도
　　2) 주단면도 및 입면도(立面圖: 물체를 정면에서 본 대로 그린 그림을 말한다. 이하 같다)
　　3) 층별 평면도(용도별 기준층 평면도를 포함한다. 이하 같다)
　　4) 방화구획도(창호도를 포함한다)
　　5) 실내·실외 마감재료표
　　6) 소방자동차 진입 동선도 및 부서 공간 위치도(조경계획을 포함한다)
나. 소방시설 설계도서
　　1) 소방시설(기계·전기 분야의 시설을 말한다)의 계통도(시설별 계산서를 포함한다)
　　2) 소방시설별 층별 평면도
　　3) 실내장식물 방염대상물품 설치 계획(「건축법」 제52조에 따른 건축물의 마감재료는 제외한다)
　　4) 소방시설의 내진설계 계통도 및 기준층 평면도(내진 시방서 및 계산서 등 세부 내용이 포함된 상세 설계도면은 제외한다)
3. 소방시설 설치계획표
4. 임시소방시설 설치계획서(설치시기·위치·종류·방법 등 임시소방시설의 설치와 관련된 세부 사항을 포함한다)
5. 「소방시설공사업법」 제4조제1항에 따라 등록한 소방시설설계업등록증과 소방시설을 설계한 기술인력의 기술자격증 사본
6. 「소방시설공사업법」 제21조 및 제21조의3제2항에 따라 체결한 소방시설설계 계약서 사본

③ 제1항에 따른 동의 요구를 받은 소방본부장 또는 소방서장은 법 제6조제4항에 따라 건축허가등의 동의 요구서류를 접수한 날부터 5일(허가를 신청한 건축물 등이 「화재의 예방 및 안전관리에 관한 법률 시행령」 별표 4 제1호가목의 어느 하나에 해당하는 경우에는 10일) 이내에 건축허가등의 동의 여부를 회신해야 한다.

> ※ 화재의 예방 및 안전관리에 관한 법률 시행령 별표 4 제1호가목(특급 소방안전관리대상물)
> 　1) 50층 이상(지하층은 제외한다)이거나 지상으로부터 높이가 200미터 이상인 아파트
> 　2) 30층 이상(지하층을 포함한다)이거나 지상으로부터 높이가 120미터 이상인 특정소방대상물(아파트는 제외한다)
> 　3) 2)에 해당하지 않는 특정소방대상물로서 연면적이 10만제곱미터 이상인 특정소방대상물(아파트는 제외한다)

④ 소방본부장 또는 소방서장은 제3항에도 불구하고 제2항에 따른 동의요구서 및 첨부서류의 보완이 필요한 경우에는 4일 이내의 기간을 정하여 보완을 요구할 수 있다. 이 경우 보완 기간은 제3항에 따른 회신 기간에 산입하지 않으며 보완 기간 내에 보완하지 않는 경우에는 동의요구서를 반려해야 한다.

⑤ 제1항에 따라 건축허가등의 동의를 요구한 기관이 그 건축허가등을 취소했을 때에는 취소한 날부터 7일 이내에 건축물 등의 시공지 또는 소재지를 관할하는 소방본부장 또는 소방서장에게 그 사실을 통보해야 한다.
⑥ 소방본부장 또는 소방서장은 제3항에 따라 동의 여부를 회신하는 경우에는 별지 제1호 서식의 건축허가등의 동의대장에 이를 기록하고 관리해야 한다.
⑦ 법 제6조제8항 후단에서 "행정안전부령으로 정하는 기간"이란 7일을 말한다.

예상문제

01 건축허가 등의 동의요구 시 첨부해야 할 서류 중 설계도서에 해당하는 서류가 아닌 것은?

① 건축물 개요 및 배치도
② 방화구획도(창호도를 포함한다)
③ 소방시설 설치계획표
④ 소방시설별 층별 평면도

해설
소방시설 설치계획표는 설계도서에 해당되지 않는다.

건축물 설계도서	1) 건축물 개요 및 배치도 2) 주단면도 및 입면도 3) 층별 평면도(용도별 기준층 평면도를 포함) 4) 방화구획도(창호도를 포함) 5) 실내·실외 마감재료표 6) 소방자동차 진입 동선도 및 부서 공간 위치도(조경계획을 포함)
소방시설 설계도서	1) 소방시설(기계·전기 분야의 시설)의 계통도(시설별 계산서를 포함) 2) 소방시설별 층별 평면도 3) 실내장식물 방염대상물품 설치 계획(건축물의 마감재료는 제외) 4) 소방시설의 내진설계 계통도 및 기준층 평면도

정답 ③

02 연면적이 10만제곱미터 이상인 특정소방대상물(아파트는 제외)의 경우 건축허가 등의 동의 여부 회신기간은?

① 3일
② 5일
③ 7일
④ 10일

해설
연면적이 10만제곱미터 이상인 특정소방대상물(아파트는 제외)은 10일 이내에 건축허가 등의 동의 여부를 회신해야 한다.

정답 ④

03 다음 중 건축허가 등의 동의요구 시 첨부서류가 아닌 것은?

① 소방시설 설치계획표
② 소방시설을 설계한 기술인력의 기술자격증 사본
③ 소방시설공사업등록증
④ 소방시설설계 계약서 사본

해설

소방시설공사업등록증은 건축허가 등의 동의요구 시 첨부서류에 해당되지 않는다.

> ※ 건축허가 등의 동의요구 시 첨부서류
> 1. 건축허가신청서, 건축허가서 또는 건축·대수선·용도변경신고서 등 건축허가등을 확인할 수 있는 서류의 사본
> 2. 설계도서
> 3. 소방시설 설치계획표
> 4. 임시소방시설 설치계획서
> 5. 소방시설설계업등록증과 소방시설을 설계한 기술인력의 기술자격증 사본
> 6. 소방시설설계 계약서 사본

정답 ③

04 다음 중 건축허가 등의 동의 여부 회신기간에 대한 설명으로 올바른 것은?

① 연면적에 관계없이 건축허가등의 동의요구서류를 접수한 날로부터 7일
② 연면적이 4만m²인 경우 동의요구서류를 접수한 날로부터 5일
③ 연면적이 4만m²인 경우 동의요구서류를 접수한 날로부터 14일
④ 연면적이 4만m²인 경우 동의요구서류를 접수한 날로부터 3일

해설

건축허가 등의 동의 여부 회신기간

구분	회신기간
1) 50층 이상(지하층은 제외한다)이거나 지상으로부터 높이가 200미터 이상인 아파트 2) 30층 이상(지하층을 포함한다)이거나 지상으로부터 높이가 120미터 이상인 특정소방대상물(아파트는 제외한다) 3) 2)에 해당하지 않는 특정소방대상물로서 연면적이 10만제곱미터 이상인 특정소방대상물(아파트는 제외한다)	10일
그 밖의 것	5일

정답 ②

05 다음은 건축허가 등의 동의요구 시 갖추어야 할 첨부서류를 나열한 것이다. 옳지 않은 것은?

① 건축물의 측면도 및 조감도
② 임시소방시설 설치계획서
③ 소방시설 설치계획표
④ 소방시설설계 계약서 사본

해설
건축물의 측면도 및 조감도는 은 건축허가 등의 동의요구 시 갖추어야 할 첨부서류에 해당되지 않는다.

정답 ①

06 다음 중 건축허가 등의 동의에 관하여 옳지 않은 것은?

① 소방본부장 또는 소방서장은 건축허가등을 신청한 건축물이 특급 소방안전관리대상물인 경우에는 동의 요구서류를 접수한 날로부터 10일 이내에 이내에 건축허가등의 동의 여부를 회신해야 한다.
② 소방본부장 또는 소방서장은 동의요구서 및 첨부서류의 보완이 필요한 경우에는 4일 이내의 기간을 정하여 보완을 요구할 수 있다.
③ 건축허가등의 동의를 요구한 기관이 그 건축허가등을 취소했을 때에는 취소한 날부터 7일 이내에 건축물 등의 시공지 또는 소재지를 관할하는 소방본부장 또는 소방서장에게 그 사실을 통보해야 한다.
④ 관계인은 건축허가 등을 할 때 미리 그 건축물 등의 시공지 또는 소재지를 관할하는 소방본부장이나 소방서장의 동의를 받아야 한다.

해설
건축물 등의 신축·증축·개축·재축(再築)·이전·용도변경 또는 대수선(大修繕)의 허가·협의 및 사용승인의 권한이 있는 행정기관은 건축허가등을 할 때 미리 그 건축물 등의 시공지(施工地) 또는 소재지를 관할하는 소방본부장이나 소방서장의 동의를 받아야 한다.

정답 ④

★★★☆☆ [시행 2022. 12. 1.]

시행규칙 제4조(성능위주설계의 신고)

① 성능위주설계를 한 자는 법 제8조제2항에 따라 「건축법」 제11조에 따른 건축허가를 신청하기 전에 별지 제2호서식의 성능위주설계 신고서(전자문서로 된 신고서를 포함한다)에 다음 각 호의 서류(전자문서를 포함한다)를 첨부하여 관할 소방서장에게 신고해야 한다. 이 경우 다음 각 호의 서류에는 사전검토 결과에 따라 보완된 내용을 포함해야 하며, 제7조제1항에 따른 사전검토 신청 시 제출한 서류와 동일한 내용의 서류는 제외한다.

1. 다음 각 목의 사항이 포함된 설계도서
   가. 건축물의 개요(위치, 구조, 규모, 용도)
   나. 부지 및 도로의 설치 계획(소방차량 진입 동선을 포함한다)
   다. 화재안전성능의 확보 계획
   라. 성능위주설계 요소에 대한 성능평가(화재 및 피난 모의실험 결과를 포함한다)
   마. 성능위주설계 적용으로 인한 화재안전성능 비교표
   바. 다음의 건축물 설계도면
      1) 주단면도 및 입면도
      2) 층별 평면도 및 창호도
      3) 실내·실외 마감재료표
      4) 방화구획도(화재 확대 방지계획을 포함한다)
      5) 건축물의 구조 설계에 따른 피난계획 및 피난 동선도
   사. 소방시설의 설치계획 및 설계 설명서
   아. 다음의 소방시설 설계도면
      1) 소방시설 계통도 및 층별 평면도
      2) 소화용수설비 및 연결송수구 설치 위치 평면도
      3) 종합방재실 설치 및 운영계획
      4) 상용전원 및 비상전원의 설치계획
      5) 소방시설의 내진설계 계통도 및 기준층 평면도(내진 시방서 및 계산서 등 세부 내용이 포함된 상세 설계도면은 제외한다)
   자. 소방시설에 대한 전기부하 및 소화펌프 등 용량계산서
2. 「소방시설공사업법 시행령」별표 1의2에 따른 성능위주설계를 할 수 있는 자의 자격·기술인력을 확인할 수 있는 서류
3. 「소방시설공사업법」제21조 및 제21조의3제2항에 따라 체결한 성능위주설계 계약서 사본

② 소방서장은 제1항에 따라 성능위주설계 신고서를 받은 경우 성능위주설계 대상 및 자격 여부 등을 확인하고, 첨부서류의 보완이 필요한 경우에는 7일 이내의 기간을 정하여 성능위주설계를 한 자에게 보완을 요청할 수 있다.

핵심정리

구분	보완기한
건축허가등의 동의요구서	4일 이내의 기간을 정하여 보완을 요구
성능위주설계 신고서	7일 이내의 기간을 정하여 보완을 요청

★★☆☆☆ [시행 2022. 12. 1.]

시행규칙 제6조(성능위주설계의 변경신고)

① 법 제8조제2항 후단에서 "해당 특정소방대상물의 연면적·높이·층수의 변경 등 행정안전부령으로 정하는 사유"란 특정소방대상물의 연면적·높이·층수의 변경이 있는 경우를 말한다. 다만, 「건축법」 제16조제1항 단서 및 같은 조 제2항에 따른 경우는 제외한다.

② 성능위주설계를 한 자는 법 제8조제2항 후단에 따라 해당 성능위주설계를 한 특정소방대상물이 제1항에 해당하는 경우 별지 제4호서식의 성능위주설계 변경 신고서(전자문서로 된 신고서를 포함한다)에 제4조제1항 각 호의 서류(전자문서를 포함하며, 변경되는 부분만 해당한다)를 첨부하여 관할 소방서장에게 신고해야 한다.

③ 제2항에 따른 성능위주설계의 변경신고에 대한 검토·평가, 수리 여부 결정 및 통보에 관하여는 제5조제2항부터 제5항까지의 규정을 준용한다. 이 경우 같은 조 제2항 및 제4항 중 "20일 이내"는 각각 "14일 이내"로 본다.

> ※ 제5조제2항부터 제5항까지의 규정
> ② 제1항에 따라 검토·평가를 요청받은 소방청장 또는 소방본부장은 요청을 받은 날부터 20일 이내에 평가단의 심의·의결을 거쳐 해당 건축물의 성능위주설계를 검토·평가하고, 별지 제3호서식의 성능위주설계 검토·평가 결과서를 작성하여 관할 소방서장에게 지체 없이 통보해야 한다.
> ③ 제4조제1항에 따라 성능위주설계 신고를 받은 소방서장은 제1항에도 불구하고 신기술·신공법 등 검토·평가에 고도의 기술이 필요한 경우에는 중앙위원회에 심의를 요청할 수 있다.
> ④ 중앙위원회는 제3항에 따라 요청된 사항에 대하여 20일 이내에 심의·의결을 거쳐 별지 제3호서식의 성능위주설계 검토·평가 결과서를 작성하고 관할 소방서장에게 지체 없이 통보해야 한다.
> ⑤ 제2항 또는 제4항에 따라 성능위주설계 검토·평가 결과서를 통보받은 소방서장은 성능위주설계 신고를 한 자에게 별표 1에 따라 수리 여부를 통보해야 한다.

핵심정리

구분	통보기한
신고된 성능위주설계에 대한 검토·평가, 수리 여부 결정 및 통보	20일 이내
신고된 성능위주설계의 변경신고에 대한 검토·평가, 수리 여부 결정 및 통보	14일 이내

★★★☆☆ [시행 2022. 12. 1.]
시행규칙 제7조(성능위주설계의 사전검토 신청)

① 성능위주설계를 한 자는 법 제8조제4항에 따라 「건축법」 제4조의2에 따른 건축위원회의 심의를 받아야 하는 건축물인 경우에는 그 심의를 신청하기 전에 별지 제5호서식의 성능위주설계 사전검토 신청서(전자문서로 된 신청서를 포함한다)에 다음 각 호의 서류(전자문서를 포함한다)를 첨부하여 관할 소방서장에게 사전검토를 신청해야 한다.
  1. 건축물의 개요(위치, 구조, 규모, 용도)
  2. 부지 및 도로의 설치 계획(소방차량 진입 동선을 포함한다)
  3. 화재안전성능의 확보 계획
  4. 화재 및 피난 모의실험 결과
  5. 다음 각 목의 건축물 설계도면
      가. 주단면도 및 입면도
      나. 층별 평면도 및 창호도
      다. 실내·실외 마감재료표
      라. 방화구획도(화재 확대 방지계획을 포함한다)
      마. 건축물의 구조 설계에 따른 피난계획 및 피난 동선도
  6. 소방시설 설치계획 및 설계 설명서(소방시설 기계·전기 분야의 기본계통도를 포함한다)
  7. 「소방시설공사업법 시행령」 별표 1의2에 따른 성능위주설계를 할 수 있는 자의 자격·기술인력을 확인할 수 있는 서류
  8. 「소방시설공사업법」 제21조 및 제21조의3제2항에 따라 체결한 성능위주설계 계약서 사본
② 소방서장은 제1항에 따른 성능위주설계 사전검토 신청서를 받은 경우 성능위주설계 대상 및 자격 여부 등을 확인하고, 첨부서류의 보완이 필요한 경우에는 7일 이내의 기간을 정하여 성능위주설계를 한 자에게 보완을 요청할 수 있다.

핵심정리

구분	보완기한
성능위주설계 신고서	7일 이내의 기간을 정하여 보완을 요청
성능위주설계 사전검토 신청서	7일 이내의 기간을 정하여 보완을 요청

★★★☆☆ [시행 2022. 12. 1.]

시행규칙 제17조(연소 우려가 있는 건축물의 구조)

영 별표 4 제1호사목1) 후단에서 "행정안전부령으로 정하는 연소(延燒) 우려가 있는 구조"란 다음 각 호의 기준에 모두 해당하는 구조를 말한다.
1. 건축물대장의 건축물 현황도에 표시된 대지경계선 안에 둘 이상의 건축물이 있는 경우
2. 각각의 건축물이 다른 건축물의 외벽으로부터 수평거리가 1층의 경우에는 6미터 이하, 2층 이상의 층의 경우에는 10미터 이하인 경우
3. 개구부(영 제2조제1호 각 목 외의 부분에 따른 개구부를 말한다)가 다른 건축물을 향하여 설치되어 있는 경우

예상문제

01 옥외소화전 설치사항 중 대지경계선 안에 2 이상의 건축물이 있는 건축물이 있는 경우 연소 우려가 있는 구조로 볼 수 있는 것은?
① 1층 외벽으로부터 수평거리 6m 이상이고, 개구부가 설치되지 않은 구조
② 2층 외벽으로부터 수평거리 10m 이상이고, 개구부가 설치되지 않은 구조
③ 2층 외벽으로부터 수평거리 6m이고, 개구부가 다른 건축물을 향하여 설치된 구조
④ 1층 외벽으로부터 수평거리 10m이고, 개구부가 다른 건축물을 향하여 설치된 구조

해설
연소 우려가 있는 건축물의 구조는 "각각의 건축물이 다른 건축물의 외벽으로부터 수평거리가 1층의 경우에는 6m 이하, 2층 이상의 층의 경우에는 10m 이하인 경우"이다.

정답 ③

02 옥외소화전 설치사항 중 연소 우려가 있는 건축물의 구조이다. 빈 칸에 들어갈 내용은?

> 행정안전부령으로 정하는 연소 우려가 있는 구조란 다음 각 호의 기준에 모두 해당하는 구조를 말한다.
> 1. 건축물대장의 건축물 현황도에 표시된 대지경계선 안에 둘 이상의 건축물이 있는 경우
> 2. 각각의 건축물이 다른 건축물의 외벽으로부터 (　　)거리가 1층의 경우에는 (　　) 이하, 2층 이상의 층의 경우에는 (　　) 이하인 경우
> 3. 개구부가 다른 건축물을 향하여 설치되어 있는 경우

① 수평, 3m, 6m　　　　　　　② 수평, 3m, 10m
③ 수평, 6m, 10m　　　　　　　④ 수평, 6m, 12m

> **해설**
> 연소 우려가 있는 건축물의 구조는 "각각의 건축물이 다른 건축물의 외벽으로부터 수평거리가 1층의 경우에는 6m 이하, 2층 이상의 층의 경우에는 10m 이하인 경우"이다.
>
> **정답** ③

★★☆☆☆ [시행 2022. 12. 1.]

 시행규칙 제35조(지위승계 신고 등)

① 법 제32조제1항제1호·제2호 또는 같은 조 제2항에 따라 관리업자의 지위를 승계한 자는 같은 조 제3항에 따라 그 지위를 승계한 날부터 30일 이내에 별지 제27호서식의 소방시설관리업 지위승계 신고서(전자문서로 된 신고서를 포함한다)에 다음 각 호의 서류(전자문서를 포함한다)를 첨부하여 시·도지사에게 제출해야 한다.
  1. 소방시설관리업 등록증 및 등록수첩
  2. 계약서 사본 등 지위승계를 증명하는 서류
  3. 별지 제21호서식의 소방기술인력대장 및 기술자격증(경력수첩을 포함한다)
② 법 제32조제1항제3호에 따라 관리업자의 지위를 승계한 자는 같은 조 제3항에 따라 그 지위를 승계한 날부터 30일 이내에 별지 제28호서식의 소방시설관리업 합병 신고서(전자문서로 된 신고서를 포함한다)에 제1항 각 호의 서류(전자문서를 포함한다)를 첨부하여 시·도지사에게 제출해야 한다.
③ 제1항 또는 제2항에 따라 신고서를 제출받은 담당 공무원은 「전자정부법」제36조제1항에 따라 행정정보의 공동이용을 통하여 다음 각 호의 서류를 확인해야 한다. 다만, 신고인이 사업자등록증 및 국가기술자격증의 확인에 동의하지 않는 경우에는 그 사본을 첨부하도록 해야 한다.
  1. 법인등기부 등본(지위승계인이 법인인 경우만 해당한다)
  2. 사업자등록증(지위승계인이 개인인 경우만 해당한다)
  3. 제30조제1항에 따라 제출하는 소방기술인력대장에 기록된 소방기술인력의 국가기술자격증
④ 시·도지사는 제1항 또는 제2항에 따라 신고를 받은 경우에는 소방시설관리업 등록증 및 등록수첩을 새로 발급하고, 기술인력의 자격증 및 경력수첩에 그 변경사항을 적은 후 내주어야 하며, 별지 제24호서식의 소방시설관리업 등록대장에 지위승계에 관한 사항을 기록하고 관리해야 한다.

예상문제

01 다음 중 관리업자의 지위를 승계한 자는 누구에게 신고하여야 하는가?
① 14일 이내에 소방서장에게
② 14일 이내에 시·도지사에게
③ 30일 이내에 소방서장에게
④ 30일 이내에 시·도지사에게

해설
소방시설관리업자의 지위를 승계한 자는 행정안전부령으로 정하는 바에 따라 그 지위를 승계한 날부터 30일 이내에 시·도지사에게 신고하여야 한다.

정답 ④

★★☆☆☆ [시행 2022. 12. 1.] [시행일 : 2024. 12. 1.]
시행규칙 [별표 2] 차량용 소화기의 설치 또는 비치 기준

자동차에는 법 제37조제5항에 따라 형식승인을 받은 차량용 소화기를 다음 각 호의 기준에 따라 설치 또는 비치해야 한다.
1. 승용자동차 : 법 제37조제5항에 따른 능력단위(이하 "능력단위"라 한다) 1 이상의 소화기 1개 이상을 사용하기 쉬운 곳에 설치 또는 비치한다.
2. 승합자동차
    가. 경형승합자동차 : 능력단위 1 이상의 소화기 1개 이상을 사용하기 쉬운 곳에 설치 또는 비치한다.
    나. 승차정원 15인 이하 : 능력단위 2 이상인 소화기 1개 이상 또는 능력단위 1 이상인 소화기 2개 이상을 설치한다. 이 경우 승차정원 11인 이상 승합자동차는 운전석 또는 운전석과 옆으로 나란한 좌석 주위에 1개 이상을 설치한다.
    다. 승차정원 16인 이상 35인 이하 : 능력단위 2 이상인 소화기 2개 이상을 설치한다. 이 경우 승차정원 23인을 초과하는 승합자동차로서 너비 2.3미터를 초과하는 경우에는 운전자 좌석 부근에 가로 600밀리미터, 세로 200밀리미터 이상의 공간을 확보하고 1개 이상의 소화기를 설치한다.
    라. 승차정원 36인 이상 : 능력단위 3 이상인 소화기 1개 이상 및 능력단위 2 이상인 소화기 1개 이상을 설치한다. 다만, 2층 대형승합자동차의 경우에는 위층 차실에 능력단위 3 이상인 소화기 1개 이상을 추가 설치한다.
3. 화물자동차(피견인자동차는 제외한다) 및 특수자동차
    가. 중형 이하 : 능력단위 1 이상인 소화기 1개 이상을 사용하기 쉬운 곳에 설치한다.

나. 대형 이상 : 능력단위 2 이상인 소화기 1개 이상 또는 능력단위 1 이상인 소화기 2개 이상을 사용하기 쉬운 곳에 설치한다.
4. 「위험물안전관리법 시행령」 제3조에 따른 지정수량 이상의 위험물 또는 「고압가스 안전관리법 시행령」제2조에 따라 고압가스를 운송하는 특수자동차(피견인자동차를 연결한 경우에는 이를 연결한 견인자동차를 포함한다) : 「위험물안전관리법 시행규칙」 제41조 및 별표 17 제3호나목 중 이동탱크저장소 자동차용소화기의 설치기준란에 해당하는 능력단위와 수량 이상을 설치한다.

★★★★★ [시행 2022. 12. 1.]

시행규칙 [별표 3] 소방시설등 자체점검의 구분 및 대상, 점검자의 자격, 점검 장비, 점검 방법 및 횟수 등 자체점검 시 준수해야 할 사항

1. 소방시설등에 대한 자체점검은 다음과 같이 구분한다.
   가. 작동점검 : 소방시설등을 인위적으로 조작하여 소방시설이 정상적으로 작동하는지를 소방청장이 정하여 고시하는 소방시설등 작동점검표에 따라 점검하는 것을 말한다.
   나. 종합점검 : 소방시설등의 작동점검을 포함하여 소방시설등의 설비별 주요 구성 부품의 구조기준이 화재안전기준과 「건축법」 등 관련 법령에서 정하는 기준에 적합한지 여부를 소방청장이 정하여 고시하는 소방시설등 종합점검표에 따라 점검하는 것을 말하며, 다음과 같이 구분한다.
      1) 최초점검 : 법 제22조제1항제1호에 따라 소방시설이 새로 설치되는 경우 「건축법」 제22조에 따라 건축물을 사용할 수 있게 된 날부터 60일 이내 점검하는 것을 말한다.
      2) 그 밖의 종합점검 : 최초점검을 제외한 종합점검을 말한다.
2. 작동점검은 다음의 구분에 따라 실시한다.
   가. 작동점검은 영 제5조에 따른 특정소방대상물을 대상으로 한다. 다만, 다음의 어느 하나에 해당하는 특정소방대상물은 제외한다.
      1) 특정소방대상물 중 「화재의 예방 및 안전관리에 관한 법률」 제24조제1항에 해당하지 않는 특정소방대상물(소방안전관리자를 선임하지 않는 대상을 말한다)
      2) 「위험물안전관리법」 제2조제6호에 따른 제조소등(이하 "제조소등"이라 한다)
      3) 「화재의 예방 및 안전관리에 관한 법률 시행령」 별표 4 제1호가목의 특급소방안전관리대상물
   나. 작동점검은 다음의 분류에 따른 기술인력이 점검할 수 있다. 이 경우 별표 4에 따른 점검인력 배치기준을 준수해야 한다.
      1) 영 별표 4 제1호마목의 간이스프링클러설비(주택전용 간이스프링클러설비는 제외한다) 또는 같은 표 제2호다목의 자동화재탐지설비가 설치된 특정소방대상물

　　　　가) 관계인
　　　　나) 관리업에 등록된 기술인력 중 소방시설관리사
　　　　다) 「소방시설공사업법 시행규칙」별표 4의2에 따른 특급점검자
　　　　라) 소방안전관리자로 선임된 소방시설관리사 및 소방기술사
　　2) 1)에 해당하지 않는 특정소방대상물
　　　　가) 관리업에 등록된 소방시설관리사
　　　　나) 소방안전관리자로 선임된 소방시설관리사 및 소방기술사
　다. 작동점검은 연 1회 이상 실시한다.
　라. 작동점검의 점검 시기는 다음과 같다.
　　1) 종합점검 대상은 종합점검을 받은 달부터 6개월이 되는 달에 실시한다.
　　2) 1)에 해당하지 않는 특정소방대상물은 특정소방대상물의 사용승인일(건축물의 경우에는 건축물관리대장 또는 건물 등기사항증명서에 기재되어 있는 날, 시설물의 경우에는 「시설물의 안전 및 유지관리에 관한 특별법」 제55조제1항에 따른 시설물통합정보관리체계에 저장·관리되고 있는 날을 말하며, 건축물관리대장, 건물 등기사항증명서 및 시설물통합정보관리체계를 통해 확인되지 않는 경우에는 소방시설완공검사증명서에 기재된 날을 말한다)이 속하는 달의 말일까지 실시한다. 다만, 건축물관리대장 또는 건물 등기사항증명서 등에 기입된 날이 서로 다른 경우에는 건축물관리대장에 기재되어 있는 날을 기준으로 점검한다.
3. 종합점검은 다음의 구분에 따라 실시한다.
　가. 종합점검은 다음의 어느 하나에 해당하는 특정소방대상물을 대상으로 한다.
　　1) 법 제22조제1항제1호에 해당하는 특정소방대상물
　　2) 스프링클러설비가 설치된 특정소방대상물
　　3) 물분무등소화설비[호스릴(hose reel) 방식의 물분무등소화설비만을 설치한 경우는 제외한다]가 설치된 연면적 5,000㎡ 이상인 특정소방대상물(제조소등은 제외한다)
　　4) 「다중이용업소의 안전관리에 관한 특별법 시행령」 제2조제1호나목, 같은 조 제2호(비디오물소극장업은 제외한다)·제6호·제7호·제7호의2 및 제7호의5의 다중이용업의 영업장이 설치된 특정소방대상물로서 연면적이 2,000㎡ 이상인 것
　　5) 제연설비가 설치된 터널
　　6) 「공공기관의 소방안전관리에 관한 규정」 제2조에 따른 공공기관 중 연면적(터널·지하구의 경우 그 길이와 평균 폭을 곱하여 계산된 값을 말한다)이 1,000㎡ 이상인 것으로서 옥내소화전설비 또는 자동화재탐지설비가 설치된 것. 다만, 「소방기본법」 제2조제5호에 따른 소방대가 근무하는 공공기관은 제외한다.
　나. 종합점검은 다음 어느 하나에 해당하는 기술인력이 점검할 수 있다. 이 경우 별표 4에 따른 점검인력 배치기준을 준수해야 한다.
　　1) 관리업에 등록된 소방시설관리사
　　2) 소방안전관리자로 선임된 소방시설관리사 및 소방기술사

다. 종합점검의 점검 횟수는 다음과 같다.
   1) 연 1회 이상(「화재의 예방 및 안전에 관한 법률 시행령」별표 4 제1호가목의 특급 소방안전관리대상물은 반기에 1회 이상) 실시한다.
   2) 1)에도 불구하고 소방본부장 또는 소방서장은 소방청장이 소방안전관리가 우수하다고 인정한 특정소방대상물에 대해서는 3년의 범위에서 소방청장이 고시하거나 정한 기간 동안 종합점검을 면제할 수 있다. 다만, 면제기간 중 화재가 발생한 경우는 제외한다.

라. 종합점검의 점검 시기는 다음과 같다.
   1) 가목1)에 해당하는 특정소방대상물은 「건축법」 제22조에 따라 건축물을 사용할 수 있게 된 날부터 60일 이내 실시한다.
   2) 1)을 제외한 특정소방대상물은 건축물의 사용승인일이 속하는 달에 실시한다. 다만, 「공공기관의 안전관리에 관한 규정」 제2조제2호 또는 제5호에 따른 학교의 경우에는 해당 건축물의 사용승인일이 1월에서 6월 사이에 있는 경우에는 6월 30일까지 실시할 수 있다.
   3) 건축물 사용승인일 이후 가목3)에 따라 종합점검 대상에 해당하게 된 경우에는 그 다음 해부터 실시한다.
   4) 하나의 대지경계선 안에 2개 이상의 자체점검 대상 건축물 등이 있는 경우에는 그 건축물 중 사용승인일이 가장 빠른 연도의 건축물의 사용승인일을 기준으로 점검할 수 있다.

4. 제1호에도 불구하고 「공공기관의 소방안전관리에 관한 규정」 제2조에 따른 공공기관의 장은 공공기관에 설치된 소방시설등의 유지·관리상태를 맨눈 또는 신체감각을 이용하여 점검하는 외관점검을 월 1회 이상 실시(작동점검 또는 종합점검을 실시한 달에는 실시하지 않을 수 있다)하고, 그 점검 결과를 2년간 자체 보관해야 한다. 이 경우 외관점검의 점검자는 해당 특정소방대상물의 관계인, 소방안전관리자 또는 관리업자(소방시설관리사를 포함하여 등록된 기술인력을 말한다)로 해야 한다.

5. 제1호 및 제4호에도 불구하고 공공기관의 장은 해당 공공기관의 전기시설물 및 가스시설에 대하여 다음 각 목의 구분에 따른 점검 또는 검사를 받아야 한다.
  가. 전기시설물의 경우 : 「전기사업법」 제63조에 따른 사용전검사
  나. 가스시설의 경우 : 「도시가스사업법」 제17조에 따른 검사, 「고압가스 안전관리법」 제16조의2 및 제20조제4항에 따른 검사 또는 「액화석유가스의 안전관리 및 사업법」 제37조 및 제44조제2항·제4항에 따른 검사

6. 공동주택(아파트등으로 한정한다) 세대별 점검방법은 다음과 같다.
  가. 관리자(관리소장, 입주자대표회의 및 소방안전관리자를 포함한다. 이하 같다) 및 입주민(세대 거주자를 말한다)은 2년 이내 모든 세대에 대하여 점검을 해야 한다.
  나. 가목에도 불구하고 아날로그감지기 등 특수감지기가 설치되어 있는 경우에는 수신기에서 원격 점검할 수 있으며, 점검할 때마다 모든 세대를 점검해야 한다. 다만, 자동화재탐지설비의 선로 단선이 확인되는 때에는 단선이 난 세대 또는 그 경계구역에 대하여 현장점검을 해야 한다.

다. 관리자는 수신기에서 원격 점검이 불가능한 경우 매년 작동점검만 실시하는 공동주택은 1회 점검 시 마다 전체 세대수의 50퍼센트 이상, 종합점검을 실시하는 공동주택은 1회 점검 시 마다 전체 세대수의 30퍼센트 이상 점검하도록 자체점검 계획을 수립·시행해야 한다.
라. 관리자 또는 해당 공동주택을 점검하는 관리업자는 입주민이 세대 내에 설치된 소방시설등을 스스로 점검할 수 있도록 소방청 또는 사단법인 한국소방시설관리협회의 홈페이지에 게시되어 있는 공동주택 세대별 점검 동영상을 입주민이 시청할 수 있도록 안내하고, 점검서식(별지 제36호서식 소방시설 외관점검표를 말한다)을 사전에 배부해야 한다.
마. 입주민은 점검서식에 따라 스스로 점검하거나 관리자 또는 관리업자로 하여금 대신 점검하게 할 수 있다. 입주민이 스스로 점검한 경우에는 그 점검 결과를 관리자에게 제출하고 관리자는 그 결과를 관리업자에게 알려주어야 한다.
바. 관리자는 관리업자로 하여금 세대별 점검을 하고자 하는 경우에는 사전에 점검 일정을 입주민에게 사전에 공지하고 세대별 점검 일자를 파악하여 관리업자에게 알려주어야 한다. 관리업자는 사전 파악된 일정에 따라 세대별 점검을 한 후 관리자에게 점검 현황을 제출해야 한다.
사. 관리자는 관리업자가 점검하기로 한 세대에 대하여 입주민의 사정으로 점검을 하지 못한 경우 입주민이 스스로 점검할 수 있도록 다시 안내해야 한다. 이 경우 입주민이 관리업자로 하여금 다시 점검받기를 원하는 경우 관리업자로 하여금 추가로 점검하게 할 수 있다.
아. 관리자는 세대별 점검현황(입주민 부재 등 불가피한 사유로 점검을 하지 못한 세대 현황을 포함한다)을 작성하여 자체점검이 끝난 날부터 2년간 자체 보관해야 한다.

7. 자체점검은 다음의 점검 장비를 이용하여 점검해야 한다.

소방시설	점검 장비	규격
모든 소방시설	방수압력측정계, 절연저항계(절연저항측정기), 전류전압측정계	
소화기구	저울	
옥내소화전설비 옥외소화전설비	소화전밸브압력계	
스프링클러설비 포소화설비	헤드결합렌치 (볼트, 너트, 나사 등을 죄거나 푸는 공구)	
이산화탄소소화설비 분말소화설비 할론소화설비 할로겐화합물 및 불활성기체 소화설비	검량계, 기동관누설시험기, 그 밖에 소화약제의 저장량을 측정할 수 있는 점검기구	
자동화재탐지설비 시각경보기	열감지기시험기, 연(煙)감지기시험기, 공기주입시험기, 감지기시험기연결막대, 음량계	
누전경보기	누전계	누전전류 측정용
무선통신보조설비	무선기	통화시험용

제연설비	풍속풍압계, 폐쇄력측정기, 차압계(압력차 측정기)	
통로유도등 비상조명등	조도계(밝기 측정기)	최소눈금이 0.1럭스 이하인 것

[비고]
1. 신축·증축·개축·재축·이전·용도변경 또는 대수선 등으로 소방시설이 새로 설치된 경우에는 해당 특정소방대상물의 소방시설 전체에 대하여 실시한다.
2. 작동점검 및 종합점검(최초점검은 제외한다)은 건축물 사용승인 후 그 다음 해부터 실시한다.
3. 특정소방대상물이 증축·용도변경 또는 대수선 등으로 사용승인일이 달라지는 경우 사용승인일이 빠른 날을 기준으로 자체점검을 실시한다.

예상문제

01 다음 중 간이스프링클러설비 또는 자동화재탐지설비가 설치된 특정소방대상물의 작동점검자가 아닌 것은?

① 관계인
② 소방시설업자
③ 관리업에 등록된 기술인력 중 소방시설관리사
④ 소방안전관리자로 선임된 소방시설관리사 및 소방기술사

해설

※ 작동점검자

간이스프링클러설비 또는 자동화재탐지 설비가 설치된 특정소방대상물	가) 관계인 나) 관리업에 등록된 기술인력 중 소방시설관리사 다) 특급점검자 라) 소방안전관리자로 선임된 소방시설관리사 및 소방기술사
그 밖의 것	가) 관리업에 등록된 소방시설관리사 나) 소방안전관리자로 선임된 소방시설관리사 및 소방기술사

정답 ②

02 다음 중 소방시설 자체점검 시 종합점검자의 자격으로 옳은 것은?

① 관계인
② 소방안전관리자
③ 소방기술사
④ 소방안전관리자로 선임된 소방시설관리사

해설

종합점검은 "관리업에 등록된 소방시설관리사 또는 소방안전관리자로 선임된 소방시설관리사 및 소방기술사"가 실시할 수 있다.

정답 ④

03 다음 중 종합점검을 하여야 하는 특정소방대상물에 해당되지 않는 것은?
① 스프링클러설비가 설치된 특정소방대상물
② 물분무등소화설비가 설치된 연면적 5,000㎡ 이상인 특정소방대상물
③ 제연설비가 설치된 터널
④ 공공기관 중 연면적이 2,000㎡ 이상인 것으로서 옥내소화전설비 또는 자동화재탐지설비가 설치된 것

◧ 해설
종합점검을 하여야 하는 특정소방대상물은 "공공기관 중 연면적이 1,000㎡ 이상인 것으로서 옥내소화전설비 또는 자동화재탐지설비가 설치된 것"이다.

정답 ④

04 소방시설 등의 자체점검 중 종합점검에 대한 설명으로 옳지 않은 것은?
① 종합점검은 작동점검을 포함한다.
② 물분무등소화설비가 설치된 3,000㎡ 이상의 특정소방대상물에 해당된다.
③ 종합점검은 연 1회 이상(특급 소방안전관리대상물의 경우에는 반기에 1회 이상) 실시하여야 한다.
④ 관리업에 등록된 소방시설관리사 또는 소방안전관리자로 선임된 소방시설관리사 및 소방기술사가 실시할 수 있다.

◧ 해설
종합점검을 하여야 하는 특정소방대상물은 "물분무등소화설비가 설치된 연면적 5,000㎡ 이상인 특정소방대상물"이다.

정답 ②

05 소방시설 등의 작동가능점검 및 종합점검에 대하여 가장 옳지 않는 것은?
① 작동점검의 점검횟수는 연 1회 이상 실시한다.
② 작동점검은 소방시설등을 인위적으로 조작하여 소방시설이 정상적으로 작동하는지를 소방청장이 정하여 고시하는 소방시설등 작동점검표에 따라 점검하는 것을 말한다.
③ 종합점검은 특급 소방안전관리대상물을 포함하며 연 1회 이상 실시한다.
④ 종합점검은 소방시설 등의 작동점검을 포함하여 실시한다.

◧ 해설
종합점검은 연 1회 이상(특급 소방안전관리대상물의 경우에는 반기에 1회 이상) 실시해야 한다.

정답 ③

06 소방시설 등의 자체점검사항에 관하여 그 기준이 아닌 것은?

① 작동점검은 연 2회 이상이다.
② 종합점검자의 자격은 관리업에 등록된 소방시설관리사 또는 소방안전관리자로 선임된 소방시설관리사 및 소방기술사이다.
③ 작동점검은 소방시설등을 인위적으로 조작하여 소방시설이 정상적으로 작동하는지를 소방청장이 정하여 고시하는 소방시설등 작동점검표에 따라 점검하는 것을 말한다.
④ 소방시설등의 작동점검을 포함하여 소방시설등의 설비별 주요 구성 부품의 구조기준이 화재안전기준과 건축법등 관련 법령에서 정하는 기준에 적합한 지 여부를 소방청장이 정하여 고시하는 소방시설등 종합점검표에 따라 점검하는 것을 말한다.

해설

작동점검은 연 1회 이상 실시해야 한다.

정답 ①

[시행 2022. 12. 1.]

시행규칙 [별표 4] 소방시설등의 자체점검 시 점검인력의 배치기준

1. 점검인력 1단위는 다음과 같다.
   가. 관리업자가 점검하는 경우에는 소방시설관리사 또는 특급점검자 1명과 영 별표 9에 따른 보조 기술인력 2명을 점검인력 1단위로 하되, 점검인력 1단위에 2명(같은 건축물을 점검할 때는 4명) 이내의 보조 기술인력을 추가할 수 있다.
   나. 소방안전관리자로 선임된 소방시설관리사 및 소방기술사가 점검하는 경우에는 소방시설관리사 또는 소방기술사 중 1명과 보조 기술인력 2명을 점검인력 1단위로 하되, 점검인력 1단위에 2명 이내의 보조 기술인력을 추가할 수 있다. 다만, 보조 기술인력은 해당 특정소방대상물의 관계인 또는 소방안전관리보조자로 할 수 있다.
   다. 관계인 또는 소방안전관리자가 점검하는 경우에는 관계인 또는 소방안전관리자 1명과 보조 기술인력 2명을 점검인력 1단위로 하되, 보조 기술인력은 해당 특정소방대상물의 관리자, 점유자 또는 소방안전관리보조자로 할 수 있다.

2. 관리업자가 점검하는 경우 특정소방대상물의 규모 등에 따른 점검인력의 배치기준은 다음과 같다.

구분	주된 기술인력	보조 기술인력
가. 50층 이상 또는 성능위주설계를 한 특정소방대상물	소방시설관리사 경력 5년 이상 1명 이상	고급점검자 이상 1명 이상 및 중급점검자 이상 1명 이상
나. 「화재의 예방 및 안전관리에 관한 법률 시행령」 별표 4 제1호에 따른 특급 소방안전관리대상물(가목의 특정소방대상물은 제외한다)	소방시설관리사 경력 3년 이상 1명 이상	고급점검자 이상 1명 이상 및 초급점검자 이상 1명 이상

다. 「화재의 예방 및 안전관리에 관한 법률 시행령」별표 4 제2호 및 제3호에 따른 1급 또는 2급 소방안전관리대상물	소방시설관리사 1명 이상	중급점검자 이상 1명 이상 및 초급점검자 이상 1명 이상
라. 「화재의 예방 및 안전관리에 관한 법률 시행령」별표 4 제4호에 따른 3급 소방안전관리대상물	소방시설관리사 1명 이상	초급점검자 이상의 기술인력 2명 이상

[비고]
1. 라목에는 주된 기술인력으로 특급점검자를 배치할 수 있다.
2. 보조 기술인력의 등급구분(특급점검자, 고급점검자, 중급점검자, 초급점검자)은 「소방시설공사업법 시행규칙」별표 4의2에서 정하는 기준에 따른다.

3. 점검인력 1단위가 하루 동안 점검할 수 있는 특정소방대상물의 연면적(이하 "점검한도 면적"이라 한다)은 다음 각 목과 같다.
   가. 종합점검 : 8,000m²
   나. 작동점검 : 10,000m²
4. 점검인력 1단위에 보조 기술인력을 1명씩 추가할 때마다 종합점검의 경우에는 2,000m², 작동점검의 경우에는 2,500m²씩을 점검한도 면적에 더한다. 다만, 하루에 2개 이상의 특정소방대상물을 배치할 경우 1일 점검 한도면적은 특정소방대상물별로 투입된 점검인력에 따른 점검 한도면적의 평균값으로 적용하여 계산한다.
5. 점검인력은 하루에 5개의 특정소방대상물에 한하여 배치할 수 있다. 다만 2개 이상의 특정소방대상물을 2일 이상 연속하여 점검하는 경우에는 배치기한을 초과해서는 안 된다.
6. 관리업자등이 하루 동안 점검한 면적은 실제 점검면적(지하구는 그 길이에 폭의 길이 1.8m를 곱하여 계산된 값을 말하며, 터널은 3차로 이하인 경우에는 그 길이에 폭의 길이 3.5m를 곱하고, 4차로 이상인 경우에는 그 길이에 폭의 길이 7m를 곱한 값을 말한다. 다만, 한쪽 측벽에 소방시설이 설치된 4차로 이상인 터널의 경우에는 그 길이와 폭의 길이 3.5m를 곱한 값을 말한다. 이하 같다)에 다음의 각 목의 기준을 적용하여 계산한 면적(이하 "점검면적"이라 한다)으로 하되, 점검면적은 점검한도 면적을 초과해서는 안 된다.
   가. 실제 점검면적에 다음의 가감계수를 곱한다.

구분	대상용도	가감계수
1류	문화 및 집회시설, 종교시설, 판매시설, 의료시설, 노유자시설, 수련시설, 숙박시설, 위탁시설, 창고시설, 교정시설, 발전시설, 지하가, 복합건축물	1.1
2류	공동주택, 근린생활시설, 운수시설, 교육연구시설, 운동시설, 업무시설, 방송통신시설, 공장, 항공기 및 자동차 관련 시설, 군사시설, 관광휴게시설, 장례시설, 지하구	1.0
3류	위험물 저장 및 처리시설, 문화재, 동물 및 식물 관련 시설, 자원순환 관련 시설, 묘지 관련 시설	0.9

   나. 점검한 특정소방대상물이 다음의 어느 하나에 해당할 때에는 다음에 따라 계산된 값을 가목에 따라 계산된 값에서 뺀다.

1) 영 별표 4 제1호라목에 따라 스프링클러설비가 설치되지 않은 경우: 가목에 따라 계산된 값에 0.1을 곱한 값
2) 영 별표 4 제1호바목에 따라 물분무등소화설비(호스릴 방식의 물분무등소화설비는 제외한다)가 설치되지 않은 경우: 가목에 따라 계산된 값에 0.1을 곱한 값
3) 영 별표 4 제5호가목에 따라 제연설비가 설치되지 않은 경우: 가목에 따라 계산된 값에 0.1을 곱한 값

다. 2개 이상의 특정소방대상물을 하루에 점검하는 경우에는 특정소방대상물 상호간의 좌표 최단거리 5km마다 점검 한도면적에 0.02를 곱한 값을 점검 한도면적에서 뺀다.

7. 제3호부터 제6호까지의 규정에도 불구하고 아파트등(공용시설, 부대시설 또는 복리시설은 포함하고, 아파트등이 포함된 복합건축물의 아파트등 외의 부분은 제외한다. 이하 이 표에서 같다)를 점검할 때에는 다음 각 목의 기준에 따른다.

가. 점검인력 1단위가 하루 동안 점검할 수 있는 아파트등의 세대수(이하 "점검한도 세대수"라 한다)는 종합점검 및 작동점검에 관계없이 250세대로 한다.

나. 점검인력 1단위에 보조 기술인력을 1명씩 추가할 때마다 60세대씩을 점검한도 세대수에 더한다.

다. 관리업자등이 하루 동안 점검한 세대수는 실제 점검 세대수에 다음의 기준을 적용하여 계산한 세대수(이하 "점검세대수"라 한다)로 하되, 점검세대수는 점검한도 세대수를 초과해서는 안 된다.

1) 점검한 아파트등이 다음의 어느 하나에 해당할 때에는 다음에 따라 계산된 값을 실제 점검 세대수에서 뺀다.

가) 영 별표 4 제1호라목에 따라 스프링클러설비가 설치되지 않은 경우: 실제 점검 세대수에 0.1을 곱한 값
나) 영 별표 4 제1호바목에 따라 물분무등소화설비(호스릴 방식의 물분무등소화설비는 제외한다)가 설치되지 않은 경우: 실제 점검 세대수에 0.1을 곱한 값
다) 영 별표 4 제5호가목에 따라 제연설비가 설치되지 않은 경우: 실제 점검 세대수에 0.1을 곱한 값

2) 2개 이상의 아파트를 하루에 점검하는 경우에는 아파트 상호간의 좌표 최단거리 5km마다 점검 한도세대수에 0.02를 곱한 값을 점검한도 세대수에서 뺀다.

8. 아파트등과 아파트등 외 용도의 건축물을 하루에 점검할 때에는 종합점검의 경우 제7호에 따라 계산된 값에 32, 작동점검의 경우 제7호에 따라 계산된 값에 40을 곱한 값을 점검대상 연면적으로 보고 제2호 및 제3호를 적용한다.

9. 종합점검과 작동점검을 하루에 점검하는 경우에는 작동점검의 점검대상 연면적 또는 점검대상 세대수에 0.8을 곱한 값을 종합점검 점검대상 연면적 또는 점검대상 세대수로 본다.

10. 제3호부터 제9호까지의 규정에 따라 계산된 값은 소수점 이하 둘째 자리에서 반올림한다.

예상문제

01 점검인력 1단위가 하루 동안 "작동점검"을 할 수 있는 특정소방대상물의 연면적(점검한도면적)은?

① 6,000m² ② 8,000m²
③ 10,000m² ④ 12,000m²

해설
점검인력 1단위가 하루 동안 "작동점검"을 할 수 있는 특정소방대상물의 연면적(점검한도면적)은 10,000m² 이다.

정답 ③

02 다음 중 점검인력 1단위가 하루 동안 "종합점검"을 할 수 있는 특정소방대상물의 연면적(점검한도면적)으로 옳은 것은?

① 6,000m² ② 8,000m²
③ 10,000m² ④ 12,000m²

해설
점검인력 1단위가 하루 동안 "종합점검"을 할 수 있는 특정소방대상물의 연면적(점검한도면적)은 8,000m² 이다.

정답 ②

★★★☆☆ [시행 2022. 12. 1.]

시행규칙 [별표 7] 소방시설관리업자의 점검능력 평가의 세부 기준

관리업자의 점검능력 평가는 다음 계산식으로 산정하되, 1천원 미만의 숫자는 버린다. 이 경우 산정기준일은 평가를 하는 해의 전년도 말일을 기준으로 한다.

점검능력평가액=실적평가액+기술력평가액+경력평가액±신인도평가액

1. 실적평가액은 다음 계산식으로 산정한다.

실적평가액=(연평균점검실적액+연평균대행실적액)×50/100

가. 점검실적액(발주자가 공급하는 자재비를 제외한다) 및 대행실적액은 해당 업체의 수급금액 중 하수급금액은 포함하고 하도급금액은 제외한다.

1) 종합점검과 작동점검 또는 소방안전관리업무 대행을 일괄하여 수급한 경우에는 그 일괄수급금액에 0.55를 곱하여 계산된 금액을 종합점검 실적액으로, 0.45를 곱하여 계산된 금액을 작동점검 또는 소방안전관리업무 대행 실적액으로 본다. 다만, 다른 입증자료가 있는 경우에는 그 자료에 따라 배분한다.
2) 작동점검과 소방안전관리업무 대행을 일괄하여 수급한 경우에는 그 일괄수급금액에 0.5를 곱하여 계산된 금액을 각각 작동점검 및 소방안전관리업무 대행 실적액으로 본다. 다만, 다른 입증자료가 있는 경우에는 그 자료에 따라 배분한다.
3) 종합점검, 작동점검 및 소방안전관리업무 대행을 일괄하여 수급한 경우에는 그 일괄수급금액에 0.38을 곱하여 계산된 금액을 종합점검 실적액으로, 각각 0.31을 곱하여 계산된 금액을 각각 작동점검 및 소방안전관리업무 대행 실적액으로 본다. 다만, 다른 입증자료가 있는 경우에는 그 자료에 따라 배분한다.

나. 소방시설관리업을 경영한 기간이 산정일을 기준으로 3년 이상인 경우에는 최근 3년간의 점검실적액 및 대행실적액을 합산하여 3으로 나눈 금액을 각각 연평균점검실적액 및 연평균대행실적액으로 한다.

다. 소방시설관리업을 경영한 기간이 산정일을 기준으로 1년 이상 3년 미만인 경우에는 그 기간의 점검실적액 및 대행실적액을 합산한 금액을 그 기간의 개월수로 나눈 금액에 12를 곱한 금액을 각각 연평균점검실적액 및 연평균대행실적액으로 한다.

라. 소방시설관리업을 경영한 기간이 산정일을 기준으로 1년 미만인 경우에는 그 기간의 점검실적액 및 대행실적액을 각각 연평균점검실적액 및 연평균대행실적액으로 한다.

마. 법 제32조제1항 각 호 및 제2항에 따라 지위를 승계한 관리업자는 종전 관리업자의 실적액과 관리업을 승계한 자의 실적액을 합산한다.

2. 기술력평가액은 다음 계산식으로 산정한다.

> 기술력평가액=전년도 기술인력 가중치 1단위당 평균 점검실적액
> ×보유기술인력 가중치합계×40/100

가. 전년도 기술인력 가중치 1단위당 평균 점검실적액은 점검능력 평가를 신청한 관리업자의 국내 총 기성액을 해당 관리업자가 보유한 기술인력의 가중치 총합으로 나눈 금액으로 한다. 이 경우 국내 총 기성액 및 기술인력 가중치 총합은 평가기관이 법 제34조제4항에 따라 구축·관리하고 있는 데이터베이스(보유 기술인력의 경력관리를 포함한다)에 등록된 정보를 기준으로 한다(전년도 기술인력 1단위당 평균 점검실적액이 산출되지 않는 경우에는 전전년도 기술인력 1단위당 평균 점검실적액을 적용한다).

나. 보유 기술인력 가중치의 계산은 다음의 방법에 따른다.
1) 보유 기술인력은 해당 관리업체에 소속되어 6개월 이상 근무한 사람(등록·양도·합병 후 관리업을 한 기간이 6개월 미만인 경우에는 등록신청서·양도신고서·합병신고서에 기재된 기술인력으로 한다)만 해당한다.

2) 보유 기술인력은 주된 기술인력과 보조 기술인력으로 구분하되, 기술등급 구분의 기준은 「소방시설공사업법 시행규칙」 별표 4의2에 따른다. 이 경우 1인이 둘 이상의 자격, 학력 또는 경력을 가지고 있는 경우 대표되는 하나의 것만 적용한다.

3) 보유 기술인력의 등급별 가중치는 다음 표와 같다.

보유기술인력	주된 기술인력		보조 기술인력			
	관리사 (경력 5년이상)	관리사	특급 점검자	고급 점검자	중급 점검자	초급 점검자
가중치	3.5	3.0	2.5	2	1.5	1

3. 경력평가액은 다음 계산식으로 산정한다.

> 경력평가액=실적평가액×관리업 경영기간 평점×10/100

가. 소방시설관리업 경영기간은 등록일·양도신고일 또는 합병신고일부터 산정기준일까지로 한다.

나. 종전 관리업자의 관리업 경영기간과 관리업을 승계한 자의 관리업 경영기간의 합산에 관하여는 제1호마목을 준용한다.

다. 관리업 경영기간 평점은 다음 표에 따른다.

관리업 경영기간	2년 미만	2년 이상 4년 미만	4년 이상 6년 미만	6년 이상 8년 미만	8년 이상 10년 미만
평점	0.5	0.55	0.6	0.65	0.7

10년 이상 12년 미만	12년 이상 14년 미만	14년 이상 16년 미만	16년 이상 18년 미만	18년 이상 20년 미만	20년 이상
0.75	0.8	0.85	0.9	0.95	1.0

4. 신인도평가액은 다음 계산식으로 산정하되, 신인도평가액은 실적평가액·기술력평가액·경력평가액을 합친 금액의 ±10%의 범위를 초과할 수 없으며, 가점요소와 감점요소가 있는 경우에는 이를 상계한다.

> 신인도평가액=(실적평가액+기술력평가액+경력평가액)×신인도 반영비율 합계

가. 신인도 반영비율 가점요소는 다음과 같다.
1) 최근 3년간 국가기관·지방자치단체 또는 공공기관으로부터 소방 및 화재안전과 관련된 표창을 받은 경우
 - 대통령 표창 : +3%
 - 장관 이상 표창, 소방청장 또는 광역자치단체장 표창 : +2%
 - 그 밖의 표창 : +1%
2) 소방시설관리에 관한 국제품질경영인증(ISO)을 받은 경우 : +2%
3) 소방에 관한 특허를 보유한 경우 : +1%
4) 전년도 기술개발투자액 : 「조세특례제한법 시행령」 별표 6에 규정된 비용 중 소방시설관리업 분야에 실제로 사용된 금액으로 다음 기준에 따른다.
 - 실적평가액의 1% 이상 3% 미만 : +0.5%

- 실적평가액의 3% 이상 5% 미만 : +1.0%
- 실적평가액의 5% 이상 10% 미만 : +1.5%
- 실적평가액의 10% 이상 : +2%

나. 신인도 반영비율 감점요소는 아래와 같다.
1) 최근 1년간 법 제35조에 따른 영업정지 처분 및 법 제36조에 따른 과징금 처분을 받은 사실이 있는 경우
   - 1개월 이상 3개월 이하 : -2%
   - 3개월 초과 : -3%
2) 최근 1년간 국가기관·지방자치단체 또는 공공기관으로부터 부정당업자로 제재처분을 받은 사실이 있는 경우 : -2%
3) 최근 1년간 이 법에 따른 과태료처분을 받은 사실이 있는 경우 : -2%
4) 최근 1년간 이 법에 따라 소방시설관리사가 행정처분을 받은 사실이 있는 경우 : -2%
5) 최근 1년간 부도가 발생한 사실이 있는 경우 : -2%

5. 제1호부터 제4호까지의 규정에도 불구하고 신규업체의 점검능력 평가는 다음 계산식으로 산정한다.

> 점검능력평가액=(전년도 전체 평가업체의 평균 실적액×10/100)+
> (기술인력 가중치 1단위당 평균 점검면적액×보유기술인력가중치합계×50/100)

[비고]
"신규업체"란 법 제29조에 따라 신규로 소방시설관리업을 등록한 업체로서 등록한 날부터 1년 이내에 점검능력 평가를 신청한 업체를 말한다.

★★☆☆☆ [시행 2022. 12. 1.]

시행규칙 [별표 8] 행정처분기준

1. 일반기준
   가. 위반행위가 둘 이상이면 그 중 무거운 처분기준(무거운 처분기준이 동일한 경우에는 그 중 하나의 처분기준을 말한다. 이하 같다)에 따른다. 다만, 둘 이상의 처분기준이 모두 영업정지이거나 사용정지인 경우에는 각 처분기준을 합산한 기간을 넘지 않는 범위에서 무거운 처분기준에 각각 나머지 처분기준의 2분의 1 범위에서 가중한다.
   나. 영업정지 또는 사용정지 처분기간 중 영업정지 또는 사용정지에 해당하는 위반사항이 있는 경우에는 종전의 처분기간 만료일의 다음 날부터 새로운 위반사항에 따른 영업정지 또는 사용정지의 행정처분을 한다.

다. 위반행위의 횟수에 따른 행정처분의 기준은 최근 1년간 같은 위반행위로 행정처분을 받은 경우에 적용한다. 이 경우 적용일은 위반행위에 대한 행정처분일과 그 처분 후에 한 위반행위가 다시 적발된 날을 기준으로 한다.
라. 다목에 따라 가중된 부과처분을 하는 경우 가중처분의 적용 차수는 그 위반행위 전 부과처분 차수(다목에 따른 기간 내에 행정처분이 둘 이상 있었던 경우에는 높은 차수를 말한다)의 다음 차수로 한다.
마. 처분권자는 위반행위의 동기·내용·횟수 및 위반 정도 등 다음에 해당하는 사유를 고려하여 그 처분을 가중하거나 감경할 수 있다. 이 경우 그 처분이 영업정지 또는 자격정지인 경우에는 그 처분기준의 2분의 1의 범위에서 가중하거나 감경할 수 있고, 등록취소 또는 자격취소인 경우에는 등록취소 또는 자격취소 전 차수의 행정처분이 영업정지 또는 자격정지이면 그 처분기준의 2배 이하의 영업정지 또는 자격정지로 감경(법 제28조제1호·제4호·제5호·제7호 및 법 제35조제1항제1호·제4호·제5호를 위반하여 등록취소 또는 자격취소된 경우는 제외한다)할 수 있다.
　1) 가중 사유
　　가) 위반행위가 사소한 부주의나 오류가 아닌 고의나 중대한 과실에 의한 것으로 인정되는 경우
　　나) 위반의 내용·정도가 중대하여 관계인에게 미치는 피해가 크다고 인정되는 경우
　2) 감경 사유
　　가) 위반행위가 사소한 부주의나 오류 등 과실로 인한 것으로 인정되는 경우
　　나) 위반의 내용·정도가 경미하여 관계인에게 미치는 피해가 적다고 인정되는 경우
　　다) 위반 행위자가 처음 해당 위반행위를 한 경우로서 5년 이상 소방시설관리사의 업무, 소방시설관리업 등을 모범적으로 해 온 사실이 인정되는 경우
　　라) 그 밖에 다음의 경미한 위반사항에 해당되는 경우
　　　(1) 스프링클러설비 헤드가 살수반경에 미치지 못하는 경우
　　　(2) 자동화재탐지설비 감지기 2개 이하가 설치되지 않은 경우
　　　(3) 유도등이 일시적으로 점등되지 않는 경우
　　　(4) 유도표지가 정해진 위치에 붙어 있지 않은 경우

2. 개별기준
　가. 소방시설관리사에 대한 행정처분기준

위반사항	근거 법조문	행정처분기준		
		1차 위반	2차 위반	3차 이상 위반
1) 거짓이나 그 밖의 부정한 방법으로 시험에 합격한 경우	법 제28조 제1호	자격취소		
2) 「화재의 예방 및 안전관리에 관한 법률」 제25조제2항에 따른 대행인력의 배치기준·자격·방법 등 준수사항을 지키지 않은 경우	법 제28조 제2호	경고 (시정명령)	자격정지 6개월	자격취소

위반사항	근거 법조문	1차	2차	3차
3) 법 제22조에 따른 점검을 하지 않거나 거짓으로 한 경우	법 제28조 제3호			
가) 점검을 하지 않은 경우		자격정지 1개월	자격정지 6개월	자격취소
나) 거짓으로 점검한 경우		경고 (시정명령)	자격정지 6개월	자격취소
4) 법 제25조제7항을 위반하여 소방시설관리사증을 다른 사람에게 빌려준 경우	법 제28조 제4호	자격취소		
5) 법 제25조제8항을 위반하여 동시에 둘 이상의 업체에 취업한 경우	법 제28조 제5호	자격취소		
6) 법 제25조제9항을 위반하여 성실하게 자체점검 업무를 수행하지 않은 경우	법 제28조 제6호	경고 (시정명령)	자격정지 6개월	자격취소
7) 법 제27조 각 호의 어느 하나의 결격사유에 해당하게 된 경우	법 제28조 제7호	자격취소		

나. 소방시설관리업자에 대한 행정처분기준

위반사항	근거 법조문	행정처분기준		
		1차 위반	2차 위반	3차 이상 위반
1) 거짓이나 그 밖의 부정한 방법으로 등록을 한 경우	법 제35조 제1항제1호	등록취소		
2) 법 제22조에 따른 점검을 하지 않거나 거짓으로 한 경우	법 제35조 제1항제2호			
가) 점검을 하지 않은 경우		영업정지 1개월	영업정지 3개월	등록취소
나) 거짓으로 점검한 경우		경고 (시정명령)	영업정지 3개월	등록취소
3) 법 제29조제2항에 따른 등록기준에 미달하게 된 경우. 다만, 기술인력이 퇴직하거나 해임되어 30일 이내에 재선임하여 신고한 경우는 제외한다.	법 제35조 제1항제3호	경고 (시정명령)	영업정지 3개월	등록취소
4) 법 제30조 각 호의 어느 하나의 등록의 결격사유에 해당하게 된 경우. 다만, 제30조제5호에 해당하는 법인으로서 결격사유에 해당하게 된 날부터 2개월 이내에 그 임원을 결격사유가 없는 임원으로 바꾸어 선임한 경우는 제외한다.	법 제35조 제1항제4호	등록취소		
5) 법 제33조제2항을 위반하여 등록증 또는 등록수첩을 빌려준 경우	법 제35조 제1항제5호	등록취소		
6) 법 제34조제1항에 따른 점검능력 평가를 받지 않고 자체점검을 한 경우	법 제35조 제1항제6호	영업정지 1개월	영업정지 3개월	등록취소

예상문제

01 다음 중 소방시설관리사의 업무 등에 있어서 그 자격을 1차에 취소하지 않아도 되는 것은?

① 소방시설관리사증을 다른 사람에게 빌려준 경우
② 거짓이나 그 밖의 부정한 방법으로 시험에 합격한 경우
③ 소방시설 등의 점검을 하지 않은 경우
④ 동시에 둘 이상의 업체에 취업한 경우

해설

소방시설관리사가 소방시설 등의 점검을 하지 않은 경우에는 "1차 자격정지 1개월, 2차 자격정지 6개월, 3차 자격취소"에 해당된다.

※ 소방시설관리사의 자격을 1차에 취소하는 경우
- 거짓이나 그 밖의 부정한 방법으로 시험에 합격한 경우
- 소방시설관리사증을 다른 사람에게 빌려준 경우
- 동시에 둘 이상의 업체에 취업한 경우
- 결격사유에 해당하게 된 경우

정답 ③

02 소방시설관리사 자격 기준 중 1차 자격취소에 해당하는 것이 아닌 것은?

① 부정한 방법으로 시험에 합격한 경우
② 동시에 둘 이상의 업체에 취업한 경우
③ 소방시설관리사증을 다른 사람에게 빌려준 경우
④ 거짓으로 점검한 경우

해설

소방시설관리사가 거짓으로 점검한 경우에는 "1차 경고(시정명령), 2차 자격정지 6개월, 3차 자격취소"에 해당된다.

정답 ④

03 소방시설관리업의 등록기준에 미달하게 된 때의 1차 행정처분은?

① 경고(시정명령) ② 영업정지 3월
③ 영업정지 6월 ④ 등록취소

해설

소방시설관리업이 등록기준에 미달하게 된 경우는 "1차 경고(시정명령), 2차 영업정지 3개월, 3차 등록취소"에 해당된다.

정답 ①

04 소방시설관리업자가 점검을 하지 않거나 거짓으로 점검한 경우의 2차 행정처분기준은?

① 경고(시정명령)
② 영업정지 3개월
③ 영업정지 6개월
④ 등록취소

해설

위반사항	행정처분기준		
	1차 위반	2차 위반	3차 이상 위반
점검을 하지 않은 경우	영업정지 1개월	영업정지 3개월	등록취소
거짓으로 점검한 경우	경고(시정명령)	영업정지 3개월	등록취소

정답 ②

Part 4

소방시설공사업법

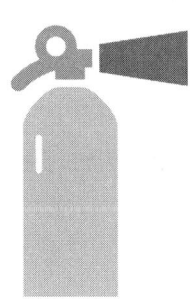

★★☆☆☆

제1조(목적)

이 법은 소방시설공사 및 소방기술의 관리에 필요한 사항을 규정함으로써 소방시설업을 건전하게 발전시키고 소방기술을 진흥시켜 화재로부터 공공의 안전을 확보하고 국민경제에 이바지함을 목적으로 한다.

예상문제

01 다음 ㉠, ㉡에 들어갈 사항으로 바른 것은?

> 이 법은 소방시설공사 및 소방기술의 관리에 필요한 사항을 규정함으로써 소방시설업을 건전하게 발전시키고 (㉠)시켜 화재로부터 (㉡)하고 국민경제에 이바지함을 목적으로 한다.

① ㉠ 소방기술을 혁신, ㉡ 공공의 안전을 확보
② ㉠ 소방기술을 혁신, ㉡ 국민의 생명, 신체를 보호
③ ㉠ 소방기술을 진흥, ㉡ 공공의 안전을 확보
④ ㉠ 소방기술을 진흥, ㉡ 국민의 생명, 신체를 보호

해설
이 법은 소방시설공사 및 소방기술의 관리에 필요한 사항을 규정함으로써 소방시설업을 건전하게 발전시키고 (소방기술을 진흥)시켜 화재로부터 (공공의 안전을 확보)하고 국민경제에 이바지함을 목적으로 한다.

정답 ③

02 다음 중 소방시설공사업법의 목적이 아닌 것은?

① 소방기술의 진흥
② 국민의 생명, 신체, 재산 보호
③ 공공의 안전 확보
④ 국민경제에 이바지함

해설
소방시설공사업법의 목적
- 소방시설공사 및 소방기술의 관리에 필요한 사항을 규정
- 소방시설업을 건전하게 발전
- 소방기술을 진흥
- 화재로부터 공공의 안전을 확보
- 국민경제에 이바지

정답 ②

★★★★★ [개정 2021. 11. 30.]

제2조(정의)

① 이 법에서 사용하는 용어의 뜻은 다음과 같다. 〈개정 2021. 11. 30.〉
  1. "소방시설업"이란 다음 각 목의 영업을 말한다.
     가. 소방시설설계업 : 소방시설공사에 기본이 되는 공사계획, 설계도면, 설계 설명서, 기술계산서 및 이와 관련된 서류(이하 "설계도서"라 한다)를 작성(이하 "설계"라 한다)하는 영업
     나. 소방시설공사업 : 설계도서에 따라 소방시설을 신설, 증설, 개설, 이전 및 정비(이하 "시공"이라 한다)하는 영업
     다. 소방공사감리업 : 소방시설공사에 관한 발주자의 권한을 대행하여 소방시설공사가 설계도서와 관계 법령에 따라 적법하게 시공되는지를 확인하고, 품질·시공관리에 대한 기술지도를 하는(이하 "감리"라 한다) 영업
     라. 방염처리업 : 「소방시설 설치 및 관리에 관한 법률」제20조제1항에 따른 방염대상물품에 대하여 방염처리(이하 "방염"이라 한다)하는 영업
  2. "소방시설업자"란 소방시설업을 경영하기 위하여 제4조에 따라 소방시설업을 등록한 자를 말한다.
  3. "감리원"이란 소방공사감리업자에 소속된 소방기술자로서 해당 소방시설공사를 감리하는 사람을 말한다.
  4. "소방기술자"란 제28조에 따라 소방기술 경력 등을 인정받은 사람과 다음 각 목의 어느 하나에 해당하는 사람으로서 소방시설업과 「소방시설 설치 및 관리에 관한 법률」에 따른 소방시설관리업의 기술인력으로 등록된 사람을 말한다.
     가. 「소방시설 설치 및 관리에 관한 법률」에 따른 소방시설관리사
     나. 국가기술자격 법령에 따른 소방기술사, 소방설비기사, 소방설비산업기사, 위험물기능장, 위험물산업기사, 위험물기능사
  5. "발주자"란 소방시설의 설계, 시공, 감리 및 방염(이하 "소방시설공사등"이라 한다)을 소방시설업자에게 도급하는 자를 말한다. 다만, 수급인으로서 도급받은 공사를 하도급하는 자는 제외한다.
② 이 법에서 사용하는 용어의 뜻은 제1항에서 규정하는 것을 제외하고는 「소방기본법」, 「화재의 예방 및 안전관리에 관한 법률」, 「소방시설 설치 및 관리에 관한 법률」, 「위험물안전관리법」 및 「건설산업기본법」에서 정하는 바에 따른다. 〈개정 2021. 11. 30.〉

예상문제

01 소방시설공사업법에서 소방시설업의 영업에 해당하지 않는 것은?
① 소방시설공사에 기본이 되는 공사계획, 설계도면, 설계설명서, 기술계산서 및 이와 관련된 서류를 작성하는 영업
② 설계도서에 따라 소방시설을 신설, 증설, 개설, 이전 및 정비하는 영업
③ 소방안전관리 업무의 대행 또는 소방시설 등의 점검 및 유지·관리하는 영업
④ 방염대상물품에 대하여 방염처리 하는 영업

해설
소방안전관리 업무의 대행 또는 소방시설 등의 점검 및 유지·관리하는 영업을 하는 소방시설관리업은 소방시설업의 영업에 해당하지 않는다.

정답 ③

02 설계도서에 따라 소방시설을 신설, 증설, 개설, 이전 및 정비(시공)하는 영업은?
① 소방시설설계업   ② 소방시설공사업
③ 소방공사감리업   ④ 소방시설관리업

해설
설계도서에 따라 소방시설을 신설, 증설, 개설, 이전 및 정비(시공)하는 영업은 소방시설공사업이다.

정답 ②

03 소방시설공사에 관한 발주자의 권한을 대행하여 소방시설공사가 설계도서와 관계 법령에 따라 적법하게 시공되는지를 확인하고, 품질·시공 관리에 대한 기술지도를 하는 영업을 무엇이라 하는가?
① 소방시설설계업   ② 소방시설공사업
③ 소방공사감리업   ④ 소방시설관계업

해설
소방시설공사에 관한 발주자의 권한을 대행하여 소방시설공사가 설계도서와 관계 법령에 따라 적법하게 시공되는지를 확인하고, 품질·시공 관리에 대한 기술지도를 하는 영업은 소방공사감리업이다.

정답 ③

04 다음 중 소방시설공사업법에서 정하는 소방시설업이 아닌 것은?
① 소방시설설계업   ② 소방시설공사업
③ 소방시설관리업   ④ 소방공사감리업

해설
소방시설공사업법에서 정하는 소방시설업의 종류에는 소방시설설계업, 소방시설공사업, 소방공사감리업, 방염처리업이 있다.

소방시설업에 해당되는 것	소방시설업에 해당되지 않는 것
1. 소방시설설계업 2. 소방시설공사업 3. 소방공사감리업 4. 방염처리업	1. 소방시설관리업 2. 소방시설점검업 3. 소방시설설비업 4. 소방시설관계업 5. 소방시설제조업

정답 ③

05 다음 중 소방시설업의 종류로 옳은 것은?

| ㄱ. 소방공사감리업 | ㄴ. 방염처리업 | ㄷ. 소방시설공사업 |
| ㄹ. 소방시설관리업 | ㅁ. 소방시설설계업 | ㅂ. 소방시설설비업 |

① ㄱ, ㄷ
② ㄱ, ㄴ, ㄷ
③ ㄱ, ㄴ, ㄷ, ㄹ
④ ㄱ, ㄴ, ㄷ, ㅁ

해설
소방시설공사업법에서 정하는 소방시설업의 종류에는 소방시설설계업, 소방시설공사업, 소방공사감리업, 방염처리업이 있다.

정답 ④

06 소방공사업법에서 사용하는 용어의 정의로 옳지 않은 것은?

① 소방시설공사업법 : 설계도서에 따라 소방시설을 신설, 증설, 개설, 이전 및 정비하는 영업
② 소방시설설계업 : 소방시설공사에 관한 발주자의 권한을 대행하여 소방시설공사가 설계도서와 관계 법령에 따라 적법하게 시공되는지를 확인하는 영업
③ 감리원 : 소방공사감리업자에 소속된 소방기술자로서 해당 소방시설공사를 감리하는 사람
④ 발주자 : 소방시설의 설계, 시공, 감리 및 방염을 소방시설업자에게 도급하는 자를 말한다. 다만, 수급인으로서 도급받은 공사를 하도급 하는 자는 제외한다.

해설
소방시설설계업이란 소방시설공사에 기본이 되는 공사계획, 설계도면, 설계 설명서, 기술계산서 및 이와 관련된 서류(설계도서)를 작성(설계)하는 영업을 말한다.

정답 ②

07 다음 소방시설공사업법 중 소방기술자에 해당되지 않는 사람은?

① 소방시설관리사 ② 소방안전관리자
③ 소방설비기사 ④ 위험물산업기사

해설

소방기술자란 소방기술 경력 등을 인정받은 사람과 다음 각 목의 어느 하나에 해당하는 사람으로서 소방시설업과 소방시설관리업의 기술인력으로 등록된 사람을 말한다.
- 소방시설관리사
- 소방기술사, 소방설비기사, 소방설비산업기사, 위험물기능장, 위험물산업기사, 위험물기능사

정답 ②

08 소방시설공사업법에서 사용하는 용어의 정의로 옳지 않은 것은?

① 소방시설설계업은 소방시설공사에 기본이 되는 공사계획, 설계도면, 설계 설명서, 기술계산서 및 이와 관련된 서류를 작성한다.
② 소방시설공사업은 설계도서에 따라 소방시설을 신설, 증설, 개설, 이전 및 정비한다.
③ 소방시설업자는 소방시설업을 경영하기 위하여 소방시설업을 등록한 자이다.
④ 감리원은 공사에 관한 발주자의 권한을 대행하여 감리한다.

해설

감리원이란 소방공사감리업자에 소속된 소방기술자로서 해당 소방시설공사를 감리하는 사람을 말한다.

정답 ④

★★★★☆

제4조(소방시설업의 등록)

① 특정소방대상물의 소방시설공사등을 하려는 자는 업종별로 자본금(개인인 경우에는 자산 평가액을 말한다), 기술인력 등 대통령령으로 정하는 요건을 갖추어 특별시장·광역시장·특별자치시장·도지사 또는 특별자치도지사(이하 "시·도지사"라 한다)에게 소방시설업을 등록하여야 한다.
② 제1항에 따른 소방시설업의 업종별 영업범위는 대통령령으로 정한다.
③ 제1항에 따른 소방시설업의 등록신청과 등록증·등록수첩의 발급·재발급 신청, 그 밖에 소방시설업 등록에 필요한 사항은 행정안전부령으로 정한다.
④ 제1항에도 불구하고 「공공기관의 운영에 관한 법률」제5조에 따른 공기업·준정부기관 및 「지방공기업법」제49조에 따라 설립된 지방공사나 같은 법 제76조에 따라 설립된 지방공단이 다음 각 호의 요건을 모두 갖춘 경우에는 시·도지사에게 등록을 하지 아

니하고 자체 기술인력을 활용하여 설계·감리를 할 수 있다. 이 경우 대통령령으로 정하는 기술인력을 보유하여야 한다.
1. 주택의 건설·공급을 목적으로 설립되었을 것
2. 설계·감리 업무를 주요 업무로 규정하고 있을 것

예상문제

01 다음 중 소방시설업 등록 시 필요한 조건이 아닌 것은?
① 자본금
② 자산평가액(개인)
③ 기술인력
④ 사무실

해설
소방시설업 등록 시 필요한 조건은 자본금(개인인 경우에는 자산 평가액), 기술인력 등이다.

소방시설업의 종류	등록 시 필요한 조건(시행령 별표 1)
소방시설설계업	기술인력
소방시설공사업	기술인력, 자본금(개인인 경우에는 자산 평가액)
소방공사감리업	기술인력
방염처리업	실험실, 방염처리시설 및 시험기기

정답 ④

02 다음 ( )에 들어갈 말로 알맞은 답은?

> 특정소방대상물의 소방시설공사 등을 하려는 자는 ( )로 ( ), ( ) 등 대통령령으로 정하는 요건을 갖추어 시·도지사에게 소방시설업을 등록하여야 한다.

① 업종별, 자본금, 기술인력
② 시설별, 자본금, 기술인력
③ 업종별, 사무실, 기술인력
④ 시설별, 사무실, 기술인력

해설
특정소방대상물의 소방시설공사 등을 하려는 자는 (업종별)로 (자본금), (기술인력) 등 대통령령으로 정하는 요건을 갖추어 시·도지사에게 소방시설업을 등록하여야 한다.

정답 ①

03 다음 중 방염처리업의 등록은 누구에게 하는가?
① 시·도지사
② 소방본부장
③ 소방청장
④ 소방서장

📖 해설

방염처리업 등의 소방시설업의 등록은 시·도지사(특별시장·광역시장·특별자치시장·도지사 또는 특별자치도지사)에게 하여야 한다.

정답 ①

★★★☆☆ [개정 2023. 1. 3.

제5조(등록의 결격사유)

다음 각 호의 어느 하나에 해당하는 자는 소방시설업을 등록할 수 없다. 〈개정 2023. 1. 3.〉
1. 피성년후견인
2. 삭제 〈2015. 7. 20.〉
3. 이 법, 「소방기본법」, 「화재의 예방 및 안전관리에 관한 법률」, 「소방시설 설치 및 관리에 관한 법률」 또는 「위험물안전관리법」에 따른 금고 이상의 실형을 선고받고 그 집행이 끝나거나(집행이 끝난 것으로 보는 경우를 포함한다) 면제된 날부터 2년이 지나지 아니한 사람
4. 이 법, 「소방기본법」, 「화재의 예방 및 안전관리에 관한 법률」, 「소방시설 설치 및 관리에 관한 법률」 또는 「위험물안전관리법」에 따른 금고 이상의 형의 집행유예를 선고받고 그 유예기간 중에 있는 사람
5. 등록하려는 소방시설업 등록이 취소(제1호에 해당하여 등록이 취소된 경우는 제외한다)된 날부터 2년이 지나지 아니한 자
6. 법인의 대표자가 제1호 또는 제3호부터 제5호까지에 해당하는 경우 그 법인
7. 법인의 임원이 제3호부터 제5호까지의 규정에 해당하는 경우 그 법인

예상문제

01 다음 중 소방시설업 등록의 결격사유가 아닌 것은?
① 피성년후견인
② 등록하려는 소방시설업 등록이 취소된 날부터 2년이 지나지 아니한 자
③ 파산선고를 받고 복권되지 아니한 사람
④ 금고 이상의 형의 집행유예를 선고받고 그 유예기간 중에 있는 사람

해설
파산선고를 받고 복권되지 아니한 사람은 소방시설업 등록의 결격사유에 해당되지 않는다.(소방시설업을 등록할 수 있다)

정답 ③

02 다음 중 소방시설업 등록의 결격사유 기준으로 옳지 않은 것은?

① 피성년후견인
② 등록하려는 소방시설업 등록이 취소된 날부터 2년이 지나지 아니한 자
③ 소방기본법에 따른 금고 이상의 형의 집행유예 선고를 받은 날로부터 2년이 지나지 아니한 사람
④ 소방기본법에 따른 금고 이상의 실형을 선고받고 그 집행이 끝나거나 면제된 날부터 2년이 지나지 아니한 사람

 해설
소방시설업 등록의 결격사유는 "소방기본법에 따른 금고 이상의 형의 집행유예를 선고받고 그 유예기간 중에 있는 사람"이 해당한다.

정답 ③

03 소방시설공사업 등록의 결격사유가 아닌 것은?

① 피성년후견인
② 소방시설공사업 등록이 취소된 날부터 2년이 지나지 아니한 자
③ 금고 이상의 실형을 선고받고 그 집행이 끝나거나 면제된 날부터 3년이 지나지 아니한 사람
④ 금고 이상의 형의 집행유예를 선고받고 그 유예기간 중에 있는 사람

 해설
소방시설공사업 등록의 결격사유는 "금고 이상의 실형을 선고받고 그 집행이 끝나거나 면제된 날부터 2년이 지나지 아니한 사람"이 해당한다.

정답 ③

제6조(등록사항의 변경신고)

★★★★☆

소방시설업자는 제4조에 따라 등록한 사항 중 행정안전부령으로 정하는 중요 사항을 변경할 때에는 행정안전부령으로 정하는 바에 따라 시·도지사에게 신고하여야 한다.

> ※ 행정안전부령으로 정하는 중요 사항(시행규칙 제5조)
> 1. 상호(명칭) 또는 영업소 소재지
> 2. 대표자
> 3. 기술인력

예상문제

01 소방시설업자가 등록사항의 변경 시 시·도지사에게 신고해야 하는 사항이 아닌 것은?
① 상호(명칭) 또는 영업소 소재지 ② 자본금
③ 기술인력 ④ 대표자

해설
자본금은 소방시설업 등록사항의 변경신고사항에 해당하지 않는다.

정답 ②

02 소방시설업자가 시·도지사에게 신고하여야 할 등록사항의 변경신고사항이 아닌 것은?
① 대표자 ② 기술인력
③ 점검기구 교체 ④ 상호(명칭) 또는 영업소 소재지

해설
점검기구 교체는 소방시설업 등록사항의 변경신고사항에 해당하지 않는다.

정답 ③

03 다음 중 소방시설업 변경신고사항에 해당하지 않은 것은?
① 상호(명칭) ② 영업소 소재지
③ 기술인력 ④ 시설업을 재개하였을 때

해설
시설업을 재개하였을 때는 소방시설업 등록사항의 변경신고사항에 해당하지 않는다.

정답 ④

04 다음 중 소방시설업 등록사항의 변경신고대상이 아닌 것은?
① 상호(명칭)
② 대표자
③ 임대차계약서
④ 기술인력

해설
임대차계약서는 소방시설업 등록사항의 변경신고사항에 해당하지 않는다.

정답 ③

05 소방시설업자는 규정에 따라 등록한 사항 중 행정안전부령이 정하는 중요사항을 변경할 경우 행정안전부령이 정하는 바에 따라 시·도지사에게 신고하여야 한다. 다음 중 소방시설업의 등록사항의 변경신고사항에 해당하지 않는 것은?
① 대표자
② 명칭(상호)
③ 기술인력
④ 정비변경

해설
정비변경은 소방시설업 등록사항의 변경신고사항에 해당하지 않는다.

정답 ④

06 다음 중 소방시설업자 등록사항의 변경신고사항이 아닌 것은?
① 명칭(상호)
② 대표자
③ 영업소 소재지
④ 사무실 임대차 계약

해설
사무실 임대차 계약은 소방시설업 등록사항의 변경신고사항에 해당하지 않는다.

정답 ④

07 다음 중 소방시설업 등록사항의 변경신고 사항이 아닌 것은?
① 명칭(상호) 또는 영업소 소재지
② 대표자
③ 기술인력
④ 시설업 업종 변경

해설
시설업 업종 변경은 소방시설업 등록사항의 변경신고사항에 해당하지 않는다.

정답 ④

★★★★☆ [개정 2020. 6. 9.]

제8조(소방시설업의 운영)

① 소방시설업자는 다른 자에게 자기의 성명이나 상호를 사용하여 소방시설공사등을 수급 또는 시공하게 하거나 소방시설업의 등록증 또는 등록수첩을 빌려 주어서는 아니 된다. 〈개정 2020. 6. 9.〉
② 제9조제1항에 따라 영업정지처분이나 등록취소처분을 받은 소방시설업자는 그 날부터 소방시설공사등을 하여서는 아니 된다. 다만, 소방시설의 착공신고가 수리(受理)되어 공사를 하고 있는 자로서 도급계약이 해지되지 아니한 소방시설공사업자 또는 소방공사감리업자가 그 공사를 하는 동안이나 제4조제1항에 따라 방염처리업을 등록한 자(이하 "방염처리업자"라 한다)가 도급을 받아 방염 중인 것으로서 도급계약이 해지되지 아니한 상태에서 그 방염을 하는 동안에는 그러하지 아니하다.
③ 소방시설업자는 다음 각 호의 어느 하나에 해당하는 경우에는 소방시설공사등을 맡긴 특정소방대상물의 관계인에게 지체 없이 그 사실을 알려야 한다.
  1. 제7조에 따라 소방시설업자의 지위를 승계한 경우
  2. 제9조제1항에 따라 소방시설업의 등록취소처분 또는 영업정지처분을 받은 경우
  3. 휴업하거나 폐업한 경우
④ 소방시설업자는 행정안전부령으로 정하는 관계 서류를 제15조제1항에 따른 하자보수 보증기간 동안 보관하여야 한다.

> ※ 행정안전부령으로 정하는 관계 서류(시행규칙 제8조)
>   1. 소방시설설계업 : 소방시설 설계기록부 및 소방시설 설계도서
>   2. 소방시설공사업 : 소방시설공사 기록부
>   3. 소방공사감리업 : 소방공사 감리기록부, 소방공사 감리일지 및 소방시설의 완공 당시 설계도서

예상문제

01 소방시설업자가 설계, 시공 또는 감리를 수행하게 한 특정소방대상물의 관계인에게 지체 없이 그 사실을 알려야 하는 내용으로 옳지 않은 것은?
① 소방시설업자의 지위승계를 하였을 때
② 소방시설업의 등록취소처분 또는 영업정지처분을 받았을 때
③ 휴업 또는 폐업을 하였을 때
④ 소방기술인력을 변경하였을 때

해설
소방기술인력을 변경하였을 때는 특정소방대상물의 관계인에게 지체 없이 그 사실을 알려야 하는 내용에 해당하지 않는다.

정답 ④

02 다음 중 소방시설업 운영에서 관계인에게 그 사실을 지체 없이 통지하지 않아도 되는 것은?
① 업체의 합병
② 휴업 또는 폐업
③ 지위 승계
④ 영업정지처분

해설
업체의 합병은 특정소방대상물의 관계인에게 지체 없이 그 사실을 알려야 하는 내용에 해당하지 않는다.

정답 ①

03 다음 중 소방시설업의 영업과 관련된 관계서류의 보관 연도는?
① 1년
② 5년
③ 10년
④ 하자보수 보증기간 동안

해설
소방시설업자는 행정안전부령으로 정하는 관계 서류를 하자보수 보증기간 동안 보관하여야 한다.

> ※ 행정안전부령으로 정하는 관계 서류(시행규칙 제8조)
> 1. 소방시설설계업 : 소방시설 설계기록부 및 소방시설 설계도서
> 2. 소방시설공사업 : 소방시설공사 기록부
> 3. 소방공사감리업 : 소방공사 감리기록부, 소방공사 감리일지 및 소방시설의 완공 당시 설계도서

정답 ④

04 소방시설공사업법에서 소방시설업자가 소방시설공사 등을 맡긴 특정소방대상물의 관계인에게 지체 없이 그 사실을 알려야 하는 사항으로 옳지 않은 것은?
① 소방시설업을 휴업할 경우
② 소방시설업자의 지위를 승계한 경우
③ 소방시설업에 대한 행정처분 중 등록취소 처분을 받은 경우
④ 소방시설업에 대한 행정처분 중 영업정지 또는 경고 처분을 받은 경우

> **해설**
> 소방시설업자가 소방시설공사 등을 맡긴 특정소방대상물의 관계인에게 지체 없이 그 사실을 알려야 하는 사항
> 1. 소방시설업자의 지위를 승계한 경우
> 2. 소방시설업의 등록취소처분 또는 영업정지처분을 받은 경우
> 3. 휴업하거나 폐업한 경우
>
> **정답** ④

★★★★★ [개정 2023. 1. 3.]

제9조(등록취소와 영업정지 등)

① 시·도지사는 소방시설업자가 다음 각 호의 어느 하나에 해당하면 행정안전부령으로 정하는 바에 따라 그 등록을 취소하거나 6개월 이내의 기간을 정하여 시정이나 그 영업의 정지를 명할 수 있다. 다만, 제1호·제3호 또는 제7호에 해당하는 경우에는 그 등록을 취소하여야 한다. 〈개정 2023. 1. 3.〉

1. 거짓이나 그 밖의 부정한 방법으로 등록한 경우
2. 제4조제1항에 따른 등록기준에 미달하게 된 후 30일이 경과한 경우. 다만, 자본금기준에 미달한 경우 중「채무자 회생 및 파산에 관한 법률」에 따라 법원이 회생절차의 개시의 결정을 하고 그 절차가 진행 중인 경우 등 대통령령으로 정하는 경우는 30일이 경과한 경우에도 예외로 한다.
3. 제5조 각 호의 등록 결격사유에 해당하게 된 경우. 다만, 제5조제6호 또는 제7호에 해당하게 된 법인이 그 사유가 발생한 날부터 3개월 이내에 그 사유를 해소한 경우는 제외한다.
4. 등록을 한 후 정당한 사유 없이 1년이 지날 때까지 영업을 시작하지 아니하거나 계속하여 1년 이상 휴업한 때
5. 삭제 〈2013. 5. 22.〉
6. 제8조제1항을 위반하여 다른 자에게 자기의 성명이나 상호를 사용하여 소방시설공사등을 수급 또는 시공하게 하거나 소방시설업의 등록증 또는 등록수첩을 빌려준 경우
7. 제8조제2항을 위반하여 영업정지 기간 중에 소방시설공사등을 한 경우
8. 제8조제3항 또는 제4항을 위반하여 통지를 하지 아니하거나 관계서류를 보관하지 아니한 경우
9. 제11조나 제12조제1항을 위반하여「소방시설 설치 및 관리에 관한 법률」제2조제1항제6호에 따른 화재안전기준(이하 "화재안전기준"이라 한다) 등에 적합하게 설계·시공을 하지 아니하거나, 제16조제1항에 따라 적합하게 감리를 하지 아니한 경우

10. 제11조, 제12조제1항, 제16조제1항 또는 제20조의2에 따른 소방시설공사등의 업무 수행의무 등을 고의 또는 과실로 위반하여 다른 자에게 상해를 입히거나 재산피해를 입힌 경우
11. 제12조제2항을 위반하여 소속 소방기술자를 공사현장에 배치하지 아니하거나 거짓으로 한 경우
12. 제13조나 제14조를 위반하여 착공신고(변경신고를 포함한다)를 하지 아니하거나 거짓으로 한 때 또는 완공검사(부분완공검사를 포함한다)를 받지 아니한 경우
13. 제13조제2항 후단을 위반하여 착공신고사항 중 중요한 사항에 해당하지 아니하는 변경사항을 같은 항 각 호의 어느 하나에 해당하는 서류에 포함하여 보고하지 아니한 경우
14. 제15조제3항을 위반하여 하자보수 기간 내에 하자보수를 하지 아니하거나 하자보수계획을 통보하지 아니한 경우
14의2. 제16조제3항에 따른 감리의 방법을 위반한 경우
15. 제17조제3항을 위반하여 인수·인계를 거부·방해·기피한 경우
16. 제18조제1항을 위반하여 소속 감리원을 공사현장에 배치하지 아니하거나 거짓으로 한 경우
17. 제18조제3항의 감리원 배치기준을 위반한 경우
18. 제19조제1항에 따른 요구에 따르지 아니한 경우
19. 제19조제3항을 위반하여 보고하지 아니한 경우
20. 제20조를 위반하여 감리 결과를 알리지 아니하거나 거짓으로 알린 경우 또는 공사감리 결과보고서를 제출하지 아니하거나 거짓으로 제출한 경우
20의2. 제20조의2를 위반하여 방염을 한 경우
20의3. 제20조의3제2항에 따른 방염처리능력 평가에 관한 서류를 거짓으로 제출한 경우
20의4. 제21조의3제4항을 위반하여 하도급 등에 관한 사항을 관계인과 발주자에게 알리지 아니하거나 거짓으로 알린 경우
21. 제22조제1항 본문을 위반하여 도급받은 소방시설의 설계, 시공, 감리를 하도급한 경우
21의2. 제22조제2항을 위반하여 하도급받은 소방시설공사를 다시 하도급한 경우
22. 제22호는 제20호의4로 이동 〈2020. 6. 9.〉
23. 제22조의2제2항을 위반하여 정당한 사유 없이 하수급인 또는 하도급 계약내용의 변경요구에 따르지 아니한 경우
23의2. 제22조의3을 위반하여 하수급인에게 대금을 지급하지 아니한 경우
24. 제24조를 위반하여 시공과 감리를 함께 한 경우
24의2. 제26조제2항에 따른 시공능력 평가에 관한 서류를 거짓으로 제출한 경우
24의3. 제26조의2제1항 후단에 따른 사업수행능력 평가에 관한 서류를 위조하거나 변조하는 등 거짓이나 그 밖의 부정한 방법으로 입찰에 참여한 경우
25. 제31조에 따른 명령을 위반하여 보고 또는 자료 제출을 하지 아니하거나 거짓으로 보고 또는 자료 제출을 한 경우

26. 정당한 사유 없이 제31조에 따른 관계 공무원의 출입 또는 검사·조사를 거부·방해 또는 기피한 경우

② 제7조에 따라 소방시설업자의 지위를 승계한 상속인이 제5조 각 호의 어느 하나에 해당할 때에는 상속을 개시한 날부터 6개월 동안은 제1항제3호를 적용하지 아니한다.

③ 발주자는 소방시설업자가 제1항 각 호의 어느 하나에 해당하는 경우 그 사실을 시·도지사에게 통보하여야 한다.

④ 시·도지사는 제1항 또는 제10조제1항에 따라 등록취소, 영업정지 또는 과징금 부과 등의 처분을 하는 경우 해당 발주자에게 그 내용을 통보하여야 한다.

예상문제

01 시·도지사는 소방시설업자의 등록을 취소하거나 6개월 이내의 기간을 정하여 시정이나 그 영업의 정지를 명할 수 있다. 다음 중 등록의 취소 요건이 아닌 것은?

① 거짓이나 그 밖의 부정한 방법으로 등록한 경우
② 등록을 한 후 정당한 사유 없이 1년이 지날 때까지 영업을 시작하지 아니하거나 계속하여 1년 이상 휴업한 때
③ 등록 결격사유에 해당하게 된 경우
④ 영업정지 기간 중에 소방시설공사 등을 한 경우

해설
등록을 한 후 정당한 사유 없이 1년이 지날 때까지 영업을 시작하지 아니하거나 계속하여 1년 이상 휴업한 때는 시정이나 그 영업의 정지 요건에 해당한다.

※ **소방시설업자의 등록취소 요건**
1. 거짓이나 그 밖의 부정한 방법으로 등록한 경우
2. 등록 결격사유에 해당하게 된 경우
3. 영업정지 기간 중에 소방시설공사 등을 한 경우

정답 ②

02 다음 중 시·도지사가 정하는 소방시설업 등록의 취소사유인 것은?

① 등록 결격사유에 해당하게 된 경우
② 등록기준에 미달하게 된 후 30일이 경과한 경우
③ 다른 자에게 자기의 성명이나 상호를 사용하여 소방시설공사등을 수급 또는 시공하게 하거나 소방시설업의 등록증 또는 등록수첩을 빌려준 경우
④ 등록을 한 후 정당한 사유 없이 1년이 지날 때까지 영업을 시작하지 아니하거나 계속하여 1년 이상 휴업한 때

해설
시·도지사는 소방시설업자가 등록 결격사유에 해당하게 된 경우에는 그 등록을 취소하여야 한다.

정답 ①

03 소방시설업 중에서 반드시 등록을 취소하여야 하는 때는?
① 거짓이나 그 밖의 부정한 방법으로 등록한 경우
② 등록기준에 미달하게 된 후 30일이 경과한 경우
③ 다른 자에게 소방시설업의 등록증 또는 등록수첩을 빌려준 경우
④ 시공과 감리를 함께 한 경우

해설
시·도지사는 소방시설업자가 거짓이나 그 밖의 부정한 방법으로 등록한 경우에는 그 등록을 취소하여야 한다.

정답 ①

04 소방시설업의 등록의 취소와 영업정지 등에서 옳지 않은 것은?
① 시·도지사는 소방시설업자에게 시정이나 그 영업의 정지를 명할 수 있다.
② 소방시설업자가 등록기준에 미달하게 된 후 30일이 경과한 경우 그 영업의 정지를 명할 수 있다.
③ 감리업자가 정당한 사유 없이 계속하여 1년 이상 휴업한 때는 그 영업의 정지를 명할 수 있다.
④ 소방본부장 또는 소방서장은 등록 결격사유에 해당하게 된 경우에는 등록을 취소하여야 한다.

해설
시·도지사는 소방시설업자가 등록 결격사유에 해당하게 된 경우에는 그 등록을 취소하여야 한다.

정답 ④

★★☆☆☆ [개정 2020. 6. 9.]

제10조(과징금처분)

① 시·도지사는 제9조제1항 각 호의 어느 하나에 해당하는 경우로서 영업정지가 그 이용자에게 불편을 주거나 그 밖에 공익을 해칠 우려가 있을 때에는 영업정지처분을 갈음하여 2억 원 이하의 과징금을 부과할 수 있다. 〈개정 2020. 6. 9.〉

② 제1항에 따른 과징금을 부과하는 위반행위의 종류와 위반 정도 등에 따른 과징금과 그 밖에 필요한 사항은 행정안전부령으로 정한다.
③ 시·도지사는 제1항에 따른 과징금을 내야 할 자가 납부기한까지 과징금을 내지 아니하면 「지방행정제재·부과금의 징수 등에 관한 법률」에 따라 징수한다. 〈개정 2020. 3. 24.〉

예상문제

01 소방시설공사업법상 ( ) 안에 들어갈 내용으로 옳은 것은?

> 시·도지사는 소속 감리원을 공사현장에 배치하지 아니하거나 거짓으로 한 경우로서 영업정지가 그 이용자에게 불편을 주거나 그 밖에 공익을 해칠 우려가 있을 때에는 영업정지 처분을 갈음하여 ( ) 이하의 과징금을 부과할 수 있다.

① 3,000만 원 ② 5,000만 원
③ 1억 원 ④ 2억 원

해설
시·도지사는 소방시설업의 영업정지가 그 이용자에게 불편을 주거나 그 밖에 공익을 해칠 우려가 있을 때에는 영업정지 처분을 갈음하여 2억 원 이하의 과징금을 부과할 수 있다.

정답 ④

02 소방시설공사업법에서 과징금의 최대금액은?
① 3,000만 원 ② 5,000만 원
③ 1억 원 ④ 2억 원

해설
소방시설공사업법에서 과징금의 최대금액은 2억 원이다.

정답 ④

★★☆☆☆ [개정 2020. 6. 9.]
제13조(착공신고)

① 공사업자는 대통령령으로 정하는 소방시설공사를 하려면 행정안전부령으로 정하는 바에 따라 그 공사의 내용, 시공 장소, 그 밖에 필요한 사항을 소방본부장이나 소방서장에게 신고하여야 한다.

② 공사업자가 제1항에 따라 신고한 사항 가운데 행정안전부령으로 정하는 중요한 사항을 변경하였을 때에는 행정안전부령으로 정하는 바에 따라 변경신고를 하여야 한다. 이 경우 중요한 사항에 해당하지 아니하는 변경 사항은 다음 각 호의 어느 하나에 해당하는 서류에 포함하여 소방본부장이나 소방서장에게 보고하여야 한다. 〈개정 2020. 6. 9.〉
  1. 제14조제1항 또는 제2항에 따른 완공검사 또는 부분완공검사를 신청하는 서류
  2. 제20조에 따른 공사감리 결과보고서

> ※ 행정안전부령으로 정하는 중요한 사항(시행규칙 제12조2항)
>   1. 시공자
>   2. 설치되는 소방시설의 종류
>   3. 책임시공 및 기술관리 소방기술자

③ 소방본부장 또는 소방서장은 제1항 또는 제2항 전단에 따른 착공신고 또는 변경신고를 받은 날부터 2일 이내에 신고수리 여부를 신고인에게 통지하여야 한다. 〈신설 2020. 6. 9.〉
④ 소방본부장 또는 소방서장이 제3항에서 정한 기간 내에 신고수리 여부 또는 민원 처리 관련 법령에 따른 처리기간의 연장을 신고인에게 통지하지 아니하면 그 기간(민원처리 관련 법령에 따라 처리기간이 연장 또는 재연장된 경우에는 해당 처리기간을 말한다)이 끝난 날의 다음 날에 신고를 수리한 것으로 본다. 〈신설 2020. 6. 9.〉

예상문제

01 다음 중 공사업자가 소방시설공사를 할 때 착공신고는 누구에게 하는가?
① 총리, 소방본부장 또는 소방서장   ② 소방청장 또는 소방본부장
③ 소방청장 또는 시·도지사   ④ 소방본부장 또는 소방서장

해설
소방시설공사업자는 대통령령으로 정하는 소방시설공사를 하려면 행정안전부령으로 정하는 바에 따라 그 공사의 내용, 시공 장소, 그 밖에 필요한 사항을 소방본부장이나 소방서장에게 신고하여야 한다.

정답 ④

02 다음 중 공사업자는 소방시설공사를 하려면 착공신고를 누구에게 하는가?
① 소방서장   ② 대통령
③ 소방청장   ④ 시·도지사

해설
공사업자는 소방시설공사를 하려면 착공신고를 소방본부장 또는 소방서장에게 하여야 한다.

정답 ①

★★★★☆
제14조(완공검사)

① 공사업자는 소방시설공사를 완공하면 소방본부장 또는 소방서장의 완공검사를 받아야 한다. 다만, 제17조제1항에 따라 공사감리자가 지정되어 있는 경우에는 공사감리 결과보고서로 완공검사를 갈음하되, 대통령령으로 정하는 특정소방대상물의 경우에는 소방본부장이나 소방서장이 소방시설공사가 공사감리 결과보고서대로 완공되었는지를 현장에서 확인할 수 있다.
② 공사업자가 소방대상물 일부분의 소방시설공사를 마친 경우로서 전체 시설이 준공되기 전에 부분적으로 사용할 필요가 있는 경우에는 그 일부분에 대하여 소방본부장이나 소방서장에게 완공검사(이하 "부분완공검사"라 한다)를 신청할 수 있다. 이 경우 소방본부장이나 소방서장은 그 일부분의 공사가 완공되었는지를 확인하여야 한다.
③ 소방본부장이나 소방서장은 제1항에 따른 완공검사나 제2항에 따른 부분완공검사를 하였을 때에는 완공검사증명서나 부분완공검사증명서를 발급하여야 한다.
④ 제1항부터 제3항까지의 규정에 따른 완공검사 및 부분완공검사의 신청과 검사증명서의 발급, 그 밖에 완공검사 및 부분완공검사에 필요한 사항은 행정안전부령으로 정한다.

예상문제

01 다음 중 완공검사에 대하여 옳지 않은 것은?

① 공사업자는 소방시설공사를 완공하면 소방본부장 또는 소방서장의 완공검사를 받아야 한다.
② 공사업자가 전체 시설이 준공되기 전에 부분적으로 사용할 필요가 있는 경우에는 그 일부분에 대하여 소방본부장이나 소방서장에게 완공검사를 신청할 수 없다.
③ 소방본부장이나 소방서장은 완공검사나 부분완공검사를 하였을 때에는 완공검사증명서나 부분완공검사증명서를 발급하여야 한다.
④ 규정에 따른 완공검사 및 부분완공검사의 신청과 검사증명서의 발급, 그 밖에 완공검사 및 부분완공검사에 필요한 사항은 행정안전부령으로 정한다.

해설
소방시설공사업자가 소방대상물 일부분의 소방시설공사를 마친 경우로서 전체 시설이 준공되기 전에 부분적으로 사용할 필요가 있는 경우에는 그 일부분에 대하여 소방본부장이나 소방서장에게 완공검사(부분완공검사)를 신청할 수 있다.

정답 ②

02 신축으로 자동화재탐지설비와 옥내소화전설비를 신설해야 하는 연면적 15,000m² 인 특정소방대상물(업무시설)인 경우 소방시설 설치에서 완공까지 절차 중 순서가 옳은 것은? (단, 감리자지정 및 감리원 배치 등 감리전반에 관한 절차 제외)
① 착공신고 – 시공 및 공사완료 – 완공검사 신청 – 감리결과보고서로 갈음 – 완공검사 증명서 발급
② 시공 – 착공신고 – 공사완료 – 완공검사 신청 – 감리결과보고서로 갈음 – 완공검사 증명서 발급
③ 착공신고 – 시공 및 공사완료 – 완공검사 신청 – 완공검사(현장확인) – 완공검사증명 서 발급
④ 시공 – 착공신고 – 공사완료 – 완공검사 신청 – 완공검사(현장확인) – 완공검사증명 서 발급

해설
소방시설의 설치에서 완공까지 절차
- 완공검사를 위한 현장확인 대상인 것 : 착공신고 – 시공 및 공사완료 – 완공검사 신청 – 완공검사(현 장확인) – 완공검사증명서 발급
- 완공검사를 위한 현장확인 대상이 아닌 것 : 착공신고 – 시공 및 공사완료 – 완공검사 신청 – 공사감 리 결과보고서로 완공검사를 갈음 – 완공검사증명서 발급

> ※ 완공검사를 위한 현장확인 대상
> 1. 문화 및 집회시설, 종교시설, 판매시설, 노유자시설, 수련시설, 운동시설, 숙박시 설, 창고시설, 지하상가 및 다중이용업소
> 2. 다음 각 목의 어느 하나에 해당하는 설비가 설치되는 특정소방대상물
>   가. 스프링클러설비등
>   나. 물분무등소화설비(호스릴 방식의 소화설비는 제외)
> 3. 연면적 1만제곱미터 이상이거나 11층 이상인 특정소방대상물(아파트는 제외)
> 4. 가연성가스를 제조·저장 또는 취급하는 시설 중 지상에 노출된 가연성가스탱크의 저장용량 합계가 1천톤 이상인 시설

정답 ③

03 소방시설공사업법에서 완공검사에 대해 옳은 것은?
① 건축주는 소방시설공사를 마친 경우 소방본부장이나 소방서장에게 완공검사를 신청한다.
② 공사업자가 소방대상물의 일부분에 대하여 소방시설공사를 마친 경우로서 전체 시설 의 준공 전에 부분적으로 사용할 필요가 있는 때에는 그 일부분에 대하여 소방본부장 또는 소방서장에게 부분완공검사를 신청할 수 있다.
③ 대통령령으로 정하는 특정소방대상물의 경우에는 소방본부장이나 소방서장이 소방시 설공사가 공사감리 결과보고서대로 완공되었는지를 현장에서 확인할 수 없다.
④ 공사업자는 규정에 따른 완공검사나 부분완공검사를 하였을 때에는 완공검사증명서나 부분완공검사증명서를 발급하여야 한다.

해설
- 소방시설공사업자는 소방시설공사를 마친 경우 소방본부장이나 소방서장에게 완공검사를 신청한다.
- 대통령령으로 정하는 특정소방대상물의 경우에는 소방본부장이나 소방서장이 소방시설공사가 공사감리 결과보고서대로 완공되었는지를 현장에서 확인할 수 있다.
- 소방본부장이나 소방서장은 규정에 따른 완공검사나 부분완공검사를 하였을 때에는 완공검사증명서나 부분완공검사증명서를 발급하여야 한다.

정답 ②

04 소방본부장이나 소방서장에게 하는 착공신고에서 완공검사를 받는 자는 누구인가?
① 관계인　　　　　　　　　　② 소방시설설계업자
③ 소방시설공사업자　　　　　④ 소방공사감리업자

해설
소방본부장이나 소방서장에게 하는 착공신고에서 완공검사를 받는 자는 소방시설공사업자이다.

정답 ③

★★★★☆ [개정 2021. 11. 30.]

제15조(공사의 하자보수 등)

① 공사업자는 소방시설공사 결과 자동화재탐지설비 등 대통령령으로 정하는 소방시설에 하자가 있을 때에는 대통령령으로 정하는 기간 동안 그 하자를 보수하여야 한다.
② 삭제 〈2015. 7. 20.〉
③ 관계인은 제1항에 따른 기간에 소방시설의 하자가 발생하였을 때에는 공사업자에게 그 사실을 알려야 하며, 통보를 받은 공사업자는 3일 이내에 하자를 보수하거나 보수 일정을 기록한 하자보수계획을 관계인에게 서면으로 알려야 한다.
④ 관계인은 공사업자가 다음 각 호의 어느 하나에 해당하는 경우에는 소방본부장이나 소방서장에게 그 사실을 알릴 수 있다.
　1. 제3항에 따른 기간에 하자보수를 이행하지 아니한 경우
　2. 제3항에 따른 기간에 하자보수계획을 서면으로 알리지 아니한 경우
　3. 하자보수계획이 불합리하다고 인정되는 경우
⑤ 소방본부장이나 소방서장은 제4항에 따른 통보를 받았을 때에는「소방시설 설치 및 관리에 관한 법률」제18조제2항에 따른 지방소방기술심의위원회에 심의를 요청하여야 하며, 그 심의 결과 제4항 각 호의 어느 하나에 해당하는 것으로 인정할 때에는 시공자에게 기간을 정하여 하자보수를 명하여야 한다. 〈개정 2021. 11. 30.〉

예상문제

01 하자보수를 통보받은 공사업자는 며칠 이내에 이를 보수하여야 하는가?
① 3일 이내
② 5일 이내
③ 7일 이내
④ 30일 이내

해설
관계인으로부터 하자보수 통보를 받은 공사업자는 3일 이내에 하자를 보수하거나 보수 일정을 기록한 하자보수계획을 관계인에게 서면으로 알려야 한다.

정답 ①

02 공사의 하자보수에 대하여 옳지 않은 것은?
① 공사업자는 관계인에게 통보받은 3일 이내에 하자를 보수하거나 보수 일정을 기록한 하자보수계획을 관계인에게 서면으로 알린다.
② ①항에 대하여 이를 이행하지 않을 경우 관계인은 소방본부장이나 소방서장에게 그 사실을 알린다.
③ 소방본부장이나 소방서장은 통보를 받았을 때에는 지방소방기술심의위원회에 심의를 요청하여야 하며, 그 심의 결과에 따라 시공자에게 기간을 정하여 하자보수를 명하여야 한다.
④ 공사업자는 소방시설공사 결과 하자가 있을 때에는 행정안전부령으로 정하는 기간 동안 그 하자를 보수하여야 한다.

해설
공사업자는 소방시설공사 결과 하자가 있을 때에는 대통령령으로 정하는 기간 동안 그 하자를 보수하여야 한다.

정답 ④

03 소방시설공사업법에 대한 내용 중 가장 옳지 않은 것은?
① 착공신고는 공사업자가 소방본부장이나 소방서장에게 신고하여야 한다.
② 공사업자는 소속 소방기술자를 소방시설공사 현장에 배치하여야 한다.
③ 공사업자는 관계인에게 통보받은 후 7일 이내에 하자를 보수하여야 한다.
④ 업무시설이나 근린생활시설은 완공검사를 위한 현장확인 대상이 아니다.

해설
공사업자는 관계인에게 통보받은 후 3일 이내에 하자를 보수하거나 보수 일정을 기록한 하자보수계획을 관계인에게 서면으로 알려야 한다.

정답 ③

04 소방시설공사의 하자보증에 관한 내용 중 옳은 것은?

① 공사업자는 소방시설공사 결과 하자가 있을 때에는 대통령령으로 정하는 기간 동안 그 하자를 보수하여야 한다.
② 관계인은 하자보증기간 내에 소방시설에 하자가 발생하였을 때에는 소방본부장 또는 소방서장에게 그 사실을 알려야 한다.
③ 규정에 따른 기간 내에 하자보수 계획을 구두로 알리지 아니하는 경우에는 소방본부장 또는 소방서장에게 알린다.
④ 4일 이내에 하자보수의 이행을 하지 아니하는 경우에 관계인은 소방본부장 또는 소방서장에게 알릴 수 있다.

해설
- 관계인은 하자보증기간 내에 소방시설에 하자가 발생하였을 때에는 공사업자에게 그 사실을 알려야 한다.
- 규정에 따른 기간 내에 하자보수 계획을 서면으로 알리지 아니하는 경우에는 소방본부장이나 소방서장에게 알린다.
- 3일 이내에 하자보수를 이행하지 아니한 경우에 관계인은 소방본부장이나 소방서장에게 알릴 수 있다.

정답 ①

★★★★★ [개정 2021. 11. 30.]

제16조(감리)

① 제4조제1항에 따라 소방공사감리업을 등록한 자(이하 "감리업자"라 한다)는 소방공사를 감리할 때 다음 각 호의 업무를 수행하여야 한다. 〈개정 2021. 11. 30.〉
1. 소방시설등의 설치계획표의 적법성 검토
2. 소방시설등 설계도서의 적합성(적법성과 기술상의 합리성을 말한다. 이하 같다) 검토
3. 소방시설등 설계 변경 사항의 적합성 검토
4. 「소방시설 설치 및 관리에 관한 법률」 제2조제1항제7호의 소방용품의 위치·규격 및 사용 자재의 적합성 검토
5. 공사업자가 한 소방시설등의 시공이 설계도서와 화재안전기준에 맞는지에 대한 지도·감독
6. 완공된 소방시설등의 성능시험
7. 공사업자가 작성한 시공 상세 도면의 적합성 검토
8. 피난시설 및 방화시설의 적법성 검토
9. 실내장식물의 불연화(不燃化)와 방염 물품의 적법성 검토

② 용도와 구조에서 특별히 안전성과 보안성이 요구되는 소방대상물로서 대통령령으로 정하는 장소에서 시공되는 소방시설물에 대한 감리는 감리업자가 아닌 자도 할 수 있다.

③ 감리업자는 제1항 각 호의 업무를 수행할 때에는 대통령령으로 정하는 감리의 종류 및 대상에 따라 공사기간 동안 소방시설공사 현장에 소속 감리원을 배치하고 업무수행 내용을 감리일지에 기록하는 등 대통령령으로 정하는 감리의 방법에 따라야 한다. 〈개정 2020. 6. 9.〉

예상문제

01 감리업자의 소방공사감리 관련 업무 중 옳지 않은 것은?
① 소방시설의 설치 또는 유지·관리
② 피난 및 방화시설의 적법성 검토
③ 소방시설 등 설계 변경 사항의 적합성 검토
④ 실내장식물의 불연화와 방염 물품의 적법성 검토

해설
소방시설의 설치 또는 유지·관리는 관계인의 업무이다.

정답 ①

02 다음 중 소방공사감리업자가 수행하는 업무가 아닌 것은?
① 실내장식물의 불연화와 방염 물품의 적법성 검토
② 소방시설 등의 설치계획표의 적법성 검토
③ 피난시설 및 방화시설의 적법성 검토
④ 설계업자가 작성한 시공 상세 도면의 적합성 검토

해설
시공상세도면은 소방시설공사업자가 작성하며, 소방공사감리업자가 수행하는 업무는 "공사업자가 작성한 시공 상세 도면의 적합성 검토"이다.

정답 ④

03 다음 중 소방공사감리업자의 업무가 아닌 것은?
① 완공된 소방시설 등의 성능시험
② 피난시설 및 방화시설의 적합성 검토
③ 소방시설 등의 설치계획표의 적법성 검토
④ 소방시설 등 설계도서의 적합성 검토

해설
소방공사감리업자의 업무는 "피난시설 및 방화시설의 적법성 검토"이다.

정답 ②

04 다음 소방공사감리업에서 감리업자의 업무 중 잘못된 것은?
① 실내장식물의 불연화와 방염 물품의 적합성 검토
② 공사업자가 작성한 시공상세도면의 적합성 검토
③ 소방시설 등의 설치계획표의 적법성 검토
④ 소방시설 등 설계도서의 적합성 검토

해설
소방공사감리업자의 업무는 "실내장식물의 불연화와 방염 물품의 적법성 검토"이다.

정답 ①

05 다음 중 감리업자의 업무가 아닌 것은?
① 완공된 소방시설 등의 성능시험
② 피난시설 및 방화시설의 적법성 검토
③ 공사예정공정표의 적합성 검토
④ 실내장식물의 불연화와 방염 물품의 적법성 검토

해설
공사예정공정표의 적합성 검토는 소방공사감리업자의 업무에 해당하지 않는다.

정답 ③

06 다음 중 소방공사감리업자의 업무로서 옳지 않은 것은?
① 소방시설 등의 설치계획표의 적법성 검토
② 완공된 소방시설 등의 성능검사
③ 공사업자가 작성한 시공 상세 도면의 적합성 검토
④ 실내장식물의 불연화와 방염 물품의 적법성 검토

해설
소방공사감리업자의 업무는 "완공된 소방시설 등의 성능시험"이다.

정답 ②

07 다음 중 감리업자의 수행업무 범위로 옳지 않은 것은?
① 소방시설 등의 설치계획표의 적법성 검토
② 소방시설 등 설계도서의 적합성 검토
③ 소방시설 등의 성능검사와 타당성 검토
④ 소방시설 등 설계변경 사항의 적합성 검토

해설
소방시설 등의 성능검사와 타당성 검토는 소방공사감리업자의 업무에 해당하지 않는다.

정답 ③

08 다음 중 소방공사감리업자가 수행하는 업무가 아닌 것은?
① 소방시설 등의 설치계획표의 적법성 검토
② 완공된 소방시설 등의 성능시험
③ 피난시설 및 방화시설의 적법성 검토
④ 소방시설 등의 하자보수보증

📝 해설
소방시설 등의 하자보수보증은 소방공사감리업자의 업무에 해당하지 않는다.

정답 ④

09 다음 중 소방공사감리업자의 업무수행 내용으로 옳지 않은 것은?
① 소방시설의 하자보증의 적합성 검토
② 피난시설 및 방화시설의 적법성 검토
③ 실내장식물의 불연화와 방염 물품의 적법성 검토
④ 소방시설 등 설계도서의 적합성 검토

📝 해설
소방시설의 하자보증의 적합성 검토는 소방공사감리업자의 업무에 해당하지 않는다.

정답 ①

10 다음 중 소방공사감리자가 수행해야 할 업무가 아닌 것은?
① 완공된 소방시설 등의 성능시험
② 소방시설 등의 설치계획표의 적법성 검토
③ 비상방송설비 적합성 검토
④ 실내장식물의 불연화와 방염 물품의 적법성 검토

📝 해설
비상방송설비 적합성 검토는 소방공사감리업자의 업무에 해당하지 않는다.

정답 ③

11 다음 중 소방공사감리업자의 업무수행 내용이 아닌 것은?
① 실내장식물의 불연화와 방염 물품의 적법성 검토
② 피난시설 및 방화시설의 적법성 검토
③ 소방시설에 대한 착공신고
④ 완공된 소방시설 등의 성능시험

📝 해설
소방시설에 대한 착공신고는 소방공사감리업자의 업무에 해당하지 않는다.

정답 ③

12 다음 중 감리업자의 업무 중 옳지 않은 것은?

① 소방시설 등 설계 변경 사항의 적합성 검토
② 실내장식물의 불연화와 방염 물품의 적법성 검토
③ 완공된 소방시설 등의 성능시험
④ 소방시설 공사의 하자를 판단하는 기준

해설
소방시설 공사의 하자를 판단하는 기준은 소방공사감리업자의 업무에 해당하지 않는다.

정답 ④

13 다음 설문 중 소방공사감리업을 등록한 자의 업무만을 나타낸 것은?

㉠ 소방시설 등의 설치계획표의 적법성을 검토한다.
㉡ 소방시설에 대한 하자보수보증 등을 이행한다.
㉢ 소방시설 등 설계변경 사항의 적합성을 검토한다.
㉣ 소방용품의 위치·규격 및 사용 자재의 적합성을 검토한다.
㉤ 공사업자의 소방시설 등의 시공능력을 평가한다.
㉥ 완공된 소방시설 등의 성능시험을 한다.
㉦ 공사업자가 공사한 소방시설의 완공검사를 신청한다.

① ㉠, ㉢, ㉣, ㉥
② ㉡, ㉣, ㉤, ㉦
③ ㉡, ㉣, ㉤, ㉥
④ ㉠, ㉤, ㉥, ㉦

해설
소방공사감리업을 등록한 자(감리업자)의 업무는 ㉠, ㉢, ㉣, ㉥이 해당한다.

정답 ①

★★☆☆☆ [개정 2021. 1. 5.]

제17조(공사감리자의 지정 등)

① 대통령령으로 정하는 특정소방대상물의 관계인이 특정소방대상물에 대하여 자동화재탐지설비, 옥내소화전설비 등 대통령령으로 정하는 소방시설을 시공할 때에는 소방시설공사의 감리를 위하여 감리업자를 공사감리자로 지정하여야 한다. 다만, 제26조의2제2항에 따라 시·도지사가 감리업자를 선정한 경우에는 그 감리업자를 공사감리자로 지정한다. 〈개정 2021. 1. 5.〉
② 관계인은 제1항에 따라 공사감리자를 지정하였을 때에는 행정안전부령으로 정하는 바에

따라 소방본부장이나 소방서장에게 신고하여야 한다. 공사감리자를 변경하였을 때에도 또한 같다.
③ 관계인이 제1항에 따른 공사감리자를 변경하였을 때에는 새로 지정된 공사감리자와 종전의 공사감리자는 감리 업무 수행에 관한 사항과 관계 서류를 인수·인계하여야 한다.
④ 소방본부장 또는 소방서장은 제2항에 따른 공사감리자 지정신고 또는 변경신고를 받은 날부터 2일 이내에 신고수리 여부를 신고인에게 통지하여야 한다. 〈신설 2020. 6. 9.〉
⑤ 소방본부장 또는 소방서장이 제4항에서 정한 기간 내에 신고수리 여부 또는 민원 처리 관련 법령에 따른 처리기간의 연장을 신고인에게 통지하지 아니하면 그 기간(민원처리 관련 법령에 따라 처리기간이 연장 또는 재연장된 경우에는 해당 처리기간을 말한다)이 끝난 날의 다음 날에 신고를 수리한 것으로 본다. 〈신설 2020. 6. 9.〉

예상문제

01 소방시설업에서 특정소방대상물의 공사감리자를 지정하는 사람은?
① 소방서장 ② 소방본부장
③ 시·도지사 ④ 관계인

해설
특정소방대상물의 관계인은 소방시설공사의 감리를 위하여 감리업자를 공사감리자로 지정하여야 한다.

정답 ④

★★☆☆☆
제19조(위반사항에 대한 조치)

① 감리업자는 감리를 할 때 소방시설공사가 설계도서나 화재안전기준에 맞지 아니할 때에는 관계인에게 알리고, 공사업자에게 그 공사의 시정 또는 보완 등을 요구하여야 한다.
② 공사업자가 제1항에 따른 요구를 받았을 때에는 그 요구에 따라야 한다.
③ 감리업자는 공사업자가 제1항에 따른 요구를 이행하지 아니하고 그 공사를 계속할 때에는 행정안전부령으로 정하는 바에 따라 소방본부장이나 소방서장에게 그 사실을 보고하여야 한다.

④ 관계인은 감리업자가 제3항에 따라 소방본부장이나 소방서장에게 보고한 것을 이유로 감리계약을 해지하거나 감리의 대가 지급을 거부하거나 지연시키거나 그 밖의 불이익을 주어서는 아니 된다.

예상문제

01 감리업자가 감리를 한 결과 소방시설공사가 설계도서나 화재안전기준에 맞지 아니하다. 이 경우 어떻게 하여야 하는가? 다음 중 가장 옳은 것은?

① 관계인에게 알린다.
② 공사업자에게 그 공사의 시정을 요구하여야 한다.
③ 공사업자에게 그 공사의 보완을 요구하여야 한다.
④ 관계인에게 알리고, 공사업자에게 그 공사의 시정 또는 보완 등을 요구하여야 한다.

해설
감리업자는 감리를 할 때 소방시설공사가 설계도서나 화재안전기준에 맞지 아니할 때에는 관계인에게 알리고, 공사업자에게 그 공사의 시정 또는 보완 등을 요구하여야 한다.

정답 ④

02 감리업자가 소방공사를 감리할 때 소방시설공사가 설계도서나 화재안전기준에 맞지 아니할 경우 취할 수 있는 조치에 해당되지 아니한 것은?

① 공사감리자를 지정한 특정소방대상물의 관계인에게 알린다.
② 공사업자에게 공사의 시정 또는 보완을 요구한다.
③ 공사업자가 시정 또는 보완을 하지 않을 경우 공사를 중지시킨다.
④ 공사업자가 시정 또는 보완을 하지 않고 그 공사를 계속할 경우 소방본부장이나 소방서장에게 그 사실을 보고한다.

해설
감리업자는 공사업자가 시정 또는 보완 등의 요구를 이행하지 아니하고 그 공사를 계속할 때에는 행정안전부령으로 정하는 바에 따라 소방본부장이나 소방서장에게 그 사실을 보고하여야 한다.

정답 ③

★★★★☆
제20조(공사감리 결과의 통보 등)

감리업자는 소방공사의 감리를 마쳤을 때에는 행정안전부령으로 정하는 바에 따라 그 감리 결과를 그 특정소방대상물의 관계인, 소방시설공사의 도급인, 그 특정소방대상물의 공사를 감리한 건축사에게 서면으로 알리고, 소방본부장이나 소방서장에게 공사감리 결과보고서를 제출하여야 한다.

예상문제

01 소방공사감리업자는 소방공사의 감리를 완료한 때에 그 감리결과를 통보 및 보고해야 할 대상이 아닌 것은?
① 특정소방대상물의 관계인 ② 공사를 감리한 건축사
③ 소방서장 ④ 구청장

해설
구청장은 소방공사감리 결과의 통보 및 보고대상에 해당하지 않는다.
> ※ **소방공사감리 결과의 통보대상** : 특정소방대상물의 관계인, 소방시설공사의 도급인, 특정소방대상물의 공사를 감리한 건축사
> ※ **소방공사감리 결과의 보고대상** : 소방본부장 또는 소방서장

정답 ④

02 소방시설공사업법에서 감리업자가 소방공사의 감리를 마쳤을 때, 소방공사감리 결과를 서면으로 알려야 하는 대상으로 옳지 않은 것은?
① 소방시설공사의 도급인 ② 특정소방대상물의 관계인
③ 소방시설설계업의 설계사 ④ 특정소방대상물의 공사를 감리한 건축사

해설
소방시설설계업의 설계사는 소방공사감리 결과의 통보대상에 해당하지 않는다.

정답 ③

03 소방공사감리를 마친 때에 공사감리결과 통보를 하는 대상이 아닌 것은?
① 행정기관 ② 관계인
③ 도급인 ④ 건축사

💡 해설
행정기관은 소방공사감리 결과의 통보대상에 해당하지 않는다.

정답 ①

★☆☆☆☆ [개정 2020. 6. 9.]

제22조(하도급의 제한)

① 제21조에 따라 도급을 받은 자는 소방시설의 설계, 시공, 감리를 제3자에게 하도급할 수 없다. 다만, 시공의 경우에는 대통령령으로 정하는 바에 따라 도급받은 소방시설공사의 일부를 다른 공사업자에게 하도급할 수 있다. 〈개정 2020. 6. 9.〉
② 하수급인은 제1항 단서에 따라 하도급받은 소방시설공사를 제3자에게 다시 하도급할 수 없다. 〈신설 2020. 6. 9.〉

예상문제

01 소방시설공사업자가 도급받은 소방시설 공사의 일부를 제3자에게 하도급 하고자 할 때에는 몇 차까지 가능한가?

① 1차
② 2차
③ 3차
④ 4차

💡 해설
소방시설공사업자가 도급받은 소방시설 공사의 일부를 제3자(다른 공사업자)에게 하도급 하고자 할 때에는 1차까지 가능하다.

정답 ①

★★★★☆

 제23조(도급계약의 해지)

특정소방대상물의 관계인 또는 발주자는 해당 도급계약의 수급인이 다음 각 호의 어느 하나에 해당하는 경우에는 도급계약을 해지할 수 있다.
 1. 소방시설업이 등록취소되거나 영업정지된 경우
 2. 소방시설업을 휴업하거나 폐업한 경우
 3. 정당한 사유 없이 30일 이상 소방시설공사를 계속하지 아니하는 경우
 4. 제22조의2제2항에 따른 요구에 정당한 사유 없이 따르지 아니하는 경우

> [제22조의2제2항] 발주자는 하수급인의 시공 및 수행능력 또는 하도급계약 내용이 적정하지 아니한 경우에는 그 사유를 분명하게 밝혀 수급인에게 하수급인 또는 하도급계약 내용의 변경을 요구할 수 있다.

예상문제

01 소방시설공사업법 중 도급계약의 해지 기준으로 옳지 않은 것은?
 ① 소방시설업이 등록취소되거나 영업정지된 경우
 ② 소방시설업을 휴업하거나 폐업한 경우
 ③ 정당한 사유 없이 30일 이상 소방시설공사를 계속하지 아니하는 경우
 ④ 경고받았을 때

해설
"경고받았을 때"는 도급계약을 해지할 수 있는 해지 사유에 해당하지 않는다.

정답 ④

02 특정소방대상물의 발주자가 도급계약의 해지를 할 수 있는 경우에 해당되지 않는 것은?
 ① 소방시설업이 과태료 처분을 받았을 때
 ② 정당한 사유 없이 30일 이상 소방시설공사를 계속하지 아니하는 경우
 ③ 소방시설업을 휴업하거나 폐업한 경우
 ④ 하수급인의 변경을 요구하였으나 정당한 사유 없이 이에 따르지 아니한 때

해설
"소방시설업이 과태료 처분을 받았을 때"는 도급계약을 해지할 수 있는 해지 사유에 해당하지 않는다.

정답 ①

03 정당한 사유 없이 (   )일 이상 소방시설공사를 계속하지 않은 경우에는 관계인은 수급인에게 도급계약을 해지할 수 있다. 다음 중 (   ) 속에 숫자는?

① 7일 ② 15일
③ 30일 ④ 60일

해설
특정소방대상물의 관계인 또는 발주자는 해당 도급계약의 수급인이 "정당한 사유 없이 30일 이상 소방시설공사를 계속하지 아니하는 경우"에는 도급계약을 해지할 수 있다.

정답 ③

04 특정소방대상물의 관계인 또는 발주자는 정당한 사유 없이 며칠 이상 소방시설공사를 계속하지 않는 경우에 도급계약을 해지할 수 있나?

① 7일 ② 14일
③ 30일 ④ 60일

해설
특정소방대상물의 관계인 또는 발주자는 정당한 사유 없이 30일 이상 소방시설공사를 계속하지 않는 경우에 도급계약을 해지할 수 있다.

정답 ③

05 특정소방대상물의 발주자가 도급계약을 해지할 수 있는 경우가 아닌 것은?

① 도급계약 수급인의 소방시설업이 등록취소 된 때
② 도급계약 수급인의 소방시설업이 영업정지의 처분을 받은 때
③ 도급계약 수급인이 정당한 사유 없이 10일 이상 소방시설공사를 계속하지 아니한 때
④ 도급계약 수급인이 소방시설업을 휴업 또는 폐업한 때

해설
특정소방대상물의 관계인 또는 발주자는 해당 도급계약의 수급인이 "정당한 사유 없이 30일 이상 소방시설공사를 계속하지 아니하는 경우"에는 도급계약을 해지할 수 있다.

정답 ③

제24조(공사업자의 감리 제한)

★★☆☆☆ [개정 2023. 1. 3.]

다음 각 호의 어느 하나에 해당되면 동일한 특정소방대상물의 소방시설에 대한 시공과 감리를 함께 할 수 없다. 〈개정 2023. 1. 3.〉

1. 공사업자(법인인 경우 법인의 대표자 또는 임원을 말한다. 이하 제4호에서 같다)와 감리업자(법인인 경우 법인의 대표자 또는 임원을 말한다. 이하 제4호에서 같다)가 같은 자인 경우[시행일 : 2023. 4. 4.]
2. 「독점규제 및 공정거래에 관한 법률」 제2조제11호에 따른 기업집단의 관계인 경우
3. 법인과 그 법인의 임직원의 관계인 경우
4. 공사업자와 감리업자가 「민법」 제777조에 따른 친족관계인 경우[시행일 : 2023. 4. 4.]

예상문제

01 소방시설공사업법 공사업자의 감리 제한에서 특정소방대상물의 소방시설에 대하여 동일인이 함께 할 수 없는 소방시설업은?

① 소방시설에 대한 설계와 감리를 함께 할 수 없다.
② 소방시설에 대한 설계와 시공을 함께 할 수 없다.
③ 소방시설에 대한 시공과 설계를 함께 할 수 없다.
④ 소방시설에 대한 시공과 감리를 함께 할 수 없다.

해설
공사업자와 감리업자가 같은 자인 경우, 동일한 특정소방대상물의 소방시설에 대한 시공과 감리를 함께 할 수 없다.

정답 ④

02 소방시설업법에서 함께하면 안 되는 것은?

① 동일인이 소방시설설계업과 소방공사감리업을 동시에 하는 경우
② 동일인이 소방시설공사업과 소방공사감리업을 동시에 하는 경우
③ 동일한 소방대상물에 대하여 공사 및 설계를 함께할 수 있다.
④ 동일한 소방대상물에 대한 설계와 감리를 함께할 수 있다.

해설
동일인이 소방시설공사업과 소방공사감리업을 동시에 하는 경우, 동일한 특정소방대상물의 소방시설에 대한 시공과 감리를 함께 할 수 없다.

정답 ②

제26조(시공능력 평가 및 공시)

① 소방청장은 관계인 또는 발주자가 적절한 공사업자를 선정할 수 있도록 하기 위하여 공사업자의 신청이 있으면 그 공사업자의 소방시설공사 실적, 자본금 등에 따라 시공능력을 평가하여 공시할 수 있다.
② 제1항에 따른 평가를 받으려는 공사업자는 전년도 소방시설공사 실적, 자본금, 그 밖에 행정안전부령으로 정하는 사항을 소방청장에게 제출하여야 한다.
③ 제1항 및 제2항에 따른 시공능력 평가신청 절차, 평가방법 및 공시방법 등에 필요한 사항은 행정안전부령으로 정한다.

예상문제

01 다음 중 적절한 공사업자의 선정에 도움을 주는 것으로 가장 알맞은 것은?
① 시공능력을 평가하여 공시할 수 있다.
② 경력능력을 평가하여 공시할 수 있다.
③ 신인도 평가액을 평가하여 공시할 수 있다.
④ 실적평가액을 평가하여 공시할 수 있다.

■ 해설
소방청장은 관계인 또는 발주자가 적절한 공사업자를 선정할 수 있도록 하기 위하여 공사업자의 신청이 있으면 그 공사업자의 소방시설공사 실적, 자본금 등에 따라 시공능력을 평가하여 공시할 수 있다.

정답 ①

02 다음 중 소방시설업 시공능력평가 공시자는?
① 소방본부장
② 소방청장
③ 한국소방안전원장
④ 소방시설업자 협회장

■ 해설
소방청장은 소방시설업자의 시공능력을 평가하여 공시할 수 있다.

정답 ②

제32조(청문)

제9조제1항에 따른 소방시설업 등록취소처분이나 영업정지처분 또는 제28조제4항에 따른 소방기술 인정 자격취소처분을 하려면 청문을 하여야 한다.

예상문제

01 소방시설공사업법에서 행정처분 전에 청문을 하여야 하는 대상으로 옳지 않은 것은?
① 소방시설업의 등록취소처분
② 소방기술인정 자격취소처분
③ 소방시설업의 영업정지처분
④ 소방기술인정 자격정지처분

해설
소방시설업의 등록취소처분이나 영업정지처분 또는 소방기술 인정 자격취소처분을 하려면 청문을 하여야 한다.

정답 ④

02 다음 중 소방시설공사업법의 청문대상이 아닌 것은?
① 소방시설공사업의 등록취소처분이나 영업정지처분
② 소방기술인정 자격(자격수첩)정지처분
③ 소방시설설계업의 등록취소처분이나 영업정지처분
④ 소방시설감리업의 등록취소처분이나 영업정지처분

해설
소방시설업(설계업, 공사업, 감리업, 방염처리업)의 등록취소처분이나 영업정지처분 또는 소방기술인정 자격취소처분을 하려면 청문을 하여야 한다.

정답 ②

★★★★☆ [개정 2023.1.3.]

제35조(벌칙)

다음 각 호의 어느 하나에 해당하는 자는 3년 이하의 징역 또는 3천만 원 이하의 벌금에 처한다. 〈개정 2018. 9. 18., 2023. 1. 3.〉
   1. 제4조제1항을 위반하여 소방시설업 등록을 하지 아니하고 영업을 한 자
   2. 제21조의5를 위반하여 부정한 청탁을 받고 재물 또는 재산상의 이익을 취득하거나 부정한 청탁을 하면서 재물 또는 재산상의 이익을 제공한 자

예상문제

01 다음 중 소방시설업 등록을 하지 아니하고 영업을 했을 때의 벌칙은?
   ① 5년 이하의 징역 또는 3,000만 원 이하의 벌금
   ② 3년 이하의 징역 또는 3,000만 원 이하의 벌금
   ③ 1년 이하의 징역 또는 1,000만 원 이하의 벌금
   ④ 300만 원 이하의 벌금

   해설
   소방시설업 등록을 하지 아니하고 영업을 한 자는 3년 이하의 징역 또는 3천만 원 이하의 벌금에 처한다.

   정답 ②

★★★★☆ [개정 2020. 6. 9.]

제36조(벌칙)

다음 각 호의 어느 하나에 해당하는 자는 1년 이하의 징역 또는 1천만 원 이하의 벌금에 처한다. 〈개정 2020. 6. 9.〉
   1. 제9조제1항을 위반하여 영업정지처분을 받고 그 영업정지 기간에 영업을 한 자
   2. 제11조나 제12조제1항을 위반하여 설계나 시공을 한 자

> 제11조 : 소방시설설계업을 등록한 자(이하 "설계업자"라 한다)는 이 법이나 이 법에 따른 명령과 화재안전기준에 맞게 소방시설을 설계하여야 한다.
> 제12조제1항 : 소방시설공사업을 등록한 자(이하 "공사업자"라 한다)는 이 법이나 이 법에 따른 명령과 화재안전기준에 맞게 시공하여야 한다.

3. 제16조제1항을 위반하여 감리를 하거나 거짓으로 감리한 자
4. 제17조제1항을 위반하여 공사감리자를 지정하지 아니한 자
4의2. 제19조제3항에 따른 보고를 거짓으로 한 자

> 제19조제3항 : 감리업자는 공사업자가 제1항에 따른 요구를 이행하지 아니하고 그 공사를 계속할 때에는 행정안전부령으로 정하는 바에 따라 소방본부장이나 소방서장에게 그 사실을 보고하여야 한다.
> 제19조제1항 : 감리업자는 감리를 할 때 소방시설공사가 설계도서나 화재안전기준에 맞지 아니할 때에는 관계인에게 알리고, 공사업자에게 그 공사의 시정 또는 보완 등을 요구하여야 한다.

4의3. 제20조에 따른 공사감리 결과의 통보 또는 공사감리 결과보고서의 제출을 거짓으로 한 자
5. 제21조제1항을 위반하여 해당 소방시설업자가 아닌 자에게 소방시설공사등을 도급한 자
6. 제22조제1항 본문을 위반하여 도급받은 소방시설의 설계, 시공, 감리를 하도급한 자
6의2. 제22조제2항을 위반하여 하도급받은 소방시설공사를 다시 하도급한 자
7. 제27조제1항을 위반하여 같은 항에 따른 법 또는 명령을 따르지 아니하고 업무를 수행한 자

예상문제

01 소방시설공사업법에서 1년 이하의 징역 또는 1천만 원 이하의 벌금이 아닌 것은?

① 영업정지 처분을 받고 그 영업정지 기간에 영업을 한 자
② 동시에 둘 이상의 업체에 취업한 사람
③ 공사감리자를 지정하지 아니한 자
④ 규정에 위반하여 하도급받은 소방시설공사를 다시 하도급한 자

해설
동시에 둘 이상의 업체에 취업한 사람은 300만 원 이하의 벌금에 처한다.

정답 ②

★★★★☆ [개정 2020. 6. 9.]

제37조(벌칙)

다음 각 호의 어느 하나에 해당하는 자는 300만 원 이하의 벌금에 처한다. 〈개정 2020. 6. 9.〉
1. 제8조제1항을 위반하여 다른 자에게 자기의 성명이나 상호를 사용하여 소방시설공사 등을 수급 또는 시공하게 하거나 소방시설업의 등록증이나 등록수첩을 빌려준 자
2. 제18조제1항을 위반하여 소방시설공사 현장에 감리원을 배치하지 아니한 자
3. 제19조제2항을 위반하여 감리업자의 보완 요구에 따르지 아니한 자
4. 제19조제4항을 위반하여 공사감리 계약을 해지하거나 대가 지급을 거부하거나 지연시키거나 불이익을 준 자
4의2. 제21조제2항 본문을 위반하여 소방시설공사를 다른 업종의 공사와 분리하여 도급하지 아니한 자
5. 제27조제2항을 위반하여 자격수첩 또는 경력수첩을 빌려 준 사람
6. 제27조제3항을 위반하여 동시에 둘 이상의 업체에 취업한 사람
7. 제31조제4항을 위반하여 관계인의 정당한 업무를 방해하거나 업무상 알게 된 비밀을 누설한 사람

예상문제

01 다음 벌금 중 그 성격이 다른 것은?
① 소방시설공사 현장에 감리원을 배치하지 아니한 자
② 공사감리자를 지정하지 아니한 자
③ 소방시설업자가 아닌 자에게 소방시설공사 등을 도급한 자
④ 하도급받은 소방시설공사를 다시 하도급한 자

해설
- 소방시설공사 현장에 감리원을 배치하지 아니한 자 → 300만 원 이하의 벌금
- 공사감리자를 지정하지 아니한 자 → 1년 이하의 징역 또는 1천만 원 이하의 벌금
- 소방시설업자가 아닌 자에게 소방시설공사 등을 도급한 자 → 1년 이하의 징역 또는 1천만 원 이하의 벌금
- 하도급받은 소방시설공사를 다시 하도급한 자 → 1년 이하의 징역 또는 1천만 원 이하의 벌금

정답 ①

02 다음 중 벌칙 금액이 제일 적은 것은?
① 소방시설업의 등록증이나 등록수첩을 빌려준 자
② 영업정지처분을 받고 그 영업정지 기간에 영업을 한 자
③ 공사감리자를 지정하지 아니한 자
④ 공사감리 결과의 통보 또는 공사감리 결과보고서의 제출을 거짓으로 한 자

📖 해설
- 소방시설업의 등록증이나 등록수첩을 빌려준 자 → 300만 원 이하의 벌금
- 영업정지처분을 받고 그 영업정지 기간에 영업을 한 자 → 1년 이하의 징역 또는 1천만 원 이하의 벌금
- 공사감리자를 지정하지 아니한 자 → 1년 이하의 징역 또는 1천만 원 이하의 벌금
- 공사감리 결과의 통보 또는 공사감리 결과보고서의 제출을 거짓으로 한 자 → 1년 이하의 징역 또는 1천만 원 이하의 벌금

정답 ①

★★★★☆

제38조(벌칙)

다음 각 호의 어느 하나에 해당하는 자는 100만 원 이하의 벌금에 처한다.
1. 제31조제2항에 따른 명령을 위반하여 보고 또는 자료 제출을 하지 아니하거나 거짓으로 한 자

> 제31조제2항 : 소방청장은 소방청장의 업무를 위탁받은 실무교육기관 또는 한국소방안전원, 협회, 법인 또는 단체에 필요한 보고나 자료 제출을 명할 수 있고, 관계 공무원으로 하여금 실무교육기관, 한국소방안전원, 협회, 법인 또는 단체의 사무실에 출입하여 관계 서류 등을 검사하거나 관계인에게 질문하게 할 수 있다.

2. 제31조제1항 및 제2항을 위반하여 정당한 사유 없이 관계 공무원의 출입 또는 검사·조사를 거부·방해 또는 기피한 자

★★★★☆ [개정 2023. 1. 3.]

제40조(과태료)

① 다음 각 호의 어느 하나에 해당하는 자에게는 200만 원 이하의 과태료를 부과한다. 〈개정 2021. 4. 20.〉
  1. 제6조, 제6조의2제1항, 제7조제1항 및 제2항, 제13조제1항 및 제2항 전단, 제17조제2항을 위반하여 신고를 하지 아니하거나 거짓으로 신고한 자
  2. 제8조제3항을 위반하여 관계인에게 지위승계, 행정처분 또는 휴업·폐업의 사실을 거짓으로 알린 자
  3. 제8조제4항을 위반하여 관계 서류를 보관하지 아니한 자

  > 제8조제4항 : 소방시설업자는 행정안전부령으로 정하는 관계 서류를 하자보수 보증기간 동안 보관하여야 한다.

  4. 제12조제2항을 위반하여 소방기술자를 공사 현장에 배치하지 아니한 자
  5. 제14조제1항을 위반하여 완공검사를 받지 아니한 자

  > 제14조제1항 : 공사업자는 소방시설공사를 완공하면 소방본부장 또는 소방서장의 완공검사를 받아야 한다.

  6. 제15조제3항을 위반하여 3일 이내에 하자를 보수하지 아니하거나 하자보수계획을 관계인에게 거짓으로 알린 자
  7. 삭제 〈2015. 7. 20.〉
  8. 제17조제3항을 위반하여 감리 관계 서류를 인수·인계하지 아니한 자
  8의2. 제18조제2항에 따른 배치통보 및 변경통보를 하지 아니하거나 거짓으로 통보한 자
  9. 제20조의2를 위반하여 방염성능기준 미만으로 방염을 한 자
  10. 제20조의3제2항에 따른 방염처리능력 평가에 관한 서류를 거짓으로 제출한 자
  10의2. 삭제 〈2018. 2. 9.〉
  10의3. 제21조의3제2항에 따른 도급계약 체결 시 의무를 이행하지 아니한 자(하도급계약의 경우에는 하도급 받은 소방시설업자는 제외한다)
  11. 제21조의3제4항에 따른 하도급 등의 통지를 하지 아니한 자
  11의2. 제21조의4제1항에 따른 공사대금의 지급보증, 담보의 제공 또는 보험료등의 지급을 정당한 사유 없이 이행하지 아니한 자
  12. 삭제 〈2011. 8. 4.〉
  13. 삭제 〈2013. 5. 22.〉
  13의2. 제26조제2항에 따른 시공능력 평가에 관한 서류를 거짓으로 제출한 자
  13의3. 제26조의2제1항 후단에 따른 사업수행능력 평가에 관한 서류를 위조하거나 변조하는 등 거짓이나 그 밖의 부정한 방법으로 입찰에 참여한 자
  14. 제31조제1항에 따른 명령을 위반하여 보고 또는 자료 제출을 하지 아니하거나 거짓으로 보고 또는 자료 제출을 한 자

② 제1항에 따른 과태료는 대통령령으로 정하는 바에 따라 관할 시·도지사, 소방본부장 또는 소방서장이 부과·징수한다.

예상문제

01 소방시설공사업법에서 소방시설공사업자가 소방시설의 완공검사를 받지 않았을 때 벌칙은?

① 500만 원 이하의 벌금   ② 200만 원 이상의 과태료
③ 200만 원 이하의 벌금   ④ 200만 원 이하의 과태료

해설
소방시설의 완공검사를 받지 아니한 자에게는 200만 원 이하의 과태료를 부과한다.

정답 ④

★★★★★ [개정 2023. 11. 28.]
시행령 제4조(소방시설공사의 착공신고 대상)

법 제13조제1항에서 "대통령령으로 정하는 소방시설공사"란 다음 각 호의 어느 하나에 해당하는 소방시설공사를 말한다. 다만, 「위험물안전관리법」 제2조제1항제6호에 따른 제조소 등 또는 「다중이용업소의 안전관리에 관한 특별법」 제2조제1항제4호에 따른 다중이용업소에서의 소방시설공사는 제외한다. 〈개정 2023. 11. 28.〉

1. 특정소방대상물에 다음 각 목의 어느 하나에 해당하는 설비를 신설하는 공사 〈개정 2023. 11. 28.〉
    가. 옥내소화전설비(호스릴옥내소화전설비를 포함한다. 이하 같다), 옥외소화전설비, 스프링클러설비·간이스프링클러설비(캐비닛형 간이스프링클러설비를 포함한다. 이하 같다) 및 화재조기진압용 스프링클러설비(이하 "스프링클러설비등"이라 한다), 물분무소화설비·포소화설비·이산화탄소소화설비·할론소화설비·할로겐화합물 및 불활성기체 소화설비·미분무소화설비·강화액소화설비 및 분말소화설비(이하 "물분무등소화설비"라 한다), 연결송수관설비, 연결살수설비, 제연설비(소방용 외의 용도와 겸용되는 제연설비를 「건설산업기본법 시행령」 별표 1에 따른 기계가스설비공사업자가 공사하는 경우는 제외한다), 소화용수설비(소화용수설비를 「건설산업기본법 시행령」 별표 1에 따른 기계가스설비공사업자 또는 상·하수도설비공사업자가 공사하는 경우는 제외한다) 또는 연소방지설비

나. 자동화재탐지설비, 비상경보설비, 비상방송설비(소방용 외의 용도와 겸용되는 비상방송설비를 「정보통신공사업법」에 따른 정보통신공사업자가 공사하는 경우는 제외한다), 비상콘센트설비(비상콘센트설비를 「전기공사업법」에 따른 전기공사업자가 공사하는 경우는 제외한다) 또는 무선통신보조설비(소방용 외의 용도와 겸용되는 무선통신보조설비를 「정보통신공사업법」에 따른 정보통신공사업자가 공사하는 경우는 제외한다)

2. 특정소방대상물에 다음 각 목의 어느 하나에 해당하는 설비 또는 구역 등을 증설하는 공사
   가. 옥내·옥외소화전설비
   나. 스프링클러설비·간이스프링클러설비 또는 물분무등소화설비의 방호구역, 자동화재탐지설비의 경계구역, 제연설비의 제연구역(소방용 외의 용도와 겸용되는 제연설비를 「건설산업기본법 시행령」 별표 1에 따른 기계가스설비공사업자가 공사하는 경우는 제외한다), 연결살수설비의 살수구역, 연결송수관설비의 송수구역, 비상콘센트설비의 전용회로, 연소방지설비의 살수구역

3. 특정소방대상물에 설치된 소방시설등을 구성하는 다음 각 목의 어느 하나에 해당하는 것의 전부 또는 일부를 개설(改設), 이전(移轉) 또는 정비(整備)하는 공사. 다만, 고장 또는 파손 등으로 인하여 작동시킬 수 없는 소방시설을 긴급히 교체하거나 보수하여야 하는 경우에는 신고하지 않을 수 있다.
   가. 수신반(受信盤)
   나. 소화펌프
   다. 동력(감시)제어반

암기법 수제펌프

핵심정리

※ 소방시설공사의 착공신고 대상 중 신설공사에 해당되는 것

착공신고 대상(O)	착공신고 대상(×)

• 옥내소화전설비, 옥외소화전설비
• 스프링클러설비등
• 물분무등소화설비
• 소화용수설비
• 소화활동설비
• 경보설비
  1. 비상경보설비
  2. 비상방송설비
  3. 자동화재탐지설비
	• 소화기구, 자동소화장치
	• 피난구조설비
	• 경보설비
	  1. 단독경보형감지기
	  2. 자동화재속보설비
	  3. 가스누설경보기
	  4. 누전경보기
	  5. 시각경보기
	  6. 통합감시시설

암기법 비경 비방 탐지	**암기법** 단독 속보! 가스 누전 시각경보기 통합

※ 소방시설공사의 착공신고 대상 중 신설공사에 해당되는 것
- 옥내소화전설비, 옥외소화전설비
- 스프링클러설비등(스프링클러설비·간이스프링클러설비 및 화재조기진압용 스프링클러설비)
- 물분무등소화설비(물분무소화설비·미분무소화설비·포소화설비·이산화탄소소화설비·할론소화설비·할로겐화합물 및 불활성기체 소화설비·분말소화설비 및 강화액소화설비)
- 소화용수설비
- 경보설비(자동화재탐지설비, 비상경보설비, 비상방송설비)
- 소화활동설비(제연설비, 연결송수관설비, 연결살수설비, 비상콘센트설비, 무선통신보조설비, 연소방지설비)

※ 소방시설공사의 착공신고 대상에서 증설공사에 해당하는 것
- 옥내·옥외소화전설비
- 스프링클러설비·간이스프링클러설비 또는 물분무등소화설비의 방호구역
- 자동화재탐지설비의 경계구역
- 제연설비의 제연구역, 연결송수관설비의 송수구역, 연결살수설비의 살수구역, 비상콘센트설비의 전용회로, 연소방지설비의 살수구역(=소화활동설비 중 무선통신보조설비는 제외)

암기법 옥내외 스간물 자탐 소활 무통은 제외

예상문제

01 소방시설공사의 착공신고 대상 중 신설공사에 해당되지 않는 것은?
① 옥내소화전설비　② 비상경보설비
③ 소화용수설비　④ 피난기구

해설
피난기구의 신설공사는 소방시설공사의 착공신고 대상에 해당되지 않는다.

정답 ④

02 다음 중 소방시설공사의 착공신고 대상에서 증설공사에 해당하지 않는 것은?
① 제연설비의 제연구역　② 연결송수관설비의 송수구역
③ 비상콘센트설비의 전용회로　④ 비상경보설비

해설
비상경보설비의 증설공사는 소방시설공사의 착공신고 대상에 해당되지 않는다.

정답 ④

03 소방본부장이나 소방서장에게 하는 착공신고 대상 중 증설공사가 아닌 것은?
① 옥내소화전설비
② 간이스프링클러설비의 방호구역
③ 비상방송설비
④ 자동화재탐지설비의 경계구역

해설
비상방송설비 또는 구역 등을 증설하는 공사는 소방시설공사의 착공신고 대상에 해당되지 않는다.

정답 ③

04 소방시설공사 착공신고 대상 중 특정소방대상물에 설치된 소방시설 등을 구성하는 것의 전부 또는 일부를 개설·이전·정비하는 공사로서 옳지 않은 것은?
① 일부를 교체하는 수신반
② 보수하는 동력제어반
③ 전부 또는 일부를 교체하거나 보수하는 소화펌프
④ 기계설비공사업자가 공사하는 소방용 용도의 제연설비

해설
기계설비공사업자가 공사하는 소방용 용도의 제연설비를 구성하는 것의 전부 또는 일부를 개설·이전·정비하는 공사는 소방시설공사의 착공신고 대상에 해당하지 않는다.

정답 ④

05 소방시설공사 착공신고 대상 중 특정소방대상물에 설치된 소방시설 등을 구성하는 것의 전부 또는 일부를 개설·이전·정비하는 공사에 해당되지 않는 것은?
① 비상콘센트설비의 전용회로 수리
② 수신반
③ 소화펌프
④ 동력(감시)제어반

해설
비상콘센트설비의 전용회로 수리는 소방시설공사 착공신고 대상 중 특정소방대상물에 설치된 소방시설 등을 구성하는 것의 전부 또는 일부를 개설·이전·정비하는 공사에 해당하지 않는다.

정답 ①

06 소방시설공사의 착공신고 중 소방시설 등을 구성하는 전부 또는 일부를 개설·이전·정비하는 공사로서 소방본부장이나 소방서장에게 신고하지 않는 것은?
① 수신반
② 비상경보설비
③ 동력(감시)제어반
④ 소화펌프

해설
비상경보설비는 소방시설공사 착공신고 대상 중 특정소방대상물에 설치된 소방시설 등을 구성하는 것의 전부 또는 일부를 개설·이전·정비하는 공사에 해당하지 않는다.

정답 ②

07 소방시설공사의 착공신고 대상에서 소방시설 등을 구성하는 전부 또는 일부를 개설·이전·정비하는 공사가 아닌 것은?

① 수신반 ② 소화펌프
③ 제어반 ④ 제연설비

> **해설**
> 제연설비는 소방시설공사 착공신고 대상 중 특정소방대상물에 설치된 소방시설 등을 구성하는 것의 전부 또는 일부를 개설·이전·정비하는 공사에 해당하지 않는다.
>
> **정답** ④

08 소방시설공사의 착공신고에서 신설 혹은 증설공사의 대상이 아닌 것은?

① 자동화재탐지설비를 신설한다. ② 옥외소화전설비를 증설한다.
③ 비상경보설비를 증설한다. ④ 연결송수관설비를 신설한다.

> **해설**
> 비상경보설비를 증설하는 공사는 소방시설공사의 착공신고 대상에 해당하지 않는다.
>
> **정답** ③

09 소방시설공사업법에서 소방시설공사의 착공신고 대상으로 옳지 않은 것은?

① 비상경보설비를 신설하는 특정소방대상물 신축공사
② 자동화재속보설비를 신설하는 특정소방대상물 신축공사
③ 연결송수관설비의 송수구역을 증설하는 특정소방대상물 증축공사
④ 자동화재탐지설비의 경계구역을 증설하는 특정소방대상물 증축공사

> **해설**
> 자동화재속보설비를 신설하는 공사는 소방시설공사의 착공신고 대상에 해당하지 않는다.
>
> **정답** ②

10 다음 중 착공신고 대상으로 옳지 않은 것은?

① 옥내·옥외소화전설비 증설공사 ② 제어반 고장으로 소방시설 교체
③ 자동화재탐지설비 신설공사 ④ 비상경보설비, 비상방송설비 신설공사

> **해설**
> 수신반, 소화펌프, 동력(감시)제어반의 고장 또는 파손 등으로 인하여 작동시킬 수 없는 소방시설을 긴급히 교체하거나 보수하여야 하는 경우에는 신고하지 않을 수 있다.
>
> **정답** ②

11 공사업자는 대통령령으로 정하는 소방시설공사를 하려면 그 공사의 내용, 시공 장소 등을 소방본부장이나 소방서장에게 신고하여야 한다. 다음 중 소방시설공사의 착공신고 대상이 아닌 것은?

① 소화펌프 전부를 개설·이전·정비하는 공사
② 피난기구, 유도등 5개를 신축하는 공사
③ 연결살수설비의 살수구역을 증설하는 공사
④ 자동화재탐지설비를 신설하는 공사

> 해설
> 피난기구와 유도등을 신설하는 공사는 소방시설공사의 착공신고 대상에 해당하지 않는다.
>
> 정답 ②

12 공사업자가 소방본부장이나 소방서장에게 하여야 하는 소방시설공사의 착공신고 대상이 아닌 것은?

① 소화펌프의 개설공사
② 단독경보형 감지기의 신설공사
③ 수신반의 이전 및 정비공사
④ 옥내·옥외소화전설비의 증설공사

> 해설
> 단독경보형 감지기의 신설공사는 소방시설공사의 착공신고 대상에 해당하지 않는다.
>
> 정답 ②

13 다음 중 공사업자가 소방본부장·소방서장에게 소방시설공사의 착공신고를 하는 대상이 아닌 것은?

① 비상경보설비를 증설할 때
② 옥내소화전 소화펌프를 교체할 때
③ 간이스프링클러설비를 신설할 때
④ 포소화설비를 신설할 때

> 해설
> 비상경보설비를 증설하는 공사는 소방시설공사의 착공신고 대상에 해당하지 않는다.
>
> 정답 ①

14 다음 중 소방시설공사의 착공신고 대상이 아닌 것은?

① 옥내소화전설비 신설 시
② 연결살수설비 신설 시
③ 비상방송설비 증설 시
④ 자동화재탐지설비 증설 시

> 해설
> 비상방송설비를 증설하는 공사는 소방시설공사의 착공신고 대상에 해당하지 않는다.
>
> 정답 ③

15 다음 중 소방시설공사의 착공신고 대상이 아닌 것은?
① 자동화재탐지설비를 신설할 때 소방본부장 또는 소방서장에게 착공신고를 하여야 한다.
② 물분무등소화설비를 신설할 때 소방본부장 또는 소방서장에게 착공신고를 하여야 한다.
③ 소화용수설비를 증설할 때 소방본부장 또는 소방서장에게 착공신고를 하여야 한다.
④ 수신반, 소화펌프, 감시(동력)제어반의 일부를 개설·이전·정비할 때 소방본부장 또는 소방서장에게 신고를 하여야 한다.

해설
소화용수설비를 증설하는 공사는 소방시설공사의 착공신고 대상에 해당하지 않는다.

정답 ③

16 다음 중 소방시설공사의 착공신고에 대하여 옳지 않은 것은?
① 소방본부장 또는 소방서장에게 신고한다.
② 신설공사는 옥내소화전설비가 포함된다.
③ 증설공사는 자동화재속보설비가 포함된다.
④ 개설·이전·정비하는 수신반, 소화펌프, 동력(감시)제어반이 포함된다.

해설
자동화재속보설비를 증설하는 공사는 소방시설공사의 착공신고 대상에 해당하지 않는다.

정답 ③

17 다음 중 소방시설공사의 착공신고 대상이 아닌 것은?
① 옥내소화전설비 신설공사
② 스프링클러설비 증설공사
③ 유도등 신설공사
④ 비상경보설비 신설공사

해설
유도등을 신설하는 공사는 소방시설공사의 착공신고 대상에 해당하지 않는다.

정답 ③

18 소방시설공사에서 소방본부장 또는 소방서장의 착공신고 대상이 아닌 것은?
① 물분무등소화설비의 방호구역 증설
② 비상경보설비의 발신기 이전
③ 비상콘센트설비의 전용회로 증설
④ 연소방지설비의 살수구역 증설

해설
비상경보설비의 발신기를 이전하는 공사는 소방시설공사의 착공신고 대상에 해당하지 않는다.

정답 ②

시행령 제5조(완공검사를 위한 현장확인 대상 특정소방대상물의 범위)

법 제14조제1항 단서에서 "대통령령으로 정하는 특정소방대상물"이란 특정소방대상물 중 다음 각 호의 대상물을 말한다.
1. 문화 및 집회시설, 종교시설, 판매시설, 노유자(老幼者)시설, 수련시설, 운동시설, 숙박시설, 창고시설, 지하상가 및 「다중이용업소의 안전관리에 관한 특별법」에 따른 다중이용업소
2. 다음 각 목의 어느 하나에 해당하는 설비가 설치되는 특정소방대상물
   가. 스프링클러설비등
   나. 물분무등소화설비(호스릴 방식의 소화설비는 제외한다)
3. 연면적 1만제곱미터 이상이거나 11층 이상인 특정소방대상물(아파트는 제외한다)
4. 가연성가스를 제조·저장 또는 취급하는 시설 중 지상에 노출된 가연성가스탱크의 저장용량 합계가 1천톤 이상인 시설

핵심정리

완공검사를 위한 현장확인 대상 특정소방대상물의 범위	암기법
문화 및 집회시설, 종교시설, 판매시설, 노유자시설, 숙박시설, 창고시설, 수련시설, 운동시설, 지하상가 및 다중이용업소	문종판 노숙창은 수운 지하상가다
다음의 설비가 설치되는 특정소방대상물 1. 스프링클러설비등 2. 물분무등소화설비(호스릴 방식의 소화설비는 제외)	스등물등 호스릴은 제외
1. 연면적 1만제곱미터 이상이거나 11층 이상인 특정소방대상물(아파트는 제외) 2. 가연성가스를 제조·저장 또는 취급하는 시설 중 지상에 노출된 가연성가스탱크의 저장용량 합계가 1천톤 이상인 시설	11층에 1만 1천톤 아파트는 제외

예상문제

01 다음 중 완공검사를 위한 현장 확인대상 특정소방대상물이 모두 옳은 것은?

ㄱ. 다중이용업소	ㄴ. 노유자시설	ㄷ. 지하상가
ㄹ. 판매시설	ㅁ. 창고시설	ㅂ. 운동시설

① ㄱ, ㄴ, ㄷ
② ㄱ, ㄴ, ㄷ, ㄹ
③ ㄱ, ㄴ, ㄷ, ㄹ, ㅁ
④ ㄱ, ㄴ, ㄷ, ㄹ, ㅁ, ㅂ

해설

문화 및 집회시설, 종교시설, 판매시설, 노유자시설, 수련시설, 운동시설, 숙박시설, 창고시설, 지하상가 및 다중이용업소는 완공검사를 위한 현장확인 대상 특정소방대상물에 해당한다.

정답 ④

02 공사감리 결과보고서대로 완공검사를 위한 현장확인을 해야 하는 특정소방대상물의 범위가 옳은 것은?

① 근린생활시설
② 아파트
③ 가스계 호스릴 소화설비
④ 1만㎡ 이상인 공장시설

해설

연면적 1만제곱미터 이상이거나 11층 이상인 특정소방대상물(아파트는 제외)은 완공검사를 위한 현장확인 대상 특정소방대상물에 해당한다.

정답 ④

03 소방시설공사업법 시행령에서 소방시설공사가 공사감리 결과보고서대로 완공되었는지를 현장에서 확인할 수 있는 대상으로 옳은 것은?

① 창고시설 또는 수련시설
② 호스릴 소화설비를 설치하는 소방시설공사
③ 연면적 1만㎡ 이상의 아파트에 설치하는 소방시설공사
④ 가연성 가스를 제조·저장 또는 취급하는 시설 중 지하에 매립된 가연성 가스탱크의 저장용량 합계가 1천 톤 이상인 시설

해설

문화 및 집회시설, 종교시설, 판매시설, 노유자시설, 수련시설, 운동시설, 숙박시설, 창고시설, 지하상가 및 다중이용업소는 완공검사를 위한 현장확인 대상 특정소방대상물에 해당한다.

정답 ①

04 소방본부장 또는 소방서장의 완공검사를 위한 현장확인 대상 특정소방대상물의 범위가 아닌 것은?

① 지하구
② 수련시설
③ 운동시설
④ 할론소화설비가 설치되는 특정소방대상물

해설

지하상가는 완공검사를 위한 현장확인 대상 특정소방대상물의 범위에 해당하지만, 지하구는 해당하지 않는다.

정답 ①

05 완공검사를 위한 현장확인 대상 특정소방대상물의 범위가 아닌 것은?
① 다중이용업소
② 지상에 노출된 가연성 가스탱크의 저장용량 합계가 1천 톤 이상인 시설
③ 지하가
④ 연면적 1만제곱미터 이상이거나 11층 이상인 특정소방대상물(아파트는 제외)

해설
지하상가는 완공검사를 위한 현장확인 대상 특정소방대상물의 범위에 해당하지만, 지하가는 해당하지 않는다.

정답 ③

06 공사업자가 전체시설이 준공되기 전에 부분적으로 사용할 필요가 있는 경우에는 그 일부분에 대하여 소방본부장, 소방서장에게 완공검사를 신청할 수 있다. 다음 중 완공검사를 위한 현장확인 대상 특정소방대상물이 아닌 것은?
① 연면적 1만㎡ 이상인 특정소방대상물
② 문화 및 집회시설, 다중이용업소
③ 가스계 소화설비(호스릴 소화설비 제외)
④ 11층 이상의 아파트

해설
연면적 1만제곱미터 이상이거나 11층 이상인 특정소방대상물(아파트는 제외)은 완공검사를 위한 현장확인 대상 특정소방대상물에 해당한다.

정답 ④

07 소방시설공사업법에서 완공검사를 위한 현장확인 대상이 아닌 것은?
① 지하상가　　　　　　② 할론소화설비
③ 다중이용업소　　　　④ 15층 이상 아파트

해설
물분무등소화설비 중 하나인 할론소화설비는 완공검사를 위한 현장확인 대상 특정소방대상물에 해당하지만, 아파트는 해당하지 않는다.

정답 ④

08 공사감리자가 지정되어 있는 경우는 완공검사를 갈음하되 소방본부장 또는 소방서장이 소방시설공사가 감리결과보고서대로 공사를 마쳤는지의 여부를 현장 확인할 수 있는 특정소방대상물이 아닌 것은?
① 숙박시설　　　　　　② 판매시설
③ 노유자시설　　　　　④ 근린생활시설

🔲 해설

문화 및 집회시설, 종교시설, 판매시설, 노유자시설, 수련시설, 운동시설, 숙박시설, 창고시설, 지하상가 및 다중이용업소는 완공검사를 위한 현장확인 대상 특정소방대상물에 해당한다.

정답 ④

09 다음 중 소방본부장 또는 소방서장의 완공검사를 위한 현장확인 대상이 아닌 것은?

① 물분무등소화설비(호스릴 소화설비 제외)
② 연면적 1만m² 이상인 업무시설
③ 문화 및 집회시설, 종교시설, 의료시설
④ 11층 이상인 특정소방대상물

🔲 해설

문화 및 집회시설과 종교시설은 완공검사를 위한 현장확인 대상 특정소방대상물에 해당하지만, 의료시설은 해당하지 않는다.

정답 ③

10 다음 중 완공검사를 위한 현장확인 대상 특정소방대상물의 범위가 아닌 것은?

① 수련시설, 창고시설, 방송통신시설
② 지하상가, 숙박시설, 11층 이상인 특정소방대상물(아파트는 제외)
③ 연면적 1만m² 이상인 근린생활시설
④ 노유자시설, 다중이용업소, 물분무등소화설비(호스릴 소화설비 제외)

🔲 해설

수련시설과 창고시설은 완공검사를 위한 현장확인 대상 특정소방대상물에 해당하지만, 방송통신시설은 해당하지 않는다.

정답 ①

11 다음 중 완공검사를 위한 현장확인 대상 특정소방대상물의 범위로서 옳지 않은 것은?

① 문화 및 집회시설, 종교시설, 판매시설, 노유자시설, 수련시설, 운동시설, 숙박시설, 창고시설, 지하상가, 다중이용업소
② 물분무등소화설비(호스릴 방식의 소화설비는 제외)
③ 연면적 1만제곱미터 이상이거나 11층 이상인 특정소방대상물(아파트는 포함)
④ 가연성가스를 제조·저장 또는 취급하는 시설 중 지상에 노출된 가연성가스탱크의 저장용량 합계가 1천톤 이상인 시설

🔲 해설

연면적 1만제곱미터 이상이거나 11층 이상인 특정소방대상물(아파트는 제외)은 완공검사를 위한 현장확인 대상 특정소방대상물에 해당한다.

정답 ③

12 완공검사를 위해 소방본부장, 소방서장이 행하는 현장확인 대상 특정소방대상물이 아닌 것은?

① 종교시설
② 직업훈련소
③ 대규모 점포
④ 수련시설

해설
판매시설 중 하나인 대규모 점포는 완공검사를 위한 현장확인 대상 특정소방대상물에 해당하지만, 교육연구시설 중 하나인 직업훈련소는 해당하지 않는다.

정답 ②

13 다음 중 완공검사를 위한 현장확인 대상 특정소방대상물이 아닌 것은?

① 문화 및 집회시설
② 종교시설
③ 수련시설
④ 업무시설

해설
문화 및 집회시설, 종교시설, 판매시설, 노유자시설, 수련시설, 운동시설, 숙박시설, 창고시설, 지하상가 및 다중이용업소는 완공검사를 위한 현장확인 대상 특정소방대상물에 해당한다.

정답 ④

시행령 제6조(하자보수 대상 소방시설과 하자보수 보증기간)

법 제15조제1항에 따라 하자를 보수하여야 하는 소방시설과 소방시설별 하자보수 보증기간은 다음 각 호의 구분과 같다.

1. 피난기구, 유도등, 유도표지, 비상경보설비, 비상조명등, 비상방송설비 및 무선통신보조설비 : 2년
2. 자동소화장치, 옥내소화전설비, 스프링클러설비, 간이스프링클러설비, 물분무등소화설비, 옥외소화전설비, 자동화재탐지설비, 상수도소화용수설비 및 소화활동설비(무선통신보조설비는 제외한다) : 3년

핵심정리

하자보수 보증기간 2년	하자보수 보증기간 3년
유도등, 유도표지 비상경보설비, 비상조명등, 비상방송설비 소화활동설비 중 무선통신보조설비 피난기구	자동소화장치, 옥내소화전설비 스프링클러설비, 간이스프링클러설비 물분무등소화설비, 옥외소화전설비 자동화재탐지설비, 상수도소화용수설비 소화활동설비(제연설비, 연결송수관설비, 연결살수설비, 비상콘센트설비, 연소방지설비)

암기법 유비 무피 2년 비콘은 3년

예상문제

01 소방시설 중 하자보수 보증기간이 2년에 해당하는 것이 아닌 것은?

① 유도표지　　　　　　　　② 무선통신보조설비
③ 자동소화장치　　　　　　④ 비상경보설비

해설
하자보수 보증기간이 2년에 해당하는 것은 피난기구, 유도등, 유도표지, 비상경보설비, 비상조명등, 비상방송설비 및 무선통신보조설비이다.

정답 ③

02 소방시설공사업법에서 소방시설공사의 하자보수 보증기간이 3년에 해당되지 않는 것은?

① 자동화재탐지설비　　　　② 비상콘센트
③ 비상방송설비　　　　　　④ 스프링클러설비

해설
하자보수 보증기간이 3년에 해당하는 것은 자동소화장치, 옥내소화전설비, 스프링클러설비, 간이스프링클러설비, 물분무등소화설비, 옥외소화전설비, 자동화재탐지설비, 상수도소화용수설비 및 소화활동설비(무선통신보조설비는 제외)이다.

정답 ③

03 다음 중 하자보수 보증기간이 3년이 아닌 것은?

① 자동소화장치　　　　　　② 비상경보설비
③ 스프링클러설비　　　　　④ 자동화재탐지설비

> 해설

비상경보설비는 하자보수 보증기간이 2년에 해당한다.

> 정답 ②

04 다음 중 소방시설의 하자보수 보증기간이 가장 긴 것은?
① 비상조명등
② 비상경보설비
③ 무선통신보조설비
④ 자동화재탐지설비

> 해설

비상조명등, 비상경보설비, 무선통신보조설비는 2년에 해당하고, 자동화재탐지설비는 3년에 해당한다.

> 정답 ④

05 다음 중 소방시설공사에서 하자보수 보증기간으로 옳은 것은?
① 2년 – 무선통신보조설비
② 2년 – 자동소화장치
③ 3년 – 비상조명등
④ 3년 – 비상방송설비

> 해설

무선통신보조설비, 비상조명등, 비상방송설비는 2년에 해당하고, 자동소화장치는 3년에 해당한다.

> 정답 ①

06 다음 중 소방시설의 하자보수 보증기간으로 옳은 것은?
① 유도등 – 2년
② 자동화재탐지설비 – 2년
③ 자동소화장치 – 2년
④ 무선통신보조설비 – 3년

> 해설

유도등, 무선통신보조설비는 2년에 해당하고, 자동소화장치, 자동화재탐지설비는 3년에 해당한다.

> 정답 ①

07 다음 중 소방시설의 하자보수기간이 옳은 것은?
① 자동소화장치 – 2년
② 간이스프링클러설비 – 1년
③ 자동화재탐지설비 – 3년
④ 무선통신보조설비 – 3년

> 해설

무선통신보조설비는 2년에 해당하고, 자동소화장치, 간이스프링클러설비, 자동화재탐지설비는 3년에 해당한다.

> 정답 ③

08 소방시설공사업법 시행령에서 소방시설공사 결과 하자보수 대상과 하자보수 보증기간의 연결이 옳은 것은?

① 비상경보설비, 자동소화장치 - 2년
② 무선통신보조설비, 비상조명등 - 2년
③ 피난기구, 상수도소화용수설비 - 3년
④ 비상방송설비, 간이스프링클러설비 - 3년

해설
비상경보설비, 무선통신보조설비, 비상조명등, 피난기구, 비상방송설비는 2년에 해당하고, 자동소화장치, 상수도소화용수설비, 간이스프링클러설비는 3년에 해당한다.

정답 ②

09 다음 중 소방시설별 하자보수 보증기간이 옳지 않은 것은?

① 자동소화장치 - 2년　　② 피난기구 - 2년
③ 자동화재탐지설비 - 3년　　④ 비상콘센트설비 - 3년

해설
자동소화장치는 3년에 해당한다.

정답 ①

10 다음은 소방시설 중 소방시설공사업법에서 규정하고 있는 하자보수대상의 소방시설과 하자보수 보증기간을 연결한 것이다. 잘못된 것은?

① 자동소화장치 - 3년　　② 비상방송설비 - 2년
③ 자동화재탐지설비 - 2년　　④ 비상경보설비 - 2년

해설
자동화재탐지설비는 3년에 해당한다.

정답 ③

11 다음 중 하자보수 보증기간의 연결이 올바르지 않은 것은?

① 무선통신보조설비 - 2년　　② 자동화재탐지설비 - 3년
③ 비상콘센트설비 - 2년　　④ 스프링클러설비 - 3년

해설
비상콘센트설비는 3년에 해당한다.

정답 ③

12 다음 중 소방시설의 하자보수 보증기간이 옳지 않은 것은?
① 비상경보설비 - 2년
② 무선통신보조설비 - 3년
③ 스프링클러설비 - 3년
④ 자동화재탐지설비 - 3년

해설
무선통신보조설비는 2년에 해당한다.

정답 ②

13 다음 중 하자보수 보증기간이 다른 하나는?
① 옥내소화전설비
② 간이스프링클러설비
③ 비상방송설비
④ 상수도소화용수설비

해설
비상방송설비는 2년에 해당하고, 옥내소화전설비, 간이스프링클러설비, 상수도소화용수설비는 3년에 해당한다.

정답 ③

14 다음 중 소방시설공사의 하자보수 보증기간이 다른 것은?
① 자동화재탐지설비
② 무선통신보조설비
③ 비상콘센트설비
④ 스프링클러설비

해설
무선통신보조설비는 2년에 해당하고, 자동화재탐지설비, 비상콘센트설비, 스프링클러설비는 3년에 해당한다.

정답 ②

15 다음 중 하자보수 보증기간이 다른 것은?
① 비상경보설비
② 피난기구
③ 자동화재탐지설비
④ 비상방송설비

해설
비상경보설비, 피난기구, 비상방송설비는 2년에 해당하고, 자동화재탐지설비는 3년에 해당한다.

정답 ③

16 소방시설 하자보수 보증기간을 같은 것끼리 묶은 것은?

① 유도표지, 비상경보설비, 비상조명등, 피난기구
② 옥내소화전설비, 제연설비, 비상콘센트설비, 비상방송설비
③ 무선통신보조설비, 자동소화장치, 상수도소화용수설비, 물분무등소화설비
④ 자동화재탐지설비, 옥내소화전설비, 무선통신보조설비, 비상조명등

해설
유도표지, 비상경보설비, 비상조명등, 비상방송설비, 무선통신보조설비, 피난기구는 2년에 해당한다.

정답 ①

17 특정소방대상물의 소방시설에서 하자보수 보증기간이 같은 것끼리 묶은 것은?

| ㄱ. 자동화재탐지설비 | ㄴ. 비상경보설비 | ㄷ. 무선통신보조설비 |
| ㄹ. 스프링클러설비 | ㅁ. 자동소화장치 | ㅂ. 옥내소화전설비 |

① ㄱ, ㄷ, ㄹ
② ㄴ, ㄹ, ㅁ
③ ㄱ, ㄹ, ㅁ
④ ㄱ, ㄴ, ㅂ

해설
자동화재탐지설비, 스프링클러설비, 자동소화장치, 옥내소화전설비는 3년에 해당한다.

정답 ③

18 다음 중 하자보수 보증에 대한 설명 중 옳지 않은 것은?

① 공사업자는 소방시설공사 결과 하자가 있을 때에는 그 하자를 보수하여야 한다.
② 피난기구, 유도등, 유도표지, 비상경보설비, 비상조명등, 비상방송설비, 무선통신보조설비의 하자보수 보증기간은 2년이다.
③ 관계인은 공사업자가 규정에 따른 기간 내에 하자보수를 이행하지 아니하는 경우 소방본부장이나 소방서장에게 알릴 수 있다.
④ 관계인에게 통보를 받은 공사업자는 3일 이내에 하자를 보수하거나 보수 일정을 기록한 하자보수계획을 소방서장에게 서면으로 알려야 한다.

해설
관계인에게 통보를 받은 공사업자는 3일 이내에 하자를 보수하거나 보수 일정을 기록한 하자보수계획을 관계인에게 서면으로 알려야 한다.

정답 ④

19 소방시설 공사에서 하자보수 이행 보증에 관한 사항 중 옳지 않은 것은?

① 공사업자는 소방시설공사 결과 하자가 있을 때에는 대통령령으로 정하는 기간 동안 그 하자를 보수하여야 한다.
② 피난기구, 유도등, 유도표지, 비상경보설비, 비상조명등, 비상방송설비, 무선통신보조설비의 하자보수 보증기간은 2년이다.
③ 관계인에게 통보를 받은 공사업자는 3일 이내에 이를 보수하거나 보수 일정을 기록한 하자보수계획을 관계인에게 서면으로 알려야 한다.
④ 관계인은 공사업자가 규정에 따른 기간 내에 하자보수를 이행하지 아니하는 경우 소방청장, 소방본부장 또는 소방서장에게 알린다.

해설
관계인은 공사업자가 규정에 따른 기간 내에 하자보수를 이행하지 아니하는 경우 소방본부장이나 소방서장에게 알릴 수 있다.

정답 ④

20 소방시설공사업법에서 공사의 하자보수 보증에 대한 설명으로 옳지 않은 것은?

① 공사업자는 소방시설공사 결과 자동화재탐지설비 등 대통령령으로 정하는 소방시설에 하자가 있을 때에는 대통령령으로 정하는 기간 동안 그 하자를 보수하여야 한다.
② 관계인은 소방시설의 하자가 발생하였을 때에는 공사업자에게 그 사실을 알려야 하며, 통보를 받은 공사업자는 3일 이내에 하자를 보수하거나 보수 일정을 기록한 하자보수계획을 관계인에게 서면으로 알려야 한다.
③ 관계인은 공사업자가 하자보수를 이행하지 아니한 경우, 하자보수계획을 서면으로 알리지 아니한 경우, 하자보수계획이 불합리하다고 인정되는 경우에는 소방본부장이나 소방서장에게 그 사실을 알릴 수 있다.
④ 유도등, 유도표지, 비상경보설비, 비상조명등, 비상방송설비, 무선통신보조설비, 자동소화장치의 하자보수 보증기간은 2년이다.

해설
유도등, 유도표지, 비상경보설비, 비상조명등, 비상방송설비, 무선통신보조설비는 2년에 해당하고, 자동소화장치는 3년에 해당한다.

정답 ④

21 소방시설공사업법에서 공사의 하자보수에 대한 설명으로 옳지 않은 것은?

① 공사업자는 소방시설공사 결과 자동화재탐지설비 등 대통령령으로 정하는 소방시설에 하자가 있을 때에는 대통령령으로 정하는 기간 동안 그 하자를 보수하여야 한다.
② 피난기구, 유도등, 유도표지, 비상경보설비, 비상조명등, 비상방송설비 및 무선통신보조설비의 하자보수 보증기간은 2년이다.
③ 관계인은 하자보수 기간에 하자가 발생하였을 때에는 그 사실을 알려야 하며, 통보를 받은 공사업자는 7일 이내에 하자를 보수하거나 보수 일정을 기록한 하자보수계획을 관계인에게 서면으로 알려야 한다.
④ 자동소화장치, 옥내소화전설비, 스프링클러설비, 간이스프링클러설비, 물분무등소화설비, 옥외소화전설비, 자동화재탐지설비, 상수도소화용수설비 및 소화활동설비(무선통신보조설비는 제외한다)의 하자보수 보증기간은 3년이다.

해설
관계인은 하자보수 기간에 하자가 발생하였을 때에는 그 사실을 알려야 하며, 통보를 받은 공사업자는 3일 이내에 하자를 보수하거나 보수 일정을 기록한 하자보수계획을 관계인에게 서면으로 알려야 한다.

정답 ③

★★★★☆ [개정 2022. 11. 29.]

시행령 제10조(공사감리자 지정대상 특정소방대상물의 범위)

① 법 제17조제1항에서 "대통령령으로 정하는 특정소방대상물"이란 「소방시설 설치 및 관리에 관한 법률」 제2조제1항제3호의 특정소방대상물을 말한다. 〈개정 2022. 11. 29.〉

> 법 제17조제1항 : 대통령령으로 정하는 특정소방대상물의 관계인이 특정소방대상물에 대하여 자동화재탐지설비, 옥내소화전설비 등 대통령령으로 정하는 소방시설을 시공할 때에는 소방시설공사의 감리를 위하여 감리업자를 공사감리자로 지정하여야 한다.

② 법 제17조제1항에서 "자동화재탐지설비, 옥내소화전설비 등 대통령령으로 정하는 소방시설을 시공할 때"란 다음 각 호의 어느 하나에 해당하는 소방시설을 시공할 때를 말한다. 〈개정 2021. 6. 1.〉
1. 옥내소화전설비를 신설·개설 또는 증설할 때
2. 스프링클러설비등(캐비닛형 간이스프링클러설비는 제외한다)을 신설·개설하거나 방호·방수 구역을 증설할 때
3. 물분무등소화설비(호스릴 방식의 소화설비는 제외한다)를 신설·개설하거나 방호·방수 구역을 증설할 때
4. 옥외소화전설비를 신설·개설 또는 증설할 때

5. 자동화재탐지설비를 신설 또는 개설할 때
5의2. 비상방송설비를 신설 또는 개설할 때
6. 통합감시시설을 신설 또는 개설할 때
6의2. 비상조명등을 신설 또는 개설할 때
7. 소화용수설비를 신설 또는 개설할 때
8. 다음 각 목에 따른 소화활동설비에 대하여 각 목에 따른 시공을 할 때
   가. 제연설비를 신설·개설하거나 제연구역을 증설할 때
   나. 연결송수관설비를 신설 또는 개설할 때
   다. 연결살수설비를 신설·개설하거나 송수구역을 증설할 때
   라. 비상콘센트설비를 신설·개설하거나 전용회로를 증설할 때
   마. 무선통신보조설비를 신설 또는 개설할 때
   바. 연소방지설비를 신설·개설하거나 살수구역을 증설할 때

암기법 옥내외, 스등 물등(캐간제 호제), 비조 자탐 통합 비방, 소용 소활

예상문제

01 다음 중 공사감리자 지정대상 특정소방대상물이 아닌 것은?
① 소화용수설비, 통합감시시설을 신설 또는 개설할 때
② 옥내·외소화전설비를 신설·개설 또는 증설할 때
③ 캐비닛형 간이스프링클러설비를 신설·개설하거나 방호·방수구역을 증설할 때
④ 자동화재탐지설비를 신설 또는 개설할 때

해설
공사감리자 지정대상은 "스프링클러설비등(캐비닛형 간이스프링클러설비는 제외)을 신설·개설하거나 방호·방수 구역을 증설할 때"가 해당한다.

※ 스프링클러설비등이란 스프링클러설비, 간이스프링클러설비(캐비닛형 간이스프링클러설비를 포함), 화재조기진압용 스프링클러설비를 말한다.

정답 ③

02 소방설비공사에 있어서 공사감리자 지정대상 특정소방대상물의 범위가 아닌 것은?
① 자동화재속보설비를 신설 또는 개설할 때
② 옥내소화전설비를 신설·개설 또는 증설할 때
③ 스프링클러설비를 신설·개설하거나 방호·방수 구역을 증설할 때
④ 통합감시시설을 신설 또는 개설할 때

🗐 해설
자동화재속보설비를 신설 또는 개설할 때는 공사감리자 지정대상에 해당하지 않는다.

정답 ①

03 관계인이 소방공사감리자를 지정하여야 하는 특정대상물이 아닌 것은?
① 구조, 용도변경으로 가스누설경보기의 추가 설치
② 소화용수설비 · 통합감시시설을 신설 또는 개설할 때
③ 소화활동설비 중 연결송수관설비 · 무선통신보조설비를 신설 또는 개설할 때
④ 제연설비 · 연결살수설비 · 비상콘센트설비 · 연소방지설비를 신설 · 개설하거나 증설할 때

🗐 해설
가스누설경보기의 추가 설치는 공사감리자 지정대상에 해당하지 않는다.

정답 ①

04 공사감리자를 지정해야 하는 특정소방대상물이 아닌 것은?
① 비상경보설비를 신설 또는 개설할 때
② 자동화재탐지설비를 신설 또는 개설할 때
③ 제연설비를 신설 · 개설하거나 제연구역을 증설할 때
④ 소화용수설비 · 통합감시시설을 신설 또는 개설할 때

🗐 해설
비상경보설비를 신설 또는 개설할 때는 공사감리자 지정대상에 해당하지 않는다.

정답 ①

05 다음 중 공사감리자 지정대상 특정소방대상물의 범위에 해당되지 않는 것은?
① 옥내소화전설비를 신설 · 개설 또는 증설할 때
② 소화용수설비 · 통합감시시설을 신설 또는 개설할 때
③ 길이 700m 이상의 지하구를 신설 · 개설하거나 증설할 때
④ 제연설비 · 연결살수설비 · 비상콘센트설비 · 연소방지설비를 신설 · 개설하거나 증설할 때

🗐 해설
지하구를 신설 · 개설하거나 증설할 때는 공사감리자 지정대상에 해당하지 않는다.

정답 ③

06 감리업자 지정대상인 특정소방대상물 범위가 아닌 것은?

① 옥내·외소화전설비를 신설·개설 또는 증설할 때
② 자동화재탐지설비를 신설 또는 개설할 때
③ 물분무등소화설비를 신설·개설하거나 방호·방수구역을 증설할 때
④ 연면적 1천㎡ 이상의 특정소방대상물

해설
연면적 1천㎡ 이상의 특정소방대상물은 공사감리자 지정대상에 해당하지 않는다.

정답 ④

★★★☆☆ [개정 2022. 1. 4.]

시행령 제20조(업무의 위탁)

① 소방청장은 법 제33조제2항에 따라 법 제29조에 따른 소방기술자 실무교육에 관한 업무를 법 제29조제3항에 따라 소방청장이 지정하는 실무교육기관 또는 「소방기본법」 제40조에 따른 한국소방안전원에 위탁한다.
② 소방청장은 법 제33조제3항에 따라 다음 각 호의 업무를 협회에 위탁한다. 〈개정 2020. 9. 8.〉
  1. 법 제20조의3에 따른 방염처리능력 평가 및 공시에 관한 업무
  2. 법 제26조에 따른 시공능력 평가 및 공시에 관한 업무
  3. 법 제26조의3제1항에 따른 소방시설업 종합정보시스템의 구축·운영
③ 시·도지사는 법 제33조제3항에 따라 다음 각 호의 업무를 협회에 위탁한다.
  1. 법 제4조제1항에 따른 소방시설업 등록신청의 접수 및 신청내용의 확인
  2. 법 제6조에 따른 소방시설업 등록사항 변경신고의 접수 및 신고내용의 확인
  2의2. 법 제6조의2에 따른 소방시설업 휴업·폐업 또는 재개업 신고의 접수 및 신고내용의 확인
  3. 법 제7조제3항에 따른 소방시설업자의 지위승계 신고의 접수 및 신고내용의 확인
④ 소방청장은 법 제33조제4항에 따라 다음 각 호의 업무를 협회, 소방기술과 관련된 법인 또는 단체에 위탁한다. 이 경우 소방청장은 수탁기관을 지정하여 고시해야 한다. 〈개정 2022. 1. 4.〉
  1. 법 제28조에 따른 소방기술과 관련된 자격·학력 및 경력의 인정 업무
  2. 법 제28조의2에 따른 소방기술자 양성·인정 교육훈련 업무

핵심정리

※ 업무의 위탁

소방청장 → 소방시설업자협회	시·도지사 → 소방시설업자협회
1. 방염처리업자의 방염처리능력 평가 및 공시에 관한 업무 2. 소방시설공사업자의 시공능력 평가 및 공시에 관한 업무 3. 소방시설업 종합정보시스템의 구축·운영	1. 소방시설업 등록신청의 접수 및 신청내용의 확인 2. 소방시설업 등록사항 변경신고의 접수 및 신고내용의 확인 3. 소방시설업 휴업·폐업 또는 재개업 신고의 접수 및 신고내용의 확인 4. 소방시설업자의 지위승계 신고의 접수 및 신고내용의 확인

예상문제

01 소방시설공사업법에서 업무의 위탁에 대한 설명으로 틀린 것은?

① 시·도지사는 소방시설업 등록신청의 접수 및 신청내용의 확인에 관한 업무를 소방시설업자협회에 위탁한다.
② 소방청장은 소방기술과 관련된 자격·학력 및 경력의 인정 업무를 소방시설업자협회, 소방기술과 관련된 법인 또는 단체에 위탁한다.
③ 소방청장은 소방시설공사업을 등록한 자의 시공능력 평가 및 공시에 관한 업무를 소방시설업자협회에 위탁한다.
④ 소방청장은 소방기술자 실무교육에 관한 업무를 소방청장이 지정하는 실무교육기관 또는 대한소방공제회에 위탁한다.

해설
소방청장은 소방기술자 실무교육에 관한 업무를 소방청장이 지정하는 실무교육기관 또는 한국소방안전원에 위탁한다.

정답 ④

★★★★★ [개정 2023. 11. 28.]

시행령 [별표 1] 소방시설업의 업종별 등록기준 및 영업범위

1. 소방시설설계업

업종별	항목	기술인력	영업범위
전문 소방시설 설계업		가. 주된 기술인력 : 소방기술사 1명 이상 나. 보조기술인력 : 1명 이상	모든 특정소방대상물에 설치되는 소방시설의 설계
일반 소방시설 설계업	기계 분야	가. 주된 기술인력 : 소방기술사 또는 기계분야 소방설비기사 1명 이상 나. 보조기술인력 : 1명 이상	가. 아파트에 설치되는 기계분야 소방시설(제연설비는 제외한다)의 설계 나. 연면적 3만제곱미터(공장의 경우에는 1만제곱미터) 미만의 특정소방대상물(제연설비가 설치되는 특정소방대상물은 제외한다)에 설치되는 기계분야 소방시설의 설계 다. 위험물제조소등에 설치되는 기계분야 소방시설의 설계
	전기 분야	가. 주된 기술인력 : 소방기술사 또는 전기분야 소방설비기사 1명 이상 나. 보조기술인력 : 1명 이상	가. 아파트에 설치되는 전기분야 소방시설의 설계 나. 연면적 3만제곱미터(공장의 경우에는 1만제곱미터) 미만의 특정소방대상물에 설치되는 전기분야 소방시설의 설계 다. 위험물제조소등에 설치되는 전기분야 소방시설의 설계

비고
1. 위 표의 일반 소방시설설계업에서 기계분야 및 전기분야의 대상이 되는 소방시설의 범위는 다음 각 목과 같다.
    가. 기계분야
        1) 소화기구, 자동소화장치, 옥내소화전설비, 스프링클러설비등, 물분무등소화설비, 옥외소화전설비, 피난기구, 인명구조기구, 상수도소화용수설비, 소화수조·저수조, 그 밖의 소화용수설비, 제연설비, 연결송수관설비, 연결살수설비 및 연소방지설비
        2) 기계분야 소방시설에 부설되는 전기시설. 다만, 비상전원, 동력회로, 제어회로, 기계분야 소방시설을 작동하기 위하여 설치하는 화재감지기에 의한 화재감지장치 및 전기신호에 의한 소방시설의 작동장치는 제외한다.
    나. 전기분야
        1) 단독경보형감지기, 비상경보설비, 비상방송설비, 누전경보기, 자동화재탐지설비, 시각경보기, 화재알림설비, 자동화재속보설비, 가스누설경보기, 통합감시시설, 유도등, 비상조명등, 휴대용비상조명등, 비상콘센트설비 및 무선통신보조설비 〈개정 2023. 11. 28.〉
        2) 기계분야 소방시설에 부설되는 전기시설 중 가목2) 단서의 전기시설
2. 일반 소방시설설계업의 기계분야 및 전기분야를 함께 하는 경우 주된 기술인력은 소방기술사 1명 또는 기계분야 소방설비기사와 전기분야 소방설비기사 자격을 함께 취득한 사람 1명 이상으로 할 수 있다.
3. 소방시설설계업을 하려는 자가 소방시설공사업, 「소방시설 설치 및 관리에 관한 법률」 제29조제1항에 따른 소방시설관리업(이하 "소방시설관리업"이라 한다) 또는 「다중이용업소의 안전관리에 관한 특별법」 제16조에 따른 화재위험평가 대행 업무(이하 "화재위험평가 대행업"이라 한다) 중 어느 하나를 함께 하려는 경우 소방시설공사업, 소방시설관리업 또는 화재위험평가 대행업 기술인력으로 등록된 기술인력은 다음 각 목의 기준에 따라 소방시설설계업 등록 시 갖추어야 하는 해당 자격을 가진 기술인력으로 볼 수 있다.

가. 전문 소방시설설계업과 소방시설관리업을 함께 하는 경우 : 소방기술사 자격과 소방시설관리사 자격을 함께 취득한 사람
나. 전문 소방시설설계업과 전문 소방시설공사업을 함께 하는 경우 : 소방기술사 자격을 취득한 사람
다. 전문 소방시설설계업과 화재위험평가 대행업을 함께 하는 경우 : 소방기술사 자격을 취득한 사람
라. 일반 소방시설설계업과 소방시설관리업을 함께 하는 경우 다음의 어느 하나에 해당하는 사람
　　1) 소방기술사 자격과 소방시설관리사 자격을 함께 취득한 사람
　　2) 기계분야 소방설비기사 또는 전기분야 소방설비기사 자격을 취득한 사람 중 소방시설관리사 자격을 취득한 사람
마. 일반 소방시설설계업과 일반 소방시설공사업을 함께 하는 경우 : 소방기술사 자격을 취득하거나 기계분야 또는 전기분야 소방설비기사 자격을 취득한 사람
바. 일반 소방시설설계업과 전문 소방시설공사업을 함께 하는 경우 : 소방기술사 자격을 취득하거나 기계분야 및 전기분야 소방설비기사 자격을 함께 취득한 사람
사. 전문 소방시설설계업과 일반 소방시설공사업을 함께하는 경우 : 소방기술사 자격을 취득한 사람

4. "보조기술인력"이란 다음 각 목의 어느 하나에 해당하는 사람을 말한다.
　가. 소방기술사, 소방설비기사 또는 소방설비산업기사 자격을 취득한 사람
　나. 소방공무원으로 재직한 경력이 3년 이상인 사람으로서 자격수첩을 발급받은 사람
　다. 법 제28조제3항에 따라 행정안전부령으로 정하는 소방기술과 관련된 자격·경력 및 학력을 갖춘 사람으로서 자격수첩을 발급받은 사람

5. 위 표 및 제2호에도 불구하고 다음 각 목의 어느 하나에 해당하는 자가 소방시설설계업을 등록하는 경우「엔지니어링산업 진흥법」,「건축사법」,「기술사법」및「전력기술관리법」에 따른 신고 또는 등록기준을 충족하는 기술인력을 확보한 경우로서 해당 기술인력이 위 표의 기술인력(주된 기술인력만 해당한다)의 기준을 충족하는 경우에는 위 표의 등록기준을 충족한 것으로 본다.
　가.「엔지니어링산업 진흥법」제21조제1항에 따라 엔지니어링사업자 신고를 한 자
　나.「건축사법」제23조에 따른 건축사업무신고를 한 자
　다.「기술사법」제6조제1항에 따른 기술사사무소 등록을 한 자
　라.「전력기술관리법」제14조제1항에 따른 설계업 등록을 한 자

6. 가스계소화설비의 경우에는 해당 설비의 설계프로그램 제조사가 참여하여 설계(변경을 포함한다)할 수 있다.

2. 소방시설공사업

항목 업종별	기술인력	자본금 (자산평가액)	영업범위
전문 소방시설 공사업	가. 주된 기술인력 : 소방기술사 또는 기계분야와 전기분야의 소방설비기사 각 1명(기계분야 및 전기분야의 자격을 함께 취득한 사람 1명) 이상 나. 보조기술인력 : 2명 이상	가. 법인 : 1억 원 이상 나. 개인 : 자산평가액 1억 원 이상	특정소방대상물에 설치되는 기계분야 및 전기분야 소방시설의 공사·개설·이전 및 정비

일반 소방 시설 공사업	기계 분야	가. 주된 기술인력 : 소방기술사 또는 기계분야 소방설비기사 1명 이상 나. 보조기술인력 : 1명 이상	가. 법인 : 1억 원 이상 나. 개인 : 자산평가액 1억 원 이상	가. 연면적 1만제곱미터 미만의 특정소방대상물에 설치되는 기계분야 소방시설의 공사·개설·이전 및 정비 나. 위험물제조소등에 설치되는 기계분야 소방시설의 공사·개설·이전 및 정비
	전기 분야	가. 주된 기술인력 : 소방기술사 또는 전기분야 소방설비 기사 1명 이상 나. 보조기술인력 : 1명 이상	가. 법인 : 1억 원 이상 나. 개인 : 자산평가액 1억 원 이상	가. 연면적 1만제곱미터 미만의 특정소방대상물에 설치되는 전기분야 소방시설의 공사·개설·이전·정비 나. 위험물제조소등에 설치되는 전기분야 소방시설의 공사·개설·이전·정비

비고
1. 위 표의 일반 소방시설공사업에서 기계분야 및 전기분야의 대상이 되는 소방시설의 범위는 이 표 제1호 비고 제1호 각 목과 같다.
2. 기계분야 및 전기분야의 일반 소방시설공사업을 함께 하는 경우 주된 기술인력은 소방기술사 1명 또는 기계분야 및 전기분야의 자격을 함께 취득한 소방설비기사 1명으로 한다.
3. 자본금(자산평가액)은 해당 소방시설공사업의 최근 결산일 현재(새로 등록한 자는 등록을 위한 기업진단기준일 현재)의 총자산에서 총부채를 뺀 금액을 말하고, 소방시설공사업 외의 다른 업(業)을 함께 하는 경우에는 자본금에서 겸업 비율에 해당하는 금액을 뺀 금액을 말한다.
4. "보조기술인력"이란 소방시설설계업의 등록기준 및 영업범위의 비고란 제4호 각 목의 어느 하나에 해당하는 사람을 말한다.
5. 소방시설공사업을 하려는 자가 소방시설설계업 또는 소방시설관리업 중 어느 하나를 함께 하려는 경우 소방시설설계업 또는 소방시설관리업 기술인력으로 등록된 기술인력은 다음 각 목의 기준에 따라 소방시설공사업 등록 시 갖추어야 하는 해당 자격을 가진 기술인력으로 볼 수 있다.
    가. 전문 소방시설공사업과 전문 소방시설설계업을 함께 하는 경우 : 소방기술사 자격을 취득한 사람
    나. 전문 소방시설공사업과 일반 소방시설설계업을 함께 하는 경우 : 소방기술사 자격을 취득하거나 기계분야 및 전기분야 소방설비기사 자격을 함께 취득한 사람
    다. 일반 소방시설공사업과 전문 소방시설설계업을 함께 하는 경우 : 소방기술사 자격을 취득한 사람
    라. 일반 소방시설공사업과 일반 소방시설설계업을 함께 하는 경우 : 소방기술사 자격을 취득하거나 기계분야 또는 전기분야 소방설비기사 자격을 취득한 사람
    마. 전문 소방시설공사업과 소방시설관리업을 함께 하는 경우 : 소방시설관리사와 소방설비기사(기계분야 및 전기분야의 자격을 함께 취득한 사람) 또는 소방기술사 자격을 함께 취득한 사람
    바. 일반 소방시설공사업 기계분야와 소방시설관리업을 함께 하는 경우 : 소방기술사 또는 기계분야 소방설비기사와 소방시설관리사 자격을 함께 취득한 사람
    사. 일반 소방시설공사업 전기분야와 소방시설관리업을 함께 하는 경우 : 소방기술사 또는 전기분야 소방설비기사와 소방시설관리사 자격을 함께 취득한 사람
6. "개설"이란 이미 특정소방대상물에 설치된 소방시설등의 전부 또는 일부를 철거하고 새로 설치하는 것을 말한다.
7. "이전"이란 이미 설치된 소방시설등을 현재 설치된 장소에서 다른 장소로 옮겨 설치하는 것을 말한다.
8. "정비"란 이미 설치된 소방시설등을 구성하고 있는 기계·기구를 교체하거나 보수하는 것을 말한다.

3. 소방공사감리업

업종별		항목 기술인력	영업범위
전문 소방공사 감리업		가. 소방기술사 1명 이상 나. 기계분야 및 전기분야의 특급 감리원 각 1명(기계분야 및 전기분야의 자격을 함께 가지고 있는 사람이 있는 경우에는 그에 해당하는 사람 1명. 이하 다목부터 마목까지에서 같다) 이상 다. 기계분야 및 전기분야의 고급 감리원 이상의 감리원 각 1명 이상 라. 기계분야 및 전기분야의 중급 감리원 이상의 감리원 각 1명 이상 마. 기계분야 및 전기분야의 초급 감리원 이상의 감리원 각 1명 이상	모든 특정소방대상물에 설치되는 소방시설 공사 감리
일반 소방공사 감리업	기계 분야	가. 기계분야 특급 감리원 1명 이상 나. 기계분야 고급 감리원 또는 중급 감리원 이상의 감리원 1명 이상 다. 기계분야 초급 감리원 이상의 감리원 1명 이상	가. 연면적 3만제곱미터(공장의 경우에는 1만제곱미터) 미만의 특정소방대상물(제연설비가 설치되는 특정소방대상물은 제외한다)에 설치되는 기계분야 소방시설의 감리 나. 아파트에 설치되는 기계분야 소방시설(제연설비는 제외한다)의 감리 다. 위험물제조소등에 설치되는 기계분야 소방시설의 감리
	전기 분야	가. 전기분야 특급 감리원 1명 이상 나. 전기분야 고급 감리원 또는 중급 감리원 이상의 감리원 1명 이상 다. 전기분야 초급 감리원 이상의 감리원 1명 이상	가. 연면적 3만제곱미터(공장의 경우에는 1만제곱미터) 미만의 특정소방대상물에 설치되는 전기분야 소방시설의 감리 나. 아파트에 설치되는 전기분야 소방시설의 감리 다. 위험물제조소등에 설치되는 전기분야 소방시설의 감리

비고
1. 위 표의 일반 소방공사감리업에서 기계분야 및 전기분야의 대상이 되는 소방시설의 범위는 다음 각 목과 같다.
   가. 기계분야
     1) 이 표 제1호 비고 제1호가목에 따른 기계분야 소방시설
     2) 실내장식물 및 방염대상물품
   나. 전기분야 : 이 표 제1호 비고 제1호나목에 따른 전기분야 소방시설
2. 위 표에서 "특급 감리원", "고급 감리원", "중급 감리원" 및 "초급 감리원"은 행정안전부령으로 정하는 소방기술과 관련된 자격·경력 및 학력을 갖춘 사람으로서 소방공사감리원의 기술등급 자격에 따른 경력수첩을 발급받은 사람을 말한다.
3. 일반 소방공사감리업의 기계분야 및 전기분야를 함께 하는 경우 기계분야 및 전기분야의 자격을 함께 취득한 감리원 각 1명 이상 또는 기계분야 및 전기분야 일반 소방공사감리업의 등록기준 중 각각의 분야에 해당하는 기술인력을 두어야 한다.
4. 소방공사감리업을 하려는 자가 「엔지니어링산업 진흥법」 제21조제1항에 따른 엔지니어링사업, 「건축사법」 제23조에 따른 건축사사무소 운영, 「건설기술 진흥법」 제26조제1항에 따른 건설엔지니어링업, 「전력기술관리법」 제14조제1항에 따른 전력시설물공사감리업, 「기술사법」 제6조제1항에 따른 기술사사무소 운영 또는 화재위험평가 대행업(이하 "엔지니어링사업등"이라 한다) 중 어

느 하나를 함께 하려는 경우 엔지니어링사업등의 보유 기술인력으로 신고나 등록된 소방기술사는 전문 소방공사감리업 등록 시 갖추어야 하는 기술인력으로 볼 수 있고, 특급 감리원은 일반 소방공사감리업의 등록 시 갖추어야 하는 기술인력으로 볼 수 있다.

5. 기술인력 등록기준에서 기준등급보다 초과하여 상위등급의 기술인력을 보유하고 있는 경우 기준등급을 보유한 것으로 간주한다.

4. 방염처리업

항목 업종별	실험실	방염처리시설 및 시험기기	영업범위
섬유류 방염업	1개 이상 갖출 것	부표에 따른 섬유류 방염업의 방염처리시설 및 시험기기를 모두 갖추어야 한다.	커튼·카펫 등 섬유류를 주된 원료로 하는 방염대상물품을 제조 또는 가공 공정에서 방염처리
합성수지류 방염업		부표에 따른 합성수지류 방염업의 방염처리시설 및 시험기기를 모두 갖추어야 한다.	합성수지류를 주된 원료로 하는 방염대상물품을 제조 또는 가공 공정에서 방염처리
합판·목재류 방염업		부표에 따른 합판·목재류 방염업의 방염처리시설 및 시험기기를 모두 갖추어야 한다.	합판 또는 목재류를 제조·가공 공정 또는 설치 현장에서 방염처리

비고
1. 방염처리업자가 2개 이상의 방염업을 함께 하는 경우 갖춰야 하는 실험실은 1개 이상으로 한다.
2. 방염처리업자가 2개 이상의 방염업을 함께 하는 경우 공통되는 방염처리시설 및 시험기기는 중복하여 갖추지 않을 수 있다.
3. 방염처리업자가 실험실·방염처리시설 및 시험기기에 대하여 임차계약을 체결하고 공증을 받은 경우에는 해당 실험실·방염처리시설 및 시험기기를 갖춘 것으로 본다.

예상문제

01 다음 중 소방시설공사업의 종류로 그 분야를 구분할 때 옳지 않은 것은?

① 일반소방시설공사업(전기분야)
② 일반소방시설공사업(기계분야)
③ 전문소방시설공사업(전기분야)
④ 전문소방시설공사업

해설
소방시설공사업의 종류는 "전문소방시설공사업, 일반소방시설공사업(기계분야), 일반소방시설공사업(전기분야)"이다.

정답 ③

02 다음 중 전문소방시설설계업의 주된 기술인력은?

① 소방기술사 1인
② 소방전기기사, 소방기계기사, 소방기술사 각 1인
③ 소방전기기사, 소방기계기사, 소방시설관리사 각 1인
④ 소방전기기사 1인, 소방기계기사 1인

📋 해설
전문소방시설설계업의 주된 기술인력은 "소방기술사 1명 이상"이다.

정답 ①

03 다음 중 소방시설설계업의 등록기준 및 영업범위에 관하여 옳지 않은 것은?
① 전문소방시설설계업은 모든 특정소방대상물에 설치되는 소방시설의 설계를 할 수 있다.
② 일반소방시설설계업의 기계분야는 아파트에 설치(제연설비 포함)되는 소방시설의 설계를 할 수 있다.
③ 일반소방시설설계업의 기계분야는 연면적 3만m² 미만의 특정소방대상물에 설치되는 소방시설의 설계를 할 수 있다.
④ 일반소방시설설계업의 기계분야는 공장의 경우 1만m² 미만의 특정소방대상물에 설치되는 소방시설의 설계를 할 수 있다.

📋 해설
일반 소방시설설계업(기계분야)의 영업범위
가. 아파트에 설치되는 기계분야 소방시설(제연설비는 제외한다)의 설계
나. 연면적 3만제곱미터(공장의 경우에는 1만제곱미터) 미만의 특정소방대상물(제연설비가 설치되는 특정소방대상물은 제외한다)에 설치되는 기계분야 소방시설의 설계
다. 위험물제조소 등에 설치되는 기계분야 소방시설의 설계

정답 ②

04 소방시설공사업법에서 전문소방시설설계업의 기술인력은?
① 주된 기술인력 소방기술사 1인 이상, 보조기술인력 1인 이상
② 주된 기술인력 소방기술사 1인 이상, 보조기술인력 2인 이상
③ 주된 기술인력 소방설비기사 1인 이상, 보조기술인력 1인 이상
④ 주된 기술인력 소방설비기사 1인 이상, 보조기술인력 2인 이상

📋 해설
전문소방시설설계업의 기술인력은 다음과 같다.
가. 주된 기술인력 : 소방기술사 1명 이상
나. 보조기술인력 : 1명 이상

정답 ①

05 다음 중 소방시설공사업의 등록기준으로 옳은 것은?
① 기술인력, 기술장비, 국가기술자격증
② 기술인력, 자본금
③ 공사실적, 장비, 시설
④ 도급실적, 자본금

📝 **해설**
소방시설공사업의 등록기준은 "기술인력과 자본금(자산평가액)"이다.

정답 ②

06 다음 중 방염처리업의 종류가 아닌 것은?
① 섬유류 방염업
② 합성수지류 방염업
③ 합판·목재류 방염업
④ 종이류 방염업

📝 **해설**
방염처리업의 종류는 "섬유류 방염업, 합성수지류 방염업, 합판·목재류 방염업"이다.

정답 ④

07 다음 중 방염처리업의 종류가 아닌 것은?
① 섬유류 방염업
② 합성수지류 방염업
③ 고무류 방염업
④ 합판·목재류 방염업

📝 **해설**
고무류 방염업은 방염처리업의 종류에 해당하지 않는다.

정답 ③

08 다음 중 전문소방시설공사업의 등록기준으로 옳은 것은?
① 주인력 1인 보조인력 1인 이상
② 법인 자본금 5천만 원 이상
③ 개인 자산평가액 1억 원 이상
④ 개인 자산평가액 2억 원 이상

📝 **해설**
전문소방시설공사업의 등록기준은 다음과 같다.

기술인력	자본금(자산평가액)
가. 주된 기술인력 : 소방기술사 또는 기계분야와 전기분야의 소방설비기사 각 1명(기계분야 및 전기분야의 자격을 함께 취득한 사람 1명) 이상 나. 보조기술인력 : 2명 이상	가. 법인 : 1억 원 이상 나. 개인 : 자산평가액 1억 원 이상

정답 ③

09 다음 중 방염처리업의 종류가 아닌 것은?
① 섬유류 방염업
② 합성수지류 방염업
③ 합판·목재류 방염업
④ 커텐·종이벽지류 방염업

해설
커텐·종이벽지류 방염업은 방염처리업의 종류에 해당하지 않는다.

정답 ④

10 소방시설업에서 주된 기술인력으로 소방기술사만을 필요로 하는 업종은?
① 전문소방시설공사업
② 일반소방시설설계업
③ 전문소방시설설계업
④ 전문소방공사감리업

해설
전문소방시설설계업의 주된 기술인력은 "소방기술사 1명 이상"이다.

업종별		주된 기술인력
전문 소방시설설계업		소방기술사 1명 이상
일반 소방시설설계업	기계분야	소방기술사 또는 기계분야 소방설비기사 1명 이상
	전기분야	소방기술사 또는 전기분야 소방설비기사 1명 이상
전문 소방시설공사업		소방기술사 또는 기계분야와 전기분야의 소방설비기사 각 1명(기계분야 및 전기분야의 자격을 함께 취득한 사람 1명) 이상
일반 소방시설공사업	기계분야	소방기술사 또는 기계분야 소방설비기사 1명 이상
	전기분야	소방기술사 또는 전기분야 소방설비 기사 1명 이상

정답 ③

11 소방시설업의 분류 중 기계분야에서 제외되며 전기분야에 해당되는 것은?
① 제연설비
② 연결송수관설비
③ 피난구유도등
④ 연소방지설비

해설
※ 기계분야 및 전기분야의 대상이 되는 소방시설의 범위

기계분야	1) 소화기구, 자동소화장치, 옥내소화전설비, 스프링클러설비등, 물분무등소화설비, 옥외소화전설비, 피난기구, 인명구조기구, 상수도소화용수설비, 소화수조·저수조, 그 밖의 소화용수설비, 제연설비, 연결송수관설비, 연결살수설비 및 연소방지설비 2) 기계분야 소방시설에 부설되는 전기시설. 다만, 비상전원, 동력회로, 제어회로, 기계분야 소방시설을 작동하기 위하여 설치하는 화재감지기에 의한 화재감지장치 및 전기신호에 의한 소방시설의 작동장치는 제외한다.
전기분야	1) 단독경보형감지기, 비상경보설비, 비상방송설비, 누전경보기, 자동화재탐지설비, 시각경보기, 자동화재속보설비, 가스누설경보기, 통합감시시설, 유도등, 비상조명등, 휴대용비상조명등, 비상콘센트설비 및 무선통신보조설비 2) 기계분야 소방시설에 부설되는 전기시설 중 가목2) 단서의 전기시설

정답 ③

12 소방시설공사업법 별표에서 정하는 소방시설업 등록기준의 요소에 해당하지 않는 것은?
① 소방시설설계업 – 기술인력, 장비
② 소방시설공사업 – 기술인력, 자본금(자산평가액)
③ 소방공사감리업 – 기술인력
④ 방염처리업 – 실험실, 방염처리시설 및 시험기기

해설
소방시설설계업의 등록기준은 "기술인력"만 해당한다.

정답 ①

13 다음의 소방시설 중 전기분야에 해당되지 않는 것은?
① 연결살수설비
② 통합감시시설
③ 무선통신보조설비
④ 비상조명등

해설
연결살수설비는 기계분야에 해당하고, 통합감시시설, 무선통신보조설비, 비상조명등은 전기분야에 해당한다.

정답 ①

14 소방시설업 중에서 소방시설공사업법에 대한 설명 중 가장 옳지 않은 것은?
① 전문소방시설설계업의 주된 기술인력은 소방기술사 1인 이상이다.
② 전문소방시설공사업은 기계분야와 전기분야의 모든 장비를 갖추어야 한다.
③ 전문소방시설설계업은 3만m² 이상의 특정소방대상물에 설치되는 소방시설의 설계만 할 수 있다.
④ 일반소방시설공사업의 기계분야는 개인인 경우 자산평가액 1억 원 이상이 필요하다.

해설
전문소방시설설계업은 "모든 특정소방대상물에 설치되는 소방시설의 설계"를 할 수 있다.

정답 ③

15 다음은 소방시설업에 관한 사항이다. 가장 옳지 않은 것은?
① 소방공사감리업의 등록기준은 기술인력이 필요하다.
② 소방시설설계업의 등록기준은 기술인력이 필요하다.
③ 소방시설설계업과 소방공사감리업의 기계분야 대상이 되는 기술인력의 범위는 동일하다.
④ 소방시설업의 업종 구분은 전문과 일반으로 구분하고 있으며, 일반은 다시 기계분야와 전기분야로 나누고 있다.

📖 해설
※ 소방시설설계업과 소방공사감리업의 기계분야 대상이 되는 기술인력의 범위

일반소방시설설계업 (기계분야)	가. 주된 기술인력 : 소방기술사 또는 기계분야 소방설비기사 1명 이상 나. 보조기술인력 : 1명 이상
일반소방공사감리업 (기계분야)	가. 기계분야 특급 감리원 1명 이상 나. 기계분야 고급 감리원 또는 중급 감리원 이상의 감리원 1명 이상 다. 기계분야 초급 감리원 이상의 감리원 1명 이상

정답 ③

16 특정소방대상물의 소방시설에 대하여 설계·시공 또는 감리를 하고자 하는 자는 업종별로 대통령령이 정하는 사항을 갖추어 시·도지사에게 소방시설업의 등록을 하여야 한다. 다음 중 자본금, 기술인력을 모두 갖추어야 하는 것은?
① 소방시설설계업　　　　　　　② 소방시설공사업
③ 소방시설감리업　　　　　　　④ 방염처리업

📖 해설
소방시설업을 등록할 때 "소방시설설계업과 소방시설감리업은 기술인력"을 갖추어야 하고, "소방시설공사업은 기술인력과 자본금(자산평가액)"을 갖추어야 한다.

정답 ②

17 다음 소방시설업과 관련된 설명 중 옳지 않은 것은?
① 전문소방시설공사업의 등록기준은 법인은 자본금 1억 원 이상, 개인은 자산평가액 1억 원 이상이다.
② 일반소방시설공사업의 등록기준은 법인은 자본금 1억 원 이상, 개인은 자산평가액 1억 원 이상이다.
③ 소방시설업의 등록을 하지 아니하고 영업을 한 자는 1년 이하의 징역 또는 1,000만 원 이하의 벌금을 부과할 수 있다.
④ 관계인이 공사감리자를 지정하지 아니한 때에는 1년 이하의 징역 또는 1,000만 원 이하의 벌금을 부과할 수 있다.

📖 해설
소방시설업의 등록을 하지 아니하고 영업을 한 자는 3년 이하의 징역 또는 3천만 원 이하의 벌금에 처한다.

정답 ③

★☆☆☆☆ [개정 2023. 5. 9.]

시행령 [별표 1의2] 성능위주설계를 할 수 있는 자의 자격·기술인력 및 자격에 따른 설계범위

성능위주설계자의 자격	기술인력	설계범위
1. 법 제4조에 따라 전문 소방시설설계업을 등록한 자 2. 전문 소방시설설계업 등록기준에 따른 기술인력을 갖춘 자로서 소방청장이 정하여 고시하는 연구기관 또는 단체	소방기술사 2명 이상	「소방시설 설치 및 관리에 관한 법률 시행령」 제9조에 따라 성능위주설계를 하여야 하는 특정소방대상물

※ 성능위주설계를 하여야 하는 특정소방대상물(소방시설 설치 및 관리에 관한 법률 시행령 제9조)
1. 연면적 20만제곱미터 이상인 특정소방대상물(아파트등은 제외)
2. 50층 이상(지하층은 제외)이거나 지상으로부터 높이가 200미터 이상인 아파트등
3. 30층 이상(지하층을 포함)이거나 지상으로부터 높이가 120미터 이상인 특정소방대상물(아파트등은 제외)
4. 연면적 3만제곱미터 이상인 특정소방대상물로서 다음 각 목의 어느 하나에 해당하는 특정소방대상물
   가. 철도 및 도시철도 시설
   나. 공항시설
5. 창고시설 중 연면적 10만제곱미터 이상인 것 또는 지하층의 층수가 2개 층 이상이고 지하층의 바닥면적의 합계가 3만제곱미터 이상인 것
6. 하나의 건축물에 영화상영관이 10개 이상인 특정소방대상물
7. 지하연계 복합건축물에 해당하는 특정소방대상물
8. 터널 중 수저(水底)터널 또는 길이가 5천미터 이상인 것

★★★☆☆ [개정 2020. 12. 29.]

시행령 [별표 2] 소방기술자의 배치기준 및 배치기간

1. 소방기술자의 배치기준

소방기술자의 배치기준	소방시설공사 현장의 기준
가. 행정안전부령으로 정하는 특급기술자인 소방기술자(기계분야 및 전기분야)	1) 연면적 20만제곱미터 이상인 특정소방대상물의 공사 현장 2) 지하층을 포함한 층수가 40층 이상인 특정소방대상물의 공사 현장
나. 행정안전부령으로 정하는 고급기술자 이상의 소방기술자(기계분야 및 전기분야)	1) 연면적 3만제곱미터 이상 20만제곱미터 미만인 특정소방대상물(아파트는 제외한다)의 공사 현장 2) 지하층을 포함한 층수가 16층 이상 40층 미만인 특정소방대상물의 공사 현장
다. 행정안전부령으로 정하는 중급기술자 이상의 소방기술자(기계분야 및 전기분야)	1) 물분무등소화설비(호스릴 방식의 소화설비는 제외한다) 또는 제연설비가 설치되는 특정소방대상물의 공사 현장 2) 연면적 5천제곱미터 이상 3만제곱미터 미만인 특정소방대상물(아파트는 제외한다)의 공사 현장 3) 연면적 1만제곱미터 이상 20만제곱미터 미만인 아파트의 공사 현장
라. 행정안전부령으로 정하는 초급기술자 이상의 소방기술자(기계분야 및 전기분야)	1) 연면적 1천제곱미터 이상 5천제곱미터 미만인 특정소방대상물(아파트는 제외한다)의 공사 현장 2) 연면적 1천제곱미터 이상 1만제곱미터 미만인 아파트의 공사 현장 3) 지하구(地下溝)의 공사 현장
마. 법 제28조제2항에 따라 자격수첩을 발급받은 소방기술자	연면적 1천제곱미터 미만인 특정소방대상물의 공사 현장

비고
가. 다음의 어느 하나에 해당하는 기계분야 소방시설공사의 경우에는 소방기술자의 배치기준에 따른 기계분야의 소방기술자를 공사 현장에 배치해야 한다.
  1) 옥내소화전설비, 스프링클러설비등, 물분무등소화설비 또는 옥외소화전설비의 공사
  2) 상수도소화용수설비, 소화수조·저수조 또는 그 밖의 소화용수설비의 공사
  3) 제연설비, 연결송수관설비, 연결살수설비 또는 연소방지설비의 공사
  4) 기계분야 소방시설에 부설되는 전기시설의 공사. 다만, 비상전원, 동력회로, 제어회로, 기계분야의 소방시설을 작동하기 위해 설치하는 화재감지기에 의한 화재감지장치 및 전기신호에 의한 소방시설의 작동장치의 공사는 제외한다.
나. 다음의 어느 하나에 해당하는 전기분야 소방시설공사의 경우에는 소방기술자의 배치기준에 따른 전기분야의 소방기술자를 공사 현장에 배치해야 한다.
  1) 비상경보설비, 시각경보기, 자동화재탐지설비, 비상방송설비, 자동화재속보설비 또는 통합감시시설의 공사
  2) 비상콘센트설비 또는 무선통신보조설비의 공사
  3) 기계분야 소방시설에 부설되는 전기시설 중 가목4) 단서의 전기시설 공사
다. 가목 및 나목에도 불구하고 기계분야 및 전기분야의 자격을 모두 갖춘 소방기술자가 있는 경우에는 소방시설공사를 분야별로 구분하지 않고 그 소방기술자를 배치할 수 있다.
라. 가목 및 나목에도 불구하고 소방공사감리업자가 감리하는 소방시설공사가 다음의 어느 하나에 해당하는 경우에는 소방기술자를 소방시설공사 현장에 배치하지 않을 수 있다.
  1) 소방시설의 비상전원을 「전기공사업법」에 따른 전기공사업자가 공사하는 경우
  2) 상수도소화용수설비, 소화수조·저수조 또는 그 밖의 소화용수설비를 「건설산업기본법 시행

령」 별표 1에 따른 기계설비·가스공사업자 또는 상·하수도설비공사업자가 공사하는 경우
   3) 소방 외의 용도와 겸용되는 제연설비를 「건설산업기본법 시행령」 별표 1에 따른 기계설비·가스공사업자가 공사하는 경우
   4) 소방 외의 용도와 겸용되는 비상방송설비 또는 무선통신보조설비를 「정보통신공사업법」에 따른 정보통신공사업자가 공사하는 경우
 마. 공사업자는 다음의 경우를 제외하고는 1명의 소방기술자를 2개의 공사 현장을 초과하여 배치해서는 안 된다. 다만, 연면적 3만제곱미터 이상의 특정소방대상물(아파트는 제외한다)이거나 지하층을 포함한 층수가 16층 이상으로서 500세대 이상인 아파트에 대한 소방시설 공사의 경우에는 1개의 공사 현장에만 배치해야 한다.
   1) 건축물의 연면적이 5천제곱미터 미만인 공사 현장에만 배치하는 경우. 다만, 그 연면적의 합계는 2만제곱미터를 초과해서는 안 된다.
   2) 건축물의 연면적이 5천제곱미터 이상인 공사 현장 2개 이하와 5천제곱미터 미만인 공사 현장에 같이 배치하는 경우. 다만, 5천제곱미터 미만의 공사 현장의 연면적의 합계는 1만제곱미터를 초과해서는 안 된다.
 바. 특정 공사 현장이 2개 이상의 공사 현장 기준에 해당하는 경우에는 해당 공사 현장 기준에 따라 배치해야 하는 소방기술자를 각각 배치하지 않고 그 중 상위 등급 이상의 소방기술자를 배치할 수 있다.

2. 소방기술자의 배치기간
 가. 공사업자는 제1호에 따른 소방기술자를 소방시설공사의 착공일부터 소방시설 완공검사증명서 발급일까지 배치한다.
 나. 공사업자는 가목에도 불구하고 시공관리, 품질 및 안전에 지장이 없는 경우로서 다음의 어느 하나에 해당하여 발주자가 서면으로 승낙하는 경우에는 해당 공사가 중단된 기간 동안 소방기술자를 공사 현장에 배치하지 않을 수 있다.
   1) 민원 또는 계절적 요인 등으로 해당 공정의 공사가 일정 기간 중단된 경우
   2) 예산의 부족 등 발주자(하도급의 경우에는 수급인을 포함한다. 이하 이 목에서 같다)의 책임 있는 사유 또는 천재지변 등 불가항력으로 공사가 일정기간 중단된 경우
   3) 발주자가 공사의 중단을 요청하는 경우

시행령 [별표 3] 소방공사 감리의 종류, 방법 및 대상

종류	대상	방법
상주 공사 감리	1. 연면적 3만제곱미터 이상의 특정소방대상물(아파트는 제외한다)에 대한 소방시설의 공사 2. 지하층을 포함한 층수가 16층 이상으로서 500세대 이상인 아파트에 대한 소방시설의 공사	1. 감리원은 행정안전부령으로 정하는 기간 동안 공사 현장에 상주하여 법 제16조제1항 각 호에 따른 업무를 수행하고 감리일지에 기록해야 한다. 다만, 법 제16조제1항제9호에 따른 업무는 행정안전부령으로 정하는 기간 동안 공사가 이루어지는 경우만 해당한다. 2. 감리원이 행정안전부령으로 정하는 기간 중 부득이한 사유로 1일 이상 현장을 이탈하는 경우에는 감리일지 등에 기록하여 발주청 또는 발주자의 확인을 받아야 한다. 이 경우 감리업자는 감리원의 업무를 대행할 사람을 감리현장에 배치하여 감리업무에 지장이 없도록 해야 한다. 3. 감리업자는 감리원이 행정안전부령으로 정하는 기간 중 법에 따른 교육이나 「민방위기본법」 또는 「예비군법」에 따른 교육을 받는 경우나 「근로기준법」에 따른 유급휴가로 현장을 이탈하게 되는 경우에는 감리업무에 지장이 없도록 감리원의 업무를 대행할 사람을 감리현장에 배치해야 한다. 이 경우 감리원은 새로 배치되는 업무대행자에게 업무 인수·인계 등의 필요한 조치를 해야 한다.
일반 공사 감리	상주 공사감리에 해당하지 않는 소방시설의 공사	1. 감리원은 공사 현장에 배치되어 법 제16조제1항 각 호에 따른 업무를 수행한다. 다만, 법 제16조제1항제9호에 따른 업무는 행정안전부령으로 정하는 기간 동안 공사가 이루어지는 경우만 해당한다. 2. 감리원은 행정안전부령으로 정하는 기간 중에는 주 1회 이상 공사 현장에 배치되어 제1호의 업무를 수행하고 감리일지에 기록해야 한다. 3. 감리업자는 감리원이 부득이한 사유로 14일 이내의 범위에서 제2호의 업무를 수행할 수 없는 경우에는 업무대행자를 지정하여 그 업무를 수행하게 해야 한다. 4. 제3호에 따라 지정된 업무대행자는 주 2회 이상 공사 현장에 배치되어 제1호의 업무를 수행하며, 그 업무수행 내용을 감리원에게 통보하고 감리일지에 기록해야 한다.

비고
감리업자는 제연설비 등 소방시설의 공사 감리를 위해 소방시설 성능시험(확인, 측정 및 조정을 포함한다)에 관한 전문성을 갖춘 기관·단체 또는 업체에 성능시험을 의뢰할 수 있다. 이 경우 해당 소방시설공사의 감리를 위해 별표 4에 따라 배치된 감리원(책임감리원을 배치해야 하는 소방시설공사의 경우에는 책임감리원을 말한다)은 성능시험 현장에 참석하여 성능시험이 적정하게 실시되는지 확인해야 한다.

예상문제

01 다음 중 소방시설공사업법에서 상주공사감리 대상으로 옳은 것은?
① 연면적 1만m² 이상
② 연면적 2만m² 이상
③ 연면적 3만m² 이상
④ 연면적 5만m² 이상

해설
아파트가 아닌 경우 상주공사감리 대상은 "연면적 3만제곱미터 이상"이다.

정답 ③

02 소방시설공사업법에서 규정하고 있는 감리업과 관련하여 상주공사감리에서 소방감리원 1인 이상 배치해야 하는 기준이 아닌 것은?
① 연면적 3만m² 이상인 아파트에 대한 소방시설의 공사
② 연면적 3만m²로서 스프링클러설비가 설치되는 병원
③ 지하층을 포함한 층수가 16층 이상으로서 500세대 이상인 아파트에 대한 소방시설의 공사
④ 연면적 3만m² 이상의 특정소방대상물에 대한 소방시설의 공사

해설
아파트의 경우 상주공사감리 대상은 "지하층을 포함한 층수가 16층 이상으로서 500세대 이상"이다.

정답 ①

03 다음 중 상주공사감리의 방법으로 잘못된 것은?
① 연면적 3만제곱미터 이상의 특정소방대상물(아파트는 포함)에 대한 소방시설의 공사
② 지하층을 포함한 층수가 16층 이상으로서 500세대 이상인 아파트에 대한 소방시설의 공사
③ 감리원은 행정안전부령으로 정하는 기간 동안 공사 현장에 상주하여야 한다.
④ 감리원이 행정안전부령으로 정하는 기간 중 부득이한 사유로 1일 이상 현장을 이탈하는 경우에는 감리일지 등에 기록하여 발주청 또는 발주자의 확인을 받아야 한다.

해설
상주공사감리 대상은 "연면적 3만제곱미터 이상의 특정소방대상물(아파트는 제외)에 대한 소방시설의 공사"이다.

정답 ①

시행령 [별표 4] 소방공사 감리원의 배치기준 및 배치기간

1. 소방공사 감리원의 배치기준

감리원의 배치기준		소방시설공사 현장의 기준
책임감리원	보조감리원	
가. 행정안전부령으로 정하는 특급감리원 중 소방기술사	행정안전부령으로 정하는 초급감리원 이상의 소방공사 감리원(기계분야 및 전기분야)	1) 연면적 20만제곱미터 이상인 특정소방대상물의 공사 현장 2) 지하층을 포함한 층수가 40층 이상인 특정소방대상물의 공사 현장
나. 행정안전부령으로 정하는 특급감리원 이상의 소방공사 감리원(기계분야 및 전기분야)	행정안전부령으로 정하는 초급감리원 이상의 소방공사 감리원(기계분야 및 전기분야)	1) 연면적 3만제곱미터 이상 20만제곱미터 미만인 특정소방대상물(아파트는 제외한다)의 공사 현장 2) 지하층을 포함한 층수가 16층 이상 40층 미만인 특정소방대상물의 공사 현장
다. 행정안전부령으로 정하는 고급감리원 이상의 소방공사 감리원(기계분야 및 전기분야)	행정안전부령으로 정하는 초급감리원 이상의 소방공사 감리원(기계분야 및 전기분야)	1) 물분무등소화설비(호스릴 방식의 소화설비는 제외한다) 또는 제연설비가 설치되는 특정소방대상물의 공사 현장 2) 연면적 3만제곱미터 이상 20만제곱미터 미만인 아파트의 공사 현장
라. 행정안전부령으로 정하는 중급감리원 이상의 소방공사 감리원(기계분야 및 전기분야)		연면적 5천제곱미터 이상 3만제곱미터 미만인 특정소방대상물의 공사 현장
마. 행정안전부령으로 정하는 초급감리원 이상의 소방공사 감리원(기계분야 및 전기분야)		1) 연면적 5천제곱미터 미만인 특정소방대상물의 공사 현장 2) 지하구의 공사 현장

비고
가. "책임감리원"이란 해당 공사 전반에 관한 감리업무를 총괄하는 사람을 말한다.
나. "보조감리원"이란 책임감리원을 보좌하고 책임감리원의 지시를 받아 감리업무를 수행하는 사람을 말한다.
다. 소방시설공사 현장의 연면적 합계가 20만제곱미터 이상인 경우에는 20만제곱미터를 초과하는 연면적에 대하여 10만제곱미터(20만제곱미터를 초과하는 연면적이 10만제곱미터에 미달하는 경우에는 10만제곱미터로 본다)마다 보조감리원 1명 이상을 추가로 배치해야 한다.
라. 위 표에도 불구하고 상주 공사감리에 해당하지 않는 소방시설의 공사에는 보조감리원을 배치하지 않을 수 있다.
마. 특정 공사 현장이 2개 이상의 공사 현장 기준에 해당하는 경우에는 해당 공사 현장 기준에 따라 배치해야 하는 감리원을 각각 배치하지 않고 그 중 상위 등급 이상의 감리원을 배치할 수 있다.

2. 소방공사 감리원의 배치기간
    가. 감리업자는 제1호의 기준에 따른 소방공사 감리원을 상주 공사감리 및 일반 공사감리로 구분하여 소방시설공사의 착공일부터 소방시설 완공검사증명서 발급일까지의 기간 중 행정안전부령으로 정하는 기간 동안 배치한다.
    나. 감리업자는 가목에도 불구하고 시공관리, 품질 및 안전에 지장이 없는 경우로서 다

음의 어느 하나에 해당하여 발주자가 서면으로 승낙하는 경우에는 해당 공사가 중단된 기간 동안 감리원을 공사현장에 배치하지 않을 수 있다.
1) 민원 또는 계절적 요인 등으로 해당 공정의 공사가 일정 기간 중단된 경우
2) 예산의 부족 등 발주자(하도급의 경우에는 수급인을 포함한다. 이하 이 목에서 같다)의 책임 있는 사유 또는 천재지변 등 불가항력으로 공사가 일정기간 중단된 경우
3) 발주자가 공사의 중단을 요청하는 경우

예상문제

01 다음 중 소방공사감리원의 배치기준 중 고급감리원을 배치하여야 하는 대상으로 옳은 것은?

① 연면적 3만제곱미터 이상 20만제곱미터 미만인 특정소방대상물(아파트는 제외)의 공사 현장
② 지하층을 포함한 층수가 16층 이상 40층 미만인 특정소방대상물의 공사 현장
③ 물분무등소화설비(호스릴 방식의 소화설비 포함) 또는 제연설비가 설치되는 특정소방대상물의 공사 현장
④ 연면적 3만제곱미터 이상 20만제곱미터 미만인 아파트의 공사현장

해설
고급감리원 이상의 소방공사 감리원을 배치하여야 하는 대상
1) 물분무등소화설비(호스릴 방식의 소화설비는 제외) 또는 제연설비가 설치되는 특정소방대상물의 공사 현장
2) 연면적 3만제곱미터 이상 20만제곱미터 미만인 아파트의 공사현장

정답 ④

02 다음 중 소방공사감리원의 배치기준으로 옳지 않은 것은?

① 특급감리원 중 소방기술사 1명 이상 배치 : 연면적이 20만㎡ 이상인 특정소방대상물 또는 지하층을 포함한 층수가 40층 이상인 특정소방대상물의 공사현장
② 특급소방감리원 이상의 감리원 1명 이상 배치 : 연면적이 3만㎡ 이상 20만㎡ 미만인 특정소방대상물(아파트는 제외한다) 또는 지하층을 포함한 층수가 16층 이상 40층 미만인 특정소방대상물의 공사현장
③ 고급소방감리원 1명 이상 배치 : 물분무등소화설비(호스릴 방식의 소화설비는 제외) 또는 제연설비가 설치되는 특정소방대상물이나 연면적이 3만㎡ 이상 20만㎡ 미만인 아파트의 공사현장
④ 중급소방감리원 이상의 감리원 1명 이상 배치 : 연면적이 5천㎡ 미만인 특정소방대상물 또는 지하구의 경우

해설
중급소방감리원 이상의 감리원을 배치하여야 하는 공사 현장은 "연면적 5천제곱미터 이상 3만제곱미터 미만인 특정소방대상물의 공사 현장"이다.

정답 ④

03 다음의 소방공사감리원 배치에 관한 설명 중 옳지 않은 것은?

① 연면적 3만m² 이상 20만m² 미만인 특정소방대상물(아파트 제외)은 특급감리원 이상의 감리원 1인을 배치한다.
② 지하층을 포함한 층수가 16층 이상 40층 미만인 특정소방대상물의 공사현장의 경우 특급감리원 이상의 감리원 1인을 배치한다.
③ 연면적 5천m² 이상 3만m² 미만인 특정소방대상물의 공사현장의 경우 중급감리원 이상의 감리원 1인을 배치한다.
④ 연면적 1만m² 이상 특정소방대상물은 초급감리원 이상의 감리원 1인을 배치한다.

해설
연면적이 5천m² 미만인 특정소방대상물 또는 지하구의 경우에는 초급감리원 1명 이상을 배치하여야 한다.

정답 ④

04 다음 중 소방공사감리원에 대하여 옳게 설명한 것은?

① 소방공무원으로서 1년 이상 근무한 경력이 있는 사람은 초급감리원이 가능하다.
② 소방기술자를 공사현장에 배치하지 아니한 자에게는 300만 원 이하의 과태료가 부과된다.
③ 연면적 5,000m² 미만의 특정소방대상물의 공사현장 또는 지하구의 공사현장에는 초급 이상의 감리원 1명 이상을 배치해야 하다.
④ 소방공사감리업자는 감리원 배치변경일로부터 5일 이내에 통보서에 서류를 첨부하여 소방청, 소방서장에게 통보하여야 한다.

해설
• 소방공무원으로서 3년 이상 근무한 경력이 있는 사람은 초급감리원이 가능하다.(시행규칙 별표 4의2)
• 소방기술자를 공사현장에 배치하지 아니한 자에게는 200만 원 이하의 과태료가 부과된다.
• 소방공사감리업자는 감리원을 소방공사감리현장에 배치하는 경우에는 소방공사감리원 배치통보서에, 배치한 감리원이 변경된 경우에는 소방공사감리원 배치변경통보서에 서류를 첨부하여 감리원 배치일부터 7일 이내에 소방본부장 또는 소방서장에게 알려야 한다.(시행규칙 제17조)

정답 ③

★★★☆☆ [개정 2021. 7. 13.]

시행규칙 제2조(소방시설업의 등록신청)

① 「소방시설공사업법」(이하 "법"이라 한다) 제4조제1항에 따라 소방시설업을 등록하려는 자는 별지 제1호서식의 소방시설업 등록신청서(전자문서로 된 소방시설업 등록신청서를 포함한다)에 다음 각 호의 서류(전자문서를 포함한다)를 첨부하여 「소방시설공사업법 시행령」(이하 "영"이라 한다) 제20조제3항에 따라 법 제30조의2에 따른 소방시설업자협회(이하 "협회"라 한다)에 제출해야 한다. 다만, 「전자정부법」 제36조제1항에 따른 행정정보의 공동이용을 통하여 첨부서류에 대한 정보를 확인할 수 있는 경우에는 그 확인으로 첨부서류를 갈음할 수 있다. 〈개정 2021. 7. 13.〉

1. 신청인(외국인을 포함하되, 법인의 경우에는 대표자를 포함한 임원을 말한다)의 성명, 주민등록번호 및 주소지 등의 인적사항이 적힌 서류
2. 등록기준 중 기술인력에 관한 사항을 확인할 수 있는 다음 각 목의 어느 하나에 해당하는 서류(이하 "기술인력 증빙서류"라 한다)
   가. 국가기술자격증
   나. 법 제28조제2항에 따라 발급된 소방기술 인정 자격수첩(이하 "자격수첩"이라 한다) 또는 소방기술자 경력수첩(이하 "경력수첩"이라 한다)
3. 영 제2조제2항에 따라 소방청장이 지정하는 금융회사 또는 소방산업공제조합에 출자·예치·담보한 금액 확인서(이하 "출자·예치·담보 금액 확인서"라 한다) 1부(소방시설공사업만 해당한다). 다만, 소방청장이 지정하는 금융회사 또는 소방산업공제조합에 해당 금액을 확인할 수 있는 경우에는 그 확인으로 갈음할 수 있다.
4. 다음 각 목의 어느 하나에 해당하는 자가 신청일 전 최근 90일 이내에 작성한 자산평가액 또는 소방청장이 정하여 고시하는 바에 따라 작성된 기업진단 보고서(소방시설공사업만 해당한다)
   가. 「공인회계사법」 제7조에 따라 금융위원회에 등록한 공인회계사
   나. 「세무사법」 제6조에 따라 기획재정부에 등록한 세무사
   다. 「건설산업기본법」 제49조제2항에 따른 전문경영진단기관
5. 신청인(법인인 경우에는 대표자)이 외국인인 경우에는 법 제5조 각 호의 어느 하나에 해당하는 사유와 같거나 비슷한 사유에 해당하지 않음을 확인할 수 있는 서류로서 다음 각 목의 어느 하나에 해당하는 서류
   가. 해당 국가의 정부나 공증인(법률에 따른 공증인의 자격을 가진 자만 해당한다), 그 밖의 권한이 있는 기관이 발행한 서류로서 해당 국가에 주재하는 우리나라 영사가 확인한 서류
   나. 「외국공문서에 대한 인증의 요구를 폐지하는 협약」을 체결한 국가의 경우에는 해당 국가의 정부나 공증인(법률에 따른 공증인의 자격을 가진 자만 해당한다), 그 밖의 권한이 있는 기관이 발행한 서류로서 해당 국가의 아포스티유(Apostille :

외국 공문서에 대한 인증 요구 폐지 협약) 확인서 발급 권한이 있는 기관이 그 확인서를 발급한 서류
② 제1항에 따른 신청서류는 업종별로 제출하여야 한다.
③ 제1항에 따라 등록신청을 받은 협회는 「전자정부법」 제36조제1항에 따른 행정정보의 공동이용을 통하여 다음 각 호의 서류를 확인하여야 한다. 다만, 신청인이 제2호부터 제4호까지의 서류의 확인에 동의하지 아니하는 경우에는 해당 서류를 제출하도록 하여야 한다. 〈개정 2015. 8. 4.〉
1. 법인등기사항 전부증명서(법인인 경우만 해당한다)
2. 사업자등록증(개인인 경우만 해당한다)
3. 「출입국관리법」 제88조제2항에 따른 외국인등록 사실증명(외국인인 경우만 해당한다)
4. 「국민연금법」제16조에 따른 국민연금가입자 증명서(이하 "국민연금가입자 증명서"라 한다) 또는 「국민건강보험법」 제11조에 따라 건강보험의 가입자로서 자격을 취득하고 있다는 사실을 확인할 수 있는 증명서("건강보험자격취득 확인서"라 한다)

예상문제

01 다음 중 소방시설업 등록신청 시 제출서류가 아닌 것은?
① 국가기술자격증이나 소방기술 인정 자격수첩 또는 소방기술자 경력수첩
② 법인등기사항 일부증명서(법인인 경우)
③ 출자·예치·담보한 금액 확인서 1부(소방시설공사업만 해당)
④ 최근 90일 이내에 작성한 자산평가액 또는 기업진단 보고서(소방시설공사업에 한함)

해설
법인등기사항 일부증명서(법인인 경우)는 소방시설업을 등록하려는 자가 소방시설업 등록신청서에 첨부하여야 할 서류에 해당하지 않는다.

※ 소방시설업을 등록하려는 자가 소방시설업 등록신청서에 첨부하여야 할 서류
1. 신청인의 성명, 주민등록번호 및 주소지 등의 인적사항이 적힌 서류
2. 등록기준 중 기술인력에 관한 사항을 확인할 수 있는 서류(국가기술자격증, 소방기술 인정 자격수첩 또는 소방기술자 경력수첩)
3. 소방청장이 지정하는 금융회사 또는 소방산업공제조합에 출자·예치·담보한 금액 확인서(소방시설공사업만 해당)
4. 신청일 전 최근 90일 이내에 작성한 자산평가액 또는 소방청장이 정하여 고시하는 바에 따라 작성된 기업진단 보고서(소방시설공사업만 해당)

정답 ②

02 소방시설공사업을 등록하려는 자가 등록신청 서류를 제출하는 곳은?

① 소방서장
② 하청권자
③ 소방시설업자협회
④ 국무총리

해설
소방시설업을 등록하려는 자는 소방시설업 등록신청서를 소방시설업자협회에 제출하여야 한다.

정답 ③

★☆☆☆☆

시행규칙 제3조(소방시설업 등록증 및 등록수첩의 발급)

시·도지사는 제2조에 따른 접수일부터 15일 이내에 협회를 경유하여 별지 제3호서식에 따른 소방시설업 등록증 및 별지 제4호서식에 따른 소방시설업 등록수첩을 신청인에게 발급해 주어야 한다.

예상문제

01 업종별로 소방시설업 등록신청 시 시·도지사는 며칠 내에 소방시설업 등록증 및 소방시설업 등록수첩을 발급하여야 하는가?

① 3일
② 5일
③ 10일
④ 15일

해설
업종별로 소방시설업 등록신청 시 시·도지사는 15일 내에 소방시설업 등록증 및 소방시설업 등록수첩을 발급하여야 한다.

정답 ④

시행규칙 제4조(소방시설업 등록증 또는 등록수첩의 재발급 및 반납)

① 법 제4조제3항에 따라 소방시설업자는 소방시설업 등록증 또는 등록수첩을 잃어버리거나 소방시설업 등록증 또는 등록수첩이 헐어 못 쓰게 된 경우에는 시·도지사에게 소방시설업 등록증 또는 등록수첩의 재발급을 신청할 수 있다.
② 소방시설업자는 제1항에 따라 재발급을 신청하는 경우에는 별지 제6호서식의 소방시설업 등록증(등록수첩) 재발급신청서[전자문서로 된 소방시설업 등록증(등록수첩) 재발급신청서를 포함한다]를 협회를 경유하여 시·도지사에게 제출하여야 한다.
③ 시·도지사는 제2항에 따른 재발급신청서[전자문서로 된 소방시설업 등록증(등록수첩) 재발급신청서를 포함한다]를 제출받은 경우에는 3일 이내에 협회를 경유하여 소방시설업 등록증 또는 등록수첩을 재발급하여야 한다.
④ 소방시설업자는 다음 각 호의 어느 하나에 해당하는 경우에는 지체 없이 협회를 경유하여 시·도지사에게 그 소방시설업 등록증 및 등록수첩을 반납하여야 한다.
  1. 법 제9조에 따라 소방시설업 등록이 취소된 경우
  2. 삭제〈2016. 8. 25.〉
  3. 제1항에 따라 재발급을 받은 경우. 다만, 소방시설업 등록증 또는 등록수첩을 잃어버리고 재발급을 받은 경우에는 이를 다시 찾은 경우에만 해당한다.

예상문제

01 소방시설업의 등록증 및 등록수첩의 반납 사유에 해당되지 않는 것은?
① 소방시설설계업 등록이 취소된 때
② 소방시설공사업 등록이 취소된 때
③ 헐어서 못쓰게 되는 경우에 재교부를 받은 때
④ 소방시설업등록증 또는 등록수첩을 잃어버리고 재교부를 받은 경우

해설
소방시설업 등록증 또는 등록수첩을 잃어버리고 재발급을 받은 경우에는 이를 다시 찾은 경우에만 반납사유에 해당된다.

※ **소방시설업 등록증 및 등록수첩의 반납 사유**
  1. 소방시설업 등록이 취소된 경우
  2. 잃어버리거나 헐어 못 쓰게 된 경우에 재발급을 받은 경우. 다만, 잃어버리고 재발급을 받은 경우에는 이를 다시 찾은 경우에만 해당한다.

정답 ④

시행규칙 제6조(등록사항의 변경신고 등)

★★☆☆☆

① 법 제6조에 따라 소방시설업자는 제5조 각 호의 어느 하나에 해당하는 등록사항이 변경된 경우에는 변경일부터 30일 이내에 별지 제7호서식의 소방시설업 등록사항 변경신고서(전자문서로 된 소방시설업 등록사항 변경신고서를 포함한다)에 변경사항별로 다음 각 호의 구분에 따른 서류(전자문서를 포함한다)를 첨부하여 협회에 제출하여야 한다. 다만, 「전자정부법」 제36조제1항에 따른 행정정보의 공동이용을 통하여 첨부서류에 대한 정보를 확인할 수 있는 경우에는 그 확인으로 첨부서류를 갈음할 수 있다.
　1. 상호(명칭) 또는 영업소 소재지가 변경된 경우 : 소방시설업 등록증 및 등록수첩
　2. 대표자가 변경된 경우 : 다음 각 목의 서류
　　가. 소방시설업 등록증 및 등록수첩
　　나. 변경된 대표자의 성명, 주민등록번호 및 주소지 등의 인적사항이 적힌 서류
　　다. 외국인인 경우에는 제2조제1항제5호 각 목의 어느 하나에 해당하는 서류
　3. 기술인력이 변경된 경우 : 다음 각 목의 서류
　　가. 소방시설업 등록수첩
　　나. 기술인력 증빙서류
② 제1항에 따른 신고서를 제출받은 협회는 「전자정부법」 제36조제1항에 따라 행정정보의 공동이용을 통하여 다음 각 호의 서류를 확인하여야 한다. 다만, 신청인이 제2호부터 제4호까지의 서류의 확인에 동의하지 아니하는 경우에는 해당 서류를 제출하도록 하여야 한다.
　1. 법인등기사항 전부증명서(법인인 경우만 해당한다)
　2. 사업자등록증(개인인 경우만 해당한다)
　3. 「출입국관리법」 제88조제2항에 따른 외국인등록 사실증명(외국인인 경우만 해당한다)
　4. 국민연금가입자 증명서 또는 건강보험자격취득 확인서(기술인력을 변경하는 경우에만 해당한다)
③ 제1항에 따라 변경신고 서류를 제출받은 협회는 등록사항의 변경신고 내용을 확인하고 5일 이내에 제1항에 따라 제출된 소방시설업 등록증·등록수첩 및 기술인력 증빙서류에 그 변경된 사항을 기재하여 발급하여야 한다.
④ 제3항에도 불구하고 영업소 소재지가 등록된 특별시·광역시·특별자치시·도 및 특별자치도(이하 "시·도"라 한다)에서 다른 시·도로 변경된 경우에는 제1항에 따라 제출받은 변경신고 서류를 접수일로부터 7일 이내에 해당 시·도지사에게 보내야 한다. 이 경우 해당 시·도지사는 소방시설업 등록증 및 등록수첩을 협회를 경유하여 신고인에게 새로 발급하여야 한다.
⑤ 제1항에 따라 변경신고 서류를 제출받은 협회는 별지 제5호서식의 소방시설업 등록대장에 변경사항을 작성하여 관리(전자문서를 포함한다)하여야 한다.

⑥ 협회는 등록사항의 변경신고 접수현황을 매월 말일을 기준으로 작성하여 다음 달 10일까지 별지 제7호의2서식에 따라 시·도지사에게 알려야 한다.
⑦ 변경신고 서류의 보완에 관하여는 제2조의2를 준용한다. 이 경우 "소방시설업의 등록신청 서류"는 "소방시설업의 등록사항 변경신고 서류"로 본다.

예상문제

01 소방시설공사업자의 대표자 변경 시 제출서류로 옳은 것은?
① 소방시설업 등록증 및 등록수첩
② 사업자등록증 사본(개인만 해당한다)
③ 소방공사감리업 등록증 사본 1부 및 등록수첩
④ 소방기술 인력연명부 1부

해설
소방시설공사업자의 대표자 변경 시 제출서류
가. 소방시설업 등록증 및 등록수첩
나. 변경된 대표자의 성명, 주민등록번호 및 주소지 등의 인적사항이 적힌 서류

정답 ①

★☆☆☆☆ [개정 2021. 6. 10.]

시행규칙 제7조(지위승계 신고 등)

① 법 제7조제1항 및 제2항에 따라 소방시설업자 지위 승계를 신고하려는 자는 그 상속일, 양수일, 합병일 또는 인수일부터 30일 이내에 다음 각 호의 구분에 따른 서류(전자문서를 포함한다)를 협회에 제출해야 한다. 〈개정 2021. 6. 10.〉
 1. 양도·양수의 경우(분할 또는 분할합병에 따른 양도·양수의 경우를 포함한다. 이하 이 조에서 같다) : 다음 각 목의 서류
  가. 별지 제8호서식에 따른 소방시설업 지위승계신고서
  나. 양도인 또는 합병 전 법인의 소방시설업 등록증 및 등록수첩
  다. 양도·양수 계약서 사본, 분할계획서 사본 또는 분할합병계약서 사본(법인의 경우 양도·양수에 관한 사항을 의결한 주주총회 등의 결의서 사본을 포함한다)
  라. 제2조제1항 각 호에 해당하는 서류. 이 경우 같은 항 제1호 및 제5호의 "신청인"은 "신고인"으로 본다.

마. 양도 · 양수 공고문 사본
2. 상속의 경우 : 다음 각 목의 서류
　가. 별지 제8호서식에 따른 소방시설업 지위승계신고서
　나. 피상속인의 소방시설업 등록증 및 등록수첩
　다. 제2조제1항 각 호에 해당하는 서류. 이 경우 같은 항 제1호 및 제5호의 "신청인"은 "신고인"으로 본다.
　라. 상속인임을 증명하는 서류
3. 합병의 경우 : 다음 각 목의 서류
　가. 별지 제9호서식에 따른 소방시설업 합병신고서
　나. 합병 전 법인의 소방시설업 등록증 및 등록수첩
　다. 합병계약서 사본(합병에 관한 사항을 의결한 총회 또는 창립총회 결의서 사본을 포함한다)
　라. 제2조제1항 각 호에 해당하는 서류. 이 경우 같은 항 제1호 및 제5호의 "신청인"은 "신고인"으로 본다.
　마. 합병공고문 사본

② 제1항에 따라 소방시설업자 지위 승계를 신고하려는 상속인이 법 제6조의2제1항에 따른 폐업 신고를 함께 하려는 경우에는 제1항제2호다목 전단의 서류 중 제2조제1항제1호 및 제5호의 서류만을 첨부하여 제출할 수 있다. 이 경우 같은 항 제1호 및 제5호의 "신청인"은 "신고인"으로 본다. 〈신설 2020. 1. 15.〉

③ 제1항에 따른 신고서를 제출받은 협회는 「전자정부법」 제36조제1항에 따라 행정정보의 공동이용을 통하여 다음 각 호의 서류를 확인하여야 하며, 신고인이 제2호부터 제4호까지의 서류의 확인에 동의하지 아니하는 경우에는 해당 서류를 첨부하게 하여야 한다. 〈개정 2020. 1. 15.〉
1. 법인등기사항 전부증명서(지위승계인이 법인인 경우에만 해당한다)
2. 사업자등록증(지위승계인이 개인인 경우에만 해당한다)
3. 「출입국관리법」 제88조제2항에 따른 외국인등록 사실증명(지위승계인이 외국인인 경우에만 해당한다)
4. 국민연금가입자 증명서 또는 건강보험자격취득 확인서

④ 제1항에 따른 지위승계 신고 서류를 제출받은 협회는 접수일부터 7일 이내에 지위를 승계한 사실을 확인한 후 그 결과를 시 · 도지사에게 보고하여야 한다. 〈개정 2020. 1. 15.〉

⑤ 시 · 도지사는 제4항에 따라 소방시설업의 지위승계 신고의 확인 사실을 보고받은 날부터 3일 이내에 협회를 경유하여 법 제7조제1항에 따른 지위승계인에게 등록증 및 등록수첩을 발급하여야 한다. 〈개정 2020. 1. 15.〉

⑥ 제1항에 따라 지위승계 신고 서류를 제출받은 협회는 별지 제5호서식에 따른 소방시설업 등록대장에 지위승계에 관한 사항을 작성하여 관리(전자문서를 포함한다)하여야 한다. 〈개정 2020. 1. 15.〉

⑦ 지위승계 신고 서류의 보완에 관하여는 제2조의2를 준용한다. 이 경우 "소방시설업의 등록신청 서류"는 "소방시설업의 지위승계 신고 서류"로 본다. 〈개정 2020. 1. 15.〉

예상문제

01 소방시설업의 지위를 승계한 자는 그 지위를 승계한 날로부터 며칠 이내에 서류를 소방시설업자협회에 제출해야 하는가?

① 10일 ② 14일
③ 15일 ④ 30일

해설
소방시설업자 지위 승계를 신고하려는 자는 그 상속일, 양수일, 합병일 또는 인수일부터 30일 이내에 해당 서류를 소방시설업자협회에 제출해야 한다.

정답 ④

★☆☆☆☆

 시행규칙 제8조(소방시설업자가 보관하여야 하는 관계 서류)

법 제8조제4항에서 "행정안전부령으로 정하는 관계 서류"란 다음 각 호의 구분에 따른 해당 서류(전자문서를 포함한다)를 말한다.
1. 소방시설설계업 : 별지 제10호서식의 소방시설 설계기록부 및 소방시설 설계도서
2. 소방시설공사업 : 별지 제11호서식의 소방시설공사 기록부
3. 소방공사감리업 : 별지 제12호서식의 소방공사 감리기록부, 별지 제13호서식의 소방공사 감리일지 및 소방시설의 완공 당시 설계도서

예상문제

01 다음 중 소방시설업자가 보관하여야 하는 관계서류에 해당되지 않는 것은?

① 소방시설설계업 : 소방시설 설계기록부 및 소방시설 설계도서
② 소방시설공사업 : 소방시설 공사기록부
③ 소방시설점검업 : 소방시설 점검기록부
④ 소방공사감리업 : 소방공사 감리기록부, 소방공사 감리일지, 소방시설 완공 당시 설계도서

📄 해설

소방시설점검업은 소방시설업에 해당하지 않는다.

정답 ③

★★★☆☆ [개정 2022. 12. 1.]

시행규칙 제12조(착공신고 등)

① 법 제4조제1항에 따라 소방시설공사업을 등록한 자(이하 "공사업자"라 한다)는 소방시설공사를 하려면 법 제13조제1항에 따라 해당 소방시설공사의 착공 전까지 별지 제14호서식의 소방시설공사 착공(변경)신고서[전자문서로 된 소방시설공사 착공(변경)신고서를 포함한다]에 다음 각 호의 서류(전자문서를 포함한다)를 첨부하여 소방본부장 또는 소방서장에게 신고해야 한다. 다만, 「전자정부법」 제36조제1항에 따른 행정정보의 공동이용을 통하여 첨부서류에 대한 정보를 확인할 수 있는 경우에는 그 확인으로 첨부서류를 갈음할 수 있다. 〈개정 2022. 12. 1.〉
 1. 공사업자의 소방시설공사업 등록증 사본 1부 및 등록수첩 사본 1부
 2. 해당 소방시설공사의 책임시공 및 기술관리를 하는 기술인력의 기술등급을 증명하는 서류 사본 1부
 3. 법 제21조의3제2항에 따라 체결한 소방시설공사 계약서 사본 1부
 4. 설계도서(설계설명서를 포함한다) 1부. 다만, 영 제4조제3호에 해당하는 소방시설공사인 경우 또는 「소방시설 설치 및 관리에 관한 법률 시행규칙」 제3조제2항에 따라 건축허가등의 동의요구서에 첨부된 서류 중 설계도서가 변경되지 않은 경우에는 설계도서를 첨부하지 않을 수 있다.
 5. 소방시설공사를 하도급하는 경우 다음 각 목의 서류
   가. 제20조제1항 및 별지 제31호서식에 따른 소방시설공사등의 하도급통지서 사본 1부
   나. 하도급대금 지급에 관한 다음의 어느 하나에 해당하는 서류
     1) 「하도급거래 공정화에 관한 법률」 제13조의2에 따라 공사대금 지급을 보증한 경우에는 하도급대금 지급보증서 사본 1부
     2) 「하도급거래 공정화에 관한 법률」 제13조의2제1항 각 호 외의 부분 단서 및 같은 법 시행령 제8조제1항에 따라 보증이 필요하지 않거나 보증이 적합하지 않다고 인정되는 경우에는 이를 증빙하는 서류 사본 1부
② 법 제13조제2항에서 "행정안전부령으로 정하는 중요한 사항"이란 다음 각 호의 어느 하나에 해당하는 사항을 말한다.
 1. 시공자

2. 설치되는 소방시설의 종류
3. 책임시공 및 기술관리 소방기술자

③ 법 제13조제2항에 따라 공사업자는 제2항 각 호의 어느 하나에 해당하는 사항이 변경된 경우에는 변경일부터 30일 이내에 별지 제14호서식의 소방시설공사 착공(변경)신고서[전자문서로 된 소방시설공사 착공(변경)신고서를 포함한다]에 제1항 각 호의 서류(전자문서를 포함한다) 중 변경된 해당 서류를 첨부하여 소방본부장 또는 소방서장에게 신고하여야 한다.

④ 소방본부장 또는 소방서장은 소방시설공사 착공신고 또는 변경신고를 받은 경우에는 2일 이내에 처리하고 그 결과를 신고인에게 통보하며, 소방시설공사현장에 배치되는 소방기술자의 성명, 자격증 번호·등급, 시공현장의 명칭·소재지·면적 및 현장 배치기간을 법 제26조의3제1항에 따른 소방시설업 종합정보시스템에 입력해야 한다. 이 경우 소방본부장 또는 소방서장은 별지 제15호서식의 소방시설 착공 및 완공대장에 필요한 사항을 기록하여 관리하여야 한다. 〈개정 2020. 1. 15.〉

⑤ 소방본부장 또는 소방서장은 소방시설공사 착공신고 또는 변경신고를 받은 경우에는 공사업자에게 별지 제16호서식의 소방시설공사현황 표지에 따른 소방시설공사현황의 게시를 요청할 수 있다.

예상문제

01 소방시설공사 착공신고서에 첨부할 서류가 아닌 것은?

① 감리업자의 자격수첩
② 설계도서(설계설명서 포함)
③ 소방시설공사의 기술관리를 하는 기술인력의 기술등급을 증명하는 서류 사본
④ 소방시설공사업 등록증 사본 1부 및 등록수첩 사본 1부

해설

감리업자의 자격수첩은 소방시설공사 착공신고서에 첨부할 서류에 해당하지 않는다

※ **소방시설공사 착공신고서에 첨부할 서류**
1. 공사업자의 소방시설공사업 등록증 사본 1부 및 등록수첩 사본 1부
2. 해당 소방시설공사의 책임시공 및 기술관리를 하는 기술인력의 기술등급을 증명하는 서류 사본 1부
3. 소방시설공사 계약서 사본 1부
4. 설계도서(설계설명서를 포함한다) 1부

정답 ①

02 소방시설업을 하는 사람이 소방서에 전화를 걸어 다음 사항을 물었다. 그 대답으로 옳은 것은?

> ㉠ 등록사항의 변경이 있는데 소방시설업 등록사항 변경신고서를 누구에게 며칠 이내에 제출하는가?
> ㉡ 소방시설업 합병신고서로 소방시설업의 지위를 승계하고자 할 때 누구에게 제출하는가?
> ㉢ 소방시설공사 착공신고 시 소방시설공사착공(변경)신고서를 누구에게 제출하는가?

① ㉠ 시·도지사, 60일, ㉡ 소방본부장 또는 소방서장, ㉢ 시·도지사
② ㉠ 소방시설업자협회, 30일, ㉡ 소방시설업자협회, ㉢ 소방본부장 또는 소방서장
③ ㉠ 소방본부장 또는 소방서장, 30일, ㉡ 소방본부장 또는 소방서장, ㉢ 시·도지사
④ ㉠ 소방본부장 또는 소방서장, 60일, ㉡ 시·도지사, ㉢ 소방본부장 또는 소방서장

해설
- 소방시설업자는 등록사항이 변경된 경우에는 변경일부터 30일 이내에 소방시설업 등록사항 변경신고서를 소방시설업자협회에 제출하여야 한다.(시행규칙 제6조)
- 소방시설업자 지위 승계를 신고하려는 자는 그 상속일, 양수일, 합병일 또는 인수일부터 30일 이내에 소방시설업자협회에 제출해야 한다.(시행규칙 제7조)
- 소방시설공사업자는 소방시설공사의 착공 전까지 소방시설공사 착공신고서를 소방본부장 또는 소방서장에게 제출하여야 한다.(시행규칙 제12조)

정답 ②

03 다음 중 소방시설공사업의 시공과 관련된 사항이 아닌 것은?
① 근린생활시설에 설치하는 옥내소화전 신설은 착공신고 대상이다.
② 착공신고 사항 중 특정소방대상물의 용도가 변경되는 경우에 변경 신고한다.
③ 수련시설은 완공검사를 위한 현장확인 대상이다.
④ 옥내소화전설비의 하자보수 보증기간은 3년이다.

해설
공사업자가 착공신고 사항 중 "시공자, 설치되는 소방시설의 종류, 책임시공 및 기술관리 소방기술자"를 변경하였을 때에는 변경일부터 30일 이내에 변경신고를 하여야 한다.

정답 ②

시행규칙 제13조(소방시설의 완공검사 신청 등)

① 공사업자는 소방시설공사의 완공검사 또는 부분완공검사를 받으려면 법 제14조제4항에 따라 별지 제17호서식의 소방시설공사 완공검사신청서(전자문서로 된 소방시설공사 완공검사신청서를 포함한다) 또는 별지 제18호서식의 소방시설 부분완공검사신청서(전자문서로 된 소방시설 부분완공검사신청서를 포함한다)를 소방본부장 또는 소방서장에게 제출하여야 한다. 다만, 「전자정부법」 제36조제1항에 따른 행정정보의 공동이용을 통하여 첨부서류에 대한 정보를 확인할 수 있는 경우에는 그 확인으로 첨부서류를 갈음할 수 있다.

② 제1항에 따라 소방시설 완공검사신청 또는 부분완공검사신청을 받은 소방본부장 또는 소방서장은 법 제14조제1항 및 제2항에 따른 현장 확인 결과 또는 감리 결과보고서를 검토한 결과 해당 소방시설공사가 법령과 화재안전기준에 적합하다고 인정하면 별지 제19호서식의 소방시설 완공검사증명서 또는 별지 제20호서식의 소방시설 부분완공검사증명서를 공사업자에게 발급하여야 한다.

예상문제

01 소방시설공사에서 완공검사증명서를 교부받아야 하는 사람은?
① 건축주
② 소방시설공사업자
③ 소방시설설계업자
④ 소방시설감리업자

해설
소방시설공사업자가 소방본부장 또는 소방서장에게 소방시설공사 완공검사를 신청하고, 신청을 받은 소방본부장 또는 소방서장은 현장 확인 결과 또는 감리결과보고서를 검토한 결과 해당 소방시설공사가 법령과 화재안전기준에 적합하다고 인정하면 소방시설 완공검사증명서를 소방시설공사업자에게 발급한다.

정답 ②

시행규칙 제16조(감리원의 세부 배치 기준 등)

① 법 제18조제3항에 따른 감리원의 세부적인 배치 기준은 다음 각 호의 구분에 따른다.
  1. 영 별표 3에 따른 상주 공사감리 대상인 경우
     가. 기계분야의 감리원 자격을 취득한 사람과 전기분야의 감리원 자격을 취득한 사람 각 1명 이상을 감리원으로 배치할 것. 다만, 기계분야 및 전기분야의 감리원 자격을 함께 취득한 사람이 있는 경우에는 그에 해당하는 사람 1명 이상을 배치할 수 있다.
     나. 소방시설용 배관(전선관을 포함한다. 이하 같다)을 설치하거나 매립하는 때부터 소방시설 완공검사증명서를 발급받을 때까지 소방공사감리현장에 감리원을 배치할 것
  2. 영 별표 3에 따른 일반 공사감리 대상인 경우
     가. 기계분야의 감리원 자격을 취득한 사람과 전기분야의 감리원 자격을 취득한 사람 각 1명 이상을 감리원으로 배치할 것. 다만, 기계분야 및 전기분야의 감리원 자격을 함께 취득한 사람이 있는 경우에는 그에 해당하는 사람 1명 이상을 배치할 수 있다.
     나. 별표 3에 따른 기간 동안 감리원을 배치할 것
     다. 감리원은 주 1회 이상 소방공사감리현장에 배치되어 감리할 것
     라. 1명의 감리원이 담당하는 소방공사감리현장은 5개 이하(자동화재탐지설비 또는 옥내소화전설비 중 어느 하나만 설치하는 2개의 소방공사감리현장이 최단 차량주행거리로 30킬로미터 이내에 있는 경우에는 1개의 소방공사감리현장으로 본다)로서 감리현장 연면적의 총 합계가 10만제곱미터 이하일 것. 다만, 일반 공사감리 대상인 아파트의 경우에는 연면적의 합계에 관계없이 1명의 감리원이 5개 이내의 공사현장을 감리할 수 있다.
② 영 별표 3 상주 공사감리의 방법란 각 호에서 "행정안전부령으로 정하는 기간"이란 소방시설용 배관을 설치하거나 매립하는 때부터 소방시설 완공검사증명서를 발급받을 때까지를 말한다.
③ 영 별표 3 일반공사감리의 방법란 제1호 및 제2호에서 "행정안전부령으로 정하는 기간"이란 별표 3에 따른 기간을 말한다.

예상문제

01 소방시설의 상주 공사감리 시 감리원의 배치에 관하여 옳은 것은?
① 소방시설용 배관을 설치하거나 매립하는 때부터
② 소방시설용 배관을 설치하거나 매립하는 때부터 착공신고 때까지
③ 소방시설용 배관을 설치하거나 매립하는 때부터 완공검사 때까지
④ 소방시설용 배관을 설치하거나 매립하는 때부터 완공검사증명서를 발급받을 때까지

해설
상주 공사감리 대상인 경우에는 "소방시설용 배관(전선관을 포함)을 설치하거나 매립하는 때부터 소방시설 완공검사증명서를 발급받을 때"까지 소방공사감리현장에 감리원을 배치하여야 한다.

정답 ④

02 다음 중 일반 공사감리에 대한 내용으로서 옳지 않은 것은?
① 기계분야 및 전기분야의 감리원 자격을 함께 취득한 사람이 있는 경우에는 그에 해당하는 사람 1명 이상을 배치할 수 있다.
② 감리원은 행정안전부령이 정하는 기간 동안 주 1회 이상 소방공사감리현장에 배치되어 감리할 것
③ 1명의 감리원이 담당하는 소방공사감리현장은 5개 이하로서 감리현장 연면적의 총 합계가 5만제곱미터 이하일 것
④ 아파트의 경우에는 연면적의 합계에 관계없이 1명의 감리원이 5개 이내의 공사현장을 감리할 수 있다.

해설
1명의 감리원이 담당하는 소방공사감리현장은 5개 이하로서 감리현장 연면적의 총 합계가 10만제곱미터 이하여야 한다.

정답 ③

03 감리원의 배치기준에서 일반공사 감리대상에 대하여 옳지 않은 것은?
① 기계분야 및 전기분야의 감리원 자격을 함께 취득한 자가 있는 경우에는 그에 해당하는 자 1인 이상을 배치할 수 있다.
② 감리원은 주 1회 이상, 연면적 3만m^2 미만의 공사현장에 배치되어 감리한다.
③ 1명의 감리원이 담당하는 소방공사감리현장은 5개 이하로서 감리현장 연면적의 총합계가 10만m^2 이하이다.
④ 지하층을 포함한 층수가 16층 미만인 아파트의 경우에는 연면적의 합계에 관계없이 1명의 감리원이 10개 이내의 공사현장을 감리할 수 있다.

해설
일반 공사감리 대상이 아파트인 경우에는 연면적의 합계에 관계없이 1명의 감리원이 5개 이내의 공사현장을 감리할 수 있다.

정답 ④

04 다음의 일반공사감리업에 대한 내용 중 옳지 않은 것은?
① 감리원은 주 1회 이상 소방공사감리현장에 배치되어 감리할 것
② 일반공사감리업자는 연면적 10만m² 미만 소방대상물에 감리를 할 수 있다.
③ 1인의 감리원이 담당하는 소방공사감리현장은 5개 이하일 것
④ 지하층을 포함한 층수가 16층 미만인 아파트의 경우 연면적의 합계에 관계없이 1명의 감리원이 5개 이내의 공사현장을 감리할 수 있다.

해설
소방공사 감리의 대상

종류	대상
상주 공사감리	1. 연면적 3만제곱미터 이상의 특정소방대상물(아파트는 제외한다)에 대한 소방시설의 공사 2. 지하층을 포함한 층수가 16층 이상으로서 500세대 이상인 아파트에 대한 소방시설의 공사
일반 공사감리	상주 공사감리에 해당하지 않는 소방시설의 공사

정답 ②

05 다음 중 감리원의 세부배치기준에 대하여 옳지 않은 것은?
① 상주공사감리는 소방시설용 배관을 설치하거나 매립하는 때부터 소방시설 완공검사증명서를 발급받을 때까지 소방공사감리현장에 감리원을 배치하여야 한다.
② 상주공사감리는 연면적 3만m² 이상의 특정소방대상물(아파트는 제외한다)에 대한 소방시설 공사를 감리하여야 한다.
③ 일반공사감리는 월 1회 이상 소방공사감리현장을 방문하여 감리하여야 한다.
④ 일반공사감리는 지하층을 포함한 층수가 16층 미만인 아파트의 경우에는 연면적의 합계에 관계없이 1명의 감리원이 5개 이내의 공사현장을 감리할 수 있다.

해설
일반공사감리원은 주 1회 이상 소방공사감리현장에 배치되어 감리하여야 한다.

정답 ③

06 소방공사감리업에 대한 설명 중 옳지 않은 것은?

① 전문소방공사감리업은 기계분야, 전기분야의 모든 감리가 가능하다.
② 일반소방공사감리업은 기계분야, 전기분야 중 하나의 분야로서 연면적 3만㎡ 미만의 감리만 가능하다.
③ 상주공사감리는 배관을 매립하는 때부터 완공검사증명서를 발급받는 때까지 소방공사 감리현장에 감리원을 배치하여야 한다.
④ 일반공사감리는 주 2회 이상, 5곳 이하를 감리한다.

해설
일반공사감리는 주 1회 이상, 5개 이내의 공사현장을 감리할 수 있다.

정답 ④

07 소방공사감리에 대한 설명 중 그 내용이 올바르지 않는 것은?

① 상주공사감리 대상인 경우 소방시설용 배관을 설치하거나 매립하는 때부터 소방시설 완공검사증명서를 발급받을 때까지 소방공사감리현장에 감리원을 배치하여야 한다.
② 일반공사감리 대상인 경우 지하층을 포함한 층수가 16층 미만인 아파트일 경우는 연면적의 합계에 관계없이 1명의 감리원이 5개 이내의 공사현장을 감리할 수 있다.
③ 일반공사감리 대상의 감리원은 주 2회 이상 소방공사감리 현장을 방문하여 감리한다.
④ 기계분야의 감리원 자격을 취득한 사람과 전기분야의 감리원 자격을 취득한 사람 각 1명 이상을 감리원으로 배치해야 한다. 다만, 기계분야 및 전기분야의 감리원 자격을 함께 취득한 사람이 있는 경우에는 그에 해당하는 사람 1명 이상을 배치할 수 있다.

해설
일반공사감리원은 주 1회 이상 소방공사감리현장에 배치되어 감리하여야 한다.

정답 ③

★★☆☆☆ [개정 2021. 6. 10.]

시행규칙 제19조(감리결과의 통보 등)

법 제20조에 따라 감리업자가 소방공사의 감리를 마쳤을 때에는 별지 제29호서식의 소방공사감리 결과보고(통보)서[전자문서로 된 소방공사감리 결과보고(통보)서를 포함한다]에 다음 각 호의 서류(전자문서를 포함한다)를 첨부하여 공사가 완료된 날부터 7일 이내에 특정소방대상물의 관계인, 소방시설공사의 도급인 및 특정소방대상물의 공사를 감리한 건축사에게 알리고, 소방본부장 또는 소방서장에게 보고해야 한다. 〈개정 2021. 6. 10.〉

1. 소방청장이 정하여 고시하는 소방시설 성능시험조사표 1부
2. 착공신고 후 변경된 소방시설설계도면(변경사항이 있는 경우에만 첨부하되, 법 제11조에 따른 설계업자가 설계한 도면만 해당된다) 1부
3. 별지 제13호서식의 소방공사 감리일지(소방본부장 또는 소방서장에게 보고하는 경우에만 첨부한다) 1부
4. 특정소방대상물의 사용승인(「건축법」 제22조에 따른 사용승인으로서 「주택법」 제49조에 따른 사용검사 또는 「학교시설사업 촉진법」 제13조에 따른 사용승인을 포함한다. 이하 같다) 신청서 등 사용승인 신청을 증빙할 수 있는 서류 1부

예상문제

01 다음 중 소방사설공사업법 감리에 대한 설명으로 옳은 것은?

① 감리업자는 소방공사 감리를 마쳤을 때 감리 결과를 10일 이내 그 특정소방대상물의 관계인, 소방시설공사의 도급인, 공사를 감리한 건축사에게 서면으로 알려야 한다.
② 공사감리자를 지정하지 아니한 관계인은 200만 원 이하의 과태료에 해당한다.
③ 감리업자는 소방공사 감리를 마쳤을 때 감리 결과를 소방본부장이나 소방서장에게 소방공사감리 결과보고서를 제출·보고하여야 한다.
④ 용도와 구조에서 특별히 안전성과 보안성이 요구되는 소방대상물로서 대통령령으로 정하는 장소에 시공되는 소방시설물에 대한 감리는 감리업자가 아닌 자는 할 수 없다.

해설
감리업자가 소방공사의 감리를 마쳤을 때에는 공사가 완료된 날부터 7일 이내에 특정소방대상물의 관계인, 소방시설공사의 도급인 및 특정소방대상물의 공사를 감리한 건축사에게 알리고, 소방본부장 또는 소방서장에게 보고하여야 한다.

※ 공사감리자를 지정하지 아니한 관계인은 1년 이하의 징역 또는 1천만 원 이하의 벌금에 해당한다.(법 제36조제4호)
※ 용도와 구조에서 특별히 안전성과 보안성이 요구되는 소방대상물로서 대통령령으로 정하는 장소(=원자력안전법 제2조제10호에 따른 관계시설이 설치되는 장소)에 시공되는 소방시설물에 대한 감리는 감리업자가 아닌 자도 할 수 있다.(법 제16조제2항)

정답 ③

★★☆☆☆
시행규칙 제23조(시공능력의 평가)

① 법 제26조제3항에 따른 시공능력 평가의 방법은 별표 4와 같다.
② 제1항에 따라 평가된 시공능력은 공사업자가 도급받을 수 있는 1건의 공사도급금액으로 하고, 시공능력 평가의 유효기간은 공시일부터 1년간으로 한다. 다만, 다음 각 호의 어느 하나에 해당하는 사유로 평가된 시공능력의 유효기간은 그 시공능력 평가 결과의 공시일부터 다음 해의 정기 공시일(제3항 본문에 따라 공시한 날을 말한다)의 전날까지로 한다.
  1. 법 제4조에 따라 소방시설공사업을 등록한 경우
  2. 법 제7조제1항이나 제2항에 따라 소방시설공사업을 상속·양수·합병하거나 소방시설 전부를 인수한 경우
  3. 제22조제1항 각 호의 서류가 거짓으로 확인되어 제4항에 따라 새로 평가한 경우
③ 협회는 시공능력을 평가한 경우에는 그 사실을 해당 공사업자의 등록수첩에 기재하여 발급하고, 매년 7월 31일까지 각 공사업자의 시공능력을 일간신문(「신문 등의 진흥에 관한 법률」 제2조제1호가목 또는 나목에 해당하는 일간신문으로서 같은 법 제9조제1항에 따른 등록 시 전국을 보급지역으로 등록한 일간신문을 말한다. 이하 같다) 또는 인터넷 홈페이지를 통하여 공시하여야 한다. 다만, 제2항 각 호의 어느 하나에 해당하는 사유로 시공능력을 평가한 경우에는 인터넷 홈페이지를 통하여 공시하여야 한다.
④ 협회는 시공능력평가 및 공시를 위하여 제22조에 따라 제출된 자료가 거짓으로 확인된 경우에는 그 확인된 날부터 10일 이내에 제3항에 따라 공시된 해당 공사업자의 시공능력을 새로 평가하고 해당 공사업자의 등록수첩에 그 사실을 기재하여 발급하여야 한다.

예상문제

01 소방시설공사업에서 소방청장의 공시에서 평가된 시공능력은 공사업자가 도급받을 수 있는 1건의 공사도급 금액으로 하고, 시공능력 평가의 유효기간은 공시일부터 몇 년간으로 하는가?

① 1년　　　　　　　　　② 2년
③ 3년　　　　　　　　　④ 5년

해설
소방청장이 평가하여 공시한 시공능력은 공사업자가 도급받을 수 있는 1건의 공사도급 금액으로 하고, 시공능력 평가의 유효기간은 공시일부터 1년간으로 한다.

정답 ①

시행규칙 제26조(소방기술자의 실무교육)

① 소방기술자는 법 제29조제1항에 따른 실무교육을 2년마다 1회 이상 받아야 한다. 다만, 실무교육을 받아야 할 기간 내에 소방기술자 양성·인정 교육훈련을 받은 경우에는 해당 실무교육을 받은 것으로 본다. 〈개정 2022. 4. 21.〉
② 영 제20조제1항에 따라 소방기술자 실무교육에 관한 업무를 위탁받은 실무교육기관 또는 「소방기본법」 제40조에 따른 한국소방안전원의 장(이하 "실무교육기관등의 장"이라 한다)은 소방기술자에 대한 실무교육을 실시하려면 교육일정 등 교육에 필요한 계획을 수립하여 소방청장에게 보고한 후 교육 10일 전까지 교육대상자에게 알려야 한다.
③ 제1항에 따른 실무교육의 시간, 교육과목, 수수료, 그 밖에 실무교육에 관하여 필요한 사항은 소방청장이 정하여 고시한다.

예상문제

01 다음 중 소방기술자의 실무교육 횟수는?
① 1년마다 1회 이상
② 1년마다 2회 이상
③ 2년마다 1회 이상
④ 2년마다 2회 이상

해설
소방기술자는 실무교육을 2년마다 1회 이상 받아야 한다.

정답 ③

시행규칙 제33조(지정사항의 변경)

제32조제1항에 따라 실무교육기관으로 지정된 기관은 다음 각 호의 어느 하나에 해당하는 사항을 변경하려면 변경일부터 10일 이내에 소방청장에게 보고하여야 한다.
  1. 대표자 또는 각 지부의 책임임원
  2. 기술인력 또는 시설장비 등 지정기준
  3. 교육기관의 명칭 또는 소재지

예상문제

01 소방시설공사업법 중 소방기술자의 실무교육에 관하여 해당되지 않는 것은?
① 실무교육기관의 지정신청을 받은 소방청장은 지정기준을 충족하였는지를 현장 확인하여야 한다.
② 실무교육기관의 지정을 받으려는 자는 비영리법인이어야 한다.
③ 소방청장은 실무교육기관의 지정을 받으려는 자가 제출한 신청서가 미비된 때에는 15일 이내의 기간을 정하여 이를 보완하게 할 수 있다.
④ 실무교육기관으로 지정된 기관이 대표자를 변경하고자 하는 때에는 변경일로부터 14일 이내에 소방청장에게 보고하여야 한다.

해설
실무교육기관으로 지정된 기관이 대표자를 변경하고자 하는 때에는 변경일로부터 10일 이내에 소방청장에게 보고하여야 한다.

정답 ④

★★☆☆☆ [개정 2024. 1. 4.]
시행규칙 [별표 1] 소방시설업에 대한 행정처분기준

1. 일반기준
   가. 위반행위가 동시에 둘 이상 발생한 경우에는 그 중 중한 처분기준(중한 처분기준이 동일한 경우에는 그 중 하나의 처분기준을 말한다. 이하 같다)에 따르되, 둘 이상의 처분기준이 동일한 영업정지인 경우에는 중한 처분의 2분의 1까지 가중하여 처분할 수 있다.
   나. 영업정지 처분기간 중 영업정지에 해당하는 위반사항이 있는 경우에는 종전의 처분기간 만료일의 다음날부터 새로운 위반사항에 대한 영업정지의 행정처분을 한다.
   다. 위반행위의 차수에 따른 행정처분기준은 최근 1년간 같은 위반행위로 행정처분을 받은 경우에 적용한다. 이 경우 기준 적용일은 위반사항에 대한 행정처분일과 그 처분 후 다시 적발한 날을 기준으로 한다.
   라. 다목에 따라 가중된 행정처분을 하는 경우 가중처분의 적용차수는 그 위반행위 전 행정처분 차수(다목에 따른 기간 내에 행정처분이 둘 이상 있었던 경우에는 높은 차수를 말한다)의 다음 차수로 한다. 다만, 적발된 날부터 소급하여 1년이 되는 날 전에 한 행정처분은 가중처분의 차수 산정 대상에서 제외한다.
   마. 영업정지 등에 해당하는 위반사항으로서 위반행위의 동기·내용·횟수·사유 또는

그 결과를 고려하여 다음 각 목에 해당하는 경우 그 처분을 가중하거나 감경할 수 있다. 이 경우 그 처분이 영업정지일 때에는 그 처분기준의 2분의 1의 범위에서 가중하거나 감경할 수 있고, 등록취소일 때에는 등록취소 전 차수의 행정처분이 영업정지일 경우 처분기준의 2배 이상의 영업정지처분으로 감경(법 제9조제1항제6호를 위반하여 등록취소가 된 경우는 제외한다)할 수 있다.

1) 가중사유
   가) 위반행위가 사소한 부주의나 오류가 아닌 고의나 중대한 과실에 의한 것으로 인정되는 경우
   나) 위반의 내용·정도가 중대하여 관계인에게 미치는 피해가 크다고 인정되는 경우
2) 감경 사유
   가) 위반행위가 고의나 중대한 과실이 아닌 사소한 부주의나 오류로 인한 것으로 인정되는 경우
   나) 위반의 내용·정도가 경미하여 관계인에게 미치는 피해가 적다고 인정되는 경우
   다) 위반행위자의 위반행위가 처음이며 5년 이상 소방시설업을 모범적으로 해 온 사실이 인정되는 경우
   라) 위반행위자가 그 위반행위로 인하여 검사로부터 기소유예 처분을 받거나 법원으로부터 선고유예 판결을 받은 경우

2. 개별기준

위반사항	근거법령	행정처분 기준		
		1차	2차	3차
가. 거짓이나 그 밖의 부정한 방법으로 등록한 경우	법 제9조	등록취소		
나. 법 제4조제1항에 따른 등록기준에 미달하게 된 후 30일이 경과한 경우(법 제9조제1항제2호 단서에 해당하는 경우는 제외한다)	법 제9조	경고 (시정명령)	영업정지 3개월	등록취소
다. 법 제5조 각 호의 등록 결격사유에 해당하게 된 경우	법 제9조	등록취소		
라. 등록을 한 후 정당한 사유 없이 1년이 지날 때까지 영업을 시작하지 아니하거나 계속하여 1년 이상 휴업한 때	법 제9조	경고 (시정명령)	등록취소	
마. 법 제8조제1항을 위반하여 다른 자에게 자기의 성명이나 상호를 사용하여 소방시설공사등을 수급 또는 시공하게 하거나 소방시설업의 등록증 또는 등록수첩을 빌려준 경우	법 제9조	영업정지 6개월	등록취소	
바. 법 제8조제2항을 위반하여 영업정지 기간 중에 소방시설공사등을 한 경우	법 제9조	등록취소		
사. 법 제8조제3항 또는 제4항을 위반하여 통지를 하지 아니하거나 관계서류를 보관하지 아니한 경우	법 제9조	경고 (시정명령)	영업정지 1개월	등록취소

위반사항	근거법령	1차	2차	3차
아. 법 제11조 또는 제12조제1항을 위반하여 화재안전기준 등에 적합하게 설계·시공을 하지 아니하거나, 법 제16조제1항에 따라 적합하게 감리를 하지 아니한 경우	법 제9조	영업정지 1개월	영업정지 3개월	등록취소
자. 법 제11조, 제12조제1항, 제16조제1항 또는 제20조의2에 따른 소방시설공사등의 업무수행의무 등을 고의 또는 과실로 위반하여 다른 자에게 상해를 입히거나 재산피해를 입힌 경우	법 제9조	영업정지 6개월	등록취소	
차. 법 제12조제2항을 위반하여 소속 소방기술자를 공사현장에 배치하지 아니하거나 거짓으로 한 경우	법 제9조	경고 (시정명령)	영업정지 1개월	등록취소
카. 법 제13조 또는 제14조를 위반하여 착공신고(변경신고를 포함한다)를 하지 아니하거나 거짓으로 한 때 또는 완공검사(부분완공검사를 포함한다)를 받지 아니한 경우	법 제9조	경고 (시정명령)	영업정지 3개월	등록취소
타. 법 제13조제2항 후단을 위반하여 착공신고사항 중 중요한 사항에 해당하지 아니하는 변경사항을 같은 항 각 호의 어느 하나에 해당하는 서류에 포함하여 보고하지 아니한 경우	법 제9조	경고 (시정명령)	영업정지 1개월	등록취소
파. 법 제15조제3항을 위반하여 하자보수 기간 내에 하자보수를 하지 아니하거나 하자보수계획을 통보하지 아니한 경우	법 제9조	경고 (시정명령)	영업정지 1개월	등록취소
하. 법 제16조제3항에 따른 감리의 방법을 위반한 경우	법 제9조	경고 (시정명령)	영업정지 1개월	등록취소
거. 법 제17조제3항을 위반하여 인수·인계를 거부·방해·기피한 경우	법 제9조	영업정지 1개월	영업정지 3개월	등록취소
너. 법 제18조제1항을 위반하여 소속 감리원을 공사현장에 배치하지 아니하거나 거짓으로 한 경우	법 제9조	영업정지 1개월	영업정지 3개월	등록취소
더. 법 제18조제3항의 감리원 배치기준을 위반한 경우	법 제9조	경고 (시정명령)	영업정지 1개월	등록취소
러. 법 제19조제1항에 따른 요구에 따르지 아니한 경우	법 제9조	영업정지 1개월	영업정지 3개월	등록취소
머. 법 제19조제3항을 위반하여 보고하지 아니한 경우	법 제9조	경고 (시정명령)	영업정지 1개월	등록취소
버. 법 제20조를 위반하여 감리 결과를 알리지 아니하거나 거짓으로 알린 경우 또는 공사감리결과보고서를 제출하지 아니하거나 거짓으로 제출한 경우	법 제9조	경고 (시정명령)	영업정지 3개월	등록취소
서. 법 제20조의2를 위반하여 방염을 한 경우	법 제9조	영업정지 3개월	영업정지 6개월	등록취소
어. 법 제20조의3제2항에 따른 방염처리능력 평가에 관한 서류를 거짓으로 제출한 경우	법 제9조	영업정지 3개월	영업정지 6개월	등록취소
저. 법 제21조의3제4항을 위반하여 하도급 등에 관한 사항을 관계인과 발주자에게 알리지 아니하거나 거짓으로 알린 경우	법 제9조	경고 (시정명령)	영업정지 1개월	등록취소
처. 법 제22조제1항 본문을 위반하여 도급받은 소방시설의 설계, 시공, 감리를 하도급한 경우	법 제9조	영업정지 3개월	영업정지 6개월	등록취소

커. 법 제22조제2항을 위반하여 하도급받은 소방시설공사를 다시 하도급한 경우		법 제9조	영업정지 3개월	영업정지 6개월	등록취소
터. 법 제22조의2제2항을 위반하여 정당한 사유 없이 하수급인 또는 하도급 계약내용의 변경 요구에 따르지 아니한 경우		법 제9조	경고 (시정명령)	영업정지 1개월	등록취소
퍼. 제22조의3을 위반하여 하수급인에게 대금을 지급하지 아니한 경우		법 제9조	영업정지 1개월	영업정지 3개월	등록취소
허. 법 제24조를 위반하여 시공과 감리를 함께 한 경우		법 제9조	영업정지 3개월	등록취소	
고. 법 제26조제2항에 따른 시공능력 평가에 관한 서류를 거짓으로 제출한 경우		법 제9조	영업정지 3개월	영업정지 6개월	등록취소
노. 법 제26조의2제1항 후단에 따른 사업수행능력 평가에 관한 서류를 위조하거나 변조하는 등 거짓이나 그 밖의 부정한 방법으로 입찰에 참여한 경우		법 제9조	영업정지 3개월	영업정지 6개월	등록취소
도. 법 제31조에 따른 명령을 위반하여 보고 또는 자료 제출을 하지 아니하거나 거짓으로 보고 또는 자료 제출을 한 경우		법 제9조	영업정지 3개월	영업정지 6개월	등록취소
로. 정당한 사유 없이 법 제31조에 따른 관계 공무원의 출입 또는 검사·조사를 거부·방해 또는 기피한 경우		법 제9조	영업정지 3개월	영업정지 6개월	등록취소

예상문제

01 다음 중 빈칸에 들어갈 말로 적절한 것은?

> 위반행위 차수에 따른 행정처분 기준은 최근 ( ) 간 같은 위반행위로 행정처분을 받은 경우에 적용한다. 이 경우 기준 적용일은 위반사항에 대한 ( )과 그 처분 후 다시 적발한 날을 기준으로 한다.

① 1년, 행정처분일
② 1년, 처분일
③ 6개월, 행정처분일
④ 6개월, 처분일

해설
위반행위의 차수에 따른 행정처분 기준은 최근 1년간 같은 위반행위로 행정처분을 받은 경우에 적용한다. 이 경우 기준 적용일은 위반사항에 대한 행정처분일과 그 처분 후 다시 적발한 날을 기준으로 한다.

정답 ①

★★☆☆☆ [신설 2019. 2. 18.]

시행규칙 [별표 3의2] 방염처리능력 평가의 방법

1. 방염처리업자의 방염처리능력은 다음 계산식으로 산정하되, 10만원 미만의 숫자는 버린다. 이 경우 산정기준일은 평가를 하는 해의 전년도 12월 31일로 한다.

   방염처리능력평가액=실적평가액+자본금평가액+기술력평가액+경력평가액±신인도평가액

   가. 방염처리능력평가액은 영 별표 1 제4호에 따른 방염처리업의 업종별로 산정해야 한다.
2. 실적평가액은 다음 계산식으로 산정한다.

   실적평가액=연평균 방염처리실적액

   가. 방염처리 실적은 제19조의2제2항제1호의 구분에 따른 실적을 말하며, 영 별표 1 제4호에 따른 방염처리업 업종별로 산정해야 한다.
   나. 제조·가공 공정에서 방염처리한 물품을 수입한 경우에는 방염처리 실적에 포함되지 않는다.
   다. 방염처리실적액(발주자가 공급하는 자재비를 제외한다)은 해당 업체의 수급금액 중 하수급금액은 포함하고 하도급금액은 제외한다.
   라. 방염물품의 종류 및 처리방법에 따른 실적인정 비율은 소방청장이 정하여 고시한다.
   마. 방염처리업을 한 기간이 산정일을 기준으로 3년 이상인 경우에는 최근 3년간의 방염처리실적을 합산하여 3으로 나눈 금액을 연평균 방염처리실적액으로 한다.
   바. 방염처리업을 한 기간이 산정일을 기준으로 1년 이상 3년 미만인 경우에는 그 기간의 방염처리실적을 합산한 금액을 그 기간의 개월수로 나눈 금액에 12를 곱한 금액을 연평균 방염처리실적액으로 한다.
   사. 방염처리업을 한 기간이 산정일을 기준으로 1년 미만인 경우에는 그 기간의 방염처리실적액을 연평균방염처리실적액으로 한다.
   아. 다음의 어느 하나에 해당하는 경우의 실적은 종전 방염처리업자의 실적과 방염처리업을 승계한 자의 실적을 합산한다.
      1) 방염처리업자인 법인이 분할에 의하여 설립되거나 분할합병한 회사에 그가 경영하는 방염처리업 전부를 양도하는 경우
      2) 개인이 경영하던 방염처리업을 법인사업으로 전환하기 위하여 방염처리업을 양도하는 경우(방염처리업의 등록을 한 개인이 당해 법인의 대표자가 되는 경우에만 해당한다)
      3) 합명회사와 합자회사 간, 주식회사와 유한회사 간의 전환을 위하여 방염처리업을 양도하는 경우
      4) 방염처리업자인 법인 간에 합병을 하는 경우 또는 방염처리업자인 법인과 방염처리업자가 아닌 법인이 합병을 하는 경우

5) 법 제6조의2에 따른 폐업신고로 방염처리업의 등록이 말소된 후 6개월 이내에 다시 같은 업종의 방염처리업을 등록하는 경우
3. 자본금평가액은 다음 계산식으로 산정한다.

$$자본금평가액=실질자본금$$

가. 실질자본금은 해당 방염처리업체 최근 결산일 현재의 총자산에서 총부채를 뺀 금액을 말하며, 방염처리업 외의 다른 업을 겸업하는 경우에는 실질자본금에서 겸업비율에 해당하는 금액을 공제한다.

4. 기술력평가액은 다음 계산식으로 산정한다.

$$기술력평가액=전년도\ 연구\cdot인력개발비+전년도\ 방염처리시설\ 및\ 시험기기\ 구입비용$$

가. 전년도 연구·인력개발비는 연구개발 및 인력개발을 위한 비용으로서 「조세특례제한법 시행령」 별표 6에 따른 비용 중 방염처리업 분야에 실제로 사용된 금액으로 한다.

나. 전년도 방염처리시설 및 시험기기 구입비용은 방염처리능력 평가 전년도에 기술개발 등을 위하여 추가로 구입한 방염처리시설 및 시험기기 구입비용으로 한다. 다만, 법 제4조제1항에 따라 방염처리업을 등록한 자 또는 법 제7조1항 및 제2항에 따라 소방시설업자의 지위를 승계한 자가 영 별표 1 제4호에 따른 방염처리업 등록기준 요건을 갖추기 위하여 새로 구입한 방염처리시설 및 시험기기 구입비용은 구입 후 최초로 평가를 신청하는 경우에는 포함한다.

5. 경력평가액은 다음 계산식으로 산정한다.

$$경력평가액=실적평가액\times방염처리업\ 경영기간\ 평점\times20/100$$

가. 방염처리업 경영기간은 등록일·양도신고일 또는 합병신고일부터 산정기준일까지로 한다.

나. 종전 방염처리업자의 방염처리업 경영기간과 방염처리업을 승계한 자의 방염처리업 경영기간의 합산에 관해서는 제2호아목을 준용한다.

다. 방염처리업 경영기간 평점은 다음 표에 따른다.

방염처리업 경영기간	2년 미만	2년 이상 4년 미만	4년 이상 6년 미만	6년 이상 8년 미만	8년 이상 10년 미만
평점	1.0	1.1	1.2	1.3	1.4

10년 이상 12년 미만	12년 이상 14년 미만	14년 이상 16년 미만	16년 이상 18년 미만	18년 이상 20년 미만	20년 이상
1.5	1.6	1.7	1.8	1.9	2.0

6. 신인도평가액은 다음 계산식으로 산정하되, 신인도평가액은 실적평가액·자본금평가액·기술력평가액·경력평가액을 합친 금액의 ±10퍼센트의 범위를 초과할 수 없으며, 가점요소와 감점요소가 있는 경우에는 이를 상계한다.

$$신인도평가액=(실적평가액+자본금평가액+기술력평가액+경력평가액)\times신인도\ 반영비율\ 합계$$

가. 신인도 반영비율 가점요소는 다음과 같다.
  1) 최근 1년간 국가기관·지방자치단체·공공기관으로부터 우수방염처리업자로 선정된 경우 : +3퍼센트
  2) 최근 1년간 국가기관·지방자치단체 및 공공기관으로부터 방염처리업과 관련한 표창을 받은 경우
      가) 대통령 표창 : +3퍼센트
      나) 그 밖의 표창 : +2퍼센트
  3) 방염처리업자의 방염처리 상 환경관리 및 방염처리폐기물의 처리실태가 우수하여 환경부장관으로부터 방염처리능력의 증액 요청이 있는 경우 : +2퍼센트
  4) 방염처리업에 관한 국제품질경영인증(ISO)을 받은 경우 : +2퍼센트
나. 신인도 반영비율 감점요소는 다음과 같다.
  1) 최근 1년간 국가기관·지방자치단체·공공기관으로부터 부정당업자로 제재처분을 받은 사실이 있는 경우 : -3퍼센트
  2) 최근 1년간 부도가 발생한 사실이 있는 경우 : -2퍼센트
  3) 최근 1년간 법 제9조 또는 제10조에 따라 영업정지 처분 및 과징금 처분을 받은 사실이 있는 경우
      가) 1개월 이상 3개월 이하 : -2퍼센트
      나) 3개월 초과 : -3퍼센트
  4) 최근 1년간 법 제40조제1항에 따라 과태료 처분을 받은 사실이 있는 경우 : -2퍼센트
  5) 최근 1년간 「폐기물관리법」등 환경관리법령을 위반하여 과태료 처분, 영업정지 처분 및 과징금 처분을 받은 사실이 있는 경우 : -2퍼센트

★★★☆☆ [개정 2020. 1. 15.]

시행규칙 [별표 4] 시공능력 평가의 방법

소방시설공사업자의 시공능력 평가는 다음 계산식으로 산정하되, 10만원 미만의 숫자는 버린다. 이 경우 산정기준일은 평가를 하는 해의 전년도 말일로 한다.

시공능력평가액=실적평가액+자본금평가액+기술력평가액+경력평가액±신인도평가액

1. 실적평가액은 다음 계산식으로 산정한다.

실적평가액=연평균공사실적액

가. 공사실적액(발주자가 공급하는 자재비를 제외한다)은 해당 업체의 수급금액중 하수급금액은 포함하고 하도급금액은 제외한다.
나. 공사업을 한 기간이 산정일을 기준으로 3년 이상인 경우에는 최근 3년간의 공사실적을 합산하여 3으로 나눈 금액을 연평균공사실적액으로 한다.
다. 공사업을 한 기간이 산정일을 기준으로 1년 이상 3년 미만인 경우에는 그 기간의 공사실적을 합산한 금액을 그 기간의 개월수로 나눈 금액에 12를 곱한 금액을 연평균공사실적액으로 한다.
라. 공사업을 한 기간이 산정일을 기준으로 1년 미만인 경우에는 그 기간의 공사실적액을 연평균공사실적액으로 한다.
마. 다음의 어느 하나에 해당하는 경우에 실적은 종전 공사업자의 실적과 공사업을 승계한 자의 실적을 합산한다.
  1) 공사업자인 법인이 분할에 의하여 설립되거나 분할합병한 회사에 그가 경영하는 소방시설공사업 전부를 양도하는 경우
  2) 개인이 경영하던 소방시설공사업을 법인사업으로 전환하기 위하여 소방시설공사업을 양도하는 경우(소방시설공사업의 등록을 한 개인이 당해 법인의 대표자가 되는 경우에만 해당한다)
  3) 합명회사와 합자회사 간, 주식회사와 유한회사 간의 전환을 위하여 소방시설공사업을 양도하는 경우
  4) 공사업자는 법인 간에 합병을 하는 경우 또는 공사업자인 법인과 공사업자가 아닌 법인이 합병을 하는 경우
  5) 공사업자가 영 제2조 별표 1 제2호에 따른 소방시설공사업의 업종 중 일반 소방시설공사업에서 전문 소방시설공사업으로 전환하거나 전문 소방시설공사업에서 일반 소방시설공사업으로 전환하는 경우
  6) 법 제6조의2에 따른 폐업신고로 소방시설공사업의 등록이 말소된 후 6개월 이내에 다시 소방시설공사업을 등록하는 경우
2. 자본금평가액은 다음 계산식으로 산정한다.

자본금평가액=(실질자본금×실질자본금의 평점+소방청장이 지정한 금융회사 또는 소방산업공제조합에 출자·예치·담보한 금액)×70/100

가. 실질자본금은 해당 공사업체 최근 결산일 현재(새로 등록한 자는 등록을 위한 기업진단기준일 현재)의 총자산에서 총부채를 뺀 금액을 말하며, 소방시설공사업 외의 다른 업을 겸업하는 경우에는 실질자본금에서 겸업비율에 해당하는 금액을 공제한다.
나. 실질자본금의 평점은 다음 표에 따른다.

실질 자본금의 규모	등록기준 자본금의 2배 미만	등록기준 자본금의 2배 이상 3배 미만	등록기준 자본금의 3배 이상 4배 미만	등록기준 자본금의 4배 이상 5배 미만	등록기준 자본금의 5배 이상
평점	1.2	1.5	1.8	2.1	2.4

다. 출자금액은 평가연도의 직전연도 말 현재 출자한 좌수에 소방청장이 지정한 금융회사 또는 소방산업공제조합이 평가한 지분액을 곱한 금액으로 한다. 다만, 제23조제2항 각 호의 어느 하나의 사유로 시공능력을 평가하는 경우에는 시공능력 평가의 신청일을 기준으로 한다.
3. 기술력평가액은 다음 계산식으로 산정한다.

> 기술력평가액=전년도 공사업계의 기술자1인당 평균생산액
> ×보유기술인력 가중치합계×30/100+전년도 기술개발투자액

가. 전년도 공사업계의 기술자 1인당 평균생산액은 공사업계의 국내 총기성액을 공사업계에 종사하는 기술자의 총수로 나눈 금액으로 하되, 이 경우 국내 총기성액 및 기술자 총수는 협회가 관리하고 있는 정보를 기준으로 한다(전년도 공사업계 기술자 1인당 평균생산액이 산출되지 아니하는 경우에는 전전년도 공사업계의 기술자 1인당 평균생산액을 적용한다)
나. 보유기술인력 가중치의 계산은 다음의 방법에 따른다.
  1) 보유기술인력은 해당 공사업체의 소방시설공사업 기술인력으로 등록되어 6개월 이상 근무한 사람(신규등록·신규양도·합병 후 공사업을 한 기간이 6개월 미만인 경우에는 등록신청서·양도신고서·합병신고서에 적혀 있는 기술인력자로 한다)만 해당한다.
  2) 보유기술인력의 등급은 특급기술자, 고급기술자, 중급기술자 및 초급기술자로 구분하되, 등급구분의 기준은 별표4의2 제3호가목과 같다.
  3) 보유기술인력의 등급별 가중치는 다음 표와 같다.

보유기술인력	특급기술자	고급기술자	중급기술자	초급기술자
가중치	2.5	2	1.5	1

  4) 보유기술인력 1명이 기계분야 기술과 전기분야 기술을 함께 보유한 경우에는 3)의 가중치에 0.5를 가산한다.
다. 전년도 기술개발투자액은 「조세특례제한법 시행령」 별표 6에 규정된 비용 중 소방시설공사업 분야에 실제로 사용된 금액으로 한다.
4. 경력평가액은 다음 계산식으로 산정한다.

> 경력평가액=실적평가액×공사업 경영기간 평점×20/100

가. 공사업경영기간은 등록일·양도신고일 또는 합병신고일부터 산정기준일까지로 한다.
나. 종전 공사업자의 공사업 경영기간과 공사업을 승계한 자의 공사업 경영기간의 합산에 관해서는 제1호마목을 준용한다.
다. 공사업경영기간 평점은 다음 표에 따른다.

공사업 경영기간	2년 미만	2년 이상 4년 미만	4년 이상 6년 미만	6년 이상 8년 미만	8년 이상 10년 미만
평점	1.0	1.1	1.2	1.3	1.4

10년 이상 12년 미만	12년 이상 14년 미만	14년 이상 16년 미만	16년 이상 18년 미만	18년 이상 20년 미만	20년 이상
1.5	1.6	1.7	1.8	1.9	2.0

5. 신인도평가액은 다음 계산식으로 산정하되, 신인도평가액은 실적평가액·자본금평가액·기술력평가액·경력평가액을 합친 금액의 ±10%의 범위를 초과할 수 없으며, 가점요소와 감점요소가 있는 경우에는 이를 상계한다.

> 신인도평가액=(실적평가액+자본금평가액+기술력평가액+경력평가액)
> ×신인도 반영비율 합계

가. 신인도 반영비율 가점요소는 다음과 같다.
 1) 최근 1년간 국가기관·지방자치단체·공공기관으로부터 우수시공업자로 선정된 경우(+3%)
 2) 최근 1년간 국가기관·지방자치단체 및 공공기관으로부터 공사업과 관련한 표창을 받은 경우
  - 대통령 표창(+3%)
  - 그 밖의 표창(+2%)
 3) 공사업자의 공사 시공 상 환경관리 및 공사폐기물의 처리실태가 우수하여 환경부장관으로부터 시공능력의 증액 요청이 있는 경우(+2%)
 4) 소방시설공사업에 관한 국제품질경영인증(ISO)을 받은 경우(+2%)

나. 신인도 반영비율 감점요소는 아래와 같다.
 1) 최근 1년간 국가기관·지방자치단체·공공기관으로부터 부정당업자로 제재처분을 받은 사실이 있는 경우(-3%)
 2) 최근 1년간 부도가 발생한 사실이 있는 경우(-2%)
 3) 최근 1년간 법 제9조 또는 제10조에 따라 영업정지처분 및 과징금처분을 받은 사실이 있는 경우
  - 1개월 이상 3개월 이하(-2%)
  - 3개월 초과(-3%)
 4) 최근 1년간 법 제40조에 따라 사유로 과태료처분을 받은 사실이 있는 경우(-2%)
 5) 최근 1년간 환경관리법령에 따른 과태료 처분, 영업정지 처분 및 과징금 처분을 받은 사실이 있는 경우(-2%)

예상문제

01 다음 중 시공능력의 평가 방법에 해당하는 것이 아닌 것은?

① 실적평가액
② 자본금평가액
③ 기술력평가액
④ 부채상환평가액

해설

소방시설공사업자의 시공능력 평가는 다음 계산식으로 산정하되, 10만원 미만의 숫자는 버린다. 이 경우 산정 기준일은 평가를 하는 해의 전년도 말일로 한다.

> 시공능력평가액＝실적평가액＋자본금평가액＋기술력평가액＋경력평가액±신인도평가액

정답 ④

■ 성공하기 위한 세 가지 열쇠

만일 신이 우리에게 세 개의 열쇠를 준다면 그 중 두 개는 '집안'과 '학력'일 것이다.
이 두 개의 열쇠는 나를 성공하기 쉬운 위치에 앉혀줄 것이다.
하지만 만약 신이 우리에게 좋은 집안과 명문대학을 졸업할 능력을 주지 않았다면 '태도'야말로 우리를 성공으로 이끌어줄 유일한 열쇠다.
태도를 장악하는 것은 바로 인생의 미로를 여는 열쇠를 가진 것과도 같다.

― 류가와 미카 ―

장미란 선수가 이런 말을 했죠…
"생각이 바뀌면 습관이 바뀌고, 습관이 바뀌면 인생이 바뀐다."
생각은 있는데 습관이 바뀌지 않는다면…
생각은 없더라도 바른 습관을 지녔다면…

바른 습관(생활 태도)을 장시간 유지한다면 성공할 수 있습니다.
합격 또한 마찬가지입니다.
매일 습관적으로 꾸준하게 학습한다면 합격의 내공을 갖게 될 것입니다.

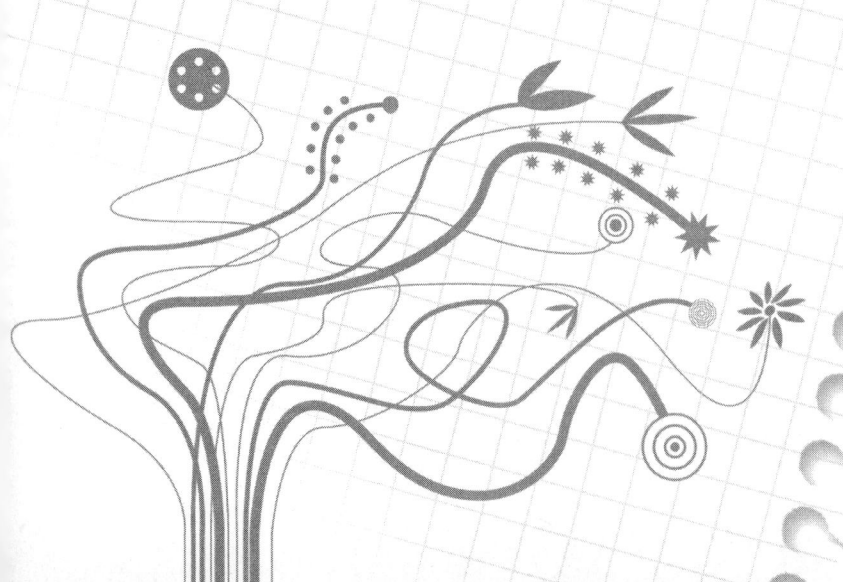

Part 5

위험물 안전관리법

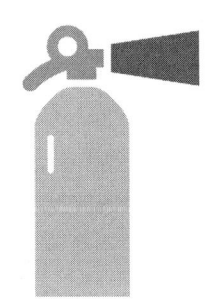

★☆☆☆☆

제1조(목적)

이 법은 위험물의 저장·취급 및 운반과 이에 따른 안전관리에 관한 사항을 규정함으로써 위험물로 인한 위해를 방지하여 공공의 안전을 확보함을 목적으로 한다.

예상문제

01 위험물안전관리법의 목적에서 괄호 속 내용이 옳은 것은?

> 이 법은 위험물의 (　)·(　) 및 (　)과 이에 따른 안전관리에 관한 사항을 규정함으로써 위험물로 인한 위해를 방지하여 공공의 안전을 확보함을 목적으로 한다.

① 제조, 취급, 운반　　② 제조, 취급, 이송
③ 저장, 제조, 운송　　④ 저장, 취급, 운반

해설
이 법은 위험물의 저장·취급 및 운반과 이에 따른 안전관리에 관한 사항을 규정함으로써 위험물로 인한 위해를 방지하여 공공의 안전을 확보함을 목적으로 한다.

정답 ④

★★★★★ [개정 2021. 11. 30.]

제2조(정의)

① 이 법에서 사용하는 용어의 정의는 다음과 같다.
　1. "위험물"이라 함은 인화성 또는 발화성 등의 성질을 가지는 것으로서 대통령령이 정하는 물품을 말한다.
　2. "지정수량"이라 함은 위험물의 종류별로 위험성을 고려하여 대통령령이 정하는 수량으로서 제6호의 규정에 의한 제조소등의 설치허가 등에 있어서 최저의 기준이 되는 수량을 말한다.

3. "제조소"라 함은 위험물을 제조할 목적으로 지정수량 이상의 위험물을 취급하기 위하여 제6조제1항의 규정에 따른 허가(동조제3항의 규정에 따라 허가가 면제된 경우 및 제7조제2항의 규정에 따라 협의로써 허가를 받은 것으로 보는 경우를 포함한다. 이하 제4호 및 제5호에서 같다)를 받은 장소를 말한다.
4. "저장소"라 함은 지정수량 이상의 위험물을 저장하기 위한 대통령령이 정하는 장소로서 제6조제1항의 규정에 따른 허가를 받은 장소를 말한다.
5. "취급소"라 함은 지정수량 이상의 위험물을 제조외의 목적으로 취급하기 위한 대통령령이 정하는 장소로서 제6조제1항의 규정에 따른 허가를 받은 장소를 말한다.
6. "제조소등"이라 함은 제3호 내지 제5호의 제조소·저장소 및 취급소를 말한다.

② 이 법에서 사용하는 용어의 정의는 제1항에서 규정하는 것을 제외하고는 「소방기본법」, 「화재의 예방 및 안전관리에 관한 법률」, 「소방시설 설치 및 관리에 관한 법률」 및 「소방시설공사업법」에서 정하는 바에 따른다. 〈개정 2021. 11. 30.〉

예상문제

01 다음 중 위험물안전관리법에서 정하는 위험물의 정의로서 옳은 것은?
① 인화성 또는 발화성 등의 성질을 가지는 것으로서 대통령령이 정하는 물품이다.
② 인화성 또는 연소성 등의 성질을 가지는 것으로서 대통령령이 정하는 물품이다.
③ 발화성 또는 연소성 등의 성질을 가지는 것으로서 대통령령이 정하는 물품이다.
④ 발화성 또는 폭발성 등의 성질을 가지는 것으로서 대통령령이 정하는 물품이다.

해설
위험물이라 함은 "인화성 또는 발화성 등의 성질을 가지는 것으로서 대통령령이 정하는 물품"을 말한다.

정답 ①

02 위험물안전관리법에서 대통령령이 정하는 위험물에 대한 정의는 어떠한 물품인가?
① 가연성 또는 발화성 등의 물품
② 인화성 또는 발화성 등의 물품
③ 자연발화성 또는 금수성 등의 물품
④ 가연성 또는 인화성 등의 물품

해설
위험물이라 함은 "인화성 또는 발화성 등의 성질을 가지는 것으로서 대통령령이 정하는 물품"을 말한다.

정답 ②

03 다음 중 위험물안전관리법에서 정의하는 위험물의 성질과 지정 법령이 바르게 연결된 것은?

① 성질 : 착화성, 화염성, 지정 법령 : 대통령령
② 성질 : 인화성, 발화성, 지정 법령 : 행정안전부령
③ 성질 : 인화성, 발화성, 지정 법령 : 대통령령
④ 성질 : 착화성, 화염성, 지정 법령 : 행정안전부령

해설
위험물이라 함은 "인화성 또는 발화성 등의 성질을 가지는 것으로서 대통령령이 정하는 물품"을 말한다.

정답 ③

04 다음 중 위험물안전관리법에서 대통령령이 정하는 인화성·발화성 등의 물질을 무엇이라고 명명하는가?

① 착화물　　　　　　　　② 위험물
③ 인화물　　　　　　　　④ 발화물

해설
위험물이라 함은 "인화성 또는 발화성 등의 성질을 가지는 것으로서 대통령령이 정하는 물품"을 말한다.

정답 ②

05 위험물의 종류별로 위험성을 고려하여 최저의 기준이 되는 수량은?

① 위험수량　　　　　　　② 제조수량
③ 지정수량　　　　　　　④ 안전수량

해설
지정수량이라 함은 "위험물의 종류별로 위험성을 고려하여 대통령령이 정하는 수량으로서 제조소등의 설치허가 등에 있어서 최저의 기준이 되는 수량"을 말한다.

정답 ③

06 위험물은 법으로 지정수량을 정해 놓는다. 이때 법률적 성격은 어디에 해당되는가?

① 훈령　　　　　　　　　② 조례
③ 예규　　　　　　　　　④ 대통령령

해설
지정수량이라 함은 "위험물의 종류별로 위험성을 고려하여 대통령령이 정하는 수량으로서 제조소등의 설치허가 등에 있어서 최저의 기준이 되는 수량"을 말한다.

정답 ④

07 위험물안전관리법령에서 대통령령이 정하는 위험물 품목별 수량은?
① 지정수량　　　　　　　② 기준수량
③ 위험수량　　　　　　　④ 방호수량

해설
지정수량이라 함은 "위험물의 종류별로 위험성을 고려하여 대통령령이 정하는 수량으로서 제조소등의 설치허가 등에 있어서 최저의 기준이 되는 수량"을 말한다.

정답 ①

08 위험물을 제조할 목적으로 지정수량 이상의 위험물을 취급하기 위하여 규정에 따른 허가를 받은 장소를 말하는 것은?
① 위험물취급소　　　　　② 위험물저장소
③ 위험물제조소　　　　　④ 일반취급소

해설
제조소라함은 "위험물을 제조할 목적으로 지정수량 이상의 위험물을 취급하기 위하여 제6조제1항의 규정에 따른 허가를 받은 장소"를 말한다.

> ※ **제6조제1항**
> 제조소등을 설치하고자 하는 자는 대통령령이 정하는 바에 따라 그 설치장소를 관할하는 시·도지사의 허가를 받아야 한다.

정답 ③

09 위험물을 제조할 목적으로 지정수량 이상의 위험물을 취급하기 위하여 허가받는 장소는?
① 제조소　　　　　　　　② 취급소
③ 저장소　　　　　　　　④ 제조소 등

해설
제조소라함은 "위험물을 제조할 목적으로 지정수량 이상의 위험물을 취급하기 위하여 제6조제1항의 규정에 따른 허가를 받은 장소"를 말한다.

정답 ①

10 다음 중 위험물제조소등에 해당되지 않는 것은?
① 제조소　　　　　　　　② 취급소
③ 보관소　　　　　　　　④ 저장소

해설
"제조소등"이라 함은 제조소·저장소 및 취급소를 말한다.

정답 ③

11 위험물안전관리법에서 정하는 용어의 정의에서 제조소 등이란?
① 제조소, 저장소, 취급소를 말한다.
② 제조소, 보관소, 취급소를 말한다.
③ 행정안전부령이 정하는 장소로서 제조소, 저장소, 취급소를 말한다.
④ 행정안전부령이 정하는 장소로서 제조소, 보관소, 취급소를 말한다.

해설
"제조소등"이라 함은 제조소·저장소 및 취급소를 말한다.

정답 ①

12 다음 중 위험물제조소등에 포함되는 장소로 옳지 않은 것은?
① 제조소 ② 저장소
③ 취급소 ④ 판매소

해설
"제조소등"이라 함은 제조소·저장소 및 취급소를 말한다.

정답 ④

13 위험물안전관리법의 제조소등에 대한 직접적인 목적이 아닌 것은?
① 판매 ② 제조
③ 저장 ④ 취급

해설
"제조소등"이라 함은 제조소·저장소 및 취급소를 말한다.

정답 ①

14 다음의 위험물안전관리법 용어의 뜻 내용 중 대통령령으로 정하는 사항이 아닌 것은?
① 지정수량 ② 제조소
③ 저장소 ④ 취급소

해설
• 지정수량 : 위험물의 종류별로 위험성을 고려하여 대통령령이 정하는 수량으로서 제조소등의 설치허가 등에 있어서 최저의 기준이 되는 수량
• 제조소 : 위험물을 제조할 목적으로 지정수량 이상의 위험물을 취급하기 위하여 허가를 받은 장소
• 저장소 : 지정수량 이상의 위험물을 저장하기 위한 대통령령이 정하는 장소로서 허가를 받은 장소
• 취급소 : 지정수량 이상의 위험물을 제조 외의 목적으로 취급하기 위한 대통령령이 정하는 장소로서 허가를 받은 장소

정답 ②

15 다음 중 위험물안전관리법에 관한 용어의 정의로 옳지 않은 것은?
① 위험물이란 어떠한 환경의 조건이라도 위험한 물질을 말한다.
② 제조소란 위험물을 제조할 목적으로 지정수량 이상의 위험물을 취급하기 위하여 규정에 따른 허가를 받은 장소를 말한다.
③ 저장소란 지정수량 이상의 위험물을 저장하기 위한 대통령령이 정하는 장소로서 규정에 따른 허가를 받은 장소를 말한다.
④ 지정수량이란 위험물의 종류별로 위험성을 고려하여 대통령령이 정하는 수량으로서 규정에 의한 제조소등의 설치허가 등에 있어서 최저의 기준이 되는 수량을 말한다.

해설
"위험물"이란 인화성 또는 발화성 등의 성질을 가지는 것으로서 대통령령이 정하는 물품을 말한다.

정답 ①

16 다음 중 위험물안전관리법에서 용어의 정의가 옳지 않은 것은?
① 위험물이란 인화성 또는 발화성 등의 성질을 가지는 것으로서 대통령령이 정하는 물품을 말한다.
② 취급소란 지정수량 이상의 위험물을 제조 외의 목적으로 취급하기 위한 대통령령이 정하는 장소로서 규정에 따른 허가를 받은 장소를 말한다.
③ 저장소란 지정수량 이상의 위험물을 저장하기 위한 대통령령이 정하는 장소로서 규정에 따른 허가를 받은 장소를 말한다.
④ 지정수량이란 위험물의 종류별로 위험성을 고려하여 대통령령이 정하는 수량으로서 규정에 의한 제조소등의 설치허가 등에 있어서 최고의 기준이 되는 수량을 말한다.

해설
지정수량이란 위험물의 종류별로 위험성을 고려하여 대통령령이 정하는 수량으로서 규정에 의한 제조소등의 설치허가 등에 있어서 최저의 기준이 되는 수량을 말한다.

정답 ④

17 다음 용어의 정의 중 바르지 않는 것은?
① 지정수량이란 위험물의 종류별로 위험성을 고려하여 대통령령이 정하는 수량으로서 규정에 의한 제조소등의 설치허가 등에 있어서 최저의 기준이 되는 수량을 말한다.
② 제조소등은 제조소·저장소 및 취급소를 말한다.
③ 취급소란 지정수량 이상의 위험물을 저장 외의 목적으로 취급하기 위한 대통령령이 정하는 장소로서 규정에 따른 허가를 받은 장소를 말한다.
④ 제조소란 위험물을 제조할 목적으로 지정수량 이상의 위험물을 취급하기 위하여 규정에 따른 허가를 받은 장소를 말한다.

> 해설
> 취급소란 지정수량 이상의 위험물을 제조 외의 목적으로 취급하기 위한 대통령령이 정하는 장소로서 제6조제1항의 규정에 따른 허가를 받은 장소를 말한다.
>
> 정답 ③

제3조(적용제외)

이 법은 항공기·선박(선박법 제1조의2제1항의 규정에 따른 선박을 말한다)·철도 및 궤도에 의한 위험물의 저장·취급 및 운반에 있어서는 이를 적용하지 아니한다.

예상문제

01 위험물의 저장·취급 및 운반에 있어서 위험물안전관리법에 적용을 받는 것은?
① 항공기　　　　　　　② 선박
③ 차량　　　　　　　　④ 철도

> 해설
> 위험물안전관리법은 "항공기·선박·철도 및 궤도"에 의한 위험물의 저장·취급 및 운반에 있어서는 이를 적용하지 아니한다.
>
> 정답 ③

02 위험물안전관리법에서 위험물의 저장·취급 운반에 관한 적용을 받는 것은?
① 항공기　　　　　　　② 트럭
③ 철도　　　　　　　　④ 궤도

> 해설
> 위험물안전관리법은 "트럭 등의 차량"에 의한 위험물의 저장·취급 및 운반에 있어서는 이를 적용한다.
>
> 정답 ②

03 다음 중 위험물을 운반하거나 취급할 때 위험물안전관리법 규정에서 정하는 제외 대상으로 옳은 것은?

① 차량을 이용하여 위험물을 운반하는 경우
② 군사시설인 항공기에 급유하기 위하여 위험물을 저장·취급하는 경우
③ 항공기, 선박 등에 주유 및 급유하기 위한 위험물제조소
④ 철도 및 궤도에 의한 위험물을 저장·취급 및 운반하는 경우

해설
위험물안전관리법은 "항공기·선박·철도 및 궤도"에 의한 위험물의 저장·취급 및 운반에 있어서는 이를 적용하지 아니한다.

정답 ④

제4조(지정수량 미만인 위험물의 저장·취급)

지정수량 미만인 위험물의 저장 또는 취급에 관한 기술상의 기준은 특별시·광역시·특별자치시·도 및 특별자치도(이하 "시·도"라 한다)의 조례로 정한다.

예상문제

01 지정수량 미만인 위험물의 저장 또는 취급에 관한 기술상의 기준은 무엇으로 정하는가?

① 대통령령　　　　　　② 행정안전부령
③ 시·도의 조례　　　　④ 위험물안전관리법

해설
지정수량 미만인 위험물의 저장 또는 취급에 관한 기술상의 기준은 시·도의 조례로 정한다.

정답 ③

제5조(위험물의 저장 및 취급의 제한)

① 지정수량 이상의 위험물을 저장소가 아닌 장소에서 저장하거나 제조소등이 아닌 장소에서 취급하여서는 아니된다.
② 제1항의 규정에 불구하고 다음 각 호의 어느 하나에 해당하는 경우에는 제조소등이 아닌 장소에서 지정수량 이상의 위험물을 취급할 수 있다. 이 경우 임시로 저장 또는 취급하는 장소에서의 저장 또는 취급의 기준과 임시로 저장 또는 취급하는 장소의 위치·구조 및 설비의 기준은 시·도의 조례로 정한다.
   1. 시·도의 조례가 정하는 바에 따라 관할소방서장의 승인을 받아 지정수량 이상의 위험물을 90일 이내의 기간동안 임시로 저장 또는 취급하는 경우
   2. 군부대가 지정수량 이상의 위험물을 군사목적으로 임시로 저장 또는 취급하는 경우
③ 제조소등에서의 위험물의 저장 또는 취급에 관하여는 다음 각 호의 중요기준 및 세부기준에 따라야 한다.
   1. 중요기준 : 화재 등 위해의 예방과 응급조치에 있어서 큰 영향을 미치거나 그 기준을 위반하는 경우 직접적으로 화재를 일으킬 가능성이 큰 기준으로서 행정안전부령이 정하는 기준
   2. 세부기준 : 화재 등 위해의 예방과 응급조치에 있어서 중요기준보다 상대적으로 적은 영향을 미치거나 그 기준을 위반하는 경우 간접적으로 화재를 일으킬 수 있는 기준 및 위험물의 안전관리에 필요한 표시와 서류·기구 등의 비치에 관한 기준으로서 행정안전부령이 정하는 기준
④ 제1항의 규정에 따른 제조소등의 위치·구조 및 설비의 기술기준은 행정안전부령으로 정한다.
⑤ 둘 이상의 위험물을 같은 장소에서 저장 또는 취급하는 경우에 있어서 당해 장소에서 저장 또는 취급하는 각 위험물의 수량을 그 위험물의 지정수량으로 각각 나누어 얻은 수의 합계가 1 이상인 경우 당해 위험물은 지정수량 이상의 위험물로 본다.

예상문제

01 제조소 등이 아닌 곳에서 지정수량 이상의 위험물을 임시로 저장 또는 취급하는 경우 어떻게 하여야 하는가?
① 관할소방서장의 허가를 받아야 한다.
② 관할소방서장의 승인을 받아야 한다.
③ 소방기관에 통지를 하여야 한다.
④ 소방기관에 신고를 하여야 한다.

해설

시·도의 조례가 정하는 바에 따라 관할소방서장의 승인을 받아 지정수량 이상의 위험물을 90일 이내의 기간동안 임시로 저장 또는 취급하는 경우에는 제조소 등이 아닌 장소에서 지정수량 이상의 위험물을 취급할 수 있다.

정답 ②

02 지정수량 이상의 위험물을 임시로 저장·취급하는 기간은 며칠 이내인가?
① 10일
② 20일
③ 30일
④ 90일

해설

지정수량 이상의 위험물을 임시로 저장·취급하는 기간은 90일 이내이다.

정답 ④

03 지정수량 이상의 위험물을 저장소가 아닌 장소에서 저장하거나 제조소 등이 아닌 장소에서 취급하여서는 안 된다. 그러나 제조소 등이 아닌 장소에서 지정수량 이상의 위험물을 저장·취급할 경우 관할소방서장의 승인을 받아 며칠 이내의 기간 동안 임시로 저장·취급할 수 있는가?
① 30일
② 90일
③ 120일
④ 180일

해설

제조소 등이 아닌 장소에서 지정수량 이상의 위험물을 저장·취급할 경우 관할소방서장의 승인을 받아 90일 이내의 기간 동안 임시로 저장·취급할 수 있다.

정답 ②

04 둘 이상의 위험물을 같은 장소에서 저장·취급하는 경우에 있어서 그 위험물의 지정수량 판정기준으로 옳은 것은?
① 그 위험물의 지정수량을 각 위험물의 수량으로 각각 나누어 얻은 수의 합계가 1 이상인 경우 해당 위험물은 지정수량 이상의 위험물로 본다.
② 각 위험물이 개별적으로 지정수량 이상인 경우나 둘 중 하나 이상이 지정수량 이상인 경우 해당 위험물은 지정수량 이상의 위험물로 본다.
③ 각 위험물의 수량을 그 위험물의 지정수량으로 각각 나누어 얻은 수의 합계가 1 이상인 경우 해당 위험물은 지정수량 이상의 위험물로 본다.
④ 그 위험물의 수량을 각 위험물의 지정수량으로 각각 나누어 얻은 수의 합계가 2 이상인 경우 해당 위험물은 지정수량 이상의 위험물로 본다.

해설
둘 이상의 위험물을 같은 장소에서 저장 또는 취급하는 경우에 있어서 당해 장소에서 저장 또는 취급하는 각 위험물의 수량을 그 위험물의 지정수량으로 각각 나누어 얻은 수의 합계가 1 이상인 경우 당해 위험물은 지정수량 이상의 위험물로 본다.

정답 ③

05 다음 중 위험물 임시저장은 며칠 이내에 누구에게 승인을 받는가?
① 90일 이내 관할소방서장의 승인
② 180일 이내 관할소방서장의 승인
③ 90일 이내 시·도지사의 승인
④ 180일 이내 시·도지사의 승인

해설
관할소방서장의 승인을 받아 지정수량 이상의 위험물을 90일 이내의 기간 동안 임시로 저장 또는 취급할 수 있다.

정답 ①

06 두 종류 이상의 위험물을 같은 장소에서 저장·취급하는 경우 해당 위험물을 지정수량 이상의 위험물로 정할 수 있는 것으로 옳은 것은?
① 둘 이상의 위험물을 2개를 각각 합으로 하여 1로 한다.
② 둘 이상의 위험물을 2개를 각각 합으로 하여 2로 본다.
③ 각 위험물의 수량을 그 위험물의 지정수량으로 각각 나누어 얻은 수의 합계가 1/2 이상인 경우로 한다.
④ 각 위험물의 수량을 그 위험물의 지정수량으로 각각 나누어 얻은 수의 합계가 1 이상인 경우로 한다.

해설
둘 이상의 위험물을 같은 장소에서 저장 또는 취급하는 경우에 있어서 당해 장소에서 저장 또는 취급하는 각 위험물의 수량을 그 위험물의 지정수량으로 각각 나누어 얻은 수의 합계가 1 이상인 경우 당해 위험물은 지정수량 이상의 위험물로 본다.

정답 ④

07 위험물안전관리법에서 규정하는 위험물의 저장·취급 대상에 대한 해당 사항이 아닌 것은?
① 항공기에 의한 위험물의 저장·취급 및 운반에 있어서는 이 법을 적용하지 아니한다.
② 지정수량 미만인 위험물의 저장·취급에 관한 기술상의 기준은 시·도의 조례로 한다.
③ 지정수량의 이상의 위험물은 저장소가 아닌 장소에서 저장하거나 제조소 등이 아닌 장소에서 취급하여서는 아니 된다.
④ 군부대가 지정수량의 이상의 위험물을 군사 목적으로 임시로 저장 또는 취급하는 경우 관할소방서장의 승인을 받아 시·도의 조례로 정한다.

해설

군부대가 지정수량 이상의 위험물을 군사 목적으로 임시로 저장 또는 취급하는 경우에는 제조소 등이 아닌 장소에서 지정수량 이상의 위험물을 취급할 수 있다. → 관할소방서장의 승인사항이 아님

> 시·도의 조례가 정하는 바에 따라 관할소방서장의 승인을 받아 지정수량 이상의 위험물을 90일 이내의 기간동안 임시로 저장 또는 취급하는 경우에는 제조소 등이 아닌 장소에서 지정수량 이상의 위험물을 취급할 수 있다. → 관할소방서장의 승인사항임

정답 ④

---

08 위험물 저장 및 취급의 제한에 대한 설명 중 옳지 않은 것은?

① 지정수량 이상의 위험물을 저장소가 아닌 장소에서 저장하거나 제조소 등이 아닌 장소에서 50일 동안 임시저장 시 관할소방서장의 승인을 받을 필요 없다.
② 군부대가 지정수량 이상의 위험물을 군사목적으로 임시로 저장 또는 취급할 수 있다.
③ 제조소 등에서의 위험물의 저장 또는 취급에 관하여는 행정안전부령에 의한 중요기준 및 세부기준에 따라야 한다.
④ 지정수량 이상의 위험물을 저장소가 아닌 장소에서 저장하거나 제조소 등이 아닌 장소에서 취급하여서는 아니 된다.

해설

지정수량 이상의 위험물을 저장소가 아닌 장소에서 저장하거나 제조소 등이 아닌 장소에서 90일 이내의 기간 동안 임시저장 시 관할소방서장의 승인을 받아야 한다.

정답 ①

제6조(위험물시설의 설치 및 변경 등)

① 제조소등을 설치하고자 하는 자는 대통령령이 정하는 바에 따라 그 설치장소를 관할하는 특별시장·광역시장·특별자치시장·도지사 또는 특별자치도지사(이하 "시·도지사"라 한다)의 허가를 받아야 한다. 제조소등의 위치·구조 또는 설비 가운데 행정안전부령이 정하는 사항을 변경하고자 하는 때에도 또한 같다.
② 제조소등의 위치·구조 또는 설비의 변경없이 당해 제조소등에서 저장하거나 취급하는 위험물의 품명·수량 또는 지정수량의 배수를 변경하고자 하는 자는 변경하고자 하는 날의 1일 전까지 행정안전부령이 정하는 바에 따라 시·도지사에게 신고하여야 한다.
③ 제1항 및 제2항의 규정에 불구하고 다음 각 호의 어느 하나에 해당하는 제조소등의 경우에는 허가를 받지 아니하고 당해 제조소등을 설치하거나 그 위치·구조 또는 설비를

변경할 수 있으며, 신고를 하지 아니하고 위험물의 품명·수량 또는 지정수량의 배수를 변경할 수 있다.
1. 주택의 난방시설(공동주택의 중앙난방시설을 제외한다)을 위한 저장소 또는 취급소
2. 농예용·축산용 또는 수산용으로 필요한 난방시설 또는 건조시설을 위한 지정수량 20배 이하의 저장소

핵심정리

시·도지사에게 허가를 받아야 하는 사항	1. 제조소등의 설치 2. 제조소등의 위치·구조 또는 설비 가운데 행정안전부령이 정하는 사항을 변경 → 시·도지사의 허가
시·도지사에게 신고하여야 하는 사항	제조소등에서 저장하거나 취급하는 위험물의 품명·수량 또는 지정수량의 배수를 변경 → 시·도지사에게 신고
허가나 신고가 필요하지 않는 사항	1. 주택의 난방시설을 위한 저장소 또는 취급소(공동주택의 중앙난방시설을 제외한다) 2. 농예용·축산용 또는 수산용으로 필요한 난방시설 또는 건조시설을 위한 지정수량 20배 이하의 저장소

암기법 주난저취 공중제 / 농축수 난건조 20저

예상문제

01 당해 제조소 등에서 저장하거나 취급하는 위험물에 대한 품명·수량 또는 지정수량의 배수를 변경하고자 할 때 누구에게 신고하여야 하는가?
① 소방서장
② 시·도지사
③ 소방본부장
④ 대통령

해설
제조소 등의 위치·구조 또는 설비의 변경 없이 당해 제조소 등에서 저장하거나 취급하는 위험물의 품명·수량 또는 지정수량의 배수를 변경하고자 하는 자는 변경하고자 하는 날의 1일 전까지 행정안전부령이 정하는 바에 따라 시·도지사에게 신고하여야 한다.

정답 ②

02 다음 중 위험물 지정수량의 배수, 품명, 지정수량의 변경신고는?

① 소방본부장, 소방서장에게 1일 전까지 신고하여야 한다.
② 시·도지사에게 1일 전까지 신고하여야 한다.
③ 소방본부장, 소방서장에게 3일 전까지 신고하여야 한다.
④ 시·도지사에게 3일 전까지 신고하여야 한다.

📖 해설
제조소 등의 위치·구조 또는 설비의 변경 없이 당해 제조소 등에서 저장하거나 취급하는 위험물의 품명·수량 또는 지정수량의 배수를 변경하고자 하는 자는 변경하고자 하는 날의 1일 전까지 행정안전부령이 정하는 바에 따라 시·도지사에게 신고하여야 한다.

정답 ②

03 제조소 등의 위치, 구조, 설비의 변경 없이 당해 제조소 등에서 저장하거나 취급하는 위험물의 품명, 수량, 지정수량의 배수를 변경하고자 하는 자는 변경하고자 하는 날의 며칠 전까지 무엇이 정하는 바에 따라 시·도지사에게 신고하여야 하는가?

① 1일, 대통령령
② 1일, 행정안전부령
③ 7일, 대통령령
④ 7일, 행정안전부령

📖 해설
제조소 등의 위치·구조 또는 설비의 변경 없이 당해 제조소 등에서 저장하거나 취급하는 위험물의 품명·수량 또는 지정수량의 배수를 변경하고자 하는 자는 변경하고자 하는 날의 1일 전까지 행정안전부령이 정하는 바에 따라 시·도지사에게 신고하여야 한다.

정답 ②

04 제조소 등의 위치·구조 또는 설비의 변경 없이 당해 제조소 등에서 저장하거나 취급하는 위험물의 품명, 수량 또는 지정수량 배수를 변경하고자 할 때 옳은 것은?

① 변경하고자 하는 날의 1일 전까지 시·도지사에게 신고한다.
② 변경하고자 하는 날의 7일 전까지 시·도지사에게 신고한다.
③ 변경하고자 하는 날의 7일 전까지 소방본부장 및 소방서장에게 신고한다.
④ 변경하고자 하는 날의 14일 전까지 소방본부장 및 소방서장에게 신고한다.

📖 해설
제조소 등의 위치·구조 또는 설비의 변경 없이 당해 제조소 등에서 저장하거나 취급하는 위험물의 품명·수량 또는 지정수량의 배수를 변경하고자 하는 자는 변경하고자 하는 날의 1일 전까지 행정안전부령이 정하는 바에 따라 시·도지사에게 신고하여야 한다.

정답 ①

05 허가를 받지 아니하고 당해 제조소 등을 설치하거나 그 위치·구조 또는 설비를 변경할 수 있으며, 신고를 하지 아니하고 위험물의 품명·수량 또는 지정수량의 배수를 변경할 수 있는 경우가 아닌 것은?

① 주택의 난방시설을 위한 지정수량 40배 이하의 저장소 또는 취급소
② 농예용의 난방시설 또는 건조시설을 위한 지정수량 30배 이하 저장소
③ 축산용의 난방시설 또는 건조시설을 위한 지정수량 20배 이하 저장소
④ 수산용의 난방시설 또는 건조시설을 위한 지정수량 20배 이하 저장소

해설
허가를 받지 아니하고 당해 제조소 등을 설치하거나 그 위치·구조 또는 설비를 변경할 수 있으며, 신고를 하지 아니하고 위험물의 품명·수량 또는 지정수량의 배수를 변경할 수 있는 경우
1. 주택의 난방시설(공동주택의 중앙난방시설을 제외)을 위한 저장소 또는 취급소
2. 농예용·축산용 또는 수산용으로 필요한 난방시설 또는 건조시설을 위한 지정수량 20배 이하의 저장소

정답 ②

06 위험물안전관리법에서 신고를 하지 아니하고 위험물의 품명·수량 또는 지정수량의 배수를 변경할 수 있는 경우로 옳은 것은?

① 농예용으로 필요한 건조시설을 위한 지정수량 20배 이하의 취급소
② 축산용으로 필요한 건조시설을 위한 지정수량 20배 이하의 저장소
③ 수산용으로 필요한 건조시설을 위한 지정수량 30배 이하의 저장소
④ 공동주택의 중앙난방시설을 위한 지정수량 30배 이하의 취급소

해설
축산용으로 필요한 건조시설을 위한 지정수량 20배 이하의 저장소는 신고를 하지 아니하고 위험물의 품명·수량 또는 지정수량의 배수를 변경할 수 있다.

정답 ②

07 다음 중 위험물시설의 설치 변경신고에 관한 사항으로 옳지 않은 것은?

① 제조소 등을 설치하고자 하는 자는 시·도지사의 허가를 받아야 한다.
② 위험물 품명, 수량, 지정수량의 배수변경의 경우 1일 전까지 시·도지사에게 신고한다.
③ 주택의 난방시설을 위한 저장소, 취급소는 허가 및 신고 제외대상이다.
④ 농예용·축산용·수산용은 지정수량 11배 이하의 저장소는 허가 및 신고 제외대상이다.

해설
농예용·축산용 또는 수산용으로 필요한 난방시설 또는 건조시설을 위한 지정수량 20배 이하의 저장소의 경우에는 허가를 받지 아니하고 당해 제조소 등을 설치하거나 그 위치·구조 또는 설비를 변경할 수 있으며, 신고를 하지 아니하고 위험물의 품명·수량 또는 지정수량의 배수를 변경할 수 있다.

정답 ④

08 다음 중 허가를 받지 않고 당해 제조소 등을 설치하거나 그 위치·구조·설비의 변경을 할 수 있는 장소가 아닌 것은?

① 주택의 난방을 위한 시설로서 공동주택의 중앙난방시설을 포함한 저장소 또는 취급소
② 농예용으로 필요하여 사용하는 건조설비를 위한 지정수량 20배 이하의 저장소
③ 축산용으로 필요하여 사용하는 난방시설을 위한 지정수량 20배 이하의 저장소
④ 수산용으로 필요하여 사용하는 난방시설을 위한 지정수량 20배 이하의 저장소

해설
주택의 난방시설(공동주택의 중앙난방시설을 제외한다)을 위한 저장소 또는 취급소의 경우에는 허가를 받지 아니하고 당해 제조소 등을 설치하거나 그 위치·구조 또는 설비를 변경할 수 있으며, 신고를 하지 아니하고 위험물의 품명·수량 또는 지정수량의 배수를 변경할 수 있다.

정답 ①

09 다음 중 위험물 시설의 허가를 받지 않고 위험물을 취급할 수 있는 곳이 아닌 곳은?

① 아파트 중앙난방시설을 위한 저장소 또는 취급소
② 주택의 난방시설을 위한 저장소 또는 취급소
③ 축산용 건조시설을 위한 지정수량 20배 이하의 저장소
④ 수산용 난방시설을 위한 지정수량 20배 이하의 저장소

해설
"공동주택의 중앙난방시설을 위한 저장소 또는 취급소"는 시·도지사의 허가를 받은 후 설치하여야 한다.

정답 ①

10 다음 중 위험물의 설치 및 변경과 관련하여 옳지 않은 것은?

① 제조소 등을 설치하고자 하는 자는 시·도지사의 허가를 받아야 한다.
② 제조소 등의 위치·구조 또는 설비 가운데 행정안전부령이 정하는 사항을 변경하고자 하는 때에는 시·도지사에게 신고하여야 한다.
③ 위험물의 품명, 수량, 지정수량의 배수를 변경하고자 할 때에는 시·도지사에게 신고하여야 한다.
④ 수산용으로 필요한 난방시설을 위한 지정수량 10배의 저장소는 신고하지 아니하고 변경할 수 있다.

해설
제조소 등의 위치·구조 또는 설비 가운데 행정안전부령이 정하는 사항을 변경하고자 하는 때에는 시·도지사의 허가를 받아야 한다.

정답 ②

11 다음 중 위험물에 관하여 옳지 않은 것은?

① 지정수량이 클수록 위험성이 낮고, 지정수량이 적을수록 위험성이 높다.
② 제조소 등은 대통령령이 정하는 제조소, 저장소, 취급소를 말한다.
③ 지정수량 미만의 위험물에 대한 저장·취급 기준은 시·도의 조례로 정한다.
④ 주택의 난방시설을 위한 저장소 또는 취급소는 시·도지사의 허가를 받는다.

해설
주택의 난방시설(공동주택의 중앙난방시설을 제외한다)을 위한 저장소 또는 취급소는 허가를 받지 아니하고 당해 제조소 등을 설치하거나 그 위치·구조 또는 설비를 변경할 수 있다.

정답 ④

12 다음 중 위험물 시설의 설치 및 변경 등 설명으로 옳지 않은 것은?

① 제조소 등을 설치하고자 하는 자는 대통령령이 정하는 바에 따라 그 설치장소를 관할하는 시·도지사의 허가를 받아야 한다.
② 주택의 난방시설을 위한 저장소는 허가를 받지 아니하고 위험물의 품명·수량 또는 지정수량의 배수를 변경할 수 있다.
③ 위험물의 품명·수량 또는 지정수량의 배수를 변경하고자 하는 자는 1일 전까지 시·도지사에게 신고하여야 한다.
④ 농예용·축산용 또는 수산용으로 필요한 난방시설 또는 건조시설을 위한 지정수량 30배 이하의 저장소의 경우는 허가를 받지 아니하고 당해 제조소 등을 설치하거나 그 위치·구조 또는 설비를 변경할 수 있으며, 신고를 하지 아니하고 위험물의 품명·수량 또는 지정수량의 배수를 변경할 수 있다.

해설
농예용·축산용 또는 수산용으로 필요한 난방시설 또는 건조시설을 위한 지정수량 20배 이하의 저장소의 경우에는 허가를 받지 아니하고 당해 제조소 등을 설치하거나 그 위치·구조 또는 설비를 변경할 수 있으며, 신고를 하지 아니하고 위험물의 품명·수량 또는 지정수량의 배수를 변경할 수 있다.

정답 ④

★★☆☆

 제9조(완공검사)

① 제6조제1항의 규정에 따른 허가를 받은 자가 제조소등의 설치를 마쳤거나 그 위치·구조 또는 설비의 변경을 마친 때에는 당해 제조소등마다 시·도지사가 행하는 완공검사를 받아 제5조제4항의 규정에 따른 기술기준에 적합하다고 인정받은 후가 아니면 이를

사용하여서는 아니된다. 다만, 제조소등의 위치·구조 또는 설비를 변경함에 있어서 제6조제1항 후단의 규정에 따른 변경허가를 신청하는 때에 화재예방에 관한 조치사항을 기재한 서류를 제출하는 경우에는 당해 변경공사와 관계가 없는 부분은 완공검사를 받기 전에 미리 사용할 수 있다.

② 제1항 본문의 규정에 따른 완공검사를 받고자 하는 자가 제조소등의 일부에 대한 설치 또는 변경을 마친 후 그 일부를 미리 사용하고자 하는 경우에는 당해 제조소등의 일부에 대하여 완공검사를 받을 수 있다.

예상문제

01 규정에 따른 허가를 받은 자가 제조소 등의 설치를 마쳤거나 그 위치·구조 또는 설비의 변경을 마친 때에 당해 제조소 등의 완공검사는 누가 행하는가?
① 대통령　　　　　　　　　② 국무총리
③ 시·도지사　　　　　　　　④ 소방본부장 또는 소방서장

해설
제조소 등의 설치를 마쳤거나 그 위치·구조 또는 설비의 변경을 마친 때에는 시·도지사가 행하는 완공검사를 받아야 한다.

정답 ③

★★★★☆

제11조(제조소등의 폐지)

제조소등의 관계인(소유자·점유자 또는 관리자를 말한다. 이하 같다)은 당해 제조소등의 용도를 폐지(장래에 대하여 위험물시설로서의 기능을 완전히 상실시키는 것을 말한다)한 때에는 행정안전부령이 정하는 바에 따라 제조소등의 용도를 폐지한 날부터 14일 이내에 시·도지사에게 신고하여야 한다.

예상문제

01 제조소 등의 관계인이 제조소 등의 용도를 폐지할 경우 폐지한 날로부터 시·도지사에게 며칠 이내 신고하여야 하는가?

① 7일 이내
② 14일 이내
③ 21일 이내
④ 30일 이내

해설
제조소 등의 관계인은 당해 제조소 등의 용도를 폐지한 때에는 행정안전부령이 정하는 바에 따라 제조소 등의 용도를 폐지한 날부터 14일 이내에 시·도지사에게 신고하여야 한다.

정답 ②

02 제조소 등을 폐지할 때 누구에게 신고하고 며칠 이내에 신고해야 하는가?

① 7일 이내에 소방본부장 또는 소방서장에게 신고한다.
② 10일 이내에 소방본부장 또는 소방서장에게 신고한다.
③ 14일 이내에 시·도지사에게 신고한다.
④ 30일 이내에 시·도지사에게 신고한다.

해설
제조소 등의 관계인은 당해 제조소 등의 용도를 폐지한 때에는 행정안전부령이 정하는 바에 따라 제조소 등의 용도를 폐지한 날부터 14일 이내에 시·도지사에게 신고하여야 한다.

정답 ③

03 다음 중 위험물제조소 등의 용도폐지 신고기간은 며칠 이내인가?

① 용도폐지한 날 부터 3일 이내
② 용도폐지한 날 부터 5일 이내
③ 용도폐지한 날 부터 7일 이내
④ 용도폐지한 날 부터 14일 이내

해설
제조소 등의 관계인은 당해 제조소 등의 용도를 폐지한 때에는 행정안전부령이 정하는 바에 따라 제조소 등의 용도를 폐지한 날부터 14일 이내에 시·도지사에게 신고하여야 한다.

정답 ④

★★☆☆☆ [개정 2020. 3. 24.]

제13조(과징금처분)

① 시·도지사는 제12조 각 호의 어느 하나에 해당하는 경우로서 제조소등에 대한 사용의 정지가 그 이용자에게 심한 불편을 주거나 그 밖에 공익을 해칠 우려가 있는 때에는 사용정지처분에 갈음하여 2억 원 이하의 과징금을 부과할 수 있다.
② 제1항의 규정에 따른 과징금을 부과하는 위반행위의 종별·정도 등에 따른 과징금의 금액 그 밖의 필요한 사항은 행정안전부령으로 정한다.
③ 시·도지사는 제1항의 규정에 따른 과징금을 납부하여야 하는 자가 납부기한까지 이를 납부하지 아니한 때에는 「지방행정제재·부과금의 징수 등에 관한 법률」에 따라 징수한다. 〈개정 2020. 3. 24.〉

예상문제

01 위험물제조소 등에 있어 사용의 정지가 그 이용자에게 심한 불편을 주거나 그 밖에 공익을 해칠 우려가 있을 경우 사용정지 처분에 갈음하여 부과하는 과징금은?
① 5천만 원 이하
② 1억 원 이하
③ 1억 5천만 원 이하
④ 2억 원 이하

제조소 등에 대한 사용의 정지가 그 이용자에게 심한 불편을 주거나 그 밖에 공익을 해칠 우려가 있는 때에는 사용정지 처분에 갈음하여 2억 원 이하의 과징금을 부과할 수 있다.

정답 ④

★★★★★

제15조(위험물안전관리자)

① 제조소등[제6조제3항의 규정에 따라 허가를 받지 아니하는 제조소등과 이동탱크저장소(차량에 고정된 탱크에 위험물을 저장 또는 취급하는 저장소를 말한다)를 제외한다. 이하 이 조에서 같다]의 관계인은 위험물의 안전관리에 관한 직무를 수행하게 하기 위하여 제조소등마다 대통령령이 정하는 위험물의 취급에 관한 자격이 있는 자(이하 "위험물취급자격자"라 한다)를 위험물안전관리자(이하 "안전관리자"라 한다)로 선임하여야

한다. 다만, 제조소등에서 저장·취급하는 위험물이 「화학물질관리법」에 따른 유독물질에 해당하는 경우 등 대통령령이 정하는 경우에는 당해 제조소등을 설치한 자는 다른 법률에 의하여 안전관리업무를 하는 자로 선임된 자 가운데 대통령령이 정하는 자를 안전관리자로 선임할 수 있다.

② 제1항의 규정에 따라 안전관리자를 선임한 제조소등의 관계인은 그 안전관리자를 해임하거나 안전관리자가 퇴직한 때에는 해임하거나 퇴직한 날부터 30일 이내에 다시 안전관리자를 선임하여야 한다.

③ 제조소등의 관계인은 제1항 및 제2항에 따라 안전관리자를 선임한 경우에는 선임한 날부터 14일 이내에 행정안전부령으로 정하는 바에 따라 소방본부장 또는 소방서장에게 신고하여야 한다.

④ 제조소등의 관계인이 안전관리자를 해임하거나 안전관리자가 퇴직한 경우 그 관계인 또는 안전관리자는 소방본부장이나 소방서장에게 그 사실을 알려 해임되거나 퇴직한 사실을 확인받을 수 있다.

⑤ 제1항의 규정에 따라 안전관리자를 선임한 제조소등의 관계인은 안전관리자가 여행·질병 그 밖의 사유로 인하여 일시적으로 직무를 수행할 수 없거나 안전관리자의 해임 또는 퇴직과 동시에 다른 안전관리자를 선임하지 못하는 경우에는 국가기술자격법에 따른 위험물의 취급에 관한 자격취득자 또는 위험물안전에 관한 기본지식과 경험이 있는 자로서 행정안전부령이 정하는 자를 대리자(代理者)로 지정하여 그 직무를 대행하게 하여야 한다. 이 경우 대리자가 안전관리자의 직무를 대행하는 기간은 30일을 초과할 수 없다.

> ※ 행정안전부령이 정하는 자(시행규칙 제54조)=안전관리자의 대리자
> 1. 법 제28조제1항에 따른 안전교육을 받은 자
> 2. 제조소등의 위험물 안전관리업무에 있어서 안전관리자를 지휘·감독하는 직위에 있는 자

⑥ 안전관리자는 위험물을 취급하는 작업을 하는 때에는 작업자에게 안전관리에 관한 필요한 지시를 하는 등 행정안전부령이 정하는 바에 따라 위험물의 취급에 관한 안전관리와 감독을 하여야 하고, 제조소등의 관계인과 그 종사자는 안전관리자의 위험물 안전관리에 관한 의견을 존중하고 그 권고에 따라야 한다.

⑦ 제조소등에 있어서 위험물취급자격자가 아닌 자는 안전관리자 또는 제5항에 따른 대리자가 참여한 상태에서 위험물을 취급하여야 한다. 〈개정 2014. 12. 30.〉

⑧ 다수의 제조소등을 동일인이 설치한 경우에는 제1항의 규정에 불구하고 관계인은 대통령령이 정하는 바에 따라 1인의 안전관리자를 중복하여 선임할 수 있다. 이 경우 대통령령이 정하는 제조소등의 관계인은 제5항에 따른 대리자의 자격이 있는 자를 각 제조소등별로 지정하여 안전관리자를 보조하게 하여야 한다.

※ 대통령령이 정하는 제조소등(시행령 제12조제2항)
1. 제조소
2. 이송취급소
3. 일반취급소. 다만, 인화점이 38도 이상인 제4류 위험물만을 지정수량의 30배 이하로 취급하는 일반취급소로서 다음 각목의 1에 해당하는 일반취급소를 제외한다.
   가. 보일러·버너 또는 이와 비슷한 것으로서 위험물을 소비하는 장치로 이루어진 일반취급소
   나. 위험물을 용기에 옮겨 담거나 차량에 고정된 탱크에 주입하는 일반취급소

⑨ 제조소등의 종류 및 규모에 따라 선임하여야 하는 안전관리자의 자격은 대통령령으로 정한다.

핵심정리

위험물안전관리자(이하 "안전관리자"라 한다)의 선임	30일 이내
안전관리자의 선임신고	14일 이내
대리자가 안전관리자의 직무를 대행하는 기간	30일 이내

예상문제

01 다음 저장소 중에서 위험물안전관리자를 선임하지 않아도 되는 저장소는?

① 이동탱크저장소 ② 지하탱크저장소
③ 옥내탱크저장소 ④ 옥외탱크저장소

해설

제조소 등(제6조제3항의 규정에 따라 허가를 받지 아니하는 제조소 등과 이동탱크저장소를 제외)의 관계인은 위험물의 안전관리에 관한 직무를 수행하게 하기 위하여 제조소 등마다 대통령령이 정하는 위험물의 취급에 관한 자격이 있는 자(=위험물취급자격자)를 위험물안전관리자(=안전관리자)로 선임하여야 한다.

※ 제6조제3항의 규정에 따라 허가를 받지 아니하는 제조소 등
1. 주택의 난방시설(공동주택의 중앙난방시설을 제외한다)을 위한 저장소 또는 취급소
2. 농예용·축산용 또는 수산용으로 필요한 난방시설 또는 건조시설을 위한 지정수량 20배 이하의 저장소

정답 ①

02 다음은 위험물안전관리자의 선임과 신고에 대한 것이다. ( )에 들어갈 사항으로 옳게 된 것은?

> ㉮ 안전관리자를 선임한 제조소 등의 관계인은 그 안전관리자를 해임하거나 안전관리자가 퇴직한 때에는 해임하거나 퇴직한 날부터 ( )일 이내에 다시 안전관리자를 선임하여야 한다.
> ㉯ 안전관리자를 선임한 경우에는 선임한 날부터 ( )일 이내에 행정안전부령으로 정하는 바에 따라 소방본부장 또는 소방서장에게 신고하여야 한다.

① 60, 30　　　　② 14, 30
③ 30, 14　　　　④ 30, 60

해설
- 안전관리자를 선임한 제조소 등의 관계인은 그 안전관리자를 해임하거나 안전관리자가 퇴직한 때에는 해임하거나 퇴직한 날부터 30일 이내에 다시 안전관리자를 선임하여야 한다.
- 안전관리자를 선임한 경우에는 선임한 날부터 14일 이내에 행정안전부령으로 정하는 바에 따라 소방본부장 또는 소방서장에게 신고하여야 한다.

정답 ③

03 제조소 등을 설치 또는 변경하고자 할 때 허가대상과 관계인이 위험물안전관리자를 선임·해임·퇴직 시에 신고하여야 하는 대상자로 옳지 않은 것은?

① 시·도지사　　　　② 소방본부장
③ 소방서장　　　　　④ 소방청장

해설

제조소 등을 설치 또는 변경하고자 할 때 허가대상	시·도지사
관계인이 위험물안전관리자를 선임·해임·퇴직 시에 신고하여야 하는 대상자	소방본부장 또는 소방서장

정답 ④

04 위험물안전관리자의 재선임기간과 신고기간은 며칠 이내에 해당하는가?

① 30일, 14일　　　　② 14일, 30일
③ 14일, 14일　　　　④ 30일, 30일

해설
- 위험물안전관리자의 재선임 기간 : 해임하거나 퇴직한 날부터 30일 이내
- 위험물안전관리자의 선임신고 기간 : 선임한 날부터 14일 이내

정답 ①

05 위험물안전관리자를 선임한 제조소 등의 관계인이 그 위험물안전관리자를 해임한 경우 며칠 이내에 다시 위험물안전관리자를 선임해야 하는가?

① 해임 후 5일 이내
② 해임 후 10일 이내
③ 해임 후 15일 이내
④ 해임 후 30일 이내

해설
안전관리자를 선임한 제조소 등의 관계인은 그 안전관리자를 해임하거나 안전관리자가 퇴직한 때에는 해임하거나 퇴직한 날부터 30일 이내에 다시 안전관리자를 선임하여야 한다.

정답 ④

06 다음 중 위험물안전관리자를 해임하거나 안전관리자가 퇴직하였을 경우 재선임하는 기간으로 알맞은 것은?

① 7일
② 14일
③ 30일
④ 90일

해설
위험물안전관리자를 해임하거나 안전관리자가 퇴직하였을 경우 30일 이내에 재선임하여야 한다.

정답 ③

07 제조소 등의 관계인이 위험물안전관리자를 해임한 후 다시 위험물안전관리자를 선임해야 하는 기간은?

① 10일 이내
② 15일 이내
③ 20일 이내
④ 30일 이내

해설
제조소 등의 관계인이 위험물안전관리자를 해임한 경우에는 위험물안전관리자를 30일 이내에 다시 선임하여야 한다.

정답 ④

08 다음 중 위험물안전관리자 선임 부재(不在) 기간은?

① 7일
② 14일
③ 20일
④ 30일

해설
위험물안전관리자가 해임하거나 퇴직한 경우 재선임 기간(선임 부재 기간)은 최대 30일이다.

정답 ④

09 다음 중 위험물안전관리자 등에 대하여 옳지 않은 것은?

① 안전관리자를 선임한 제조소 등의 관계인은 국가기술자격법에 따른 위험물의 취급에 관한 자격취득자 또는 위험물안전에 관한 기본지식과 경험이 있는 자를 대리자로 지정할 수 있다.
② 대리자는 안전관리자를 선임하지 못할 시에만 지정할 수 있다.
③ 위험물취급자격자가 아닌 자는 안전관리자 또는 대리자가 참여한 상태에서 위험물을 취급하여야 한다.
④ 대리자를 지정하여 위험물안전관리자의 직무를 대행하게 한 경우에는 소방본부장 또는 소방서장에게 신고하지 않아도 된다.

해설
안전관리자를 선임한 제조소 등의 관계인은 안전관리자가 여행·질병 그 밖의 사유로 인하여 일시적으로 직무를 수행할 수 없거나 안전관리자의 해임 또는 퇴직과 동시에 다른 안전관리자를 선임하지 못하는 경우에는 국가기술자격법에 따른 위험물의 취급에 관한 자격취득자 또는 위험물안전에 관한 기본지식과 경험이 있는 자로서 행정안전부령이 정하는 자를 대리자로 지정하여 그 직무를 대행하게 하여야 한다.

정답 ②

10 위험물안전관리자를 선임할 때에 관계인은 며칠 이내에 소방본부장 또는 소방서장에게 신고하여야 하는가?

① 14일 이내
② 30일 이내
③ 10일 이내
④ 20일 이내

해설
위험물안전관리자를 선임한 경우에는 선임한 날부터 14일 이내에 행정안전부령으로 정하는 바에 따라 소방본부장 또는 소방서장에게 신고하여야 한다.

정답 ①

11 다음 중 위험물제조소등 설치 허가 및 안전관리에 관한 규정으로 옳지 않은 것은?

① 위험물제조소 등의 설치 허가권자는 시·도지사이다.
② 주택의 난방을 위한 취급소는 허가 없이 사용이 가능하다.
③ 위험물제조소 등에는 제조소·저장소·취급소가 있다.
④ 이동탱크저장소에는 위험물안전관리자를 선임하여야 한다.

해설
이동탱크저장소(차량에 고정된 탱크에 위험물을 저장 또는 취급하는 저장소)에는 위험물안전관리자를 선임하지 아니할 수 있다.

정답 ④

12 다음 중 위험물안전관리자에 대한 설명으로 옳지 않은 것은?

① 관계인은 위험물의 안전관리에 관한 직무를 수행하기 위하여 제조소 등마다 대통령령이 정하는 위험물의 취급에 관한 자격이 있는 자를 위험물안전관리자로 선임하여야 한다.
② 다수의 제조소 등을 동일인이 설치한 경우에는 대통령령이 정하는 바에 따라 1인의 안전관리자를 중복하여 선임할 수 있다.
③ 대리자가 안전관리자의 직무를 대행하는 기간은 20일을 초과할 수 없다.
④ 제조소 등에 위험물안전관리자로 선임할 수 있는 위험물취급자격자는 대통령령으로 정한다.

해설
대리자가 안전관리자의 직무를 대행하는 기간은 30일을 초과할 수 없다.

정답 ③

13 위험물안전관리자에 대한 설명 중 옳지 않은 것은?

① 다수의 제조소 등을 동일인이 설치한 경우에는 관계인은 1인의 안전관리자를 중복하여 선임할 수 없다.
② 안전관리자가 선임한 때에는 14일 이내에 소방본부장 또는 소방서장에게 신고하여야 한다.
③ 안전관리자를 해임하거나 안전관리자가 퇴직한 때에는 해임하거나 퇴직한 날부터 30일 이내에 다시 선임하여야 한다.
④ 안전관리자가 직무를 수행할 수 없거나 다른 안전관리자를 선임하지 못하는 경우 자격이 있는 자 또는 경험 있는 자를 대리자로 지정하여 직무를 대행하게 하여야 한다.

해설
다수의 제조소 등을 동일인이 설치한 경우에는 관계인은 1인의 안전관리자를 중복하여 선임할 수 있다.

정답 ①

14 위험물안전관리자 직무대행에 관한 설명 중 옳지 않은 것은?

① 관계인은 안전관리자가 여행·질병 또는 그 밖의 사유로 인하여 일시적으로 직무를 수행할 수 없거나 안전관리자의 해임 또는 퇴직과 동시에 다른 안전관리자를 선임하지 못하는 경우 대리자로 하여금 그 직무를 대행하게 하여야 한다.
② 위험물의 취급에 관한 자격취득자 또는 위험물안전에 관한 기본지식과 경험이 있는 자로서 대통령령으로 정하는 자를 위험물안전관리자의 대리자(代理者)로 지정하여 그 직무를 대행하게 하여야 한다.
③ 제조소 등에 있어서 위험물취급자격자가 아닌 자는 안전관리자 또는 대리자가 참여한 상태에서 위험물을 취급하여야 한다.
④ 대리자가 안전관리자의 직무를 대행하는 기간은 30일을 초과할 수 없다.

> **해설**
> 위험물의 취급에 관한 자격취득자 또는 위험물안전에 관한 기본지식과 경험이 있는 자로서 행정안전부령으로 정하는 자를 위험물안전관리자의 대리자(代理者)로 지정하여 그 직무를 대행하게 하여야 한다.
>
> **정답** ②

15 위험물안전관리법에서 위험물안전관리자의 선해임과 관련한 사항으로 옳지 않은 것은?

① 위험물안전관리자가 해임되거나 퇴직한 때에는 30일 이내에 다시 안전관리자를 선임하여야 한다.
② 위험물안전관리자를 선임한 때에는 14일 이내에 시·도지사에게 신고하여야 한다.
③ 위험물안전관리자가 여행·질병 그 밖의 사유로 인하여 일시적으로 직무를 수행할 수 없는 경우에는 국가기술자격법에 의한 위험물의 취급에 관한 자격취득자로 하여금 직무를 대행하게끔 하여야 한다.
④ 위험물안전관리자를 해임 또는 퇴직과 동시에 안전관리자를 선임하지 못하는 경우에는 위험물안전에 관한 기본 지식과 경험이 있는 자로 하여금 30일 이내에 직무를 대행하게 할 수 있다.

> **해설**
> 위험물안전관리자를 선임한 때에는 14일 이내에 소방본부장 또는 소방서장에게 신고하여야 한다.
>
> **정답** ②

16 다음 중 빈칸에 들어가야 할 사항으로 올바르게 짝지어진 것은?

> ㉠ 위험물안전관리자 선임신고는 ( ) 이내
> ㉡ 위험물제조소 등의 용도폐지신고는 ( ) 이내
> ㉢ 위험물제조소 등의 지위승계신고는 ( ) 이내

① 14, 30, 14　　　　　　　　② 30, 14, 30
③ 14, 30, 30　　　　　　　　④ 14, 14, 30

> **해설**
> • 위험물안전관리자를 선임한 경우에는 선임한 날부터 14일 이내에 행정안전부령으로 정하는 바에 따라 소방본부장 또는 소방서장에게 신고하여야 한다.
> • 제조소 등의 관계인은 당해 제조소 등의 용도를 폐지한 때에는 행정안전부령이 정하는 바에 따라 제조소 등의 용도를 폐지한 날부터 14일 이내에 시·도지사에게 신고하여야 한다.
> • 제조소 등의 설치자의 지위를 승계한 자는 행정안전부령이 정하는 바에 따라 승계한 날부터 30일 이내에 시·도지사에게 그 사실을 신고하여야 한다.
>
> **정답** ④

★★★☆☆ [개정 2021. 11. 30.]

제16조(탱크시험자의 등록 등)

① 시·도지사 또는 제조소등의 관계인은 안전관리업무를 전문적이고 효율적으로 수행하기 위하여 탱크안전성능시험자(이하 "탱크시험자"라 한다)로 하여금 이 법에 의한 검사 또는 점검의 일부를 실시하게 할 수 있다.
② 탱크시험자가 되고자 하는 자는 대통령령이 정하는 기술능력·시설 및 장비를 갖추어 시·도지사에게 등록하여야 한다.
③ 제2항의 규정에 따라 등록한 사항 가운데 행정안전부령이 정하는 중요사항을 변경한 경우에는 그 날부터 30일 이내에 시·도지사에게 변경신고를 하여야 한다.
④ 다음 각 호의 어느 하나에 해당하는 자는 탱크시험자로 등록하거나 탱크시험자의 업무에 종사할 수 없다. 〈개정 2021. 11. 30.〉
  1. 피성년후견인
  2. 삭제 〈2006. 9. 22.〉
  3. 이 법, 「소방기본법」, 「화재의 예방 및 안전관리에 관한 법률」, 「소방시설 설치 및 관리에 관한 법률」 또는 「소방시설공사업법」에 따른 금고 이상의 실형의 선고를 받고 그 집행이 종료(집행이 종료된 것으로 보는 경우를 포함한다)되거나 집행이 면제된 날부터 2년이 지나지 아니한 자
  4. 이 법, 「소방기본법」, 「화재의 예방 및 안전관리에 관한 법률」, 「소방시설 설치 및 관리에 관한 법률」 또는 「소방시설공사업법」에 따른 금고 이상의 형의 집행유예 선고를 받고 그 유예기간 중에 있는 자
  5. 제5항의 규정에 따라 탱크시험자의 등록이 취소(제1호에 해당하여 자격이 취소된 경우는 제외한다)된 날부터 2년이 지나지 아니한 자
  6. 법인으로서 그 대표자가 제1호 내지 제5호의 1에 해당하는 경우
⑤ 시·도지사는 탱크시험자가 다음 각 호의 어느 하나에 해당하는 경우에는 행정안전부령으로 정하는 바에 따라 그 등록을 취소하거나 6월 이내의 기간을 정하여 업무의 정지를 명할 수 있다. 다만, 제1호 내지 제3호에 해당하는 경우에는 그 등록을 취소하여야 한다.
  1. 허위 그 밖의 부정한 방법으로 등록을 한 경우
  2. 제4항 각 호의 어느 하나의 등록의 결격사유에 해당하게 된 경우
  3. 등록증을 다른 자에게 빌려준 경우
  4. 제2항의 규정에 따른 등록기준에 미달하게 된 경우
  5. 탱크안전성능시험 또는 점검을 허위로 하거나 이 법에 의한 기준에 맞지 아니하게 탱크안전성능시험 또는 점검을 실시하는 경우 등 탱크시험자로서 적합하지 아니하다고 인정하는 경우
⑥ 탱크시험자는 이 법 또는 이 법에 의한 명령에 따라 탱크안전성능시험 또는 점검에 관한 업무를 성실히 수행하여야 한다.

예상문제

01 다음 중 탱크시험자의 결격사유로 옳지 않은 것은?
① 피성년후견인
② 금고 이상의 실형의 선고를 받고 그 집행이 종료되거나 집행이 면제된 날부터 2년이 지나지 아니한 자
③ 금고 이상의 형의 집행유예선고를 받고 그 유예기간에 있는 자
④ 파산선고를 받고 복권되지 아니한 자

해설
파산선고를 받고 복권되지 아니한 자는 탱크시험자의 결격사유에 해당하지 않는다.

정답 ④

02 위험물안전관리법에 대한 설명 중 각 항목에 따른 기간이 옳은 것은?
① 제조소 등의 지위 승계 신고 - 30일 이내
② 위험물의 임시저장 기간 - 60일 이내
③ 탱크시험자 등록 변경 신고 - 20일
④ 제조소 등의 용도폐지 신고 기간 - 7일 이내

해설

제조소 등의 지위 승계 신고	승계한 날부터 30일 이내에 시·도지사에게 신고
위험물 임시저장 기간	90일 이내
탱크시험자 등록 변경신고	변경한 날부터 30일 이내에 시·도지사에게 변경신고
제조소 등 용도폐지 신고	용도를 폐지한 날부터 14일 이내에 시·도지사에게 신고

정답 ①

★☆☆☆☆

제19조(자체소방대)

다량의 위험물을 저장·취급하는 제조소등으로서 대통령령이 정하는 제조소등이 있는 동일한 사업소에서 대통령령이 정하는 수량 이상의 위험물을 저장 또는 취급하는 경우 당해 사업소의 관계인은 대통령령이 정하는 바에 따라 당해 사업소에 자체소방대를 설치하여야 한다.

> ※ 대통령령이 정하는 제조소등(시행령 제18조제1항)
>   1. 제4류 위험물을 취급하는 제조소 또는 일반취급소. 다만, 보일러로 위험물을 소비하는 일반취급소 등 행정안전부령으로 정하는 일반취급소는 제외한다.
>   2. 제4류 위험물을 저장하는 옥외탱크저장소
> ※ 대통령령이 정하는 수량 이상(시행령 제18조제2항)=자체소방대 설치대상
>   1. 제1항제1호에 해당하는 경우 : 제조소 또는 일반취급소에서 취급하는 제4류 위험물의 최대수량의 합이 지정수량의 3천배 이상
>   2. 제1항제2호에 해당하는 경우 : 옥외탱크저장소에 저장하는 제4류 위험물의 최대수량이 지정수량의 50만배 이상

예상문제

01 다량의 위험물을 저장·취급하는 제조소 등으로서 대통령령이 정하는 제조소 등이 있는 동일한 사업소에서 대통령령이 정하는 수량 이상의 위험물을 저장 또는 취급하는 경우 당해 사업소 관계인이 설치해야 하는 것은?

① 의용소방대
② 자체소방대
③ 자위소방대
④ 의무소방대

해설
다량의 위험물을 저장·취급하는 제조소 등으로서 "대통령령이 정하는 제조소 등"이 있는 동일한 사업소에서 "대통령령이 정하는 수량 이상"의 위험물을 저장 또는 취급하는 경우 당해 사업소의 관계인은 대통령령이 정하는 바에 따라 당해 사업소에 자체소방대를 설치하여야 한다.

정답 ②

★☆☆☆☆ [개정 2020. 6. 9.]

제20조(위험물의 운반)

① 위험물의 운반은 그 용기·적재방법 및 운반방법에 관한 다음 각 호의 중요기준과 세부기준에 따라 행하여야 한다.
  1. 중요기준 : 화재 등 위해의 예방과 응급조치에 있어서 큰 영향을 미치거나 그 기준을 위반하는 경우 직접적으로 화재를 일으킬 가능성이 큰 기준으로서 행정안전부령이 정하는 기준
  2. 세부기준 : 화재 등 위해의 예방과 응급조치에 있어서 중요기준보다 상대적으로 적

은 영향을 미치거나 그 기준을 위반하는 경우 간접적으로 화재를 일으킬 수 있는 기준 및 위험물의 안전관리에 필요한 표시와 서류·기구 등의 비치에 관한 기준으로서 행정안전부령이 정하는 기준

② 제1항에 따라 운반용기에 수납된 위험물을 지정수량 이상으로 차량에 적재하여 운반하는 차량의 운전자(이하 "위험물운반자"라 한다)는 다음 각 호의 어느 하나에 해당하는 요건을 갖추어야 한다. 〈신설 2020. 6. 9.〉

1. 「국가기술자격법」에 따른 위험물 분야의 자격을 취득할 것
2. 제28조제1항에 따른 교육을 수료할 것

③ 시·도지사는 운반용기를 제작하거나 수입한 자 등의 신청에 따라 제1항의 규정에 따른 운반용기를 검사할 수 있다. 다만, 기계에 의하여 하역하는 구조로 된 대형의 운반용기로서 행정안전부령이 정하는 것을 제작하거나 수입한 자 등은 행정안전부령이 정하는 바에 따라 당해 용기를 사용하거나 유통시키기 전에 시·도지사가 실시하는 운반용기에 대한 검사를 받아야 한다. 〈개정 2020. 6. 9.〉

예상문제

01 위험물의 운반 시 용기·적재방법 및 운반방법에 관한 사항 중 화재 등 위해의 예방과 응급조치 상의 중요성을 감안한 중요기준 및 세부기준은 어느 법령에 따라야 하는가?

① 행정안전부령 ② 대통령령
③ 소방본부장 ④ 시·도 조례

해설
위험물의 운반 시 용기·적재방법 및 운반방법에 관한 사항 중 화재 등 위해의 예방과 응급조치 상의 중요성을 감안한 중요기준 및 세부기준은 행정안전부령에 따라야 한다.

정답 ①

★☆☆☆☆

 제22조의2(위험물 누출 등의 사고 조사)

① 소방청장, 소방본부장 또는 소방서장은 위험물의 누출·화재·폭발 등의 사고가 발생한 경우 사고의 원인 및 피해 등을 조사하여야 한다.
② 제1항에 따른 조사에 관하여는 제22조제1항·제3항·제4항 및 제6항을 준용한다.

③ 소방청장, 소방본부장 또는 소방서장은 제1항에 따른 사고 조사에 필요한 경우 자문을 하기 위하여 관련 분야에 전문지식이 있는 사람으로 구성된 사고조사위원회를 둘 수 있다.
④ 제3항에 따른 사고조사위원회의 구성과 운영 등에 필요한 사항은 대통령령으로 정한다.

예상문제

01 위험물의 누출·화재·폭발 등의 사고가 발생한 경우 사고의 원인 및 피해 등을 조사하여야 하는 자로 옳지 않은 것은?
① 시·도지사
② 소방청장
③ 소방본부장
④ 소방서장

해설
소방청장, 소방본부장 또는 소방서장은 위험물의 누출·화재·폭발 등의 사고가 발생한 경우 사고의 원인 및 피해 등을 조사하여야 한다.

정답 ①

★☆☆☆☆ [개정 2020. 6. 9.]

제28조(안전교육)

① 안전관리자·탱크시험자·위험물운반자·위험물운송자 등 위험물의 안전관리와 관련된 업무를 수행하는 자로서 대통령령이 정하는 자는 해당 업무에 관한 능력의 습득 또는 향상을 위하여 소방청장이 실시하는 교육을 받아야 한다. 〈개정 2020. 6. 9.〉

> ※ 대통령령이 정하는 자(시행령 제20조)=안전교육대상자
> 1. 안전관리자로 선임된 자
> 2. 탱크시험자의 기술인력으로 종사하는 자
> 3. 위험물운반자로 종사하는 자
> 4. 위험물운송자로 종사하는 자

② 제조소등의 관계인은 제1항의 규정에 따른 교육대상자에 대하여 필요한 안전교육을 받게 하여야 한다.
③ 제1항의 규정에 따른 교육의 과정 및 기간과 그 밖에 교육의 실시에 관하여 필요한 사항은 행정안전부령으로 정한다.

④ 시·도지사, 소방본부장 또는 소방서장은 제1항의 규정에 따른 교육대상자가 교육을 받지 아니한 때에는 그 교육대상자가 교육을 받을 때까지 이 법의 규정에 따라 그 자격으로 행하는 행위를 제한할 수 있다.

예상문제

01 위험물을 안전관리하기 위해 소방안전교육을 받지 않는 사람에게 교육을 받을 때까지 안전교육대상자가 행할 수 있는 자격을 제한할 수 있는 사람이 아닌 것은?
① 소방서장
② 소방본부장
③ 시·도지사
④ 소방청장

해설
시·도지사, 소방본부장 또는 소방서장은 교육대상자가 교육을 받지 아니한 때에는 그 교육대상자가 교육을 받을 때까지 이 법의 규정에 따라 그 자격으로 행하는 행위를 제한할 수 있다.

정답 ④

★★★★☆ [개정 2023. 1. 3.]
제33조(벌칙)

① 제조소등 또는 제6조제1항에 따른 허가를 받지 않고 지정수량 이상의 위험물을 저장 또는 취급하는 장소에서 위험물을 유출·방출 또는 확산시켜 사람의 생명·신체 또는 재산에 대하여 위험을 발생시킨 자는 1년 이상 10년 이하의 징역에 처한다. 〈개정 2023. 1. 3.〉
② 제1항의 규정에 따른 죄를 범하여 사람을 상해(傷害)에 이르게 한 때에는 무기 또는 3년 이상의 징역에 처하며, 사망에 이르게 한 때에는 무기 또는 5년 이상의 징역에 처한다.

예상문제

01 제조소 등에서 위험물을 유출·방출 또는 확산시켜 사람의 생명·신체 또는 재산에 대하여 위험을 발생시킨 자에 대한 벌칙은?

① 1년 이상 10년 이하의 징역
② 7년 이하의 금고 또는 7천만 원 이하의 벌금
③ 1년 이하의 징역 또는 1천만 원 이하의 벌금
④ 1천500만 원 이하의 벌금

📖 해설
- 제조소 등에서 위험물을 유출·방출 또는 확산시켜 사람의 생명·신체 또는 재산에 대하여 위험을 발생시킨 자는 1년 이상 10년 이하의 징역에 처한다.
- 제조소 등에서 위험물을 유출·방출 또는 확산시켜 사람을 상해(傷害)에 이르게 한 때에는 무기 또는 3년 이상의 징역에 처하며, 사망에 이르게 한 때에는 무기 또는 5년 이상의 징역에 처한다.

정답 ①

★★★★☆ [개정 2023. 1. 3.]

제34조(벌칙)

① 업무상 과실로 제33조제1항의 죄를 범한 자는 7년 이하의 금고 또는 7천만 원 이하의 벌금에 처한다. 〈개정 2023. 1. 3.〉
② 제1항의 죄를 범하여 사람을 사상(死傷)에 이르게 한 자는 10년 이하의 징역 또는 금고나 1억 원 이하의 벌금에 처한다.

★★★★☆

제34조의2(벌칙)

제6조제1항 전단을 위반하여 제조소등의 설치허가를 받지 아니하고 제조소등을 설치한 자는 5년 이하의 징역 또는 1억 원 이하의 벌금에 처한다.

★★★★☆

제34조의3(벌칙)

제5조제1항을 위반하여 저장소 또는 제조소등이 아닌 장소에서 지정수량 이상의 위험물을 저장 또는 취급한 자는 3년 이하의 징역 또는 3천만 원 이하의 벌금에 처한다.

★★★★☆ [개정 2020. 10. 20.]

제35조(벌칙)

다음 각 호의 어느 하나에 해당하는 자는 1년 이하의 징역 또는 1천만원 이하의 벌금에 처한다. 〈개정 2020. 10. 20.〉
1. 삭제 〈2017. 3. 21.〉
2. 삭제 〈2017. 3. 21.〉
3. 제16조제2항의 규정에 따른 탱크시험자로 등록하지 아니하고 탱크시험자의 업무를 한 자
4. 제18조제1항의 규정을 위반하여 정기점검을 하지 아니하거나 점검기록을 허위로 작성한 관계인으로서 제6조제1항의 규정에 따른 허가(제6조제3항의 규정에 따라 허가가 면제된 경우 및 제7조제2항의 규정에 따라 협의로써 허가를 받은 것으로 보는 경우를 포함한다. 이하 제5호·제6호, 제36조제6호·제7호·제10호 및 제37조제3호에서 같다)를 받은 자
5. 제18조제3항을 위반하여 정기검사를 받지 아니한 관계인으로서 제6조제1항에 따른 허가를 받은 자
6. 제19조의 규정을 위반하여 자체소방대를 두지 아니한 관계인으로서 제6조제1항의 규정에 따른 허가를 받은 자
7. 제20조제3항 단서를 위반하여 운반용기에 대한 검사를 받지 아니하고 운반용기를 사용하거나 유통시킨 자
8. 제22조제1항(제22조의2제2항에서 준용하는 경우를 포함한다)의 규정에 따른 명령을 위반하여 보고 또는 자료제출을 하지 아니하거나 허위의 보고 또는 자료제출을 한 자 또는 관계공무원의 출입·검사 또는 수거를 거부·방해 또는 기피한 자
9. 제25조의 규정에 따른 제조소등에 대한 긴급 사용정지·제한명령을 위반한 자

★★★★☆ [개정 2020. 10. 20.]

제36조(벌칙)

다음 각 호의 어느 하나에 해당하는 자는 1천 500만 원 이하의 벌금에 처한다. 〈개정 2020. 10. 20.〉

1. 제5조제3항제1호의 규정에 따른 위험물의 저장 또는 취급에 관한 중요기준에 따르지 아니한 자
2. 제6조제1항 후단의 규정을 위반하여 변경허가를 받지 아니하고 제조소등을 변경한 자
3. 제9조제1항의 규정을 위반하여 제조소등의 완공검사를 받지 아니하고 위험물을 저장·취급한 자

3의2. 제11조의2제3항에 따른 안전조치 이행명령을 따르지 아니한 자

4. 제12조의 규정에 따른 제조소등의 사용정지명령을 위반한 자
5. 제14조제2항의 규정에 따른 수리·개조 또는 이전의 명령에 따르지 아니한 자
6. 제15조제1항 또는 제2항의 규정을 위반하여 안전관리자를 선임하지 아니한 관계인으로서 제6조제1항의 규정에 따른 허가를 받은 자
7. 제15조제5항을 위반하여 대리자를 지정하지 아니한 관계인으로서 제6조제1항의 규정에 따른 허가를 받은 자
8. 제16조제5항의 규정에 따른 업무정지명령을 위반한 자
9. 제16조제6항의 규정을 위반하여 탱크안전성능시험 또는 점검에 관한 업무를 허위로 하거나 그 결과를 증명하는 서류를 허위로 교부한 자
10. 제17조제1항 전단의 규정을 위반하여 예방규정을 제출하지 아니하거나 동조제2항의 규정에 따른 변경명령을 위반한 관계인으로서 제6조제1항의 규정에 따른 허가를 받은 자
11. 제22조제2항에 따른 정지지시를 거부하거나 국가기술자격증, 교육수료증·신원확인을 위한 증명서의 제시 요구 또는 신원확인을 위한 질문에 응하지 아니한 사람
12. 제22조제5항의 규정에 따른 명령을 위반하여 보고 또는 자료제출을 하지 아니하거나 허위의 보고 또는 자료제출을 한 자 및 관계공무원의 출입 또는 조사·검사를 거부·방해 또는 기피한 자
13. 제23조의 규정에 따른 탱크시험자에 대한 감독상 명령에 따르지 아니한 자
14. 제24조의 규정에 따른 무허가장소의 위험물에 대한 조치명령에 따르지 아니한 자
15. 제26조제1항·제2항 또는 제27조의 규정에 따른 저장·취급기준 준수명령 또는 응급조치명령을 위반한 자

예상문제

01 다음 중 위험물안전관리자를 선임하지 않았을 때 벌칙은 얼마인가?
① 3,000만 원 이하의 벌금
② 1천500만 원 이하의 벌금
③ 300만 원 이하의 벌금
④ 100만 원 이하의 벌금

해설
안전관리자를 선임하지 아니한 관계인으로서 제6조제1항의 규정에 따른 허가를 받은 자는 1천500만 원 이하의 벌금에 처한다.

> ※ 제6조제1항
> 제조소 등을 설치하고자 하는 자는 대통령령이 정하는 바에 따라 그 설치장소를 관할하는 시·도지사의 허가를 받아야 한다.

정답 ②

02 다음 중 벌칙에서 규정해 놓은 벌금이 가장 큰 것은?
① 제조소 등이 아닌 장소에서 지정수량 이상의 위험물을 저장 또는 취급한 자
② 무허가 장소의 위험물에 대한 조치명령에 따르지 아니한 자
③ 제조소 등의 사용정지 명령을 위반한 자
④ 위험물의 저장 또는 취급에 관한 중요기준에 따르지 아니한 자

해설
• 제조소 등이 아닌 장소에서 지정수량 이상의 위험물을 저장 또는 취급한 자 : 3년 이하의 징역 또는 3천만 원 이하의 벌금
• 무허가 장소의 위험물에 대한 조치명령에 따르지 아니한 자 : 1천500만 원 이하의 벌금
• 제조소 등의 사용정지 명령을 위반한 자 : 1천500만 원 이하의 벌금
• 위험물의 저장 또는 취급에 관한 중요기준에 따르지 아니한 자 : 1천500만 원 이하의 벌금

정답 ①

★★★★☆ [개정 2020. 6. 9.]

제37조(벌칙)

다음 각 호의 어느 하나에 해당하는 자는 1천만 원 이하의 벌금에 처한다. 〈개정 2020. 6. 9.〉
1. 제15조제6항을 위반하여 위험물의 취급에 관한 안전관리와 감독을 하지 아니한 자

2. 제15조제7항을 위반하여 안전관리자 또는 그 대리자가 참여하지 아니한 상태에서 위험물을 취급한 자
3. 제17조제1항 후단의 규정을 위반하여 변경한 예방규정을 제출하지 아니한 관계인으로서 제6조제1항의 규정에 따른 허가를 받은 자
4. 제20조제1항제1호의 규정을 위반하여 위험물의 운반에 관한 중요기준에 따르지 아니한 자

4의2. 제20조제2항을 위반하여 요건을 갖추지 아니한 위험물운반자
5. 제21조제1항 또는 제2항의 규정을 위반한 위험물운송자
6. 제22조제4항(제22조의2제2항에서 준용하는 경우를 포함한다)의 규정을 위반하여 관계인의 정당한 업무를 방해하거나 출입·검사 등을 수행하면서 알게 된 비밀을 누설한 자

예상문제

01 위험물안전관리법 중 규정된 벌금에 대한 기준으로 옳지 않은 것은?
① 위험물안전관리법의 과징금은 3,000만 원 이하이다.
② 제조소 등의 완공검사를 받지 아니하고 위험물을 저장·취급한 자는 1천500만 원 이하의 벌금이다.
③ 안전관리자를 선임하지 아니한 관계인으로 규정에 따른 허가를 받은 자는 1천500만 원 이하의 벌금이다.
④ 위험물의 취급에 관한 안전관리와 감독을 하지 아니한 자는 1천만 원 이하의 벌금이다.

📖 해설
제조소 등에 대한 사용의 정지가 그 이용자에게 심한 불편을 주거나 그 밖에 공익을 해칠 우려가 있는 때에는 사용정지 처분에 갈음하여 2억 원 이하의 과징금을 부과할 수 있다.

정답 ①

★☆☆☆☆
 제38조(양벌규정)

① 법인의 대표자나 법인 또는 개인의 대리인, 사용인, 그 밖의 종업원이 그 법인 또는 개인의 업무에 관하여 제33조제1항의 위반행위를 하면 그 행위자를 벌하는 외에 그 법인 또는 개인을 5천만 원 이하의 벌금에 처하고, 같은 조 제2항의 위반행위를 하면 그 행

위자를 벌하는 외에 그 법인 또는 개인을 1억 원 이하의 벌금에 처한다. 다만, 법인 또는 개인이 그 위반행위를 방지하기 위하여 해당 업무에 관하여 상당한 주의와 감독을 게을리하지 아니한 경우에는 그러하지 아니하다.

② 법인의 대표자나 법인 또는 개인의 대리인, 사용인, 그 밖의 종업원이 그 법인 또는 개인의 업무에 관하여 제34조부터 제37조까지의 어느 하나에 해당하는 위반행위를 하면 그 행위자를 벌하는 외에 그 법인 또는 개인에게도 해당 조문의 벌금형을 과(科)한다. 다만, 법인 또는 개인이 그 위반행위를 방지하기 위하여 해당 업무에 관하여 상당한 주의와 감독을 게을리하지 아니한 경우에는 그러하지 아니하다.

★★★★☆ [개정 2024. 1. 30.]

제39조(과태료)

① 다음 각 호의 어느 하나에 해당하는 자에게는 500만 원 이하의 과태료를 부과한다. 〈개정 2024. 1. 30.〉
  1. 제5조제2항제1호의 규정에 따른 승인을 받지 아니한 자
  2. 제5조제3항제2호의 규정에 따른 위험물의 저장 또는 취급에 관한 세부기준을 위반한 자
  3. 제6조제2항의 규정에 따른 품명 등의 변경신고를 기간 이내에 하지 아니하거나 허위로 한 자
  4. 제10조제3항의 규정에 따른 지위승계신고를 기간 이내에 하지 아니하거나 허위로 한 자
  5. 제11조의 규정에 따른 제조소등의 폐지신고 또는 제15조제3항의 규정에 따른 안전관리자의 선임신고를 기간 이내에 하지 아니하거나 허위로 한 자
  5의2. 제11조의2제2항을 위반하여 사용 중지신고 또는 재개신고를 기간 이내에 하지 아니하거나 거짓으로 한 자
  6. 제16조제3항의 규정을 위반하여 등록사항의 변경신고를 기간 이내에 하지 아니하거나 허위로 한 자
  6의2. 제17조제3항을 위반하여 예방규정을 준수하지 아니한 자
  7. 제18조제1항의 규정을 위반하여 점검결과를 기록·보존하지 아니한 자
  7의2. 제18조제2항을 위반하여 기간 이내에 점검결과를 제출하지 아니한 자
  7의3. 제19조의2제1항을 위반하여 흡연을 한 자
  7의4. 제19조의2제3항에 따른 시정명령을 따르지 아니한 자
  8. 제20조제1항제2호의 규정에 따른 위험물의 운반에 관한 세부기준을 위반한 자
  9. 제21조제3항의 규정을 위반하여 위험물의 운송에 관한 기준을 따르지 아니한 자

② 제1항의 규정에 따른 과태료는 대통령령이 정하는 바에 따라 시·도지사, 소방본부장 또는 소방서장(이하 "부과권자"라 한다)이 부과·징수한다.
③ 삭제 〈2014. 12. 30.〉
④ 삭제 〈2014. 12. 30.〉
⑤ 삭제 〈2014. 12. 30.〉
⑥ 제4조 및 제5조제2항 각 호 외의 부분 후단의 규정에 따른 조례에는 200만 원 이하의 과태료를 정할 수 있다. 이 경우 과태료는 부과권자가 부과·징수한다.

예상문제

01 위험물안전관리법에서 과태료 부과권자로서 옳지 않은 것은?
① 소방서장
② 시·도지사
③ 소방본부장
④ 소방청장

해설
과태료는 대통령령이 정하는 바에 따라 시·도지사, 소방본부장 또는 소방서장이 부과·징수한다.

정답 ④

★★★★☆ [개정 2021. 10. 19.]

시행령 제8조(탱크안전성능검사의 대상이 되는 탱크 등)

① 법 제8조제1항 전단에 따라 탱크안전성능검사를 받아야 하는 위험물탱크는 제2항에 따른 탱크안전성능검사별로 다음 각 호의 어느 하나에 해당하는 탱크로 한다. 〈개정 2021. 10. 19.〉
  1. 기초·지반검사 : 옥외탱크저장소의 액체위험물탱크 중 그 용량이 100만리터 이상인 탱크
  2. 충수(充水)·수압검사 : 액체위험물을 저장 또는 취급하는 탱크. 다만, 다음 각 목의 어느 하나에 해당하는 탱크는 제외한다.
    가. 제조소 또는 일반취급소에 설치된 탱크로서 용량이 지정수량 미만인 것
    나. 「고압가스 안전관리법」 제17조제1항에 따른 특정설비에 관한 검사에 합격한 탱크
    다. 「산업안전보건법」 제84조제1항에 따른 안전인증을 받은 탱크
  3. 용접부검사 : 제1호에 따른 탱크. 다만, 탱크의 저부에 관계된 변경공사(탱크의 옆판과 관련되는 공사를 포함하는 것을 제외한다)시에 행하여진 법 제18조제3항에 따

른 정기검사에 의하여 용접부에 관한 사항이 행정안전부령으로 정하는 기준에 적합하다고 인정된 탱크를 제외한다.
    4. 암반탱크검사 : 액체위험물을 저장 또는 취급하는 암반내의 공간을 이용한 탱크
② 법 제8조제1항에 따른 탱크안전성능검사는 기초·지반검사, 충수·수압검사, 용접부검사 및 암반탱크검사로 구분하되, 그 내용은 별표 4와 같다. 〈개정 2021. 10. 19.〉

핵심정리

검사종류	검사대상
기초·지반검사	옥외탱크저장소의 액체위험물탱크 중 그 용량이 100만리터 이상인 탱크
충수·수압검사	액체위험물을 저장 또는 취급하는 탱크
용접부검사	옥외탱크저장소의 액체위험물탱크 중 그 용량이 100만리터 이상인 탱크
암반탱크검사	액체위험물을 저장 또는 취급하는 암반내의 공간을 이용한 탱크

예상문제

01 탱크안전성능검사의 대상이 되는 탱크 등에 있어서 기초·지반검사의 대상인 것은?
  ① 옥외탱크저장소의 액체위험물탱크 중 그 용량이 100만L 이상인 탱크
  ② 옥외탱크저장소의 고체위험물탱크 중 그 용량이 100만L 이상인 탱크
  ③ 옥외탱크저장소의 액체위험물탱크 중 그 용량이 200만L 이상인 탱크
  ④ 옥외탱크저장소의 고체위험물탱크 중 그 용량이 200만L 이상인 탱크

  해설
  탱크안전성능검사 중 기초·지반검사의 대상이 되는 탱크는 옥외탱크저장소의 액체위험물탱크 중 그 용량이 100만리터 이상인 탱크이다.

  정답 ①

02 다음 중 위험물탱크의 안전성능검사 종류가 아닌 것은?
  ① 기초·지반검사   ② 충수·수압검사
  ③ 용접부검사   ④ 탱크재질검사

  해설
  탱크안전성능검사의 종류는 "기초·지반검사, 충수·수압검사, 용접부검사, 암반탱크검사"이다.

  정답 ④

03 다음 중 탱크의 성능이 안전한지 확인하는 검사가 아닌 것은?
① 기초·지반 검사 ② 탱크형상검사
③ 용접부검사 ④ 암반탱크검사

📖 **해설**
탱크의 성능이 안전한지 확인하기 위하여 실시하는 탱크안전성능검사의 종류는 "기초·지반검사, 충수·수압검사, 용접부검사, 암반탱크검사"이다.

정답 ②

★★★★★
시행령 제12조(1인의 안전관리자를 중복하여 선임할 수 있는 경우 등)

① 법 제15조제8항 전단에 따라 다수의 제조소등을 설치한 자가 1인의 안전관리자를 중복하여 선임할 수 있는 경우는 다음 각 호의 어느 하나와 같다.
  1. 보일러·버너 또는 이와 비슷한 것으로서 위험물을 소비하는 장치로 이루어진 7개 이하의 일반취급소와 그 일반취급소에 공급하기 위한 위험물을 저장하는 저장소[일반취급소 및 저장소가 모두 동일구내(같은 건물 안 또는 같은 울 안을 말한다. 이하 같다)에 있는 경우에 한한다. 이하 제2호에서 같다]를 동일인이 설치한 경우
  2. 위험물을 차량에 고정된 탱크 또는 운반용기에 옮겨 담기 위한 5개 이하의 일반취급소[일반취급소간의 거리(보행거리를 말한다. 제3호 및 제4호에서 같다)가 300미터 이내인 경우에 한한다]와 그 일반취급소에 공급하기 위한 위험물을 저장하는 저장소를 동일인이 설치한 경우
  3. 동일구내에 있거나 상호 100미터 이내의 거리에 있는 저장소로서 저장소의 규모, 저장하는 위험물의 종류 등을 고려하여 행정안전부령이 정하는 저장소를 동일인이 설치한 경우

  > ※ 행정안전부령이 정하는 저장소(시행규칙 제56조제1항)=1인의 안전관리자를 중복하여 선임할 수 있는 저장소 등
  >   1. 10개 이하의 옥내저장소   2. 30개 이하의 옥외탱크저장소
  >   3. 옥내탱크저장소   4. 지하탱크저장소
  >   5. 간이탱크저장소   6. 10개 이하의 옥외저장소
  >   7. 10개 이하의 암반탱크저장소

  4. 다음 각목의 기준에 모두 적합한 5개 이하의 제조소등을 동일인이 설치한 경우
     가. 각 제조소등이 동일구내에 위치하거나 상호 100미터 이내의 거리에 있을 것
     나. 각 제조소등에서 저장 또는 취급하는 위험물의 최대수량이 지정수량의 3천배 미만일 것. 다만, 저장소의 경우에는 그러하지 아니하다.

5. 그 밖에 제1호 또는 제2호의 규정에 의한 제조소등과 비슷한 것으로서 행정안전부령이 정하는 제조소등을 동일인이 설치한 경우

> ※ 행정안전부령이 정하는 제조소등(시행규칙 제56조제2항)
> 선박주유취급소의 고정주유설비에 공급하기 위한 위험물을 저장하는 저장소와 당해 선박주유취급소

② 법 제15조제8항 후단에서 "대통령령이 정하는 제조소등"이란 다음 각 호의 어느 하나에 해당하는 제조소등을 말한다.
1. 제조소
2. 이송취급소
3. 일반취급소. 다만, 인화점이 38도 이상인 제4류 위험물만을 지정수량의 30배 이하로 취급하는 일반취급소로서 다음 각목의 1에 해당하는 일반취급소를 제외한다.
   가. 보일러·버너 또는 이와 비슷한 것으로서 위험물을 소비하는 장치로 이루어진 일반취급소
   나. 위험물을 용기에 옮겨 담거나 차량에 고정된 탱크에 주입하는 일반취급소

핵심정리

※ 1인의 안전관리자를 중복하여 선임할 수 있는 저장소 등

구분	수량	암기법
간이탱크저장소	-	간지내탱 영영영
지하탱크저장소	-	
옥내탱크저장소	-	
옥내저장소	10개 이하	내외저암 십십십
옥외저장소	10개 이하	
암반탱크저장소	10개 이하	
옥외탱크저장소	30개 이하	외탱 30

예상문제

01 동일구내에 있거나 상호 100m 이내의 거리에 있는 저장소로서 1인의 안전관리자를 중복하여 선임할 수 있는 저장소의 기준으로 옳지 않은 것은?
① 100개 이하의 옥내저장소
② 10개 이하의 옥외저장소
③ 10개 이하의 암반탱크저장소
④ 30개 이하의 옥외탱크저장소

해설
동일구내에 있거나 상호 100m 이내의 거리에 있는 저장소로서 1인의 안전관리자를 중복하여 선임할 수 있는 저장소

구분	수량	암기법
간이탱크저장소	–	간지내탱 영영영
지하탱크저장소	–	
옥내탱크저장소	–	
옥내저장소	10개 이하	내외저암 십십십
옥외저장소	10개 이하	
암반탱크저장소	10개 이하	
옥외탱크저장소	30개 이하	외탱 30

정답 ①

02 다수의 제조소 등을 설치하는 자가 1인의 안전관리자를 중복선임할 수 있는 것은?
① 보일러·버너 또는 이와 비슷한 것으로서 위험물을 소비하는 장치로 이루어진 5개의 일반취급소
② 동일구내에 있거나 상호 100m 이내에 있는 11개의 옥내저장소
③ 동일구내에 있거나 상호 100m 이내에 있는 11개의 옥외저장소
④ 동일구내에 있거나 상호 100m 이내에 있는 31개의 옥외탱크저장소

해설
다수의 제조소 등을 설치하는 자가 1인의 안전관리자를 중복선임할 수 있는 것
- 보일러·버너 또는 이와 비슷한 것으로서 위험물을 소비하는 장치로 이루어진 7개 이하의 일반취급소
- 동일구내에 있거나 상호 100미터 이내의 거리에 있는 10개 이하의 옥내저장소
- 동일구내에 있거나 상호 100미터 이내의 거리에 있는 10개 이하의 옥외저장소
- 동일구내에 있거나 상호 100미터 이내의 거리에 있는 30개 이하의 옥외탱크저장소

정답 ①

03 동일구내에 있거나 상호 100m 이내의 거리에 있는 저장소로서 1인의 안전관리자를 중복하여 선임할 수 없는 저장소는?
① 30개의 옥내탱크저장소
② 30개의 간이탱크저장소
③ 30개의 지하탱크저장소
④ 30개의 옥외저장소

해설
동일구내에 있거나 상호 100m 이내의 거리에 있는 저장소로서 1인의 안전관리자를 중복하여 선임할 수 있는 저장소
1. 10개 이하의 옥내저장소·옥외저장소·암반탱크저장소
2. 30개 이하의 옥외탱크저장소
3. 옥내탱크저장소, 지하탱크저장소, 간이탱크저장소

정답 ④

★★★★★
시행령 제15조(관계인이 예방규정을 정하여야 하는 제조소등)

법 제17조제1항에서 "대통령령이 정하는 제조소등"이라 함은 다음 각호의 1에 해당하는 제조소등을 말한다.
1. 지정수량의 10배 이상의 위험물을 취급하는 제조소
2. 지정수량의 100배 이상의 위험물을 저장하는 옥외저장소
3. 지정수량의 150배 이상의 위험물을 저장하는 옥내저장소
4. 지정수량의 200배 이상의 위험물을 저장하는 옥외탱크저장소
5. 암반탱크저장소
6. 이송취급소
7. 지정수량의 10배 이상의 위험물을 취급하는 일반취급소. 다만, 제4류 위험물(특수인화물을 제외한다)만을 지정수량의 50배 이하로 취급하는 일반취급소(제1석유류·알코올류의 취급량이 지정수량의 10배 이하인 경우에 한한다)로서 다음 각목의 어느 하나에 해당하는 것을 제외한다.
   가. 보일러·버너 또는 이와 비슷한 것으로서 위험물을 소비하는 장치로 이루어진 일반취급소
   나. 위험물을 용기에 옮겨 담거나 차량에 고정된 탱크에 주입하는 일반취급소

핵심정리

※ 관계인이 예방규정을 정하여야 하는 제조소등

구분	지정수량	암기법		
제조소, 일반취급소	10배	제일10	제일십	제일씨
옥외저장소	100배	외100	외백	외박하고
옥내저장소	150배	내150	내일오십	내일오시오!! 그러면,
옥외탱크저장소	200배	탱200	탱이백	탱이백할테니~~
암반탱크저장소	-	암이영	암이영	From. 암이영
이송취급소	-			

암기법 제일씨 외박하고 내일오시오!! 그러면, 탱이백 할테니~~ From. 암이영

예상문제

01 다음 중 관계인이 예방규정을 정하는 제조소 등이 아닌 것은?
① 지정수량 5배 이상의 위험물을 저장하는 제조소
② 지정수량 10배 이상의 위험물을 저장하는 일반취급소
③ 지정수량 100배 이상의 위험물을 저장하는 옥외저장소
④ 지정수량 200배 이상의 위험물을 저장하는 옥외탱크저장소

해설
관계인이 예방규정을 정하여야 하는 제조소 등에 해당하는 것은 "지정수량의 10배 이상의 위험물을 취급하는 제조소"이다.

정답 ①

02 위험물안전관리법에서 관계인이 예방규정을 정하여야 하는 제조소 등으로 틀린 것은?
① 지정수량의 10배 이상의 위험물을 취급하는 제조소
② 지정수량의 50배 이상의 위험물을 저장하는 옥외저장소
③ 지정수량의 150배 이상의 위험물을 저장하는 옥내저장소
④ 암반탱크저장소

해설
관계인이 예방규정을 정하여야 하는 제조소 등에 해당하는 것은 "지정수량의 100배 이상의 위험물을 저장하는 옥외저장소"이다.

정답 ②

03 관계인이 예방규정을 정하여야 하는 제조소 등으로 옳지 않은 것은?
① 지정수량의 10배 이상의 위험물을 취급하는 제조소
② 지정수량의 100배 이상의 위험물을 저장하는 옥내저장소
③ 지정수량의 200배 이상의 위험물을 저장하는 옥외탱크저장소
④ 암반탱크저장소, 이송취급소

해설
관계인이 예방규정을 정하여야 하는 제조소 등에 해당하는 것은 "지정수량의 150배 이상의 위험물을 저장하는 옥내저장소"이다.

정답 ②

04 다음 중 관계인이 예방규정을 정해야 할 위험물제조소 등으로 그 범위가 옳지 않은 것은?

① 10배 이상의 제조소
② 100배 이상의 옥외탱크저장소
③ 150배 이상의 옥내저장소
④ 암반탱크저장소, 이송취급소

▣ 해설

관계인이 예방규정을 정하여야 하는 제조소 등에 해당하는 것은 "지정수량의 200배 이상의 위험물을 저장하는 옥외탱크저장소"이다.

정답 ②

05 다음 중 예방규정을 정하여야 할 제조소 등의 기준으로 옳지 않은 것은?

① 지정수량 10배 이상의 액체 위험물을 취급하는 이송취급소
② 지정수량 100배 이상의 액체 위험물을 저장하는 암반탱크저장소
③ 지정수량 150배 이상의 액체 위험물을 저장하는 옥외탱크저장소
④ 지정수량 1,000배 이상의 고체 및 액체 위험물을 저장하는 옥외저장소

▣ 해설

- 이송취급소, 암반탱크저장소 : 지정수량 이상
- 옥외탱크저장소 : 지정수량의 200배 이상
- 옥외저장소 : 지정수량의 100배 이상

정답 ③

06 다음 중 관계인이 예방규정을 정하는 제조소 등에 대한 기준으로 옳지 않은 것은?

① 지정수량 10배 이상의 위험물을 취급하는 제조소
② 지정수량 150배 이상의 위험물을 저장하는 옥내저장소
③ 지정수량 100배 이상의 위험물을 저장하는 옥외저장소
④ 지정수량 200배 이상의 위험물을 저장하는 암반탱크저장소

▣ 해설

암반탱크저장소와 이송취급소는 지정수량에 관계없이 예방규정을 정하여야 하는 제조소 등에 해당한다.

정답 ④

07 관계인이 예방규정을 정하여야 하는 제조소 등의 내용 중 옳지 않은 것은?

① 지정수량 10배 이상의 제조소
② 지정수량 150배 이상의 옥내저장소
③ 지정수량 200배 이상의 옥내탱크저장소
④ 지정수량 200배 이상의 옥외탱크저장소

해설
옥내탱크저장소는 지정수량에 관계없이 예방규정을 정하여야 하는 제조소 등에 해당하지 않는다.

정답 ③

08 다음 중 관계인이 예방규정을 정하여야 하는 제조소 등이 아닌 것은?
① 10배 이상의 제조소
② 100배 이상의 옥외저장소
③ 200배 이상의 위험물 저장하는 지하탱크저장소
④ 200배 이상의 위험물 저장하는 옥외탱크저장소

해설
지하탱크저장소는 지정수량에 관계없이 예방규정을 정하여야 하는 제조소 등에 해당하지 않는다.

정답 ③

09 제조소 등의 관계인이 비상조치를 위하여 예방규정을 정하여 해당 제조소 등의 사용을 시작하기 전에 시·도지사에게 제출하여야 한다. 예방규정을 두어야 하는 시설은?
① 지정수량 10배 이상의 위험물을 취급하는 제조소
② 지정수량 100배 이상의 위험물을 취급하는 옥내저장소
③ 지정수량 150배 이상의 위험물을 취급하는 옥외탱크저장소
④ 지정수량 150배 이상의 위험물을 취급하는 옥내탱크저장소

해설
- 지정수량의 150배 이상의 위험물을 저장하는 옥내저장소
- 지정수량의 200배 이상의 위험물을 저장하는 옥외탱크저장소
- 옥내탱크저장소는 지정수량에 관계없이 예방규정을 정하여야 하는 제조소 등에 해당하지 않는다.

정답 ①

10 다음 중 관계인이 예방규정을 정하여야 하는 제조소 등으로 옳은 것은?
① 지정수량 10배 이상의 제조소
② 이동탱크저장소
③ 주유취급소
④ 지정수량 100배 이상의 옥내저장소

해설
- 이동탱크저장소와 주유취급소는 지정수량에 관계없이 예방규정을 정하여야 하는 제조소 등에 해당하지 않는다.
- 관계인이 예방규정을 정하여야 하는 제조소 등에 해당하는 것은 "지정수량의 150배 이상의 위험물을 저장하는 옥내저장소"이다.

정답 ①

11 다음 중 관계인이 예방규정을 정하여야 하는 제조소 등이 아닌 것은?

① 지정수량 10배 이상의 제조소
② 암반탱크저장소
③ 이송취급소
④ 지하탱크저장소

해설
지하탱크저장소는 지정수량에 관계없이 예방규정을 정하여야 하는 제조소 등에 해당하지 않는다.

정답 ④

12 위험물을 제조할 목적으로 지정수량 이상의 위험물을 취급하기 위한 제조소 등의 관계인은 화재 예방과 화재 등 재해 발생 시의 비상조치를 위해 행정안전부령이 정하는 바에 따라 예방규정을 정하여야 한다. 이때 예방규정은 누구에게 제출하여야 하며 예방규정을 정하여야 하는 대상이 옳게 된 것은?

① 소방서장, 지정수량의 10배 이상의 위험물을 취급하는 제조소
② 시·도지사, 지정수량의 10배 이상의 위험물을 취급하는 제조소
③ 소방서장, 지정수량의 10배 이상의 위험물을 취급하는 저장소
④ 시·도지사, 지정수량의 10배 이상의 위험물을 취급하는 저장소

해설
대통령령이 정하는 제조소 등의 관계인은 당해 제조소 등의 화재 예방과 화재 등 재해 발생 시의 비상조치를 위하여 행정안전부령이 정하는 바에 따라 예방규정을 정하여 당해 제조소 등의 사용을 시작하기 전에 시·도지사에게 제출하여야 한다.

정답 ②

★★★★☆

시행령 제16조(정기점검의 대상인 제조소등)

법 제18조제1항에서 "대통령령이 정하는 제조소등"이라 함은 다음 각호의 1에 해당하는 제조소등을 말한다.

1. 제15조 각호의 1에 해당하는 제조소등

> ※ 제15조 각호의 1에 해당하는 제조소 등(=예방규정을 정하여야 하는 제조소 등)
> 1. 지정수량의 10배 이상의 위험물을 취급하는 제조소
> 2. 지정수량의 100배 이상의 위험물을 저장하는 옥외저장소
> 3. 지정수량의 150배 이상의 위험물을 저장하는 옥내저장소
> 4. 지정수량의 200배 이상의 위험물을 저장하는 옥외탱크저장소

> 5. 암반탱크저장소
> 6. 이송취급소
> 7. 지정수량의 10배 이상의 위험물을 취급하는 일반취급소

2. 지하탱크저장소
3. 이동탱크저장소
4. 위험물을 취급하는 탱크로서 지하에 매설된 탱크가 있는 제조소·주유취급소 또는 일반취급소

핵심정리

※ 정기점검의 대상인 제조소등

구분	암기법
제15조 각호의 1에 해당하는 제조소등	제일씨 외박하고 내일오시오!! 그러면, 탱이백 할테니~~ From. 암이영
지하탱크저장소	지이탱크
이동탱크저장소	지매 제일주
위험물을 취급하는 탱크로서 지하에 매설된 탱크가 있는 제조소·주유취급소 또는 일반취급소	

예상문제

01 다음 중 위험물에서 정기점검 대상인 제조소 등의 기준은?

① 지정수량 150배 이상의 위험물을 저장하는 옥내저장소
② 지정수량 50배 이상의 위험물을 저장하는 옥외저장소
③ 지정수량 5배 이상의 위험물을 저장하는 제조소
④ 100만 리터 이상의 액체 위험물을 저장하는 옥외탱크저장소

📖 해설
- 지정수량의 150배 이상의 위험물을 저장하는 옥내저장소
- 지정수량의 100배 이상의 위험물을 저장하는 옥외저장소
- 지정수량 10배 이상의 위험물을 저장하는 제조소
- 지정수량의 200배 이상의 위험물을 저장하는 옥외탱크저장소

정답 ①

02 다음 중 정기점검 대상인 제조소 등은?

① 지정수량 10배 이상의 주유취급소
② 지정수량 100배 이상의 옥외탱크저장소
③ 위험물 취급탱크로서 지하에 매설된 탱크가 있는 제조소, 주유취급소 또는 일반취급소
④ 지정수량 이상의 제조소

해설
- 위험물을 취급하는 탱크로서 지하에 매설된 탱크가 있는 주유취급소
- 지정수량의 200배 이상의 위험물을 저장하는 옥외탱크저장소
- 지정수량 10배 이상의 위험물을 저장하는 제조소

정답 ③

★★★☆☆ [개정 2020. 7. 14.]

 시행령 제18조(자체소방대를 설치하여야 하는 사업소)

① 법 제19조에서 "대통령령이 정하는 제조소등"이란 다음 각 호의 어느 하나에 해당하는 제조소등을 말한다. 〈개정 2020. 7. 14.〉
 1. 제4류 위험물을 취급하는 제조소 또는 일반취급소. 다만, 보일러로 위험물을 소비하는 일반취급소 등 행정안전부령으로 정하는 일반취급소는 제외한다.
 2. 제4류 위험물을 저장하는 옥외탱크저장소
② 법 제19조에서 "대통령령이 정하는 수량 이상"이란 다음 각 호의 구분에 따른 수량을 말한다. 〈개정 2020. 7. 14.〉
 1. 제1항제1호에 해당하는 경우 : 제조소 또는 일반취급소에서 취급하는 제4류 위험물의 최대수량의 합이 지정수량의 3천배 이상
 2. 제1항제2호에 해당하는 경우 : 옥외탱크저장소에 저장하는 제4류 위험물의 최대수량이 지정수량의 50만배 이상
③ 법 제19조의 규정에 의하여 자체소방대를 설치하는 사업소의 관계인은 별표 8의 규정에 의하여 자체소방대에 화학소방자동차 및 자체소방대원을 두어야 한다. 다만, 화재 그 밖의 재난발생시 다른 사업소 등과 상호응원에 관한 협정을 체결하고 있는 사업소에 있어서는 행정안전부령이 정하는 바에 따라 별표 8의 범위 안에서 화학소방자동차 및 인원의 수를 달리할 수 있다.

핵심정리

※ 자체소방대를 설치하여야 하는 사업소

대통령령이 정하는 제조소 등	대통령령이 정하는 수량 이상
제4류 위험물을 취급하는 제조소 또는 일반취급소. 다만, 보일러로 위험물을 소비하는 일반취급소 등 행정안전부령으로 정하는 일반취급소는 제외한다.	제조소 또는 일반취급소에서 취급하는 제4류 위험물의 최대수량의 합이 지정수량의 3천배 이상
제4류 위험물을 저장하는 옥외탱크저장소	옥외탱크저장소에 저장하는 제4류 위험물의 최대수량이 지정수량의 50만배 이상

※ 암기법

대상	위험물 종류	지정수량	암기법
제조소	제4류 위험물	3천배 이상	3천 4 제일
일반취급소	제4류 위험물	3천배 이상	
옥외탱크저장소	제4류 위험물	50만배 이상	옥외탱 50만

예상문제

01 다음 중 자체소방대의 설치조건에 해당하지 않는 것은?

① 지정수량 3천배 이상의 제조소
② 지정수량 3천배 이상의 일반취급소
③ 지정수량의 50만배 이상의 옥외탱크저장소
④ 지정수량 3천배 이상의 옥내저장소

해설

자체소방대를 설치하여야 하는 사업소
1. 제조소 또는 일반취급소에서 취급하는 제4류 위험물의 최대수량의 합이 지정수량의 3천배 이상
2. 옥외탱크저장소에 저장하는 제4류 위험물의 최대수량이 지정수량의 50만배 이상

정답 ④

시행령 제19조(운송책임자의 감독·지원을 받아 운송하여야 하는 위험물)

법 제21조제2항에서 "대통령령이 정하는 위험물"이라 함은 다음 각 호의 1에 해당하는 위험물을 말한다.
1. 알킬알루미늄
2. 알킬리튬
3. 제1호 또는 제2호의 물질을 함유하는 위험물

핵심정리

※ 운송책임자의 감독·지원을 받아 운송하여야 하는 위험물

구분	특성
알킬알루미늄	알킬알루미늄과 알킬리튬은 "금수성+자연발화성" 물질이다.
알킬리튬	
알킬알루미늄, 알킬리튬을 함유하는 물질	

예상문제

01 위험물 운송자가 운송책임자의 감독·지원을 받아 운송하여야 하는 위험물이 아닌 것은?
① 알킬알루미늄 ② 알칼리금속
③ 알킬리튬 ④ 알킬알루미늄, 알킬리튬을 함유하는 물질

해설
"알킬알루미늄, 알킬리튬을 함유하는 물질"은 운송책임자의 감독 또는 지원을 받아 운송하여야 하는 위험물에 해당한다.

정답 ②

02 위험물안전관리법에서 운송책임자의 감독 또는 지원을 받아 운송하여야 하는 위험물로 옳은 것은?
① 알킬알루미늄, 알킬리튬 ② 마그네슘, 염소류
③ 적린, 금속분 ④ 유황, 황산

📝 **해설**
"알킬알루미늄과 알킬리튬"은 운송책임자의 감독 또는 지원을 받아 운송하여야 하는 위험물에 해당한다.

정답 ①

03 위험물의 운송에 있어서 이동탱크저장소에 의하여 운송책임자의 감독·지원을 받아 운송하여야 하는 위험물은?
① 염소산염류
② 알킬알루미늄
③ 마그네슘
④ 유기과산화물

📝 **해설**
이동탱크저장소에 의하여 "알킬알루미늄과 알킬리튬"을 운송하는 자는 운송책임자의 감독 또는 지원을 받아 이를 운송하여야 한다.

정답 ②

04 다음 중 운송책임자의 감독 또는 지원을 받아 운송하여야 하는 위험물에 해당하는 것은?
① 알킬리튬
② 과산화수소
③ 칼슘
④ 황화린

📝 **해설**
이동탱크저장소에 의하여 "알킬알루미늄과 알킬리튬"을 운송하는 자는 운송책임자의 감독 또는 지원을 받아 이를 운송하여야 한다.

정답 ①

★★★☆☆ [개정 2021. 6. 8.]

시행령 제20조(안전교육대상자)

법 제28조제1항에서 "대통령령이 정하는 자"란 다음 각 호의 자를 말한다. 〈개정 2021. 6. 8.〉
1. 안전관리자로 선임된 자
2. 탱크시험자의 기술인력으로 종사하는 자
3. 법 제20조제2항에 따른 위험물운반자로 종사하는 자
4. 법 제21조제1항에 따른 위험물운송자로 종사하는 자

예상문제

01 안전관리자·탱크시험자·위험물운송자는 대통령령이 정하는 바에 따라서 소방청장이 실시하는 교육을 받아야 한다. 다음 중 위험물 안전교육대상자가 아닌 것은?
① 안전관리자로 선임된 자
② 탱크시험자의 기술인력으로 종사하는 자
③ 위험물 운송자로 종사하는 자
④ 자체소방대원

해설
소방청장이 실시하는 안전교육대상자
1. 안전관리자로 선임된 자
2. 탱크시험자의 기술인력으로 종사하는 자
3. 위험물운반자로 종사하는 자
4. 위험물운송자로 종사하는 자

정답 ④

02 다음 중 위험물 안전교육을 받아야 하는 대상자로 옳지 않은 것은?
① 안전관리자로 선임된 자
② 대리자 및 보조자
③ 위험물 운송자로 종사하는 자
④ 탱크시험자의 기술인력으로 종사하는 자

해설
"대리자 및 보조자"는 소방청장이 실시하는 안전교육대상자가 아니다.

정답 ②

03 다음 중 소방청장이 실시하는 안전교육대상자의 기준이 아닌 것은?
① 위험물 운송자로 종사하는 자
② 탱크시험자의 기술인력으로 종사하는 자
③ 안전관리자로 선임된 자
④ 위험물탱크에 종사하는 관계인

해설
"위험물탱크에 종사하는 관계인"은 소방청장이 실시하는 안전교육대상자가 아니다.

정답 ④

★★★★★ [개정 2021. 6. 8.]

시행령 [별표 1] 위험물 및 지정수량

유별	성질	위험물 품명	지정수량
제1류	산화성 고체	1. 아염소산염류	50킬로그램
		2. 염소산염류	50킬로그램
		3. 과염소산염류	50킬로그램
		4. 무기과산화물	50킬로그램
		5. 브롬산염류	300킬로그램
		6. 질산염류	300킬로그램
		7. 요오드산염류	300킬로그램
		8. 과망간산염류	1,000킬로그램
		9. 중크롬산염류	1,000킬로그램
		10. 그 밖에 행정안전부령으로 정하는 것 11. 제1호 내지 제10호의 1에 해당하는 어느 하나 이상을 함유한 것	50킬로그램, 300킬로그램 또는 1,000킬로그램

※ 그 밖에 행정안전부령으로 정하는 것(시행규칙 제3조제1항)
1. 과요오드산염류
2. 과요오드산
3. 크롬, 납 또는 요오드의 산화물
4. 아질산염류
5. 차아염소산염류
6. 염소화이소시아눌산
7. 퍼옥소이황산염류
8. 퍼옥소붕산염류

암기법 염무 브질요 과중 / 오삼천(외삼촌)

유별	성질	위험물 품명	지정수량
제2류	가연성 고체	1. 황화린	100킬로그램
		2. 적린	100킬로그램
		3. 유황	100킬로그램
		4. 철분	500킬로그램
		5. 금속분	500킬로그램
		6. 마그네슘	500킬로그램
		7. 그 밖에 행정안전부령으로 정하는 것 8. 제1호 내지 제7호의 1에 해당하는 어느 하나 이상을 함유한 것	100킬로그램 또는 500킬로그램
		9. 인화성고체	1,000킬로그램

암기법 황적유 철금마 인 / 백오천(빼고쳐)

제3류	자연발화성 물질 및 금수성 물질	1. 칼륨		자+금	10킬로그램
		2. 나트륨		자+금	10킬로그램
		3. 알킬알루미늄		자+금	10킬로그램
		4. 알킬리튬		자+금	10킬로그램
		5. 황린		자	20킬로그램
		6. 알칼리금속(칼륨 및 나트륨을 제외한다) 및 알칼리토금속		금	50킬로그램
		7. 유기금속화합물(알킬알루미늄 및 알킬리튬을 제외한다)		금	50킬로그램
		8. 금속의 수소화물		금	300킬로그램
		9. 금속의 인화물		금	300킬로그램
		10. 칼슘 또는 알루미늄의 탄화물		금	300킬로그램
		11. 그 밖에 행정안전부령으로 정하는 것 12. 제1호 내지 제11호의 1에 해당하는 어느 하나 이상을 함유한 것			10킬로그램, 20킬로그램, 50킬로그램 또는 300킬로그램

※ 그 밖에 행정안전부령으로 정하는 것(시행규칙 제3조제2항)
  염소화규소화합물

암기법 칼나알킬 황 알칼유 수인탄 / 일이오삼(이리오삼)

제4류	인화성 액체	1. 특수인화물		50리터
		2. 제1석유류	비수용성액체	200리터
			수용성액체	400리터
		3. 알코올류		400리터
		4. 제2석유류	비수용성액체	1,000리터
			수용성액체	2,000리터
		5. 제3석유류	비수용성액체	2,000리터
			수용성액체	4,000리터
		6. 제4석유류		6,000리터
		7. 동식물유류		10,000리터

암기법 특1알 234동 / 오이사 126만

제5류	자기반응성 물질	1. 유기과산화물	10킬로그램
		2. 질산에스테르류	10킬로그램
		3. 니트로화합물	200킬로그램
		4. 니트로소화합물	200킬로그램
		5. 아조화합물	200킬로그램
		6. 디아조화합물	200킬로그램
		7. 히드라진 유도체	200킬로그램
		8. 히드록실아민	100킬로그램
		9. 히드록실아민염류	100킬로그램
		10. 그 밖에 행정안전부령으로 정하는 것 11. 제1호 내지 제10호의 1에 해당하는 어느 하나 이상을 함유한 것	10킬로그램, 100킬로그램 또는 200킬로그램

※ 그 밖에 행정안전부령으로 정하는 것(시행규칙 제3조제3항)
  1. 금속의 아지화합물
  2. 질산구아니딘

암기법 유질 아민 니아히 / 장백이(장빼기)

제6류	산화성 액체	1. 과염소산	300킬로그램
		2. 과산화수소	300킬로그램
		3. 질산	300킬로그램
		4. 그 밖에 행정안전부령으로 정하는 것	300킬로그램
		5. 제1호 내지 제4호의 1에 해당하는 어느 하나 이상을 함유한 것	300킬로그램

※ 그 밖에 행정안전부령으로 정하는 것(시행규칙 제3조제4항)
  할로겐간화합물

암기법 과과질 / 삼백

핵심정리

유별	성질	암기법(품명)	암기법(지정수량)
제1류	산화성고체	염무 브질요 과중	오삼천(외삼촌)
제2류	가연성고체	황적유 철금마 인	백오천(빼고쳐)
제3류	자연발화성물질 및 금수성물질	칼나알킬 황 알칼유 수인탄	일이오삼(이리오삼)
제4류	인화성액체	특1알 234동	오이사 126만
제5류	자기반응성물질	유질 아민 니아히	장백이(장빼기)
제6류	산화성액체	과과질	삼백

암기법 외삼촌 빼고쳐 이리오삼 오이사 126만 빌려줘~ 장빼기는 벌금 300이야~

비고
1. "산화성고체"라 함은 고체[액체(1기압 및 섭씨 20도에서 액상인 것 또는 섭씨 20도 초과 섭씨 40도 이하에서 액상인 것을 말한다. 이하 같다)또는 기체(1기압 및 섭씨 20도에서 기상인 것을 말한다)외의 것을 말한다. 이하 같다]로서 산화력의 잠재적인 위험성 또는 충격에 대한 민감성을 판단하기 위하여 소방청장이 정하여 고시(이하 "고시"라 한다)하는 시험에서 고시로 정하는 성질과 상태를 나타내는 것을 말한다. 이 경우 "액상"이라 함은 수직으로 된 시험관(안지름 30밀리미터, 높이 120밀리미터의 원통형유리관을 말한다)에 시료를 55밀리미터까지 채운 다음 당해 시험관을 수평으로 하였을 때 시료액면의 선단이 30밀리미터를 이동하는데 걸리는 시간이 90초 이내에 있는 것을 말한다.
2. "가연성고체"라 함은 고체로서 화염에 의한 발화의 위험성 또는 인화의 위험성을 판단하기 위하여 고시로 정하는 시험에서 고시로 정하는 성질과 상태를 나타내는 것을 말한다.
3. 유황은 순도가 60중량퍼센트 이상인 것을 말한다. 이 경우 순도측정에 있어서 불순물은 활석 등 불연성물질과 수분에 한한다.

4. "철분"이라 함은 철의 분말로서 53마이크로미터의 표준체를 통과하는 것이 50중량퍼센트 미만인 것은 제외한다.
5. "금속분"이라 함은 알칼리금속·알칼리토류금속·철 및 마그네슘외의 금속의 분말을 말하고, 구리분·니켈분 및 150마이크로미터의 체를 통과하는 것이 50중량퍼센트 미만인 것은 제외한다.
6. 마그네슘 및 제2류제8호의 물품 중 마그네슘을 함유한 것에 있어서는 다음 각목의 1에 해당하는 것은 제외한다.
   가. 2밀리미터의 체를 통과하지 아니하는 덩어리 상태의 것
   나. 지름 2밀리미터 이상의 막대 모양의 것
7. 황화린·적린·유황 및 철분은 제2호에 따른 성질과 상태가 있는 것으로 본다.
8. "인화성고체"라 함은 고형알코올 그 밖에 1기압에서 인화점이 섭씨 40도 미만인 고체를 말한다.
9. "자연발화성물질 및 금수성물질"이라 함은 고체 또는 액체로서 공기 중에서 발화의 위험성이 있거나 물과 접촉하여 발화하거나 가연성가스를 발생하는 위험성이 있는 것을 말한다.
10. 칼륨·나트륨·알킬알루미늄·알킬리튬 및 황린은 제9호의 규정에 의한 성상이 있는 것으로 본다.
11. "인화성액체"라 함은 액체(제3석유류, 제4석유류 및 동식물유류의 경우 1기압과 섭씨 20도에서 액체인 것만 해당한다)로서 인화의 위험성이 있는 것을 말한다. 다만, 다음 각 목의 어느 하나에 해당하는 것을 법 제20조제1항의 중요기준과 세부기준에 따른 운반용기를 사용하여 운반하거나 저장(진열 및 판매를 포함한다)하는 경우는 제외한다.
    가. 「화장품법」 제2조제1호에 따른 화장품 중 인화성액체를 포함하고 있는 것
    나. 「약사법」 제2조제4호에 따른 의약품 중 인화성액체를 포함하고 있는 것
    다. 「약사법」 제2조제7호에 따른 의약외품(알코올류에 해당하는 것은 제외한다) 중 수용성인 인화성액체를 50부피퍼센트 이하로 포함하고 있는 것
    라. 「의료기기법」에 따른 체외진단용 의료기기 중 인화성액체를 포함하고 있는 것
    마. 「생활화학제품 및 살생물제의 안전관리에 관한 법률」 제3조제4호에 따른 안전확인대상생활화학제품(알코올류에 해당하는 것은 제외한다) 중 수용성인 인화성액체를 50부피퍼센트 이하로 포함하고 있는 것
12. "특수인화물"이라 함은 이황화탄소, 디에틸에테르 그 밖에 1기압에서 발화점이 섭씨 100도 이하인 것 또는 인화점이 섭씨 영하 20도 이하이고 비점이 섭씨 40도 이하인 것을 말한다.
13. "제1석유류"라 함은 아세톤, 휘발유 그 밖에 1기압에서 인화점이 섭씨 21도 미만인 것을 말한다.
14. "알코올류"라 함은 1분자를 구성하는 탄소원자의 수가 1개부터 3개까지인 포화1가 알코올(변성알코올을 포함한다)을 말한다. 다만, 다음 각목의 1에 해당하는 것은 제외한다.
    가. 1분자를 구성하는 탄소원자의 수가 1개 내지 3개의 포화1가 알코올의 함유량이 60중량퍼센트 미만인 수용액
    나. 가연성액체량이 60중량퍼센트 미만이고 인화점 및 연소점(태그개방식인화점측정기에 의한 연소점을 말한다. 이하 같다)이 에틸알코올 60중량퍼센트 수용액의 인화점 및 연소점을 초과하는 것
15. "제2석유류"라 함은 등유, 경유 그 밖에 1기압에서 인화점이 섭씨 21도 이상 70도 미만인 것을 말한다. 다만, 도료류 그 밖의 물품에 있어서 가연성 액체량이 40중량퍼센트 이하이면서 인화점이 섭씨 40도 이상인 동시에 연소점이 섭씨 60도 이상인 것은 제외한다.
16. "제3석유류"라 함은 중유, 클레오소트유 그 밖에 1기압에서 인화점이 섭씨 70도 이상 섭씨 200도 미만인 것을 말한다. 다만, 도료류 그 밖의 물품은 가연성 액체량이 40중량퍼센트 이하인 것은 제외한다.
17. "제4석유류"라 함은 기어유, 실린더유 그 밖에 1기압에서 인화점이 섭씨 200도 이상 섭씨 250도 미만의 것을 말한다. 다만 도료류 그 밖의 물품은 가연성 액체량이 40중량퍼센트 이하인 것은 제외한다.
18. "동식물유류"라 함은 동물의 지육(枝肉: 머리, 내장, 다리를 잘라 내고 아직 부위별로 나누지 않은 고기를 말한다) 등 또는 식물의 종자나 과육으로부터 추출한 것으로서 1기압에서 인화점이 섭씨 250도 미만인 것을 말한다. 다만, 법 제20조제1항의 규정에 의하여 행정안전부령으로 정하는 용기기준과 수납·저장기준에 따라 수납되어 저장·보관되고 용기의 외부에 물품의 통칭명, 수량 및 화기엄금(화기엄금과 동일한 의미를 갖는 표시를 포함한다)의 표시가 있는 경우를 제외한다.
19. "자기반응성물질"이라 함은 고체 또는 액체로서 폭발의 위험성 또는 가열분해의 격렬함을 판단

하기 위하여 고시로 정하는 시험에서 고시로 정하는 성질과 상태를 나타내는 것을 말한다.
20. 제5류제11호의 물품에 있어서는 유기과산화물을 함유하는 것 중에서 불활성고체를 함유하는 것으로서 다음 각목의 1에 해당하는 것은 제외한다.
    가. 과산화벤조일의 함유량이 35.5중량퍼센트 미만인 것으로서 전분가루, 황산칼슘2수화물 또는 인산1수소칼슘2수화물과의 혼합물
    나. 비스(4클로로벤조일)퍼옥사이드의 함유량이 30중량퍼센트 미만인 것으로서 불활성고체와의 혼합물
    다. 과산화지크밀의 함유량이 40중량퍼센트 미만인 것으로서 불활성고체와의 혼합물
    라. 1·4비스(2-터셔리부틸퍼옥시이소프로필)벤젠의 함유량이 40중량퍼센트 미만인 것으로서 불활성고체와의 혼합물
    마. 시크로헥사놀퍼옥사이드의 함유량이 30중량퍼센트 미만인 것으로서 불활성고체와의 혼합물
21. "산화성액체"라 함은 액체로서 산화력의 잠재적인 위험성을 판단하기 위하여 고시로 정하는 시험에서 고시로 정하는 성질과 상태를 나타내는 것을 말한다.
22. 과산화수소는 그 농도가 36중량퍼센트 이상인 것에 한하며, 제21호의 성상이 있는 것으로 본다.
23. 질산은 그 비중이 1.49 이상인 것에 한하며, 제21호의 성상이 있는 것으로 본다.
24. 위 표의 성질란에 규정된 성상을 2가지 이상 포함하는 물품(이하 이 호에서 "복수성상물품"이라 한다)이 속하는 품명은 다음 각목의 1에 의한다.
    가. 복수성상물품이 산화성고체의 성상 및 가연성고체의 성상을 가지는 경우 : 제2류제8호의 규정에 의한 품명
    나. 복수성상물품이 산화성고체의 성상 및 자기반응성물질의 성상을 가지는 경우 : 제5류제11호의 규정에 의한 품명
    다. 복수성상물품이 가연성고체의 성상과 자연발화성물질의 성상 및 금수성물질의 성상을 가지는 경우 : 제3류제12호의 규정에 의한 품명
    라. 복수성상물품이 자연발화성물질의 성상, 금수성물질의 성상 및 인화성액체의 성상을 가지는 경우 : 제3류제12호의 규정에 의한 품명
    마. 복수성상물품이 인화성액체의 성상 및 자기반응성물질의 성상을 가지는 경우 : 제5류제11호의 규정에 의한 품명
25. 위 표의 지정수량란에 정하는 수량이 복수로 있는 품명에 있어서는 당해 품명이 속하는 유(類)의 품명 가운데 위험성의 정도가 가장 유사한 품명의 지정수량란에 정하는 수량과 같은 수량을 당해 품명의 지정수량으로 한다. 이 경우 위험물의 위험성을 실험·비교하기 위한 기준은 고시로 정할 수 있다.
26. 위 표의 기준에 따라 위험물을 판정하고 지정수량을 결정하기 위하여 필요한 실험은 「국가표준기본법」 제23조에 따라 인정을 받은 시험·검사기관, 기술원, 국립소방연구원 또는 소방청장이 지정하는 기관에서 실시할 수 있다. 이 경우 실험 결과에는 실험한 위험물에 해당하는 품명과 지정수량이 포함되어야 한다.

예상문제

01 다음중 제1류 위험물의 성질로 옳은 것은?
① 산화성 고체   ② 가연성 고체
③ 인화성 액체   ④ 산화성 액체

해설
제1류 위험물의 공통성질은 "산화성 고체"이다.

정답 ①

02 다음 보기에서 제1류 위험물의 개수는 몇 개인가?

과요오드산염류, 요오드산염류, 요오드산, 과요오드산

① 1개 ② 2개
③ 3개 ④ 4개

해설
제1류 위험물의 품명은 "아염소산염류, 염소산염류, 과염소산염류, 무기과산화물, 브롬산염류, 질산염류, 요오드산염류, 과망간산염류, 중크롬산염류, 그 밖에 행정안전부령으로 정하는 것"이다.

※ 그 밖에 행정안전부령으로 정하는 것
과요오드산염류, 과요오드산, 크롬·납 또는 요오드의 산화물, 아질산염류, 차아염소산염류, 염소화이소시아눌산, 퍼옥소이황산염류, 퍼옥소붕산염류

정답 ③

03 위험물안전관리법 시행령에서 위험물의 지정수량이 가장 큰 것은?

① 브롬산염류 ② 아염소산염류
③ 과염소산염류 ④ 중크롬산염류

해설

품명	브롬산염류	아염소산염류	과염소산염류	중크롬산염류
지정수량	300kg	50kg	50kg	1,000kg

정답 ④

04 다음 중 위험물안전관리법에서 분류하는 그 유별의 성질이 다른 것은?

① 과염소산 ② 무기과산화물
③ 염소산염류 ④ 질산염류

해설
과염소산은 제6류 위험물에 해당한다.

정답 ①

05 위험물의 분류 중 제2류 위험물인 가연성 고체에 해당하는 것은?

① 적린, 황린 ② 철분, 금속분
③ 마그네슘, 칼슘 ④ 황화린, 황린

해설
제2류 위험물인 가연성 고체의 품명은 "황화린, 적린, 유황, 철분, 금속분, 마그네슘, 인화성고체"이다.

정답 ②

06 위험물안전관리법상 제2류 위험물에 해당되는 것은?
① 칼륨　　　　　　　　② 마그네슘
③ 알킬알루미늄　　　　 ④ 나트륨

해설
"마그네슘"은 제2류 위험물에 해당하고, "칼륨, 알킬알루미늄, 나트륨"은 제3류 위험물에 해당한다.

정답 ②

07 위험물안전관리법상 위험물 분류 중 그 성질이 다른 것은?
① 황화린　　　　　　　② 황린
③ 적린　　　　　　　　④ 유황

해설
"황화린, 적린, 유황"은 제2류 위험물(가연성 고체)에 해당하고, "황린"은 제3류 위험물(자연발화성 물질)에 해당한다.

정답 ②

08 위험물안전관리법에서 제2류 위험물에 해당하지 않는 것은?
① 유황　　　　　　　　② 황화린
③ 적린　　　　　　　　④ 황린

해설
"유황, 황화린, 적린"은 제2류 위험물에 해당하고, "황린"은 제3류 위험물에 해당한다.

정답 ④

09 다음 중 위험물안전관리법에서 정하는 가연성 고체에 해당되지 않는 것은?
① 황화린　　　　　　　② 황린
③ 적린　　　　　　　　④ 유황

해설
"황화린, 적린, 유황"은 제2류 위험물(가연성 고체)에 해당하고, "황린"은 제3류 위험물(자연발화성 물질)에 해당한다.

정답 ②

10 황화린은 제 몇 류 위험물에 해당하는가?
① 제1류 위험물　　　　② 제2류 위험물
③ 제3류 위험물　　　　④ 제4류 위험물

해설
"황화린"은 제2류 위험물(가연성 고체)에 해당한다.

정답 ②

11 다음 중 위험물안전관리법 시행령 별표1에서 제3류 위험물이 아닌 것은?
① 칼륨
② 나트륨
③ 유황
④ 알킬알루미늄

해설
"유황"은 제2류 위험물에 해당하고, "칼륨, 나트륨, 알킬알루미늄"은 제3류 위험물에 해당한다.

정답 ③

12 다음 중 위험물안전관리법에서 제3류 위험물이 아닌 것은?
① 알칼리금속
② 유기금속화합물
③ 황화린
④ 칼슘 또는 알루미늄의 탄화물

해설
"황화린"은 제2류 위험물에 해당하고, "알칼리금속, 유기금속화합물, 칼슘 또는 알루미늄의 탄화물"은 제3류 위험물에 해당한다.

정답 ③

13 다음 중 제3류 위험물로 규정해 놓은 품명에 해당되지 않는 것은?
① 황린
② 칼륨
③ 황화린
④ 나트륨

해설
"황화린"은 제2류 위험물에 해당하고, "황린, 칼륨, 나트륨"은 제3류 위험물에 해당한다.

정답 ③

14 제4류 위험물 중에서 특수인화물인 것은?
① 이황화탄소
② 송근유
③ 아세톤
④ 에틸렌글리콜

해설
"특수인화물"이라 함은 이황화탄소, 디에틸에테르, 그 밖에 1기압에서 발화점이 섭씨 100도 이하인 것 또는 인화점이 섭씨 영하 20도 이하이고 비점이 섭씨 40도 이하인 것을 말한다.

정답 ①

15 다음 중 발화점이 섭씨 100도 이하이거나 인화점이 섭씨 영하 20도 이하이고 비점이 섭씨 40도 이하에 해당하는 위험물은?

① 특수인화물 ② 인화성 고체
③ 가연성 고체 ④ 알코올류

◘ 해설
"특수인화물"이라 함은 이황화탄소, 디에틸에테르, 그 밖에 1기압에서 발화점이 섭씨 100도 이하인 것 또는 인화점이 섭씨 영하 20도 이하이고 비점이 섭씨 40도 이하인 것을 말한다.

정답 ①

16 위험물안전관리법 중 특수인화물에 대하여 옳지 않은 것은?

① 제4류 위험물에 해당된다.
② 물질로서 이황화탄소, 디에텔에테르 등이 있다.
③ 특수인화물은 지정수량이 50L이다.
④ 특수인화물은 인화점이 높아 위험하다.

◘ 해설
특수인화물은 인화점이 낮아서 위험하다.(인화점 : 영하 20℃ 이하)

정답 ④

17 다음 중 특수인화물의 특징에 대한 규정사형이 아닌 것은?

① 이황화탄소, 디에틸에테르 등이다.
② 1기압에서 발화점은 섭씨 100℃ 이하를 말한다.
③ 인화점은 섭씨 −20℃ 이하, 비점은 섭씨 40℃ 이하를 말한다.
④ 특수인화물은 제5류 위험물에 속한다.

◘ 해설
특수인화물은 제4류 위험물에 속한다.

정답 ④

18 다음 중 위험물안전관리법에서 제1석유류에 해당되지 않는 것은?

① 휘발유 ② 벤젠
③ 톨루엔 ④ 이황화탄소

◘ 해설
"제1석유류"라 함은 아세톤, 휘발유, 그 밖에 1기압에서 인화점이 섭씨 21도 미만인 것을 말한다. 이황화탄소는 특수인화물이다.

정답 ④

19 위험물안전관리법에서 정하는 알코올류의 정의로 옳은 것은?

① 1분자를 구성하는 탄소원자 수가 1~4 포화1가 알코올을 말한다.(변성알코올 포함)
② 1분자를 구성하는 탄소원자 수가 1~3 포화1가 알코올을 말한다.(변성알코올 포함)
③ 1분자를 구성하는 탄소원자 수가 1~4 불포화1가 알코올을 말한다.(변성알코올 포함)
④ 1분자를 구성하는 탄소원자 수가 1~3 불포화1가 알코올을 말한다.(변성알코올 포함)

📖 해설
"알코올류"라 함은 1분자를 구성하는 탄소원자의 수가 1개부터 3개까지인 포화1가 알코올(변성알코올을 포함한다)을 말한다.

정답 ②

20 다음의 보기는 제4류 위험물이다. 이 중에서 제2석유류에 해당하는 것은?

① 아세톤   ② 실린더유
③ 휘발유   ④ 경유

📖 해설
"제2석유류"라 함은 등유, 경유, 그 밖에 1기압에서 인화점이 섭씨 21도 이상 70도 미만인 것을 말한다.

정답 ④

21 다음 중 제4류 위험물 중에서 "동·식물유류"의 인화점으로 옳은 것은?

① 섭씨 21℃ 이상 70℃ 미만인 것   ② 섭씨 70℃ 이상 200℃ 미만인 것
③ 섭씨 200℃ 이상 250℃ 미만인 것   ④ 섭씨 250℃ 미만인 것

📖 해설
"동식물유류"라 함은 동물의 지육(머리, 내장, 다리를 잘라 내고 아직 부위별로 나누지 않은 고기를 말한다) 등 또는 식물의 종자나 과육으로부터 추출한 것으로서 1기압에서 인화점이 섭씨 250도 미만인 것을 말한다.

정답 ④

22 제4류 위험물 중 휘발유의 지정수량은 몇 L이어야 위험물로 취급하는가?

① 100L   ② 200L
③ 400L   ④ 1000L

📖 해설
휘발유(제1석유류 중 비수용성액체)의 지정수량은 200리터이다.

정답 ②

23 제4류 위험물 중에서 제2석유류의 비수용성 위험물 지정수량으로 옳은 것은?
① 100L   ② 200L
③ 1000L   ④ 2000L

해설
제2석유류 중 비수용성액체(경유, 등유)의 지정수량은 1,000리터이다.

정답 ③

24 제4류 위험물의 품목 중 지정수량 단위가 가장 큰 것은?
① 휘발유   ② 등유
③ 중유   ④ 동·식물유류

해설

품명	휘발유	등유	중유	동·식물유류
지정수량	200L	1,000L	2,000L	10,000L

정답 ④

25 다음 위험물에 있어서 지정수량 배수 산정의 합은 몇 배인가?

* 경유 : 2,000L   * 등유 : 2,000L   * 중유 : 4,000L

① 1배   ② 2배
③ 3배   ④ 6배

해설
지정수량이 경유와 등유는 1,000L, 중유는 2,000L이므로
지정수량 배수 $= \dfrac{2,000L}{1,000L} + \dfrac{2,000L}{1,000L} + \dfrac{4,000L}{2,000L} = 6$

정답 ④

26 위험물안전관리법에서 용어에 대한 설명으로 옳지 않은 것은?
① 특수인화물 : 이황화탄소, 디에틸에테르, 그 밖에 1기압에서 발화점이 섭씨 100도 이하인 것 또는 인화점이 섭씨 영하 20도 이하이고 비점이 섭씨 40도 이하인 것
② 제1석유류 : 아세톤, 휘발유, 그 밖에 1기압에서 인화점이 섭씨 70도 미만인 것
③ 제3석유류 : 중유, 클레오소트유, 그 밖에 1기압에서 인화점이 섭씨 70도 이상 섭씨 200도 미만인 것
④ 동·식물유류 : 동물의 지육 등 또는 식물의 종자나 과육으로부터 추출한 것으로서 1기압에서 인화점이 섭씨 250도 미만인 것

해설
"제1석유류"라 함은 아세톤, 휘발유, 그 밖에 1기압에서 인화점이 섭씨 21도 미만인 것을 말한다.

정답 ②

27 다음 중 위험물과 석유류의 지정품목 등의 설명에 대해 옳지 않은 것은?
① 제3석유류는 등유, 경유이다.
② 제1석유류 중 휘발유의 지정수량은 200L이다.
③ 제2류 위험물 유황은 순도가 60% 이상이다.
④ 제4류 위험물은 동·식물유류가 포함된다.

해설
제3석유류는 중유, 클레오소트유이다.

정답 ①

28 위험물안전관리법에서 제1류~6류 위험물의 설명 중 가장 옳은 것은?
① 알코올류는 1분자를 구성하는 산소원자의 수가 1개부터 3개까지인 포화 1가 알코올(변성알코올 포함한다)을 말한다.
② 제1석유류란 아세톤, 휘발유, 그 밖에 1기압에서 발화점이 섭씨 21℃ 미만인 것을 말한다.
③ 인화성 고체는 고형알코올, 그 밖에 1기압에서 인화점이 섭씨 40℃ 미만인 고체를 말한다.
④ 질산은 그 비중이 1.89 이상이어야 한다.

해설
• 알코올류는 1분자를 구성하는 탄소원자의 수가 1개부터 3개까지인 포화1가 알코올(변성알코올을 포함한다)을 말한다.
• 제1석유류란 아세톤, 휘발유, 그 밖에 1기압에서 인화점이 섭씨 21도 미만인 것을 말한다.
• 질산은 그 비중이 1.49 이상이어야 한다.

정답 ③

29 위험물안전관리법 중에서 제5류 위험물이 아닌 것은?
① 니트로화합물　　　　② 히드라진유도체
③ 알킬알루미늄　　　　④ 히드록실아민염류

해설
"알킬알루미늄"은 제3류 위험물에 해당하고, "니트로화합물, 히드라진유도체, 히드록실아민염류"은 제5류 위험물에 해당한다.

정답 ③

30 위험물안전관리법에서 제5류 위험물 중 히드라진유도체의 지정수량은?
  ① 100kg ② 200kg
  ③ 300kg ④ 400kg

  해설
  히드라진유도체의 지정수량은 200kg이다.

  정답 ②

31 다음 중 위험물의 유별이 다른 것은?
  ① 무기과산화물 ② 유기과산화물
  ③ 니트로화합물 ④ 아조화합물

  해설
  "무기과산화물"은 제1류 위험물에 해당하고, "유기과산화물, 니트로화합물, 아조화합물"은 제5류 위험물에 해당한다.

  정답 ①

32 위험물안전관리법상 유기과산화물, 질산에스테르류, 니트로화합물, 하드라진유도체와 같은 물질의 성질로 옳은 것은?
  ① 금수성 ② 자연발화성
  ③ 인화성 ④ 자기반응성

  해설
  제5류 위험물(유기과산화물, 질산에스테르류, 니트로화합물, 하드라진유도체)의 공통성질은 "자기반응성 물질"이다.

  정답 ④

33 다음 중 위험물을 종류별로 구별할 때 제5류 위험물의 일반적 성질은?
  ① 산화성 고체 ② 가연성 고체
  ③ 인화성 액체 ④ 자기반응성 물질

  해설
  제5류 위험물의 공통성질은 "자기반응성 물질"이다.

  정답 ④

34 다음 중 위험물법에 적용받지 않는 물질은?
① 산화성 고체 ② 가연성 액체
③ 산화성 액체 ④ 자기반응성 물질

해설
위험물의 유별 및 성질

제1류	제2류	제3류	제4류	제5류	제6류
산화성 고체	가연성 고체	자연발화성 물질 및 금수성 물질	인화성 액체	자기반응성 물질	산화성 액체

정답 ②

35 다음 중 위험물의 성질에 대하여 옳지 않은 것은?
① 제1류 위험물 – 산화성 액체 ② 제2류 위험물 – 가연성 고체
③ 제4류 위험물 – 인화성 액체 ④ 제5류 위험물 – 자기반응성 물질

해설
제1류 위험물의 공통성질은 "산화성 고체"이다.

정답 ①

36 다음 중 위험물의 분류와 성질로서 연결이 잘못된 것은?
① 제2류 위험물 – 가연성 액체 ② 제3류 위험물 – 자연발화성 및 금수성
③ 제5류 위험물 – 자기반응성 물질 ④ 제6류 위험물 – 산화성 액체

해설
제2류 위험물의 공통성질은 "가연성 고체"이다.

정답 ①

37 위험물안전관리법 시행령에서 규정하는 위험물의 유별이 옳지 않은 것은?
① 제1류 위험물 – 산화성 고체 ② 제3류 위험물 – 가연성 고체
③ 제4류 위험물 – 인화성 액체 ④ 제6류 위험물 – 산화성 액체

해설
제3류 위험물의 공통성질은 "자연발화성물질 및 금수성물질"이다.

정답 ②

38 다음 중 위험물의 종류와 성질로서 옳지 않은 것은?

① 제1류 위험물 : 산화성 고체
② 제2류 위험물 : 가연성 고체
③ 제4류 위험물 : 인화성 액체
④ 제5류 위험물 : 산화성 액체

◉ 해설
제5류 위험물의 공통성질은 "자기반응성 물질"이다.

정답 ④

39 다음 중 위험물의 분류에 관하여 옳지 않은 것은?

① 제1류 위험물 – 산화성 고체
② 제2류 위험물 – 가연성 고체
③ 제4류 위험물 – 인화성 액체
④ 제6류 위험물 – 자기반응성 물질

◉ 해설
제6류 위험물의 공통성질은 "산화성 액체"이다.

정답 ④

40 다음 위험물의 유별과 성질이 올바르게 짝지어진 것은?

① 제1류 위험물 – 산화성 액체
② 제2류 위험물 – 가연성 액체
③ 제3류 위험물 – 자연발화성 물질 및 금수성 물질
④ 제4류 위험물 – 인화성 고체

◉ 해설

제1류	제2류	제3류	제4류
산화성 고체	가연성 고체	자연발화성 물질 및 금수성 물질	인화성 액체

정답 ③

41 위험물안전관리법에서 제1류~제6류 위험물 중 성질이 옳게 연결된 것은?

① 제1류 위험물 – 산화성 액체
② 제2류 위험물 – 인화성 고체
③ 제3류 위험물 – 금수성 물질
④ 제5류 위험물 – 자기반응성물질

◉ 해설

제1류	제2류	제3류	제5류
산화성 고체	가연성 고체	자연발화성 물질 및 금수성 물질	자기반응성 물질

정답 ④

42 위험물안전관리법에서의 위험물의 성질과 품명에 대하여 옳은 것은?

① 산화성 고체 – 질산
② 가연성 고체 – 황화린
③ 금수성 물질 – 황린
④ 인화성 액체 – 인화성 고체

해설
- 질산 – 제6류 위험물(산화성 액체)
- 황화린 – 제2류 위험물(가연성 고체)
- 황린 – 제3류 위험물(자연발화성 물질)
- 인화성 고체 – 제2류 위험물(가연성 고체)

정답 ②

43 위험물안전관리법에서 위험물의 성질과 품명이 옳게 연결된 것은?

① 가연성 고체 – 질산염류
② 인화성 액체 – 인화성 고체
③ 산화성 고체 – 유기과산화물
④ 가연성 고체 – 유황

해설
- 질산염류 – 제1류 위험물(산화성 고체)
- 인화성 고체 – 제2류 위험물(가연성 고체)
- 유기과산화물 – 제5류 위험물(자기반응성 물질)
- 유황 – 제2류 위험물(가연성 고체)

정답 ④

44 다음 중 위험물의 유별과 품명이 옳지 않은 것은?

① 제1류 위험물 – 무기과산화물
② 제2류 위험물 – 인화성 고체
③ 제3류 위험물 – 칼륨 및 칼슘
④ 제5류 위험물 – 질산나트륨

해설
질산나트륨은 제1류 위험물(산화성 고체) 중 질산염류에 해당한다.

정답 ④

45 위험물의 종류 및 품명에서 행정안전부령이 정하는 위험물의 유별과 품명이 올바른 것은?

① 제1류 위험물 – 염소화규소화합물
② 제2류 위험물 – 할로겐간화합물
③ 제3류 위험물 – 금속의 아지화합물
④ 제5류 위험물 – 질산구아니딘

해설
- 염소화규소화합물 – 제3류 위험물
- 할로겐간화합물 – 제6류 위험물
- 금속의 아지화합물, 질산구아니딘 – 제5류 위험물

정답 ④

46 다음 중 각 위험물의 성질과 품명이 옳게 연결된 것은?

① 1류 – 산화성 액체 – 아염소산염류
② 2류 – 가연성 액체 – 유황
③ 3류 – 인화성 액체 – 알킬알루미늄
④ 4류 – 인화성 액체 – 휘발유

해설
- 아염소산염류 – 제1류(산화성 고체)
- 유황 – 제2류(가연성 고체)
- 알킬알루미늄 – 제3류(자연발화성 물질 및 금수성 물질)
- 휘발유 – 제4류(인화성 액체)

정답 ④

47 제1류 위험물과 제6류 위험물의 공통점으로 옳은 것은?

① 산화성
② 환원성
③ 금수성
④ 자기반응성

해설
제1류 위험물의 공통성질은 "산화성 고체"이고, 제6류 위험물의 공통성질은 "산화성 액체"이다.

정답 ①

48 대통령령으로 정해 놓은 위험물 중에서 산화하는 성질을 가진 것을 고르면?

① 제1류 위험물, 제6류 위험물
② 제2류 위험물, 제5류 위험물
③ 제1류 위험물, 제4류 위험물
④ 제3류 위험물, 제5류 위험물

해설
제1류 위험물의 공통성질은 "산화성 고체"이고, 제6류 위험물의 공통성질은 "산화성 액체"이다.

정답 ①

49 다음 중 위험물의 성질과 특징의 분류로서 옳지 않은 것은?

① 제1류 위험물 : 산화성 고체 – 불연성
② 제2류 위험물 : 가연성 고체 – 환원성
③ 제4류 위험물 : 강산화성 액체 – 불연성
④ 제5류 위험물 : 자기반응성물질 – 폭발성

해설
제4류 위험물은 인화성 액체로서 가연성(환원성)에 해당한다.

정답 ③

50 다음 중 위험물의 성질과 종류 및 그 특징이 바르게 연결된 것은?

① 제5류 위험물 - 염소산염류 - 자기연소성
② 제4류 위험물 - 유기과산화물 - 휘발성
③ 제3류 위험물 - 알킬알루미늄 - 자연발화성물질 및 금수성물질
④ 제2류 위험물 - 이황화탄소 - 산화성

해설

- 염소산염류 - 제1류 위험물(산화성 고체)
- 유기과산화물 - 제5류 위험물(자기반응성 물질)
- 이황화탄소 - 제4류 위험물(인화성 액체) 중 특수인화물

정답 ③

51 다음 중 제3류 위험물의 지정수량이 다른 것은?

① 알칼리토금속
② 칼륨
③ 알킬알루미늄
④ 나트륨

해설

품명	알칼리토금속	칼륨	알킬알루미늄	나트륨
지정수량	50킬로그램	10킬로그램	10킬로그램	10킬로그램

정답 ①

52 다음 위험물 중 지정수량이 다른 하나는?

① 유기과산화물
② 금속의 수소화물
③ 과염소산
④ 요오드산염류

해설

품명	유기과산화물	금속의 수소화물	과염소산	요오드산염류
지정수량	10킬로그램	300킬로그램	300킬로그램	300킬로그램

정답 ①

53 다음 중 위험물안전관리법 시행령에서 정하는 위험물 지정수량의 단위가 다른 하나는?

① 제1류 위험물
② 제3류 위험물
③ 제4류 위험물
④ 제6류 위험물

해설

위험물	제1류	제2류	제3류	제4류	제5류	제6류
지정수량의 단위	킬로그램	킬로그램	킬로그램	리터	킬로그램	킬로그램

정답 ③

54 다음 중 위험물의 종류별 지정수량이 잘못 연결된 것은?

① 유기과산화물 – 50kg
② 과염소산 – 300kg
③ 요오드산염류 – 300kg
④ 금속의 인화물 – 300kg

해설

품명	유기과산화물	과염소산	요오드산염류	금속의 인화물
지정수량	10kg	300kg	300kg	300kg

정답 ①

55 다음 중 위험물의 지정수량을 바르게 이은 것이 아닌 것은?

① 무기과산화물, 염소산염류 – 50kg
② 철분, 마그네슘 – 500kg
③ 특수인화물, 알코올류 – 100리터
④ 질산에스테류, 유기과산화물 – 10kg

해설

특수인화물의 지정수량은 50리터, 알코올류의 지정수량은 400리터이다.

정답 ③

56 다음 중 위험물의 지정수량으로 옳은 것은?

① 과염소산염류 – 1,000kg
② 질산 – 300kg
③ 유황 – 50kg
④ 칼슘 – 10kg

해설

품명	과염소산염류	질산	유황	칼슘(알칼리토금속)
지정수량	50kg	300kg	100kg	50kg

정답 ②

57 다음 중 위험물의 품명과 그 지정수량의 조합으로 옳은 것은?

① 무기과산화물 – 50kg
② 질산염류 – 30kg
③ 적린 – 500kg
④ 금속분 – 100kg

해설

품명	무기과산화물	질산염류	적린	금속분
지정수량	50kg	300kg	100kg	500kg

정답 ①

58 다음 중 위험물의 성질과 그 지정수량이 바르게 연결된 것은?

① 질산에스테르류 – 자기반응성물질 – 20kg
② 황린 – 자연발화성물질 – 20kg
③ 아염소산염류 – 산화성고체 – 30kg
④ 칼륨, 나트륨 – 금수성물질 – 20kg

해설

품명	질산에스테르류	황린	아염소산염류	칼륨, 나트륨
성질	자기반응성 물질	자연발화성 물질	산화성 고체	자연발화성 물질 및 금수성 물질
지정수량	10kg	20kg	50kg	10kg

정답 ②

59 대통령령이 정하는 위험물의 품명별 지정수량으로 옳은 것은?

① 특수인화물 – 100L
② 염소산염류 – 50kg
③ 유황 – 150kg
④ 질산 – 200kg

해설

품명	특수인화물	염소산염류	유황	질산
지정수량	50L	50kg	100kg	300kg

정답 ②

60 다음 중 위험물의 품명 및 성질과 지정수량이 옳은 것은?

① 과염소산 – 산화성 액체 – 300kg
② 철분 – 자연발화성 물질 및 금수성 물질 – 500kg
③ 아조화합물 – 자기반응성 물질 – 100kg
④ 염소산염류 – 산화성 고체 – 300kg

📝 **해설**

품명	과염소산	철분	아조화합물	염소산염류
성질	산화성액체	가연성고체	자기반응성물질	산화성고체
지정수량	300킬로그램	500킬로그램	200킬로그램	50킬로그램

정답 ①

61. 다음 중 위험물의 기준으로 옳지 않은 것은?

① 유황은 순도가 60중량% 이상인 것을 말한다.
② 마그네슘은 2mm의 체를 통과하지 아니하는 덩어리 상태의 것을 포함한다.
③ 철분은 철의 분말로서 53마이크로미터의 표준체를 통과하는 것이 50중량% 미만인 것은 제외한다.
④ 알코올은 1분자를 구성하는 탄소원자의 수가 1개부터 3개까지인 포화1가 알코올(변성 알코올 포함)을 말한다.

📝 **해설**

마그네슘은 "2mm의 체를 통과하지 아니하는 덩어리 상태의 것"과 "지름 2mm 이상의 막대 모양의 것"은 제외한다.

정답 ②

62. 위험물안전관리법에서 위험물에 대한 설명으로 옳지 않은 것은?

① 인화성 고체라 함은 고형알코올 등 1기압에서 인화점이 섭씨 50℃ 미만인 고체이다.
② 가연성 고체라 함은 고체로서 화염에 의한 발화의 위험성 또는 인화의 위험성을 판단하기 위하여 고시로 정하는 시험에서 고시로 정하는 성질과 상태를 나타내는 것을 말한다
③ 마그네슘은 직경 2mm 이상의 막대 모양을 제외한다.
④ 동·식물유류라 함은 동물의 지육 등 또는 식물의 종자나 과육으로부터 추출한 것으로서 1기압에서 인화점이 섭씨 250도 미만인 것을 말한다.

📝 **해설**

인화성 고체라 함은 고형알코올 그 밖에 1기압에서 인화점이 섭씨 40도 미만인 고체를 말한다.

정답 ①

63 다음 중 위험물의 용어의 정의로 옳지 않은 것은?

① 인화성 고체란 고형알코올 그 밖에 1기압에서 인화점이 섭씨 40도 미만인 고체를 말한다.
② 알코올류는 1분자를 구성하는 탄소 원자의 수가 1개부터 3개까지인 포화1가 알코올(변성알코올 포함)을 말한다.
③ 유황은 순도가 60중량% 이하인 것을 말한다. 이 경우 순도측정에 있어서 불순물은 활석 등 불연성 물질과 수분에 한한다.
④ 산화성 고체란 고체로서 산화력의 잠재적인 위험성 또는 충격에 대한 민감성을 판단하기 위하여 소방청장이 정하여 고시하는 시험에서 고시로 정하는 성질과 상태를 나타내는 것을 말한다.

해설
유황은 순도가 60중량% 이상인 것을 말한다. 이 경우 순도측정에 있어서 불순물은 활석 등 불연성물질과 수분에 한한다.

정답 ③

64 다음 중 위험물에 대한 설명 중 잘못된 것은?

① 히드록실아민염류는 제1류 위험물로서 산화성 고체이다.
② 황화린은 제2류 위험물로서 가연성 고체이다.
③ 알킬알루미늄은 제3류 위험물로서 자연발화성 및 금수성 물질이다.
④ 알코올류는 제4류 위험물로서 인화성 액체이다.

해설
히드록실아민염류는 제5류 위험물로서 자기반응성 물질이다.

정답 ①

65 위험물안전관리법 별표1 비고란에서 분류하는 위험물의 기준으로 옳지 않은 것은?

① 유황은 순도가 60중량% 이상인 것에 한한다.
② 알코올류란 1분자를 구성하는 탄소원자의 수가 1개~3개의 불포화1가인 알코올을 말한다.
③ 과산화수소는 그 농도가 36중량% 이상인 것에 한한다.
④ 질산은 그 비중이 1.49 이상인 것에 한한다.

해설
알코올류란 1분자를 구성하는 탄소원자의 수가 1개부터 3개까지인 포화1가 알코올(변성알코올을 포함한다)을 말한다.

정답 ②

66 다음 중 위험물에 대한 내용과 그 특징이 아닌 것은?

① 위험물은 지정수량을 가지고 있다.
② 위험물은 제1류에서 제6류까지 구분한다.
③ 위험물은 대통령령이 정하는 인화성, 발화성 등의 물질이다.
④ 위험물은 대팻밥 등의 특수가연물을 포함한다.

해설
위험물은 대팻밥 등의 특수가연물을 포함하지 않는다.

정답 ④

67 다음 중 위험물의 설명에 대하여 옳지 않은 것은?

① 가연성 고체는 고형알코올 그 밖에 1기압에서 인화점이 섭씨 40℃ 미만인 고체를 말한다.
② 산화성 고체라 함은 고체로서 산화력의 잠재적인 위험성 또는 충격에 대한 민감성을 판단하기 위하여 소방청장이 정하여 고시하는 시험에서 고시로 정하는 성질과 상태를 나타내는 것을 말한다.
③ 자기반응성 물질이라 함은 고체 또는 액체로서 폭발의 위험성 또는 가열분해의 격렬함을 판단하기 위하여 고시로 정하는 시험에서 고시로 정하는 성질과 상태를 나타내는 것을 말한다.
④ 특수인화물이라 함은 이황화탄소, 디에틸에테르, 그 밖에 1기압에서 발화점이 섭씨 100℃ 이하인 것 또는 인화점이 섭씨 영하 20℃ 이하이고 비점이 섭씨 40℃ 이하인 것을 말한다.

해설
• 가연성 고체라 함은 고체로서 화염에 의한 발화의 위험성 또는 인화의 위험성을 판단하기 위하여 고시로 정하는 시험에서 고시로 정하는 성질과 상태를 나타내는 것을 말한다.
• 인화성 고체라 함은 고형알코올 그 밖에 1기압에서 인화점이 섭씨 40도 미만인 고체를 말한다.

정답 ①

시행령 [별표 2] 지정수량 이상의 위험물을 저장하기 위한 장소와 그에 따른 저장소의 구분

지정수량 이상의 위험물을 저장하기 위한 장소	저장소의 구분
1. 옥내(지붕과 기둥 또는 벽 등에 의하여 둘러싸인 곳을 말한다. 이하 같다)에 저장(위험물을 저장하는데 따르는 취급을 포함한다. 이하 이 표에서 같다)하는 장소. 다만, 제3호의 장소를 제외한다.	옥내저장소
2. 옥외에 있는 탱크(제4호 내지 제6호 및 제8호에 규정된 탱크를 제외한다. 이하 제3호에서 같다)에 위험물을 저장하는 장소	옥외탱크저장소
3. 옥내에 있는 탱크에 위험물을 저장하는 장소	옥내탱크저장소
4. 지하에 매설한 탱크에 위험물을 저장하는 장소	지하탱크저장소
5. 간이탱크에 위험물을 저장하는 장소	간이탱크저장소
6. 차량(피견인자동차에 있어서는 앞차축을 갖지 아니하는 것으로서 당해 피견인자동차의 일부가 견인자동차에 적재되고 당해 피견인자동차와 그 적재물의 중량의 상당부분이 견인자동차에 의하여 지탱되는 구조의 것에 한한다)에 고정된 탱크에 위험물을 저장하는 장소	이동탱크저장소
7. 옥외에 다음 각 목의 1에 해당하는 위험물을 저장하는 장소. 다만, 제2호의 장소를 제외한다. 가. 제2류 위험물 중 유황 또는 인화성고체(인화점이 섭씨 0도 이상인 것에 한한다) 나. 제4류 위험물 중 제1석유류(인화점이 섭씨 0도 이상인 것에 한한다)·알코올류·제2석유류·제3석유류·제4석유류 및 동식물유류 다. 제6류 위험물 라. 제2류 위험물 및 제4류 위험물중 특별시·광역시 또는 도의 조례에서 정하는 위험물(「관세법」 제154조의 규정에 의한 보세구역안에 저장하는 경우에 한한다) 마. 「국제해사기구에 관한 협약」에 의하여 설치된 국제해사기구가 채택한 「국제해상위험물규칙」(IMDG Code)에 적합한 용기에 수납된 위험물	옥외저장소
8. 암반 내의 공간을 이용한 탱크에 액체의 위험물을 저장하는 장소	암반탱크저장소

핵심정리

구분		옥외저장소에 저장 가능 여부
제1류 위험물		×
제3류 위험물		×
제5류 위험물		×
제2류 위험물	유황, 인화성고체	○
	그 밖의 것	×
제4류 위험물	특수인화물	×
	그 밖의 것	○
제6류 위험물		○

예상문제

01 지정수량 이상의 위험물을 저장하기 위한 장소에서 옥외저장소에 저장하는 위험물로 옳지 않은 것은?

① 제1류 위험물 중 질산염류
② 제2류 위험물 중 유황
③ 제4류 위험물 중 경유
④ 제6류 위험물 중 질산

해설
제1류 위험물, 제3류 위험물, 제5류 위험물은 옥외저장소에 저장할 수 없다.

정답 ①

02 지정수량 이상의 위험물을 일반적으로 옥외저장소에 저장할 수 없는 것은?

① 유황
② 인화성 고체
③ 질산
④ 특수인화물

해설
제4류 위험물 중 "제1석유류(인화점이 섭씨 0도 이상인 것에 한한다)·알코올류·제2석유류·제3석유류·제4석유류 및 동식물유류"는 옥외저장소에 저장할 수 있지만, "특수인화물"은 저장할 수 없다.

정답 ④

03 차량에 고정된 탱크에 위험물을 저장하는 제조소 등에 해당하는 것은?

① 이송취급소
② 이동탱크저장소
③ 옥외탱크저장소
④ 간이탱크저장소

해설
이동탱크저장소는 차량(피견인자동차에 있어서는 앞차축을 갖지 아니하는 것으로서 당해 피견인자동차의 일부가 견인자동차에 적재되고 당해 피견인자동차와 그 적재물의 중량의 상당부분이 견인자동차에 의하여 지탱되는 구조의 것에 한한다)에 고정된 탱크에 위험물을 저장하는 장소를 말한다.

정답 ②

04 다음 위험물 저장소의 종류 중 옳지 않은 것은?

① 옥내저장소
② 옥외저장소
③ 일반저장소
④ 이동탱크저장소

해설
위험물 저장소의 종류는 "옥내저장소, 옥외탱크저장소, 옥내탱크저장소, 지하탱크저장소, 간이탱크저장소, 이동탱크저장소, 옥외저장소, 암반탱크저장소"이다.

정답 ③

05 저장소란 지정수량 이상의 위험물을 저장하기 위하여 대통령령이 정하는 장소로서 규정에 따른 허가를 받은 장소를 말한다. 다음 중 위험물 저장소에 해당되지 않는 것은?

① 지하탱크저장소 ② 이동탱크저장소
③ 선박탱크저장소 ④ 간이탱크저장소

해설
선박탱크저장소는 위험물 저장소의 종류에 해당하지 않는다.

정답 ③

★★★★★ [개정 2021. 1. 5.]

시행령 [별표 3] 위험물을 제조외의 목적으로 취급하기 위한 장소와 그에 따른 취급소의 구분

위험물을 제조외의 목적으로 취급하기 위한 장소	취급소의 구분
1. 고정된 주유설비(항공기에 주유하는 경우에는 차량에 설치된 주유설비를 포함한다)에 의하여 자동차·항공기 또는 선박 등의 연료탱크에 직접 주유하기 위하여 위험물(「석유 및 석유대체연료 사업법」 제29조의 규정에 의한 가짜석유제품에 해당하는 물품을 제외한다. 이하 제2호에서 같다)을 취급하는 장소(위험물을 용기에 옮겨 담거나 차량에 고정된 5천리터 이하의 탱크에 주입하기 위하여 고정된 급유설비를 병설한 장소를 포함한다)	주유취급소
2. 점포에서 위험물을 용기에 담아 판매하기 위하여 지정수량의 40배 이하의 위험물을 취급하는 장소	판매취급소
3. 배관 및 이에 부속된 설비에 의하여 위험물을 이송하는 장소. 다만, 다음 각목의 1에 해당하는 경우의 장소를 제외한다. 가. 「송유관 안전관리법」에 의한 송유관에 의하여 위험물을 이송하는 경우 나. 제조소등에 관계된 시설(배관을 제외한다) 및 그 부지가 같은 사업소안에 있고 당해 사업소안에서만 위험물을 이송하는 경우 다. 사업소와 사업소의 사이에 도로(폭 2미터 이상의 일반교통에 이용되는 도로로서 자동차의 통행이 가능한 것을 말한다)만 있고 사업소와 사업소 사이의 이송배관이 그 도로를 횡단하는 경우 라. 사업소와 사업소 사이의 이송배관이 제3자(당해 사업소와 관련이 있거나 유사한 사업을 하는 자에 한한다)의 토지만을 통과하는 경우로서 당해 배관의 길이가 100미터 이하인 경우 마. 해상구조물에 설치된 배관(이송되는 위험물이 별표 1의 제4류 위험물중 제1석유류인 경우에는 배관의 안지름이 30센티미터 미만인 것에 한한다)으로서 해당 해상구조물에 설치된 배관이 길이가 30미터 이하인 경우 바. 사업소와 사업소 사이의 이송배관이 다목 내지 마목의 규정에 의한 경우중 2이상에 해당하는 경우 사. 「농어촌 전기공급사업 촉진법」에 따라 설치된 자가발전시설에 사용되는 위험물을 이송하는 경우	이송취급소
4. 제1호 내지 제3호 외의 장소(「석유 및 석유대체연료 사업법」 제29조의 규정에 의한 가짜석유제품에 해당하는 위험물을 취급하는 경우의 장소를 제외한다)	일반취급소

핵심정리

취급소의 종류에 해당되는 것	취급소의 종류에 해당되지 않는 것
1. 주유취급소 2. 판매취급소 3. 이송취급소 4. 일반취급소	1. 저장탱크취급소 2. 관리취급소 3. 특수취급소 4. 이동탱크취급소 5. 저장취급소 6. 지하취급소

예상문제

01 다음 중 위험물안전관리법에 있어서 취급소에 해당되지 않는 것은?

① 저장탱크취급소　　② 주유취급소
③ 판매취급소　　　　④ 일반취급소

해설
위험물 취급소의 종류는 "주유취급소, 판매취급소, 이송취급소, 일반취급소"이다.

정답 ①

02 다음 중 위험물취급소의 종류로서 옳지 않은 것은?

① 관리취급소　　② 일반취급소
③ 주유취급소　　④ 판매취급소

해설
관리취급소는 위험물 취급소의 종류가 아니다.

정답 ①

03 다음 중 위험물안전관리법에서 말하는 취급소의 종류가 아닌 것은?

① 일반취급소　　② 특수취급소
③ 주유취급소　　④ 판매취급소

해설
특수취급소는 위험물 취급소의 종류가 아니다.

정답 ②

04 위험물안전관리법에서 위험물취급소의 종류가 아닌 것은?
① 이송취급소 ② 주유취급소
③ 이동탱크취급소 ④ 일반취급소

■ 해설
이동탱크취급소는 위험물 취급소의 종류가 아니다.

정답 ③

05 다음 중 위험물 취급소의 종류가 아닌 것은?
① 일반취급소 ② 이송취급소
③ 주유취급소 ④ 저장취급소

■ 해설
저장취급소는 위험물 취급소의 종류가 아니다.

정답 ④

06 다음 중 위험물 취급소의 종류가 아닌 것은?
① 일반취급소 ② 이송취급소
③ 주유취급소 ④ 지하취급소

■ 해설
지하취급소는 위험물 취급소의 종류가 아니다.

정답 ④

07 고정된 주유설비에 의하여 자동차·항공기 또는 선박 등의 연료탱크에 직접 주유하기 위하여 위험물을 취급하는 장소는?
① 판매취급소 ② 주유취급소
③ 이송취급소 ④ 일반취급소

■ 해설
주유취급소는 "고정된 주유설비(항공기에 주유하는 경우에는 차량에 설치된 주유설비를 포함한다)에 의하여 자동차·항공기 또는 선박 등의 연료탱크에 직접 주유하기 위하여 위험물을 취급하는 장소"이다.

정답 ②

08 다음 중 취급소에 대한 설명으로 옳지 않은 것은?

① 이송취급소 – 이동탱크로서 위험물을 이용한 취급소를 말한다.
② 주유취급소 – 고정된 주유설비에 의하여 자동차·항공기 또는 선박 등의 연료탱크에 직접 주유하기 위하여 위험물을 취급하는 장소
③ 판매취급소 – 점포에서 위험물을 용기에 담아 판매하기 위하여 지정수량의 40배 이하의 위험물을 취급하는 장소
④ 일반취급소 – 주유·판매·이송취급소 외의 취급소를 말한다.

해설
이송취급소는 "배관 및 이에 부속된 설비에 의하여 위험물을 이송하는 장소"이다.

정답 ①

09 다음 위험물제조소 등에 대한 설명 중 올바른 것은?

① 이송취급소는 이동이 가능한 주유설비에 의하여 자동차, 항공기 등의 연료탱크에 주유하기 위하여 위험물을 취급하는 장소이다.
② 주유취급소는 배관 및 이에 부속된 설비에 의하여 위험물을 이송하는 장소이다.
③ 암반탱크저장소는 암반 내의 공간을 이용한 탱크에 고체의 위험물을 저장하는 장소이다.
④ 판매취급소는 점포에서 위험물을 용기에 담아 판매하기 위하여 지정수량 40배 이하의 위험물을 취급하는 장소이다.

해설
• 이송취급소는 "배관 및 이에 부속된 설비에 의하여 위험물을 이송하는 장소"이다.
• 주유취급소는 "고정된 주유설비에 의하여 자동차·항공기 또는 선박 등의 연료탱크에 직접 주유하기 위하여 위험물을 취급하는 장소"이다.
• 암반탱크저장소는 "암반 내의 공간을 이용한 탱크에 액체의 위험물을 저장하는 장소"이다.

정답 ④

시행령 [별표 4] 탱크안전성능검사의 내용

★★★☆☆

구분	검사내용
1. 기초·지반검사	가. 제8조제1항제1호의 규정에 의한 탱크 중 나목 외의 탱크 : 탱크의 기초 및 지반에 관한 공사에 있어서 당해 탱크의 기초 및 지반이 행정안전부령으로 정하는 기준에 적합한지 여부를 확인함 나. 제8조제1항제1호의 규정에 의한 탱크 중 행정안전부령으로 정하는 탱크 : 탱크의 기초 및 지반에 관한 공사에 상당한 것으로서 행정안전부령으로 정하는 공사에 있어서 당해 탱크의 기초 및 지반에 상당하는 부분이 행정안전부령으로 정하는 기준에 적합한지 여부를 확인함
2. 충수·수압검사	탱크에 배관 그 밖의 부속설비를 부착하기 전에 당해 탱크 본체의 누설 및 변형에 대한 안전성이 행정안전부령으로 정하는 기준에 적합한지 여부를 확인함
3. 용접부검사	탱크의 배관 그 밖의 부속설비를 부착하기 전에 행하는 당해 탱크의 본체에 관한 공사에 있어서 탱크의 용접부가 행정안전부령으로 정하는 기준에 적합한지 여부를 확인함
4. 암반탱크검사	탱크의 본체에 관한 공사에 있어서 탱크의 구조가 행정안전부령으로 정하는 기준에 적합한지 여부를 확인함

예상문제

01 누설 및 변형에 대한 안정성 부분까지 해당하는 탱크안전성능검사는?

① 기초·지반검사　　　　　　② 용접부검사
③ 충수·수압검사　　　　　　④ 암반탱크검사

해설
충수·수압검사는 탱크에 배관 그 밖의 부속설비를 부착하기 전에 당해 탱크 본체의 누설 및 변형에 대한 안전성이 행정안전부령으로 정하는 기준에 적합한지 여부를 확인하는 검사이다.

정답 ③

시행령 [별표 5] 위험물취급자격자의 자격

★★★★☆

위험물취급자격자의 구분	취급할 수 있는 위험물
1. 「국가기술자격법」에 따라 위험물기능장, 위험물산업기사, 위험물기능사의 자격을 취득한 사람	별표 1의 모든 위험물
2. 안전관리자교육이수자(법 28조제1항에 따라 소방청장이 실시하는 안전관리자교육을 이수한 자를 말한다. 이하 별표 6에서 같다)	별표 1의 위험물 중 제4류 위험물
3. 소방공무원 경력자(소방공무원으로 근무한 경력이 3년 이상인 자를 말한다. 이하 별표 6에서 같다)	별표 1의 위험물 중 제4류 위험물

예상문제

01 소방공무원 5년 경력이면 취급할 수 있는 위험물은?

① 제1류 위험물   ② 제2류 위험물
③ 제3류 위험물   ④ 제4류 위험물

해설

소방공무원 경력자(소방공무원으로 근무한 경력이 3년 이상인 자)는 제4류 위험물을 취급할 수 있다.

위험물취급자격자의 구분	취급할 수 있는 위험물
위험물기능장, 위험물산업기사, 위험물기능사 자격취득자	모든 위험물
소방청장이 실시하는 안전관리자교육이수자	제4류 위험물
소방공무원으로 근무한 경력이 3년 이상인 자	제4류 위험물

정답 ④

02 위험물취급자격자의 자격에 관한 사항이다. 위험물을 관리할 때 유별에 관계없이 모든 위험물을 취급할 수 있는 사람은?

① 소방기술사   ② 위험물기능장, 위험물산업기사
③ 소방시설관리업자   ④ 소방청장이 실시하는 안전교육을 이수한 자

해설

위험물기능장, 위험물산업기사, 위험물기능사의 자격을 취득한 사람은 유별에 관계없이 모든 위험물을 취급할 수 있다.

정답 ②

03 다음 중 위험물 취급자격자에 대한 설명 중 옳지 않은 것은?

① 관계인은 안전관리자가 여행·질병 등으로 일시적으로 직무를 수행할 수 없거나 해임·퇴직과 동시에 다른 안전관리자를 선임하지 못하는 경우에는 자격취득자나 위험물안전에 관한 기본지식과 경험이 있는 자를 대리자로 지정하여 그 직무를 대행하게 한다.
② 관계인은 위험물의 안전관리에 관한 직무를 수행하게 하기 위하여 제조소 등마다 제4류 위험물과 제6류 위험물의 취급에 관한 자격이 있는 자를 선임하여야 한다.
③ 소방공무원으로 근무한 경력이 3년 이상인 자는 제4류 위험물의 취급 자격이 있다.
④ 위험물기능장, 위험물산업기사, 위험물기능사는 모든 위험물을 취급할 수 있다.

해설
관계인은 위험물의 안전관리에 관한 직무를 수행하게 하기 위하여 제조소 등마다 대통령령이 정하는 위험물의 취급에 관한 자격이 있는 자를 위험물안전관리자로 선임하여야 한다.

정답 ②

04 위험물자격자가 위험물을 취급할 수 있는 범위에 대한 사항으로 옳지 않은 것은?

① 위험물기능장·위험물산업기사는 모든 위험물을 취급할 수 있다.
② 위험물기능사는 모든 위험물을 취급할 수 있다.
③ 안전관리교육을 이수한 자는 제4류와 제6류 위험물 외에는 취급할 수 없다.
④ 소방공무원 3년 이상 경력자는 제4류 위험물만을 취급할 수 있다.

해설
안전관리자교육이수자(소방청장이 실시하는 안전관리자교육을 이수한 자)는 제4류 위험물 외에는 취급할 수 없다.

정답 ③

★★★★★ [개정 2020. 7. 14.]

시행령 [별표 8] 자체소방대에 두는 화학소방자동차 및 인원

사업소의 구분	화학소방자동차	자체소방대원의 수
1. 제조소 또는 일반취급소에서 취급하는 제4류 위험물의 최대수량의 합이 지정수량의 3천배 이상 12만배 미만인 사업소	1대	5인
2. 제조소 또는 일반취급소에서 취급하는 제4류 위험물의 최대수량의 합이 지정수량의 12만배 이상 24만배 미만인 사업소	2대	10인
3. 제조소 또는 일반취급소에서 취급하는 제4류 위험물의 최대수량의 합이 지정수량의 24만배 이상 48만배 미만인 사업소	3대	15인

사업소의 구분		
4. 제조소 또는 일반취급소에서 취급하는 제4류 위험물의 최대수량의 합이 지정수량의 48만배 이상인 사업소	4대	20인
5. 옥외탱크저장소에 저장하는 제4류 위험물의 최대수량이 지정수량의 50만배 이상인 사업소	2대	10인

※ 비고 : 화학소방자동차에는 행정안전부령으로 정하는 소화능력 및 설비를 갖추어야 하고, 소화활동에 필요한 소화약제 및 기구(방열복 등 개인장구를 포함한다)를 비치하여야 한다.

핵심정리

사업소의 구분	화학소방자동차
3천배 이상 12만배 미만인 제조소 또는 일반취급소(제4류 위험물)	1대
12만배 이상 24만배 미만인 제조소 또는 일반취급소(제4류 위험물)	2대
24만배 이상 48만배 미만인 제조소 또는 일반취급소(제4류 위험물)	3대
48만배 이상인 제조소 또는 일반취급소(제4류 위험물)	4대
50만배 이상인 옥외탱크저장소(제4류 위험물)	2대

예상문제

01 다음은 자체소방대에 두는 화학소방자동차와 자체소방대원의 수에 관한 규정이다. 빈칸에 들어갈 숫자가 바르게 짝지어진 것은? ⟨㉠, ㉡ 순⟩

> 제조소 또는 일반취급소에서 취급하는 제4류 위험물의 최대수량의 합이 지정수량의 24만 배 이상 48만 배 미만인 사업소에는 화학소방자동차 (㉠)대와 자체소방대원 (㉡)인을 두어야 한다.

① 2, 10　　　　　　　　　② 2, 15
③ 3, 10　　　　　　　　　④ 3, 15

해설
제조소 또는 일반취급소에서 취급하는 제4류 위험물의 최대수량의 합이 지정수량의 24만 배 이상 48만 배 미만인 사업소에는 화학소방자동차 3대와 자체소방대원 15인을 두어야 한다.

정답 ④

02 제조소 또는 일반취급소에서 취급하는 제4류 위험물의 지정수량이 24만 배 이상 48만 배 미만인 사업소에 관하여 자체소방대에 두는 화학소방자동차와 자체소방대원의 수가 알맞은 것은?

① 화학소방자동차 1대, 자체소방대원 5인
② 화학소방자동차 2대, 자체소방대원 10인
③ 화학소방자동차 3대, 자체소방대원 15인
④ 화학소방자동차 4대, 자체소방대원 20인

해설
제조소 또는 일반취급소에서 취급하는 제4류 위험물의 지정수량이 24만 배 이상 48만 배 미만인 사업소에는 화학소방자동차 3대, 자체소방대원 15인을 두어야 한다.

정답 ③

03 다음 중 위험물의 지정수량이 48만 배 이상일 때 자체소방대에 두는 화학소방차 보유대수는?

① 1대 ② 2대
③ 3대 ④ 4대

해설
위험물의 지정수량이 48만 배 이상일 때 자체소방대에 두는 화학소방차 보유대수는 4대이다.

정답 ④

04 제4류 위험물 중 알코올 8,000만 리터에 갖추어야 할 화학소방차의 대수와 필요한 자체소방대의 인원수은?

① 1대 - 5인 ② 1대 - 10인
③ 2대 - 10인 ④ 2대 - 15인

해설
제4류 위험물 중 알코올의 지정수량이 400리터이므로, 8,000만 리터는 지정수량의 20만배에 해당된다. 20만배는 지정수량의 12만배 이상 24만배 미만에 해당되므로 화학소방차 2대와 10인의 자체소방대원이 필요하다.

정답 ③

시행규칙 제5조(탱크 용적의 산정기준)

① 위험물을 저장 또는 취급하는 탱크의 용량은 해당 탱크의 내용적에서 공간용적을 뺀 용적으로 한다. 이 경우 위험물을 저장 또는 취급하는 영 별표 2 제6호에 따른 차량에 고정된 탱크(이하 "이동저장탱크"라 한다)의 용량은 「자동차 및 자동차부품의 성능과 기준에 관한 규칙」에 따른 최대적재량 이하로 하여야 한다.
② 제1항의 규정에 의한 탱크의 내용적 및 공간용적의 계산방법은 소방청장이 정하여 고시한다.
③ 제1항의 규정에 불구하고 제조소 또는 일반취급소의 위험물을 취급하는 탱크 중 특수한 구조 또는 설비를 이용함에 따라 당해 탱크내의 위험물의 최대량이 제1항의 규정에 의한 용량 이하인 경우에는 당해 최대량을 용량으로 한다.

예상문제

01 위험물을 저장 또는 취급하는 탱크의 용량 산정기준으로 알맞은 것은?
① 탱크의 용량=탱크의 내용적−공간용적
② 탱크의 용량=탱크의 공간용적−내용적
③ 탱크의 용량=탱크−탱크의 볼록한 부분이나 오목한 부분
④ 탱크의 용량=탱크의 내용적+10%−탱크에 접속된 관 길이

해설
위험물을 저장 또는 취급하는 탱크의 용량은 해당 탱크의 내용적에서 공간용적을 뺀 용적으로 한다.

정답 ①

02 위험물탱크용적의 산정기준으로서 옳은 것은?
① 탱크와 용량은 해당 공간용적을 탱크 내용적에서 뺀 용적으로 한다.
② 탱크의 용량은 해당 탱크의 공간용적에서 내용적을 뺀 용적으로 한다.
③ 탱크의 용량은 해당 공간용적을 탱크 외용적에서 뺀 용적으로 한다.
④ 탱크의 용량은 해당 탱크 외용적에서 공간용적을 뺀 용적으로 한다.

해설
위험물을 저장 또는 취급하는 탱크의 용량은 해당 탱크의 내용적에서 공간용적을 뺀 용적으로 한다.

정답 ①

★★★☆☆ [개정 2021. 7. 13.]

시행규칙 제18조(탱크안전성능검사의 신청 등)

① 법 제8조제1항에 따라 탱크안전성능검사를 받아야 하는 자는 별지 제20호서식의 신청서(전자문서로 된 신청서를 포함한다)를 해당 위험물탱크의 설치장소를 관할하는 소방서장 또는 기술원에 제출하여야 한다. 다만, 설치장소에서 제작하지 아니하는 위험물탱크에 대한 탱크안전성능검사(충수·수압검사에 한한다)의 경우에는 별지 제20호서식의 신청서(전자문서로 된 신청서를 포함한다)에 해당 위험물탱크의 구조명세서 1부를 첨부하여 해당 위험물탱크의 제작지를 관할하는 소방서장에게 신청할 수 있다.

② 법 제8조제1항 후단에 따른 탱크안전성능시험을 받고자 하는 자는 별지 제20호서식의 신청서에 해당 위험물탱크의 구조명세서 1부를 첨부하여 기술원 또는 탱크시험자에게 신청할 수 있다.

③ 영 제9조제2항에 따라 충수·수압검사를 면제받으려는 자는 별지 제21호서식의 탱크시험합격확인증에 탱크시험성적서를 첨부하여 소방서장에게 제출해야 한다. 〈개정 2021. 7. 13.〉

④ 제1항의 규정에 의한 탱크안전성능검사의 신청시기는 다음 각 호의 구분에 의한다.
  1. 기초·지반검사 : 위험물탱크의 기초 및 지반에 관한 공사의 개시 전
  2. 충수·수압검사 : 위험물을 저장 또는 취급하는 탱크에 배관 그 밖의 부속설비를 부착하기 전
  3. 용접부검사 : 탱크본체에 관한 공사의 개시 전
  4. 암반탱크검사 : 암반탱크의 본체에 관한 공사의 개시 전

⑤ 소방서장 또는 기술원은 탱크안전성능검사를 실시한 결과 제12조제1항·제4항, 제13조제1항, 제14조제1항 및 제15조제1항에 따른 기준에 적합하다고 인정되는 때에는 해당 탱크안전성능검사를 신청한 자에게 별지 제21호서식의 탱크검사합격확인증을 교부하고, 적합하지 않다고 인정되는 때에는 신청인에게 서면으로 그 사유를 통보해야 한다. 〈개정 2021. 7. 13.〉

⑥ 영 제22조제1항제1호 다목에서 "행정안전부령이 정하는 액체위험물탱크"라 함은 별표 8 Ⅱ의 규정에 의한 이중벽탱크를 말한다.

예상문제

01 다음 중 위험물 탱크 안전성능검사가 아닌 것은?
① 기초·지반검사
② 충수·수압검사
③ 재질·강도검사
④ 용접부검사

해설
위험물 탱크안전성능검사의 종류는 "기초·지반검사, 충수·수압검사, 용접부검사, 암반탱크검사"이다.
정답 ③

02 다음 중 위험물 탱크안전성능검사의 신청 등에 관하여 옳지 않은 것은?
① 기초·지반검사 : 위험물탱크의 기초 및 지반에 관한 공사의 개시 전
② 충수·수압검사 : 위험물을 저장 또는 취급하는 탱크에 배관 그 밖의 부속설비를 부착하기 전
③ 유류탱크검사 : 탱크본체에 관한 공사의 개시 전
④ 암반탱크검사 : 암반탱크의 본체에 관한 공사의 개시 전

해설
유류탱크검사는 위험물 탱크안전성능검사에 해당하지 않는다. 탱크본체에 관한 공사의 개시 전에 하는 것은 용접부검사이다.

종류	신청시기
기초·지반검사	위험물탱크의 기초 및 지반에 관한 공사의 개시 전
충수·수압검사	위험물을 저장 또는 취급하는 탱크에 배관 그 밖의 부속설비를 부착하기 전
용접부검사	탱크본체에 관한 공사의 개시 전
암반탱크검사	암반탱크의 본체에 관한 공사의 개시 전

정답 ③

03 다음 중 탱크안전성능검사의 신청시기에 대하여 옳지 않은 것은?
① 기초·지반검사 – 공사개시 전
② 충수·수압검사 – 부속설비 부착 후
③ 용접부 검사 – 공사개시 전
④ 암반탱크검사 – 공사개시 전

해설
충수·수압검사는 "위험물을 저장 또는 취급하는 탱크에 배관 그 밖의 부속설비를 부착하기 전"에 신청하여야 한다.
정답 ②

★★★★☆ [개정 2021. 7. 13.]

시행규칙 제20조(완공검사의 신청시기)

법 제9조제1항에 따른 제조소등의 완공검사 신청시기는 다음 각 호의 구분에 따른다. 〈개정 2021. 7. 13.〉

1. 지하탱크가 있는 제조소등의 경우 : 당해 지하탱크를 매설하기 전
2. 이동탱크저장소의 경우 : 이동저장탱크를 완공하고 상시 설치 장소(이하 "상치장소"라 한다)를 확보한 후
3. 이송취급소의 경우 : 이송배관 공사의 전체 또는 일부를 완료한 후. 다만, 지하·하천 등에 매설하는 이송배관의 공사의 경우에는 이송배관을 매설하기 전
4. 전체 공사가 완료된 후에는 완공검사를 실시하기 곤란한 경우 : 다음 각 목에서 정하는 시기
   가. 위험물설비 또는 배관의 설치가 완료되어 기밀시험 또는 내압시험을 실시하는 시기
   나. 배관을 지하에 설치하는 경우에는 시·도지사, 소방서장 또는 기술원이 지정하는 부분을 매몰하기 직전
   다. 기술원이 지정하는 부분의 비파괴시험을 실시하는 시기
5. 제1호 내지 제4호에 해당하지 아니하는 제조소등의 경우 : 제조소등의 공사를 완료한 후

예상문제

01 다음 중 완공검사의 신청시기로 옳지 않은 것은?

① 지하탱크가 있는 제조소 등의 경우는 당해 지하탱크를 매설하기 전
② 이동탱크저장소의 경우 이동저장탱크를 완공하고 상시 설치 장소를 확보하기 전
③ 이송취급소의 경우 이송배관 공사의 전체 또는 일부를 완료한 후. 다만 지하·하천 등에 매설하는 이송배관의 공사의 경우에는 이송배관을 매설하기 전
④ 전체 공사가 완료된 후에는 완공검사를 실시하기 곤란한 경우에는 위험물설비 또는 배관의 설치가 완료되어 기밀시험 또는 내압시험을 실시하는 시기

해설
이동탱크저장소의 경우에는 "이동저장탱크를 완공하고 상시 설치 장소를 확보한 후"에 완공검사를 신청하여야 한다.

정답 ②

02 이동탱크저장소의 경우 완공검사의 신청시기는 언제 하는가?

① 이동저장탱크를 완공하고 상시 설치 장소를 확보한 후
② 위험물을 적재하기 전
③ 제조소 등의 공사를 완료한 후
④ 위험물탱크 설치 완공 전

해설

이동탱크저장소의 경우에는 "이동저장탱크를 완공하고 상시 설치 장소를 확보한 후"에 완공검사를 신청하여야 한다.

정답 ①

03 지하탱크가 있는 제조소 등의 경우 완공검사의 신청시기는?

① 당해 지하탱크를 매설하기 전
② 당해 지하탱크를 매설한 후
③ 당해 지하탱크를 완공 전
④ 당해 지하탱크를 완공 후

해설

지하탱크가 있는 제조소 등의 경우에는 "당해 지하탱크를 매설하기 전"에 완공검사를 신청하여야 한다.

정답 ①

★★☆☆☆ [개정 2020. 10. 12.]

시행규칙 제42조(경보설비의 기준)

① 법 제5조제4항의 규정에 의하여 영 별표 1의 규정에 의한 지정수량의 10배 이상의 위험물을 저장 또는 취급하는 제조소등(이동탱크저장소를 제외한다)에는 화재발생시 이를 알릴 수 있는 경보설비를 설치하여야 한다.
② 제1항에 따른 경보설비는 자동화재탐지설비·자동화재속보설비·비상경보설비(비상벨장치 또는 경종을 포함한다)·확성장치(휴대용확성기를 포함한다) 및 비상방송설비로 구분하되, 제조소등별로 설치하여야 하는 경보설비의 종류 및 설치기준은 별표 17과 같다. 〈개정 2020. 10. 12.〉
③ 자동신호장치를 갖춘 스프링클러설비 또는 물분무등소화설비를 설치한 제조소등에 있어서는 제2항의 규정에 의한 자동화재탐지설비를 설치한 것으로 본다.

핵심정리

경보설비 설치대상	지정수량의 10배 이상의 위험물을 저장 또는 취급하는 제조소등(이동탱크저장소를 제외한다)
경보설비 종류	1. 비상경보설비(비상벨장치 또는 경종을 포함) 2. 비상방송설비 3. 확성장치(휴대용확성기를 포함한다) 4. 자동화재탐지설비 5. 자동화재속보설비

암기법 비경 비방 확성 자탐 자속

★☆☆☆☆ [개정 2020. 10. 12.]

시행규칙 제63조(예방규정의 작성 등)

① 법 제17조제1항에 따라 영 제15조 각 호의 어느 하나에 해당하는 제조소등의 관계인은 다음 각 호의 사항이 포함된 예방규정을 작성하여야 한다.
  1. 위험물의 안전관리업무를 담당하는 자의 직무 및 조직에 관한 사항
  2. 안전관리자가 여행·질병 등으로 인하여 그 직무를 수행할 수 없을 경우 그 직무의 대리자에 관한 사항
  3. 영 제18조의 규정에 의하여 자체소방대를 설치하여야 하는 경우에는 자체소방대의 편성과 화학소방자동차의 배치에 관한 사항
  4. 위험물의 안전에 관계된 작업에 종사하는 자에 대한 안전교육 및 훈련에 관한 사항
  5. 위험물시설 및 작업장에 대한 안전순찰에 관한 사항
  6. 위험물시설·소방시설 그 밖의 관련시설에 대한 점검 및 정비에 관한 사항
  7. 위험물시설의 운전 또는 조작에 관한 사항
  8. 위험물 취급작업의 기준에 관한 사항
  9. 이송취급소에 있어서는 배관공사 현장책임자의 조건 등 배관공사 현장에 대한 감독체제에 관한 사항과 배관주위에 있는 이송취급소 시설 외의 공사를 하는 경우 배관의 안전확보에 관한 사항
  10. 재난 그 밖의 비상시의 경우에 취하여야 하는 조치에 관한 사항
  11. 위험물의 안전에 관한 기록에 관한 사항
  12. 제조소등의 위치·구조 및 설비를 명시한 서류와 도면의 정비에 관한 사항
  13. 그 밖에 위험물의 안전관리에 관하여 필요한 사항
② 예방규정은 「산업안전보건법」 제25조에 따른 안전보건관리규정과 통합하여 작성할 수 있다. 〈개정 2020. 10. 12.〉

③ 영 제15조 각 호의 어느 하나에 해당하는 제조소등의 관계인은 예방규정을 제정하거나 변경한 경우에는 별지 제39호서식의 예방규정제출서에 제정 또는 변경한 예방규정 1부를 첨부하여 시·도지사 또는 소방서장에게 제출하여야 한다.

예상문제

01 다음의 위험물제조소 등에 관한 설명 중 옳지 않은 것은?

① 이송취급소는 지정수량과 관계없이 예방규정을 정하여 사용을 시작하기 전에 시·도지사에게 서류를 제출하여야 한다.
② 제조소 등의 관계인은 예방규정을 제정하거나 변경한 경우에는 예방규정제출서에 제정 또는 변경한 예방규정 1부를 첨부하여 시·도지사 또는 소방서장에게 제출하여야 한다.
③ 제조소 등의 관계인과 그 종업원은 예방규정을 충분히 잘 익히고 준수하여야 한다.
④ 예방규정에는 안전관리자의 직무 대리자에 관한 사항이 포함되어 있지 않다.

 해설
예방규정에는 안전관리자의 직무 대리자에 관한 사항(안전관리자가 여행·질병 등으로 인하여 그 직무를 수행할 수 없을 경우 그 직무의 대리자에 관한 사항)이 포함되어 있다.

정답 ④

★☆☆☆☆ [개정 2021. 10. 21.]

시행규칙 제70조(정기검사의 시기)

① 법 제18조제3항에 따른 정기검사(이하 "정기검사"라 한다)를 받아야 하는 특정·준특정옥외탱크저장소의 관계인은 다음 각 호의 구분에 따라 정밀정기검사 및 중간정기검사를 받아야 한다. 다만, 재난 그 밖의 비상사태의 발생, 안전유지상의 필요 또는 사용상황 등의 변경으로 해당 시기에 정기검사를 실시하는 것이 적당하지 않다고 인정되는 때에는 소방서장의 직권 또는 관계인의 신청에 따라 소방서장이 따로 지정하는 시기에 정기검사를 받을 수 있다. 〈개정 2021. 10. 21.〉
　1. 정밀정기검사 : 다음 각 목의 어느 하나에 해당하는 기간 내에 1회
　　가. 특정·준특정옥외탱크저장소의 설치허가에 따른 완공검사합격확인증을 발급받은 날부터 12년
　　나. 최근의 정밀정기검사를 받은 날부터 11년
　2. 중간정기검사 : 다음 각 목의 어느 하나에 해당하는 기간 내에 1회

　　　가. 특정·준특정옥외탱크저장소의 설치허가에 따른 완공검사합격확인증을 발급받은 날부터 4년
　　　나. 최근의 정밀정기검사 또는 중간정기검사를 받은 날부터 4년
② 삭제 〈2009. 3. 17.〉
③ 제1항제1호에 따른 정밀정기검사(이하 "정밀정기검사"라 한다)를 받아야 하는 특정·준특정옥외탱크저장소의 관계인은 제1항에도 불구하고 정밀정기검사를 제65조제1항에 따른 구조안전점검을 실시하는 때에 함께 받을 수 있다. 〈개정 2020. 10. 12.〉

핵심정리

구분	검사시기	암기법
정밀 정기검사	완공검사합격확인증을 발급받은 날부터 12년 최근의 정밀정기검사를 받은 날부터 11년	최초 12년, 11년마다
중간 정기검사	완공검사합격확인증을 발급받은 날부터 4년 최근의 정밀정기검사 또는 중간정기검사를 받은 날부터 4년	최초 4년, 4년 마다

예상문제

01 특정옥외탱크저장소는 소방본부장이나 소방서장으로부터 정기검사를 받아야 한다. 정밀정기검사는 완공검사합격확인증을 발급받은 날부터 몇 년 이내에 받아야 하는가?
① 2년　　　　　　　　　　② 3년
③ 11년　　　　　　　　　　④ 12년

해설
특정옥외탱크저장소의 관계인은 설치허가에 따른 완공검사합격확인증을 발급받은 날부터 12년 이내에 정밀정기검사를 받아야 한다.

정답 ④

★★★★★ [개정 2021. 10. 21.]

시행규칙 [별표 4] 제조소의 위치·구조 및 설비의 기준

Ⅰ. 안전거리
1. 제조소(제6류 위험물을 취급하는 제조소를 제외한다)는 다음 각목의 규정에 의한 건축물의 외벽 또는 이에 상당하는 공작물의 외측으로부터 당해 제조소의 외벽 또는 이에 상당하는 공작물의 외측까지의 사이에 다음 각목의 규정에 의한 수평거리(이하 "안전거리"라 한다)를 두어야 한다.
    가. 나목 내지 라목의 규정에 의한 것 외의 건축물 그 밖의 공작물로서 주거용으로 사용되는 것(제조소가 설치된 부지내에 있는 것을 제외한다)에 있어서는 10m 이상
    나. 학교·병원·극장 그 밖에 다수인을 수용하는 시설로서 다음의 1에 해당하는 것에 있어서는 30m 이상
        1) 「초·중등교육법」 제2조 및 「고등교육법」 제2조에 정하는 학교
        2) 「의료법」 제3조제2항제3호에 따른 병원급 의료기관
        3) 「공연법」 제2조제4호에 따른 공연장, 「영화 및 비디오물의 진흥에 관한 법률」 제2조제10호에 따른 영화상영관 및 그 밖에 이와 유사한 시설로서 3백명 이상의 인원을 수용할 수 있는 것
        4) 「아동복지법」 제3조제10호에 따른 아동복지시설, 「노인복지법」 제31조제1호부터 제3호까지에 해당하는 노인복지시설, 「장애인복지법」 제58조제1항에 따른 장애인복지시설, 「한부모가족지원법」 제19조제1항에 따른 한부모가족복지시설, 「영유아보육법」 제2조제3호에 따른 어린이집, 「성매매 방지 및 피해자보호 등에 관한 법률」 제9조제1항에 따른 성매매피해자등을 위한 지원시설, 「정신건강증진 및 정신질환자 복지서비스 지원에 관한 법률」 제3조제4호에 따른 정신건강증진시설, 「가정폭력방지 및 피해자보호 등에 관한 법률」 제7조의2제1항에 따른 보호시설 및 그 밖에 이와 유사한 시설로서 20명 이상의 인원을 수용할 수 있는 것
    다. 「문화재보호법」의 규정에 의한 유형문화재와 기념물 중 지정문화재에 있어서는 50m 이상
    라. 고압가스, 액화석유가스 또는 도시가스를 저장 또는 취급하는 시설로서 다음의 1에 해당하는 것에 있어서는 20m 이상. 다만, 당해 시설의 배관 중 제조소가 설치된 부지 내에 있는 것은 제외한다.
        1) 「고압가스 안전관리법」의 규정에 의하여 허가를 받거나 신고를 하여야 하는 고압가스제조시설(용기에 충전하는 것을 포함한다) 또는 고압가스 사용시설로서 1일 30㎥ 이상의 용적을 취급하는 시설이 있는 것
        2) 「고압가스 안전관리법」의 규정에 의하여 허가를 받거나 신고를 하여야 하는 고압가스저장시설

3) 「고압가스 안전관리법」의 규정에 의하여 허가를 받거나 신고를 하여야 하는 액화산소를 소비하는 시설
4) 「액화석유가스의 안전관리 및 사업법」의 규정에 의하여 허가를 받아야 하는 액화석유가스제조시설 및 액화석유가스저장시설
5) 「도시가스사업법」 제2조제5호의 규정에 의한 가스공급시설

마. 사용전압이 7,000V 초과 35,000V 이하의 특고압가공전선에 있어서는 3m 이상
바. 사용전압이 35,000V를 초과하는 특고압가공전선에 있어서는 5m 이상

2. 제1호가목 내지 다목의 규정에 의한 건축물 등은 부표의 기준에 의하여 불연재료로 된 방화상 유효한 담 또는 벽을 설치하는 경우에는 동표의 기준에 의하여 안전거리를 단축할 수 있다.

Ⅱ. 보유공지
1. 위험물을 취급하는 건축물 그 밖의 시설(위험물을 이송하기 위한 배관 그 밖에 이와 유사한 시설을 제외한다)의 주위에는 그 취급하는 위험물의 최대수량에 따라 다음 표에 의한 너비의 공지를 보유하여야 한다.

취급하는 위험물의 최대수량	공지의 너비
지정수량의 10배 이하	3m 이상
지정수량의 10배 초과	5m 이상

2. 제조소의 작업공정이 다른 작업장의 작업공정과 연속되어 있어, 제조소의 건축물 그 밖의 공작물의 주위에 공지를 두게 되면 그 제조소의 작업에 현저한 지장이 생길 우려가 있는 경우 당해 제조소와 다른 작업장 사이에 다음 각목의 기준에 따라 방화상 유효한 격벽(隔壁)을 설치한 때에는 당해 제조소와 다른 작업장 사이에 제1호의 규정에 의한 공지를 보유하지 아니할 수 있다.
가. 방화벽은 내화구조로 할 것, 다만 취급하는 위험물이 제6류 위험물인 경우에는 불연재료로 할 수 있다.
나. 방화벽에 설치하는 출입구 및 창 등의 개구부는 가능한 한 최소로 하고, 출입구 및 창에는 자동폐쇄식의 갑종방화문을 설치할 것
다. 방화벽의 양단 및 상단이 외벽 또는 지붕으로부터 50cm 이상 돌출하도록 할 것

Ⅲ. 표지 및 게시판
1. 제조소에는 보기 쉬운 곳에 다음 각목의 기준에 따라 "위험물 제조소"라는 표시를 한 표지를 설치하여야 한다.
가. 표지는 한변의 길이가 0.3m 이상, 다른 한변의 길이가 0.6m 이상인 직사각형으로 할 것
나. 표지의 바탕은 백색으로, 문자는 흑색으로 할 것
2. 제조소에는 보기 쉬운 곳에 다음 각목의 기준에 따라 방화에 관하여 필요한 사항을 게시한 게시판을 설치하여야 한다.
가. 게시판은 한변의 길이가 0.3m 이상, 다른 한변의 길이가 0.6m 이상인 직사각형으로 할 것

나. 게시판에는 저장 또는 취급하는 위험물의 유별·품명 및 저장최대수량 또는 취급최대수량, 지정수량의 배수 및 안전관리자의 성명 또는 직명을 기재할 것
다. 나목의 게시판의 바탕은 백색으로, 문자는 흑색으로 할 것
라. 나목의 게시판 외에 저장 또는 취급하는 위험물에 따라 다음의 규정에 의한 주의사항을 표시한 게시판을 설치할 것
    1) 제1류 위험물 중 알칼리금속의 과산화물과 이를 함유한 것 또는 제3류 위험물 중 금수성물질에 있어서는 "물기엄금"
    2) 제2류 위험물(인화성고체를 제외한다)에 있어서는 "화기주의"
    3) 제2류 위험물 중 인화성고체, 제3류 위험물 중 자연발화성물질, 제4류 위험물 또는 제5류 위험물에 있어서는 "화기엄금"
마. 라목의 게시판의 색은 "물기엄금"을 표시하는 것에 있어서는 청색바탕에 백색문자로, "화기주의" 또는 "화기엄금"을 표시하는 것에 있어서는 적색바탕에 백색문자로 할 것

Ⅳ. 건축물의 구조
위험물을 취급하는 건축물의 구조는 다음 각호의 기준에 의하여야 한다.
1. 지하층이 없도록 하여야 한다. 다만, 위험물을 취급하지 아니하는 지하층으로서 위험물의 취급장소에서 새어나온 위험물 또는 가연성의 증기가 흘러 들어갈 우려가 없는 구조로 된 경우에는 그러하지 아니하다.
2. 벽·기둥·바닥·보·서까래 및 계단을 불연재료로 하고, 연소(延燒)의 우려가 있는 외벽(소방청장이 정하여 고시하는 것에 한한다. 이하 같다)은 출입구 외의 개구부가 없는 내화구조의 벽으로 하여야 한다. 이 경우 제6류 위험물을 취급하는 건축물에 있어서 위험물이 스며들 우려가 있는 부분에 대하여는 아스팔트 그 밖에 부식되지 아니하는 재료로 피복하여야 한다.
3. 지붕(작업공정상 제조기계시설 등이 2층 이상에 연결되어 설치된 경우에는 최상층의 지붕을 말한다)은 폭발력이 위로 방출될 정도의 가벼운 불연재료로 덮어야 한다. 다만, 위험물을 취급하는 건축물이 다음 각목의 1에 해당하는 경우에는 그 지붕을 내화구조로 할 수 있다.
    가. 제2류 위험물(분말상태의 것과 인화성고체를 제외한다), 제4류 위험물 중 제4석유류·동식물유류 또는 제6류 위험물을 취급하는 건축물인 경우
    나. 다음의 기준에 적합한 밀폐형 구조의 건축물인 경우
        1) 발생할 수 있는 내부의 과압(過壓) 또는 부압(負壓)에 견딜 수 있는 철근콘크리트조일 것
        2) 외부화재에 90분 이상 견딜 수 있는 구조일 것
4. 출입구와 「산업안전보건기준에 관한 규칙」 제17조에 따라 설치하여야 하는 비상구에는 갑종방화문 또는 을종방화문을 설치하되, 연소의 우려가 있는 외벽에 설치하는 출입구에는 수시로 열 수 있는 자동폐쇄식의 갑종방화문을 설치하여야 한다.

5. 위험물을 취급하는 건축물의 창 및 출입구에 유리를 이용하는 경우에는 망입유리(두꺼운 판유리에 철망을 넣은 것)로 하여야 한다.
6. 액체의 위험물을 취급하는 건축물의 바닥은 위험물이 스며들지 못하는 재료를 사용하고, 적당한 경사를 두어 그 최저부에 집유설비를 하여야 한다.

V. 채광·조명 및 환기설비

1. 위험물을 취급하는 건축물에는 다음 각목의 기준에 의하여 위험물을 취급하는데 필요한 채광·조명 및 환기의 설비를 설치하여야 한다.
   가. 채광설비는 불연재료로 하고, 연소의 우려가 없는 장소에 설치하되 채광면적을 최소로 할 것
   나. 조명설비는 다음의 기준에 적합하게 설치할 것
      1) 가연성가스 등이 체류할 우려가 있는 장소의 조명등은 방폭등(防爆燈)으로 할 것
      2) 전선은 내화·내열전선으로 할 것
      3) 점멸스위치는 출입구 바깥부분에 설치할 것. 다만, 스위치의 스파크로 인한 화재·폭발의 우려가 없을 경우에는 그러하지 아니하다.
   다. 환기설비는 다음의 기준에 의할 것
      1) 환기는 자연배기방식으로 할 것
      2) 급기구는 당해 급기구가 설치된 실의 바닥면적 150㎡마다 1개 이상으로 하되, 급기구의 크기는 800㎠ 이상으로 할 것. 다만 바닥면적이 150㎡ 미만인 경우에는 다음의 크기로 하여야 한다.

바닥면적	급기구의 면적
60㎡ 미만	150㎠ 이상
60㎡ 이상 90㎡ 미만	300㎠ 이상
90㎡ 이상 120㎡ 미만	450㎠ 이상
120㎡ 이상 150㎡ 미만	600㎠ 이상

      3) 급기구는 낮은 곳에 설치하고 가는 눈의 구리망 등으로 인화방지망을 설치할 것
      4) 환기구는 지붕위 또는 지상 2m 이상의 높이에 회전식 고정벤티레이터 또는 루프팬 방식(roof fan: 지붕에 설치하는 배기장치)으로 설치할 것
2. 배출설비가 설치되어 유효하게 환기가 되는 건축물에는 환기설비를 하지 아니 할 수 있고, 조명설비가 설치되어 유효하게 조도(밝기)가 확보되는 건축물에는 채광설비를 하지 아니할 수 있다.

VI. 배출설비

가연성의 증기 또는 미분이 체류할 우려가 있는 건축물에는 그 증기 또는 미분을 옥외의 높은 곳으로 배출할 수 있도록 다음 각호의 기준에 의하여 배출설비를 설치하여야 한다.
1. 배출설비는 국소방식으로 하여야 한다. 다만, 다음 각목의 1에 해당하는 경우에는 전역방식으로 할 수 있다.
   가. 위험물취급설비가 배관이음 등으로만 된 경우
   나. 건축물의 구조·작업장소의 분포 등의 조건에 의하여 전역방식이 유효한 경우

2. 배출설비는 배풍기(오염된 공기를 뽑아내는 통풍기)·배출 덕트(공기 배출통로)·후드 등을 이용하여 강제적으로 배출하는 것으로 해야 한다.
3. 배출능력은 1시간당 배출장소 용적의 20배 이상인 것으로 하여야 한다. 다만, 전역방식의 경우에는 바닥면적 1m²당 18m³ 이상으로 할 수 있다.
4. 배출설비의 급기구 및 배출구는 다음 각목의 기준에 의하여야 한다.
   가. 급기구는 높은 곳에 설치하고, 가는 눈의 구리망 등으로 인화방지망을 설치할 것
   나. 배출구는 지상 2m 이상으로서 연소의 우려가 없는 장소에 설치하고, 배출 덕트가 관통하는 벽부분의 바로 가까이에 화재시 자동으로 폐쇄되는 방화댐퍼(화재시 연기 등을 차단하는 장치)를 설치할 것
5. 배풍기는 강제배기방식으로 하고, 옥내 덕트의 내압이 대기압 이상이 되지 아니하는 위치에 설치하여야 한다.

Ⅶ. 옥외설비의 바닥

옥외에서 액체위험물을 취급하는 설비의 바닥은 다음 각호의 기준에 의하여야 한다.
1. 바닥의 둘레에 높이 0.15m 이상의 턱을 설치하는 등 위험물이 외부로 흘러나가지 아니하도록 하여야 한다.
2. 바닥은 콘크리트 등 위험물이 스며들지 아니하는 재료로 하고, 제1호의 턱이 있는 쪽이 낮게 경사지게 하여야 한다.
3. 바닥의 최저부에 집유설비를 하여야 한다.
4. 위험물(온도 20℃의 물 100g에 용해되는 양이 1g 미만인 것에 한한다)을 취급하는 설비에 있어서는 당해 위험물이 직접 배수구에 흘러들어가지 아니하도록 집유설비에 유분리장치를 설치하여야 한다.

핵심정리

구분	안전관리
사용전압이 7,000V 초과 35,000V 이하의 특고압가공전선	3m 이상
사용전압이 35,000V를 초과하는 특고압가공전선	5m 이상
건축물 그 밖의 공작물로서 주거용으로 사용되는 것	10m 이상
고압가스, 액화석유가스 또는 도시가스를 저장 또는 취급하는 시설	20m 이상
학교·병원·극장, 그 밖에 다수인을 수용하는 시설	30m 이상
유형문화재와 기념물 중 지정문화재	50m 이상

암기법 주가학문 1235

예상문제

01 다음 중 제조소의 안전거리가 옳지 않은 것은?
   ① 주거용 – 10m
   ② 가스 저장 및 취급시설 – 20m
   ③ 병원 – 20m
   ④ 문화재 – 50m

   해설
   학교 · 병원 · 극장, 그 밖에 다수인을 수용하는 시설의 외벽 또는 이에 상당하는 공작물의 외측으로부터 당해 제조소의 외벽 또는 이에 상당하는 공작물의 외측까지의 사이에는 30m 이상의 수평거리(안전거리)를 두어야 한다.

   정답 ③

02 위험물 제조소의 안전거리에서 학교와 제조소 간 안전거리는?
   ① 30m
   ② 50m
   ③ 70m
   ④ 100m

   해설
   학교 · 병원 · 극장, 그 밖에 다수인을 수용하는 시설의 외벽 또는 이에 상당하는 공작물의 외측으로부터 당해 제조소의 외벽 또는 이에 상당하는 공작물의 외측까지의 사이에는 30m 이상의 수평거리(안전거리)를 두어야 한다.

   정답 ①

03 다음은 위험물안전관리법 시행규칙에서 규정하고 있는 제조소의 안전거리에 관한 사항이다. 바르지 않은 것은?
   ① 제조소와 학교 · 병원 · 극장 등과의 안전거리는 30m 이상이어야 한다.
   ② 제조소와 지정문화재와의 안전거리는 50m 이상이어야 한다.
   ③ 제조소와 공동주택 등 주거시설과의 안전거리는 10m 이상이어야 한다.
   ④ 제조소와 고압가스, 액화석유가스 또는 도시가스를 제조 · 저장 · 취급하는 시설과의 안전거리는 10m 이상이어야 한다.

   해설
   제조소와 고압가스, 액화석유가스 또는 도시가스를 제조 · 저장 · 취급하는 시설과의 안전거리는 20m 이상이어야 한다.

   정답 ④

04 다음 중 위험물 제조소의 안전거리에 대하여 옳지 않은 것은?
   ① 문화재 – 10m
   ② 학교 – 30m
   ③ 고압가스시설 – 20m
   ④ 35,000V를 초과하는 고압전선 – 5m

해설
유형문화재와 기념물 중 지정문화재의 외벽 또는 이에 상당하는 공작물의 외측으로부터 당해 제조소의 외벽 또는 이에 상당하는 공작물의 외측까지의 사이에는 30m 이상의 수평거리(안전거리)를 두어야 한다.

정답 ①

05 위험물을 저장 또는 취급하는 건축물, 그 밖의 시설 주위에 확보하여야 하는 것으로써 일정한 거리를 두어 위험물의 위험성을 차단·완화시킬 수 있는 공간을 확보하며 화재 시 연소확대 방지 및 소방활동에 그 취지를 두는 것은?

① 보유공지
② 안전거리
③ 위험거리
④ 제한거리

해설
보유공지란 위험물을 취급하는 건축물 그 밖의 시설(위험물을 이송하기 위한 배관 그 밖에 이와 유사한 시설을 제외)의 주위에 보유하여야 하는 공지이다.

정답 ①

06 다음은 규정하고 있는 보유공지에 관한 사항이다. 바르지 않은 것은?

① 보유공지는 위험물의 위험성을 차단, 완화시킬 수 있는 가장 일차적인 공간이며 또한 화재 시 연소 확대방지 및 소방활동에 필요한 공간 확보에 그 취지가 있다.
② 보유공지에 영향을 주는 요인은 위험물의 양, 위험물의 종류, 제조소 등에 설치된 소방시설 등이 있다.
③ 위험물 제조소 등 중에 제조소, 옥내저장소, 옥외탱크저장소, 옥외저장소는 보유공지의 규정의 적용을 받는다.
④ 보유공지는 제조소 등의 주위에 설치하여야 하는 시설의 개념이며 제조소 등에 위험물을 이송하기 위한 배관, 소화설비 배관 등의 주위에도 확보하여야 한다.

해설
위험물을 취급하는 건축물, 그 밖의 시설의 주위에는 보유공지를 확보하여야 한다. 단, "위험물을 이송하기 위한 배관 그 밖에 이와 유사한 시설"을 제외한다.

정답 ④

07 다음 중 보유공지에 관한 설명으로 옳지 않은 것은?

① 보유공지란 건축물 주위에 소방활동 및 피난 공간의 확보, 점검·보수 등에 필요한 공지를 말한다.
② 이동탱크저장소는 보유공지를 보유하지 않아도 된다.
③ 위험물제조소는 보유공지를 보유하지 않아도 된다.
④ 도로는 보유공지를 포함하지 않아도 된다.

해설
"위험물제조소, 옥내저장소, 옥외탱크저장소, 옥외저장소"는 보유공지를 보유하여야 한다.

정답 ③

08 위험물안전관리법상 위험물 제조소의 표지 및 게시판의 한 변이 0.3m 이상이면 다른 한 변의 길이는 얼마인가?

① 0.3m ② 0.4m
③ 0.5m ④ 0.6m

해설
위험물 제조소의 표지 및 게시판은 한변의 길이가 0.3m 이상, 다른 한변의 길이가 0.6m 이상인 직사각형으로 하여야 한다.

정답 ④

09 다음 중 위험물별 주의사항과 게시판 내용이 옳지 않은 것은?

① 제2류 위험물 – 가연성 고체 – 화기주의
② 제2류 위험물 – 인화성 고체 – 화기엄금
③ 제3류 위험물 – 자연발화성 물질 – 물기엄금
④ 제4류 위험물 – 인화성 액체 – 화기엄금

해설
제조소에는 보기 쉬운 곳에 저장 또는 취급하는 위험물에 따라 다음의 규정에 의한 주의사항을 표시한 게시판을 설치하여야 한다.
1) 제1류 위험물 중 알칼리금속의 과산화물과 이를 함유한 것 또는 제3류 위험물 중 금수성물질에 있어서는 "물기엄금"
2) 제2류 위험물(인화성고체를 제외한다)에 있어서는 "화기주의"
3) 제2류 위험물 중 인화성고체, 제3류 위험물 중 자연발화성물질, 제4류 위험물 또는 제5류 위험물에 있어서는 "화기엄금"

정답 ③

10 다음 중 위험물 제조소의 표지 및 게시판 색상으로 옳은 것은?

( )바탕, 문자( )로 한다.

① 청색, 백색 ② 적색, 백색
③ 백색, 흑색 ④ 흑색, 백색

해설
위험물 제조소의 표지 및 게시판의 바탕은 백색으로, 문자는 흑색으로 하여야 한다.

정답 ③

11 다음 중 위험물 제조소의 건축물 구조로서 옳지 않은 것은?

① 지하층이 없도록 하여야 한다.
② 지붕은 폭발력이 위로 방출될 정도의 가벼운 불연재료로 덮어야 한다.
③ 연소의 우려가 있는 외벽에 설치하는 출입구에는 자동폐쇄식의 갑종방화문과 을종방화문을 설치하여야 한다.
④ 위험물을 취급하는 건축물의 창 및 출입구에 유리를 이용하는 경우에는 망입유리로 하여야 한다.

해설
연소의 우려가 있는 외벽에 설치하는 출입구에는 수시로 열 수 있는 자동폐쇄식의 갑종방화문을 설치하여야 한다.

정답 ③

12 위험물 제조소의 위치·구조 및 설비의 기준에서 건축물 구조에 해당되지 않는 것은?

① 벽·기둥·바닥·보·서까래 및 계단을 불연재료로 하여야 한다.
② 지하층이 없도록 하여야 한다.
③ 지붕은 폭발력이 위로 방출될 정도의 무거운 불연재료로 덮어야 한다.
④ 연소의 우려가 있는 외벽에 설치하는 출입구에는 자동폐쇄식의 갑종방화문을 설치하여야 한다.

해설
지붕은 폭발력이 위로 방출될 정도의 가벼운 불연재료로 덮어야 한다.

정답 ③

13 위험물 제조소 시설의 건축물 구조에 대한 설명 중 옳지 않은 것은?

① 벽·기둥·바닥·보·서까래 및 계단을 불연재료로 하여야 한다.
② 지하층이 없도록 하여야 한다.
③ 지붕은 두꺼운 철판으로 된 재료를 사용하여야 한다.
④ 출입구와 비상구에는 갑종방화문 또는 을종방화문을 설치하여야 한다.

해설
지붕은 폭발력이 위로 방출될 정도의 가벼운 불연재료로 덮어야 한다.

정답 ③

14 다음 중 위험물 제조소의 환기설비 설치기준이 아닌 것은?
① 환기구 높이는 지붕 위 또는 지상 2m 이상으로 한다.
② 급기구 설치는 바닥면적 150m²당 1개 이상으로 설치한다.
③ 환기는 자연배기방식으로 한다.
④ 급기구는 높은 곳에 설치하고 가는 눈의 구리망 등으로 인화방지망을 설치한다.

해설
급기구는 낮은 곳에 설치하고 가는 눈의 구리망 등으로 인화방지망을 설치하여야 한다.

정답 ④

15 위험물 제조소 설비 중 환기구 바닥면적에 따른 급기구 면적으로 옳은 것은?
① 바닥면적 60m² 미만일 때 급기구의 면적 100cm² 이상
② 바닥면적 60m² 이상 90m² 미만일 때 급기구의 면적 200cm² 이상
③ 바닥면적 90m² 이상 120m² 미만일 때 급기구의 면적 400cm² 이상
④ 바닥면적 120m² 이상 150m² 미만일 때 급기구의 면적 600cm² 이상

해설
바닥면적에 따른 급기구 면적

바닥면적	급기구의 면적
60m² 미만	150cm² 이상
60m² 이상 90m² 미만	300cm² 이상
90m² 이상 120m² 미만	450cm² 이상
120m² 이상 150m² 미만	600cm² 이상

정답 ④

16 다음 중 채광·조명 및 환기설비에 관한 내용으로 옳지 않은 것은?
① 조명설비의 전선은 내화·내열전선으로 할 것
② 점멸스위치는 출입구 바깥부분에 설치할 것
③ 급기구는 높은 곳에 설치하고 가는 눈의 구리망 등으로 인화방지망을 설치할 것
④ 급기구는 당해 급기구가 설치된 실의 바닥면적 150제곱미터 마다 1개 이상으로 할 것

해설
급기구는 낮은 곳에 설치하고 가는 눈의 구리망 등으로 인화방지망을 설치하여야 한다.

정답 ③

17 위험물제조소의 채광·조명 및 환기설비의 내용으로 옳지 않은 것은?
① 채광설비는 불연재료로 하고, 연소의 우려가 없는 장소에 설치하되 채광면적을 최대로 할 것
② 급기구는 낮은 곳에 설치하고 가는 눈의 구리망 등으로 인화방지망을 설치할 것
③ 점멸스위치는 출입구 바깥부분에 설치할 것
④ 환기설비에서 환기는 자연배기방식으로 할 것

해설
채광설비는 불연재료로 하고, 연소의 우려가 없는 장소에 설치하되 채광면적을 최소로 하여야 한다.

정답 ①

18 위험물 제조소의 채광·조명 및 환기설비에 관한 내용 중 옳은 것은?
① 채광설비는 불연재료로 하고 채광면적은 크게 한다.
② 점멸스위치는 출입구 안쪽에 설치한다.
③ 강제배기방식으로 한다.
④ 급기구를 낮은 곳에 설치한다.

해설
- 채광설비는 불연재료로 하고, 연소의 우려가 없는 장소에 설치하되 채광면적을 최소로 하여야 한다.
- 점멸스위치는 출입구 바깥부분에 설치하여야 한다.
- 환기는 자연배기방식으로 하여야 한다.
- 급기구는 낮은 곳에 설치하고 가는 눈의 구리망 등으로 인화방지망을 설치하여야 한다.

정답 ④

19 다음 중 위험물제조소의 채광·조명·환기설비 기준으로 옳지 않은 것은?
① 제조소의 환기는 강제배기방식으로 한다.
② 채광설비는 불연재료로 하고, 채광면적은 최소로 한다.
③ 가연성 가스 등이 체류할 우려가 있는 장소의 조명등은 방폭등으로 한다.
④ 조명설비의 전선은 내화·내열전선으로 하며, 점멸스위치는 출입구 바깥부분에 설치한다.

해설
제조소의 환기는 자연배기방식으로 하여야 한다.

정답 ①

20 다음 중 정전기 발생방지 방법이 아닌 것은?
① 공기를 이온화한다.   ② 상대습도를 70% 이상으로 높인다.
③ 접지시설을 한다.   ④ 피뢰설비를 한다.

해설
피뢰설비를 설치하는 방법은 정전기 발생 방지방법이 아니다.

> ※ **정전기 제거설비**
>   가. 접지에 의한 방법
>   나. 공기 중의 상대습도를 70% 이상으로 하는 방법
>   다. 공기를 이온화하는 방법

정답 ④

21 다음 중 정전기 제거설비로서 옳지 않은 것은?
① 공기를 이온화한다.
② 접지시설을 한다.
③ 종단저항을 설치한다.
④ 상대습도를 70% 이상으로 한다.

해설
종단저항을 설치하는 방법은 정전기 발생 방지방법이 아니다.

정답 ③

22 위험물안전관리법에서 정전기를 제거하는 방법 중 그 내용이 아닌 것은?
① 접지를 한다.
② 상대습도를 70% 이상으로 한다.
③ 공기를 이온화한다.
④ 배풍기 강제배기 방법

해설
배풍기 강제배기 방법은 정전기 발생 방지방법이 아니다.

정답 ④

23 다음 중 정전기를 유효하게 제거하는 방법으로 가장 거리가 먼 것은?
① 접지에 의한 방법
② 공기 중의 절대습도를 70% 이상으로 하는 방법
③ 공기를 이온화하는 방법
④ 공기 중의 상대습도를 80%로 하는 방법

해설
정전기를 유효하게 제거하기 위해서는 공기 중의 상대습도를 70% 이상으로 하여야 한다.

정답 ②

24 위험물안전관리법 시행규칙에서 제조소의 위치·구조 및 설비의 기준에 대한 설명으로 옳지 않은 것은?

① 환기는 자연배기방식으로 하여야 한다.
② 제6류 위험물을 취급하는 제조소는 안전거리 적용제외 대상이다.
③ "위험물제조소"라는 표시를 한 표지의 바탕은 흑색으로, 문자는 백색으로 하여야 한다.
④ 제5류 위험물을 저장 또는 취급하는 제조소에는 "화기엄금"을 표시한 게시판을 설치하여야 한다.

해설
"위험물제조소"라는 표시를 한 표지의 바탕은 백색으로, 문자는 흑색으로 하여야 한다.

정답 ③

25 다음 중 위험물제조소의 건축물 구조와 보유공지에 대하여 옳지 않은 것은?

① 지붕은 폭발력이 위로 방출될 정도의 가벼운 불연재료로 덮어야 한다.
② 상대온도를 70% 이상 가열된 곳에 건조설비를 한다.
③ 출입구와 비상구에는 갑종방화문 또는 을종방화문을 설치하되, 연소의 우려가 있는 외벽에 설치하는 출입구에는 수시로 열 수 있는 자동폐쇄식의 갑종방화문을 설치하여야 한다.
④ 제조소의 작업공정이 다른 작업장의 작업공정과 연속되어 있어 제조소의 건축물 그 밖의 공작물의 주위에 공지를 두게 되는 경우 그 제조소의 작업에 현저한 지장이 생길 우려가 있는 경우 당해 제조소와 다른 작업장 사이에 기준에 따라 방화상 유효한 격벽을 설치한 경우에는 공지를 보유하지 아니할 수 있다.

해설
위험물을 가열 또는 건조하는 설비는 직접 불을 사용하지 아니하는 구조로 하여야 한다. "상대온도를 70% 이상 가열된 곳에 건조설비를 한다."는 기준은 없다.

정답 ②

26 위험물안전관리법 시행규칙상 고인화점 위험물을 상온에서 취급하는 경우 제조소의 시설기준 중 일부 완화된 시설기준을 적용할 수 있는데, 고인화점위험물의 정의로 옳은 것은?

① 인화점이 250℃ 이상인 인화성 액체
② 인화점이 100℃ 이상인 제4류 위험물
③ 인화점이 70℃ 이상 200℃ 미만인 제4류 위험물
④ 인화점이 70℃ 이상이고 가연성 액체량이 40중량퍼센트 이상인 제4류 위험물

해설
고인화점위험물이란 인화점이 100℃ 이상인 제4류 위험물을 말한다.

정답 ②

27 위험물안전관리법에서 산화프로필렌, 아세트알데히드와 접촉이 가능한 물질은?

① 수은
② 알루미늄
③ 동
④ 마그네슘

 해설

아세트알데히드등(제4류 위험물 중 특수인화물의 아세트알데히드·산화프로필렌 또는 이 중 어느 하나 이상을 함유하는 것)을 취급하는 설비는 은·수은·동·마그네슘 또는 이들을 성분으로 하는 합금으로 만들지 아니하여야 한다.

정답 ②

★☆☆☆☆ [개정 2021. 10. 21.]

시행규칙 [별표 5] 옥내저장소의 위치·구조 및 설비의 기준

Ⅰ. 옥내저장소의 기준(Ⅱ 및 Ⅲ의 규정에 의한 것을 제외한다)
  1. 옥내저장소는 별표 4 Ⅰ의 규정에 준하여 안전거리를 두어야 한다. 다만, 다음 각목의 1에 해당하는 옥내저장소는 안전거리를 두지 아니할 수 있다.
    가. 제4석유류 또는 동식물유류의 위험물을 저장 또는 취급하는 옥내저장소로서 그 최대수량이 지정수량의 20배 미만인 것
    나. 제6류 위험물을 저장 또는 취급하는 옥내저장소
    다. 지정수량의 20배(하나의 저장창고의 바닥면적이 150㎡ 이하인 경우에는 50배) 이하의 위험물을 저장 또는 취급하는 옥내저장소로서 다음의 기준에 적합한 것
      1) 저장창고의 벽·기둥·바닥·보 및 지붕이 내화구조인 것
      2) 저장창고의 출입구에 수시로 열 수 있는 자동폐쇄방식의 갑종방화문이 설치되어 있을 것
      3) 저장창고에 창을 설치하지 아니할 것
  2. 옥내저장소의 주위에는 그 저장 또는 취급하는 위험물의 최대수량에 따라 다음 표에 의한 너비의 공지를 보유하여야 한다. 다만, 지정수량의 20배를 초과하는 옥내저장소와 동일한 부지 내에 있는 다른 옥내저장소와의 사이에는 동표에 정하는 공지의 너비의 3분의 1(당해 수치가 3m 미만인 경우에는 3m)의 공지를 보유할 수 있다.

저장 또는 취급하는 위험물의 최대수량	공지의 너비	
	벽·기둥 및 바닥이 내화구조로 된 건축물	그 밖의 건축물
지정수량의 5배 이하		0.5m 이상
지정수량의 5배 초과 10배 이하	1m 이상	1.5m 이상
지정수량의 10배 초과 20배 이하	2m 이상	3m 이상
지정수량의 20배 초과 50배 이하	3m 이상	5m 이상
지정수량의 50배 초과 200배 이하	5m 이상	10m 이상
지정수량의 200배 초과	10m 이상	15m 이상

3. 옥내저장소에는 별표 4 Ⅲ제1호의 기준에 따라 보기 쉬운 곳에 "위험물 옥내저장소"라는 표시를 한 표지와 동표 Ⅲ제2호의 기준에 따라 방화에 관하여 필요한 사항을 게시한 게시판을 설치하여야 한다.
4. 저장창고는 위험물의 저장을 전용으로 하는 독립된 건축물로 하여야 한다.
5. 저장창고는 지면에서 처마까지의 높이(이하 "처마높이"라 한다)가 6m 미만인 단층건물로 하고 그 바닥을 지반면보다 높게 하여야 한다. 다만, 제2류 또는 제4류의 위험물만을 저장하는 창고로서 다음 각목의 기준에 적합한 창고의 경우에는 20m 이하로 할 수 있다.
    가. 벽·기둥·보 및 바닥을 내화구조로 할 것
    나. 출입구에 갑종방화문을 설치할 것
    다. 피뢰침을 설치할 것. 다만, 주위상황에 의하여 안전상 지장이 없는 경우에는 그러하지 아니하다.
6. 하나의 저장창고의 바닥면적(2 이상의 구획된 실이 있는 경우에는 각 실의 바닥면적의 합계)은 다음 각목의 구분에 의한 면적 이하로 하여야 한다. 이 경우 가목의 위험물과 나목의 위험물을 같은 저장창고에 저장하는 때에는 가목의 위험물을 저장하는 것으로 보아 그에 따른 바닥면적을 적용한다.
    가. 다음의 위험물을 저장하는 창고 : 1,000㎡
        1) 제1류 위험물 중 아염소산염류, 염소산염류, 과염소산염류, 무기과산화물 그 밖에 지정수량이 50kg인 위험물
        2) 제3류 위험물 중 칼륨, 나트륨, 알킬알루미늄, 알킬리튬 그 밖에 지정수량이 10kg인 위험물 및 황린
        3) 제4류 위험물 중 특수인화물, 제1석유류 및 알코올류
        4) 제5류 위험물 중 유기과산화물, 질산에스테르류 그 밖에 지정수량이 10kg인 위험물
        5) 제6류 위험물
    나. 가목의 위험물 외의 위험물을 저장하는 창고 : 2,000㎡
    다. 가목의 위험물과 나목의 위험물을 내화구조의 격벽으로 완전히 구획된 실에 각각 저장하는 창고 : 1,500㎡(가목의 위험물을 저장하는 실의 면적은 500㎡를 초과할 수 없다)

7. 저장창고의 벽·기둥 및 바닥은 내화구조로 하고, 보와 서까래는 불연재료로 하여야 한다. 다만, 지정수량의 10배 이하의 위험물의 저장창고 또는 제2류 위험물(인화성고체는 제외한다)과 제4류의 위험물(인화점이 70℃ 미만인 것은 제외한다)만의 저장창고에 있어서는 연소의 우려가 없는 벽·기둥 및 바닥은 불연재료로 할 수 있다.
8. 저장창고는 지붕을 폭발력이 위로 방출될 정도의 가벼운 불연재료로 하고, 천장을 만들지 않아야 한다. 다만, 제2류 위험물(분말상태의 것과 인화성고체를 제외한다)과 제6류 위험물만의 저장창고에 있어서는 지붕을 내화구조로 할 수 있고, 제5류 위험물만의 저장창고에 있어서는 당해 저장창고내의 온도를 저온으로 유지하기 위하여 난연재료 또는 불연재료로 된 천장을 설치할 수 있다.
9. 저장창고의 출입구에는 갑종방화문 또는 을종방화문을 설치하되, 연소의 우려가 있는 외벽에 있는 출입구에는 수시로 열 수 있는 자동폐쇄식의 갑종방화문을 설치하여야 한다.
10. 저장창고의 창 또는 출입구에 유리를 이용하는 경우에는 망입유리로 하여야 한다.
11. 제1류 위험물 중 알칼리금속의 과산화물 또는 이를 함유하는 것, 제2류 위험물 중 철분·금속분·마그네슘 또는 이중 어느 하나 이상을 함유하는 것, 제3류 위험물 중 금수성물질 또는 제4류 위험물의 저장창고의 바닥은 물이 스며 나오거나 스며들지 아니하는 구조로 하여야 한다.
12. 액상의 위험물의 저장창고의 바닥은 위험물이 스며들지 아니하는 구조로 하고, 적당하게 경사지게 하여 그 최저부에 집유설비를 하여야 한다.
13. 저장창고에 선반 등의 수납장을 설치하는 경우에는 다음 각목의 기준에 적합하게 하여야 한다.
    가. 수납장은 불연재료로 만들어 견고한 기초 위에 고정할 것
    나. 수납장은 당해 수납장 및 그 부속설비의 자중, 저장하는 위험물의 중량 등의 하중에 의하여 생기는 응력(변형력)에 대하여 안전한 것으로 할 것
    다. 수납장에는 위험물을 수납한 용기가 쉽게 떨어지지 아니하게 하는 조치를 할 것
14. 저장창고에는 별표 4 Ⅴ 및 Ⅵ의 규정에 준하여 채광·조명 및 환기의 설비를 갖추어야 하고, 인화점이 70℃ 미만인 위험물의 저장창고에 있어서는 내부에 체류한 가연성의 증기를 지붕 위로 배출하는 설비를 갖추어야 한다.
15. 저장창고에 설치하는 전기설비는 「전기사업법」에 의한 전기설비기술기준에 의하여야 한다.
16. 지정수량의 10배 이상의 저장창고(제6류 위험물의 저장창고를 제외한다)에는 피뢰침을 설치하여야 한다. 다만, 저장창고의 주위의 상황에 따라 안전상 지장이 없는 경우에는 피뢰침을 설치하지 아니할 수 있다.
17. 제5류 위험물 중 셀룰로이드 그 밖에 온도의 상승에 의하여 분해·발화할 우려가 있는 것의 저장창고는 당해 위험물이 발화하는 온도에 달하지 아니하는 온도를 유지하는 구조로 하거나 다음 각목의 기준에 적합한 비상전원을 갖춘 통풍장치 또는 냉방장치 등의 설비를 2 이상 설치하여야 한다.

가. 상용전력원이 고장인 경우에 자동으로 비상전원으로 전환되어 가동되도록 할 것
나. 비상전원의 용량은 통풍장치 또는 냉방장치 등의 설비를 유효하게 작동할 수 있는 정도일 것

Ⅱ. 다층건물의 옥내저장소의 기준

옥내저장소중 제2류의 위험물(인화성고체는 제외한다) 또는 제4류의 위험물(인화점이 70℃ 미만인 것은 제외한다)만을 저장 또는 취급하는 저장창고가 다층건물인 옥내저장소의 위치·구조 및 설비의 기술기준은 Ⅰ제1호 내지 제4호 및 제8호 내지 제16호의 규정에 의하는 외에 다음 각호의 기준에 의하여야 한다.

1. 저장창고는 각층의 바닥을 지면보다 높게 하고, 바닥면으로부터 상층의 바닥(상층이 없는 경우에는 처마)까지의 높이(이하 "층고"라 한다)를 6m 미만으로 하여야 한다.
2. 하나의 저장창고의 바닥면적 합계는 1,000㎡ 이하로 하여야 한다.
3. 저장창고의 벽·기둥·바닥 및 보를 내화구조로 하고, 계단을 불연재료로 하며, 연소의 우려가 있는 외벽은 출입구외의 개구부를 갖지 아니하는 벽으로 하여야 한다.
4. 2층 이상의 층의 바닥에는 개구부를 두지 아니하여야 한다. 다만, 내화구조의 벽과 갑종방화문 또는 을종방화문으로 구획된 계단실에 있어서는 그러하지 아니하다.

예상문제

01 다음 중 옥내저장소에 대한 설명으로 옳지 않은 것은?

① 저장 창고는 지면에서 처마까지의 높이가 6m 미만인 단층 건물로 한다.
② 지정수량 10배 이상의 저장창고에는 피뢰침을 설치할 것
③ 지붕은 가벼운 불연재료로 할 것
④ 저장창고의 벽·기둥 및 바닥은 방화구조로 한다.

해설
저장창고의 벽·기둥 및 바닥은 내화구조로 하고, 보와 서까래는 불연재료로 하여야 한다.

정답 ④

★★★★★ [개정 2021. 7. 13.]

시행규칙 [별표 6] 옥외탱크저장소의 위치·구조 및 설비의 기준

Ⅰ. 안전거리

옥외저장탱크의 안전거리는 별표 4 Ⅰ을 준용한다.

Ⅱ. 보유공지

1. 옥외저장탱크(위험물을 이송하기 위한 배관 그 밖에 이에 준하는 공작물을 제외한다)의 주위에는 그 저장 또는 취급하는 위험물의 최대수량에 따라 옥외저장탱크의 측면으로부터 다음 표에 의한 너비의 공지를 보유하여야 한다.

저장 또는 취급하는 위험물의 최대수량	공지의 너비
지정수량의 500배 이하	3m 이상
지정수량의 500배 초과 1,000배 이하	5m 이상
지정수량의 1,000배 초과 2,000배 이하	9m 이상
지정수량의 2,000배 초과 3,000배 이하	12m 이상
지정수량의 3,000배 초과 4,000배 이하	15m 이상
지정수량의 4,000배 초과	당해 탱크의 수평단면의 최대지름(가로형인 경우에는 긴 변)과 높이 중 큰 것과 같은 거리 이상. 다만, 30m 초과의 경우에는 30m 이상으로 할 수 있고, 15m 미만의 경우에는 15m 이상으로 하여야 한다.

2. 제6류 위험물 외의 위험물을 저장 또는 취급하는 옥외저장탱크(지정수량의 4,000배를 초과하여 저장 또는 취급하는 옥외저장탱크를 제외한다)를 동일한 방유제안에 2개 이상 인접하여 설치하는 경우 그 인접하는 방향의 보유공지는 제1호의 규정에 의한 보유공지의 3분의 1 이상의 너비로 할 수 있다. 이 경우 보유공지의 너비는 3m 이상이 되어야 한다.

3. 제6류 위험물을 저장 또는 취급하는 옥외저장탱크는 제1호의 규정에 의한 보유공지의 3분의 1 이상의 너비로 할 수 있다. 이 경우 보유공지의 너비는 1.5m 이상이 되어야 한다.

4. 제6류 위험물을 저장 또는 취급하는 옥외저장탱크를 동일구내에 2개 이상 인접하여 설치하는 경우 그 인접하는 방향의 보유공지는 제3호의 규정에 의하여 산출된 너비의 3분의 1 이상의 너비로 할 수 있다. 이 경우 보유공지의 너비는 1.5m 이상이 되어야 한다.

5. 제1호의 규정에도 불구하고 옥외저장탱크(이하 이호에서 "공지단축 옥외저장탱크"라 한다)에 다음 각목의 기준에 적합한 물분무설비로 방호조치를 하는 경우에는 그 보유공지를 제1호의 규정에 의한 보유공지의 2분의 1 이상의 너비(최소 3m 이상)로 할 수 있다. 이 경우 공지단축 옥외저장탱크의 화재시 1㎡당 20kW 이상의 복사열에 노출되는 표면을 갖는 인접한 옥외저장탱크가 있으면 당해 표면에도 다음 각목의 기준에 적합한 물분무설비로 방호조치를 함께하여야 한다.

가. 탱크의 표면에 방사하는 물의 양은 탱크의 원주길이 1m에 대하여 분당 37ℓ 이상으로 할 것
나. 수원의 양은 가목의 규정에 의한 수량으로 20분 이상 방사할 수 있는 수량으로 할 것
다. 탱크에 보강링이 설치된 경우에는 보강링의 아래에 분무헤드를 설치하되, 분무헤드는 탱크의 높이 및 구조를 고려하여 분무가 적정하게 이루어 질 수 있도록 배치할 것
라. 물분무소화설비의 설치기준에 준할 것

Ⅵ. 옥외저장탱크의 외부구조 및 설비
1. 옥외저장탱크는 특정옥외저장탱크 및 준특정옥외저장탱크 외에는 두께 3.2㎜ 이상의 강철판 또는 소방청장이 정하여 고시하는 규격에 적합한 재료로, 특정옥외저장탱크 및 준특정옥외저장탱크는 Ⅶ 및 Ⅷ에 의하여 소방청장이 정하여 고시하는 규격에 적합한 강철판 또는 이와 동등 이상의 기계적 성질 및 용접성이 있는 재료로 틈이 없도록 제작하여야 하고, 압력탱크(최대상용압력이 대기압을 초과하는 탱크를 말한다)외의 탱크는 충수시험, 압력탱크는 최대상용압력의 1.5배의 압력으로 10분간 실시하는 수압시험에서 각각 새거나 변형되지 아니하여야 한다.
2. 특정옥외저장탱크의 용접부는 소방청장이 정하여 고시하는 바에 따라 실시하는 방사선투과시험, 진공시험 등의 비파괴시험에 있어서 소방청장이 정하여 고시하는 기준에 적합한 것이어야 한다.
3. 특정옥외저장탱크 및 준특정옥외저장탱크외의 탱크는 다음 각목에 정하는 바에 따라, 특정옥외저장탱크 및 준특정옥외저장탱크는 Ⅶ 및 Ⅷ의 규정에 의한 바에 따라 지진 및 풍압에 견딜 수 있는 구조로 하고 그 기둥은 철근콘크리트조, 철골콘크리트조 그 밖에 이와 동등 이상의 내화성능(불에 견디는 성능)이 있는 것이어야 한다.
    가. 지진동에 의한 관성력 또는 풍하중(바람으로 인하여 구조물에 발생하는 하중)에 대한 응력이 옥외저장탱크의 옆판 또는 기둥의 특정한 점에 집중하지 아니하도록 당해 탱크를 견고한 기초 및 지반 위에 고정할 것
    나. 가목의 지진동에 의한 관성력 및 풍하중의 계산방법은 소방청장이 정하여 고시하는 바에 의할 것
4. 옥외저장탱크는 위험물의 폭발 등에 의하여 탱크내의 압력이 비정상적으로 상승하는 경우에 내부의 가스 또는 증기를 상부로 방출할 수 있는 구조로 하여야 한다.
5. 옥외저장탱크의 외면에는 녹을 방지하기 위한 도장을 하여야 한다. 다만, 탱크의 재질이 부식의 우려가 없는 스테인레스 강판 등인 경우에는 그러하지 아니하다.
6. 옥외저장탱크의 밑판[애뉼러 판(특정옥외저장탱크의 옆판의 최하단 두께가 15㎜를 초과하는 경우, 안지름이 30m를 초과하는 경우 또는 옆판을 고장력강으로 사용하는 경우에 옆판의 직하에 설치하여야 하는 판을 말한다. 이하 같다)을 설치하는 특정옥외저장탱크에 있어서는 애뉼러 판을 포함한다. 이하 이 호에서 같다]을 지반면에 접하게 설치하는 경우에는 다음 각목의 1의 기준에 따라 밑판 외면의 부식을 방지하기 위한 조치를 강구하여야 한다.

가. 탱크의 밑판 아래에 밑판의 부식을 유효하게 방지할 수 있도록 아스팔트샌드 등의 방식재료를 댈 것
나. 탱크의 밑판에 전기방식의 조치를 강구할 것
다. 가목 또는 나목의 규정에 의한 것과 동등 이상으로 밑판의 부식을 방지할 수 있는 조치를 강구할 것

7. 옥외저장탱크 중 압력탱크(최대상용압력이 부압 또는 정압 5KPa을 초과하는 탱크를 말한다)외의 탱크(제4류 위험물의 옥외저장탱크에 한한다)에 있어서는 밸브없는 통기관 또는 대기밸브부착 통기관을 다음 각목에 정하는 바에 의하여 설치하여야 하고, 압력탱크에 있어서는 별표 4 Ⅷ제4호의 규정에 의한 안전장치를 설치하여야 한다.
    가. 밸브없는 통기관
        1) 지름은 30㎜ 이상일 것
        2) 끝부분은 수평면보다 45도 이상 구부려 빗물 등의 침투를 막는 구조로 할 것
        3) 인화점이 38℃ 미만인 위험물만을 저장 또는 취급하는 탱크에 설치하는 통기관에는 화염방지장치를 설치하고, 그 외의 탱크에 설치하는 통기관에는 40메쉬(mesh) 이상의 구리망 또는 동등 이상의 성능을 가진 인화방지장치를 설치할 것. 다만, 인화점이 70℃ 이상인 위험물만을 해당 위험물의 인화점 미만의 온도로 저장 또는 취급하는 탱크에 설치하는 통기관에는 인화방지장치를 설치하지 않을 수 있다.
        4) 가연성의 증기를 회수하기 위한 밸브를 통기관에 설치하는 경우에 있어서는 당해 통기관의 밸브는 저장탱크에 위험물을 주입하는 경우를 제외하고는 항상 개방되어 있는 구조로 하는 한편, 폐쇄하였을 경우에 있어서는 10KPa 이하의 압력에서 개방되는 구조로 할 것. 이 경우 개방된 부분의 유효단면적은 777.15㎟ 이상이어야 한다.
    나. 대기밸브부착 통기관
        1) 5KPa 이하의 압력차이로 작동할 수 있을 것
        2) 가목3)의 기준에 적합할 것
8. 액체위험물의 옥외저장탱크에는 위험물의 양을 자동적으로 표시할 수 있도록 기밀부유식(밀폐되어 부상하는 방식) 계량장치, 증기가 비산하지 아니하는 구조의 부유식 계량장치, 전기압력자동방식이나 방사성동위원소를 이용한 방식에 의한 자동계량장치 또는 유리측정기(Gauge Glass : 수면이나 유면의 높이를 측정하는 유리로 된 기구를 말하며, 금속관으로 보호된 경질유리 등으로 되어 있고 게이지가 파손되었을 때 위험물의 유출을 자동적으로 정지할 수 있는 장치가 되어 있는 것으로 한정한다)를 설치하여야 한다.
9. 액체위험물의 옥외저장탱크의 주입구는 다음 각목의 기준에 의하여야 한다.
    가. 화재예방상 지장이 없는 장소에 설치할 것
    나. 주입호스 또는 주입관과 결합할 수 있고, 결합하였을 때 위험물이 새지 아니할 것
    다. 주입구에는 밸브 또는 뚜껑을 설치할 것
    라. 휘발유, 벤젠 그 밖에 정전기에 의한 재해가 발생할 우려가 있는 액체위험물의

옥외저장탱크의 주입구 부근에는 정전기를 유효하게 제거하기 위한 접지전극을 설치할 것

마. 인화점이 21℃ 미만인 위험물의 옥외저장탱크의 주입구에는 보기 쉬운 곳에 다음의 기준에 의한 게시판을 설치할 것. 다만, 소방본부장 또는 소방서장이 화재예방상 당해 게시판을 설치할 필요가 없다고 인정하는 경우에는 그러하지 아니하다.
1) 게시판은 한변이 0.3m 이상, 다른 한변이 0.6m 이상인 직사각형으로 할 것
2) 게시판에는 "옥외저장탱크 주입구"라고 표시하는 것외에 취급하는 위험물의 유별, 품명 및 별표 4 Ⅲ제2호 라목의 규정에 준하여 주의사항을 표시할 것
3) 게시판은 백색바탕에 흑색문자(별표 4 Ⅲ제2호 라목의 주의사항은 적색문자)로 할 것

바. 주입구 주위에는 새어나온 기름 등 액체가 외부로 유출되지 아니하도록 방유턱을 설치하거나 집유설비 등의 장치를 설치할 것

10. 옥외저장탱크의 펌프설비(펌프 및 이에 부속하는 전동기를 말하며, 당해 펌프 및 전동기를 위한 건축물 그 밖의 공작물을 설치하는 경우에는 당해 공작물을 포함한다. 이하 같다)는 다음 각목에 의하여야 한다.

가. 펌프설비의 주위에는 너비 3m 이상의 공지를 보유할 것. 다만, 방화상 유효한 격벽을 설치하는 경우와 제6류 위험물 또는 지정수량의 10배 이하 위험물의 옥외저장탱크의 펌프설비에 있어서는 그러하지 아니하다.
나. 펌프설비로부터 옥외저장탱크까지의 사이에는 당해 옥외저장탱크의 보유공지 너비의 3분의 1 이상의 거리를 유지할 것
다. 펌프설비는 견고한 기초 위에 고정할 것
라. 펌프 및 이에 부속하는 전동기를 위한 건축물 그 밖의 공작물(이하 "펌프실"이라 한다)의 벽·기둥·바닥 및 보는 불연재료로 할 것
마. 펌프실의 지붕을 폭발력이 위로 방출될 정도의 가벼운 불연재료로 할 것
바. 펌프실의 창 및 출입구에는 갑종방화문 또는 을종방화문을 설치할 것
사. 펌프실의 창 및 출입구에 유리를 이용하는 경우에는 망입유리로 할 것
아. 펌프실의 바닥의 주위에는 높이 0.2m 이상의 턱을 만들고 바닥은 콘크리트 등 위험물이 스며들지 아니하는 재료로 적당히 경사지게 하여 그 최저부에는 집유설비를 설치할 것
자. 펌프실에는 위험물을 취급하는데 필요한 채광, 조명 및 환기의 설비를 설치할 것
차. 가연성 증기가 체류할 우려가 있는 펌프실에는 그 증기를 옥외의 높은 곳으로 배출하는 설비를 설치할 것
카. 펌프실외의 장소에 설치하는 펌프설비에는 그 직하의 지반면의 주위에 높이 0.15m 이상의 턱을 만들고 당해 지반면은 콘크리트 등 위험물이 스며들지 아니하는 재료로 적당히 경사지게 하여 그 최저부에는 집유설비를 할 것. 이 경우 제4류 위험물(온도 20℃의 물 100g에 용해되는 양이 1g 미만인 것에 한한

다)을 취급하는 펌프설비에 있어서는 당해 위험물이 직접 배수구에 유입하지 아니하도록 집유설비에 유분리장치를 설치하여야 한다.

타. 인화점이 21℃ 미만인 위험물을 취급하는 펌프설비에는 보기 쉬운 곳에 제9호 마목의 규정에 준하여 "옥외저장탱크 펌프설비"라는 표시를 한 게시판과 방화에 관하여 필요한 사항을 게시한 게시판을 설치할 것. 다만, 소방본부장 또는 소방서장이 화재예방상 당해 게시판을 설치할 필요가 없다고 인정하는 경우에는 그러하지 아니하다.

11. 옥외저장탱크의 밸브는 주강 또는 이와 동등 이상의 기계적 성질이 있는 재료로 되어 있고, 위험물이 새지 아니하여야 한다.
12. 옥외저장탱크의 배수관은 탱크의 옆판에 설치하여야 한다. 다만, 탱크와 배수관과의 결합부분이 지진 등에 의하여 손상을 받을 우려가 없는 방법으로 배수관을 설치하는 경우에는 탱크의 밑판에 설치할 수 있다.
13. 부상지붕이 있는 옥외저장탱크의 옆판 또는 부상지붕에 설치하는 설비는 지진 등에 의하여 부상지붕 또는 옆판에 손상을 주지 아니하게 설치하여야 한다. 다만, 당해 옥외저장탱크에 저장하는 위험물의 안전관리에 필요한 가동(可動)사다리, 회전방지기구, 검척관(檢尺管), 샘플링(sampling)설비 및 이에 부속하는 설비에 있어서는 그러하지 아니하다.
14. 옥외저장탱크의 배관의 위치·구조 및 설비는 제15호의 규정에 의한 것 외에 별표 4 Ⅹ의 규정에 의한 제조소의 배관의 기준을 준용하여야 한다.
15. 액체위험물을 이송하기 위한 옥외저장탱크의 배관은 지진 등에 의하여 당해 배관과 탱크와의 결합부분에 손상을 주지 아니하게 설치하여야 한다.
16. 옥외저장탱크에 설치하는 전기설비는 전기사업법에 의한 전기설비기술기준에 의하여야 한다.
17. 지정수량의 10배 이상인 옥외탱크저장소(제6류 위험물의 옥외탱크저장소를 제외한다)에는 별표 4 Ⅷ제7호의 규정에 준하여 피뢰침을 설치하여야 한다. 다만, 탱크에 저항이 5Ω 이하인 접지시설을 설치하거나 인근 피뢰설비의 보호범위 내에 들어가는 등 주위의 상황에 따라 안전상 지장이 없는 경우에는 피뢰침을 설치하지 아니할 수 있다.
18. 액체위험물의 옥외저장탱크의 주위에는 Ⅸ의 기준에 따라 위험물이 새었을 경우에 그 유출을 방지하기 위한 방유제를 설치하여야 한다.
19. 제3류 위험물 중 금수성물질(고체에 한한다)의 옥외저장탱크에는 방수성의 불연재료로 만든 피복설비를 설치하여야 한다.
20. 이황화탄소의 옥외저장탱크는 벽 및 바닥의 두께가 0.2m 이상이고 누수가 되지 아니하는 철근콘크리트의 수조에 넣어 보관하여야 한다. 이 경우 보유공지·통기관 및 자동계량장치는 생략할 수 있다.
21. 옥외저장탱크에 부착되는 부속설비[교반기(휘저어 섞는 장치), 밸브, 폼챔버(foam chamber), 화염방지장치, 통기관대기밸브, 비상압력배출장치]는 기술원 또는 소

방청장이 정하여 고시하는 국내·외 공인시험기관에서 시험 또는 인증 받은 제품을 사용하여야 한다.

Ⅸ. 방유제

1. 인화성액체위험물(이황화탄소를 제외한다)의 옥외탱크저장소의 탱크 주위에는 다음 각목의 기준에 의하여 방유제를 설치하여야 한다.

    가. 방유제의 용량은 방유제안에 설치된 탱크가 하나인 때에는 그 탱크 용량의 110% 이상, 2기 이상인 때에는 그 탱크 중 용량이 최대인 것의 용량의 110% 이상으로 할 것. 이 경우 방유제의 용량은 당해 방유제의 내용적에서 용량이 최대인 탱크 외의 탱크의 방유제 높이 이하 부분의 용적, 당해 방유제내에 있는 모든 탱크의 지반면 이상 부분의 기초의 체적, 간막이 둑의 체적 및 당해 방유제 내에 있는 배관 등의 체적을 뺀 것으로 한다.

    나. 방유제는 높이 0.5m 이상 3m 이하, 두께 0.2m 이상, 지하매설깊이 1m 이상으로 할 것. 다만, 방유제와 옥외저장탱크 사이의 지반면 아래에 불침윤성(不浸潤性: 수분 흡수를 막는 성질) 구조물을 설치하는 경우에는 지하매설깊이를 해당 불침윤성 구조물까지로 할 수 있다.

    다. 방유제내의 면적은 8만m² 이하로 할 것

    라. 방유제내의 설치하는 옥외저장탱크의 수는 10(방유제내에 설치하는 모든 옥외저장탱크의 용량이 20만ℓ 이하이고, 당해 옥외저장탱크에 저장 또는 취급하는 위험물의 인화점이 70℃ 이상 200℃ 미만인 경우에는 20) 이하로 할 것. 다만, 인화점이 200℃ 이상인 위험물을 저장 또는 취급하는 옥외저장탱크에 있어서는 그러하지 아니하다.

    마. 방유제 외면의 2분의 1 이상은 자동차 등이 통행할 수 있는 3m 이상의 노면폭을 확보한 구내도로(옥외저장탱크가 있는 부지내의 도로를 말한다. 이하 같다)에 직접 접하도록 할 것. 다만, 방유제내에 설치하는 옥외저장탱크의 용량합계가 20만ℓ 이하인 경우에는 소화활동에 지장이 없다고 인정되는 3m 이상의 노면폭을 확보한 도로 또는 공지에 접하는 것으로 할 수 있다.

    바. 방유제는 옥외저장탱크의 지름에 따라 그 탱크의 옆판으로부터 다음에 정하는 거리를 유지할 것. 다만, 인화점이 200℃ 이상인 위험물을 저장 또는 취급하는 깃에 있어서는 그러하지 아니하다.
        1) 지름이 15m 미만인 경우에는 탱크 높이의 3분의 1 이상
        2) 지름이 15m 이상인 경우에는 탱크 높이의 2분의 1 이상

    사. 방유제는 철근콘크리트로 하고, 방유제와 옥외저장탱크 사이의 지표면은 불연성과 불침윤성이 있는 구조(철근콘크리트 등)로 할 것. 다만, 누출된 위험물을 수용할 수 있는 전용유조(專用油槽) 및 펌프 등의 설비를 갖춘 경우에는 방유제와 옥외저장탱크 사이의 지표면을 흙으로 할 수 있다.

    아. 용량이 1,000만ℓ 이상인 옥외저장탱크의 주위에 설치하는 방유제에는 다음의 규정에 따라 당해 탱크마다 간막이 둑을 설치할 것

1) 간막이 둑의 높이는 0.3m(방유제내에 설치되는 옥외저장탱크의 용량의 합계가 2억ℓ를 넘는 방유제에 있어서는 1m)이상으로 하되, 방유제의 높이보다 0.2m 이상 낮게 할 것
2) 간막이 둑은 흙 또는 철근콘크리트로 할 것
3) 간막이 둑의 용량은 간막이 둑안에 설치된 탱크의 용량의 10% 이상일 것

자. 방유제내에는 당해 방유제내에 설치하는 옥외저장탱크를 위한 배관(당해 옥외저장탱크의 소화설비를 위한 배관을 포함한다), 조명설비 및 계기시스템과 이들에 부속하는 설비 그 밖의 안전확보에 지장이 없는 부속설비 외에는 다른 설비를 설치하지 아니할 것

차. 방유제 또는 간막이 둑에는 해당 방유제를 관통하는 배관을 설치하지 아니할 것. 다만, 위험물을 이송하는 배관의 경우에는 배관이 관통하는 지점의 좌우방향으로 각 1m 이상까지의 방유제 또는 간막이 둑의 외면에 두께 0.1m 이상, 지하매설깊이 0.1m 이상의 구조물을 설치하여 방유제 또는 간막이 둑을 이중구조로 하고, 그 사이에 토사를 채운 후, 관통하는 부분을 완충재 등으로 마감하는 방식으로 설치할 수 있다.

카. 방유제에는 그 내부에 고인 물을 외부로 배출하기 위한 배수구를 설치하고 이를 개폐하는 밸브 등을 방유제의 외부에 설치할 것

타. 용량이 100만ℓ 이상인 위험물을 저장하는 옥외저장탱크에 있어서는 카목의 밸브 등에 그 개폐상황을 쉽게 확인할 수 있는 장치를 설치할 것

파. 높이가 1m를 넘는 방유제 및 간막이 둑의 안팎에는 방유제내에 출입하기 위한 계단 또는 경사로를 약 50m마다 설치할 것

하. 용량이 50만리터 이상인 옥외탱크저장소가 해안 또는 강변에 설치되어 방유제 외부로 누출된 위험물이 바다 또는 강으로 유입될 우려가 있는 경우에는 해당 옥외탱크저장소가 설치된 부지 내에 전용유조(專用油槽) 등 누출위험물 수용설비를 설치할 것

2. 제1호 가목·나목·사목 내지 파목의 규정은 인화성이 없는 액체위험물의 옥외저장탱크의 주위에 설치하는 방유제의 기술기준에 대하여 준용한다. 이 경우에 있어서 제1호 가목 중 "110%"는 "100%"로 본다.

3. 그 밖에 방유제의 기술기준에 관하여 필요한 사항은 소방청장이 정하여 고시한다.

예상문제

01 옥외탱크저장소에 저장 또는 취급하는 위험물의 최대수량이 500배 초과하여 600배일 경우 보유공지는 얼마 이상인가?

① 3m 이상
② 5m 이상
③ 9m 이상
④ 12m 이상

해설
옥외저장탱크에 저장 또는 취급하는 위험물의 최대수량이 지정수량의 500배 초과 1,000배 이하일 경우에는 너비 5m 이상의 공지를 보유하여야 한다.

저장 또는 취급하는 위험물의 최대수량	공지의 너비
지정수량의 500배 이하	3m 이상
지정수량의 500배 초과 1,000배 이하	5m 이상
지정수량의 1,000배 초과 2,000배 이하	9m 이상
지정수량의 2,000배 초과 3,000배 이하	12m 이상
지정수량의 3,000배 초과 4,000배 이하	15m 이상
지정수량의 4,000배 초과	당해 탱크의 수평단면의 최대지름(횡형인 경우에는 긴 변)과 높이 중 큰 것과 같은 거리 이상. 다만, 30m 초과의 경우에는 30m 이상으로 할 수 있고, 15m 미만의 경우에는 15m 이상으로 하여야 한다.

정답 ②

02 옥외탱크저장소에서 인화점이 21℃ 미만인 옥외탱크저장소 주입구의 게시판 설치기준의 색상 표기방법은?

① 백색바탕 황색문자
② 백색바탕 청색문자
③ 백색바탕 적색문자
④ 백색바탕 흑색문자

해설
"옥외저장탱크 주입구"라고 표시한 게시판은 백색바탕에 흑색문자로 하여야 한다.(한변이 0.3m 이상, 다른 한변이 0.6m 이상인 직사각형)

정답 ④

03 옥외탱크저장소 통기관에 대하여 가장 옳지 않은 것은?

① 밸브 없는 통기관의 직경은 45mm 이상이어야 한다.
② 선단은 수평면보다 45도 이상 구부려 빗물 등의 침투를 막는 구조로 할 것
③ 인화점이 38℃ 미만인 위험물만을 저장 또는 취급하는 탱크에 설치하는 통기관에는 화염방지장치를 설치할 것
④ 대기밸브부착 통기관은 5kPa 이하의 압력차이로 작동할 수 있을 것

해설
옥외저장탱크 중 압력탱크 외의 탱크에 설치하는 "밸브 없는 통기관"의 직경은 30mm 이상으로 하여야 한다.

정답 ①

04 옥외탱크저장소의 위치·구조 및 설비의 기준에 대한 설명으로 옳지 않은 것은?

① 방유제의 높이는 0.5m 이상 3m 이하로 할 것
② 방유제 내의 면적은 80,000m² 이하로 할 것
③ 펌프설비 주위에는 너비 2m 이상의 공지를 보유할 것
④ 옥외저장탱크의 지름이 15m 미만인 경우에는 그 탱크의 옆판으로부터 방유제까지 탱크 높이의 3분의 1 이상의 거리를 유지할 것

해설
펌프설비의 주위에는 너비 3m 이상의 공지를 보유하여야 한다. 다만, 방화상 유효한 격벽을 설치하는 경우와 제6류 위험물 또는 지정수량의 10배 이하 위험물의 옥외저장탱크의 펌프설비에 있어서는 그러하지 아니하다.

정답 ③

05 위험물안전관리법 시행규칙에서 옥외저장탱크의 위치·구조 및 설비의 기준에 대한 설명으로 옳지 않은 것은?

① 옥외저장탱크는 위험물의 폭발 등에 의하여 탱크 내의 압력이 비정상적으로 상승하는 경우에 내부의 가스 또는 증기를 상부로 방출할 수 있는 구조로 하여야 한다.
② 이황화탄소의 옥외저장탱크는 벽 및 바닥의 두께가 0.2m 이상이고 누수가 되지 아니하는 철근콘크리트의 수조에 넣어 보관하여야 한다.
③ 옥외저장탱크의 배수관은 탱크의 밑판에 설치하여야 한다. 다만, 탱크와 배수관과의 결합부분이 지진 등에 의하여 설치하는 경우에는 탱크의 옆판에 설치할 수 있다.
④ 제3류 위험물 중 금수성물질(고체에 한한다)의 옥외저장탱크에는 방수성의 불연재료로 만든 피복설비를 설치하여야 한다.

해설
옥외저장탱크의 배수관은 탱크의 옆판에 설치하여야 한다. 다만, 탱크와 배수관과의 결합부분이 지진 등에 의하여 손상을 받을 우려가 없는 방법으로 배수관을 설치하는 경우에는 탱크의 밑판에 설치할 수 있다.

정답 ③

06 다음 중 옥외탱크저장소 방유제에 대한 내용으로 옳지 않은 것은?
① 면적 80,000m² 이하
② 두께 0.2m 이상, 지하매설깊이 1m 이상
③ 높이 0.5m 이상, 3m 이하
④ 높이가 1m를 넘는 방유제 및 간막이 둑의 안팎에는 방유제 내에 출입하기 위한 계단 또는 경사로를 약 70m마다 설치할 것

해설
높이가 1m를 넘는 방유제 및 간막이 둑의 안팎에는 방유제 내에 출입하기 위한 계단 또는 경사로를 약 50m마다 설치하여야 한다.

정답 ④

07 다음 중 옥외탱크저장소의 기준으로 규정된 것이 아닌 것은?
① 보유공지 및 안전거리
② 표지 및 게시판
③ 탱크의 구조
④ 건축물의 구조

해설
건축물의 구조는 옥외탱크저장소의 기준으로 규정된 것이 아니다. 옥외탱크저장소의 기준에서는 "안전거리, 보유공지, 표지 및 게시판, 특정옥외저장탱크의 기초 및 지반, 준특정옥외저장탱크의 기초 및 지반, 옥외저장탱크의 외부구조 및 설비, 특정옥외저장탱크의 구조, 준특정옥외저장탱크의 구조, 방유제, 고인화점 위험물의 옥외탱크저장소의 특례, 위험물의 성질에 따른 옥외탱크저장소의 특례, 지중탱크에 관계된 옥외탱크저장소의 특례, 해상탱크에 관계된 옥외탱크저장소의 특례, 옥외탱크저장소의 충수시험의 특례"를 규정하고 있다.

정답 ④

★★☆☆☆ [개정 2021. 7. 13.]
시행규칙 [별표 7] 옥내탱크저장소의 위치·구조 및 설비의 기준

Ⅰ. 옥내탱크저장소의 기준
  1. 옥내탱크저장소(제2호에 정하는 것을 제외한다)의 위치·구조 및 설비의 기술기준은 다음 각목과 같다.
    가. 위험물을 저장 또는 취급하는 옥내탱크(이하 "옥내저장탱크"라 한다)는 단층건축물에 설치된 탱크전용실에 설치할 것
    나. 옥내저장탱크와 탱크전용실의 벽과의 사이 및 옥내저장탱크의 상호간에는 0.5m 이상의 간격을 유지할 것. 다만, 탱크의 점검 및 보수에 지장이 없는 경우에는 그러하지 아니하다.

다. 옥내탱크저장소에는 별표 4 Ⅲ제1호의 기준에 따라 보기 쉬운 곳에 "위험물 옥내탱크저장소"라는 표시를 한 표지와 동표 Ⅲ제2호의 기준에 따라 방화에 관하여 필요한 사항을 게시한 게시판을 설치하여야 한다.
라. 옥내저장탱크의 용량(동일한 탱크전용실에 옥내저장탱크를 2 이상 설치하는 경우에는 각 탱크의 용량의 합계를 말한다)은 지정수량의 40배(제4석유류 및 동식물유류 외의 제4류 위험물에 있어서 당해 수량이 20,000ℓ를 초과할 때에는 20,000ℓ) 이하일 것
마. 옥내저장탱크의 구조는 별표 6 Ⅵ제1호 및 ⅩⅣ의 규정에 의한 옥외저장탱크의 구조의 기준을 준용할 것
바. 옥내저장탱크의 외면에는 녹을 방지하기 위한 도장을 할 것. 다만, 탱크의 재질이 부식의 우려가 없는 스테인레스 강판 등인 경우에는 그러하지 아니하다.
사. 옥내저장탱크 중 압력탱크(최대상용압력이 부압 또는 정압 5KPa을 초과하는 탱크를 말한다)외의 탱크(제4류 위험물의 옥내저장탱크로 한정한다)에 있어서는 밸브 없는 통기관 또는 대기밸브 부착 통기관을 다음의 기준에 따라 설치하고, 압력탱크에 있어서는 별표 4 Ⅷ제4호에 따른 안전장치를 설치할 것
  1) 밸브 없는 통기관
    가) 통기관의 끝부분은 건축물의 창·출입구 등의 개구부로부터 1m 이상 떨어진 옥외의 장소에 지면으로부터 4m 이상의 높이로 설치하되, 인화점이 40℃ 미만인 위험물의 탱크에 설치하는 통기관에 있어서는 부지경계선으로부터 1.5m 이상 거리를 둘 것. 다만, 고인화점 위험물만을 100℃ 미만의 온도로 저장 또는 취급하는 탱크에 설치하는 통기관은 그 끝부분을 탱크전용실 내에 설치할 수 있다.
    나) 통기관은 가스 등이 체류할 우려가 있는 굴곡이 없도록 할 것
    다) 별표 6 Ⅵ제7호가목의 기준에 적합할 것
  2) 대기밸브 부착 통기관
    가) 1)가) 및 나)의 기준에 적합할 것
    나) 별표 6 Ⅵ제7호나목의 기준에 적합할 것
아. 액체위험물의 옥내저장탱크에는 위험물의 양을 자동적으로 표시하는 장치를 설치할 것
자. 액체위험물의 옥내저장탱크의 주입구는 별표 6 Ⅵ 제9호의 규정에 의한 옥외저장탱크의 주입구의 기준을 준용할 것
차. 옥내저장탱크의 펌프설비 중 탱크전용실이 있는 건축물 외의 장소에 설치하는 펌프설비에 있어서는 별표 6 Ⅵ제10호(가목 및 나목을 제외한다)의 규정에 의한 옥외저장탱크의 펌프설비의 기준을 준용하고, 탱크전용실이 있는 건축물에 설치하는 펌프설비에 있어서는 다음의 1에 정하는 바에 의할 것
  1) 탱크전용실외의 장소에 설치하는 경우에는 별표 6 Ⅵ제10호 다목 내지 차목 및 타목의 규정에 의할 것, 다만 펌프실의 지붕은 내화구조 또는 불연재료로 할 수 있다.

　　　　2) 탱크전용실에 설치하는 경우에는 펌프설비를 견고한 기초 위에 고정시킨다음 그 주위에 불연재료로 된 턱을 탱크전용실의 문턱높이 이상으로 설치할 것. 다만, 펌프설비의 기초를 탱크전용실의 문턱높이 이상으로 하는 경우를 제외한다.
　카. 옥내저장탱크의 밸브는 별표 6 Ⅵ제11호의 규정에 의한 옥외저장탱크의 밸브의 기준을 준용할 것
　타. 옥내저장탱크의 배수관은 별표 6 Ⅵ제12호의 규정에 의한 옥외저장탱크의 배수관의 기준을 준용할 것
　파. 옥내저장탱크의 배관의 위치·구조 및 설비는 하목의 규정에 의하는 외에 별표 4 Ⅹ의 규정에 의한 제조소의 위험물을 취급하는 배관의 기준을 준용할 것
　하. 액체위험물을 이송하기 위한 옥내저장탱크의 배관은 별표 6 Ⅵ제15호의 규정에 의한 옥외저장탱크의 배관의 기준을 준용할 것
　거. 탱크전용실은 벽·기둥 및 바닥을 내화구조로 하고, 보를 불연재료로 하며, 연소의 우려가 있는 외벽은 출입구외에는 개구부가 없도록 할 것. 다만, 인화점이 70℃ 이상인 제4류 위험물만의 옥내저장탱크를 설치하는 탱크전용실에 있어서는 연소의 우려가 없는 외벽·기둥 및 바닥을 불연재료로 할 수 있다.
　너. 탱크전용실은 지붕을 불연재료로 하고, 천장을 설치하지 아니할 것
　더. 탱크전용실의 창 및 출입구에는 갑종방화문 또는 을종방화문을 설치하는 동시에, 연소의 우려가 있는 외벽에 두는 출입구에는 수시로 열 수 있는 자동폐쇄식의 갑종방화문을 설치할 것
　러. 탱크전용실의 창 또는 출입구에 유리를 이용하는 경우에는 망입유리로 할 것
　머. 액상의 위험물의 옥내저장탱크를 설치하는 탱크전용실의 바닥은 위험물이 침투하지 아니하는 구조로 하고, 적당한 경사를 두는 한편, 집유설비를 설치할 것
　버. 탱크전용실의 출입구의 턱의 높이를 당해 탱크전용실내의 옥내저장탱크(옥내저장탱크가 2 이상인 경우에는 최대용량의 탱크)의 용량을 수용할 수 있는 높이 이상으로 하거나 옥내저장탱크로부터 누설된 위험물이 탱크전용실외의 부분으로 유출하지 아니하는 구조로 할 것
　서. 탱크전용실의 채광·조명·환기 및 배출의 설비는 별표 5 Ⅰ제14조의 규정에 의한 옥내저장소의 채광·조명·환기 및 배출의 설비의 기준을 준용할 것
　어. 전기설비는 「전기사업법」에 의한 전기설비기술기준에 의하여야 한다.
2. 옥내탱크저장소 중 탱크전용실을 단층건물 외의 건축물에 설치하는 것(제2류 위험물 중 황화린·적린 및 덩어리 유황, 제3류 위험물 중 황린, 제6류 위험물 중 질산 및 제4류 위험물 중 인화점이 38℃ 이상인 위험물만을 저장 또는 취급하는 것에 한한다)의 위치·구조 및 설비의 기술기준은 제1호나목·다목·마목 내지 자목·차목(탱크전용실이 있는 건축물 외의 장소에 설치하는 펌프설비에 관한 기준과 관련되는 부분에 한한다)·카목 내지 하목·머목·서목 및 어목의 규정을 준용하는 외에 다음 각목의 기준에 의하여야 한다.

가. 옥내저장탱크는 탱크전용실에 설치할 것. 이 경우 제2류 위험물 중 황화린·적린 및 덩어리 유황, 제3류 위험물 중 황린, 제6류 위험물 중 질산의 탱크전용실은 건축물의 1층 또는 지하층에 설치하여야 한다.
나. 옥내저장탱크의 주입구 부근에는 당해 옥내저장탱크의 위험물의 양을 표시하는 장치를 설치할 것. 다만, 당해 위험물의 양을 쉽게 확인할 수 있는 경우에는 그러하지 아니하다.
다. 탱크전용실이 있는 건축물에 설치하는 옥내저장탱크의 펌프설비는 다음의 1에 정하는 바에 의할 것
   1) 탱크전용실외의 장소에 설치하는 경우에는 다음의 기준에 의할 것
      가) 이 펌프실은 벽·기둥·바닥 및 보를 내화구조로 할 것
      나) 펌프실은 상층이 있는 경우에 있어서는 상층의 바닥을 내화구조로 하고, 상층이 없는 경우에 있어서는 지붕을 불연재료로 하며, 천장을 설치하지 아니할 것
      다) 펌프실에는 창을 설치하지 아니할 것. 다만, 제6류 위험물의 탱크전용실에 있어서는 갑종방화문 또는 을종방화문이 있는 창을 설치할 수 있다.
      라) 펌프실의 출입구에는 갑종방화문을 설치할 것. 다만, 제6류 위험물의 탱크전용실에 있어서는 을종방화문을 설치할 수 있다.
      마) 펌프실의 환기 및 배출의 설비에는 방화상 유효한 댐퍼 등을 설치할 것
      바) 그 밖의 기준은 별표 6 Ⅵ제10호다목·아목 내지 차목 및 타목의 규정을 준용할 것
   2) 탱크전용실에 펌프설비를 설치하는 경우에는 견고한 기초 위에 고정한 다음 그 주위에는 불연재료로 된 턱을 0.2m 이상의 높이로 설치하는 등 누설된 위험물이 유출되거나 유입되지 아니하도록 하는 조치를 할 것
라. 탱크전용실은 벽·기둥·바닥 및 보를 내화구조로 할 것
마. 탱크전용실은 상층이 있는 경우에 있어서는 상층의 바닥을 내화구조로 하고, 상층이 없는 경우에 있어서는 지붕을 불연재료로 하며, 천장을 설치하지 아니할 것
바. 탱크전용실에는 창을 설치하지 아니할 것
사. 탱크전용실의 출입구에는 수시로 열 수 있는 자동폐쇄식의 갑종방화문을 설치할 것
아. 탱크전용실의 환기 및 배출의 설비에는 방화상 유효한 댐퍼 등을 설치할 것
자. 탱크전용실의 출입구의 턱의 높이를 당해 탱크전용실내의 옥내저장탱크(옥내저장탱크가 2 이상인 경우에는 모든 탱크)의 용량을 수용할 수 있는 높이 이상으로 하거나 옥내저장탱크로부터 누설된 위험물이 탱크전용실 외의 부분으로 유출하지 아니하는 구조로 할 것
차. 옥내저장탱크의 용량(동일한 탱크전용실에 옥내저장탱크를 2 이상 설치하는 경우에는 각 탱크의 용량의 합계를 말한다)은 1층 이하의 층에 있어서는 지정수

량의 40배(제4석유류 및 동식물유류 외의 제4류 위험물에 있어서 당해 수량이 2만ℓ를 초과할 때에는 2만ℓ) 이하, 2층 이상의 층에 있어서는 지정수량의 10배(제4석유류 및 동식물유류 외의 제4류 위험물에 있어서 당해 수량이 5천ℓ를 초과할 때에는 5천ℓ) 이하일 것

예상문제

01 다음 중 위험물을 저장 또는 취급하는 건축물, 그 밖의 공작물의 주위에 보유공지를 확보하지 않아도 되는 위험물시설은?
① 일반취급소
② 옥내탱크저장소
③ 옥외저장소
④ 옥내저장소

해설
위험물을 저장 또는 취급하는 건축물, 그 밖의 공작물의 주위에 보유공지를 확보하지 않아도 되는 위험물시설은 "옥내탱크저장소, 지하탱크저장소, 간이탱크저장소, 이동탱크저장소, 암반탱크저장소, 판매취급소"이다.

정답 ②

02 위험물제조소등에서 보유공지를 확보하지 않아도 되는 대상은?
① 옥외탱크저장소
② 옥외저장소
③ 옥내탱크저장소
④ 제조소

해설
"제조소, 옥내저장소, 옥외탱크저장소, 옥외저장소, 이송취급소, 일반취급소"에는 보유공지를 확보하여야 하며, "주유취급소"에는 주유공지 및 급유공지를 확보하여야 한다.

정답 ③

★☆☆☆ [개정 2021. 7. 13.〉]

시행규칙 [별표 8] 지하탱크저장소의 위치·구조 및 설비의 기준

Ⅰ. 지하탱크저장소의 기준(Ⅱ 및 Ⅲ에 정하는 것을 제외한다)
  1. 위험물을 저장 또는 취급하는 지하탱크(이하 Ⅰ, 별표 13 Ⅲ 및 별표 18 Ⅲ에서 "지하저장탱크"라 한다)는 지면하에 설치된 탱크전용실에 설치하여야 한다. 다만, 제4류 위험물의 지하저장탱크가 다음 가목 내지 마목의 기준에 적합한 때에는 그러하지 아니하다.
      가. 당해 탱크를 지하철·지하가 또는 지하터널로부터 수평거리 10m 이내의 장소 또는 지하건축물내의 장소에 설치하지 아니할 것
      나. 당해 탱크를 그 수평투영의 세로 및 가로보다 각각 0.6m 이상 크고 두께가 0.3m 이상인 철근콘크리트조의 뚜껑으로 덮을 것
      다. 뚜껑에 걸리는 중량이 직접 당해 탱크에 걸리지 아니하는 구조일 것
      라. 당해 탱크를 견고한 기초 위에 고정할 것
      마. 당해 탱크를 지하의 가장 가까운 벽·피트(pit: 인공지하구조물)·가스관 등의 시설물 및 대지경계선으로부터 0.6m 이상 떨어진 곳에 매설할 것
  2. 탱크전용실은 지하의 가장 가까운 벽·피트·가스관 등의 시설물 및 대지경계선으로부터 0.1m 이상 떨어진 곳에 설치하고, 지하저장탱크와 탱크전용실의 안쪽과의 사이는 0.1m 이상의 간격을 유지하도록 하며, 당해 탱크의 주위에 마른 모래 또는 습기 등에 의하여 응고되지 아니하는 입자지름 5㎜ 이하의 마른 자갈분을 채워야 한다.
  3. 지하저장탱크의 윗부분은 지면으로부터 0.6m 이상 아래에 있어야 한다.
  4. 지하저장탱크를 2 이상 인접해 설치하는 경우에는 그 상호간에 1m(당해 2 이상의 지하저장탱크의 용량의 합계가 지정수량의 100배 이하인 때에는 0.5m) 이상의 간격을 유지하여야 한다. 다만, 그 사이에 탱크전용실의 벽이나 두께 20㎝ 이상의 콘크리트 구조물이 있는 경우에는 그러하지 아니하다.
  5. 지하탱크저장소에는 별표 4 Ⅲ제1호의 기준에 따라 보기 쉬운 곳에 "위험물 지하탱크저장소"라는 표시를 한 표지와 동표 Ⅲ제2호의 기준에 따라 방화에 관하여 필요한 사항을 게시한 게시판을 설치하여야 한다.
  6. 지하저장탱크는 용량에 따라 다음 표에 정하는 기준에 적합하게 강철판 또는 동등 이상의 성능이 있는 금속재질로 완전용입용접 또는 양면겹침이음용접으로 틈이 없도록 만드는 동시에, 압력탱크(최대상용압력이 46.7kPa 이상인 탱크를 말한다) 외의 탱크에 있어서는 70kPa의 압력으로, 압력탱크에 있어서는 최대상용압력의 1.5배의 압력으로 각각 10분간 수압시험을 실시하여 새거나 변형되지 아니하여야 한다. 이 경우 수압시험은 소방청장이 정하여 고시하는 기밀시험과 비파괴시험을 동시에 실시하는 방법으로 대신할 수 있다.

탱크용량(단위 ℓ)	탱크의 최대지름(단위 ㎜)	강철판의 최소두께(단위 ㎜)
1,000 이하	1,067	3.20
1,000 초과 2,000 이하	1,219	3.20
2,000 초과 4,000 이하	1,625	3.20
4,000 초과 15,000 이하	2,450	4.24
15,000 초과 45,000 이하	3,200	6.10
45,000 초과 75,000 이하	3,657	7.67
75,000 초과 189,000 이하	3,657	9.27
189,000 초과	-	10.00

7. 지하저장탱크의 외면은 다음 각목에 정하는 바에 따라 보호하여야 한다. 다만, 지하저장탱크의 재질이 부식의 우려가 없는 스테인레스 강판 등인 경우에는 부식방지도장을 하지 않을 수 있다.
   가. 탱크전용실에 설치하는 지하저장탱크의 외면은 다음의 1에 해당하는 방법으로 보호할 것
   1) 탱크의 외면에 부식방지도장을 할 것
   2) 탱크의 외면에 부식방지제 및 아스팔트 프라이머(표면의 부식을 방지하기 위한 도장)의 순으로 도장을 한 후 아스팔트 루핑 및 철망의 순으로 탱크를 피복하고, 그 표면에 두께가 2㎝ 이상에 이를 때까지 모르타르를 도장할 것. 이 경우에 있어서 다음에 정하는 기준에 적합하여야 한다.
      가) 아스팔트루핑은 아스팔트루핑(KS F 4902)(35㎏)의 규격에 의한 것 이상의 성능이 있을 것
      나) 철망은 와이어라스(KS F 4551)의 규격에 의한 것 이상의 성능이 있을 것
      다) 모르타르에는 방수제를 혼합할 것. 다만, 모르타르를 도장한 표면에 방수제를 도장하는 경우에는 그러하지 아니하다.
   3) 탱크의 외면에 부식방지도장을 실시하고, 그 표면에 아스팔트 및 아스팔트루핑에 의한 피복을 두께 1㎝에 이를때 까지 교대로 실시할 것. 이 경우 아스팔트루핑은 2)가)의 기준에 적합하여야 한다.
   4) 탱크의 외면에 프라이머를 도장하고, 그 표면에 복장재를 휘감은 후 에폭시수지 또는 타르에폭시수지에 의한 피복을 탱크의 외면으로부터 두께 2㎜ 이상에 이를 때까지 실시할 것. 이 경우에 있어서 복장재는 수도용 강관아스팔트도복장방법(KS D 8306)으로 정하는 비닐론클로스 또는 헤시안클래스에 적합하여야 한다.
   5) 탱크의 외면에 프라이머를 도장하고, 그 표면에 유리섬유 등을 강화재로한 강화플라스틱에 의한 피복을 두께 3㎜ 이상에 이를 때까지 실시할 것
   나. 탱크전용실 외의 장소에 설치하는 지하저장탱크의 외면은 가목2) 내지 4)의 1에 해당하는 방법으로 보호할 것
8. 지하저장탱크 중 압력탱크(최대상용압력이 부압 또는 정압 5KPa을 초과하는 탱크를 말한다)외의 제4류 위험물의 탱크에 있어서는 밸브 없는 통기관 또는 대기밸브

부착 통기관을 다음 각 목의 구분에 따른 기준에 적합하게 설치하고, 압력탱크에 있어서는 별표 4 Ⅷ제4호에 따른 제조소의 안전장치의 기준을 준용하여야 한다.
  가. 밸브 없는 통기관
    1) 통기관은 지하저장탱크의 윗부분에 연결할 것
    2) 통기관 중 지하의 부분은 그 상부의 지면에 걸리는 중량이 직접 해당 부분에 미치지 아니하도록 보호하고, 해당 통기관의 접합부분(용접, 그 밖의 위험물 누설의 우려가 없다고 인정되는 방법에 의하여 접합된 것은 제외한다)에 대하여는 해당 접합부분의 손상유무를 점검할 수 있는 조치를 할 것
    3) 별표 7 Ⅰ제1호사목1)의 기준에 적합할 것
  나. 대기밸브 부착 통기관
    1) 가목1) 및 2)의 기준에 적합할 것
    2) 별표 6 Ⅵ제7호나목의 기준에 적합할 것. 다만, 제4류제1석유류를 저장하는 탱크는 다음의 압력 차이에서 작동하여야 한다.
      가) 정압 : 0.6kPa 이상 1.5kPa 이하
      나) 부압 : 1.5kPa 이상 3kPa 이하
    3) 별표 7 Ⅰ제1호사목1)가) 및 나)의 기준에 적합할 것
9. 액체위험물의 지하저장탱크에는 위험물의 양을 자동적으로 표시하는 장치 및 계량구를 설치하고, 계량구 직하에 있는 탱크의 밑판에 그 손상을 방지하기 위한 조치를 하여야 한다.
10. 액체위험물의 지하저장탱크의 주입구는 별표 6 Ⅵ제9호의 규정에 의한 옥외저장탱크의 주입구의 기준을 준용하여 옥외에 설치하여야 한다.
11. 지하저장탱크의 펌프설비는 펌프 및 전동기를 지하저장탱크밖에 설치하는 펌프설비에 있어서는 별표 6 Ⅵ제10호(가목 및 나목을 제외한다)의 규정에 의한 옥외저장탱크의 펌프설비의 기준에 준하여 설치하고, 펌프 또는 전동기를 지하저장탱크 안에 설치하는 펌프설비(이하 "액중펌프설비"라 한다)에 있어서는 다음 각목의 기준에 따라 설치하여야 한다.
  가. 액중펌프설비의 전동기의 구조는 다음에 정하는 기준에 의할 것
    1) 고정자는 위험물에 침투되지 아니하는 수지가 충전된 금속제의 용기에 수납되어 있을 것
    2) 운전 중에 고정자가 냉각되는 구조로 할 것
    3) 전동기의 내부에 공기가 체류하지 아니하는 구조로 할 것
  나. 전동기에 접속되는 전선은 위험물이 침투되지 아니하는 것으로 하고, 직접 위험물에 접하지 아니하도록 보호할 것
  다. 액중펌프설비는 체절운전에 의한 전동기의 온도상승을 방지하기 위한 조치가 강구될 것
  라. 액중펌프설비는 다음의 경우에 있어서 전동기를 정지하는 조치가 강구될 것
    1) 전동기의 온도가 현저하게 상승한 경우

        2) 펌프의 흡입구가 노출된 경우
     마. 액중펌프설비는 다음에 의하여 설치할 것
        1) 액중펌프설비는 지하저장탱크와 플랜지접합으로 할 것
        2) 액중펌프설비중 지하저장탱크내에 설치되는 부분은 보호관내에 설치할 것. 다만, 당해 부분이 충분한 강도가 잇는 외장에 의하여 보호되어 있는 경우에 있어서는 그러하지 아니하다.
        3) 액중펌프설비 중 지하저장탱크의 상부에 설치되는 부분은 위험물의 누설을 점검할 수 있는 조치가 강구된 안전상 필요한 강도가 있는 피트 내에 설치할 것
12. 지하저장탱크의 배관은 제13호의 규정에 의한 것외에 별표 4 Ⅹ의 규정에 의한 제조소의 배관의 기준을 준용하여야 한다.
13. 지하저장탱크의 배관은 당해 탱크의 윗부분에 설치하여야 한다. 다만, 제4류 위험물 중 제2석유류(인화점이 40℃ 이상인 것에 한한다), 제3석유류, 제4석유류 및 동식물유류의 탱크에 있어서 그 직근에 유효한 제어밸브를 설치한 경우에는 그러하지 아니하다.
14. 지하저장탱크에 설치하는 전기설비는 「전기사업법」에 의한 전기설비기술기준에 의하여야 한다.
15. 지하저장탱크의 주위에는 당해 탱크로부터의 액체위험물의 누설을 검사하기 위한 관을 다음의 각목의 기준에 따라 4개소 이상 적당한 위치에 설치하여야 한다.
    가. 이중관으로 할 것. 다만, 소공이 없는 상부는 단관으로 할 수 있다.
    나. 재료는 금속관 또는 경질합성수지관으로 할 것
    다. 관은 탱크전용실의 바닥 또는 탱크의 기초까지 닿게 할 것
    라. 관의 밑부분으로부터 탱크의 중심 높이까지의 부분에는 소공이 뚫려 있을 것. 다만, 지하수위가 높은 장소에 있어서는 지하수위 높이까지의 부분에 소공이 뚫려 있어야 한다.
    마. 상부는 물이 침투하지 아니하는 구조로 하고, 뚜껑은 검사시에 쉽게 열 수 있도록 할 것
16. 탱크전용실은 벽·바닥 및 뚜껑을 다음 각 목에 정한 기준에 적합한 철근콘크리트 구조 또는 이와 동등 이상의 강도가 있는 구조로 설치하여야 한다.
    가. 벽·바닥 및 뚜껑의 두께는 0.3m 이상일 것
    나. 벽·바닥 및 뚜껑의 내부에는 지름 9㎜부터 13㎜까지의 철근을 가로 및 세로로 5㎝부터 20㎝까지의 간격으로 배치할 것
    다. 벽·바닥 및 뚜껑의 재료에 수밀(액체가 새지 않도록 밀봉되어 있는 상태)콘크리트를 혼입하거나 벽·바닥 및 뚜껑의 중간에 아스팔트층을 만드는 방법으로 적정한 방수조치를 할 것
17. 지하저장탱크에는 다음 각목의 1에 해당하는 방법으로 과충전을 방지하는 장치를 설치하여야 한다.
    가. 탱크용량을 초과하는 위험물이 주입될 때 자동으로 그 주입구를 폐쇄하거나 위험물의 공급을 자동으로 차단하는 방법

나. 탱크용량의 90%가 찰 때 경보음을 울리는 방법
18. 지하탱크저장소에는 다음 각목의 기준에 의하여 맨홀을 설치하여야 한다.
   가. 맨홀은 지면까지 올라오지 아니하도록 하되, 가급적 낮게 할 것
   나. 보호틀을 다음 각목에 정하는 기준에 따라 설치할 것
      1) 보호틀을 탱크에 완전히 용접하는 등 보호틀과 탱크를 기밀하게 접합할 것
      2) 보호틀의 뚜껑에 걸리는 하중이 직접 보호틀에 미치지 아니하도록 설치하고, 빗물 등이 침투하지 아니하도록 할 것
   다. 배관이 보호틀을 관통하는 경우에는 당해 부분을 용접하는 등 침수를 방지하는 조치를 할 것

예상문제

01 지하 저장탱크의 주위에 당해 탱크로부터 액체위험물의 누설을 검사하기 위한 관을 설치하여야 하는 기준으로 옳지 않은 것은?

① 이중관으로 할 것. 다만 소공(小空)이 없는 상부는 단관으로 할 수 있다.
② 재료는 금속관 또는 경질합성수지관으로 할 것
③ 관은 탱크전용실의 바닥 또는 탱크의 기초까지 닿게 할 것
④ 상부는 물이 침투하지 아니하는 구조로 하고, 뚜껑은 검사 시 쉽게 열수 없도록 할 것

해설
상부는 물이 침투하지 아니하는 구조로 하고, 뚜껑은 검사 시에 쉽게 열 수 있도록 하여야 한다.

> ※ **액체위험물의 누설을 검사하기 위한 관의 설치기준**
> 지하저장탱크의 주위에는 당해 탱크로부터의 액체위험물의 누설을 검사하기 위한 관을 다음의 각목의 기준에 따라 4개소 이상 적당한 위치에 설치하여야 한다.
> 가. 이중관으로 할 것. 다만, 소공이 없는 상부는 단관으로 할 수 있다.
> 나. 재료는 금속관 또는 경질합성수지관으로 할 것
> 다. 관은 탱크전용실의 바닥 또는 탱크의 기초까지 닿게 할 것
> 라. 관의 밑부분으로부터 탱크의 중심 높이까지의 부분에는 소공이 뚫려 있을 것. 다만, 지하수위가 높은 장소에 있어서는 지하수위 높이까지의 부분에 소공이 뚫려 있어야 한다.
> 마. 상부는 물이 침투하지 아니하는 구조로 하고, 뚜껑은 검사 시에 쉽게 열 수 있도록 할 것

정답 ④

02 다음 중 지하탱크저장소의 제반사항으로 옳지 않은 것은?

① 탱크전용실은 지하의 가장 가까운 벽·피트·가스관 등의 시설물 및 대지경계선으로부터 0.1m 이상 떨어진 곳에 설치한다.
② 지하저장탱크와 탱크전용실의 안쪽과의 사이는 0.1m 이상의 간격을 유지하도록 한다.
③ 탱크의 주위에 마른 모래 또는 습기 등에 의하여 응고되지 아니하는 입자지름 10mm 이하의 마른 자갈분을 채워야 한다.
④ 위험물을 저장 또는 취급하는 지하탱크는 지면하에 설치된 탱크전용실에 설치하여야 한다.

해설
탱크의 주위에 마른 모래 또는 습기 등에 의하여 응고되지 아니하는 입자지름 5mm 이하의 마른 자갈분을 채워야 한다.

정답 ③

★★☆☆☆

시행규칙 [별표 11] 옥외저장소의 위치·구조 및 설비의 기준

Ⅰ. 옥외저장소의 기준
1. 옥외저장소 중 위험물을 용기에 수납하여 저장 또는 취급하는 것의 위치·구조 및 설비의 기술기준은 다음 각목과 같다.
   가. 옥외저장소는 별표 4 Ⅰ의 규정에 준하여 안전거리를 둘 것
   나. 옥외저장소는 습기가 없고 배수가 잘 되는 장소에 설치할 것
   다. 위험물을 저장 또는 취급하는 장소의 주위에는 경계표시(울타리의 기능이 있는 것에 한한다. 이와 같다)를 하여 명확하게 구분할 것
   라. 다목의 경계표시의 주위에는 그 저장 또는 취급하는 위험물의 최대수량에 따라 다음 표에 의한 너비의 공지를 보유할 것. 다만, 제4류 위험물 중 제4석유류와 제6류 위험물을 저장 또는 취급하는 옥외저장소의 보유공지는 다음 표에 의한 공지의 너비의 3분의 1 이상의 너비로 할 수 있다.

저장 또는 취급하는 위험물의 최대수량	공지의 너비
지정수량의 10배 이하	3m 이상
지정수량의 10배 초과 20배 이하	5m 이상
지정수량의 20배 초과 50배 이하	9m 이상
지정수량의 50배 초과 200배 이하	12m 이상
지정수량의 200배 초과	15m 이상

마. 옥외저장소에는 별표 4 Ⅲ제1호의 기준에 따라 보기 쉬운 곳에 "위험물 옥외저장소"라는 표시를 한 표지와 동표 Ⅲ제2호의 기준에 따라 방화에 관하여 필요한 사항을 게시한 게시판을 설치하여야 한다.
바. 옥외저장소에 선반을 설치하는 경우에는 다음의 기준에 의할 것
   1) 선반은 불연재료로 만들고 견고한 지반면에 고정할 것
   2) 선반은 당해 선반 및 그 부속설비의 자중·저장하는 위험물의 중량·풍하중·지진의 영향 등에 의하여 생기는 응력에 대하여 안전할 것
   3) 선반의 높이는 6m를 초과하지 아니할 것
   4) 선반에는 위험물을 수납한 용기가 쉽게 낙하하지 아니하는 조치를 강구할 것
사. 과산화수소 또는 과염소산을 저장하는 옥외저장소에는 불연성 또는 난연성의 천막 등을 설치하여 햇빛을 가릴 것
아. 눈·비 등을 피하거나 차광 등을 위하여 옥외저장소에 캐노피 또는 지붕을 설치하는 경우에는 환기 및 소화활동에 지장을 주지 아니하는 구조로 할 것. 이 경우 기둥은 내화구조로 하고, 캐노피 또는 지붕을 불연재료로 하며, 벽을 설치하지 아니하여야 한다.

2. 옥외저장소 중 덩어리 상태의 유황만을 지반면에 설치한 경계표시의 안쪽에서 저장 또는 취급하는 것(제1호에 정하는 것을 제외한다)의 위치·구조 및 설비의 기술기준은 제1호 각목의 기준 및 다음 각목과 같다.
가. 하나의 경계표시의 내부의 면적은 100㎡ 이하일 것
나. 2 이상의 경계표시를 설치하는 경우에 있어서는 각각의 경계표시 내부의 면적을 합산한 면적은 1,000㎡ 이하로 하고, 인접하는 경계표시와 경계표시와의 간격을 제1호 라목의 규정에 의한 공지의 너비의 2분의 1 이상으로 할 것. 다만, 저장 또는 취급하는 위험물의 최대수량이 지정수량의 200배 이상인 경우에는 10m 이상으로 하여야 한다.
다. 경계표시는 불연재료로 만드는 동시에 유황이 새지 아니하는 구조로 할 것
라. 경계표시의 높이는 1.5m 이하로 할 것
마. 경계표시에는 유황이 넘치거나 비산하는 것을 방지하기 위한 천막 등을 고정하는 장치를 설치하되, 천막 등을 고정하는 장치는 경계표시의 길이 2m마다 한 개 이상 설치할 것
바. 유황을 저장 또는 취급하는 장소의 주위에는 배수구와 분리장치를 설치할 것

예상문제

01 다음 중 옥외저장소 설치기준으로 옳지 않은 것은?
① 옥외저장소는 규정에 준하여 안전거리를 둘 것
② 선반의 높이는 6m를 초과하지 아니할 것
③ 옥외저장소에는 갑종 또는 을종방화문을 설치한다.
④ 과산화수소 또는 과염소산을 저장하는 옥외저장소에는 불연성 또는 난연성의 천막 등을 설치하여 햇빛을 가릴 것

해설
옥외저장소에 선반을 설치하는 경우에 선반의 높이는 6m를 초과하지 아니하여야 한다.

정답 ③

02 다음 중 옥외저장소에 관하여 옳지 않은 것은?
① 지정수량의 10배 이하의 보유공지는 3m 이상을 띄운다.
② 지정수량의 10배 초과 20배 이하 보유공지는 9m 이상을 띄운다.
③ 선반은 불연재료로 만들고 견고한 지반면에 고정할 것
④ 선반의 높이는 6m를 초과하지 아니할 것

해설
옥외저장소에 저장 또는 취급하는 위험물의 최대수량이 "지정수량의 10배 초과 20배 이하"일 경우에는 9m 이상의 공지를 보유하여야 한다.

저장 또는 취급하는 위험물의 최대수량	공지의 너비
지정수량의 10배 이하	3m 이상
지정수량의 10배 초과 20배 이하	5m 이상
지정수량의 20배 초과 50배 이하	9m 이상
지정수량의 50배 초과 200배 이하	12m 이상
지정수량의 200배 초과	15m 이상

정답 ②

★★★★★ [개정 2023. 6. 29.]

시행규칙 [별표 13] 주유취급소의 위치·구조 및 설비의 기준

I. 주유공지 및 급유공지
1. 주유취급소의 고정주유설비[펌프기기 및 호스기기로 되어 위험물을 자동차등에 직접 주유하기 위한 설비로서 현수식(매닮식)의 것을 포함한다. 이하 같다]의 주위에는 주유를 받으려는 자동차 등이 출입할 수 있도록 너비 15m 이상, 길이 6m 이상의 콘크리트 등으로 포장한 공지(이하 "주유공지"라 한다)를 보유하여야 하고, 고정급유설비(펌프기기 및 호스기기로 되어 위험물을 용기에 옮겨 담거나 이동저장탱크에 주입하기 위한 설비로서 현수식의 것을 포함한다. 이하 같다)를 설치하는 경우에는 고정급유설비의 호스기기의 주위에 필요한 공지(이하 "급유공지"라 한다)를 보유하여야 한다.
2. 제1호의 규정에 의한 공지의 바닥은 주위 지면보다 높게 하고, 그 표면을 적당하게 경사지게 하여 새어나온 기름 그 밖의 액체가 공지의 외부로 유출되지 아니하도록 배수구·집유설비 및 유분리장치를 하여야 한다.

II. 표지 및 게시판
주유취급소에는 별표 4 III제1호의 기준에 준하여 보기 쉬운 곳에 "위험물 주유취급소"라는 표시를 한 표지, 동표 III제2호의 기준에 준하여 방화에 관하여 필요한 사항을 게시한 게시판 및 황색바탕에 흑색문자로 "주유중엔진정지"라는 표시를 한 게시판을 설치하여야 한다.

III. 탱크
1. 주유취급소에는 다음 각목의 탱크 외에는 위험물을 저장 또는 취급하는 탱크를 설치할 수 없다. 다만, 별표 10 I의 규정에 의한 이동탱크저장소의 상시주차장소를 주유공지 또는 급유공지 외의 장소에 확보하여 이동탱크저장소(당해주유취급소의 위험물의 저장 또는 취급에 관계된 것에 한한다)를 설치하는 경우에는 그러하지 아니하다.
   가. 자동차 등에 주유하기 위한 고정주유설비에 직접 접속하는 전용탱크로서 50,000ℓ 이하의 것
   나. 고정급유설비에 직접 접속하는 전용탱크로서 50,000ℓ 이하의 것
   다. 보일러 등에 직접 접속하는 전용탱크로서 10,000ℓ 이하의 것
   라. 자동차 등을 점검·정비하는 작업장 등(주유취급소안에 설치된 것에 한한다)에서 사용하는 폐유·윤활유 등의 위험물을 저장하는 탱크로서 용량(2 이상 설치하는 경우에는 각 용량의 합계를 말한다)이 2,000ℓ 이하인 탱크(이하 "폐유탱크등"이라 한다)
   마. 고정주유설비 또는 고정급유설비에 직접 접속하는 3기 이하의 간이탱크. 다만, 「국토의 계획 및 이용에 관한 법률」에 의한 방화지구안에 위치하는 주유취급소의 경우를 제외한다.

2. 제1호가목 내지 라목의 규정에 의한 탱크(다목 및 라목의 규정에 의한 탱크는 용량이 1,000ℓ를 초과하는 것에 한한다)는 옥외의 지하 또는 캐노피 아래의 지하(캐노피 기둥의 하부를 제외한다)에 매설하여야 한다.
3. 제Ⅰ호의 규정에 의하여 설치하는 전용탱크·폐유탱크등 또는 간이탱크의 위치·구조 및 설비의 기준은 다음 각목과 같다.
    가. 지하에 매설하는 전용탱크 또는 폐유탱크등의 위치·구조 및 설비는 별표 8 Ⅰ[제5호·제10호(게시판에 관한 부분에 한한다)·제11호(액중펌프설비에 관한 부분을 제외한다)·제14호 및 용량 10,000ℓ를 넘는 탱크를 설치하는 경우에 있어서는 제1호 단서를 제외한다]·별표 8 Ⅱ[별표 8 Ⅰ제5호·제10호(게시판에 관한 부분에 한한다)·제11호(액중펌프설비에 관한 부분을 제외한다)·제14호를 제외한다] 또는 별표 8 Ⅲ[별표 8 Ⅰ제5호·제10호(게시판에 관한 부분에 한한다)·제11호(액중펌프설비에 관한 부분을 제외한다)·제14호를 제외한다]의 규정에 의한 지하저장탱크의 위치·구조 및 설비의 기준을 준용할 것
    나. 지하에 매설하지 아니하는 폐유탱크등의 위치·구조 및 설비는 별표 7 Ⅰ(제1호 다목을 제외한다)의 규정에 의한 옥내저장탱크의 위치·구조·설비 또는 시·도의 조례에 정하는 지정수량 미만인 탱크의 위치·구조 및 설비의 기준을 준용할 것
    다. 간이탱크의 구조 및 설비는 별표 9 제4호 내지 제8호의 규정에 의한 간이저장탱크의 구조 및 설비의 기준을 준용하되, 자동차 등과 충돌할 우려가 없도록 설치할 것
Ⅳ. 고정주유설비 등
 1. 주유취급소에는 자동차 등의 연료탱크에 직접 주유하기 위한 고정주유설비를 설치하여야 한다.
 2. 주유취급소의 고정주유설비 또는 고정급유설비는 Ⅲ제1호 가목나목 또는 마목의 규정에 의한 탱크중 하나의 탱크만으로부터 위험물을 공급받을 수 있도록 하고, 다음 각목의 기준에 적합한 구조로 하여야 한다.
    가. 펌프기기는 주유관 끝부분에서의 최대배출량이 제1석유류의 경우에는 분당 50ℓ 이하, 경유의 경우에는 분당 180ℓ 이하, 등유의 경우에는 분당 80ℓ 이하인 것으로 할 것. 다만, 이동저장탱크에 주입하기 위한 고정급유설비의 펌프기기는 최대배출량이 분당 300ℓ 이하인 것으로 할 수 있으며, 분당 배출량이 200ℓ 이상인 것의 경우에는 주유설비에 관계된 모든 배관의 안지름을 40㎜ 이상으로 하여야 한다.
    나. 이동저장탱크의 상부를 통하여 주입하는 고정급유설비의 주유관에는 당해 탱크의 밑부분에 달하는 주입관을 설치하고, 그 배출량이 분당 80ℓ를 초과하는 것은 이동저장탱크에 주입하는 용도로만 사용할 것
    다. 고정주유설비 또는 고정급유설비는 난연성 재료로 만들어진 외장을 설치할 것. 다만, Ⅸ의 규정에 의한 기준에 적합한 펌프실에 설치하는 펌프기기 또는 액중펌프에 있어서는 그러하지 아니하다.

라. 고정주유설비 또는 고정급유설비의 본체 또는 노즐 손잡이에 주유작업자의 인체에 축적되는 정전기를 유효하게 제거할 수 있는 장치를 설치할 것
3. 고정주유설비 또는 고정급유설비의 주유관의 길이(끝부분의 개폐밸브를 포함한다)는 5m(현수식의 경우에는 지면위 0.5m의 수평면에 수직으로 내려 만나는 점을 중심으로 반경 3m) 이내로 하고 그 끝부분에는 축적된 정전기를 유효하게 제거할 수 있는 장치를 설치하여야 한다.
4. 고정주유설비 또는 고정급유설비는 다음 각목의 기준에 적합한 위치에 설치하여야 한다.
   가. 고정주유설비의 중심선을 기점으로 하여 도로경계선까지 4m 이상, 부지경계선·담 및 건축물의 벽까지 2m(개구부가 없는 벽까지는 1m) 이상의 거리를 유지하고, 고정급유설비의 중심선을 기점으로 하여 도로경계선까지 4m 이상, 부지경계선 및 담까지 1m 이상, 건축물의 벽까지 2m(개구부가 없는 벽까지는 1m) 이상의 거리를 유지할 것
   나. 고정주유설비와 고정급유설비의 사이에는 4m 이상의 거리를 유지할 것

V. 건축물 등의 제한 등
1. 주유취급소에는 주유 또는 그에 부대하는 업무를 위하여 사용되는 다음 각목의 건축물 또는 시설 외에는 다른 건축물 그 밖의 공작물을 설치할 수 없다.
   가. 주유 또는 등유·경유를 옮겨 담기 위한 작업장
   나. 주유취급소의 업무를 행하기 위한 사무소
   다. 자동차 등의 점검 및 간이정비를 위한 작업장
   라. 자동차 등의 세정을 위한 작업장
   마. 주유취급소에 출입하는 사람을 대상으로 한 점포·휴게음식점 또는 전시장
   바. 주유취급소의 관계자가 거주하는 주거시설
   사. 전기자동차용 충전설비(전기를 동력원으로 하는 자동차에 직접 전기를 공급하는 설비를 말한다. 이하 같다)
   아. 그 밖의 소방청장이 정하여 고시하는 건축물 또는 시설
2. 제1호 각목의 건축물 중 주유취급소의 직원 외의 자가 출입하는 나목·다목 및 마목의 용도에 제공하는 부분의 면적의 합은 1,000㎡를 초과할 수 없다.
3. 다음 각목의 1에 해당하는 주유취급소(이하 "옥내주유취급소"라 한다)는 소방청장이 정하여 고시하는 용도로 사용하는 부분이 없는 건축물(옥내주유취급소에서 발생한 화재를 옥내주유취급소의 용도로 사용하는 부분 외의 부분에 자동적으로 유효하게 알릴 수 있는 자동화재탐지설비 등을 설치한 건축물에 한한다)에 설치할 수 있다.
   가. 건축물안에 설치하는 주유취급소
   나. 캐노피·처마·차양·부연·발코니 및 루버(louver : 통풍이나 빛가림을 위해 폭이 좁은 판을 빗대는 창살)의 수평투영면적이 주유취급소의 공지면적(주유취급소의 부지면적에서 건축물 중 벽 및 바닥으로 구획된 부분의 수평투영면적을 뺀 면적을 말한다)의 3분의 1을 초과하는 주유취급소

Ⅵ. 건축물 등의 구조
  1. 주유취급소에 설치하는 건축물 등은 다음 각목의 규정에 의한 위치 및 구조의 기준에 적합하여야 한다.
     가. 건축물, 창 및 출입구의 구조는 다음의 기준에 적합하게 할 것
        1) 건축물의 벽·기둥·바닥·보 및 지붕을 내화구조 또는 불연재료로 할 것. 다만, Ⅴ제2호에 따른 면적의 합이 500㎡를 초과하는 경우에는 건축물의 벽을 내화구조로 하여야 한다.
        2) 창 및 출입구(Ⅴ제1호 다목 및 라목의 용도에 사용하는 부분에 설치한 자동차 등의 출입구를 제외한다)에는 방화문 또는 불연재료로 된 문을 설치할 것. 이 경우 Ⅴ제2호에 따른 면적의 합이 500㎡를 초과하는 주유취급소로서 하나의 구획실의 면적이 500㎡를 초과하거나 2층 이상의 층에 설치하는 경우에는 해당 구획실 또는 해당 층의 2면 이상의 벽에 각각 출입구를 설치하여야 한다.
     나. Ⅴ제1호 바목의 용도에 사용하는 부분은 개구부가 없는 내화구조의 바닥 또는 벽으로 당해 건축물의 다른 부분과 구획하고 주유를 위한 작업장 등 위험물취급장소에 면한 쪽의 벽에는 출입구를 설치하지 아니할 것
     다. 사무실 등의 창 및 출입구에 유리를 사용하는 경우에는 망입유리 또는 강화유리로 할 것. 이 경우 강화유리의 두께는 창에는 8㎜ 이상, 출입구에는 12㎜ 이상으로 하여야 한다.
     라. 건축물 중 사무실 그 밖의 화기를 사용하는 곳(Ⅴ제1호 다목 및 라목의 용도에 사용하는 부분을 제외한다)은 누설한 가연성의 증기가 그 내부에 유입되지 아니하도록 다음의 기준에 적합한 구조로 할 것
        1) 출입구는 건축물의 안에서 밖으로 수시로 개방할 수 있는 자동폐쇄식의 것으로 할 것
        2) 출입구 또는 사이통로의 문턱의 높이를 15㎝ 이상으로 할 것
        3) 높이 1m 이하의 부분에 있는 창 등은 밀폐시킬 것
     마. 자동차 등의 점검·정비를 행하는 설비는 다음의 기준에 적합하게 할 것
        1) 고정주유설비로부터 4m 이상, 도로경계선으로부터 2m 이상 떨어지게 할 것. 다만, Ⅴ제1호 다목의 규정에 의한 작업장 중 바닥 및 벽으로 구획된 옥내의 작업장에 설치하는 경우에는 그러하지 아니하다.
        2) 위험물을 취급하는 설비는 위험물의 누설·넘침 또는 비산을 방지할 수 있는 구조로 할 것
     바. 자동차 등의 세정을 행하는 설비는 다음의 기준에 적합하게 할 것
        1) 증기세차기를 설치하는 경우에는 그 주위의 불연재료로 된 높이 1m 이상의 담을 설치하고 출입구가 고정주유설비에 면하지 아니하도록 할 것. 이 경우 담은 고정주유설비로부터 4m 이상 떨어지게 하여야 한다.
        2) 증기세차기 외의 세차기를 설치하는 경우에는 고정주유설비로부터 4m이상,

도로경계선으로부터 2m 이상 떨어지게 할 것. 다만, Ⅴ제1호 라목의 규정에 의한 작업장 중 바닥 및 벽으로 구획된 옥내의 작업장에 설치하는 경우에는 그러하지 아니하다.
사. 주유원간이대기실은 다음의 기준에 적합할 것
　1) 불연재료로 할 것
　2) 바퀴가 부착되지 아니한 고정식일 것
　3) 차량의 출입 및 주유작업에 장애를 주지 아니하는 위치에 설치할 것
　4) 바닥면적이 2.5㎡ 이하일 것. 다만, 주유공지 및 급유공지 외의 장소에 설치하는 것은 그러하지 아니하다.
아. 전기자동차용 충전설비는 다음의 기준에 적합할 것
　1) 충전기기(충전케이블로 전기자동차에 전기를 직접 공급하는 기기를 말한다. 이하 같다)의 주위에 전기자동차 충전을 위한 전용 공지(주유공지 또는 급유공지 외의 장소를 말하며, 이하 "충전공지"라 한다)를 확보하고, 충전공지 주위를 페인트 등으로 표시하여 그 범위를 알아보기 쉽게 할 것
　2) 전기자동차용 충전설비를 Ⅴ. 건축물 등의 제한 등의 제1호 각 목의 건축물 밖에 설치하는 경우 충전공지는 폭발위험장소(「산업표준화법」 제12조에 따른 한국산업표준에서 정한 폭발성 가스에 의한 폭발위험장소의 범위를 말한다. 이하 이 목에서 같다) 외의 장소에 둘 것
　3) 전기자동차용 충전설비를 Ⅴ. 건축물 등의 제한 등의 제1호 각 목의 건축물 안에 설치하는 경우에는 다음의 기준에 적합할 것
　　가) 해당 건축물의 1층에 설치할 것
　　나) 해당 건축물에 가연성 증기가 남아 있을 우려가 없도록 별표 4 Ⅴ 제1호다목에 따른 환기설비 또는 별표 4 Ⅵ에 따른 배출설비를 설치할 것
　4) 전기자동차용 충전설비의 전력공급설비[전기자동차에 전원을 공급하기 위한 전기설비로서 전력량계, 인입구(引入口) 배선, 분전반 및 배선용 차단기 등을 말한다]는 다음의 기준에 적합할 것
　　가) 분전반은 방폭성능을 갖출 것. 다만, 분전반을 폭발위험장소 외의 장소에 설치하는 경우에는 방폭성능을 갖추지 않을 수 있다.
　　나) 전력량계, 누전차단기 및 배선용 차단기는 분전반 내에 설치할 것
　　다) 인입구 배선은 지하에 설치할 것
　　라) 「전기사업법」에 따른 전기설비의 기술기준에 적합할 것
　5) 충전기기와 인터페이스[충전기기에서 전기자동차에 전기를 공급하기 위하여 연결하는 커플러(coupler), 인렛(inlet), 케이블 등을 말한다. 이하 같다]는 다음의 기준에 적합할 것
　　가) 충전기기는 방폭성능을 갖출 것. 다만, 다음의 기준을 모두 갖춘 경우에는 방폭성능을 갖추지 않을 수 있다.
　　　(1) 충전기기의 전원공급을 긴급히 차단할 수 있는 장치를 사무소 내부 또는 충전기기 주변에 설치할 것

(2) 충전기기를 폭발위험장소 외의 장소에 설치할 것
나) 인터페이스의 구성 부품은 「전기용품 및 생활용품 안전관리법」에 따른 기준에 적합할 것
6) 충전작업에 필요한 주차장을 설치하는 경우에는 다음의 기준에 적합할 것
가) 주유공지, 급유공지 및 충전공지 외의 장소로서 주유를 위한 자동차 등의 진입·출입에 지장을 주지 않는 장소에 설치할 것
나) 주차장의 주위를 페인트 등으로 표시하여 그 범위를 알아보기 쉽게 할 것
다) 지면에 직접 주차하는 구조로 할 것
2. Ⅴ제3호의 규정에 의한 옥내주유취급소는 제1호의 기준에 의하는 외에 다음 각목에 정하는 기준에 적합한 구조로 하여야 한다.
가. 건축물에서 옥내주유취급소의 용도에 사용하는 부분은 벽·기둥·바닥·보 및 지붕을 내화구조로 하고, 개구부가 없는 내화구조의 바닥 또는 벽으로 당해 건축물의 다른 부분과 구획할 것. 다만, 건축물의 옥내주유취급소의 용도에 사용하는 부분의 상부에 상층이 없는 경우에는 지붕을 불연재료로 할 수 있다.
나. 건축물에서 옥내주유취급소(건축물안에 설치하는 것에 한한다)의 용도에 사용하는 부분의 2 이상의 방면은 자동차 등이 출입하는 측 또는 통풍 및 피난상 필요한 공지에 접하도록 하고 벽을 설치하지 아니할 것
다. 건축물에서 옥내주유취급소의 용도에 사용하는 부분에는 가연성증기가 체류할 우려가 있는 구멍·구덩이 등이 없도록 할 것
라. 건축물에서 옥내주유취급소의 용도에 사용하는 부분에 상층이 있는 경우에는 상층으로의 연소를 방지하기 위하여 다음의 기준에 적합하게 내화구조로 된 캔틸레버를 설치할 것
1) 옥내주유취급소의 용도에 사용하는 부분(고정주유설비와 접하는 방향 및 나목의 규정에 의하여 벽이 개방된 부분에 한한다)의 바로 위층의 바닥에 이어서 1.5m 이상 내어 붙일 것. 다만, 바로 위층의 바닥으로부터 높이 7m 이내에 있는 위층의 외벽에 개구부가 없는 경우에는 그러하지 아니하다.
2) 캔틸레버 끝부분과 위층의 개구부(열지 못하게 만든 방화문과 연소방지상 필요한 조치를 한 것을 제외한다)까지의 사이에는 7m에서 당해 캔틸레버이 내어 붙인 거리를 뺀 길이 이상이 거리를 보유할 것
마. 건축물중 옥내주유취급소의 용도에 사용하는 부분외에는 주유를 위한 작업장 등 위험물취급장소와 접하는 외벽에 창(망입유리로 된 붙박이 창을 제외한다) 및 출입구를 설치하지 아니할 것

Ⅶ. 담 또는 벽
1. 주유취급소의 주위에는 자동차 등이 출입하는 쪽외의 부분에 높이 2m 이상의 내화구조 또는 불연재료의 담 또는 벽을 설치하되, 주유취급소의 인근에 연소의 우려가 있는 건축물이 있는 경우에는 소방청장이 정하여 고시하는 바에 따라 방화상 유효한 높이로 하여야 한다.

2. 제1호에도 불구하고 다음 각 목의 기준에 모두 적합한 경우에는 담 또는 벽의 일부분에 방화상 유효한 구조의 유리를 부착할 수 있다.
   가. 유리를 부착하는 위치는 주입구, 고정주유설비 및 고정급유설비로부터 4m 이상 거리를 둘 것
   나. 유리를 부착하는 방법은 다음의 기준에 모두 적합할 것
      1) 주유취급소 내의 지반면으로부터 70㎝를 초과하는 부분에 한하여 유리를 부착할 것
      2) 하나의 유리판의 가로의 길이는 2m 이내일 것
      3) 유리판의 테두리를 금속제의 구조물에 견고하게 고정하고 해당 구조물을 담 또는 벽에 견고하게 부착할 것
      4) 유리의 구조는 접합유리(두장의 유리를 두께 0.76㎜ 이상의 폴리비닐부티랄 필름으로 접합한 구조를 말한다)로 하되, 「유리구획 부분의 내화시험방법 (KS F 2845)」에 따라 시험하여 비차열 30분 이상의 방화성능이 인정될 것
   다. 유리를 부착하는 범위는 전체의 담 또는 벽의 길이의 10분의 2를 초과하지 아니할 것

Ⅷ. 캐노피

주유취급소에 캐노피를 설치하는 경우에는 다음 각목의 기준에 의하여야 한다.
가. 배관이 캐노피 내부를 통과할 경우에는 1개 이상의 점검구를 설치할 것
나. 캐노피 외부의 점검이 곤란한 장소에 배관을 설치하는 경우에는 용접이음으로 할 것
다. 캐노피 외부의 배관이 일광열의 영향을 받을 우려가 있는 경우에는 단열재로 피복할 것

Ⅸ. 펌프실 등의 구조

주유취급소 펌프실 그 밖에 위험물을 취급하는 실(이하 Ⅸ에서 "펌프실등"이라 한다)을 설치하는 경우에는 다음 각목의 기준에 적합하게 하여야 한다.
가. 바닥은 위험물이 침투하지 아니하는 구조로 하고 적당한 경사를 두어 집유설비를 설치할 것
나. 펌프실등에는 위험물을 취급하는데 필요한 채광조명 및 환기의 설비를 할 것
다. 가연성 증기가 체류할 우려가 있는 펌프실등에는 그 증기를 옥외에 배출하는 설비를 설치할 것
라. 고정주유설비 또는 고정급유설비중 펌프기기를 호스기기와 분리하여 설치하는 경우에는 펌프실의 출입구를 주유공지 또는 급유공지에 접하도록 하고, 자동폐쇄식의 갑종방화문을 설치할 것
마. 펌프실등에는 별표 4 Ⅲ제1호의 기준에 따라 보기 쉬운 곳에 "위험물 펌프실", "위험물 취급실"등의 표시를 한 표지와 동표 Ⅲ제2호의 기준에 따라 방화에 관하여 필요한 사항을 게시한 게시판을 설치하여야 한다.
바. 출입구에는 바닥으로부터 0.1m 이상의 턱을 설치할 것

XV. 고객이 직접 주유하는 주유취급소의 특례
　1. 고객이 직접 자동차 등의 연료탱크 또는 용기에 위험물을 주입하는 고정주유설비 또는 고정급유설비(이하 "셀프용고정주유설비" 또는 "셀프용고정급유설비"라 한다)를 설치하는 주유취급소의 특례는 제2호 내지 제5호와 같다.
　2. 셀프용고정주유설비의 기준은 다음의 각목과 같다.
　　가. 주유호스의 끝부분에 수동개폐장치를 부착한 주유노즐을 설치할 것. 다만, 수동개폐장치를 개방한 상태로 고정시키는 장치가 부착된 경우에는 다음의 기준에 적합하여야 한다.
　　　1) 주유작업을 개시함에 있어서 주유노즐의 수동개폐장치가 개방상태에 있는 때에는 당해 수동개폐장치를 일단 폐쇄시켜야만 다시 주유를 개시할 수 있는 구조로 할 것
　　　2) 주유노즐이 자동차 등의 주유구로부터 이탈된 경우 주유를 자동적으로 정지시키는 구조일 것
　　나. 주유노즐은 자동차 등의 연료탱크가 가득 찬 경우 자동적으로 정지시키는 구조일 것
　　다. 주유호스는 200kg 중 이하의 하중에 의하여 깨져 분리되거나 이탈되어야 하고, 깨져 분리되거나 이탈된 부분으로부터의 위험물 누출을 방지할 수 있는 구조일 것
　　라. 휘발유와 경유 상호간의 오인에 의한 주유를 방지할 수 있는 구조일 것
　　마. 1회의 연속주유량 및 주유시간의 상한을 미리 설정할 수 있는 구조일 것. 이 경우 주유량의 상한은 휘발유는 100ℓ 이하, 경유는 200ℓ 이하로 하며, 주유시간의 상한은 4분 이하로 한다.
　3. 셀프용고정급유설비의 기준은 다음 각목과 같다.
　　가. 급유호스의 끝부분에 수동개폐장치를 부착한 급유노즐을 설치할 것
　　나. 급유노즐은 용기가 가득찬 경우에 자동적으로 정지시키는 구조일 것
　　다. 1회의 연속급유량 및 급유시간의 상한을 미리 설정할 수 있는 구조일 것 이 경우 급유량의 상한은 100ℓ 이하, 급유시간의 상한은 6분 이하로 한다.
　4. 셀프용고정주유설비 또는 셀프용고정급유설비의 주위에는 다음 각목에 의하여 표시를 하여야 한다.
　　가. 셀프용고정주유설비 또는 셀프용고정급유설비의 주위의 보기 쉬운 곳에 고객이 직접 주유할 수 있다는 의미의 표시를 하고 자동차의 정차위치 또는 용기를 놓는 위치를 표시할 것
　　나. 주유호스 등의 직근에 호스기기 등의 사용방법 및 위험물의 품목을 표시할 것
　　다. 셀프용고정주유설비 또는 셀프용고정급유설비와 셀프용이 아닌 고정주유설비 또는 고정급유설비를 함께 설치하는 경우에는 셀프용이 아닌 것의 주위에 고객이 직접 사용할 수 없다는 의미의 표시를 할 것
　5. 고객에 의한 주유작업을 감시·제어하고 고객에 대한 필요한 지시를 하기 위한 감시대와 필요한 설비를 다음 각목의 기준에 의하여 설치하여야 한다.

가. 감시대는 모든 셀프용고정주유설비 또는 셀프용고정급유설비에서의 고객의 취급작업을 직접 볼 수 있는 위치에 설치할 것
나. 주유 중인 자동차 등에 의하여 고객의 취급작업을 직접 볼 수 없는 부분이 있는 경우에는 당해 부분의 감시를 위한 카메라를 설치할 것
다. 감시대에는 모든 셀프용고정주유설비 또는 셀프용고정급유설비로의 위험물 공급을 정지시킬 수 있는 제어장치를 설치할 것
라. 감시대에는 고객에게 필요한 지시를 할 수 있는 방송설비를 설치할 것

핵심정리

구분	고정 주유설비	고정 급유설비
도로경계선까지	4m 이상	4m 이상
부지경계선 및 담까지	2m 이상	1m 이상
건축물의 벽까지	2m 이상	2m 이상
개구부가 없는 벽까지	1m 이상	1m 이상

예상문제

01 주유공지 및 급유공지 제반사항으로 옳지 않은 것은?
① 고정주유설비의 주위에는 콘크리트 등으로 포장한 공지를 보유하여야 한다.
② 고정급유설비를 설치하는 경우에는 고정급유설비의 호스기기의 주위에 필요한 공지를 보유하여야 한다.
③ 규정에 의한 공지의 바닥은 주위 지면보다 낮게 하여야 한다.
④ 공지의 바닥표면을 적당하게 경사지게 하여 새어나온 기름 그 밖의 액체가 공지의 외부로 유출되지 아니하도록 배수구집유설비 및 유분리장치를 하여야 한다.

해설
규정에 의한 공지의 바닥은 주위 지면보다 높게 하여야 한다.

정답 ③

02 주유취급소의 고정주유설비 주위에는 자동차 등이 출입할 수 있도록 주유공지를 두어야 하는데 그 너비와 길이는 각각 얼마 이상으로 하여야 하는가?

① 너비 10m, 길이 5m
② 너비 15m, 길이 6m
③ 너비 10m, 길이 6m
④ 너비 15m, 길이 5m

해설
주유취급소의 고정주유설비의 주위에는 주유를 받으려는 자동차 등이 출입할 수 있도록 너비 15m 이상, 길이 6m 이상의 콘크리트 등으로 포장한 주유공지를 보유하여야 하고, 고정급유설비를 설치하는 경우에는 고정급유설비의 호스기기의 주위에 필요한 급유공지를 보유하여야 한다.

정답 ②

03 다음 중 주유취급소의 게시판에서 "주유 중 엔진정지"라는 표시를 한 게시판의 색상은?

① 흑색 바탕에 황색 문자
② 황색 바탕에 흑색 문자
③ 백색 바탕에 흑색 문자
④ 흑색 바탕에 백색 문자

해설
주유취급소에는 황색 바탕에 흑색 문자로 "주유 중 엔진정지"라는 표시를 한 게시판을 설치하여야 한다.

표지 및 게시판	색상	크기
위험물 주유취급소	백색 바탕에 흑색 문자	한 변의 길이가 0.3m 이상, 다른 한 변의 길이가 0.6m 이상인 직사각형
방화에 관하여 필요한 사항을 게시한 게시판	백색 바탕에 흑색 문자	
주유 중 엔진정지	황색 바탕에 흑색 문자	

정답 ②

04 주유취급소에 설치하는 "주유 중 엔진정지"라는 게시판에 대한 설명 중 옳은 것은?

① 게시판 한 변의 길이가 6m 이상으로 한다.
② 게시판 한 변의 길이가 1.5m 이상으로 한다.
③ 게시판의 바탕색은 황색, 문자색은 흑색으로 한다.
④ 게시판의 바탕색은 백색, 문자색은 흑색으로 한다.

해설
주유취급소에는 황색 바탕에 흑색 문자로 "주유 중 엔진정지"라는 표시를 한 게시판(한 변의 길이가 0.3m 이상, 다른 한 변의 길이가 0.6m 이상인 직사각형)을 설치하여야 한다.

정답 ③

05 다음 중 주유취급소에 설치할 수 없는 시설은?

① 점포
② 음식점
③ 전시장
④ 사무소

해설

주유취급소의 업무를 행하기 위한 사무소, 주유취급소에 출입하는 사람을 대상으로 한 점포·휴게음식점 또는 전시장은 주유취급소에 설치할 수 있지만, 음식점은 설치할 수 없다.(휴게음식점은 가능, 일반음식점은 불가)

> ※ **주유취급소에 설치할 수 있는 건축물**
> 가. 주유 또는 등유경유를 옮겨 담기 위한 작업장
> 나. 주유취급소의 업무를 행하기 위한 사무소
> 다. 자동차 등의 점검 및 간이정비를 위한 작업장
> 라. 자동차 등의 세정을 위한 작업장
> 마. 주유취급소에 출입하는 사람을 대상으로 한 점포·휴게음식점 또는 전시장
> 바. 주유취급소의 관계자가 거주하는 주거시설
> 사. 전기자동차용 충전설비(전기를 동력원으로 하는 자동차에 직접 전기를 공급하는 설비를 말한다)
> 아. 그 밖의 소방청장이 정하여 고시하는 건축물 또는 시설

정답 ②

06 다음 중 주유취급소에 대하여 옳은 것은?

① 주유를 받으려는 자동차 등이 출입할 수 있도록 너비 10m 이상, 길이 5m 이상의 콘크리트 등으로 포장한 공지를 보유하여야 한다.
② 흑색 바탕에 황색 문자로 "주유 중 엔진정지"라는 표시를 한 게시판을 설치하여야 한다.
③ 주유취급소의 주위에는 자동차 등이 출입하는 쪽 외의 부분에 높이 3m 이상의 내화구조 또는 불연재료의 담 또는 벽을 설치하여야 한다.
④ 고정주유설비 또는 고정급유설비의 주유관의 길이 5m 이내로 한다.

해설

- 주유취급소의 고정주유설비의 주위에는 주유를 받으려는 자동차 등이 출입할 수 있도록 너비 15m 이상, 길이 6m 이상의 콘크리트 등으로 포장한 공지를 보유하여야 한다.
- 주유취급소에는 황색 바탕에 흑색 문자로 "주유 중 엔진정지"라는 표시를 한 게시판을 설치하여야 한다.
- 주유취급소의 주위에는 자동차 등이 출입하는 쪽 외의 부분에 높이 2m 이상의 내화구조 또는 불연재료의 담 또는 벽을 설치하여야 한다.

정답 ④

07 다음 중 주유취급소에 설치 가능한 시설이 아닌 것은?
① 볼링장·다수가 이용하는 체육시설
② 자동차 등의 세정을 위한 작업장
③ 주유취급소의 업무를 행하기 위한 사무소
④ 자동차 등의 간이정비를 위한 작업장

해설
볼링장·다수가 이용하는 체육시설은 주유취급소에 설치 가능한 시설이 아니다.

정답 ①

08 주유취급소 셀프용 고정주유설비의 기준으로서 틀린 것은?
① 주유작업을 개시함에 있어서 주유노즐의 수동개폐장치가 개방상태에 있는 때에는 당해 수동개폐장치를 일단 폐쇄시켜야만 다시 주유를 개시할 수 있는 구조로 할 것
② 주유노즐이 자동차 등의 주유구로부터 이탈된 경우 주유를 수동적으로 정지시키는 구조일 것
③ 주유노즐은 자동차 등의 연료탱크가 가득 찬 경우 자동적으로 정지시키는 구조일 것
④ 휘발유와 경유 상호간의 오인에 의한 주유를 방지할 수 있는 구조일 것

해설
주유노즐이 자동차 등의 주유구로부터 이탈된 경우 주유를 자동적으로 정지시키는 구조로 하여야 한다.

정답 ②

09 다음 중 주유취급소에 대하여 옳지 않은 것은?
① 고정주유설비와 고정급유설비의 사이에는 4m 이상의 거리를 유지할 것
② 주유원 간이대기실의 바닥면적은 2.5m² 이하일 것
③ 주유취급소의 고정주유설비의 주위에는 주유를 받으려는 자동차 등이 출입할 수 있도록 너비 3m 이상, 길이 5m 이상의 콘크리트 등으로 포장한 공지를 보유하여야 한다.
④ 고속국도의 도로변에 설치된 주유취급소에는 탱크의 용량을 60,000L까지 할 수 있다.

해설
주유취급소의 고정주유설비의 주위에는 주유를 받으려는 자동차 등이 출입할 수 있도록 너비 15m 이상, 길이 6m 이상의 콘크리트 등으로 포장한 공지를 보유하여야 한다.

정답 ③

10 다음 중 주유취급소의 위치·구조·설비의 규정으로 옳지 않은 것은?

① 주유취급소의 주유공지는 너비 15m, 길이 6m 이상이다.
② 고정주유설비와 고정급유설비의 사이는 4m 이상의 거리를 유지한다.
③ 게시판은 적색 바탕에 황색 문자로 "주유 중 엔진정지" 표시를 한다.
④ 주유원 간이대기실은 바닥면적이 $2.5m^2$ 이하여야 한다.

해설
주유취급소에는 황색 바탕에 흑색 문자로 "주유 중 엔진정지"라는 표시를 한 게시판을 설치하여야 한다.

정답 ③

11 다음 중 주유취급소에 대한 설명 중 잘못된 것은?

① 주유취급소에는 황색 바탕에 흑색 문자로 "주유 중 엔진정지"라는 표시를 한 게시판을 설치하여야 한다.
② 사무소, 간이작업장, 점포·휴게음식점·전시장의 면적의 합은 1,000제곱미터를 초과할 수 없다.
③ 강화유리의 두께는 창에는 8mm 이상, 출입구에는 12mm 이상으로 하여야 한다.
④ 주유취급소의 주위에는 자동차 등이 출입하는 쪽 외의 부분에 높이 1m 이상의 내화구조 또는 불연재료의 담 또는 벽을 설치할 것

해설
주유취급소의 주위에는 자동차 등이 출입하는 쪽 외의 부분에 높이 2m 이상의 내화구조 또는 불연재료의 담 또는 벽을 설치하여야 한다.

> ※ 주유취급소에 설치할 수 있는 건축물 중 주유취급소의 직원 외의 자가 출입하는 다음의 용도에 제공하는 부분의 면적의 합은 $1,000m^2$를 초과할 수 없다.
> 1. 주유취급소의 업무를 행하기 위한 사무소
> 2. 자동차 등의 점검 및 간이정비를 위한 작업장
> 3. 주유취급소에 출입하는 사람을 대상으로 한 점포·휴게음식점 또는 전시장

정답 ④

12 다음 위험물안전관리법 중 주유취급소에 관하여 옳지 않은 것은?

① 주유취급소에는 너비 15m 이상, 길이 6m 이상의 보유공지를 확보하여야 한다.
② 자동차 등이 출입하는 쪽 외의 부분에 높이 2m 이상의 담 또는 벽을 설치한다.
③ 고정주유설비와 고정급유설비 사이에는 4m 이상의 거리를 유지하여야 한다.
④ 적색 바탕에 백색 문자로 "주유 중 엔진정지"라는 표시를 한 게시판을 설치한다.

해설
주유취급소에는 황색 바탕에 흑색 문자로 "주유 중 엔진정지"라는 표시를 한 게시판을 설치하여야 한다.

정답 ④

13 다음 중 주유취급소에 대한 설명 중 잘못된 것은?

① 고정주유설비 주위에는 너비 15m 이상, 길이 6m 이상 보유공지를 확보하도록 한다.
② 고정주유설비와 고정급유설비 사이에는 4m 이상의 거리를 유지할 것
③ 고정주유설비 또는 고정급유설비의 주유관의 길이는 5m 이내로 할 것
④ 주유원 간이대기실은 바퀴가 부착된 고정식이 아닌 것이어야 한다.

해설

주유원 간이대기실은 바퀴가 부착되지 아니한 고정식으로 하여야 한다.

정답 ④

14 다음 중 주유취급소에 대한 설명으로 옳지 않은 것은?

① 주유소에는 자동차 등의 점검 및 간이정비를 위한 작업장을 설치할 수 없다.
② 자동차의 점검·정비를 행하는 설비는 고정주유설비로부터 4m 이상 떨어질 것
③ 고정주유설비와 고정급유설비의 사이에는 4m 이상의 거리를 유지할 것
④ 고정주유설비 또는 고정급유설비의 주유관의 길이는 5m 이내로 할 것

해설

- 주유취급소에는 자동차 등의 점검 및 간이정비를 위한 작업장을 설치할 수 있다.
- 자동차 등의 점검·정비를 행하는 설비는 고정주유설비로부터 4m 이상, 도로경계선으로부터 2m 이상 떨어지게 하여야 한다.

정답 ①

★★★☆☆ [개정 2021. 10. 21.]

시행규칙 [별표 14] 판매취급소의 위치·구조 및 설비의 기준

Ⅰ. 판매취급소의 기준
1. 저장 또는 취급하는 위험물의 수량이 지정수량의 20배 이하인 판매취급소(이하 "제1종 판매취급소"라 한다)의 위치·구조 및 설비의 기준은 다음 각목과 같다.
   가. 제1종 판매취급소는 건축물의 1층에 설치할 것
   나. 제1종 판매취급소에는 별표 4 Ⅲ제1호의 기준에 따라 보기 쉬운 곳에 "위험물 판매취급소(제1종)"라는 표시를 한 표지와 동표 Ⅲ제2호의 기준에 따라 방화에 관하여 필요한 사항을 게시한 게시판을 설치하여야 한다.
   다. 제1종 판매취급소의 용도로 사용되는 건축물의 부분은 내화구조 또는 불연재료로 하고, 판매취급소로 사용되는 부분과 다른 부분과의 격벽은 내화구조로 할 것

라. 제1종 판매취급소의 용도로 사용하는 건축물의 부분은 보를 불연재료로 하고, 천장을 설치하는 경우에는 천장을 불연재료로 할 것
마. 제1종 판매취급소의 용도로 사용하는 부분에 상층이 있는 경우에 있어서는 그 상층의 바닥을 내화구조로 하고, 상층이 없는 경우에 있어서는 지붕을 내화구조 또는 불연재료로 할 것
바. 제1종 판매취급소의 용도로 사용하는 부분의 창 및 출입구에는 갑종방화문 또는 을종방화문을 설치할 것
사. 제1종 판매취급소의 용도로 사용하는 부분의 창 또는 출입구에 유리를 이용하는 경우에는 망입유리로 할 것
아. 제1종 판매취급소의 용도로 사용하는 건축물에 설치하는 전기설비는 전기사업법에 의한 전기설비기술기준에 의할 것
자. 위험물을 배합하는 실은 다음에 의할 것
　　1) 바닥면적은 6㎡ 이상 15㎡ 이하로 할 것
　　2) 내화구조 또는 불연재료로 된 벽으로 구획할 것
　　3) 바닥은 위험물이 침투하지 아니하는 구조로 하여 적당한 경사를 두고 집유설비를 할 것
　　4) 출입구에는 수시로 열 수 있는 자동폐쇄식의 갑종방화문을 설치할 것
　　5) 출입구 문턱의 높이는 바닥면으로부터 0.1m 이상으로 할 것
　　6) 내부에 체류한 가연성의 증기 또는 가연성의 미분을 지붕 위로 방출하는 설비를 할 것
2. 저장 또는 취급하는 위험물의 수량이 지정수량의 40배 이하인 판매취급소(이하 "제2종 판매취급소"라 한다)의 위치·구조 및 설비의 기준은 제1호가목·나목 및 사목 내지 자목의 규정을 준용하는 외에 다음 각목의 기준에 의한다.
가. 제2종 판매취급소의 용도로 사용하는 부분은 벽·기둥·바닥 및 보를 내화구조로 하고, 천장이 있는 경우에는 이를 불연재료로 하며, 판매취급소로 사용되는 부분과 다른 부분과의 격벽은 내화구조로 할 것
나. 제2종 판매취급소의 용도로 사용하는 부분에 상층이 있는 경우에 있어서는 상층의 바닥을 내화구조로 하는 동시에 상층으로의 연소를 방지하기 위한 조치를 강구하고, 상층이 없는 경우에는 지붕을 내화구조로 할 것
다. 제2종 판매취급소의 용도로 사용하는 부분 중 연소의 우려가 없는 부분에 한하여 창을 두되, 당해 창에는 갑종방화문 또는 을종방화문을 설치할 것
라. 제2종 판매취급소의 용도로 사용하는 부분의 출입구에는 갑종방화문 또는 을종방화문을 설치할 것. 다만, 해당 부분 중 연소의 우려가 있는 벽에 설치하는 출입구에는 수시로 열 수 있는 자동폐쇄식의 갑종방화문을 설치해야 한다.

예상문제

01 위험물을 저장, 취급하는 1종 판매취급소의 지정수량은 몇 배 이하인가?
① 10배　　　　　　　　　　② 20배
③ 40배　　　　　　　　　　④ 100배

해설
저장 또는 취급하는 위험물의 수량이 지정수량의 20배 이하인 판매취급소를 "제1종 판매취급소"라 하고, 40배 이하인 판매취급소를 "제2종 판매취급소"라 한다.

정답 ②

02 다음 중 판매취급소에 대하여 옳은 것은?
① 제1종 판매취급소는 제2종 판매취급소보다 더 강화된 기준을 적용한다.
② 제2종 판매취급소는 건축물의 1층에 설치하여야 한다.
③ 출입구의 문턱의 높이는 바닥면으로부터 0.15m 이상으로 설치한다.
④ "위험물 판매취급소" 표지와 방화에 필요한 사항의 게시판을 설치하지 않아도 된다.

해설
- 제2종 판매취급소는 제1종 판매취급소보다 더 강화된 기준을 적용하여야 한다.
- 제1종 판매취급소와 제2종 판매취급소는 건축물의 1층에 설치하여야 한다.
- 위험물을 배합하는 실의 출입구 문턱의 높이는 바닥면으로부터 0.1m 이상으로 하여야 한다.
- "위험물 판매취급소(제1종)" 또는 "위험물 판매취급소(제2종)"라는 표시를 한 표지와 방화에 관하여 필요한 사항을 게시한 게시판을 설치하여야 한다.

정답 ②

03 판매취급소에서 위험물을 배합하는 실의 설치기준으로 옳은 것은?
① 출입구 문턱의 높이는 바닥면으로부터 0.1m 이상으로 할 것
② 바닥면적은 6m² 이상 25m² 이하일 것
③ 바닥은 위험물이 침투하지 아니하는 구조로 하여 경사를 두지 않고 집유설비를 할 것
④ 출입구에는 수시로 열 수 있는 자동폐쇄식의 갑종 또는 을종방화문을 설치할 것

해설
위험물을 배합하는 실의 설치기준
1) 바닥면적은 6m² 이상 15m² 이하로 할 것
2) 내화구조 또는 불연재료로 된 벽으로 구획할 것
3) 바닥은 위험물이 침투하지 아니하는 구조로 하여 적당한 경사를 두고 집유설비를 할 것
4) 출입구에는 수시로 열 수 있는 자동폐쇄식의 갑종방화문을 설치할 것
5) 출입구 문턱의 높이는 바닥면으로부터 0.1m 이상으로 할 것
6) 내부에 체류한 가연성의 증기 또는 가연성의 미분을 지붕 위로 방출하는 설비를 할 것

정답 ①

★★★★☆ [개정 2021. 7. 13.]

시행규칙 [별표 17] 소화설비, 경보설비 및 피난설비의 기준

Ⅰ. 소화설비
  1. 소화난이도등급Ⅰ의 제조소등 및 소화설비
    가. 소화난이도등급Ⅰ에 해당하는 제조소등

제조소 등의 구분	제조소등의 규모, 저장 또는 취급하는 위험물의 품명 및 최대수량 등
제조소 일반취급소	연면적 1,000㎡ 이상인 것
	지정수량의 100배 이상인 것(고인화점위험물만을 100℃ 미만의 온도에서 취급하는 것 및 제48조의 위험물을 취급하는 것은 제외)
	지반면으로부터 6m 이상의 높이에 위험물 취급설비가 있는 것(고인화점위험물만을 100℃ 미만의 온도에서 취급하는 것은 제외)
	일반취급소로 사용되는 부분 외의 부분을 갖는 건축물에 설치된 것(내화구조로 개구부 없이 구획된 것, 고인화점위험물만을 100℃ 미만의 온도에서 취급하는 것 및 별표 16 Ⅹ의2의 화학실험의 일반취급소는 제외)
주유취급소	별표 13 Ⅴ제2호에 따른 면적의 합이 500㎡를 초과하는 것
옥내 저장소	지정수량의 150배 이상인 것(고인화점위험물만을 저장하는 것 및 제48조의 위험물을 저장하는 것은 제외)
	연면적 150㎡를 초과하는 것(150㎡ 이내마다 불연재료로 개구부없이 구획된 것 및 인화성고체 외의 제2류 위험물 또는 인화점 70℃ 이상의 제4류 위험물만을 저장하는 것은 제외)
	처마높이가 6m 이상인 단층건물의 것
	옥내저장소로 사용되는 부분 외의 부분이 있는 건축물에 설치된 것(내화구조로 개구부없이 구획된 것 및 인화성고체 외의 제2류 위험물 또는 인화점 70℃ 이상의 제4류 위험물만을 저장하는 것은 제외)
옥외 탱크 저장소	액표면적이 40㎡ 이상인 것(제6류 위험물을 저장하는 것 및 고인화점위험물만을 100℃ 미만의 온도에서 저장하는 것은 제외)
	지반면으로부터 탱크 옆판의 상단까지 높이가 6m 이상인 것(제6류 위험물을 저장하는 것 및 고인화점위험물만을 100℃ 미만의 온도에서 저장하는 것은 제외)
	지중탱크 또는 해상탱크로서 지정수량의 100배 이상인 것(제6류 위험물을 저장하는 것 및 고인화점위험물만을 100℃ 미만의 온도에서 저장하는 것은 제외)
	고체위험물을 저장하는 것으로서 지정수량의 100배 이상인 것
옥내 탱크 저장소	액표면적이 40㎡ 이상인 것(제6류 위험물을 저장하는 것 및 고인화점위험물만을 100℃ 미만의 온도에서 저장하는 것은 제외)
	바닥면으로부터 탱크 옆판의 상단까지 높이가 6m 이상인 것(제6류 위험물을 저장하는 것 및 고인화점위험물만을 100℃ 미만의 온도에서 저장하는 것은 제외)
	탱크전용실이 단층건물 외의 건축물에 있는 것으로서 인화점 38℃ 이상 70℃ 미만의 위험물을 지정수량의 5배 이상 저장하는 것(내화구조로 개구부없이 구획된 것은 제외한다)
옥외 저장소	덩어리 상태의 유황을 저장하는 것으로서 경계표시 내부의 면적(2 이상의 경계표시가 있는 경우에는 각 경계표시의 내부의 면적을 합한 면적)이 100㎡ 이상인 것
	별표 11 Ⅲ의 위험물을 저장하는 것으로서 지정수량의 100배 이상인 것

옥외저장소	덩어리 상태의 유황을 저장하는 것으로서 경계표시 내부의 면적(2 이상의 경계표시가 있는 경우에는 각 경계표시의 내부의 면적을 합한 면적)이 100㎡ 이상인 것	
	별표 11 Ⅲ의 위험물을 저장하는 것으로서 지정수량의 100배 이상인 것	
암반탱크저장소	액표면적이 40㎡ 이상인 것(제6류 위험물을 저장하는 것 및 고인화점위험물만을 100℃ 미만의 온도에서 저장하는 것은 제외)	
	고체위험물만을 저장하는 것으로서 지정수량의 100배 이상인 것	
이송취급소	모든 대상	

비고 : 제조소등의 구분별로 오른쪽란에 정한 제조소등의 규모, 저장 또는 취급하는 위험물의 수량 및 최대수량 등의 어느 하나에 해당하는 제조소등은 소화난이도등급 Ⅰ에 해당하는 것으로 한다.

나. 소화난이도등급 Ⅰ의 제조소등에 설치하여야 하는 소화설비

제조소등의 구분			소화설비
제조소 및 일반취급소			옥내소화전설비, 옥외소화전설비, 스프링클러설비 또는 물분무등소화설비(화재발생시 연기가 충만할 우려가 있는 장소에는 스프링클러설비 또는 이동식 외의 물분무등소화설비에 한한다)
주유취급소			스프링클러설비(건축물에 한정한다), 소형수동식소화기등(능력단위의 수치가 건축물 그 밖의 공작물 및 위험물의 소요단위의 수치에 이르도록 설치할 것)
옥내저장소	처마높이가 6m 이상인 단층건물 또는 다른 용도의 부분이 있는 건축물에 설치한 옥내저장소		스프링클러설비 또는 이동식 외의 물분무등소화설비
	그 밖의 것		옥외소화전설비, 스프링클러설비, 이동식 외의 물분무등소화설비 또는 이동식 포소화설비(포소화전을 옥외에 설치하는 것에 한한다)
옥외탱크저장소	지중탱크 또는 해상탱크 외의 것	유황만을 저장 취급하는 것	물분무소화설비
		인화점 70℃ 이상의 제4류 위험물만을 저장취급하는 것	물분무소화설비 또는 고정식 포소화설비
		그 밖의 것	고정식 포소화설비(포소화설비가 적응성이 없는 경우에는 분말소화설비)
	지중탱크		고정식 포소화설비, 이동식 이외의 불활성가스소화설비 또는 이동식 이외의 할로겐화합물소화설비
	해상탱크		고정식 포소화설비, 물분무소화설비, 이동식이외의 불활성가스소화설비 또는 이동식 이외의 할로겐화합물소화설비
옥내탱크저장소	유황만을 저장취급하는 것		물분무소화설비
	인화점 70℃ 이상의 제4류 위험물만을 저장취급하는 것		물분무소화설비, 고정식 포소화설비, 이동식 이외의 불활성가스소화설비, 이동식 이외의 할로겐화합물소화설비 또는 이동식 이외의 분말소화설비
	그 밖의 것		고정식 포소화설비, 이동식 이외의 불활성가스소화설비, 이동식 이외의 할로겐화합물소화설비 또는 이동식 이외의 분말소화설비

옥외저장소 및 이송취급소		옥내소화전설비, 옥외소화전설비, 스프링클러설비 또는 물분무등소화설비(화재발생시 연기가 충만할 우려가 있는 장소에는 스프링클러설비 또는 이동식 이외의 물분무등소화설비에 한한다)
암반탱크저장소	유황만을 저장취급하는 것	물분무소화설비
	인화점 70℃ 이상의 제4류 위험물만을 저장취급하는 것	물분무소화설비 또는 고정식 포소화설비
	그 밖의 것	고정식 포소화설비(포소화설비가 적응성이 없는 경우에는 분말소화설비)

비고
1. 위 표 오른쪽란의 소화설비를 설치함에 있어서는 당해 소화설비의 방사범위가 당해 제조소, 일반취급소, 옥내저장소, 옥외탱크저장소, 옥내탱크저장소, 옥외저장소, 암반탱크저장소(암반탱크에 관계되는 부분을 제외한다) 또는 이송취급소(이송기지 내에 한한다)의 건축물, 그 밖의 공작물 및 위험물을 포함하도록 하여야 한다. 다만, 고인화점위험물만을 100℃ 미만의 온도에서 취급하는 제조소 또는 일반취급소의 경우에는 당해 제조소 또는 일반취급소의 건축물 및 그 밖의 공작물만 포함하도록 할 수 있다.
2. 고인화점위험물만을 100℃ 미만의 온도에서 취급하는 제조소 또는 일반취급소의 위험물에 대해서는 대형수동식소화기 1개 이상과 당해 위험물의 소요단위에 해당하는 능력단위의 소형수동식소화기를 설치하여야 한다. 다만, 당해 제조소 또는 일반취급소에 옥내·외소화전설비, 스프링클러설비 또는 물분무등소화설비를 설치한 경우에는 당해 소화설비의 방사능력범위 내에는 대형수동식소화기를 설치하지 아니할 수 있다.
3. 가연성증기 또는 가연성미분이 체류할 우려가 있는 건축물 또는 실내에는 대형수동식소화기 1개 이상과 당해 건축물, 그 밖의 공작물 및 위험물의 소요단위에 해당하는 능력단위의 소형수동식소화기 등을 추가로 설치하여야 한다.
4. 제4류 위험물을 저장 또는 취급하는 옥외탱크저장소 또는 옥내탱크저장소에는 소형수동식소화기 등을 2개 이상 설치하여야 한다.
5. 제조소, 옥내탱크저장소, 이송취급소, 또는 일반취급소의 작업공정상 소화설비의 방사능력범위 내에 당해 제조소등에서 저장 또는 취급하는 위험물의 전부가 포함되지 아니하는 경우에는 당해 위험물에 대하여 대형수동식소화기 1개 이상과 당해 위험물의 소요단위에 해당하는 능력단위의 소형수동식소화기 등을 추가로 설치하여야 한다.

2. 소화난이도등급Ⅱ의 제조소등 및 소화설비
  가. 소화난이도등급Ⅱ에 해당하는 제조소등

제조소등의 구분	제조소등의 규모, 저장 또는 취급하는 위험물의 품명 및 최대수량 등
제조소 일반취급소	연면적 600㎡ 이상인 것
	지정수량의 10배 이상인 것(고인화점위험물만을 100℃ 미만의 온도에서 취급하는 것 및 제48조의 위험물을 취급하는 것은 제외)
	별표 16 Ⅱ·Ⅲ·Ⅳ·Ⅴ·Ⅷ·Ⅸ·Ⅹ 또는 Ⅹ의2의 일반취급소로서 소화난이도등급Ⅰ의 제조소등에 해당하지 아니하는 것(고인화점위험물만을 100℃ 미만의 온도에서 취급하는 것은 제외)
옥내저장소	단층건물 이외의 것
	별표 5 Ⅱ 또는 Ⅳ제1호의 옥내저장소
	지정수량의 10배 이상인 것(고인화점위험물만을 저장하는 것 및 제48조의 위험물을 저장하는 것은 제외)
	연면적 150㎡ 초과인 것
	별표 5 Ⅲ의 옥내저장소로서 소화난이도등급Ⅰ의 제조소등에 해당하지 아니하는 것

옥외탱크저장소 옥내탱크저장소	소화난이도등급 I 의 제조소등 외의 것(고인화점위험물만을 100℃ 미만의 온도로 저장하는 것 및 제6류 위험물만을 저장하는 것은 제외)
옥외저장소	덩어리 상태의 유황을 저장하는 것으로서 경계표시 내부의 면적(2 이상의 경계표시가 있는 경우에는 각 경계표시의 내부의 면적을 합한 면적)이 5㎡ 이상 100㎡ 미만인 것
	별표 11 Ⅲ의 위험물을 저장하는 것으로서 지정수량의 10배 이상 100배 미만인 것
	지정수량의 100배 이상인 것(덩어리 상태의 유황 또는 고인화점위험물을 저장하는 것은 제외)
주유취급소	옥내주유취급소로서 소화난이도등급 I 의 제조소등에 해당하지 아니하는 것
판매취급소	제2종 판매취급소

비고 : 제조소등의 구분별로 오른쪽란에 정한 제조소등의 규모, 저장 또는 취급하는 위험물의 수량 및 최대수량 등의 어느 하나에 해당하는 제조소등은 소화난이도등급 Ⅱ에 해당하는 것으로 한다.

나. 소화난이도등급 Ⅱ의 제조소등에 설치하여야 하는 소화설비

제조소등의 구분	소화설비
제조소 옥내저장소 옥외저장소 주유취급소 판매취급소 일반취급소	방사능력범위 내에 당해 건축물, 그 밖의 공작물 및 위험물이 포함되도록 대형수동식소화기를 설치하고, 당해 위험물의 소요단위의 1/5 이상에 해당되는 능력단위의 소형수동식소화기등을 설치할 것
옥외탱크저장소 옥내탱크저장소	대형수동식소화기 및 소형수동식소화기등을 각각 1개 이상 설치할 것

비고
1. 옥내소화전설비, 옥외소화전설비, 스프링클러설비 또는 물분무등소화설비를 설치한 경우에는 당해 소화설비의 방사능력범위 내의 부분에 대해서는 대형수동식소화기를 설치하지 아니할 수 있다.
2. 소형수동식소화기등이란 제4호의 규정에 의한 소형수동식소화기 또는 기타 소화설비를 말한다. 이하 같다.

3. 소화난이도등급Ⅲ의 제조소등 및 소화설비

가. 소화난이도등급Ⅲ에 해당하는 제조소등

제조소등의 구분	제조소등의 규모, 저장 또는 취급하는 위험물의 품명 및 최대수량등
제조소 일반취급소	제48조의 위험물을 취급하는 것
	제48조의 위험물외의 것을 취급하는 것으로서 소화난이도등급 I 또는 소화난이도등급 Ⅱ의 제조소등에 해당하지 아니하는 것
옥내저장소	제48조의 위험물을 취급하는 것
	제48조의 위험물외의 것을 취급하는 것으로서 소화난이도등급 I 또는 소화난이도등급 Ⅱ의 제조소등에 해당하지 아니하는 것
지하탱크저장소 간이탱크저장소 이동탱크저장소	모든 대상

옥외저장소	덩어리 상태의 유황을 저장하는 것으로서 경계표시 내부의 면적(2 이상의 경계표시가 있는 경우에는 각 경계표시의 내부의 면적을 합한 면적)이 5㎡ 미만인 것	
	덩어리 상태의 유황외의 것을 저장하는 것으로서 소화난이도등급Ⅰ 또는 소화난이도등급Ⅱ의 제조소등에 해당하지 아니하는 것	
주유취급소	옥내주유취급소 외의 것으로서 소화난이도등급 Ⅰ의 제조소등에 해당하지 아니하는 것	
제1종판매취급소	모든 대상	

비고 : 제조소등의 구분별로 오른쪽란에 정한 제조소등의 규모, 저장 또는 취급하는 위험물의 수량 및 최대수량 등의 어느 하나에 해당하는 제조소등은 소화난이도등급Ⅲ에 해당하는 것으로 한다.

나. 소화난이도등급Ⅲ의 제조소등에 설치하여야 하는 소화설비

제조소등의 구분	소화설비	설치기준	
지하탱크저장소	소형수동식소화기등	능력단위의 수치가 3 이상	2개 이상
이동탱크저장소	자동차용소화기	무상의 강화액 8ℓ 이상	2개 이상
		이산화탄소 3.2킬로그램 이상	
		일브롬화일염화이플루오르화메탄(CF_2ClBr) 2ℓ 이상	
		일브롬화삼플루오르화메탄(CF_3Br) 2ℓ 이상	
		이브롬화사플루오르화에탄 ($C_2F_4Br_2$) 1ℓ 이상	
		소화분말 3.3킬로그램 이상	
	마른 모래 및 팽창질석 또는 팽창진주암	마른모래 150ℓ 이상	
		팽창질석 또는 팽창진주암 640ℓ 이상	
그 밖의 제조소등	소형수동식소화기등	능력단위의 수치가 건축물 그 밖의 공작물및 위험물의 소요단위의 수치에 이르도록 설치할 것. 다만, 옥내소화전설비, 옥외소화전설비, 스프링클러설비, 물분무등소화설비 또는 대형수동식소화기를 설치한 경우에는 당해 소화설비의 방사능력범위내의 부분에 대하여는 수동식소화기등을 그 능력단위의 수치가 당해 소요단위의 수치의 1/5 이상이 되도록 하는 것으로 족하다	

비고 : 알킬알루미늄등을 저장 또는 취급하는 이동탱크저장소에 있어서는 자동차용소화기를 설치하는 외에 마른모래나 팽창질석 또는 팽창진주암을 추가로 설치하여야 한다.

4. 소화설비의 적응성

소화설비의 구분			대상물 구분								
			건축물·그 밖의 공작물	전기설비	제1류 위험물		제2류 위험물			제3류 위험물		제4류 위험물	제5류 위험물	제6류 위험물
					알칼리금속과산화물등	그 밖의 것	철분·금속분·마그네슘등	인화성고체	그밖의것	금수성물품	그 밖의 것			
옥내소화전 또는 옥외소화전설비			○			○		○	○		○		○	○
스프링클러설비			○			○		○	○		○	△	○	○
물분무등소화설비	물분무소화설비		○	○		○		○	○		○	○	○	○
	포소화설비		○			○		○	○		○	○	○	○
	불활성가스소화설비			○				○				○		
	할로겐화합물소화설비			○				○				○		
	분말소화설비	인산염류등	○	○		○		○	○			○		○
		탄산수소염류등		○	○		○	○		○		○		
		그 밖의 것			○		○			○				
대형·소형수동식소화기	봉상수(棒狀水)소화기		○			○		○	○		○		○	○
	무상수(霧狀水)소화기		○	○		○		○	○		○		○	○
	봉상강화액소화기		○			○		○	○		○		○	○
	무상강화액소화기		○	○		○		○	○		○	○	○	○
	포소화기		○			○		○	○		○	○	○	○
	이산화탄소소화기			○				○				○		△
	할로겐화합물소화기			○				○				○		
	분말소화기	인산염류소화기	○	○		○		○	○			○		○
		탄산수소염류소화기		○	○		○	○		○		○		
		그 밖의 것			○		○			○				
기타	물통 또는 수조		○			○		○	○		○		○	○
	건조사				○	○	○	○	○	○	○	○	○	○
	팽창질석 또는 팽창진주암				○	○	○	○	○	○	○	○	○	○

비고
1. "○"표시는 당해 소방대상물 및 위험물에 대하여 소화설비가 적응성이 있음을 표시하고, "△" 표시는 제4류 위험물을 저장 또는 취급하는 장소의 살수기준면적에 따라 스프링클러설비의 살수밀도가 다음 표에 정하는 기준 이상인 경우에는 당해 스프링클러설비가 제4류 위험물에 대하여 적응성이 있음을, 제6류 위험물을 저장 또는 취급하는 장소로서 폭발의 위험이 없는 장소에 한하여 이산화탄소소화기가 제6류 위험물에 대하여 적응성이 있음을 각각 표시한다.

살수기준면적(㎡)	방사밀도(ℓ/㎡분)		비고
	인화점 38℃ 미만	인화점 38℃ 이상	
279 미만 279 이상 372 미만 372 이상 465 미만 465 이상	16.3 이상 15.5 이상 13.9 이상 12.2 이상	12.2 이상 11.8 이상 9.8 이상 8.1 이상	살수기준면적은 내화구조의 벽 및 바닥으로 구획된 하나의 실의 바닥면적을 말하고, 하나의 실의 바닥면적이 465㎡ 이상인 경우의 살수기준면적은 465㎡로 한다. 다만, 위험물의 취급을 주된 작업내용으로 하지 아니하고 소량의 위험물을 취급하는 설비 또는 부분이 넓게 분산되어 있는 경우에는 방사밀도는 8.2ℓ/㎡분 이상, 살수기준 면적은 279㎡ 이상으로 할 수 있다.

2. 인산염류등은 인산염류, 황산염류 그 밖에 방염성이 있는 약제를 말한다.
3. 탄산수소염류등은 탄산수소염류 및 탄산수소염류와 요소의 반응생성물을 말한다.
4. 알칼리금속과산화물등은 알칼리금속의 과산화물 및 알칼리금속의 과산화물을 함유한 것을 말한다.
5. 철분·금속분·마그네슘등은 철분·금속분·마그네슘과 철분·금속분 또는 마그네슘을 함유한 것을 말한다.

5. 소화설비의 설치기준
　가. 전기설비의 소화설비
　　제조소등에 전기설비(전기배선, 조명기구 등은 제외한다)가 설치된 경우에는 당해 장소의 면적 100㎡마다 소형수동식소화기를 1개 이상 설치할 것
　나. 소요단위 및 능력단위
　　1) 소요단위 : 소화설비의 설치대상이 되는 건축물 그 밖의 공작물의 규모 또는 위험물의 양의 기준단위
　　2) 능력단위 : 1)의 소요단위에 대응하는 소화설비의 소화능력의 기준단위
　다. 소요단위의 계산방법
　　건축물 그 밖의 공작물 또는 위험물의 소요단위의 계산방법은 다음의 기준에 의할 것
　　1) 제조소 또는 취급소의 건축물은 외벽이 내화구조인 것은 연면적(제조소등의 용도로 사용되는 부분 외의 부분이 있는 건축물에 설치된 제조소등에 있어서는 당해 건축물중 제조소등에 사용되는 부분의 바닥면적의 합계를 말한다. 이하 같다) 100㎡를 1소요단위로 하며, 외벽이 내화구조가 아닌 것은 연면적 50㎡를 1소요단위로 할 것
　　2) 저장소의 건축물은 외벽이 내화구조인 것은 연면적 150㎡를 1소요단위로 하고, 외벽이 내화구조가 아닌 것은 연면적 75㎡를 1소요단위로 할 것
　　3) 제조소등의 옥외에 설치된 공작물은 외벽이 내화구조인 것으로 간주하고 공작물의 최대수평투영면적을 연면적으로 간주하여 1) 및 2)의 규정에 의하여 소요단위를 산정할 것
　　4) 위험물은 지정수량의 10배를 1소요단위로 할 것
　라. 소화설비의 능력단위

1) 수동식소화기의 능력단위는 수동식소화기의형식승인및검정기술기준에 의하여 형식승인 받은 수치로 할 것
2) 기타 소화설비의 능력단위는 다음의 표에 의할 것

소화설비	용량	능력단위
소화전용(轉用)물통	8ℓ	0.3
수조(소화전용물통 3개 포함)	80ℓ	1.5
수조(소화전용물통 6개 포함)	190ℓ	2.5
마른 모래(삽 1개 포함)	50ℓ	0.5
팽창질석 또는 팽창진주암(삽 1개 포함)	160ℓ	1.0

마. 옥내소화전설비의 설치기준은 다음의 기준에 의할 것
　1) 옥내소화전은 제조소등의 건축물의 층마다 당해 층의 각 부분에서 하나의 호스접속구까지의 수평거리가 25m 이하가 되도록 설치할 것. 이 경우 옥내소화전은 각층의 출입구 부근에 1개 이상 설치하여야 한다.
　2) 수원의 수량은 옥내소화전이 가장 많이 설치된 층의 옥내소화전 설치개수(설치개수가 5개 이상인 경우는 5개)에 7.8m³를 곱한 양 이상이 되도록 설치할 것
　3) 옥내소화전설비는 각층을 기준으로 하여 당해 층의 모든 옥내소화전(설치개수가 5개 이상인 경우는 5개의 옥내소화전)을 동시에 사용할 경우에 각 노즐끝부분의 방수압력이 350KPa 이상이고 방수량이 1분당 260ℓ 이상의 성능이 되도록 할 것
　4) 옥내소화전설비에는 비상전원을 설치할 것

바. 옥외소화전설비의 설치기준은 다음의 기준에 의할 것
　1) 옥외소화전은 방호대상물(당해 소화설비에 의하여 소화하여야 할 제조소등의 건축물, 그 밖의 공작물 및 위험물을 말한다. 이하 같다)의 각 부분(건축물의 경우에는 당해 건축물의 1층 및 2층의 부분에 한한다)에서 하나의 호스접속구까지의 수평거리가 40m 이하가 되도록 설치할 것. 이 경우 그 설치개수가 1개일 때는 2개로 하여야 한다.
　2) 수원의 수량은 옥외소화전의 설치개수(설치개수가 4개 이상인 경우는 4개의 옥외소화전)에 13.5m³를 곱한 양 이상이 되도록 설치할 것
　3) 옥외소화전설비는 모든 옥외소화전(설치개수가 4개 이상인 경우는 4개의 옥외소화전)을 동시에 사용할 경우에 각 노즐끝부분의 방수압력이 350KPa 이상이고, 방수량이 1분당 450ℓ 이상의 성능이 되도록 할 것
　4) 옥외소화전설비에는 비상전원을 설치할 것

사. 스프링클러설비의 설치기준은 다음의 기준에 의할 것
　1) 스프링클러헤드는 방호대상물의 천장 또는 건축물의 최상부 부근(천장이 설치되지 아니한 경우)에 설치하되, 방호대상물의 각 부분에서 하나의 스프링클러헤드까지의 수평거리가 1.7m(제4호 비고 제1호의 표에 정한 살수밀도의 기준을 충족하는 경우에는 2.6m) 이하가 되도록 설치할 것

2) 개방형 스프링클러헤드를 이용한 스프링클러설비의 방사구역(하나의 일제개방밸브에 의하여 동시에 방사되는 구역을 말한다. 이하 같다)은 150㎡이상(방호대상물의 바닥면적이 150㎡ 미만인 경우에는 당해 바닥면적)으로 할 것

3) 수원의 수량은 폐쇄형 스프링클러헤드를 사용하는 것은 30(헤드의 설치개수가 30 미만인 방호대상물인 경우에는 당해 설치개수), 개방형 스프링클러헤드를 사용하는 것은 스프링클러헤드가 가장 많이 설치된 방사구역의 스프링클러헤드 설치개수에 2.4㎥를 곱한 양 이상이 되도록 설치할 것

4) 스프링클러설비는 3)의 규정에 의한 개수의 스프링클러헤드를 동시에 사용할 경우에 각 끝부분의 방사압력이 100KPa(제4호 비고 제1호의 표에 정한 살수밀도의 기준을 충족하는 경우에는 50KPa) 이상이고, 방수량이 1분당 80ℓ (제4호 비고 제1호의 표에 정한 살수밀도의 기준을 충족하는 경우에는 56ℓ) 이상의 성능이 되도록 할 것

5) 스프링클러설비에는 비상전원을 설치할 것

아. 물분무소화설비의 설치기준은 다음의 기준에 의할 것

1) 분무헤드의 개수 및 배치는 다음 각목에 의할 것

가) 분무헤드로부터 방사되는 물분무에 의하여 방호대상물의 모든 표면을 유효하게 소화할 수 있도록 설치할 것

나) 방호대상물의 표면적(건축물에 있어서는 바닥면적. 이하 이 목에서 같다) 1㎡당 3)의 규정에 의한 양의 비율로 계산한 수량을 표준방사량(당해 소화설비의 헤드의 설계압력에 의한 방사량을 말한다. 이하 같다)으로 방사할 수 있도록 설치할 것

2) 물분무소화설비의 방사구역은 150㎡ 이상(방호대상물의 표면적이 150㎡ 미만인 경우에는 당해 표면적)으로 할 것

3) 수원의 수량은 분무헤드가 가장 많이 설치된 방사구역의 모든 분무헤드를 동시에 사용할 경우에 당해 방사구역의 표면적 1㎡당 1분당 20ℓ 의 비율로 계산한 양으로 30분간 방사할 수 있는 양 이상이 되도록 설치할 것

4) 물분무소화설비는 3)의 규정에 의한 분무헤드를 동시에 사용할 경우에 각 끝부분의 방사압력이 350KPa 이상으로 표준방사량을 방사할 수 있는 성능이 되도록 할 것

5) 물분무소화설비에는 비상전원을 설치할 것

자. 포소화설비의 설치기준은 다음의 기준에 의할 것

1) 고정식 포소화설비의 포방출구 등은 방호대상물의 형상, 구조, 성질, 수량 또는 취급방법에 따라 표준방사량으로 당해 방호대상물의 화재를 유효하게 소화할 수 있도록 필요한 개수를 적당한 위치에 설치할 것

2) 이동식 포소화설비(포소화전 등 고정된 포수용액 공급장치로부터 호스를 통하여 포수용액을 공급받아 이동식 노즐에 의하여 방사하도록 된 소화설비를 말한다. 이하 같다)의 포소화전은 옥내에 설치하는 것은 마목1), 옥외에 설치하는 것은 바목1)의 규정을 준용할 것

3) 수원의 수량 및 포소화약제의 저장량은 방호대상물의 화재를 유효하게 소화할 수 있는 양 이상이 되도록 할 것
4) 포소화설비에는 비상전원을 설치할 것
차. 불활성가스소화설비의 설치기준은 다음의 기준에 의할 것
1) 전역방출방식 불활성가스소화설비의 분사헤드는 불연재료의 벽·기둥·바닥·보 및 지붕(천장이 있는 경우에는 천장)으로 구획되고 개구부에 자동폐쇄장치(갑종방화문, 을종방화문 또는 불연재료의 문으로 불활성가스소화약제가 방사되기 직전에 개구부를 자동적으로 폐쇄하는 장치를 말한다)가 설치되어 있는 부분(이하 "방호구역"이라 한다)에 해당 부분의 용적 및 방호대상물의 성질에 따라 표준방사량으로 방호대상물의 화재를 유효하게 소화할 수 있도록 필요한 개수를 적당한 위치에 설치할 것. 다만, 해당 부분에서 외부로 누설되는 양 이상의 불활성가스소화약제를 유효하게 추가하여 방출할 수 있는 설비가 있는 경우는 해당 개구부의 자동폐쇄장치를 설치하지 아니할 수 있다.
2) 국소방출방식 불활성가스소화설비의 분사헤드는 방호대상물의 형상, 구조, 성질, 수량 또는 취급방법에 따라 방호대상물에 이산화탄소소화약제를 직접 방사하여 표준방사량으로 방호대상물의 화재를 유효하게 소화할 수 있도록 필요한 개수를 적당한 위치에 설치할 것
3) 이동식 불활성가스소화설비(고정된 이산화탄소소화약제 공급장치로부터 호스를 통하여 이산화탄소소화약제를 공급받아 이동식 노즐에 의하여 방사하도록 된 소화설비를 말한다. 이하 같다)의 호스접속구는 모든 방호대상물에 대하여 당해 방호 대상물의 각 부분으로부터 하나의 호스접속구까지의 수평거리가 15m 이하가 되도록 설치할 것
4) 불활성가스소화약제용기에 저장하는 불활성가스소화약제의 양은 방호대상물의 화재를 유효하게 소화할 수 있는 양 이상이 되도록 할 것
5) 전역방출방식 또는 국소방출방식의 불활성가스소화설비에는 비상전원을 설치할 것
카. 할로겐화합물소화설비의 설치기준은 차목의 불활성가스소화설비의 기준을 준용할 것
타. 분말소화설비의 설치기준은 차목의 불활성가스소화설비의 기준을 준용할 것
파. 대형수동식소화기의 설치기준은 방호대상물의 각 부분으로부터 하나의 대형수동식소화기까지의 보행거리가 30m 이하가 되도록 설치할 것. 다만, 옥내소화전설비, 옥외소화전설비, 스프링클러설비 또는 물분무등소화설비와 함께 설치하는 경우에는 그러하지 아니하다.
하. 소형수동식소화기등의 설치기준은 소형수동식소화기 또는 그 밖의 소화설비는 지하탱크저장소, 간이탱크저장소, 이동탱크저장소, 주유취급소 또는 판매취급소에서는 유효하게 소화할 수 있는 위치에 설치하여야 하며, 그 밖의 제조소등에서는 방호대상물의 각 부분으로부터 하나의 소형수동식소화기까지의 보행거

리가 20m 이하가 되도록 설치할 것. 다만, 옥내소화전설비, 옥외소화전설비, 스프링클러설비, 물분무등소화설비 또는 대형수동식소화기와 함께 설치하는 경우에는 그러하지 아니하다.

Ⅱ. 경보설비
  1. 제조소등별로 설치해야 하는 경보설비의 종류

제조소등의 구분	제조소등의 규모, 저장 또는 취급하는 위험물의 종류 및 최대수량 등	경보설비
가. 제조소 및 일반취급소	• 연면적이 500제곱미터 이상인 것 • 옥내에서 지정수량의 100배 이상을 취급하는 것(고인화점위험물만을 100℃ 미만의 온도에서 취급하는 것은 제외한다) • 일반취급소로 사용되는 부분 외의 부분이 있는 건축물에 설치된 일반취급소(일반취급소와 일반취급소 외의 부분이 내화구조의 바닥 또는 벽으로 개구부 없이 구획된 것은 제외한다)	자동화재 탐지설비
나. 옥내저장소	• 지정수량의 100배 이상을 저장 또는 취급하는 것(고인화점위험물만을 저장 또는 취급하는 것은 제외한다) • 저장창고의 연면적이 150제곱미터를 초과하는 것[연면적 150제곱미터 이내마다 불연재료의 격벽으로 개구부 없이 완전히 구획된 저장창고와 제2류 위험물(인화성고체는 제외한다) 또는 제4류 위험물(인화점이 70℃ 미만인 것은 제외한다)만을 저장 또는 취급하는 저장창고는 그 연면적이 500제곱미터 이상인 것을 말한다] • 처마 높이가 6미터 이상인 단층 건물의 것	자동화재 탐지설비
나. 옥내저장소	• 옥내저장소로 사용되는 부분 외의 부분이 있는 건축물에 설치된 옥내저장소[옥내저장소와 옥내저장소 외의 부분이 내화구조의 바닥 또는 벽으로 개구부 없이 구획된 것과 제2류(인화성고체는 제외한다) 또는 제4류의 위험물(인화점이 70℃ 미만인 것은 제외한다)만을 저장 또는 취급하는 것은 제외한다]	자동화재 탐지설비
다. 옥내탱크저장소	단층 건물 외의 건축물에 설치된 옥내탱크저장소로서 제41조제2항에 따른 소화난이도등급Ⅰ에 해당하는 것	자동화재 탐지설비
라. 주유취급소	옥내주유취급소	자동화재 탐지설비
마. 옥외탱크저장소	특수인화물, 제1석유류 및 알코올류를 저장 또는 취급하는 탱크의 용량이 1,000만리터 이상인 것	• 자동화재 탐지설비 • 자동화재 속보설비
바. 가목부터 마목까지의 규정에 따른 자동화재탐지설비 설치 대상 제조소등에 해당하지 않는 제조소등(이송취급소는 제외한다)	지정수량의 10배 이상을 저장 또는 취급하는 것	자동화재 탐지설비, 비상경보설비, 확성장치 또는 비상방송설비 중 1종 이상

비고 : 이송취급소에 설치하는 경보설비는 별표 15 Ⅳ 제14호에 따른다.

2. 자동화재탐지설비의 설치기준
   가. 자동화재탐지설비의 경계구역(화재가 발생한 구역을 다른 구역과 구분하여 식별할 수 있는 최소단위의 구역을 말한다. 이하 이 호에서 같다)은 건축물 그 밖의 공작물의 2 이상의 층에 걸치지 아니하도록 할 것. 다만, 하나의 경계구역의 면적이 500㎡ 이하이면서 당해 경계구역이 두개의 층에 걸치는 경우이거나 계단·경사로·승강기의 승강로 그 밖에 이와 유사한 장소에 연기감지기를 설치하는 경우에는 그러하지 아니하다.
   나. 하나의 경계구역의 면적은 600㎡ 이하로 하고 그 한변의 길이는 50m(광전식 분리형 감지기를 설치할 경우에는 100m)이하로 할 것. 다만, 당해 건축물 그 밖의 공작물의 주요한 출입구에서 그 내부의 전체를 볼 수 있는 경우에 있어서는 그 면적을 1,000㎡ 이하로 할 수 있다.
   다. 자동화재탐지설비의 감지기(옥외탱크저장소에 설치하는 자동화재탐지설비의 감지기는 제외한다)는 지붕(상층이 있는 경우에는 상층의 바닥) 또는 벽의 옥내에 면한 부분(천장이 있는 경우에는 천장 또는 벽의 옥내에 면한 부분 및 천장의 뒷 부분)에 유효하게 화재의 발생을 감지할 수 있도록 설치할 것
   라. 옥외탱크저장소에 설치하는 자동화재탐지설비의 감지기 설치기준
      1) 불꽃감지기를 설치할 것. 다만, 불꽃을 감지하는 기능이 있는 지능형 폐쇄회로텔레비전(CCTV)을 설치한 경우 불꽃감지기를 설치한 것으로 본다.
      2) 옥외저장탱크 외측과 별표 6 Ⅱ에 따른 보유공지 내에서 발생하는 화재를 유효하게 감지할 수 있는 위치에 설치할 것
      3) 지지대를 설치하고 그 곳에 감지기를 설치하는 경우 지지대는 벼락에 영향을 받지 않도록 설치할 것
   마. 자동화재탐지설비에는 비상전원을 설치할 것
   바. 옥외탱크저장소가 다음의 어느 하나에 해당하는 경우에는 자동화재탐지설비를 설치하지 않을 수 있다.
      1) 옥외탱크저장소의 방유제(防油堤)와 옥외저장탱크 사이의 지표면을 불연성 및 불침윤성(수분에 젖지 않는 성질)이 있는 철근콘크리트 구조 등으로 한 경우
      2) 「화학물질관리법 시행규칙」 별표 5 제6호의 화학물질안전원장이 정하는 고시에 따라 가스감지기를 설치한 경우
3. 옥외탱크저장소가 다음 각 목의 어느 하나에 해당하는 경우에는 자동화재속보설비를 설치하지 않을 수 있다.
   가. 제2호바목1) 또는 2)에 해당하는 경우
   나. 법 제19조에 따른 자체소방대를 설치한 경우
   다. 안전관리자가 해당 사업소에 24시간 상주하는 경우

Ⅲ. 피난설비
1. 주유취급소 중 건축물의 2층 이상의 부분을 점포·휴게음식점 또는 전시장의 용도로 사용하는 것에 있어서는 당해 건축물의 2층 이상으로부터 주유취급소의 부지

밖으로 통하는 출입구와 당해 출입구로 통하는 통로·계단 및 출입구에 유도등을 설치하여야 한다.
2. 옥내주유취급소에 있어서는 당해 사무소 등의 출입구 및 피난구와 당해 피난구로 통하는 통로·계단 및 출입구에 유도등을 설치하여야 한다.
3. 유도등에는 비상전원을 설치하여야 한다.

예상문제

01 소화기는 각 층마다 설치한다. 이때 소형소화기 및 대형소화기는 소방대상물 각 부분으로부터의 보행거리가 각각 몇 m 이내마다 설치해야 하는가?

① 20m, 30m
② 30m, 40m
③ 40m, 50m
④ 50m, 60m

해설
- 방호대상물의 각 부분으로부터 하나의 대형수동식소화기까지의 보행거리가 30m 이하가 되도록 설치하여야 한다. 다만, 옥내소화전설비, 옥외소화전설비, 스프링클러설비 또는 물분무등소화설비와 함께 설치하는 경우에는 그러하지 아니하다.
- 소형수동식소화기는 지하탱크저장소, 간이탱크저장소, 이동탱크저장소, 주유취급소 또는 판매취급소에서는 유효하게 소화할 수 있는 위치에 설치하여야 하며, 그 밖의 제조소 등에서는 방호대상물의 각 부분으로부터 하나의 소형수동식소화기까지의 보행거리가 20m 이하가 되도록 설치하여야 한다. 다만, 옥내소화전설비, 옥외소화전설비, 스프링클러설비, 물분무등소화설비 또는 대형수동식소화기와 함께 설치하는 경우에는 그러하지 아니하다.

정답 ①

02 다음 중 스프링클러설비를 설치하는 장소에 따라 헤드의 수평거리로 옳은 것은?

① 무대부, 특수가연물 : 2.1m 이하
② 비내화구조 : 2.3m 이하
③ 내화구조 : 2.5m 이하
④ 위험물 제조소 등 : 1.7m 이하

해설
스프링클러헤드는 방호대상물의 천장 또는 건축물의 최상부 부근(천장이 설치되지 아니한 경우)에 설치하되, 방호대상물의 각 부분에서 하나의 스프링클러헤드까지의 수평거리가 1.7m(살수밀도의 기준을 충족하는 경우에는 2.6m) 이하가 되도록 설치하여야 한다.

정답 ④

★★☆☆☆ [개정 2021. 7. 13.]

시행규칙 [별표 18] 제조소등에서의 위험물의 저장 및 취급에 관한 기준

I. 저장·취급의 공통기준
  1. 제조소등에서 법 제6조제1항의 규정에 의한 허가 및 법 제6조제2항의 규정에 의한 신고와 관련되는 품명 외의 위험물 또는 이러한 허가 및 신고와 관련되는 수량 또는 지정수량의 배수를 초과하는 위험물을 저장 또는 취급하지 아니하여야 한다(중요기준).
  2. 삭제 〈2009.3.17〉
  3. 삭제 〈2009.3.17〉
  4. 삭제 〈2009.3.17〉
  5. 삭제 〈2009.3.17〉
  6. 삭제 〈2009.3.17〉
  7. 위험물을 저장 또는 취급하는 건축물 그 밖의 공작물 또는 설비는 당해 위험물의 성질에 따라 차광 또는 환기를 실시하여야 한다.
  8. 위험물은 온도계, 습도계, 압력계 그 밖의 계기를 감시하여 당해 위험물의 성질에 맞는 적정한 온도, 습도 또는 압력을 유지하도록 저장 또는 취급하여야 한다.
  9. 삭제 〈2009.3.17〉
  10. 위험물을 저장 또는 취급하는 경우에는 위험물의 변질, 이물의 혼입 등에 의하여 당해 위험물의 위험성이 증대되지 아니하도록 필요한 조치를 강구하여야 한다.
  11. 위험물이 남아 있거나 남아 있을 우려가 있는 설비, 기계·기구, 용기 등을 수리하는 경우에는 안전한 장소에서 위험물을 완전하게 제거한 후에 실시하여야 한다.
  12. 위험물을 용기에 수납하여 저장 또는 취급할 때에는 그 용기는 당해 위험물의 성질에 적응하고 파손·부식·균열 등이 없는 것으로 하여야 한다.
  13. 삭제 〈2009.3.17〉
  14. 가연성의 액체·증기 또는 가스가 새거나 체류할 우려가 있는 장소 또는 가연성의 미분이 현저하게 부유할 우려가 있는 장소에서는 전선과 전기기구를 완전히 접속하고 불꽃을 발하는 기계·기구·공구·신발 등을 사용하지 아니하여야 한다.
  15. 위험물을 보호액중에 보존하는 경우에는 당해 위험물이 보호액으로부터 노출되지 아니하도록 하여야 한다.

II. 위험물의 유별 저장·취급의 공통기준(중요기준)
  1. 제1류 위험물은 가연물과의 접촉·혼합이나 분해를 촉진하는 물품과의 접근 또는 과열·충격·마찰 등을 피하는 한편, 알카리금속의 과산화물 및 이를 함유한 것에 있어서는 물과의 접촉을 피하여야 한다.
  2. 제2류 위험물은 산화제와의 접촉·혼합이나 불티·불꽃·고온체와의 접근 또는 과열을 피하는 한편, 철분·금속분·마그네슘 및 이를 함유한 것에 있어서는 물이나

산과의 접촉을 피하고 인화성 고체에 있어서는 함부로 증기를 발생시키지 아니하여야 한다.
3. 제3류 위험물 중 자연발화성물질에 있어서는 불티·불꽃 또는 고온체와의 접근·과열 또는 공기와의 접촉을 피하고, 금수성물질에 있어서는 물과의 접촉을 피하여야 한다.
4. 제4류 위험물은 불티·불꽃·고온체와의 접근 또는 과열을 피하고, 함부로 증기를 발생시키지 아니하여야 한다.
5. 제5류 위험물은 불티·불꽃·고온체와의 접근이나 과열·충격 또는 마찰을 피 하여야 한다.
6. 제6류 위험물은 가연물과의 접촉·혼합이나 분해를 촉진하는 물품과의 접근 또는 과열을 피하여야 한다.
7. 제1호 내지 제6호의 기준은 위험물을 저장 또는 취급함에 있어서 당해 각호의 기준에 의하지 아니하는 것이 통상인 경우는 당해 각호를 적용하지 아니한다. 이 경우 당해 저장 또는 취급에 대하여는 재해의 발생을 방지하기 위한 충분한 조치를 강구하여야 한다.

Ⅲ. 저장의 기준
1. 저장소에는 위험물 외의 물품을 저장하지 아니하여야 한다. 다만, 다음 각목의 1에 해당하는 경우에는 그러하지 아니하다(중요기준).
   가. 옥내저장소 또는 옥외저장소에서 다음의 규정에 의한 위험물과 위험물이 아닌 물품을 함께 저장하는 경우. 이 경우 위험물과 위험물이 아닌 물품은 각각 모아서 저장하고 상호간에는 1m 이상의 간격을 두어야 한다.
      1) 위험물(제2류 위험물 중 인화성고체와 제4류 위험물을 제외한다)과 영 별표 1에서 당해 위험물이 속하는 품명란에 정한 물품(동표 제1류의 품명란 제11호, 제2류의 품명란 제8호, 제3류의 품명란 제12호, 제5류의 품명란 제11호 및 제6류의 품명란 제5호의 규정에 의한 물품을 제외한다)을 주성분으로 함유한 것으로서 위험물에 해당하지 아니하는 물품
      2) 제2류 위험물 중 인화성고체와 위험물에 해당하지 아니하는 고체 또는 액체로서 인화점을 갖는 것 또는 합성 수지류(「소방기본법 시행령」 별표 2 비고 제8호의 합성수지류를 말한다)(이하 Ⅲ에서 "합성수지류등"이라 한다) 또는 이들 중 어느 하나 이상을 주성분으로 함유한 것으로서 위험물에 해당하지 아니하는 물품
      3) 제4류 위험물과 합성수지류등 또는 영 별표 1의 제4류의 품명란에 정한 물품을 주성분으로 함유한 것으로서 위험물에 해당하지 아니하는 물품
      4) 제4류 위험물 중 유기과산화물 또는 이를 함유한 것과 유기과산화물 또는 유기과산화물만을 함유한 것으로서 위험물에 해당하지 아니하는 물품
      5) 제48조의 규정에 의한 위험물과 위험물에 해당하지 아니하는 화약류(「총포·도검·화약류 등 단속법」에 의한 화약류에 해당하는 것을 말한다)

6) 위험물과 위험물에 해당하지 아니하는 불연성의 물품(저장하는 위험물 및 위험물외의 물품과 위험한 반응을 일으키지 아니하는 것에 한한다)
나. 옥외탱크저장소·옥내탱크저장소·지하탱크저장소 또는 이동탱크저장소(이하 이 목에서 "옥외탱크저장소등"이라 한다)에서 당해 옥외탱크저장소등의 구조 및 설비에 나쁜 영향을 주지 아니하면서 다음에서 정하는 위험물이 아닌 물품을 저장하는 경우
1) 제4류 위험물을 저장 또는 취급하는 옥외탱크저장소등:합성수지류등 또는 영 별표 1의 제4류의 품명란에 정한 물품을 주성분으로 함유한 것으로서 위험물에 해당하지 아니하는 물품 또는 위험물에 해당하지 아니하는 불연성 물품(저장 또는 취급하는 위험물 및 위험물외의 물품과 위험한 반응을 일으키지 아니하는 것에 한한다)
2) 제6류 위험물을 저장 또는 취급하는 옥외탱크저장소등 : 영 별표 1의 제6류의 품명란에 정한 물품(동표 제6류의 품명란 제5호의 규정에 의한 물품을 제외한다)을 주성분으로 함유한 것으로서 위험물에 해당하지 아니하는 물품 또는 위험물에 해당하지 아니하는 불연성 물품(저장 또는 취급하는 위험물 및 위험물 외의 물품과 위험한 반응을 일으키지 아니하는 것에 한한다)

2. 영 별표 1의 유별을 달리하는 위험물은 동일한 저장소(내화구조의 격벽으로 완전히 구획된 실이 2 이상 있는 저장소에 있어서는 동일한 실. 이하 제3호에서 같다)에 저장하지 아니하여야 한다. 다만, 옥내저장소 또는 옥외저장소에 있어서 다음의 각 목의 규정에 의한 위험물을 저장하는 경우로서 위험물을 유별로 정리하여 저장하는 한편, 서로 1m 이상의 간격을 두는 경우에는 그러하지 아니하다(중요기준).
가. 제1류 위험물(알칼리금속의 과산화물 또는 이를 함유한 것을 제외한다)과 제5류 위험물을 저장하는 경우
나. 제1류 위험물과 제6류 위험물을 저장하는 경우
다. 제1류 위험물과 제3류 위험물 중 자연발화성물질(황린 또는 이를 함유한 것에 한한다)을 저장하는 경우
라. 제2류 위험물 중 인화성고체와 제4류 위험물을 저장하는 경우
마. 제3류 위험물 중 알킬알루미늄등과 제4류 위험물(알킬알루미늄 또는 알킬리튬을 함유한 것에 한한다)을 저장하는 경우
바. 제4류 위험물 중 유기과산화물 또는 이를 함유하는 것과 제5류 위험물 중 유기과산화물 또는 이를 함유한 것을 저장하는 경우

3. 제3류 위험물 중 황린 그 밖에 물속에 저장하는 물품과 금수성물질은 동일한 저장소에서 저장하지 아니하여야 한다(중요기준).

4. 옥내저장소에 있어서 위험물은 Ⅴ의 규정에 의한 바에 따라 용기에 수납하여 저장하여야 한다. 다만, 덩어리상태의 유황과 제48조의 규정에 의한 위험물에 있어서는 그러하지 아니하다.

5. 옥내저장소에서 동일 품명의 위험물이더라도 자연발화할 우려가 있는 위험물 또는

재해가 현저하게 증대할 우려가 있는 위험물을 다량 저장하는 경우에는 지정수량의 10배 이하마다 구분하여 상호간 0.3m 이상의 간격을 두어 저장하여야 한다. 다만, 제48조의 규정에 의한 위험물 또는 기계에 의하여 하역하는 구조로 된 용기에 수납한 위험물에 있어서는 그러하지 아니하다(중요기준).

6. 옥내저장소에서 위험물을 저장하는 경우에는 다음 각목의 규정에 의한 높이를 초과하여 용기를 겹쳐 쌓지 아니하여야 한다.
   가. 기계에 의하여 하역하는 구조로 된 용기만을 겹쳐 쌓는 경우에 있어서는 6m
   나. 제4류 위험물 중 제3석유류, 제4석유류 및 동식물유류를 수납하는 용기만을 겹쳐 쌓는 경우에 있어서는 4m
   다. 그 밖의 경우에 있어서는 3m
7. 옥내저장소에서는 용기에 수납하여 저장하는 위험물의 온도가 55℃를 넘지 아니하도록 필요한 조치를 강구하여야 한다(중요기준).
8. 삭제 〈2009.3.17〉
9. 옥외저장탱크·옥내저장탱크 또는 지하저장탱크의 주된 밸브(액체의 위험물을 이송하기 위한 배관에 설치된 밸브중 탱크의 바로 옆에 있는 것을 말한다) 및 주입구의 밸브 또는 뚜껑은 위험물을 넣거나 빼낼 때 외에는 폐쇄하여야 한다.
10. 옥외저장탱크의 주위에 방유제가 있는 경우에는 그 배수구를 평상시 폐쇄하여 두고, 당해 방유제의 내부에 유류 또는 물이 괴었을 때에는 지체없이 이를 배출하여야 한다.
11. 이동저장탱크에는 당해 탱크에 저장 또는 취급하는 위험물의 위험성을 알리는 표지를 부착하고 잘 보일 수 있도록 관리하여야 한다.
12. 이동저장탱크 및 그 안전장치와 그 밖의 부속배관은 균열, 결합불량, 극단적인 변형, 주입호스의 손상 등에 의한 위험물의 누설이 일어나지 아니하도록 하고, 당해 탱크의 배출밸브는 사용시 외에는 완전하게 폐쇄하여야 한다.
13. 피견인자동차에 고정된 이동저장탱크에 위험물을 저장할 때에는 당해 피견인자동차에 견인자동차를 결합한 상태로 두어야 한다. 다만, 다음 각목의 기준에 따라 피견인자동차를 철도·궤도상의 차량(이하 이 호에서 "차량"이라 한다)에 싣거나 차량으로부터 내리는 경우에는 그러하지 아니하다.
    가. 피견인자동차를 싣는 작업은 화재예방상 안전한 장소에서 실시하고, 화재가 발생하였을 경우에 그 피해의 확대를 방지할 수 있도록 필요한 조치를 강구할 것
    나. 피견인자동차를 실을 때에는 이동저장탱크에 변형 또는 손상을 주지 아니하도록 필요한 조치를 강구할 것
    다. 피견인자동차를 차량에 싣는 것은 견인자동차를 분리한 즉시 실시하고, 피견인자동차를 차량으로부터 내렸을 때에는 즉시 당해 피견인자동차를 견인자동차에 결합할 것
14. 컨테이너식 이동탱크저장소외의 이동탱크저장소에 있어서는 위험물을 저장한 상태로 이동저장탱크를 옮겨 싣지 아니하여야 한다(중요기준).

15. 이동탱크저장소에는 당해 이동탱크저장소의 완공검사합격확인증 및 정기점검기록을 비치하여야 한다.
16. 알킬알루미늄등을 저장 또는 취급하는 이동탱크저장소에는 긴급시의 연락처, 응급조치에 관하여 필요한 사항을 기재한 서류, 방호복, 고무장갑, 밸브 등을 죄는 결합공구 및 휴대용 확성기를 비치하여야 한다.
17. 옥외저장소(제20호의 규정에 의한 경우를 제외한다)에 있어서 위험물은 Ⅴ에 정하는 바에 따라 용기에 수납하여 저장하여야 한다.
18. 옥외저장소에서 위험물을 저장하는 경우에 있어서는 제6호 각목의 규정에 의한 높이를 초과하여 용기를 겹쳐 쌓지 아니하여야 한다.
19. 옥외저장소에서 위험물을 수납한 용기를 선반에 저장하는 경우에는 6m를 초과하여 저장하지 아니하여야 한다.
20. 유황을 용기에 수납하지 아니하고 저장하는 옥외저장소에서는 유황을 경계표시의 높이 이하로 저장하고, 유황이 넘치거나 비산하는 것을 방지할 수 있도록 경계표시 내부의 전체를 난연성 또는 불연성의 천막 등으로 덮고 당해 천막 등을 경계표시에 고정하여야 한다.
21. 알킬알루미늄등, 아세트알데히드등 및 디에틸에테르등(디에틸에테르 또는 이를 함유한 것을 말한다. 이하 같다)의 저장기준은 제1호 내지 제20호의 규정에 의하는 외에 다음 각목과 같다(중요기준).
    가. 옥외저장탱크 또는 옥내저장탱크 중 압력탱크(최대상용압력이 대기압을 초과하는 탱크를 말한다. 이하 이 호에서 같다)에 있어서는 알킬알루미늄등의 취출에 의하여 당해 탱크내의 압력이 상용압력 이하로 저하하지 아니하도록, 압력탱크 외의 탱크에 있어서는 알킬알루미늄등의 취출이나 온도의 저하에 의한 공기의 혼입을 방지할 수 있도록 불활성의 기체를 봉입할 것
    나. 옥외저장탱크·옥내저장탱크 또는 이동저장탱크에 새롭게 알킬알루미늄등을 주입하는 때에는 미리 당해 탱크안의 공기를 불활성기체와 치환하여 둘 것
    다. 이동저장탱크에 알킬알루미늄등을 저장하는 경우에는 20KPa 이하의 압력으로 불활성의 기체를 봉입하여 둘 것
    라. 옥외저장탱크·옥내저장탱크 또는 지하저장탱크 중 압력탱크에 있어서는 아세트알데히드등의 취출에 의하여 당해 탱크내의 압력이 상용압력 이하로 저하하지 아니하도록, 압력탱크 외의 탱크에 있어서는 아세트알데히드등의 취출이나 온도의 저하에 의한 공기의 혼입을 방지할 수 있도록 불활성 기체를 봉입할 것
    마. 옥외저장탱크·옥내저장탱크·지하저장탱크 또는 이동저장탱크에 새롭게 아세트알데히드등을 주입하는 때에는 미리 당해 탱크안의 공기를 불활성 기체와 치환하여 둘 것
    바. 이동저장탱크에 아세트알데히드등을 저장하는 경우에는 항상 불활성의 기체를 봉입하여 둘 것
    사. 옥외저장탱크·옥내저장탱크 또는 지하저장탱크 중 압력탱크 외의 탱크에 저

장하는 디에틸에테르등 또는 아세트알데히드등의 온도는 산화프로필렌과 이를 함유한 것 또는 디에틸에테르등에 있어서는 30℃ 이하로, 아세트알데히드 또는 이를 함유한 것에 있어서는 15℃ 이하로 각각 유지할 것

아. 옥외저장탱크·옥내저장탱크 또는 지하저장탱크 중 압력탱크에 저장하는 아세트알데히드등 또는 디에틸에테르등의 온도는 40℃ 이하로 유지할 것

자. 보냉장치가 있는 이동저장탱크에 저장하는 아세트알데히드등 또는 디에틸에테르등의 온도는 당해 위험물의 비점 이하로 유지할 것

차. 보냉장치가 없는 이동저장탱크에 저장하는 아세트알데히드등 또는 디에틸에테르등의 온도는 40℃ 이하로 유지할 것

예상문제

01 옥외저장탱크·옥내저장탱크 또는 지하저장탱크 중 압력탱크에 저장하는 아세트알데히드의 저장 온도는 몇 도 이하이여야 하는가?

① 15℃
② 30℃
③ 40℃
④ 55℃

해설
- 옥외저장탱크·옥내저장탱크 또는 지하저장탱크 중 압력탱크에 저장하는 아세트알데히드등 또는 디에틸에테르등의 온도는 40℃ 이하로 유지하여야 한다.
- 옥외저장탱크·옥내저장탱크 또는 지하저장탱크 중 압력탱크 외의 탱크에 저장하는 디에틸에테르등 또는 아세트알데히드등의 온도는 산화프로필렌과 이를 함유한 것 또는 디에틸에테르등에 있어서는 30℃ 이하로, 아세트알데히드 또는 이를 함유한 것에 있어서는 15℃ 이하로 각각 유지하여야 한다.

정답 ③

★★★★★ [개정 2021. 7. 13.]
시행규칙 [별표 19] 위험물의 운반에 관한 기준

Ⅰ. 운반용기
1. 운반용기의 재질은 강판·알루미늄판·양철판·유리·금속판·종이·플라스틱·섬유판·고무류·합성섬유·삼·짚 또는 나무로 한다.
2. 운반용기는 견고하여 쉽게 파손될 우려가 없고, 그 입구로부터 수납된 위험물이 샐 우려가 없도록 하여야 한다.

3. 운반용기의 구조 및 최대용적은 다음 각호의 규정에 의한 용기의 구분에 따라 당해 각목에 정하는 바에 의한다.
    가. 나목의 규정에 의한 용기 외의 용기
        고체의 위험물을 수납하는 것에 있어서는 부표 1 제1호, 액체의 위험물을 수납하는 것에 있어서는 부표 1 제2호에 정하는 기준에 적합할 것. 다만, 운반의 안전상 이러한 기준에 적합한 운반용기와 동등 이상이라고 인정하여 소방청장이 정하여 고시하는 것에 있어서는 그러하지 아니하다.
    나. 기계에 의하여 하역하는 구조로 된 용기
        고체의 위험물을 수납하는 것에 있어서는 별표 20 제1호, 액체의 위험물을 수납하는 것에 있어서는 별표 20 제2호에 정하는 기준 및 1) 내지 6)에 정하는 기준에 적합할 것. 다만, 운반의 안전상 이러한 기준에 적합한 운반용기와 동등 이상이라고 인정하여 소방청장이 정하여 고시하는 것과 UN의 위험물 운송에 관한 권고(RTDG, Recommendations on the Transport of Dangerous Goods)에서 정한 기준에 적합한 것으로 인정된 용기에 있어서는 그러하지 아니하다.
        1) 운반용기는 부식 등의 열화에 대하여 적절히 보호될 것
        2) 운반용기는 수납하는 위험물의 내압 및 취급시와 운반시의 하중에 의하여 당해 용기에 생기는 응력에 대하여 안전할 것
        3) 운반용기의 부속설비에는 수납하는 위험물이 당해 부속설비로부터 누설되지 아니하도록 하는 조치가 강구되어 있을 것
        4) 용기본체가 틀로 둘러싸인 운반용기는 다음의 요건에 적합할 것
            가) 용기본체는 항상 틀내에 보호되어 있을 것
            나) 용기본체는 틀과의 접촉에 의하여 손상을 입을 우려가 없을 것
            다) 운반용기는 용기본체 또는 틀의 신축 등에 의하여 손상이 생기지 아니할 것
        5) 하부에 배출구가 있는 운반용기는 다음의 요건에 적합할 것
            가) 배출구에는 개폐위치에 고정할 수 있는 밸브가 설치되어 있을 것
            나) 배출을 위한 배관 및 밸브에는 외부로부터의 충격에 의한 손상을 방지하기 위한 조치가 강구되어 있을 것
            다) 폐지판 등에 의하여 배출구를 이중으로 밀폐할 수 있는 구조일 것. 다만, 고체의 위험물을 수납하는 운반용기에 있어서는 그러하지 아니하다.
        6) 1) 내지 5)에 규정하는 것 외의 운반용기의 구조에 관하여 필요한 사항은 소방청장이 정하여 고시한다.
4. 제3호의 규정에 불구하고 승용차량(승용으로 제공하는 차실내에 화물용으로 제공하는 부분이 있는 구조의 것을 포함한다)으로 인화점이 40℃ 미만인 위험물중 소방청장이 정하여 고시하는 것을 운반하는 경우의 운반용기의 구조 및 최대용적의 기준은 소방청장이 정하여 고시한다.

5. 제3호의 규정에 불구하고 운반의 안전상 제한이 필요하다고 인정되는 경우에는 위험물의 종류, 운반용기의 구조 및 최대용적의 기준을 소방청장이 정하여 고시할 수 있다.
6. 제3호 내지 제5호의 운반용기는 다음 각목의 규정에 의한 용기의 구분에 따라 당해 각목에 정하는 성능이 있어야 한다.
   가. 나목의 규정에 의한 용기 외의 용기
      소방청장이 정하여 고시하는 낙하시험, 기밀시험, 내압시험 및 겹쳐쌓기시험에서 소방청장이 정하여 고시하는 기준에 적합할 것. 다만, 수납하는 위험물의 품명, 수량, 성질과 상태 등에 따라 소방청장이 정하여 고시하는 용기에 있어서는 그러하지 아니하다.
   나. 기계에 의하여 하역하는 구조로 된 용기
      소방청장이 정하여 고시하는 낙하시험, 기밀시험, 내압시험, 겹쳐쌓기시험, 아랫부분 인상시험, 윗부분 인상시험, 파열전파시험, 넘어뜨리기시험 및 일으키기시험에서 소방청장이 정하여 고시하는 기준에 적합할 것. 다만, 수납하는 위험물의 품명, 수량, 성질과 상태 등에 따라 소방청장이 정하여 고시하는 용기에 있어서는 그러하지 아니하다.

Ⅱ. 적재방법
1. 위험물은 Ⅰ의 규정에 의한 운반용기에 다음 각목의 기준에 따라 수납하여 적재하여야 한다. 다만, 덩어리 상태의 유황을 운반하기 위하여 적재하는 경우 또는 위험물을 동일구내에 있는 제조소등의 상호간에 운반하기 위하여 적재하는 경우에는 그러하지 아니하다(중요기준).
   가. 위험물이 온도변화 등에 의하여 누설되지 아니하도록 운반용기를 밀봉하여 수납할 것. 다만, 온도변화 등에 의한 위험물로부터의 가스의 발생으로 운반용기안의 압력이 상승할 우려가 있는 경우(발생한 가스가 독성 또는 인화성을 갖는 등 위험성이 있는 경우를 제외한다)에는 가스의 배출구(위험물의 누설 및 다른 물질의 침투를 방지하는 구조로 된 것에 한한다)를 설치한 운반용기에 수납할 수 있다.
   나. 수납하는 위험물과 위험한 반응을 일으키지 아니하는 등 당해 위험물의 성질에 적합한 재질의 운반용기에 수납할 것
   다. 고체위험물은 운반용기 내용적의 95% 이하의 수납율로 수납할 것
   라. 액체위험물은 운반용기 내용적의 98% 이하의 수납율로 수납하되, 55도의 온도에서 누설되지 아니하도록 충분한 공간용적을 유지하도록 할 것
   마. 하나의 외장용기에는 다른 종류의 위험물을 수납하지 아니할 것
   바. 제3류 위험물은 다음의 기준에 따라 운반용기에 수납할 것
      1) 자연발화성물질에 있어서는 불활성 기체를 봉입하여 밀봉하는 등 공기와 접하지 아니하도록 할 것
      2) 자연발화성물질외의 물품에 있어서는 파라핀·경유·등유 등의 보호액으로 채워 밀봉하거나 불활성 기체를 봉입하여 밀봉하는 등 수분과 접하지 아니하도록 할 것

3) 라목의 규정에 불구하고 자연발화성물질 중 알킬알루미늄등은 운반용기의 내용적의 90% 이하의 수납율로 수납하되, 50℃의 온도에서 5% 이상의 공간용적을 유지하도록 할 것
2. 기계에 의하여 하역하는 구조로 된 운반용기에 대한 수납은 제1호(다목을 제외한다)의 규정을 준용하는 외에 다음 각목의 기준에 따라야 한다(중요기준).
   가. 다음의 규정에 의한 요건에 적합한 운반용기에 수납할 것
      1) 부식, 손상 등 이상이 없을 것
      2) 금속제의 운반용기, 경질플라스틱제의 운반용기 또는 플라스틱내용기 부착의 운반용기에 있어서는 다음에 정하는 시험 및 점검에서 누설 등 이상이 없을 것
         가) 2년 6개월 이내에 실시한 기밀시험(액체의 위험물 또는 10KPa 이상의 압력을 가하여 수납 또는 배출하는 고체의 위험물을 수납하는 운반용기에 한한다)
         나) 2년 6개월 이내에 실시한 운반용기의 외부의 점검·부속설비의 기능점검 및 5년 이내의 사이에 실시한 운반용기의 내부의 점검
   나. 복수의 폐쇄장치가 연속하여 설치되어 있는 운반용기에 위험물을 수납하는 경우에는 용기본체에 가까운 폐쇄장치를 먼저 폐쇄할 것
   다. 휘발유, 벤젠 그 밖의 정전기에 의한 재해가 발생할 우려가 있는 액체의 위험물을 운반용기에 수납 또는 배출할 때에는 당해 재해의 발생을 방지하기 위한 조치를 강구할 것
   라. 온도변화 등에 의하여 액상이 되는 고체의 위험물은 액상으로 되었을 때 당해 위험물이 새지 아니하는 운반용기에 수납할 것
   마. 액체위험물을 수납하는 경우에는 55℃의 온도에서의 증기압이 130KPa 이하가 되도록 수납할 것
   바. 경질플라스틱제의 운반용기 또는 플라스틱내용기 부착의 운반용기에 액체위험물을 수납하는 경우에는 당해 운반용기는 제조된 때로부터 5년 이내의 것으로 할 것
   사. 가목 내지 바목에 규정하는 것 외에 운반용기에의 수납에 관하여 필요한 사항은 소방청장이 정하여 고시한다.
3. 위험물은 당해 위험물이 용기 밖으로 쏟아지거나 위험물을 수납한 운반용기가 전도·낙하 또는 파손되지 아니하도록 적재하여야 한다(중요기준).
4. 운반용기는 수납구를 위로 향하게 하여 적재하여야 한다(중요기준).
5. 적재하는 위험물의 성질에 따라 일광의 직사 또는 빗물의 침투를 방지하기 위하여 유효하게 피복하는 등 다음 각목에 정하는 기준에 따른 조치를 하여야 한다(중요기준).
   가. 제1류 위험물, 제3류 위험물 중 자연발화성물질, 제4류 위험물 중 특수인화물, 제5류 위험물 또는 제6류 위험물은 차광성이 있는 피복으로 가릴 것
   나. 제1류 위험물 중 알칼리금속의 과산화물 또는 이를 함유한 것, 제2류 위험물 중 철분·금속분·마그네슘 또는 이들중 어느 하나 이상을 함유한 것 또는 제3류 위험물 중 금수성물질은 방수성이 있는 피복으로 덮을 것

다. 제5류 위험물 중 55℃ 이하의 온도에서 분해될 우려가 있는 것은 보냉 컨테이너에 수납하는 등 적정한 온도관리를 할 것

라. 액체위험물 또는 위험등급Ⅱ의 고체위험물을 기계에 의하여 하역하는 구조로 된 운반용기에 수납하여 적재하는 경우에는 당해 용기에 대한 충격등을 방지하기 위한 조치를 강구할 것. 다만, 위험등급Ⅱ의 고체위험물을 플렉서블(flexible)의 운반용기, 파이버판제의 운반용기 및 목제의 운반용기 외의 운반용기에 수납하여 적재하는 경우에는 그러하지 아니하다.

6. 위험물은 다음 각목의 규정에 의한 바에 따라 종류를 달리하는 그 밖의 위험물 또는 재해를 발생시킬 우려가 있는 물품과 함께 적재하지 아니하여야 한다(중요기준).

    가. 부표 2의 규정에서 혼재가 금지되고 있는 위험물

    나. 「고압가스 안전관리법」에 의한 고압가스(소방청장이 정하여 고시하는 것을 제외한다)

7. 위험물을 수납한 운반용기를 겹쳐 쌓는 경우에는 그 높이를 3m 이하로 하고, 용기의 상부에 걸리는 하중은 당해 용기 위에 당해 용기와 동종의 용기를 겹쳐 쌓아 3m의 높이로 하였을 때에 걸리는 하중 이하로 하여야 한다(중요기준).

8. 위험물은 그 운반용기의 외부에 다음 각목에 정하는 바에 따라 위험물의 품명, 수량 등을 표시하여 적재하여야 한다. 다만, UN의 위험물 운송에 관한 권고(RTDG, Recommendations on the Transport of Dangerous Goods)에서 정한 기준 또는 소방청장이 정하여 고시하는 기준에 적합한 표시를 한 경우에는 그러하지 아니하다.

    가. 위험물의 품명·위험등급·화학명 및 수용성("수용성"표시는 제4류 위험물로서 수용성인 것에 한한다)

    나. 위험물의 수량

    다. 수납하는 위험물에 따라 다음의 규정에 의한 주의사항

    1) 제1류 위험물 중 알칼리금속의 과산화물 또는 이를 함유한 것에 있어서는 "화기·충격주의", "물기엄금" 및 "가연물접촉주의", 그 밖의 것에 있어서는 "화기·충격주의" 및 "가연물접촉주의"

    2) 제2류 위험물 중 철분·금속분·마그네슘 또는 이들 중 어느 하나 이상을 함유한 것에 있어서는 "화기주의" 및 "물기엄금", 인화성고체에 있어서는 "화기엄금", 그 밖의 것에 있어서는 "화기주의"

    3) 제3류 위험물 중 자연발화성물질에 있어서는 "화기엄금" 및 "공기접촉엄금", 금수성물질에 있어서는 "물기엄금"

    4) 제4류 위험물에 있어서는 "화기엄금"

    5) 제5류 위험물에 있어서는 "화기엄금" 및 "충격주의"

    6) 제6류 위험물에 있어서는 "가연물접촉주의"

9. 제8호의 규정에 불구하고 제1류·제2류 또는 제4류 위험물(위험등급Ⅰ의 위험물을 제외한다)의 운반용기로서 최대용적이 1ℓ 이하인 운반용기의 품명 및 주의사항은

위험물의 통칭명 및 당해 주의사항과 동일한 의미가 있는 다른 표시로 대신할 수 있다.
10. 제8호 및 제9호의 규정에 불구하고 제4류 위험물에 해당하는 화장품(에어졸을 제외한다)의 운반용기중 최대용적이 150㎖ 이하인 것에 대하여는 제8호 가목 및 다목의 규정에 의한 표시를 하지 아니할 수 있고, 최대용적이 150㎖ 초과 300㎖ 이하의 것에 대하여는 제8호 가목의 규정에 의한 표시를 하지 아니할 수 있으며, 동호 다목의 규정에 의한 주의사항을 당해 주의사항과 동일한 의미가 있는 다른 표시로 대신할 수 있다.
11. 제8호 및 제9호의 규정에 불구하고 제4류 위험물에 해당하는 에어졸의 운반용기로서 최대용적이 300㎖ 이하의 것에 대하여는 제8호 가목의 규정에 의한 표시를 하지 아니할 수 있으며, 동호 다목의 규정에 의한 주의사항을 당해 주의사항과 동일한 의미가 있는 다른 표시로 대신할 수 있다.
12. 제8호 및 제9호의 규정에 불구하고 제4류 위험물 중 동식물유류의 운반용기로서 최대용적이 3ℓ 이하인 것에 대하여는 제8호 가목 및 다목의 표시에 대하여 각각 위험물의 통칭명 및 동호의 규정에 의한 표시와 동일한 의미가 있는 다른 표시로 대신할 수 있다.
13. 기계에 의하여 하역하는 구조로 된 운반용기의 외부에 행하는 표시는 제8호 각목의 규정에 의하는 외에 다음 각목의 사항을 포함하여야 한다. 다만, UN의 위험물 운송에 관한 권고(RTDG, Recommendations on the Transport of Dangerous Goods)에서 정한 기준 또는 소방청장이 정하여 고시하는 기준에 적합한 표시를 한 경우에는 그러하지 아니하다.
    가. 운반용기의 제조년월 및 제조자의 명칭
    나. 겹쳐쌓기시험하중
    다. 운반용기의 종류에 따라 다음의 규정에 의한 중량
        1) 플렉서블 외의 운반용기 : 최대총중량(최대수용중량의 위험물을 수납하였을 경우의 운반용기의 전중량을 말한다)
        2) 플렉서블 운반용기 : 최대수용중량
    라. 가목 내지 다목에 규정하는 것 외에 운반용기의 외부에 행하는 표시에 관하여 필요한 사항으로서 소방청장이 정하여 고시하는 것

Ⅲ. 운반방법
  1. 위험물 또는 위험물을 수납한 운반용기가 현저하게 마찰 또는 동요를 일으키지 아니하도록 운반하여야 한다(중요기준).
  2. 지정수량 이상의 위험물을 차량으로 운반하는 경우에는 해당 차량에 소방청장이 정하여 고시하는 바에 따라 운반하는 위험물의 위험성을 알리는 표지를 설치하여야 한다.
  3. 지정수량 이상의 위험물을 차량으로 운반하는 경우에 있어서 다른 차량에 바꾸어 싣거나 휴식·고장 등으로 차량을 일시 정차시킬 때에는 안전한 장소를 택하고 운반하는 위험물의 안전확보에 주의하여야 한다.

4. 지정수량 이상의 위험물을 차량으로 운반하는 경우에는 당해 위험물에 적응성이 있는 소형수동식소화기를 당해 위험물의 소요단위에 상응하는 능력단위 이상 갖추어야 한다.
5. 위험물의 운반도중 위험물이 현저하게 새는 등 재난발생의 우려가 있는 경우에는 응급조치를 강구하는 동시에 가까운 소방관서 그 밖의 관계기관에 통보하여야 한다.
6. 제1호 내지 제5호의 적용에 있어서 품명 또는 지정수량을 달리하는 2 이상의 위험물을 운반하는 경우에 있어서 운반하는 각각의 위험물의 수량을 당해 위험물의 지정수량으로 나누어 얻은 수의 합이 1 이상인 때에는 지정수량 이상의 위험물을 운반하는 것으로 본다.

Ⅳ. 법 제20조제1항의 규정에 의한 중요기준 및 세부기준은 다음 각 호의 구분에 의한다.
1. 중요기준 : Ⅰ 내지 Ⅲ의 운반기준 중 "중요기준"이라 표기한 것
2. 세부기준 : 중요기준 외의 것

Ⅴ. 위험물의 위험등급
별표 18 Ⅴ, 이 표 Ⅰ 및 Ⅱ에 있어서 위험물의 위험등급은 위험등급Ⅰ·위험등급Ⅱ 및 위험등급Ⅲ으로 구분하며, 각 위험등급에 해당하는 위험물은 다음 각호와 같다.
1. 위험등급Ⅰ의 위험물
   가. 제1류 위험물 중 아염소산염류, 염소산염류, 과염소산염류, 무기과산화물 그 밖에 지정수량이 50kg인 위험물
   나. 제3류 위험물 중 칼륨, 나트륨, 알킬알루미늄, 알킬리튬, 황린 그 밖에 지정수량이 10kg 또는 20kg인 위험물
   다. 제4류 위험물 중 특수인화물
   라. 제5류 위험물 중 유기과산화물, 질산에스테르류 그 밖에 지정수량이 10kg인 위험물
   마. 제6류 위험물
2. 위험등급Ⅱ의 위험물
   가. 제1류 위험물 중 브롬산염류, 질산염류, 요오드산염류 그 밖에 지정수량이 300kg인 위험물
   나. 제2류 위험물 중 황화린, 적린, 유황 그 밖에 지정수량이 100kg인 위험물
   다. 제3류 위험물 중 알칼리금속(칼륨 및 나트륨을 제외한다) 및 알칼리토금속, 유기금속화합물(알킬알루미늄 및 알킬리튬을 제외한다) 그 밖에 지정수량이 50kg인 위험물
   라. 제4류 위험물 중 제1석유류 및 알코올류
   마. 제5류 위험물 중 제1호 라목에 정하는 위험물 외의 것
3. 위험등급Ⅲ의 위험물 : 제1호 및 제2호에 정하지 아니한 위험물

[부표] 유별을 달리하는 위험물의 혼재기준

위험물의 구분	제1류	제2류	제3류	제4류	제5류	제6류
제1류		×	×	×	×	○
제2류	×		×	○	○	×
제3류	×	×		○	×	×
제4류	×	○	○		○	×
제5류	×	○	×	○		×
제6류	○	×	×	×	×	

비고
1. "×"표시는 혼재할 수 없음을 표시한다.
2. "○"표시는 혼재할 수 있음을 표시한다.
3. 이 표는 지정수량의 $\frac{1}{10}$ 이하의 위험물에 대하여는 적용하지 아니한다.

예상문제

01 수납하는 제5류 위험물의 주의사항으로 옳은 것은?
① 화기주의
② 화기엄금 및 물기엄금
③ 화기엄금 및 충격주의
④ 화기엄금 및 가연물접촉주의

해설
제5류 위험물에 있어서는 운반용기 외부에 "화기엄금" 및 "충격주의"를 표시하여 적재하여야 한다.

> ※ **수납하는 위험물에 따라 다음의 규정에 의한 주의사항**
> 1) 제1류 위험물 중 알칼리금속의 과산화물 또는 이를 함유한 것에 있어서는 "화기·충격주의", "물기엄금" 및 "가연물접촉주의", 그 밖의 것에 있어서는 "화기·충격주의" 및 "가연물접촉주의"
> 2) 제2류 위험물 중 철분·금속분·마그네슘 또는 이들 중 어느 하나 이상을 함유한 것에 있어서는 "화기주의" 및 "물기엄금", 인화성고체에 있어서는 "화기엄금", 그 밖의 것에 있어서는 "화기주의"
> 3) 제3류 위험물 중 자연발화성물질에 있어서는 "화기엄금" 및 "공기접촉엄금", 금수성물질에 있어서는 "물기엄금"
> 4) 제4류 위험물에 있어서는 "화기엄금"
> 5) 제5류 위험물에 있어서는 "화기엄금" 및 "충격주의"
> 6) 제6류 위험물에 있어서는 "가연물접촉주의"

정답 ③

02 수납하는 위험물에 따라 규정에 의한 주의사항으로 옳지 않은 것은?

① 제4류 위험물에 있어서는 "화기주의"
② 제3류 위험물 중 금수성 물질에 있어서는 "물기엄금"
③ 제2류 위험물 중 인화성 고체에 있어서는 "화기엄금"
④ 제5류 위험물에 있어서는 "화기엄금" 및 "충격주의"

해설
제4류 위험물에 있어서는 운반용기 외부에 "화기주의"를 표시하여 적재하여야 한다.

정답 ①

03 제2류 위험물에서 철분을 수납하는 위험물의 표시사항으로 옳은 것은?

① 화기엄금 및 공기접촉엄금
② 화기주의 및 물기엄금
③ 충격주의 및 화기엄금
④ 물기주의 및 화기주의

해설
제2류 위험물 중 철분·금속분·마그네슘 또는 이들 중 어느 하나 이상을 함유한 것에 있어서는 "화기주의" 및 "물기엄금", 인화성고체에 있어서는 "화기엄금", 그 밖의 것에 있어서는 "화기주의"를 표시하여 적재하여야 한다.

정답 ②

04 유별을 달리하는 위험물의 혼재기준에서 4류 위험물과 혼재할 수 없는 것은?

① 1류, 6류
② 2류, 3류
③ 3류, 5류
④ 2류, 5류

해설
제4류 위험물은 제1류 위험물 및 제6류 위험물과 혼재할 수 없다.

정답 ①

05 다음 중 혼재가 가능한 위험물의 유별은?

① 1류 위험물과 3류 위험물
② 2류 위험물과 6류 위험물
③ 3류 위험물과 4류 위험물
④ 3류 위험물과 5류 위험물

해설
3류 위험물과 4류 위험물은 혼재할 수 있다.

정답 ③

06 다음 중 상호 위험물의 혼재가 가능한 유별은?

① 제1류 위험물 - 제6류 위험물
② 제4류 위험물 - 제6류 위험물
③ 제3류 위험물 - 제5류 위험물
④ 제2류 위험물 - 제3류 위험물

해설
제1류 위험물과 제6류 위험물은 혼재할 수 있다.

정답 ①

시행규칙 [별표 23] 화학소방자동차에 갖추어야 하는 소화능력 및 설비의 기준

화학소방자동차의 구분	소화능력 및 설비의 기준
포수용액 방사차	포수용액의 방사능력이 매분 2,000ℓ 이상일 것
	소화약액탱크 및 소화약액혼합장치를 비치할 것
	10만ℓ 이상의 포수용액을 방사할 수 있는 양의 소화약제를 비치할 것
분말 방사차	분말의 방사능력이 매초 35kg 이상일 것
	분말탱크 및 가압용가스설비를 비치할 것
	1,400kg 이상의 분말을 비치할 것
할로겐화합물 방사차	할로겐화합물의 방사능력이 매초 40kg 이상일 것
	할로겐화합물탱크 및 가압용가스설비를 비치할 것
	1,000kg 이상의 할로겐화합물을 비치할 것
이산화탄소 방사차	이산화탄소의 방사능력이 매초 40kg 이상일 것
	이산화탄소저장용기를 비치할 것
	3,000kg 이상의 이산화탄소를 비치할 것
제독차	가성소오다 및 규조토를 각각 50kg 이상 비치할 것

예상문제

01 화학소방자동차에 갖추어야 하는 소화능력 및 설비의 기준으로 옳지 않은 것은?

① 포수용액 방사차는 포수용액의 방사능력이 매분 2,000L 이상일 것
② 이산화탄소 방사차는 이산화탄소의 방사능력이 매초 40kg 이상일 것
③ 분말 방사차는 분말의 방사능력이 매초 35kg 이상일 것
④ 제독차는 가성소다 및 규조토를 각각 3,000kg 이상 비치할 것

해설

제독차는 가성소다 및 규조토를 각각 50kg 이상 비치하여야 한다.

정답 ④

부록

최신기출문제

- 소방공무원 공개경쟁 채용시험
- 소방공무원 경력경쟁 채용시험

소방공무원 공개경쟁 채용시험(2023년 3월 18일)

01

「소방시설 설치 및 관리에 관한 법률 시행령」상 스프링클러설비를 설치해야 하는 특정소방대상물에 해당하는 것만을 〈보기〉에서 고른 것은?

〈보기〉
ㄱ. 수련시설 내에 있는 학생 수용을 위한 기숙사로서 연면적 5천 ㎡인 경우
ㄴ. 교육연구시설 내에 있는 합숙소로서 연면적 100 ㎡인 경우
ㄷ. 숙박시설로 사용되는 바닥면적의 합계가 500 ㎡인 경우
ㄹ. 영화상영관의 용도로 쓰는 4층의 바닥면적이 1천 ㎡인 경우

① ㄱ, ㄴ
② ㄱ, ㄹ
③ ㄴ, ㄷ
④ ㄷ, ㄹ

[해설] 스프링클러설비를 설치해야 하는 특정소방대상물
1. 기숙사(교육연구시설·수련시설 내에 있는 학생 수용을 위한 것을 말한다) 또는 복합건축물로서 연면적 5천㎡ 이상인 경우에는 모든 층
2. 영화상영관의 용도로 쓰는 층의 바닥면적이 지하층 또는 무창층인 경우에는 500㎡ 이상, 그 밖의 층의 경우에는 1천㎡ 이상인 것
3. 다음의 어느 하나에 해당하는 용도로 사용되는 시설의 바닥면적의 합계가 600㎡ 이상인 것은 모든 층
   가) 근린생활시설 중 조산원 및 산후조리원
   나) 의료시설 중 정신의료기관
   다) 의료시설 중 종합병원, 병원, 치과병원, 한방병원 및 요양병원
   라) 노유자 시설
   마) 숙박이 가능한 수련시설
   바) 숙박시설
- 교육연구시설 내에 합숙소로서 연면적 100㎡ 이상인 경우 → 간이스프링클러설비를 설치해야 하는 특정소방대상물

[정답] ②

02

「소방기본법 시행규칙」상 국고보조의 대상이 되는 소방활동장비의 종류와 규격으로 옳지 않은 것은?

① 구조정 : 90마력 이상
② 배연차(중형) : 170마력 이상
③ 구급차(특수) : 90마력 이상
④ 소방헬리콥터 : 5~17인승

[해설] 국고보조의 대상이 되는 소방활동장비의 종류와 규격

구분		종류			규격
소방활동장비	소방자동차	펌프차	대형		240마력 이상
			중형		170마력 이상 240마력 미만
			소형		120마력 이상 170마력 미만
		물탱크 소방차	대형		240마력 이상
			중형		170마력 이상 240마력 미만
		화학 소방차	비활성가스를 이용한 소방차		
			고성능		340마력 이상
			내폭		340마력 이상
			일반	대형	240마력 이상
				중형	170마력 이상 240마력 미만
		사다리 소방차	고가(사다리의 길이가 33m 이상인 것에 한한다)		330마력 이상
			굴절	27m 이상급	330마력 이상
				18m 이상 27m 미만급	240마력 이상
		조명차	중형		170마력
		배연차	중형		170마력 이상
		구조차	대형		240마력 이상
			중형		170마력 이상 240마력 미만
		구급차	특수		90마력 이상
			일반		85마력 이상 90마력 미만
	소방정		소방정		100톤 이상급, 50톤급
			구조정		30톤급
	소방헬리콥터				5~17인승

[정답] ①

03

「소방기본법 시행규칙」상 지하에 설치하는 소화전 또는 저수조의 경우 소방용수표지는 다음 기준에 따라 설치하여야 한다. ( ) 안에 들어갈 내용으로 옳은 것은?

> • 맨홀 뚜껑은 지름 (ㄱ)밀리미터 이상의 것으로 할 것. 다만, 승하강식 소화전의 경우에는 이를 적용하지 않는다.
> • 맨홀 뚜껑 부근에는 (ㄴ) 반사도료로 폭 (ㄷ)센티미터의 선을 그 둘레를 따라 칠할 것

	ㄱ	ㄴ	ㄷ		ㄱ	ㄴ	ㄷ
①	648	노란색	15	②	678	붉은색	15
③	648	붉은색	25	④	678	노란색	25

[해설] 소방용수표지의 설치기준(지하에 설치하는 소화전 또는 저수조의 경우)
가. 맨홀 뚜껑은 지름 648밀리미터 이상의 것으로 할 것. 다만, 승하강식 소화전의 경우에는 이를 적용하지 않는다.
나. 맨홀 뚜껑에는 "소화전·주정차금지" 또는 "저수조·주정차금지"의 표시를 할 것
다. 맨홀뚜껑 부근에는 노란색 반사도료로 폭 15센티미터의 선을 그 둘레를 따라 칠할 것

정답 ①

04

「소방시설공사업법」상 소방기술 경력 등의 인정 등에 관한 내용으로 옳은 것은?

① 소방본부장, 소방서장은 소방기술의 효율적인 활용과 소방기술의 향상을 위하여 소방기술과 관련된 자격·학력 및 경력을 가진 사람을 소방기술자로 인정할 수 있다.
② 소방본부장, 소방서장은 소방기술과 관련된 자격·학력 및 경력을 인정받은 사람에게 소방기술 인정 자격수첩과 경력수첩을 발급할 수 있다.
③ 소방기술과 관련된 자격·학력 및 경력의 인정 범위와 자격수첩 및 경력수첩의 발급 절차 등에 관하여 필요한 사항은 대통령령으로 정한다.
④ 소방청장은 자격수첩 또는 경력수첩을 발급받은 사람이 거짓이나 그 밖의 부정한 방법으로 자격수첩 또는 경력수첩을 발급받은 경우에 그 자격을 취소하여야 한다.

[해설]
■ 소방청장은 소방기술의 효율적인 활용과 소방기술의 향상을 위하여 소방기술과 관련된 자격·학력 및 경력을 가진 사람을 소방기술자로 인정할 수 있다.
■ 소방청장은 소방기술과 관련된 자격·학력 및 경력을 인정받은 사람에게 소방기술 인정 자격수첩과 경력수첩을 발급할 수 있다.
■ 소방기술과 관련된 자격·학력 및 경력의 인정 범위와 자격수첩 및 경력수첩의 발급 절차 등에 관하여 필요한 사항은 행정안전부령으로 정한다.

정답 ④

05

「소방시설공사업법 시행규칙」상 감리업자가 소방공사의 감리를 마쳤을 때 소방공사 감리 결과보고(통보)서에 첨부하는 서류가 아닌 것은?

① 착공신고 후 변경된 건축설계도면 1부
② 소방청장이 정하여 고시하는 소방시설 성능시험조사표 1부
③ 소방공사 감리일지(소방본부장 또는 소방서장에게 보고하는 경우에만 첨부) 1부
④ 특정소방대상물의 사용승인 신청서 등 사용승인 신청을 증빙할 수 있는 서류 1부

[해설] 소방공사감리 결과보고(통보)서에 첨부하는 서류
1. 소방청장이 정하여 고시하는 소방시설 성능시험조사표 1부
2. 착공신고 후 변경된 소방시설설계도면(변경사항이 있는 경우에만 첨부하되, 법 제11조에 따른 설계업자가 설계한 도면만 해당된다) 1부
3. 별지 제13호서식의 소방공사 감리일지(소방본부장 또는 소방서장에게 보고하는 경우에만 첨부한다) 1부
4. 특정소방대상물의 사용승인 신청서 등 사용승인 신청을 증빙할 수 있는 서류 1부

[정답] ①

06

「소방시설공사업법 시행령」상 상주 공사감리 대상을 설명한 것이다. ( ) 안에 들어갈 내용으로 옳은 것은?

- 연면적 (ㄱ) 이상의 특정소방대상물(아파트는 제외한다)에 대한 소방시설의 공사
- 지하층을 포함한 층수가 (ㄴ) 이상인 아파트에 대한 소방시설의 공사

　　　ㄱ　　　　　　　ㄴ
① ㄱ : 3만제곱미터, ㄴ : 16층 이상으로서 300세대
② ㄱ : 3만제곱미터, ㄴ : 16층 이상으로서 500세대
③ ㄱ : 5만제곱미터, ㄴ : 16층 이상으로서 300세대
④ ㄱ : 5만제곱미터, ㄴ : 16층 이상으로서 500세대

[해설] 상주 공사감리 대상
1. 연면적 3만제곱미터 이상의 특정소방대상물(아파트는 제외한다)에 대한 소방시설의 공사
2. 지하층을 포함한 층수가 16층 이상으로서 500세대 이상인 아파트에 대한 소방시설의 공사

[정답] ②

07

「소방시설공사업법 시행령」상 소방시설공사 분리 도급의 예외에 해당하는 것만을 〈보기〉에서 고른 것은?

〈보기〉
ㄱ. 「재난 및 안전관리 기본법」에 따른 재난의 발생으로 긴급하게 착공해야 하는 공사인 경우
ㄴ. 국방 및 국가안보 등과 관련하여 기밀을 유지해야 하는 공사인 경우
ㄷ. 연면적이 3천제곱미터 이하인 특정소방대상물에 비상경보설비를 설치하는 공사인 경우
ㄹ. 「국가를 당사자로 하는 계약에 관한 법률 시행령」 및 「지방자치단체를 당사자로 하는 계약에 관한 법률 시행령」에 따른 원안입찰 또는 일부입찰
ㅁ. 「국가를 당사자로 하는 계약에 관한 법률 시행령」 및 「지방자치단체를 당사자로 하는 계약에 관한 법률 시행령」에 따른 실시설계 기술제안입찰 또는 기본설계 기술제안입찰
ㅂ. 문화재수리 및 재개발·재건축 등의 공사로서 공사의 성질상 분리하여 도급하는 것이 곤란하다고 시·도지사가 인정하는 경우

① ㄱ, ㄴ, ㄷ
② ㄱ, ㄴ, ㅁ
③ ㄴ, ㄷ, ㅁ
④ ㄹ, ㅁ, ㅂ

[해설] 소방시설공사 분리 도급의 예외
1. 「재난 및 안전관리 기본법」 제3조제1호에 따른 재난의 발생으로 긴급하게 착공해야 하는 공사인 경우
2. 국방 및 국가안보 등과 관련하여 기밀을 유지해야 하는 공사인 경우
3. 제4조 각 호에 따른 소방시설공사에 해당하지 않는 공사인 경우
4. 연면적이 1천제곱미터 이하인 특정소방대상물에 비상경보설비를 설치하는 공사인 경우
5. 다음 각 목의 어느 하나에 해당하는 입찰로 시행되는 공사인 경우
   가. 「국가를 당사자로 하는 계약에 관한 법률 시행령」 제79조제1항제4호 또는 제5호 및 「지방자치단체를 당사자로 하는 계약에 관한 법률 시행령」 제95조제4호 또는 제5호에 따른 대안입찰 또는 일괄입찰
   나. 「국가를 당사자로 하는 계약에 관한 법률 시행령」 제98조제2호 또는 제3호 및 「지방자치단체를 당사자로 하는 계약에 관한 법률 시행령」 제127조제2호 또는 제3호에 따른 실시설계 기술제안입찰 또는 기본설계 기술제안입찰
6. 그 밖에 문화재수리 및 재개발·재건축 등의 공사로서 공사의 성질상 분리하여 도급하는 것이 곤란하다고 소방청장이 인정하는 경우

정답 ②

08
「소방시설공사업법 시행령」상 소방기술자의 배치기준을 설명한 것으로 옳지 않은 것은?

① 연면적 20만제곱미터 이상인 특정소방대상물의 공사 현장에는 행정안전부령으로 정하는 특급기술자인 소방기술자(기계분야 및 전기분야)를 배치하여야 한다.
② 지하층을 포함한 층수가 16층 이상 40층 미만인 특정소방대상물의 공사 현장에는 행정안전부령으로 정하는 고급기술자 이상의 소방기술자(기계분야 및 전기분야)를 배치하여야 한다.
③ 연면적 5천제곱미터 이상 3만제곱미터 미만인 특정소방대상물(아파트는 제외)의 공사 현장에는 행정안전부령으로 정하는 중급기술자 이상의 소방기술자(기계분야 및 전기분야)를 배치하여야 한다.
④ 물분무등소화설비(호스릴 방식의 소화설비는 제외) 또는 제연설비가 설치되는 특정소방대상물의 공사 현장에는 행정안전부령으로 정하는 초급기술자 이상의 소방기술자(기계분야 및 전기분야)를 배치하여야 한다.

[해설] 소방기술자의 배치기준

소방기술자의 배치기준	소방시설공사 현장의 기준
가. 행정안전부령으로 정하는 특급기술자인 소방기술자(기계분야 및 전기분야)	1) 연면적 20만제곱미터 이상인 특정소방대상물의 공사 현장 2) 지하층을 포함한 층수가 40층 이상인 특정소방대상물의 공사 현장
나. 행정안전부령으로 정하는 고급기술자 이상의 소방기술자(기계분야 및 전기분야)	1) 연면적 3만제곱미터 이상 20만제곱미터 미만인 특정소방대상물(아파트는 제외한다)의 공사 현장 2) 지하층을 포함한 층수가 16층 이상 40층 미만인 특정소방대상물의 공사 현장
다. 행정안전부령으로 정하는 중급기술자 이상의 소방기술자(기계분야 및 전기분야)	1) 물분무등소화설비(호스릴 방식의 소화설비는 제외한다) 또는 제연설비가 설치되는 특정소방대상물의 공사 현장 2) 연면적 5천제곱미터 이상 3만제곱미터 미만인 특정소방대상물(아파트는 제외한다)의 공사 현장 3) 연면적 1만제곱미터 이상 20만제곱미터 미만인 아파트의 공사 현장
라. 행정안전부령으로 정하는 초급기술자 이상의 소방기술자(기계분야 및 전기분야)	1) 연면적 1천제곱미터 이상 5천제곱미터 미만인 특정소방대상물(아파트는 제외한다)의 공사 현장 2) 연면적 1천제곱미터 이상 1만제곱미터 미만인 아파트의 공사 현장 3) 지하구(地下溝)의 공사 현장
마. 법 제28조제2항에 따라 자격수첩을 발급받은 소방기술자	연면적 1천제곱미터 미만인 특정소방대상물의 공사 현장

정답 ④

09

「화재의 예방 및 안전관리에 관한 법률」상 건설현장 소방안전관리대상물의 소방안전관리자의 업무에 관한 내용으로 옳지 않은 것은?

① 건설현장의 소방계획서의 작성
② 화기취급의 감독, 화재위험작업의 허가 및 관리
③ 공사진행 단계별 피난안전구역, 피난로 등의 확보와 관리
④ 건설현장 작업자를 제외한 책임자에 대한 소방안전 교육 및 훈련

[해설] 건설현장 소방안전관리대상물의 소방안전관리자의 업무
　　1. 건설현장의 소방계획서의 작성
　　2. 「소방시설 설치 및 관리에 관한 법률」 제15조제1항에 따른 임시소방시설의 설치 및 관리에 대한 감독
　　3. 공사진행 단계별 피난안전구역, 피난로 등의 확보와 관리
　　4. 건설현장의 작업자에 대한 소방안전 교육 및 훈련
　　5. 초기대응체계의 구성·운영 및 교육
　　6. 화기취급의 감독, 화재위험작업의 허가 및 관리
　　7. 그 밖에 건설현장의 소방안전관리와 관련하여 소방청장이 고시하는 업무

정답 ④

10

「화재의 예방 및 안전관리에 관한 법률」 및 같은 법 시행령상 소방안전관리자를 선임해야 하는 건설현장 소방안전관리대상물에 해당하지 않는 것은?

① 신축을 하려는 부분의 연면적이 5천제곱미터인 냉동·냉장창고
② 신축을 하려는 부분의 연면적의 합계가 2만제곱미터인 복합건축물
③ 증축을 하려는 부분의 연면적의 합계가 3만제곱미터인 업무시설
④ 증축을 하려는 부분의 연면적이 5천제곱미터이고, 지상층의 층수가 10층인 업무시설

[해설] 건설현장 소방안전관리대상물
　　1. 신축·증축·개축·재축·이전·용도변경 또는 대수선을 하려는 부분의 연면적의 합계가 1만 5천제곱미터 이상인 것
　　2. 신축·증축·개축·재축·이전·용도변경 또는 대수선을 하려는 부분의 연면적이 5천제곱미터 이상인 것으로서 다음 각 목의 어느 하나에 해당하는 것
　　　　가. 지하층의 층수가 2개 층 이상인 것
　　　　나. 지상층의 층수가 11층 이상인 것
　　　　다. 냉동창고, 냉장창고 또는 냉동·냉장창고

정답 ④

11

「화재의 예방 및 안전관리에 관한 법률 시행령」상 특수가연물의 저장 및 취급 기준에서 특수가연물 표지에 관한 내용으로 옳지 않은 것은?

① 특수가연물 표지 중 화기엄금 표시 부분의 바탕은 붉은색으로, 문자는 백색으로 할 것
② 특수가연물 표지는 한 변의 길이가 0.3미터 이상, 다른 한 변의 길이가 0.6미터 이상인 직사각형으로 할 것
③ 특수가연물 표지의 바탕은 검은색으로, 문자는 흰색으로 할 것. 다만, "화기엄금" 표시 부분은 제외한다.
④ 특수가연물을 저장 또는 취급하는 장소에는 품명, 최대저장수량, 단위부피당 질량 또는 단위체적당 질량, 관리책임자 성명·직책, 연락처 및 화기취급의 금지표시가 포함된 특수가연물 표지를 설치해야 한다.

[해설] 특수가연물의 표지
　　가. 특수가연물을 저장 또는 취급하는 장소에는 품명, 최대저장수량, 단위부피당 질량 또는 단위체적당 질량, 관리책임자 성명·직책, 연락처 및 화기취급의 금지표시가 포함된 특수가연물 표지를 설치해야 한다.
　　나. 특수가연물 표지의 규격은 다음과 같다.
　　　1) 특수가연물 표지는 한 변의 길이가 0.3미터 이상, 다른 한 변의 길이가 0.6미터 이상인 직사각형으로 할 것
　　　2) 특수가연물 표지의 바탕은 흰색으로, 문자는 검은색으로 할 것. 다만, "화기엄금" 표시 부분은 제외한다.
　　　3) 특수가연물 표지 중 화기엄금 표시 부분의 바탕은 붉은색으로, 문자는 백색으로 할 것

정답 ③

12

「위험물안전관리법 시행령」상 지정수량 이상의 위험물을 옥외저장소에 저장할 수 있는 것으로 옳지 않은 것은? (다만, 「국제해사기구에 관한 협약」에 의하여 설치된 국제해사기구가 채택한 「국제해상위험물규칙」(IMDG Code)에 적합한 용기에 수납된 위험물은 제외한다.)

① 제1류 위험물 중 염소산염류
② 제2류 위험물 중 유황
③ 제4류 위험물 중 알코올류
④ 제6류 위험물

[해설] 옥외저장소에 저장할 수 있는 위험물(시행령 별표 2)
　　가. 제2류 위험물중 유황 또는 인화성고체(인화점이 섭씨 0도 이상인 것에 한한다)
　　나. 제4류 위험물중 제1석유류(인화점이 섭씨 0도 이상인 것에 한한다)·알코올류·제2석유류·제3석유류·제4석유류 및 동식물유류
　　다. 제6류 위험물

정답 ①

13

「화재의 예방 및 안전관리에 관한 법률」상 화재예방안전진단의 범위에 해당하는 것만을 〈보기〉에서 있는 대로 고른 것은?

〈보기〉
ㄱ. 소방계획 및 피난계획 수립에 관한 사항   ㄴ. 소방시설등의 유지·관리에 관한 사항
ㄷ. 비상대응조직 및 교육훈련에 관한 사항   ㄹ. 화재 위험성 평가에 관한 사항

① ㄱ
② ㄱ, ㄴ
③ ㄱ, ㄴ, ㄷ
④ ㄱ, ㄴ, ㄷ, ㄹ

[해설] 화재예방안전진단의 범위
1. 화재위험요인의 조사에 관한 사항
2. 소방계획 및 피난계획 수립에 관한 사항
3. 소방시설등의 유지·관리에 관한 사항
4. 비상대응조직 및 교육훈련에 관한 사항
5. 화재 위험성 평가에 관한 사항
6. 그 밖에 화재예방진단을 위하여 대통령령으로 정하는 사항

정답 ④

14

「화재의 예방 및 안전관리에 관한 법률」 및 같은 법 시행규칙상 소방안전관리자의 선임신고 등에 관한 설명이다. ( ) 안에 들어갈 내용으로 옳은 것은?

- 소방안전관리대상물의 관계인이 소방안전관리자를 선임한 경우에는 선임한 날부터 (ㄱ)일 이내에 선임사실을 소방본부장 또는 소방서장에게 신고하여야 한다.
- 소방안전관리대상물의 관계인은 소방안전관리자를 선임사유가 발생한 날부터 (ㄴ)일 이내에 선임해야 한다.

① ㄱ : 14, ㄴ : 30
② ㄱ : 14, ㄴ : 60
③ ㄱ 30, ㄴ : 30
④ ㄱ 30, ㄴ : 60

[해설] ■ 소방안전관리대상물의 관계인이 소방안전관리자 또는 소방안전관리보조자를 선임한 경우에는 행정안전부령으로 정하는 바에 따라 선임한 날부터 14일 이내에 소방본부장 또는 소방서장에게 신고하고, 소방안전관리대상물의 출입자가 쉽게 알 수 있도록 소방안전관리자의 성명과 그 밖에 행정안전부령으로 정하는 사항을 게시하여야 한다.
■ 소방안전관리대상물의 관계인은 소방안전관리자를 선임사유가 발생한 날부터 30일 이내에 선임해야 한다.

정답 ①

15

「소방기본법」상 벌칙 중 벌금의 상한이 나머지 셋과 다른 것은?

① 정당한 사유 없이 소방대의 생활안전활동을 방해한 자
② 화재진압 및 구조·구급 활동을 위하여 출동하는 소방자동차의 출동을 방해한 사람
③ 정당한 사유 없이 화재진압 등 소방활동을 위하여 필요할 때 물의 사용이나 수도의 개폐장치의 사용 또는 조작을 하지 못하게 하거나 방해한 자
④ 정당한 사유 없이 소방대가 현장에 도착할 때까지 사람을 구출하는 조치 또는 불을 끄거나 불이 번지지 아니하도록 하는 조치를 하지 아니한 관계인

[해설] ① 정당한 사유 없이 소방대의 생활안전활동을 방해한 자 → 100만 원 이하의 벌금
② 화재진압 및 구조·구급 활동을 위하여 출동하는 소방자동차의 출동을 방해한 사람 → 5년 이하의 징역 또는 5천만 원 이하의 벌금
③ 정당한 사유 없이 화재진압 등 소방활동을 위하여 필요할 때 물의 사용이나 수도의 개폐장치의 사용 또는 조작을 하지 못하게 하거나 방해한 자 → 100만 원 이하의 벌금
④ 정당한 사유 없이 소방대가 현장에 도착할 때까지 사람을 구출하는 조치 또는 불을 끄거나 불이 번지지 아니하도록 하는 조치를 하지 아니한 관계인 → 100만 원 이하의 벌금

정답 ②

16

특정소방대상물의 바닥면적이 다음과 같을 때 「소방시설 설치 및 관리에 관한 법률 시행령」에 따른 수용인원은 총 몇 명인가?(단, 바닥면적을 산정할 때에는 복도, 계단 및 화장실을 포함하지 않으며, 계산 결과 소수점 이하의 수는 반올림한다.)

- 관람석이 없는 강당 1개, 바닥면적 460 m²
- 강의실 10개, 각 바닥면적 57 m²
- 휴게실 1개, 바닥면적 38 m²

① 380
② 400
③ 420
④ 440

[해설]
- 강당 용도로 사용하는 바닥면적의 합계를 4.6㎡로 나누어 얻은 수 → $\frac{460}{4.6}=100$명
- 강의실 용도로 사용하는 바닥면적의 합계를 1.9㎡로 나누어 얻은 수 → $\frac{57}{1.9}=30$ → 30×10개 = 300명
- 휴게실 용도로 사용하는 바닥면적의 합계를 1.9㎡로 나누어 얻은 수 → $\frac{38}{1.9}=20$명

∴ 100명 + 300명 + 20명 = 420명

정답 ③

17

「소방시설 설치 및 관리에 관한 법률 시행령」상 건축물 등의 신축·증축·개축·재축·이전·용도변경 또는 대수선의 허가·협의 및 사용승인을 할 때 미리 소방본부장 또는 소방서장의 동의를 받아야 하는 건축물 등의 범위로 옳지 않은 것은?

① 연면적 100제곱미터 이상인 특정소방대상물 중 노유자(老幼者) 시설 및 수련시설
② 「학교시설사업 촉진법」에 따라 건축등을 하려는 연면적 100제곱미터 이상의 학교시설
③ 지하층 또는 무창층이 있는 건축물로서 바닥면적이 150제곱미터(공연장의 경우에는 100제곱미터) 이상인 층이 있는 것
④ 차고·주차장 또는 주차 용도로 사용되는 시설로서 차고·주차장으로 사용되는 바닥면적이 200제곱미터 이상인 층이 있는 건축물이나 주차시설

[해설] 건축허가등의 동의대상물의 범위
1. 연면적이 400제곱미터 이상인 건축물이나 시설. 다만, 다음 각 목의 어느 하나에 해당하는 건축물이나 시설은 해당 목에서 정한 기준 이상인 건축물이나 시설로 한다.
   가. 건축 등을 하려는 학교시설 : 100제곱미터
   나. 노유자시설 및 수련시설 : 200제곱미터
   다. 정신의료기관(입원실이 없는 정신건강의학과 의원은 제외) : 300제곱미터
   라. 장애인 의료재활시설 : 300제곱미터
2. 지하층 또는 무창층이 있는 건축물로서 바닥면적이 150제곱미터(공연장의 경우에는 100제곱미터) 이상인 층이 있는 것
3. 차고·주차장 또는 주차 용도로 사용되는 시설로서 다음 각 목의 어느 하나에 해당하는 것
   가. 차고·주차장으로 사용되는 바닥면적이 200제곱미터 이상인 층이 있는 건축물이나 주차시설
   나. 승강기 등 기계장치에 의한 주차시설로서 자동차 20대 이상을 주차할 수 있는 시설

정답 ①

18

「위험물안전관리법 시행규칙」상 제조소의 위치·구조 및 설비의 기준에 근거하여 취급하는 위험물의 최대수량이 지정수량의 20배인 경우, 제조소 주위에 보유하여야 하는 공지의 너비는?

① 2 m 이상
② 3 m 이상
③ 4 m 이상
④ 5 m 이상

[해설] 제조소 주위에 보유하여야 하는 공지의 너비(시행규칙 별표 4)

취급하는 위험물의 최대수량	공지의 너비
지정수량의 10배 이하	3m 이상
지정수량의 10배 초과	5m 이상

[정답] ④

19

「소방시설 설치 및 관리에 관한 법률」상 중앙소방기술심의위원회의 심의사항으로 옳지 않은 것은?

① 화재안전기준에 관한 사항
② 소방시설에 하자가 있는지의 판단에 관한 사항
③ 소방시설의 설계 및 공사감리의 방법에 관한 사항
④ 소방시설의 구조 및 원리 등에서 공법이 특수한 설계 및 시공에 관한 사항

[해설] 중앙소방기술심의위원회의 심의사항
1. 화재안전기준에 관한 사항
2. 소방시설의 구조 및 원리 등에서 공법이 특수한 설계 및 시공에 관한 사항
3. 소방시설의 설계 및 공사감리의 방법에 관한 사항
4. 소방시설공사의 하자를 판단하는 기준에 관한 사항
5. 제8조제5항 단서에 따라 신기술·신공법 등 검토·평가에 고도의 기술이 필요한 경우로서 중앙위원회에 심의를 요청한 사항
6. 그 밖에 소방기술 등에 관하여 대통령령으로 정하는 사항

- 연면적 10만제곱미터 이상의 특정소방대상물에 설치된 소방시설의 설계·시공·감리의 하자 유무에 관한 사항
- 새로운 소방시설과 소방용품 등의 도입 여부에 관한 사항
- 그 밖에 소방기술과 관련하여 소방청장이 소방기술심의위원회의 심의에 부치는 사항

[정답] ②

20

「소방시설 설치 및 관리에 관한 법률 시행령」상 전문소방시설관리업의 보조 기술인력 등록기준으로 옳은 것은?

① 특급점검자 이상의 기술인력 : 2명 이상
② 중급·고급점검자 이상의 기술인력 : 각 1명 이상
③ 초급·중급점검자 이상의 기술인력 : 각 1명 이상
④ 초급·중급·고급점검자 이상의 기술인력 : 각 2명 이상

[해설] 소방시설관리업의 업종별 등록기준

전문 소방시설 관리업	가. 주된 기술인력 　1) 소방시설관리사 자격을 취득한 후 소방 관련 실무경력이 5년 이상인 사람 1명 이상 　2) 소방시설관리사 자격을 취득한 후 소방 관련 실무경력이 3년 이상인 사람 1명 이상 나. 보조 기술인력 　1) 고급점검자 이상의 기술인력 : 2명 이상 　2) 중급점검자 이상의 기술인력 : 2명 이상 　3) 초급점검자 이상의 기술인력 : 2명 이상
일반 소방시설 관리업	가. 주된 기술인력 : 소방시설관리사 자격을 취득한 후 소방 관련 실무경력이 1년 이상인 사람 1명 이상 나. 보조 기술인력 　1) 중급점검자 이상의 기술인력 : 1명 이상 　2) 초급점검자 이상의 기술인력 : 1명 이상

정답 ④

21

「소방시설 설치 및 관리에 관한 법률 시행규칙」상 행정처분 시 감경사유로 옳지 않은 것은?

① 경미한 위반사항으로, 유도등이 일시적으로 점등되지 않는 경우
② 경미한 위반사항으로, 스프링클러설비 헤드가 살수반경에 미치지 못하는 경우
③ 위반행위가 사소한 부주의나 오류가 아닌 고의에 의한 것으로 인정되는 경우
④ 위반 행위자가 처음 해당 위반행위를 한 경우로서 5년 이상 소방시설관리사의 업무, 소방시설관리업 등을 모범적으로 해 온 사실이 인정되는 경우

[해설] 행정처분 시 감경 사유
　가) 위반행위가 사소한 부주의나 오류 등 과실로 인한 것으로 인정되는 경우
　나) 위반의 내용·정도가 경미하여 관계인에게 미치는 피해가 적다고 인정되는 경우
　다) 위반 행위자가 처음 해당 위반행위를 한 경우로서 5년 이상 소방시설관리사의 업무, 소방시설관리업 등을 모범적으로 해 온 사실이 인정되는 경우
　라) 그 밖에 다음의 경미한 위반사항에 해당되는 경우
　　(1) 스프링클러설비 헤드가 살수반경에 미치지 못하는 경우
　　(2) 자동화재탐지설비 감지기 2개 이하가 설치되지 않은 경우
　　(3) 유도등이 일시적으로 점등되지 않는 경우
　　(4) 유도표지가 정해진 위치에 붙어 있지 않은 경우

정답 ③

22

「위험물안전관리법 시행규칙」상 위험물의 운반에 관한 기준 중 적재방법에 대한 내용으로 옳지 않은 것은? (다만, 덩어리 상태의 유황을 운반하기 위하여 적재하는 경우 또는 위험물을 동일구내에 있는 제조소등의 상호간에 운반하기 위하여 적재하는 경우는 제외한다.)

① 하나의 외장용기에는 다른 종류의 위험물을 수납하지 아니할 것
② 고체 위험물은 운반용기 내용적의 95 % 이하의 수납율로 수납할 것
③ 액체 위험물은 운반용기 내용적의 98 % 이하의 수납율로 수납하되, 55 ℃의 온도에서 누설되지 아니하도록 충분한 공간용적을 유지하도록 할 것
④ 자연발화물질 중 알킬알루미늄등은 운반용기 내용적의 95 % 이하의 수납율로 수납하되, 55 ℃의 온도에서 10 % 이상의 공간용적을 유지하도록 할 것

[해설] 자연발화성물질 중 알킬알루미늄등은 운반용기의 내용적의 90 % 이하의 수납율로 수납하되, 50 ℃의 온도에서 5 % 이상의 공간용적을 유지하도록 하여야 한다.

[정답] ④

23

「위험물안전관리법 시행규칙」상 제조소등에서의 위험물의 저장 및 취급에 관한 기준 중 위험물의 유별 저장·취급의 공통기준으로 옳은 것은?

① 제1류 위험물은 가연물과의 접촉·혼합이나 분해를 촉진하는 물품과의 접근 또는 과열·충격·마찰 등을 피하는 한편, 알카리금속의 과산화물 및 이를 함유한 것에 있어서는 물과의 접촉을 피하여야 한다.
② 제2류 위험물 중 자연발화성물질에 있어서는 불티·불꽃 또는 고온체와의 접근·과열 또는 공기와의 접촉을 피하고, 금수성물질에 있어서는 물과의 접촉을 피하여야 한다.
③ 제3류 위험물은 산화제와의 접촉·혼합이나 불티·불꽃·고온체와의 접근 또는 과열을 피하는 한편, 철분·금속분·마그네슘 및 이를 함유한 것에 있어서는 물이나 산과의 접촉을 피하고 인화성 고체에 있어서는 함부로 증기를 발생시키지 아니하여야 한다.
④ 제4류 위험물은 가연물과의 접촉·혼합이나 분해를 촉진하는 물품과의 접근 또는 과열을 피하여야 한다.

[해설] 위험물의 유별 저장·취급의 공통기준
1. 제1류 위험물은 가연물과의 접촉·혼합이나 분해를 촉진하는 물품과의 접근 또는 과열·충격·마찰 등을 피하는 한편, 알카리금속의 과산화물 및 이를 함유한 것에 있어서는 물과의 접촉을 피하여야 한다.
2. 제2류 위험물은 산화제와의 접촉·혼합이나 불티·불꽃·고온체와의 접근 또는 과열을 피하는 한편, 철분·금속분·마그네슘 및 이를 함유한 것에 있어서는 물이나 산과의 접촉을 피하고 인화성 고체에 있어서는 함부로 증기를 발생시키지 아니하여야 한다.
3. 제3류 위험물 중 자연발화성물질에 있어서는 불티·불꽃 또는 고온체와의 접근·과열 또는 공기와의 접촉을 피하고, 금수성물질에 있어서는 물과의 접촉을 피하여야 한다.
4. 제4류 위험물은 불티·불꽃·고온체와의 접근 또는 과열을 피하고, 함부로 증기를 발생시키지 아니하여야 한다.
5. 제5류 위험물은 불티·불꽃·고온체와의 접근이나 과열·충격 또는 마찰을 피 하여야 한다.
6. 제6류 위험물은 가연물과의 접촉·혼합이나 분해를 촉진하는 물품과의 접근 또는 과열을 피하여야 한다.

[정답] ①

24

「위험물안전관리법 시행규칙」상 화학소방자동차에 갖추어야 하는 소화능력 또는 설비의 기준으로 옳은 것은?

① 포수용액 방사차 : 포수용액의 방사능력이 매분 1,000 L 이상일 것
② 분말 방사차 : 1,000 kg 이상의 분말을 비치할 것
③ 할로겐화합물 방사차 : 할로겐화합물의 방사능력이 매초 40 kg 이상일 것
④ 이산화탄소 방사차 : 1,000 kg 이상의 이산화탄소를 비치할 것

[해설] 화학소방자동차에 갖추어야 하는 소화능력 또는 설비의 기준(시행규칙 별표 23)

구분	소화능력 및 설비의 기준
포수용액 방사차	포수용액의 방사능력이 매분 2,000ℓ 이상일 것
	소화약액탱크 및 소화약액혼합장치를 비치할 것
	10만ℓ 이상의 포수용액을 방사할 수 있는 양의 소화약제를 비치할 것
분말 방사차	분말의 방사능력이 매초 35kg 이상일 것
	분말탱크 및 가압용가스설비를 비치할 것
	1,400kg 이상의 분말을 비치할 것
할로겐화합물 방사차	할로겐화합물의 방사능력이 매초 40kg 이상일 것
	할로겐화합물탱크 및 가압용가스설비를 비치할 것
	1,000kg 이상의 할로겐화합물을 비치할 것
이산화탄소 방사차	이산화탄소의 방사능력이 매초 40kg 이상일 것
	이산화탄소저장용기를 비치할 것
	3,000kg 이상의 이산화탄소를 비치할 것
제독차	가성소오다 및 규조토를 각각 50kg 이상 비치할 것

[정답] ③

25
「위험물안전관리법」 및 같은 법 시행령상 관계인이 예방규정을 정하여야 하는 제조소등에 해당하지 않는 것은?

① 4,000 L의 알코올류를 취급하는 제조소
② 30,000 kg의 유황을 저장하는 옥외저장소
③ 2,500 kg의 질산에스테르류를 저장하는 옥내저장소
④ 150,000 L의 경유를 저장하는 옥외탱크저장소

[해설] 관계인이 예방규정을 정하여야 하는 제조소등
1. 지정수량의 10배 이상의 위험물을 취급하는 제조소
2. 지정수량의 100배 이상의 위험물을 저장하는 옥외저장소
3. 지정수량의 150배 이상의 위험물을 저장하는 옥내저장소
4. 지정수량의 200배 이상의 위험물을 저장하는 옥외탱크저장소
5. 암반탱크저장소
6. 이송취급소
7. 지정수량의 10배 이상의 위험물을 취급하는 일반취급소. 다만, 제4류 위험물(특수인화물을 제외한다)만을 지정수량의 50배 이하로 취급하는 일반취급소(제1석유류·알코올류의 취급량이 지정수량의 10배 이하인 경우에 한한다)로서 다음 각목의 어느 하나에 해당하는 것을 제외한다.
  가. 보일러·버너 또는 이와 비슷한 것으로서 위험물을 소비하는 장치로 이루어진 일반취급소
  나. 위험물을 용기에 옮겨 담거나 차량에 고정된 탱크에 주입하는 일반취급소

> ① 4,000 L의 알코올류를 취급하는 제조소 → 지정수량의 10배($\frac{4,000 L}{400 L}$)인 알코올류를 취급하는 제조소
> ② 30,000 kg의 유황을 저장하는 옥외저장소 → 지정수량의 300배($\frac{30,000 kg}{100 kg}$)인 유황을 저장하는 옥외저장소
> ③ 2,500 kg의 질산에스테르류를 저장하는 옥내저장소 → 지정수량의 250배($\frac{2,500 kg}{10 kg}$)인 질산에스테르류를 저장하는 옥내저장소
> ④ 150,000 L의 경유를 저장하는 옥외탱크저장소 → 지정수량의 150배($\frac{150,000 L}{1,000 L}$)인 경유를 저장하는 옥외탱크저장소

[정답] ④

소방공무원 경력경쟁 채용시험 (2023년 3월 18일 시행)

01

「소방기본법」상 벌칙 중 벌금의 상한이 나머지 셋과 다른 것은?

① 정당한 사유 없이 소방대의 생활안전활동을 방해한 자
② 화재진압 및 구조·구급 활동을 위하여 출동하는 소방자동차의 출동을 방해한 사람
③ 정당한 사유 없이 화재진압 등 소방활동을 위하여 필요할 때 물의 사용이나 수도의 개폐장치의 사용 또는 조작을 하지 못하게 하거나 방해한 자
④ 정당한 사유 없이 소방대가 현장에 도착할 때까지 사람을 구출하는 조치 또는 불을 끄거나 불이 번지지 아니하도록 하는 조치를 하지 아니한 관계인

[해설] ① 정당한 사유 없이 소방대의 생활안전활동을 방해한 자 → 100만 원 이하의 벌금
② 화재진압 및 구조·구급 활동을 위하여 출동하는 소방자동차의 출동을 방해한 사람 → 5년 이하의 징역 또는 5천만 원 이하의 벌금
③ 정당한 사유 없이 화재진압 등 소방활동을 위하여 필요할 때 물의 사용이나 수도의 개폐장치의 사용 또는 조작을 하지 못하게 하거나 방해한 자 → 100만 원 이하의 벌금
④ 정당한 사유 없이 소방대가 현장에 도착할 때까지 사람을 구출하는 조치 또는 불을 끄거나 불이 번지지 아니하도록 하는 조치를 하지 아니한 관계인 → 100만 원 이하의 벌금

정답 ②

02

「소방의 화재조사에 관한 법률」상 화재의 정의에 관한 설명으로 옳지 않은 것은?

① 사람의 의도에 반하여 발생하거나 확대된 물리적 폭발현상
② 고의에 의하여 발생한 연소 현상으로서 소화할 필요가 있는 현상
③ 과실에 의하여 발생한 연소 현상으로서 소화할 필요가 있는 현상
④ 사람의 의도에 반하여 발생한 연소 현상으로서 소화할 필요가 있는 현상

[해설] "화재"란 사람의 의도에 반하거나 고의 또는 과실에 의하여 발생하는 연소 현상으로서 소화할 필요가 있는 현상 또는 사람의 의도에 반하여 발생하거나 확대된 화학적 폭발현상을 말한다.(제2조)

정답 ①

03
「소방기본법 시행규칙」상 국고보조의 대상이 되는 소방활동장비의 종류와 규격으로 옳지 않은 것은?

① 구조정 : 90마력 이상
② 배연차(중형) : 170마력 이상
③ 구급차(특수) : 90마력 이상
④ 소방헬리콥터 : 5~17인승

[해설] 국고보조의 대상이 되는 소방활동장비의 종류와 규격

구분	종류			규격
소방 활동 장비	소방 자동차	펌프차	대형	240마력 이상
			중형	170마력 이상 240마력 미만
			소형	120마력 이상 170마력 미만
		물탱크 소방차	대형	240마력 이상
			중형	170마력 이상 240마력 미만
		화학 소방차	비활성가스를 이용한 소방차	
			고성능	340마력 이상
			내폭	340마력 이상
			일반 대형	240마력 이상
			일반 중형	170마력 이상 240마력 미만
		사다리 소방차	고가(사다리의 길이가 33m 이상인 것에 한한다)	330마력 이상
			굴절 27m 이상급	330마력 이상
			굴절 18m 이상 27m 미만급	240마력 이상
		조명차	중형	170마력
		배연차	중형	170마력 이상
		구조차	대형	240마력 이상
			중형	170마력 이상 240마력 미만
		구급차	특수	90마력 이상
			일반	85마력 이상 90마력 미만
	소방정		소방정	100톤 이상급, 50톤급
			구조정	30톤급
	소방헬리콥터			5~17인승

정답 ①

04

「소방기본법 시행규칙」상 소방용수시설 및 지리조사에 관한 내용으로 옳지 않은 것은?

① 소방본부장 또는 소방서장은 원활한 소방활동을 위하여 소방용수시설 및 지리조사를 월 1회 이상 실시하여야 한다.
② 지리조사는 소방대상물에 인접한 도로의 폭·교통상황, 도로주변의 토지의 고저·건축물의 개황을 제외한 소방활동에 필요한 사항이다.
③ 조사결과는 전자적 처리가 불가능한 특별한 사유가 없으면 전자적 처리가 가능한 방법으로 작성·관리하여야 한다.
④ 소방용수시설 및 지리조사는 소방용수조사부 및 지리조사부 서식에 의하되, 그 조사결과를 2년간 보관하여야 한다.

[해설] 지리조사는 소방대상물에 인접한 도로의 폭·교통상황, 도로주변의 토지의 고저·건축물의 개황 그 밖의 소방활동에 필요한 사항이다.(시행규칙 제7조)

정답 ②

05

「소방기본법 시행령」상 소방자동차 전용구역의 설치 방법에 한 내용이다. ( ) 안에 들어갈 내용으로 옳은 것은?

- 전용구역 노면표지의 외곽선은 빗금무늬로 표시하되, 빗금은 두께를 (ㄱ)센티미터로 하여 (ㄴ)센티미터 간격으로 표시한다.
- 전용구역 노면표지 도료의 색채는 (ㄷ)을 기본으로 하되, 문자(P, 소방차 전용)는 백색으로 표시한다.

① ㄱ : 20, ㄴ : 40, ㄷ : 황색　　② ㄱ : 20, ㄴ : 40, ㄷ : 적색
③ ㄱ : 30, ㄴ : 50, ㄷ : 황색　　④ ㄱ : 30, ㄴ : 50, ㄷ : 적색

[해설] 전용구역의 설치 방법(시행령 별표 2의5)
 1. 전용구역 노면표지의 외곽선은 빗금무늬로 표시하되, 빗금은 두께를 30센티미터로 하여 50센티미터 간격으로 표시한다.
 2. 전용구역 노면표지 도료의 색채는 황색을 기본으로 하되, 문자(P, 소방차 전용)는 백색으로 표시한다.

정답 ③

06

「소방기본법 시행규칙」상 지하에 설치하는 소화전 또는 저수조의 경우 소방용수표지는 다음 기준에 따라 설치하여야 한다. ( ) 안에 들어갈 내용으로 옳은 것은?

> • 맨홀 뚜껑은 지름 (ㄱ)밀리미터 이상의 것으로 할 것. 다만, 승하강식 소화전의 경우에는 이를 적용하지 않는다.
> • 맨홀 뚜껑 부근에는 (ㄴ) 반사도료로 폭 (ㄷ)센티미터의 선을 그 둘레를 따라 칠할 것

① ㄱ : 648, ㄴ : 노란색, ㄷ : 15
② ㄱ : 678, ㄴ : 붉은색, ㄷ : 15
③ ㄱ : 648, ㄴ : 붉은색, ㄷ : 25
④ ㄱ : 678, ㄴ : 노란색, ㄷ : 25

[해설] 소방용수표지의 설치기준(지하에 설치하는 소화전 또는 저수조의 경우)
　가. 맨홀 뚜껑은 지름 648밀리미터 이상의 것으로 할 것. 다만, 승하강식 소화전의 경우에는 이를 적용하지 않는다.
　나. 맨홀 뚜껑에는 "소화전·주정차금지" 또는 "저수조·주정차금지"의 표시를 할 것
　다. 맨홀뚜껑 부근에는 노란색 반사도료로 폭 15센티미터의 선을 그 둘레를 따라 칠할 것

정답 ①

07

「소방기본법 시행령」상 소방자동차 전용구역 방해행위의 기준에 관한 내용으로 옳지 않은 것은?

① 전용구역의 앞면, 뒷면 또는 양 측면에 물건 등을 쌓거나 주차하는 행위
②「주차장법」제19조에 따른 부설주차장의 주차구획 내에 주차하는 행위
③ 전용구역 진입로에 물건 등을 쌓거나 주차하여 전용구역으로의 진입을 가로막는 행위
④ 전용구역 노면표지를 지우거나 훼손하는 행위

[해설] 소방자동차 전용구역 방해행위의 기준(시행령 제7조의14)
　1. 전용구역에 물건 등을 쌓거나 주차하는 행위
　2. 전용구역의 앞면, 뒷면 또는 양 측면에 물건 등을 쌓거나 주차하는 행위. 다만, 주차장법 제19조에 따른 부설주차장의 주차구획 내에 주차하는 경우는 제외한다.
　3. 전용구역 진입로에 물건 등을 쌓거나 주차하여 전용구역으로의 진입을 가로막는 행위
　4. 전용구역 노면표지를 지우거나 훼손하는 행위
　5. 그 밖의 방법으로 소방자동차가 전용구역에 주차하는 것을 방해하거나 전용구역으로 진입하는 것을 방해하는 행위

정답 ②

08
「소방의 화재조사에 관한 법률」 및 같은 법 시행규칙상 화재조사전담부서에서 갖추어야 할 장비와 시설 중 감식기기(16종)에 해당하지 않는 것은?

① 금속현미경
② 절연저항계
③ 내시경현미경
④ 휴대용디지털현미경

[해설] 전담부서에 갖추어야 할 장비와 시설(시행규칙 별표)

구분	기자재명 및 시설규모
발굴용구 (8종)	공구세트, 전동 드릴, 전동 그라인더(절삭·연마기), 전동 드라이버, 이동용 진공청소기, 휴대용 열풍기, 에어컴프레서(공기압축기), 전동 절단기
기록용 기기 (13종)	디지털카메라(DSLR)세트, 비디오카메라세트, TV, 적외선거리측정기, 디지털 온도·습도측정시스템, 디지털풍향풍속기록계, 정밀저울, 버니어캘리퍼스(아들자가 달려 두께나 지름을 재는 기구), 웨어러블캠, 3D스캐너, 3D카메라(AR), 3D캐드시스템, 드론
감식기기 (16종)	절연저항계, 멀티테스터기, 클램프미터, 정전기측정장치, 누설전류계, 검전기, 복합가스측정기, 가스(유증)검지기, 확대경, 산업용실체현미경, 적외선열상카메라, 접지저항계, 휴대용디지털현미경, 디지털탄화심도계, 슈미트해머(콘크리트 반발 경도 측정기구), 내시경현미경

[정답] ①

09
「소방의 화재조사에 관한 법률」상 벌칙에 관한 내용이다. ( ) 안에 들어갈 내용으로 옳은 것은?

> 소방관서장은 화재조사를 위하여 필요한 경우에 관계인에게 보고 또는 자료 제출을 명하거나 화재조사관으로 하여금 해당 장소에 출입하여 화재조사를 하게 하거나 관계인등에게 질문하게 할 수 있다. 이에 따른 명령을 위반하여 보고 또는 자료 제출을 하지 아니하거나 거짓으로 보고 또는 자료를 제출한 사람은 (ㄱ)만원 이하의 (ㄴ)을/를 부과한다.

① ㄱ : 200, ㄴ : 벌금
② ㄱ : 200, ㄴ : 과태료
③ ㄱ : 300, ㄴ : 벌금
④ ㄱ : 300, ㄴ : 과태료

[해설] 소방관서장은 화재조사를 위하여 필요한 경우에 관계인에게 보고 또는 자료 제출을 명하거나 화재조사관으로 하여금 해당 장소에 출입하여 화재조사를 하게 하거나 관계인등에게 질문하게 할 수 있다. 이에 따른 명령을 위반하여 보고 또는 자료 제출을 하지 아니하거나 거짓으로 보고 또는 자료를 제출한 사람은 200만 원 이하의 과태료를 부과한다.(제23조)

[정답] ②

10
「소방의 화재조사에 관한 법률」에 관한 내용으로 옳지 않은 것은?

① 소방공무원과 경찰공무원은 화재조사에 필요한 증거물의 수집 및 보존에 관한 사항에 대하여 서로 협력하여야 한다.
② 소방관서장은 화재조사 결과의 공표 시 수사가 진행 중이거나 수사의 필요성이 인정되는 경우에는 관계 수사기관의 장과 공표 여부에 관하여 사전에 협의하여야 한다.
③ 화재조사를 하는 화재조사관은 관계인의 정당한 업무를 방해하거나 화재조사를 수행하면서 알게 된 비밀을 다른 용도로 사용하거나 다른 사람들에게 누설하여서는 아니 된다.
④ 소방청장, 소방본부장 또는 소방서장이 화재원인, 피해상황, 대응활동 등을 파악하기 위하여 자료의 수집, 감정 및 실험을 하는 행위는 화재조사에 포함되지 않는다.

[해설] "화재조사"란 소방청장, 소방본부장 또는 소방서장이 화재원인, 피해상황, 대응활동 등을 파악하기 위하여 자료의 수집, 관계인등에 대한 질문, 현장 확인, 감식, 감정 및 실험 등을 하는 일련의 행위를 말한다.(제2조)

정답 ④

11
「소방시설공사업법」상 소방기술 경력 등의 인정 등에 관한 내용으로 옳은 것은?

① 소방본부장, 소방서장은 소방기술의 효율적인 활용과 소방기술의 향상을 위하여 소방기술과 관련된 자격·학력 및 경력을 가진 사람을 소방기술자로 인정할 수 있다.
② 소방본부장, 소방서장은 소방기술과 관련된 자격·학력 및 경력을 인정받은 사람에게 소방기술 인정 자격수첩과 경력수첩을 발급할 수 있다.
③ 소방기술과 관련된 자격·학력 및 경력의 인정 범위와 자격수첩 및 경력수첩의 발급 절차 등에 관하여 필요한 사항은 대통령령으로 정한다.
④ 소방청장은 자격수첩 또는 경력수첩을 발급받은 사람이 거짓이나 그 밖의 부정한 방법으로 자격수첩 또는 경력수첩을 발급받은 경우에 그 자격을 취소하여야 한다.

[해설]
- 소방청장은 소방기술의 효율적인 활용과 소방기술의 향상을 위하여 소방기술과 관련된 자격·학력 및 경력을 가진 사람을 소방기술자로 인정할 수 있다.
- 소방청장은 소방기술과 관련된 자격·학력 및 경력을 인정받은 사람에게 소방기술 인정 자격수첩과 경력수첩을 발급할 수 있다.
- 소방기술과 관련된 자격·학력 및 경력의 인정 범위와 자격수첩 및 경력수첩의 발급 절차 등에 관하여 필요한 사항은 행정안전부령으로 정한다.

정답 ④

12
「소방시설공사업법 시행규칙」상 감리업자가 소방공사의 감리를 마쳤을 때 소방공사 감리 결과보고(통보)서에 첨부하는 서류가 아닌 것은?

① 착공신고 후 변경된 건축설계도면 1부
② 소방청장이 정하여 고시하는 소방시설 성능시험조사표 1부
③ 소방공사 감리일지(소방본부장 또는 소방서장에게 보고하는 경우에만 첨부) 1부
④ 특정소방대상물의 사용승인 신청서 등 사용승인 신청을 증빙할 수 있는 서류 1부

[해설] 소방공사감리 결과보고(통보)서에 첨부하는 서류
1. 소방청장이 정하여 고시하는 소방시설 성능시험조사표 1부
2. 착공신고 후 변경된 소방시설설계도면(변경사항이 있는 경우에만 첨부하되, 법 제11조에 따른 설계업자가 설계한 도면만 해당된다) 1부
3. 별지 제13호서식의 소방공사 감리일지(소방본부장 또는 소방서장에게 보고하는 경우에만 첨부한다) 1부
4. 특정소방대상물의 사용승인 신청서 등 사용승인 신청을 증빙할 수 있는 서류 1부

[정답] ①

13
「소방시설공사업법 시행령」상 하자보수 대상 소방시설과 하자보수 보증기간으로 옳지 않은 것은?

① 피난기구, 유도등, 유도표지 : 2년
② 비상경보설비, 비상조명등, 비상방송설비 및 무선통신보조설비 : 2년
③ 옥내소화전설비, 스프링클러설비, 간이스프링클러설비, 자동화재탐지설비 : 3년
④ 상수도소화용수설비 및 소화활동설비(무선통신보조설비는 제외한다) : 4년

[해설] 하자보수 대상 소방시설과 하자보수 보증기간(시행령 제6조)
1. 피난기구, 유도등, 유도표지, 비상경보설비, 비상조명등, 비상방송설비 및 무선통신보조설비 : 2년
2. 자동소화장치, 옥내소화전설비, 스프링클러설비, 간이스프링클러설비, 물분무등소화설비, 옥외소화전설비, 자동화재탐지설비, 상수도소화용수설비 및 소화활동설비(무선통신보조설비는 제외한다) : 3년

[정답] ④

14

「소방시설공사업법 시행령」상 상주 공사감리 대상을 설명한 것이다. (   ) 안에 들어갈 내용으로 옳은 것은?

> • 연면적 (ㄱ) 이상의 특정소방대상물(아파트는 제외한다)에 대한 소방시설의 공사
> • 지하층을 포함한 층수가 (ㄴ) 이상인 아파트에 대한 소방시설의 공사

① ㄱ : 3만제곱미터, ㄴ : 16층 이상으로서 300세대
② ㄱ : 3만제곱미터, ㄴ : 16층 이상으로서 500세대
③ ㄱ : 5만제곱미터, ㄴ : 16층 이상으로서 300세대
④ ㄱ : 5만제곱미터, ㄴ : 16층 이상으로서 500세대

[해설] 상주 공사감리 대상
1. 연면적 3만제곱미터 이상의 특정소방대상물(아파트는 제외한다)에 대한 소방시설의 공사
2. 지하층을 포함한 층수가 16층 이상으로서 500세대 이상인 아파트에 대한 소방시설의 공사

정답 ②

15

「소방시설공사업법 시행규칙」상 소방기술자 양성·인정 교육훈련기관의 지정 요건으로 옳지 않은 것은?

① 교육과목별 교재 및 강사 매뉴얼을 갖출 것
② 소방기술자 양성·인정 교육훈련을 실시할 수 있는 전담인력을 6명 이상 갖출 것
③ 전국 2개 이상의 시·도에 이론교육과 실습교육이 가능한 교육·훈련장을 갖출 것
④ 교육훈련의 신청·수료, 성과측정, 경력관리 등에 필요한 교육훈련 관리시스템을 구축·운영할 것

[해설] 소방기술자 양성·인정 교육훈련기관이 지정 요건(시행규칙 제25조의2)
1. 전국 4개 이상의 시·도에 이론교육과 실습교육이 가능한 교육·훈련장을 갖출 것
2. 소방기술자 양성·인정 교육훈련을 실시할 수 있는 전담인력을 6명 이상 갖출 것
3. 교육과목별 교재 및 강사 매뉴얼을 갖출 것
4. 교육훈련의 신청·수료, 성과측정, 경력관리 등에 필요한 교육훈련 관리시스템을 구축·운영할 것

정답 ③

16

「소방시설공사업법 시행령」상 소방시설공사 분리 도급의 예외에 해당하는 것만을 〈보기〉에서 고른 것은?

> ㄱ. 「재난 및 안전관리 기본법」에 따른 재난의 발생으로 긴급하게 착공해야 하는 공사인 경우
> ㄴ. 국방 및 국가안보 등과 관련하여 기밀을 유지해야 하는 공사인 경우
> ㄷ. 연면적이 3천제곱미터 이하인 특정소방대상물에 비상경보설비를 설치하는 공사인 경우
> ㄹ. 「국가를 당사자로 하는 계약에 관한 법률 시행령」 및 「지방자치단체를 당사자로 하는 계약에 관한 법률 시행령」에 따른 원안입찰 또는 일부입찰
> ㅁ. 「국가를 당사자로 하는 계약에 관한 법률 시행령」 및 「지방자치단체를 당사자로 하는 계약에 관한 법률 시행령」에 따른 실시설계 기술제안입찰 또는 기본설계 기술제안입찰
> ㅂ. 문화재수리 및 재개발·재건축 등의 공사로서 공사의 성질상 분리하여 도급하는 것이 곤란하다고 시·도지사가 인정하는 경우

① ㄱ, ㄴ, ㄷ
② ㄱ, ㄴ, ㅁ
③ ㄴ, ㄷ, ㅁ
④ ㄹ, ㅁ, ㅂ

[해설] 소방시설공사 분리 도급의 예외
1. 「재난 및 안전관리 기본법」 제3조제1호에 따른 재난의 발생으로 긴급하게 착공해야 하는 공사인 경우
2. 국방 및 국가안보 등과 관련하여 기밀을 유지해야 하는 공사인 경우
3. 제4조 각 호에 따른 소방시설공사에 해당하지 않는 공사인 경우
4. 연면적이 1천제곱미터 이하인 특정소방대상물에 비상경보설비를 설치하는 공사인 경우
5. 다음 각 목의 어느 하나에 해당하는 입찰로 시행되는 공사인 경우
   가. 「국가를 당사자로 하는 계약에 관한 법률 시행령」 제79조제1항제4호 또는 제5호 및 「지방자치단체를 당사자로 하는 계약에 관한 법률 시행령」 제95조제4호 또는 제5호에 따른 대안입찰 또는 일괄입찰
   나. 「국가를 당사자로 하는 계약에 관한 법률 시행령」 제98조제2호 또는 제3호 및 「지방자치단체를 당사자로 하는 계약에 관한 법률 시행령」 제127조제2호 또는 제3호에 따른 실시설계 기술제안입찰 또는 기본설계 기술제안입찰
6. 그 밖에 문화재수리 및 재개발·재건축 등의 공사로서 공사의 성질상 분리하여 도급하는 것이 곤란하다고 소방청장이 인정하는 경우

정답 ②

17

「소방시설공사업법 시행령」상 소방기술자의 배치기준을 설명한 것으로 옳지 않은 것은?

① 연면적 20만제곱미터 이상인 특정소방대상물의 공사 현장에는 행정안전부령으로 정하는 특급기술자인 소방기술자(기계분야 및 전기분야)를 배치하여야 한다.
② 지하층을 포함한 층수가 16층 이상 40층 미만인 특정소방대상물의 공사 현장에는 행정안전부령으로 정하는 고급기술자 이상의 소방기술자(기계분야 및 전기분야)를 배치하여야 한다.
③ 연면적 5천제곱미터 이상 3만제곱미터 미만인 특정소방대상물(아파트는 제외)의 공사 현장에는 행정안전부령으로 정하는 중급기술자 이상의 소방기술자(기계분야 및 전기분야)를 배치하여야 한다.
④ 물분무등소화설비(호스릴 방식의 소화설비는 제외) 또는 제연설비가 설치되는 특정소방대상물의 공사 현장에는 행정안전부령으로 정하는 초급기술자 이상의 소방기술자(기계분야 및 전기분야)를 배치하여야 한다.

[해설] 소방기술자의 배치기준

소방기술자의 배치기준	소방시설공사 현장의 기준
가. 행정안전부령으로 정하는 특급기술자인 소방기술자(기계분야 및 전기분야)	1) 연면적 20만제곱미터 이상인 특정소방대상물의 공사 현장 2) 지하층을 포함한 층수가 40층 이상인 특정소방대상물의 공사 현장
나. 행정안전부령으로 정하는 고급기술자 이상의 소방기술자(기계분야 및 전기분야)	1) 연면적 3만제곱미터 이상 20만제곱미터 미만인 특정소방대상물(아파트는 제외한다)의 공사 현장 2) 지하층을 포함한 층수가 16층 이상 40층 미만인 특정소방대상물의 공사 현장
다. 행정안전부령으로 정하는 중급기술자 이상의 소방기술자(기계분야 및 전기분야)	1) 물분무등소화설비(호스릴 방식의 소화설비는 제외한다) 또는 제연설비가 설치되는 특정소방대상물의 공사 현장 2) 연면적 5천제곱미터 이상 3만제곱미터 미만인 특정소방대상물(아파트는 제외한다)의 공사 현장 3) 연면적 1만제곱미터 이상 20만제곱미터 미만인 아파트의 공사 현장
라. 행정안전부령으로 정하는 초급기술자 이상의 소방기술자(기계분야 및 전기분야)	1) 연면적 1천제곱미터 이상 5천제곱미터 미만인 특정소방대상물(아파트는 제외한다)의 공사 현장 2) 연면적 1천제곱미터 이상 1만제곱미터 미만인 아파트의 공사 현장 3) 지하구(地下溝)의 공사 현장
마. 법 제28조제2항에 따라 자격수첩을 발급받은 소방기술자	연면적 1천제곱미터 미만인 특정소방대상물의 공사 현장

정답 ④

18
「화재의 예방 및 안전관리에 관한 법률」상 건설현장 소방안전관리대상물의 소방안전관리자의 업무에 관한 내용으로 옳지 않은 것은?

① 건설현장의 소방계획서의 작성
② 화기취급의 감독, 화재위험작업의 허가 및 관리
③ 공사진행 단계별 피난안전구역, 피난로 등의 확보와 관리
④ 건설현장 작업자를 제외한 책임자에 대한 소방안전 교육 및 훈련

[해설] 건설현장 소방안전관리대상물의 소방안전관리자의 업무
1. 건설현장의 소방계획서의 작성
2. 「소방시설 설치 및 관리에 관한 법률」 제15조제1항에 따른 임시소방시설의 설치 및 관리에 대한 감독
3. 공사진행 단계별 피난안전구역, 피난로 등의 확보와 관리
4. 건설현장의 작업자에 대한 소방안전 교육 및 훈련
5. 초기대응체계의 구성·운영 및 교육
6. 화기취급의 감독, 화재위험작업의 허가 및 관리
7. 그 밖에 건설현장의 소방안전관리와 관련하여 소방청장이 고시하는 업무

정답 ④

19
「화재의 예방 및 안전관리에 관한 법률 시행령」상 불을 사용하는 설비의 관리기준 등에 관한 내용으로 옳지 않은 것은?

① 보일러 : 가연성 벽·바닥 또는 천장과 접촉하는 증기기관 또는 연통의 부분은 규조토 등 난연성 또는 불연성 단열재로 덮어씌워야 한다.
② 난로 : 가연성 벽·바닥 또는 천장과 접촉하는 연통의 부분은 규조토 등 난연성 또는 불연성 단열재로 덮어씌워야 한다.
③ 건조설비 : 실내에 설치하는 경우에 벽·천장 및 바닥은 준불연재료로 해야 한다.
④ 노·화덕설비 : 노 또는 화덕을 설치하는 장소의 벽·천장은 불연재료로 된 것이어야 한다.

[해설] 건조설비(시행령 별표 1)
가. 건조설비와 벽·천장 사이의 거리는 0.5미터 이상이어야 한다.
나. 건조물품이 열원과 직접 접촉하지 않도록 해야 한다.
다. 실내에 설치하는 경우에 벽·천장 및 바닥은 불연재료로 해야 한다.

정답 ③

20

「화재의 예방 및 안전관리에 관한 법률 시행령」상 특수가연물의 저장 및 취급 기준에서 특수가연물 표지에 관한 내용으로 옳지 않은 것은?

① 특수가연물 표지 중 화기엄금 표시 부분의 바탕은 붉은색으로, 문자는 백색으로 할 것
② 특수가연물 표지는 한 변의 길이가 0.3미터 이상, 다른 한 변의 길이가 0.6미터 이상인 직사각형으로 할 것
③ 특수가연물 표지의 바탕은 검은색으로, 문자는 흰색으로 할 것. 다만, "화기엄금" 표시 부분은 제외한다.
④ 특수가연물을 저장 또는 취급하는 장소에는 품명, 최대저장수량, 단위부피당 질량 또는 단위체적당 질량, 관리책임자 성명·직책, 연락처 및 화기취급의 금지표시가 포함된 특수가연물 표지를 설치해야 한다.

[해설] 특수가연물의 표지
　가. 특수가연물을 저장 또는 취급하는 장소에는 품명, 최대저장수량, 단위부피당 질량 또는 단위체적당 질량, 관리책임자 성명·직책, 연락처 및 화기취급의 금지표시가 포함된 특수가연물 표지를 설치해야 한다.
　나. 특수가연물 표지의 규격은 다음과 같다.
　　1) 특수가연물 표지는 한 변의 길이가 0.3미터 이상, 다른 한 변의 길이가 0.6미터 이상인 직사각형으로 할 것
　　2) 특수가연물 표지의 바탕은 흰색으로, 문자는 검은색으로 할 것. 다만, "화기엄금" 표시 부분은 제외한다.
　　3) 특수가연물 표지 중 화기엄금 표시 부분의 바탕은 붉은색으로, 문자는 백색으로 할 것

[정답] ③

21

「위험물안전관리법 시행규칙」상 제조소의 위치·구조 및 설비의 기준에 근거하여 취급하는 위험물의 최대수량이 지정수량의 20배인 경우, 제조소 주위에 보유하여야 하는 공지의 너비는?

① 2m 이상
② 3m 이상
③ 4m 이상
④ 5m 이상

[해설] 제조소 주위에 보유하여야 하는 공지의 너비(시행규칙 별표 4)

취급하는 위험물의 최대수량	공지의 너비
지정수량의 10배 이하	3m 이상
지정수량의 10배 초과	5m 이상

[정답] ④

22
「화재의 예방 및 안전관리에 관한 법률」 및 같은 법 시행령상 소방안전관리자를 선임해야 하는 건설현장 소방안전관리대상물에 해당하지 않는 것은?

① 신축을 하려는 부분의 연면적이 5천제곱미터인 냉동·냉장창고
② 신축을 하려는 부분의 연면적의 합계가 2만제곱미터인 복합건축물
③ 증축을 하려는 부분의 연면적의 합계가 3만제곱미터인 업무시설
④ 증축을 하려는 부분의 연면적이 5천제곱미터이고, 지상층의 층수가 10층인 업무시설

[해설] 건설현장 소방안전관리대상물
1. 신축·증축·개축·재축·이전·용도변경 또는 대수선을 하려는 부분의 연면적의 합계가 1만 5천제곱미터 이상인 것
2. 신축·증축·개축·재축·이전·용도변경 또는 대수선을 하려는 부분의 연면적이 5천제곱미터 이상인 것으로서 다음 각 목의 어느 하나에 해당하는 것
   가. 지하층의 층수가 2개 층 이상인 것
   나. 지상층의 층수가 11층 이상인 것
   다. 냉동창고, 냉장창고 또는 냉동·냉장창고

정답 ④

23
「화재의 예방 및 안전관리에 관한 법률」 및 같은 법 시행령상 화재안전조사 결과에 따른 조치명령, 손실보상의 내용으로 옳지 않은 것은?

① 화재안전조사 결과에 따른 소방대상물의 조치명령권자는 소방관서장이다.
② 화재안전조사 결과에 따른 조치명령으로 소방청장 또는 시·도지사가 손실을 보상하는 경우에는 시가(時價)의 2배로 보상해야 한다.
③ 소방청장 또는 시·도지사는 보상금액에 관한 협의가 성립되지 않은 경우에는 그 보상금액을 지급하거나 공탁하고 이를 상대방에게 알려야 한다.
④ 소방관서장은 화재안전조사 결과에 따른 소방대상물의 위치·구조·설비 또는 관리의 상황이 화재예방을 위하여 보완될 필요가 있거나 화재가 발생하면 인명 또는 재산의 피해가 클 것으로 예상되는 때에는 행정안전부령으로 정하는 바에 따라 관계인에게 그 소방대상물의 개수(改修)·이전·제거, 사용의 금지 또는 제한, 사용폐쇄, 공사의 정지 또는 중지, 그 밖에 필요한 조치를 명할 수 있다.

[해설] 화재안전조사 결과에 따른 조치명령으로 소방청장 또는 시·도지사가 손실을 보상하는 경우에는 시가(時價)로 보상해야 한다.(시행령 제14조)

정답 ②

24

「화재의 예방 및 안전관리에 관한 법률」상 화재예방안전진단의 범위에 해당하는 것만을 〈보기〉에서 있는 대로 고른 것은?

> ㄱ. 소방계획 및 피난계획 수립에 관한 사항
> ㄴ. 소방시설등의 유지·관리에 관한 사항
> ㄷ. 비상대응조직 및 교육훈련에 관한 사항
> ㄹ. 화재 위험성 평가에 관한 사항

① ㄱ
② ㄱ, ㄴ
③ ㄱ, ㄴ, ㄷ
④ ㄱ, ㄴ, ㄷ, ㄹ

[해설] 화재예방안전진단의 범위
1. 화재위험요인의 조사에 관한 사항
2. 소방계획 및 피난계획 수립에 관한 사항
3. 소방시설등의 유지·관리에 관한 사항
4. 비상대응조직 및 교육훈련에 관한 사항
5. 화재 위험성 평가에 관한 사항
6. 그 밖에 화재예방진단을 위하여 대통령령으로 정하는 사항

정답 ④

25

「화재의 예방 및 안전관리에 관한 법률」 및 같은 법 시행규칙상 소방안전관리자의 선임신고 등에 관한 설명이다. ( ) 안에 들어갈 내용으로 옳은 것은?

> • 소방안전관리대상물의 관계인이 소방안전관리자를 선임한 경우에는 선임한 날부터 (ㄱ)일 이내에 선임사실을 소방본부장 또는 소방서장에게 신고하여야 한다.
> • 소방안전관리대상물의 관계인은 소방안전관리자를 선임 사유가 발생한 날부터 (ㄴ)일 이내에 선임해야 한다.

① ㄱ : 14, ㄴ : 30
② ㄱ : 14, ㄴ : 60
③ ㄱ : 30, ㄴ : 30
④ ㄱ : 30, ㄴ : 60

[해설]
■ 소방안전관리대상물의 관계인이 소방안전관리자 또는 소방안전관리보조자를 선임한 경우에는 행정안전부령으로 정하는 바에 따라 선임한 날부터 14일 이내에 소방본부장 또는 소방서장에게 신고하고, 소방안전관리대상물의 출입자가 쉽게 알 수 있도록 소방안전관리자의 성명과 그 밖에 행정안전부령으로 정하는 사항을 게시하여야 한다.
■ 소방안전관리대상물의 관계인은 소방안전관리자를 선임사유가 발생한 날부터 30일 이내에 선임해야 한다.

정답 ①

26

「소방시설 설치 및 관리에 관한 법률 시행령」상 무창층의 개구부 요건을 설명한 것으로 옳지 않은 것은?

① 도로 또는 차량이 진입할 수 있는 빈터를 향해야 한다.
② 내부 또는 외부에서 쉽게 열리지 않는 구조여야 한다.
③ 크기는 지름 50센티미터 이상의 원이 통과할 수 있어야 한다.
④ 해당 층의 바닥면으로부터 개구부 밑부분까지의 높이가 1.2미터 이내여야 한다.

[해설] 무창층의 개구부 요건(시행령 제2조)
  가. 크기는 지름 50센티미터 이상의 원이 통과할 수 있을 것
  나. 해당 층의 바닥면으로부터 개구부 밑부분까지의 높이가 1.2미터 이내일 것
  다. 도로 또는 차량이 진입할 수 있는 빈터를 향할 것
  라. 화재 시 건축물로부터 쉽게 피난할 수 있도록 창살이나 그 밖의 장애물이 설치되지 않을 것
  마. 내부 또는 외부에서 쉽게 부수거나 열 수 있을 것

정답 ②

27

특정소방대상물의 바닥면적이 다음과 같을 때 「소방시설 설치 및 관리에 관한 법률 시행령」에 따른 수용인원은 총 몇 명인가? (단, 바닥면적을 산정할 때에는 복도, 계단 및 화장실을 포함하지 않으며, 계산 결과 소수점 이하의 수는 반올림 한다.)

- 관람석이 없는 강당 1개, 바닥면적 460 m^2
- 강의실 10개, 각 바닥면적 57 m^2
- 휴게실 1개, 바닥면적 38 m^2

① 380
② 400
③ 420
④ 440

[해설]
- 강당 용도로 사용하는 바닥면적의 합계를 4.6㎡로 나누어 얻은 수 → $\frac{460}{4.6} = 100$명
- 강의실 용도로 사용하는 바닥면적의 합계를 1.9㎡로 나누어 얻은 수 → $\frac{57}{1.9} = 30$ → 30×10개 $= 300$명
- 휴게실 용도로 사용하는 바닥면적의 합계를 1.9㎡로 나누어 얻은 수 → $\frac{38}{1.9} = 20$명

∴ 100명 + 300명 + 20명 = 420명

정답 ③

28

「소방시설 설치 및 관리에 관한 법률 시행령」상 스프링클러설비를 설치해야 하는 특정소방대상물에 해당하는 것만을 〈보기〉에서 고른 것은?

> ㄱ. 수련시설 내에 있는 학생 수용을 위한 기숙사로서 연면적 5천㎡인 경우
> ㄴ. 교육연구시설 내에 있는 합숙소로서 연면적 100㎡인 경우
> ㄷ. 숙박시설로 사용되는 바닥면적의 합계가 500㎡인 경우
> ㄹ. 영화상영관의 용도로 쓰는 4층의 바닥면적이 1천㎡인 경우

① ㄱ, ㄴ
② ㄱ, ㄹ
③ ㄴ, ㄷ
④ ㄷ, ㄹ

[해설] 스프링클러설비를 설치해야 하는 특정소방대상물
1. 기숙사(교육연구시설·수련시설 내에 있는 학생 수용을 위한 것을 말한다) 또는 복합건축물로서 연면적 5천㎡ 이상인 경우에는 모든 층
2. 영화상영관의 용도로 쓰는 층의 바닥면적이 지하층 또는 무창층인 경우에는 500㎡ 이상, 그 밖의 층의 경우에는 1천㎡ 이상인 것
3. 다음의 어느 하나에 해당하는 용도로 사용되는 시설의 바닥면적의 합계가 600㎡ 이상인 것은 모든 층
    가) 근린생활시설 중 조산원 및 산후조리원
    나) 의료시설 중 정신의료기관
    다) 의료시설 중 종합병원, 병원, 치과병원, 한방병원 및 요양병원
    라) 노유자 시설
    마) 숙박이 가능한 수련시설
    바) 숙박시설
- 교육연구시설 내에 합숙소로서 연면적 100㎡ 이상인 경우 → 간이스프링클러설비를 설치해야 하는 특정소방대상물

[정답] ②

29

「위험물안전관리법 시행령」상 위험물 지정수량으로 옳은 것은?

① 유기과산화물 : 10 kg
② 아염소산염류 : 20 kg
③ 황린 : 30 kg
④ 유황 : 50 kg

[해설] 위험물 지정수량

유기과산화물	아염소산염류	황린	유황
10 kg	50 kg	20 kg	100 kg

[정답] ①

30

「소방시설 설치 및 관리에 관한 법률 시행령」상 건축물 등의 신축·증축·개축·재축·이전·용도변경 또는 대수선의 허가·협의 및 사용승인을 할 때 미리 소방본부장 또는 소방서장의 동의를 받아야 하는 건축물 등의 범위로 옳지 않은 것은?

① 연면적 100제곱미터 이상인 특정소방대상물 중 노유자(老幼者) 시설 및 수련시설
② 「학교시설사업 촉진법」에 따라 건축등을 하려는 연면적 100제곱미터 이상의 학교시설
③ 지하층 또는 무창층이 있는 건축물로서 바닥면적이 150제곱미터(공연장의 경우에는 100제곱미터) 이상인 층이 있는 것
④ 차고·주차장 또는 주차 용도로 사용되는 시설로서 차고·주차장으로 사용되는 바닥면적이 200제곱미터 이상인 층이 있는 건축물이나 주차시설

[해설] 건축허가등의 동의대상물의 범위
1. 연면적이 400제곱미터 이상인 건축물이나 시설. 다만, 다음 각 목의 어느 하나에 해당하는 건축물이나 시설은 해당 목에서 정한 기준 이상인 건축물이나 시설로 한다.
   가. 건축 등을 하려는 학교시설 : 100제곱미터
   나. 노유자시설 및 수련시설 : 200제곱미터
   다. 정신의료기관(입원실이 없는 정신건강의학과 의원은 제외): 300제곱미터
   라. 장애인 의료재활시설 : 300제곱미터
2. 지하층 또는 무창층이 있는 건축물로서 바닥면적이 150제곱미터(공연장의 경우에는 100제곱미터) 이상인 층이 있는 것
3. 차고·주차장 또는 주차 용도로 사용되는 시설로서 다음 각 목의 어느 하나에 해당하는 것
   가. 차고·주차장으로 사용되는 바닥면적이 200제곱미터 이상인 층이 있는 건축물이나 주차시설
   나. 승강기 등 기계장치에 의한 주차시설로서 자동차 20대 이상을 주차할 수 있는 시설

[정답] ①

31

「위험물안전관리법 시행령」상 제1류 위험물의 품명으로 옳은 것은?

① 질산
② 과염소산
③ 과산화수소
④ 과염소산염류

[해설] 제1류 위험물의 품명(시행령 별표1)
1. 아염소산염류   2. 염소산염류   3. 과염소산염류
4. 무기과산화물   5. 브롬산염류   6. 질산염류
7. 요오드산염류   8. 과망간산염류 9. 중크롬산염류
10. 그 밖에 행정안전부령으로 정하는 것(과요오드산염류, 과요오드산, 크롬, 납 또는 요오드의 산화물, 아질산염류, 차아염소산염류, 염소화이소시아눌산, 퍼옥소이황산염류, 퍼옥소붕산염류)
11. 제1호 내지 제10호의 1에 해당하는 어느 하나 이상을 함유한 것

[정답] ④

32

「소방시설 설치 및 관리에 관한 법률」상 중앙소방기술심의위원회의 심의사항으로 옳지 않은 것은?

① 화재안전기준에 관한 사항
② 소방시설에 하자가 있는지의 판단에 관한 사항
③ 소방시설의 설계 및 공사감리의 방법에 관한 사항
④ 소방시설의 구조 및 원리 등에서 공법이 특수한 설계 및 시공에 관한 사항

[해설] 중앙소방기술심의위원회의 심의사항
1. 화재안전기준에 관한 사항
2. 소방시설의 구조 및 원리 등에서 공법이 특수한 설계 및 시공에 관한 사항
3. 소방시설의 설계 및 공사감리의 방법에 관한 사항
4. 소방시설공사의 하자를 판단하는 기준에 관한 사항
5. 제8조제5항 단서에 따라 신기술 · 신공법 등 검토 · 평가에 고도의 기술이 필요한 경우로서 중앙위원회에 심의를 요청한 사항
6. 그 밖에 소방기술 등에 관하여 대통령령으로 정하는 사항

   - 연면적 10만제곱미터 이상의 특정소방대상물에 설치된 소방시설의 설계 · 시공 · 감리의 하자 유무에 관한 사항
   - 새로운 소방시설과 소방용품 등의 도입 여부에 관한 사항
   - 그 밖에 소방기술과 관련하여 소방청장이 소방기술심의위원회의 심의에 부치는 사항

[정답] ②

33

「위험물안전관리법 시행령」상 지정수량 이상의 위험물을 옥외저장소에 저장할 수 있는 것으로 옳지 않은 것은? (다만, 「국제해사기구에 관한 협약」에 의하여 설치된 국제해사기구가 채택한 「국제해상위험물규칙」(IMDG Code)에 적합한 용기에 수납된 위험물은 제외한다.)

① 제1류 위험물 중 염소산염류
② 제2류 위험물 중 유황
③ 제4류 위험물 중 알코올류
④ 제6류 위험물

[해설] 옥외저장소에 저장할 수 있는 위험물(시행령 별표 2)
  가. 제2류 위험물 중 유황 또는 인화성고체(인화점이 섭씨 0도 이상인 것에 한한다)
  나. 제4류 위험물 중 제1석유류(인화점이 섭씨 0도 이상인 것에 한한다) · 알코올류 · 제2석유류 · 제3석유류 · 제4석유류 및 동식물유류
  다. 제6류 위험물

[정답] ①

34

「소방시설 설치 및 관리에 관한 법률 시행령」상 전문소방시설관리업의 보조 기술인력 등록기준으로 옳은 것은?

① 특급점검자 이상의 기술인력 : 2명 이상
② 중급 · 고급점검자 이상의 기술인력 : 각 1명 이상
③ 초급 · 중급점검자 이상의 기술인력 : 각 1명 이상
④ 초급 · 중급 · 고급점검자 이상의 기술인력 : 각 2명 이상

해설 소방시설관리업의 업종별 등록기준

전문 소방시설 관리업	가. 주된 기술인력 　1) 소방시설관리사 자격을 취득한 후 소방 관련 실무경력이 5년 이상인 　　 사람 1명 이상 　2) 소방시설관리사 자격을 취득한 후 소방 관련 실무경력이 3년 이상인 　　 사람 1명 이상 나. 보조 기술인력 　1) 고급점검자 이상의 기술인력 : 2명 이상 　2) 중급점검자 이상의 기술인력 : 2명 이상 　3) 초급점검자 이상의 기술인력 : 2명 이상
일반 소방시설 관리업	가. 주된 기술인력 : 소방시설관리사 자격을 취득한 후 소방 관련 실무경력 　이 1년 이상인 사람 1명 이상 나. 보조 기술인력 　1) 중급점검자 이상의 기술인력 : 1명 이상 　2) 초급점검자 이상의 기술인력 : 1명 이상

정답 ④

35

「소방시설 설치 및 관리에 관한 법률 시행규칙」상 행정처분 시 감경사유로 옳지 않은 것은?

① 경미한 위반사항으로, 유도등이 일시적으로 점등되지 않는 경우
② 경미한 위반사항으로, 스프링클러설비 헤드가 살수반경에 미치지 못하는 경우
③ 위반행위가 사소한 부주의나 오류가 아닌 고의에 의한 것으로 인정되는 경우
④ 위반 행위자가 처음 해당 위반행위를 한 경우로서 5년 이상 소방시설관리사의 업무, 소방시설관리업 등을 모범적으로 해 온 사실이 인정되는 경우

[해설] 행정처분 시 감경 사유
가) 위반행위가 사소한 부주의나 오류 등 과실로 인한 것으로 인정되는 경우
나) 위반의 내용·정도가 경미하여 관계인에게 미치는 피해가 적다고 인정되는 경우
다) 위반 행위자가 처음 해당 위반행위를 한 경우로서 5년 이상 소방시설관리사의 업무, 소방시설관리업 등을 모범적으로 해 온 사실이 인정되는 경우
라) 그 밖에 다음의 경미한 위반사항에 해당되는 경우
   (1) 스프링클러설비 헤드가 살수반경에 미치지 못하는 경우
   (2) 자동화재탐지설비 감지기 2개 이하가 설치되지 않은 경우
   (3) 유도등이 일시적으로 점등되지 않는 경우
   (4) 유도표지가 정해진 위치에 붙어 있지 않은 경우

[정답] ③

36

「위험물안전관리법 시행규칙」상 위험물의 운반에 관한 기준 중 적재방법에 대한 내용으로 옳지 않은 것은? (다만, 덩어리 상태의 유황을 운반하기 위하여 적재하는 경우 또는 위험물을 동일구내에 있는 제조소등의 상호간에 운반하기 위하여 적재하는 경우는 제외한다.)

① 하나의 외장용기에는 다른 종류의 위험물을 수납하지 아니할 것
② 고체 위험물은 운반용기 내용적의 95% 이하의 수납율로 수납할 것
③ 액체 위험물은 운반용기 내용적의 98% 이하의 수납율로 수납하되, 55 ℃의 온도에서 누설되지 아니하도록 충분한 공간용적을 유지하도록 할 것
④ 자연발화물질 중 알킬알루미늄등은 운반용기 내용적의 95% 이하의 수납율로 수납하되, 55 ℃의 온도에서 10% 이상의 공간용적을 유지하도록 할 것

[해설] 자연발화성물질 중 알킬알루미늄등은 운반용기의 내용적의 90 % 이하의 수납율로 수납하되, 50 ℃의 온도에서 5 % 이상의 공간용적을 유지하도록 하여야 한다.

[정답] ④

37

「위험물안전관리법」 및 같은 법 시행령상 관계인이 예방규정을 정하여야 하는 제조소등에 해당하지 않는 것은?

① 4,000 L의 알코올류를 취급하는 제조소
② 30,000 kg의 유황을 저장하는 옥외저장소
③ 2,500 kg의 질산에스테르류를 저장하는 옥내저장소
④ 150,000 L의 경유를 저장하는 옥외탱크저장소

[해설] 관계인이 예방규정을 정하여야 하는 제조소등
1. 지정수량의 10배 이상의 위험물을 취급하는 제조소
2. 지정수량의 100배 이상의 위험물을 저장하는 옥외저장소
3. 지정수량의 150배 이상의 위험물을 저장하는 옥내저장소
4. 지정수량의 200배 이상의 위험물을 저장하는 옥외탱크저장소
5. 암반탱크저장소
6. 이송취급소
7. 지정수량의 10배 이상의 위험물을 취급하는 일반취급소. 다만, 제4류 위험물(특수인화물을 제외한다)만을 지정수량의 50배 이하로 취급하는 일반취급소(제1석유류·알코올류의 취급량이 지정수량의 10배 이하인 경우에 한한다)로서 다음 각목의 어느 하나에 해당하는 것을 제외한다.
   가. 보일러·버너 또는 이와 비슷한 것으로서 위험물을 소비하는 장치로 이루어진 일반취급소
   나. 위험물을 용기에 옮겨 담거나 차량에 고정된 탱크에 주입하는 일반취급소

> ① 4,000 L의 알코올류를 취급하는 제조소
>   → 지정수량의 10배($\frac{4,000\,L}{400\,L}$)인 알코올류를 취급하는 제조소
> ② 30,000 kg의 유황을 저장하는 옥외저장소
>   → 지정수량의 300배($\frac{30,000\,kg}{100\,kg}$)인 유황을 저장하는 옥외저장소
> ③ 2,500 kg의 질산에스테르류를 저장하는 옥내저장소
>   → 지정수량의 250배($\frac{2,500\,kg}{10\,kg}$)인 질산에스테르류를 저장하는 옥내저장소
> ④ 150,000 L의 경유를 저장하는 옥외탱크저장소
>   → 지정수량의 150배($\frac{150,000\,L}{1,000\,L}$)인 경유를 저장하는 옥외탱크저장소

[정답] ④

38

「위험물안전관리법 시행규칙」상 제조소등에서의 위험물의 저장 및 취급에 관한 기준 중 위험물의 유별 저장·취급의 공통기준으로 옳은 것은?

① 제1류 위험물은 가연물과의 접촉·혼합이나 분해를 촉진하는 물품과의 접근 또는 과열·충격·마찰 등을 피하는 한편, 알카리금속의 과산화물 및 이를 함유한 것에 있어서는 물과의 접촉을 피하여야 한다.
② 제2류 위험물 중 자연발화성물질에 있어서는 불티·불꽃 또는 고온체와의 접근·과열 또는 공기와의 접촉을 피하고, 금수성물질에 있어서는 물과의 접촉을 피하여야 한다.
③ 제3류 위험물은 산화제와의 접촉·혼합이나 불티·불꽃·고온체와의 접근 또는 과열을 피하는 한편, 철분·금속분·마그네슘 및 이를 함유한 것에 있어서는 물이나 산과의 접촉을 피하고 인화성 고체에 있어서는 함부로 증기를 발생시키지 아니하여야 한다.
④ 제4류 위험물은 가연물과의 접촉·혼합이나 분해를 촉진하는 물품과의 접근 또는 과열을 피하여야 한다.

[해설] 위험물의 유별 저장 · 취급의 공통기준
1. 제1류 위험물은 가연물과의 접촉 · 혼합이나 분해를 촉진하는 물품과의 접근 또는 과열 · 충격 · 마찰 등을 피하는 한편, 알카리금속의 과산화물 및 이를 함유한 것에 있어서는 물과의 접촉을 피하여야 한다.
2. 제2류 위험물은 산화제와의 접촉 · 혼합이나 불티 · 불꽃 · 고온체와의 접근 또는 과열을 피하는 한편, 철분 · 금속분 · 마그네슘 및 이를 함유한 것에 있어서는 물이나 산과의 접촉을 피하고 인화성 고체에 있어서는 함부로 증기를 발생시키지 아니하여야 한다.
3. 제3류 위험물 중 자연발화성물질에 있어서는 불티 · 불꽃 또는 고온체와의 접근 · 과열 또는 공기와의 접촉을 피하고, 금수성물질에 있어서는 물과의 접촉을 피하여야 한다.
4. 제4류 위험물은 불티 · 불꽃 · 고온체와의 접근 또는 과열을 피하고, 함부로 증기를 발생시키지 아니하여야 한다.
5. 제5류 위험물은 불티 · 불꽃 · 고온체와의 접근이나 과열 · 충격 또는 마찰을 피하여야 한다.
6. 제6류 위험물은 가연물과의 접촉 · 혼합이나 분해를 촉진하는 물품과의 접근 또는 과열을 피하여야 한다.

정답 ①

39

「위험물안전관리법 시행규칙」상 위험등급 II 의 위험물에 해당하는 것은?

① 제3류 위험물 중 칼륨
② 제2류 위험물 중 적린
③ 제4류 위험물 중 특수인화물
④ 제1류 위험물 중 무기과산화물

[해설] 위험물의 위험등급(시행규칙 별표 19)
1. 위험등급 I 의 위험물
   가. 제1류 위험물 중 아염소산염류, 염소산염류, 과염소산염류, 무기과산화물 그 밖에 지정수량이 50kg인 위험물
   나. 제3류 위험물 중 칼륨, 나트륨, 알킬알루미늄, 알킬리튬, 황린 그 밖에 지정수량이 10kg 또는 20kg인 위험물
   다. 제4류 위험물 중 특수인화물
   라. 제5류 위험물 중 유기과산화물, 질산에스테르류 그 밖에 지정수량이 10kg인 위험물
   마. 제6류 위험물
2. 위험등급 II 의 위험물
   가. 제1류 위험물 중 브롬산염류, 질산염류, 요오드산염류 그 밖에 지정수량이 300kg인 위험물
   나. 제2류 위험물 중 황화린, 적린, 유황 그 밖에 지정수량이 100kg인 위험물
   다. 제3류 위험물 중 알칼리금속(칼륨 및 나트륨을 제외한다) 및 알칼리토금속, 유기금속화합물(알킬알루미늄 및 알킬리튬을 제외한다) 그 밖에 지정수량이 50kg인 위험물
   라. 제4류 위험물 중 제1석유류 및 알코올류
   마. 제5류 위험물 중 제1호 라목에 정하는 위험물 외의 것
3. 위험등급 III의 위험물 : 제1호 및 제2호에 정하지 아니한 위험물

정답 ②

40

「위험물안전관리법 시행규칙」상 화학소방자동차에 갖추어야 하는 소화능력 또는 설비의 기준으로 옳은 것은?

① 포수용액 방사차 : 포수용액의 방사능력이 매분 1,000L 이상일 것
② 분말 방사차 : 1,000kg 이상의 분말을 비치할 것
③ 할로겐화합물 방사차 : 할로겐화합물의 방사능력이 매초 40kg 이상일 것
④ 이산화탄소 방사차 : 1,000kg 이상의 이산화탄소를 비치할 것

[해설] 화학소방자동차에 갖추어야 하는 소화능력 또는 설비의 기준(시행규칙 별표 23)

구분	소화능력 및 설비의 기준
포수용액 방사차	포수용액의 방사능력이 매분 2,000ℓ 이상일 것
	소화약액탱크 및 소화약액혼합장치를 비치할 것
	10만ℓ 이상의 포수용액을 방사할 수 있는 양의 소화약제를 비치할 것
분말 방사차	분말의 방사능력이 매초 35kg 이상일 것
	분말탱크 및 가압용가스설비를 비치할 것
	1,400kg 이상의 분말을 비치할 것
할로겐화합물 방사차	할로겐화합물의 방사능력이 매초 40kg 이상일 것
	할로겐화합물탱크 및 가압용가스설비를 비치할 것
	1,000kg 이상의 할로겐화합물을 비치할 것
이산화탄소 방사차	이산화탄소의 방사능력이 매초 40kg 이상일 것
	이산화탄소저장용기를 비치할 것
	3,000kg 이상의 이산화탄소를 비치할 것
제독차	가성소오다 및 규조토를 각각 50kg 이상 비치할 것

정답 ③

소방공무원 공개경쟁 채용시험 (2024년 3월 30일)

01

「소방기본법」 및 같은 법 시행령상 과태료 부과기준으로 옳은 것은?

① 정당한 사유 없이 관계인의 소방활동 등에 따른 법을 위반하여 화재, 재난·재해, 그 밖의 위급한 상황을 소방본부, 소방서 또는 관계 행정기관에 알리지 아니한 관계인에게는 200만 원 이하의 과태료를 부과한다.
② 소방자동차 전용구역에 차를 주차하거나 전용구역에의 진입을 가로막는 등의 방해행위를 한 자에게는 100만 원 이하의 과태료를 부과한다.
③ 위반행위의 횟수에 따른 과태료의 가중된 부과기준은 최근 2년간 같은 위반행위로 과태료 부과처분을 받은 경우에 적용한다.
④ 위반행위자가 법 위반상태를 시정하거나 해소하기 위하여 노력한 사실이 인정되는 경우, 부과권자는 개별기준에 따른 과태료의 3분의 1 범위에서 그 금액을 줄여 부과할 수 있다.

[해설] • 정당한 사유 없이 관계인의 소방활동 등에 따른 법을 위반하여 화재, 재난·재해, 그 밖의 위급한 상황을 소방본부, 소방서 또는 관계 행정기관에 알리지 아니한 관계인에게는 500만원 이하의 과태료를 부과한다.
• 위반행위의 횟수에 따른 과태료의 가중된 부과기준은 최근 1년간 같은 위반행위로 과태료 부과처분을 받은 경우에 적용한다.
• 위반행위자가 법 위반상태를 시정하거나 해소하기 위하여 노력한 사실이 인정되는 경우, 부과권자는 개별기준에 따른 과태료의 2분의 1 범위에서 그 금액을 줄여 부과할 수 있다.

정답 ②

02

「소방기본법 시행규칙」상 현장지휘훈련을 받아야 할 소방공무원의 계급으로 옳은 것은?

① 소방장　　　　　　　　　　② 소방위
③ 소방준감　　　　　　　　　④ 소방총감

[해설] 소방공무원 중 다음의 계급에 있는 사람은 현장지휘훈련을 받아야 한다.
　　1. 소방정　　2. 소방령　　3. 소방경　　4. 소방위

정답 ②

03

「소방기본법」상 화재로 오인할 만한 우려가 있는 불을 피우거나 연막(煙幕) 소독을 하려는 자가 시·도의 조례로 정하는 바에 따라 관할 소방본부장 또는 소방서장에게 신고해야 하는 지역으로 옳지 않은 것은? (단, 각 시·도에서 별도로 정하는 지역은 제외한다.)

① 공장·창고가 밀집한 지역
② 노후·불량 건축물이 밀집한 지역
③ 위험물의 저장 및 처리시설이 밀집한 지역
④ 석유화학제품을 생산하는 공장이 있는 지역

[해설] 화재로 오인할 만한 우려가 있는 불을 피우거나 연막(煙幕) 소독을 하려는 자가 시·도의 조례로 정하는 바에 따라 관할 소방본부장 또는 소방서장에게 신고해야 하는 지역
1. 시장지역
2. 공장·창고가 밀집한 지역
3. 목조건물이 밀집한 지역
4. 위험물의 저장 및 처리시설이 밀집한 지역
5. 석유화학제품을 생산하는 공장이 있는 지역
6. 그 밖에 시·도의 조례로 정하는 지역 또는 장소

정답 ②

04

「소방기본법」 및 같은 법 시행규칙상 소방지원활동으로 옳지 않은 것은?

① 소방시설 오작동 신고에 따른 조치활동
② 낙하 등이 우려되는 고드름 등의 제거활동
③ 자연재해에 따른 제설 등 지원활동
④ 공연 등 각종 행사 시 사고에 대비한 근접대기 등 지원활동

[해설] 소방지원활동의 종류
1. 산불에 대한 예방·진압 등 지원활동
2. 자연재해에 따른 급수·배수 및 제설 등 지원활동
3. 집회·공연 등 각종 행사 시 사고에 대비한 근접대기 등 지원활동
4. 화재, 재난·재해로 인한 피해복구 지원활동
5. 그 밖에 행정안전부령으로 정하는 활동
   • 군·경찰 등 유관기관에서 실시하는 훈련지원 활동
   • 소방시설 오작동 신고에 따른 조치활동
   • 방송제작 또는 촬영 관련 지원활동

정답 ②

05

「소방시설공사업법 시행령」상 완공검사를 위한 현장확인 대상 특정소방대상물의 범위로 옳지 않은 것은?

① 스프링클러설비등이 설치되는 특정소방대상물
② 지하상가 및 「다중이용업소의 안전관리에 관한 특별법」에 따른 다중이용업소
③ 물분무등소화설비(호스릴 방식의 소화설비 제외)가 설치되는 특정소방대상물
④ 연면적 5천 제곱미터 이상이거나 10층 이상인 특정소방대상물(아파트는 제외)

[해설] 완공검사를 위한 현장확인 대상 특정소방대상물의 범위
1. 문화 및 집회시설, 종교시설, 판매시설, 노유자(老幼者)시설, 수련시설, 운동시설, 숙박시설, 창고시설, 지하상가 및 「다중이용업소의 안전관리에 관한 특별법」에 따른 다중이용업소
2. 다음 각 목의 어느 하나에 해당하는 설비가 설치되는 특정소방대상물
   가. 스프링클러설비등
   나. 물분무등소화설비(호스릴 방식의 소화설비는 제외한다)
3. 연면적 1만제곱미터 이상이거나 11층 이상인 특정소방대상물(아파트는 제외한다)
4. 가연성가스를 제조ㆍ저장 또는 취급하는 시설 중 지상에 노출된 가연성가스탱크의 저장용량 합계가 1천톤 이상인 시설

[정답] ④

06

「소방시설공사업법 시행령」상 시ㆍ도지사가 소방시설업자협회에 위탁하는 업무로 옳은 것만을 〈보기〉에서 고른 것은?

> ㄱ. 소방시설업 등록신청의 접수 및 신청내용의 확인
> ㄴ. 소방시설업 등록사항 변경신고의 접수 및 신고내용의 확인
> ㄷ. 시공능력 평가 및 공시에 관한 업무
> ㄹ. 소방시설업자의 지위승계 신고의 접수 및 신고내용의 확인
> ㅁ. 소방시설업 휴업ㆍ폐업 또는 재개업 신고의 접수 및 신고내용의 확인
> ㅂ. 방염처리능력 평가 및 공시에 관한 업무

① ㄱ, ㄴ, ㄹ, ㅁ
② ㄱ, ㄴ, ㅁ, ㅂ
③ ㄱ, ㄷ, ㄹ, ㅁ
④ ㄴ, ㄷ, ㄹ, ㅂ

[해설] 시ㆍ도지사는 다음 각 호의 업무를 소방시설업자협회협회에 위탁한다.
1. 소방시설업 등록신청의 접수 및 신청내용의 확인
2. 소방시설업 등록사항 변경신고의 접수 및 신고내용의 확인
3. 소방시설업 휴업ㆍ폐업 또는 재개업 신고의 접수 및 신고내용의 확인
4. 소방시설업자의 지위승계 신고의 접수 및 신고내용의 확인

[정답] ①

07

「소방시설공사업법 시행령」상 상주 공사감리를 해야 하는 대상으로 옳은 것만을 〈보기〉에서 고른 것은?

> ㄱ. 연면적 3만 제곱미터인 의료시설
> ㄴ. 지하층을 포함한 층수가 20층이고 1,000세대인 아파트
> ㄷ. 연면적 1만 제곱미터인 복합건축물
> ㄹ. 연면적 2만 제곱미터인 판매시설

① ㄱ, ㄴ
② ㄱ, ㄷ
③ ㄴ, ㄹ
④ ㄷ, ㄹ

[해설] 상주 공사감리를 해야 하는 대상
1. 연면적 3만제곱미터 이상의 특정소방대상물(아파트는 제외한다)에 대한 소방시설의 공사
2. 지하층을 포함한 층수가 16층 이상으로서 500세대 이상인 아파트에 대한 소방시설의 공사

정답 ①

08

「화재의 예방 및 안전관리에 관한 법률 시행령」상 화재예방안전진단 대상의 시설기준으로 옳지 않은 것은?

① 발전소 중 연면적이 5천 제곱미터 이상인 발전소
② 항만시설 중 여객이용시설 및 지원시설의 연면적이 5천 제곱미터 이상인 항만시설
③ 철도시설 중 역 시설의 연면적이 5천 제곱미터 이상인 철도시설
④ 가스공급시설 중 가연성 가스 탱크의 저장용량의 합계가 30톤 이상이거나 저장용량이 10톤 이상인 가연성 가스탱크가 있는 가스공급시설

[해설] 화재예방안전진단의 대상
1. 공항시설 중 여객터미널의 연면적이 1천제곱미터 이상인 공항시설
2. 철도시설 중 역 시설의 연면적이 5천제곱미터 이상인 철도시설
3. 도시철도시설 중 역사 및 역 시설의 연면적이 5천제곱미터 이상인 도시철도시설
4. 항만시설 중 여객이용시설 및 지원시설의 연면적이 5천제곱미터 이상인 항만시설
5. 전력용 및 통신용 지하구 중 공동구
6. 천연가스 인수기지 및 공급망 중 「소방시설 설치 및 관리에 관한 법률 시행령」 별표 2 제17호 나목에 따른 가스시설
7. 발전소 중 연면적이 5천제곱미터 이상인 발전소
8. 가스공급시설 중 가연성 가스 탱크의 저장용량의 합계가 100톤 이상이거나 저장용량이 30톤 이상인 가연성 가스 탱크가 있는 가스공급시설

정답 ④

09
「화재의 예방 및 안전관리에 관한 법률 시행령」상 불을 사용하는 설비의 관리기준에 관한 내용으로 옳은 것은?

① 경유·등유 등 액체 연료탱크는 보일러 본체로부터 수평거리 0.5미터 이상의 간격을 두어 설치한다.
② 화목(火木) 등 고체연료를 사용하는 연통의 배출구는 보일러 본체보다 1미터 이상 높게 설치한다.
③ 음식조리를 위하여 설치하는 설비의 경우, 열을 발생하는 조리기구로부터 0.15미터 이내의 거리에 있는 가연성 주요구조부는 단열성이 있는 불연재료로 덮어 씌운다.
④ 대통령령에서 규정한 사항 외에 화재 발생 우려가 있는 설비 또는 기구의 종류, 해당 설비 또는 기구의 위치·구조 및 관리와 화재 예방을 위하여 불을 사용할 때 지켜야 하는 사항은 행정안전부령으로 정한다.

[해설]
- 경유·등유 등 액체 연료탱크는 보일러 본체로부터 수평거리 1미터 이상의 간격을 두어 설치하여야 한다.
- 화목(火木) 등 고체연료를 사용하는 연통의 배출구는 보일러 본체보다 2미터 이상 높게 설치하여야 한다.
- 대통령령에서 규정한 사항 외에 화재 발생 우려가 있는 설비 또는 기구의 종류, 해당 설비 또는 기구의 위치·구조 및 관리와 화재 예방을 위하여 불을 사용할 때 지켜야 하는 사항은 시·도의 조례로 정한다.

정답 ③

10
「화재의 예방 및 안전관리에 관한 법률」 및 같은 법 시행규칙상 소방안전관리대상물의 관계인이 소방안전관리자를 선임한 경우 소방안전관리대상물의 출입자가 쉽게 알 수 있도록 게시해야 하는 사항으로 옳지 않은 것은?

① 소방안전관리자의 성명 및 선임일자
② 소방안전관리대상물의 명칭 및 등급
③ 소방안전관리대상물의 용도 및 수용인원
④ 소방안전관리자의 근무 위치(화재수신기 또는 종합방재실을 말한다.)

[해설] 소방안전관리자 정보의 게시
1. 소방안전관리대상물의 명칭 및 등급
2. 소방안전관리자의 성명 및 선임일자
3. 소방안전관리자의 연락처
4. 소방안전관리자의 근무 위치(화재 수신기 또는 종합방재실을 말한다)

정답 ③

11

「화재의 예방 및 안전관리에 관한 법률 시행령」상 건설 현장 소방안전관리대상물에 관한 내용이다. ( ) 안에 들어갈 내용으로 옳은 것은?

> • 신축 · 증축 · 개축 · 재축 · 이전 · 용도변경 또는 대수선을 하려는 부분의 연면적의 합계가 (ㄱ) 이상인 것
> • 신축 · 증축 · 개축 · 재축 · 이전 · 용도변경 또는 대수선을 하려는 부분의 연면적이 (ㄴ) 이상인 것으로서 다음 각 목의 어느 하나에 해당하는 것
>   가. 지하층의 층수가 2개 층 이상인 것
>   나. 지상층의 층수가 (ㄷ) 이상인 것
>   다. 냉동창고, 냉장창고 또는 냉동 · 냉장창고

① ㄱ : 1만5천 제곱미터, ㄴ : 5천 제곱미터, ㄷ : 6층
② ㄱ : 1만5천 제곱미터, ㄴ : 5천 제곱미터, ㄷ : 11층
③ ㄱ : 1만5천 제곱미터, ㄴ : 1만 제곱미터, ㄷ : 6층
④ ㄱ : 1만 제곱미터, ㄴ : 5천 제곱미터, ㄷ : 11층

[해설] 건설현장 소방안전관리대상물
1. 신축 · 증축 · 개축 · 재축 · 이전 · 용도변경 또는 대수선을 하려는 부분의 연면적의 합계가 1만 5천제곱미터 이상인 것
2. 신축 · 증축 · 개축 · 재축 · 이전 · 용도변경 또는 대수선을 하려는 부분의 연면적이 5천제곱미터 이상인 것으로서 다음 각 목의 어느 하나에 해당하는 것
   가. 지하층의 층수가 2개 층 이상인 것
   나. 지상층의 층수가 11층 이상인 것
   다. 냉동창고, 냉장창고 또는 냉동 · 냉장창고

[정답] ②

12

「위험물안전관리법」 및 같은 법 시행령상 운송책임자의 감독 및 지원을 받아 운송해야 하는 위험물로 옳은 것은?

① 아세트알데히드
② 유기과산화물
③ 알킬리튬
④ 질산염류

[해설] 운송책임자의 감독 · 지원을 받아 운송하여야 하는 위험물
1. 알킬알루미늄
2. 알킬리튬
3. 제1호 또는 제2호의 물질을 함유하는 위험물

[정답] ③

13

「화재의 예방 및 안전관리에 관한 법률」 및 같은 법 시행령, 시행규칙상 소방안전관리대상물 근무자 및 거주자 등에 대한 소방훈련 등에 관한 내용으로 옳지 않은 것은?

① 소방안전관리대상물의 관계인은 소방훈련과 교육을 연 1회 이상 실시해야 한다.
② 1급 소방안전관리대상물의 관계인은 소방훈련 및 교육을 한 날부터 30일 이내에 소방훈련 및 교육 결과를 행정안전부령으로 정하는 바에 따라 소방본부장 또는 소방서장에게 제출해야 한다.
③ 소방서장은 특급 소방안전관리대상물의 관계인으로 하여금 소방훈련과 교육을 소방기관과 합동으로 실시하게 할 수 있다.
④ 소방안전관리대상물의 관계인은 소방훈련과 교육을 실시했을 때에는 그 실시 결과를 소방훈련·교육 실시 결과기록부에 기록하고, 이를 소방훈련 및 교육을 실시한 날부터 1년간 보관해야 한다.

[해설] 소방안전관리대상물의 관계인은 소방훈련과 교육을 실시했을 때에는 그 실시 결과를 소방훈련·교육 실시 결과 기록부에 기록하고, 이를 소방훈련 및 교육을 실시한 날부터 2년간 보관해야 한다.

정답 ④

14

「화재의 예방 및 안전관리에 관한 법률 시행령」상 소방공무원으로 9년간 근무한 경력자가 발급받을 수 있는 최상위의 소방안전관리자 자격으로 선임할 수 있는 소방안전관리대상물로 옳은 것은?

① 가연성 가스를 1천 톤 이상 저장·취급하는 시설
② 지상으로부터 높이가 200미터 이상인 아파트
③ 지상으로부터 높이가 120미터 이상인 업무시설
④ 연면적이 10만 제곱미터 이상인 의료시설

[해설]
- 1급 소방안전관리대상물에 선임해야 하는 소방안전관리자의 자격
  1) 소방설비기사 또는 소방설비산업기사의 자격이 있는 사람
  2) 소방공무원으로 7년 이상 근무한 경력이 있는 사람
  3) 소방청장이 실시하는 1급 소방안전관리대상물의 소방안전관리에 관한 시험에 합격한 사람
- 1급 소방안전관리대상물의 범위
  1) 30층 이상(지하층은 제외한다)이거나 지상으로부터 높이가 120미터 이상인 아파트
  2) 연면적 1만5천제곱미터 이상인 특정소방대상물(아파트 및 연립주택은 제외한다)
  3) 2)에 해당하지 않는 특정소방대상물로서 지상층의 층수가 11층 이상인 특정소방대상물(아파트는 제외한다)
  4) 가연성 가스를 1천톤 이상 저장·취급하는 시설

정답 ①

15
「위험물안전관리법 시행규칙」상 위험물의 저장기준에 관한 내용으로 옳지 않은 것은?

① 제3류 위험물 중 황린 그 밖에 물속에 저장하는 물품과 금수성물질은 동일한 저장소에서 저장하지 아니하여야 한다.
② 옥내저장소에서는 용기에 수납하여 저장하는 위험물의 온도가 55 ℃를 넘지 아니하도록 필요한 조치를 강구하여야 한다.
③ 옥외저장소에서 위험물을 수납한 용기를 선반에 저장하는 경우에는 10 m 이하의 높이로 저장하여야 한다.
④ 보냉장치가 있는 이동저장탱크에 저장하는 아세트알데히드등 또는 디에틸에테르등의 온도는 당해 위험물의 비점 이하로 유지하여야 한다.

[해설] 옥외저장소에서 위험물을 수납한 용기를 선반에 저장하는 경우에는 6 m를 초과하여 저장하지 아니하여야 한다.

정답 ③

16
「위험물안전관리법 시행규칙」상 소화설비의 설치기준으로 옳지 않은 것은?

① 위험물은 지정수량의 10배를 1소요단위로 할 것
② 저장소의 건축물은 외벽이 내화구조인 것은 연면적 100 m² 를 1소요단위로 할 것
③ 제조소등에 전기설비(전기배선, 조명기구 등은 제외한다)가 설치된 경우에는 당해 장소의 면적 100 m² 마다 소형수동식 소화기를 1개 이상 설치할 것
④ 옥내소화전은 제조소등의 건축물의 층마다 당해 층의 각 부분에서 하나의 호스접속구까지의 수평거리가 25 m 이하가 되도록 설치할 것

[해설] 소요단위의 계산방법
1) 제조소 또는 취급소의 건축물은 외벽이 내화구조인 것은 연면적 100 m² 를 1소요단위로 하며, 외벽이 내화구조가 아닌 것은 연면적 50 m² 를 1소요단위로 할 것
2) 저장소의 건축물은 외벽이 내화구조인 것은 연면적 150 m² 를 1소요단위로 하고, 외벽이 내화구조가 아닌 것은 연면적 75 m² 를 1소요단위로 할 것
3) 제조소등의 옥외에 설치된 공작물은 외벽이 내화구조인 것으로 간주하고 공작물의 최대수평투영면적을 연면적으로 간주하여 1) 및 2)의 규정에 의하여 소요단위를 산정할 것
4) 위험물은 지정수량의 10배를 1소요단위로 할 것

정답 ②

17

「위험물안전관리법 시행규칙」상 위험물제조소에 저장 또는 취급하는 위험물에 따라 설치해야 하는 주의사항을 표시한 게시판의 내용으로 옳지 않은 것은?

① 제1류 위험물 중 알칼리금속의 과산화물 - 물기주의
② 제2류 위험물(인화성고체 제외) - 화기주의
③ 제3류 위험물 중 자연발화성물질 - 화기엄금
④ 제5류 위험물 - 화기엄금

[해설] 제조소에는 보기 쉬운 곳에 저장 또는 취급하는 위험물에 따라 다음의 규정에 의한 주의사항을 표시한 게시판을 설치하여야 한다.
1) 제1류 위험물 중 알칼리금속의 과산화물과 이를 함유한 것 또는 제3류 위험물 중 금수성물질에 있어서는 "물기엄금"
2) 제2류 위험물(인화성고체를 제외한다)에 있어서는 "화기주의"
3) 제2류 위험물 중 인화성고체, 제3류 위험물 중 자연발화성물질, 제4류 위험물 또는 제5류 위험물에 있어서는 "화기엄금"

[정답] ①

18

「위험물안전관리법 시행규칙」상 인화성액체 위험물(이황화탄소를 제외한다)을 저장하는 옥외탱크저장소의 주위에 설치하는 방유제의 설치기준으로 옳지 않은 것은?

① 방유제는 높이 0.3 m 이상 3 m 이하로 할 것
② 방유제 내의 면적은 8만 m² 이하로 할 것
③ 방유제 내의 간막이 둑은 흙 또는 철근콘크리트로 할 것
④ 높이가 1 m를 넘는 방유제 및 간막이 둑의 안팎에는 방유제 내에 출입하기 위한 계단 또는 경사로를 약 50 m 마다 설치할 것

[해설] 방유제는 높이 0.5 m 이상 3 m 이하, 두께 0.2 m 이상, 지하매설깊이 1 m 이상으로 하여야 한다.

[정답] ①

19

「위험물안전관리법 시행규칙」상 이동탱크저장소의 이동저장탱크 구조에 관한 설명이다. ( ) 안에 들어갈 내용으로 옳은 것은?

> 이동저장탱크는 그 내부에 (ㄱ) L 이하마다 (ㄴ) mm 이상의 강철판 또는 이와 동등 이상의 강도·내열성 및 내식성이 있는 금속성의 것으로 칸막이를 설치하여야 한다.

① ㄱ : 3,000, ㄴ : 1.6
② ㄱ : 4,000, ㄴ : 1.6
③ ㄱ : 3,000, ㄴ : 3.2
④ ㄱ : 4,000, ㄴ : 3.2

[해설] 이동저장탱크는 그 내부에 4,000 ℓ 이하마다 3.2 ㎜ 이상의 강철판 또는 이와 동등 이상의 강도·내열성 및 내식성이 있는 금속성의 것으로 칸막이를 설치하여야 한다.

정답 ④

20

「소방시설 설치 및 관리에 관한 법률 시행령」상 건축허가 등의 동의대상물에 해당하지 않는 것은?

① 층수가 6층인 건축물
② 연면적 400제곱미터인 건축물
③ 지하층이 있는 건축물로서 바닥면적이 150제곱미터 이상인 층이 있는 것
④ 특정소방대상물 중 노유자(老幼者)시설로서 연면적 100제곱미터인 건축물

[해설] 건축허가등의 동의대상물의 범위
1. 연면적이 400제곱미터 이상인 건축물이나 시설. 다만, 다음 각 목의 어느 하나에 해당하는 건축물이나 시설은 해당 목에서 정한 기준 이상인 건축물이나 시설로 한다.
   가. 학교시설 : 100제곱미터
   나. 노유자시설 및 수련시설 : 200제곱미터
   다. 정신의료기관(입원실이 없는 정신건강의학과 의원은 제외) : 300제곱미터
   라. 장애인 의료재활시설 : 300제곱미터
2. 지하층 또는 무창층이 있는 건축물로서 바닥면적이 150제곱미터(공연장의 경우에는 100제곱미터) 이상인 층이 있는 것
3. 차고·주차장 또는 주차 용도로 사용되는 시설로서 다음 각 목의 어느 하나에 해당하는 것
   가. 차고·주차장으로 사용되는 바닥면적이 200제곱미터 이상인 층이 있는 건축물이나 주차시설
   나. 승강기 등 기계장치에 의한 주차시설로서 자동차 20대 이상을 주차할 수 있는 시설
4. 층수가 6층 이상인 건축물
5. 항공기 격납고, 관망탑, 항공관제탑, 방송용 송수신탑
6. 의원(입원실이 있는 것으로 한정한다)·조산원·산후조리원, 위험물 저장 및 처리 시설, 발전시설 중 풍력발전소·전기저장시설, 지하구(地下溝)
7. 요양병원. 다만, 의료재활시설은 제외한다.
8. 공장 또는 창고시설로서 「화재의 예방 및 안전관리에 관한 법률 시행령」 별표 2에서 정하는 수량의 750배 이상의 특수가연물을 저장·취급하는 것
9. 가스시설로서 지상에 노출된 탱크의 저장용량의 합계가 100톤 이상인 것

정답 ④

21

「소방시설 설치 및 관리에 관한 법률 시행령」상 특정소방대상물의 간이스프링클러설비 설치면제 기준이다. ( ) 안에 들어갈 설비에 해당하지 않는 것은?

> 간이스프링클러설비를 설치해야 하는 특정소방대상물에 ( ), ( ) 또는 ( )를 화재안전기준에 적합하게 설치한 경우에는 그 설비의 유효범위에서 설치가 면제된다.

① 옥내소화전설비
② 스프링클러설비
③ 물분무소화설비
④ 미분무소화설비

[해설] 간이스프링클러설비를 설치해야 하는 특정소방대상물에 스프링클러설비, 물분무소화설비 또는 미분무소화설비를 화재안전기준에 적합하게 설치한 경우에는 그 설비의 유효범위에서 설치가 면제된다.

정답 ①

22

「소방시설 설치 및 관리에 관한 법률」 및 같은 법 시행령상 소방청장이 정하는 내진설계 기준에 맞게 설치해야 하는 소방시설로 옳은 것만을 나열한 것은?

① 옥내소화전설비, 옥외소화전설비
② 스프링클러설비, 간이스프링클러설비
③ 포소화설비, 이산화탄소소화설비
④ 연결송수관설비, 연결살수설비

[해설] 소방시설의 내진설계 대상 : 옥내소화전설비, 스프링클러설비 및 물분무등소화설비
※ 물분무등소화설비의 종류 : 물분무소화설비, 미분무소화설비, 포소화설비, 이산화탄소소화설비, 할론소화설비, 할로겐화합물 및 불활성기체소화설비, 분말소화설비, 강화액소화설비, 고체에어로졸소화설비

정답 ③

23

「소방시설 설치 및 관리에 관한 법률 시행령」상 소화펌프 고장 등 대통령령으로 정하는 중대위반사항으로 옳지 않은 것은?

① 화재수신기의 고장으로 화재경보음이 자동으로 울리지 않거나 화재수신기와 연동된 소방시설의 작동이 불가능한 경우
② 소화배관 등이 폐쇄·차단되어 소화수(消火水) 또는 소화약제가 자동 방출되지 않는 경우
③ 소화용수설비 주변 불법 주정차로 인하여 화재를 진압하는 데 필요한 물을 공급하기 어려운 경우
④ 방화문 또는 자동방화셔터가 훼손되거나 철거되어 본래의 기능을 못 하는 경우

[해설] 소화펌프 고장 등 대통령령으로 정하는 중대위반사항
1. 소화펌프(가압송수장치를 포함한다. 이하 같다), 동력·감시 제어반 또는 소방시설용 전원(비상전원을 포함한다)의 고장으로 소방시설이 작동되지 않는 경우
2. 화재 수신기의 고장으로 화재경보음이 자동으로 울리지 않거나 화재 수신기와 연동된 소방시설의 작동이 불가능한 경우
3. 소화배관 등이 폐쇄·차단되어 소화수(消火水) 또는 소화약제가 자동 방출되지 않는 경우
4. 방화문 또는 자동방화셔터가 훼손되거나 철거되어 본래의 기능을 못하는 경우

정답 ③

24

「소방의 화재조사에 관한 법률 시행령」상 화재감정기관의 지정기준에서 전문인력 중 주된 기술인력 기준으로 옳지 않은 것은?

① 국가기술자격의 직무분야 중 화재감식평가 분야의 기사 자격 취득 후 화재조사 관련 분야에서 5년 이상 근무한 사람
② 화재조사관 자격 취득 후 화재조사 관련 분야에서 5년 이상 근무한 사람
③ 이공계 분야의 박사학위 취득 후 화재조사 관련 분야에서 2년 이상 근무한 사람
④ 소방청장이 인정하는 화재조사 관련 국제자격증을 소지한 사람

[해설] 화재감정기관의 지정기준 중 전문인력
가. 주된 기술인력 : 다음의 어느 하나에 해당하는 사람을 2명 이상 보유할 것
    1) 국가기술자격의 직무분야 중 화재감식평가 분야의 기사 자격 취득 후 화재조사 관련 분야에서 5년 이상 근무한 사람
    2) 화재조사관 자격 취득 후 화재조사 관련 분야에서 5년 이상 근무한 사람
    3) 이공계 분야의 박사학위 취득 후 화재조사 관련 분야에서 2년 이상 근무한 사람
나. 보조 기술인력 : 다음의 어느 하나에 해당하는 사람을 3명 이상 보유할 것
    1) 국가기술자격의 직무분야 중 화재감식평가 분야의 기사 또는 산업기사 자격을 취득한 사람
    2) 화재조사관 자격을 취득한 사람
    3) 소방청장이 인정하는 화재조사 관련 국제자격증 소지자
    4) 이공계 분야의 석사 이상 학위 취득 후 화재조사 관련 분야에서 1년 이상 근무한 사람

정답 ④

25

「소방의 화재조사에 관한 법률」 및 같은 법 시행령상 화재정보를 수집·관리할 때 활용하는 국가화재정보시스템의 운영에 관한 설명으로 옳은 것은?

① 시·도지사는 화재예방과 소방활동에 활용할 수 있는 국가화재정보시스템을 구축해 운영하여야 한다.
② 국가화재정보시스템을 활용하여 수집·관리해야 하는 화재정보는 화재원인, 화재피해상황, 화재유형별 화재위험성에 관한 사항 등이다.
③ 화재정보의 수집·관리 및 활용 등에 필요한 사항은 행정안전부령으로 정한다.
④ 국가화재정보시스템의 운영 및 활용 등에 필요한 사항은 시·도의 조례로 정한다.

[해설]
- 소방청장은 화재조사 결과, 화재원인, 피해상황 등에 관한 화재정보를 종합적으로 수집·관리하여 화재예방과 소방활동에 활용할 수 있는 국가화재정보시스템을 구축·운영하여야 한다.
- 화재정보의 수집·관리 및 활용 등에 필요한 사항은 대통령령으로 정한다.
- 국가화재정보시스템의 운영 및 활용 등에 필요한 사항은 소방청장이 정한다.

정답 ②

소방공무원 경력경쟁 채용시험(2024년 3월 30일)

01
「소방기본법 시행규칙」상 소방신호의 종류 및 방법에 관한 내용으로 옳은 것은?

① 해제신호의 타종신호 방법은 난타이다.
② 훈련신호의 타종신호 방법은 연3타 반복이다.
③ 발화신호의 싸이렌신호 방법은 5초 간격을 두고 30초씩 3회이다.
④ 경계신호의 싸이렌신호 방법은 10초 간격을 두고 30초씩 3회이다.

[해설] 소방신호의 종류 및 방법

신호방법 종별	타종신호	싸이렌신호
경계신호	1타와 연2타를 반복	5초 간격을 두고 30초씩 3회
발화신호	난타	5초 간격을 두고 5초씩 3회
해제신호	상당한 간격을 두고 1타씩 반복	1분간 1회
훈련신호	연3타 반복	10초 간격을 두고 1분씩 3회

정답 ②

02
「소방기본법 시행규칙」상 현장지휘훈련을 받아야 할 소방공무원의 계급으로 옳은 것은?

① 소방장
② 소방위
③ 소방준감
④ 소방총감

[해설] 소방공무원 중 다음의 계급에 있는 사람은 현장지휘훈련을 받아야 한다.
　1. 소방정
　2. 소방령
　3. 소방경
　4. 소방위

정답 ②

03
「소방기본법」 및 같은 법 시행령상 과태료 부과기준으로 옳은 것은?

① 정당한 사유 없이 관계인의 소방활동 등에 따른 법을 위반하여 화재, 재난·재해, 그 밖의 위급한 상황을 소방본부, 소방서 또는 관계 행정기관에 알리지 아니한 관계인에게는 200만 원 이하의 과태료를 부과한다.
② 소방자동차 전용구역에 차를 주차하거나 전용구역에의 진입을 가로막는 등의 방해행위를 한 자에게는 100만 원 이하의 과태료를 부과한다.
③ 위반행위의 횟수에 따른 과태료의 가중된 부과기준은 최근 2년간 같은 위반행위로 과태료 부과처분을 받은 경우에 적용한다.
④ 위반행위자가 법 위반상태를 시정하거나 해소하기 위하여 노력한 사실이 인정되는 경우, 부과권자는 개별기준에 따른 과태료의 3분의 1 범위에서 그 금액을 줄여 부과할 수 있다.

[해설]
- 정당한 사유 없이 관계인의 소방활동 등에 따른 법을 위반하여 화재, 재난·재해, 그 밖의 위급한 상황을 소방본부, 소방서 또는 관계 행정기관에 알리지 아니한 관계인에게는 500만 원 이하의 과태료를 부과한다.
- 위반행위의 횟수에 따른 과태료의 가중된 부과기준은 최근 1년간 같은 위반행위로 과태료 부과처분을 받은 경우에 적용한다.
- 위반행위자가 법 위반상태를 시정하거나 해소하기 위하여 노력한 사실이 인정되는 경우, 부과권자는 개별기준에 따른 과태료의 2분의 1 범위에서 그 금액을 줄여 부과할 수 있다.

정답 ②

04
「소방기본법」상 한국소방안전원의 업무에 관한 내용으로 옳지 않은 것은?

① 소방안전에 관한 국제협력
② 소방기술과 안전관리에 관한 각종 간행물 발간
③ 화재 예방과 안전관리의식 고취를 위한 대국민 홍보
④ 소방기술과 소방산업의 국외시장 개척에 관한 사업추진

[해설] 한국소방안전원의 업무
1. 소방기술과 안전관리에 관한 교육 및 조사·연구
2. 소방기술과 안전관리에 관한 각종 간행물 발간
3. 화재 예방과 안전관리의식 고취를 위한 대국민 홍보
4. 소방업무에 관하여 행정기관이 위탁하는 업무
5. 소방안전에 관한 국제협력
6. 그 밖에 회원에 대한 기술지원 등 정관으로 정하는 사항

정답 ④

05

「소방기본법」상 화재로 오인할 만한 우려가 있는 불을 피우거나 연막(煙幕) 소독을 하려는 자가 시·도의 조례로 정하는 바에 따라 관할 소방본부장 또는 소방서장에게 신고해야 하는 지역으로 옳지 않은 것은? (단, 각 시·도에서 별도로 정하는 지역은 제외한다.)

① 공장·창고가 밀집한 지역
② 노후·불량 건축물이 밀집한 지역
③ 위험물의 저장 및 처리시설이 밀집한 지역
④ 석유화학제품을 생산하는 공장이 있는 지역

[해설] 화재로 오인할 만한 우려가 있는 불을 피우거나 연막(煙幕) 소독을 하려는 자가 시·도의 조례로 정하는 바에 따라 관할 소방본부장 또는 소방서장에게 신고해야 하는 지역
1. 시장지역
2. 공장·창고가 밀집한 지역
3. 목조건물이 밀집한 지역
4. 위험물의 저장 및 처리시설이 밀집한 지역
5. 석유화학제품을 생산하는 공장이 있는 지역
6. 그 밖에 시·도의 조례로 정하는 지역 또는 장소

[정답] ②

06

「소방기본법」 및 같은 법 시행규칙상 소방지원활동으로 옳지 않은 것은?

① 소방시설 오작동 신고에 따른 조치활동
② 낙하 등이 우려되는 고드름 등의 제거활동
③ 자연재해에 따른 제설 등 지원활동
④ 공연 등 각종 행사 시 사고에 대비한 근접대기 등 지원활동

[해설] 소방지원활동의 종류
1. 산불에 대한 예방·진압 등 지원활동
2. 자연재해에 따른 급수·배수 및 제설 등 지원활동
3. 집회·공연 등 각종 행사 시 사고에 대비한 근접대기 등 지원활동
4. 화재, 재난·재해로 인한 피해복구 지원활동
5. 그 밖에 행정안전부령으로 정하는 활동
   • 군·경찰 등 유관기관에서 실시하는 훈련지원 활동
   • 소방시설 오작동 신고에 따른 조치활동
   • 방송제작 또는 촬영 관련 지원활동

[정답] ②

07

「소방기본법」상 소방박물관 등의 설립과 운영에 관한 내용 이다. ( ) 안에 들어갈 내용으로 옳은 것은?

> • 소방의 역사와 안전문화를 발전시키고 국민의 안전의식을 높이기 위하여 (ㄱ)은/는 소방박물관을, (ㄴ)은/는 소방체험관을 설립하여 운영할 수 있다.
> • 소방박물관의 설립과 운영에 필요한 사항은 (ㄷ)(으)로 정하고, 소방체험관의 설립과 운영에 필요한 사항은 (ㄷ)(으)로 정하는 기준에 따라 (ㄹ)(으)로 정한다.

① ㄱ : 시·도지사, ㄴ : 소방청장, ㄷ : 행정안전부령, ㄹ : 시·도의 조례
② ㄱ : 시·도지사, ㄴ : 소방청장, ㄷ : 시·도의 조례, ㄹ : 행정안전부령
③ ㄱ : 소방청장, ㄴ : 시·도지사, ㄷ : 시·도의 조례, ㄹ : 행정안전부령
④ ㄱ : 소방청장, ㄴ : 시·도지사, ㄷ : 행정안전부령, ㄹ : 시·도의 조례

[해설]
• 소방의 역사와 안전문화를 발전시키고 국민의 안전의식을 높이기 위하여 소방청장은 소방박물관을, 시·도지사는 소방체험관을 설립하여 운영할 수 있다.
• 소방박물관의 설립과 운영에 필요한 사항은 행정안전부령으로 정하고, 소방체험관의 설립과 운영에 필요한 사항은 행정안전부령으로 정하는 기준에 따라 시·도의 조례로 정한다.

정답 ④

08

「소방시설공사업법 시행령」상 완공검사를 위한 현장확인 대상 특정소방대상물의 범위로 옳지 않은 것은?

① 스프링클러설비등이 설치되는 특정소방대상물
② 지하상가 및 「다중이용업소의 안전관리에 관한 특별법」에 따른 다중이용업소
③ 물분무등소화설비(호스릴 방식의 소화설비 제외)가 설치되는 특정소방대상물
④ 연면적 5천 제곱미터 이상이거나 10층 이상인 특정소방대상물(아파트는 제외)

[해설] 완공검사를 위한 현장확인 대상 특정소방대상물의 범위
1. 문화 및 집회시설, 종교시설, 판매시설, 노유자(老幼者)시설, 수련시설, 운동시설, 숙박시설, 창고시설, 지하상가 및 「다중이용업소의 안전관리에 관한 특별법」에 따른 다중이용업소
2. 다음 각 목의 어느 하나에 해당하는 설비가 설치되는 특정소방대상물
 가. 스프링클러설비등
 나. 물분무등소화설비(호스릴 방식의 소화설비는 제외한다)
3. 연면적 1만제곱미터 이상이거나 11층 이상인 특정소방대상물(아파트는 제외한다)
4. 가연성가스를 제조·저장 또는 취급하는 시설 중 지상에 노출된 가연성가스탱크의 저장용량 합계가 1천톤 이상인 시설

정답 ④

09

「소방시설공사업법 시행령」상 시·도지사가 소방시설업자협회에 위탁하는 업무로 옳은 것만을 〈보기〉에서 고른 것은?

> ㄱ. 소방시설업 등록신청의 접수 및 신청내용의 확인
> ㄴ. 소방시설업 등록사항 변경신고의 접수 및 신고내용의 확인
> ㄷ. 시공능력 평가 및 공시에 관한 업무
> ㄹ. 소방시설업자의 지위승계 신고의 접수 및 신고내용의 확인
> ㅁ. 소방시설업 휴업·폐업 또는 재개업 신고의 접수 및 신고내용의 확인
> ㅂ. 방염처리능력 평가 및 공시에 관한 업무

① ㄱ, ㄴ, ㄹ, ㅁ
② ㄱ, ㄴ, ㅁ, ㅂ
③ ㄱ, ㄷ, ㄹ, ㅁ
④ ㄴ, ㄷ, ㄹ, ㅂ

[해설] 시·도지사는 다음 각 호의 업무를 소방시설업자협회협회에 위탁한다.
1. 소방시설업 등록신청의 접수 및 신청내용의 확인
2. 소방시설업 등록사항 변경신고의 접수 및 신고내용의 확인
3. 소방시설업 휴업·폐업 또는 재개업 신고의 접수 및 신고내용의 확인
4. 소방시설업자의 지위승계 신고의 접수 및 신고내용의 확인

[정답] ①

10

「소방시설공사업법」 및 같은 법 시행령상 소방시설설계에 관한 내용으로 옳지 않은 것은?

① 소방시설설계업을 등록한 자는 이 법이나 이 법에 따른 명령과 화재안전기준에 맞게 소방시설을 설계하여야 한다.
② 지방소방기술심의위원회의 심의를 거쳐 소방시설의 구조와 원리 등에서 특수한 특정소방대상물로 인정된 경우는 화재안전기준을 따르지 아니할 수 있다.
③ 소방기술사 2명을 기술인력으로 보유한 전문소방시설설계업을 등록한 자는 성능위주설계를 할 수 있다.
④ 일반소방시설설계업(기계분야)을 등록한 자는 위험물 제조소등에 설치되는 기계분야 소방시설을 설계할 수 있다.

[해설] 중앙소방기술심의위원회의 심의를 거쳐 소방시설의 구조와 원리 등에서 특수한 설계로 인정된 경우는 화재안전기준을 따르지 아니할 수 있다.

[정답] ②

11

「소방시설공사업법」상 소방시설공사의 하자보수에 관한 설명이다. (   ) 안에 들어갈 내용으로 옳은 것은?

> (ㄱ)은/는 정해진 기간에 소방시설의 하자가 발생하였을 때에는 공사업자에게 그 사실을 알려야 하며, 통보를 받은 공사업자는 (ㄴ)일 이내에 하자를 보수하거나 보수 일정을 기록한 하자보수계획을 (ㄱ)에게 (ㄷ)(으)로 알려야 한다.

① ㄱ : 소방본부장 또는 소방서장, ㄴ : 5, ㄷ : 서면
② ㄱ : 감리업자, ㄴ : 3, ㄷ : 서면
③ ㄱ : 관계인, ㄴ : 5, ㄷ : 구두
④ ㄱ : 관계인, ㄴ : 3, ㄷ : 서면

[해설] 관계인은 정해진 기간에 소방시설의 하자가 발생하였을 때에는 공사업자에게 그 사실을 알려야 하며, 통보를 받은 공사업자는 3일 이내에 하자를 보수하거나 보수 일정을 기록한 하자보수계획을 관계인에게 서면으로 알려야 한다.

정답 ④

12

「화재의 예방 및 안전관리에 관한 법률」상 용어의 정의로 옳지 않은 것은?

① "예방"이란 화재의 위험으로부터 사람의 생명·신체 및 재산을 보호하기 위하여 화재발생을 사전에 제거하거나 방지하기 위한 모든 활동을 말한다.
② "안전관리"란 화재로 인한 피해를 최소화하기 위한 예방, 대비, 대응 등의 활동을 말한다.
③ "화재예방안전진단"이란 화재가 발생할 경우 사회·경제적으로 피해 규모가 클 것으로 예상되는 소방대상물에 대하여 화재위험요인을 조사하고 그 위험성을 평가하여 개선대책을 수립하는 것을 말한다.
④ "화재안전조사"란 소방청장, 소방본부장 또는 소방서장이 화재원인, 피해상황, 대응활동 등을 파악하기 위하여 자료의 수집, 관계인등에 대한 질문, 현장 확인, 감식, 감정 및 실험 등을 하는 일련의 행위를 말한다.

[해설] "화재안전조사"란 소방청장, 소방본부장 또는 소방서장이 소방대상물, 관계지역 또는 관계인에 대하여 소방시설등이 소방 관계 법령에 적합하게 설치·관리되고 있는지, 소방대상물에 화재의 발생 위험이 있는지 등을 확인하기 위하여 실시하는 현장조사·문서열람·보고요구 등을 하는 활동을 말한다.

정답 ④

13

「화재의 예방 및 안전관리에 관한 법률」상 화재예방강화지구로 지정할 수 있는 지역으로 옳은 것만을 〈보기〉에서 있는 대로 고른 것은? (단, 소방관서장이 화재예방강화지구로 지정할 필요가 있다고 인정하는 지역은 제외한다.)

> ㄱ. 시장지역
> ㄴ. 목조건물이 밀집한 지역
> ㄷ. 전력용 및 통신용 지하구가 있는 지역
> ㄹ. 소방시설·소방용수시설 또는 소방출동로가 없는 지역
> ㅁ. 「물류시설의 개발 및 운영에 관한 법률」제2조 제6호에 따른 물류단지

① ㄱ, ㄴ, ㄷ
② ㄱ, ㄷ, ㄹ
③ ㄱ, ㄴ, ㄹ, ㅁ
④ ㄴ, ㄷ, ㄹ, ㅁ

[해설] 시·도지사가 화재예방강화지구로 지정할 수 있는 지역
1. 시장지역
2. 공장·창고가 밀집한 지역
3. 목조건물이 밀집한 지역
4. 노후·불량건축물이 밀집한 지역
5. 위험물의 저장 및 처리 시설이 밀집한 지역
6. 석유화학제품을 생산하는 공장이 있는 지역
7. 「산업입지 및 개발에 관한 법률」제2조제8호에 따른 산업단지
8. 소방시설·소방용수시설 또는 소방출동로가 없는 지역
9. 「물류시설의 개발 및 운영에 관한 법률」제2조제6호에 따른 물류단지
10. 그 밖에 제1호부터 제9호까지에 준하는 지역으로서 소방관서장이 화재예방강화지구로 지정할 필요가 있다고 인정하는 지역

[정답] ③

14

「위험물안전관리법 시행규칙」상 인화성액체 위험물(이황화탄소를 제외한다)을 저장하는 옥외탱크저장소의 주위에 설치하는 방유제의 설치기준으로 옳지 않은 것은?

① 방유제는 높이 0.3 m 이상 3 m 이하로 할 것
② 방유제 내의 면적은 8만 m² 이하로 할 것
③ 방유제 내의 간막이 둑은 흙 또는 철근콘크리트로 할 것
④ 높이가 1 m를 넘는 방유제 및 간막이 둑의 안팎에는 방유제 내에 출입하기 위한 계단 또는 경사로를 약 50 m 마다 설치할 것

[해설] 방유제는 높이 0.5 m 이상 3 m 이하, 두께 0.2 m 이상, 지하매설깊이 1 m 이상으로 하여야 한다.

[정답] ①

15

「화재의 예방 및 안전관리에 관한 법률 시행령」상 화재예방안전진단 대상의 시설기준으로 옳지 않은 것은?

① 발전소 중 연면적이 5천 제곱미터 이상인 발전소
② 항만시설 중 여객이용시설 및 지원시설의 연면적이 5천 제곱미터 이상인 항만시설
③ 철도시설 중 역 시설의 연면적이 5천 제곱미터 이상인 철도시설
④ 가스공급시설 중 가연성 가스 탱크의 저장용량의 합계가 30톤 이상이거나 저장용량이 10톤 이상인 가연성 가스탱크가 있는 가스공급시설

[해설] 화재예방안전진단의 대상
1. 공항시설 중 여객터미널의 연면적이 1천제곱미터 이상인 공항시설
2. 철도시설 중 역 시설의 연면적이 5천제곱미터 이상인 철도시설
3. 도시철도시설 중 역사 및 역 시설의 연면적이 5천제곱미터 이상인 도시철도시설
4. 항만시설 중 여객이용시설 및 지원시설의 연면적이 5천제곱미터 이상인 항만시설
5. 전력용 및 통신용 지하구 중 공동구
6. 천연가스 인수기지 및 공급망 중 「소방시설 설치 및 관리에 관한 법률 시행령」 별표 2 제17호 나목에 따른 가스시설
7. 발전소 중 연면적이 5천제곱미터 이상인 발전소
8. 가스공급시설 중 가연성 가스 탱크의 저장용량의 합계가 100톤 이상이거나 저장용량이 30톤 이상인 가연성 가스 탱크가 있는 가스공급시설

[정답] ④

16

「소방시설공사업법 시행령」상 상주 공사감리를 해야 하는 대상으로 옳은 것만을 〈보기〉에서 고른 것은?

> ㄱ. 연면적 3만 제곱미터인 의료시설
> ㄴ. 지하층을 포함한 층수가 20층이고 1,000세대인 아파트
> ㄷ. 연면적 1만 제곱미터인 복합건축물
> ㄹ. 연면적 2만 제곱미터인 판매시설

① ㄱ, ㄴ
② ㄱ, ㄷ
③ ㄴ, ㄹ
④ ㄷ, ㄹ

[해설] 상주 공사감리를 해야 하는 대상
1. 연면적 3만제곱미터 이상의 특정소방대상물(아파트는 제외한다)에 대한 소방시설의 공사
2. 지하층을 포함한 층수가 16층 이상으로서 500세대 이상인 아파트에 대한 소방시설의 공사

[정답] ①

17

「화재의 예방 및 안전관리에 관한 법률 시행령」상 불을 사용하는 설비의 관리기준에 관한 내용으로 옳은 것은?

① 경유·등유 등 액체 연료탱크는 보일러 본체로부터 수평거리 0.5미터 이상의 간격을 두어 설치한다.
② 화목(火木) 등 고체연료를 사용하는 연통의 배출구는 보일러 본체보다 1미터 이상 높게 설치한다.
③ 음식조리를 위하여 설치하는 설비의 경우, 열을 발생하는 조리기구로부터 0.15미터 이내의 거리에 있는 가연성 주요구조부는 단열성이 있는 불연재료로 덮어 씌운다.
④ 대통령령에서 규정한 사항 외에 화재 발생 우려가 있는 설비 또는 기구의 종류, 해당 설비 또는 기구의 위치·구조 및 관리와 화재 예방을 위하여 불을 사용할 때 지켜야 하는 사항은 행정안전부령으로 정한다.

[해설] • 경유·등유 등 액체 연료탱크는 보일러 본체로부터 수평거리 1미터 이상의 간격을 두어 설치하여야 한다.
• 화목(火木) 등 고체연료를 사용하는 연통의 배출구는 보일러 본체보다 2미터 이상 높게 설치하여야 한다.
• 대통령령에서 규정한 사항 외에 화재 발생 우려가 있는 설비 또는 기구의 종류, 해당 설비 또는 기구의 위치·구조 및 관리와 화재 예방을 위하여 불을 사용할 때 지켜야 하는 사항은 시·도의 조례로 정한다.

정답 ③

18

「화재의 예방 및 안전관리에 관한 법률」 및 같은 법 시행규칙상 소방안전관리대상물의 관계인이 소방안전관리자를 선임한 경우 소방안전관리대상물의 출입자가 쉽게 알 수 있도록 게시해야 하는 사항으로 옳지 않은 것은?

① 소방안전관리자의 성명 및 선임일자
② 소방안전관리대상물의 명칭 및 등급
③ 소방안전관리대상물의 용도 및 수용인원
④ 소방안전관리자의 근무 위치(화재수신기 또는 종합방재실을 말한다.)

[해설] 소방안전관리자 정보의 게시
1. 소방안전관리대상물의 명칭 및 등급
2. 소방안전관리자의 성명 및 선임일자
3. 소방안전관리자의 연락처
4. 소방안전관리자의 근무 위치(화재 수신기 또는 종합방재실을 말한다)

정답 ③

19

「화재의 예방 및 안전관리에 관한 법률 시행령」상 화재의 확대가 빠른 특수가연물의 저장 및 취급 기준으로 옳은 것은? (단, 석탄·목탄류를 발전용(發電用)으로 저장하는 경우는 제외한다.)

① 실외에 쌓아 저장하는 경우 쌓는 부분이 대지경계선, 도로 및 인접 건축물과 최소 6미터 이상 간격을 둘 것. 다만, 쌓는 높이보다 0.9미터 이상 높은 내화구조 벽체를 설치한 경우는 그렇지 않다.
② 실내에 쌓아 저장하는 경우 주요구조부는 불연재료 또는 준불연재료여야 하고, 다른 종류의 특수가연물과 같은 공간에 보관하지 않을 것. 다만, 방화구조의 벽으로 분리하는 경우는 그렇지 않다.
③ 쌓는 부분 바닥면적의 사이는 실내의 경우 1미터 또는 쌓는 높이의 1/2 중 큰 값 이상으로 간격을 둘 것
④ 쌓는 부분 바닥면적의 사이는 실외의 경우 3미터 또는 쌓는 높이의 1/2 중 큰 값 이상으로 간격을 둘 것

[해설] 특수가연물은 다음 각 목의 기준에 따라 쌓아 저장해야 한다. 다만, 석탄·목탄류를 발전용(發電用)으로 저장하는 경우는 제외한다.
가. 품명별로 구분하여 쌓을 것
나. 다음의 기준에 맞게 쌓을 것

구분	살수설비를 설치하거나 방사능력 범위에 해당 특수가연물이 포함되도록 대형수동식소화기를 설치하는 경우	그 밖의 경우
높이	15미터 이하	10미터 이하
쌓는 부분의 바닥면적	200제곱미터(석탄·목탄류의 경우에는 300제곱미터) 이하	50제곱미터(석탄·목탄류의 경우에는 200제곱미터) 이하

다. 실외에 쌓아 저장하는 경우 쌓는 부분이 대지경계선, 도로 및 인접 건축물과 최소 6미터 이상 간격을 둘 것. 다만, 쌓는 높이보다 0.9미터 이상 높은 내화구조 벽체를 설치한 경우는 그렇지 않다.
라. 실내에 쌓아 저장하는 경우 주요구조부는 내화구조이면서 불연재료여야 하고, 다른 종류의 특수가연물과 같은 공간에 보관하지 않을 것. 다만, 내화구조의 벽으로 분리하는 경우는 그렇지 않다.
마. 쌓는 부분 바닥면적의 사이는 실내의 경우 1.2미터 또는 쌓는 높이의 1/2 중 큰 값 이상으로 간격을 두어야 하며, 실외의 경우 3미터 또는 쌓는 높이 중 큰 값 이상으로 간격을 둘 것

정답 ①

20

「화재의 예방 및 안전관리에 관한 법률 시행령」상 건설 현장 소방안전관리대상물에 관한 내용이다. ( ) 안에 들어갈 내용으로 옳은 것은?

> • 신축·증축·개축·재축·이전·용도변경 또는 대수선을 하려는 부분의 연면적의 합계가 (ㄱ) 이상인 것
> • 신축·증축·개축·재축·이전·용도변경 또는 대수선을 하려는 부분의 연면적이 (ㄴ) 이상인 것으로서 다음 각 목의 어느 하나에 해당하는 것
>   가. 지하층의 층수가 2개 층 이상인 것
>   나. 지상층의 층수가 (ㄷ) 이상인 것
>   다. 냉동창고, 냉장창고 또는 냉동·냉장창고

① ㄱ : 1만5천 제곱미터, ㄴ : 5천 제곱미터, ㄷ : 6층
② ㄱ : 1만5천 제곱미터, ㄴ : 5천 제곱미터, ㄷ : 11층
③ ㄱ : 1만5천 제곱미터, ㄴ : 1만 제곱미터, ㄷ : 6층
④ ㄱ : 1만 제곱미터, ㄴ : 5천 제곱미터, ㄷ : 11층

[해설] 건설현장 소방안전관리대상물
1. 신축·증축·개축·재축·이전·용도변경 또는 대수선을 하려는 부분의 연면적의 합계가 1만 5천제곱미터 이상인 것
2. 신축·증축·개축·재축·이전·용도변경 또는 대수선을 하려는 부분의 연면적이 5천제곱미터 이상인 것으로서 다음 각 목의 어느 하나에 해당하는 것
   가. 지하층의 층수가 2개 층 이상인 것
   나. 지상층의 층수가 11층 이상인 것
   다. 냉동창고, 냉장창고 또는 냉동·냉장창고

정답 ②

21

「위험물안전관리법」 및 같은 법 시행령상 운송책임자의 감독 및 지원을 받아 운송해야 하는 위험물로 옳은 것은?

① 아세트알데히드
② 유기과산화물
③ 알킬리튬
④ 질산염류

[해설] 운송책임자의 감독·지원을 받아 운송하여야 하는 위험물
1. 알킬알루미늄
2. 알킬리튬
3. 제1호 또는 제2호의 물질을 함유하는 위험물

정답 ③

22

「화재의 예방 및 안전관리에 관한 법률」 및 같은 법 시행령, 시행규칙상 소방안전관리대상물 근무자 및 거주자 등에 대한 소방훈련 등에 관한 내용으로 옳지 않은 것은?

① 소방안전관리대상물의 관계인은 소방훈련과 교육을 연 1회 이상 실시해야 한다.
② 1급 소방안전관리대상물의 관계인은 소방훈련 및 교육을 한 날부터 30일 이내에 소방훈련 및 교육 결과를 행정안전부령으로 정하는 바에 따라 소방본부장 또는 소방서장에게 제출해야 한다.
③ 소방서장은 특급 소방안전관리대상물의 관계인으로 하여금 소방훈련과 교육을 소방기관과 합동으로 실시하게 할 수 있다.
④ 소방안전관리대상물의 관계인은 소방훈련과 교육을 실시했을 때에는 그 실시 결과를 소방훈련·교육실시결과기록부에 기록하고, 이를 소방훈련 및 교육을 실시한 날부터 1년간 보관해야 한다.

[해설] 소방안전관리대상물의 관계인은 소방훈련과 교육을 실시했을 때에는 그 실시 결과를 소방훈련·교육 실시 결과 기록부에 기록하고, 이를 소방훈련 및 교육을 실시한 날부터 2년간 보관해야 한다.

정답 ④

23

「화재의 예방 및 안전관리에 관한 법률 시행령」상 소방공무원으로 9년간 근무한 경력자가 발급받을 수 있는 최상위의 소방안전관리자 자격으로 선임할 수 있는 소방안전관리대상물로 옳은 것은?

① 가연성 가스를 1천 톤 이상 저장·취급하는 시설
② 지상으로부터 높이가 200미터 이상인 아파트
③ 지상으로부터 높이가 120미터 이상인 업무시설
④ 연면적이 10만 제곱미터 이상인 의료시설

[해설] • 1급 소방안전관리대상물에 선임해야 하는 소방안전관리자의 자격
  1) 소방설비기사 또는 소방설비산업기사의 자격이 있는 사람
  2) 소방공무원으로 7년 이상 근무한 경력이 있는 사람
  3) 소방청장이 실시하는 1급 소방안전관리대상물의 소방안전관리에 관한 시험에 합격한 사람
• 1급 소방안전관리대상물의 범위
  1) 30층 이상(지하층은 제외한다)이거나 지상으로부터 높이가 120미터 이상인 아파트
  2) 연면적 1만5천제곱미터 이상인 특정소방대상물(아파트 및 연립주택은 제외한다)
  3) 2)에 해당하지 않는 특정소방대상물로서 지상층의 층수가 11층 이상인 특정소방대상물(아파트는 제외한다)
  4) 가연성 가스를 1천톤 이상 저장·취급하는 시설

정답 ①

24
「위험물안전관리법 시행규칙」상 위험물의 저장기준에 관한 내용으로 옳지 않은 것은?

① 제3류 위험물 중 황린 그 밖에 물속에 저장하는 물품과 금수성물질은 동일한 저장소에서 저장하지 아니하여야 한다.
② 옥내저장소에서는 용기에 수납하여 저장하는 위험물의 온도가 55 ℃를 넘지 아니하도록 필요한 조치를 강구하여야 한다.
③ 옥외저장소에서 위험물을 수납한 용기를 선반에 저장하는 경우에는 10 m 이하의 높이로 저장하여야 한다.
④ 보냉장치가 있는 이동저장탱크에 저장하는 아세트알데히드등 또는 디에틸에테르등의 온도는 당해 위험물의 비점 이하로 유지하여야 한다.

[해설] 옥외저장소에서 위험물을 수납한 용기를 선반에 저장하는 경우에는 6 m를 초과하여 저장하지 아니하여야 한다.

정답 ③

25
「위험물안전관리법 시행규칙」상 소화설비의 설치기준으로 옳지 않은 것은?

① 위험물은 지정수량의 10배를 1소요단위로 할 것
② 저장소의 건축물은 외벽이 내화구조인 것은 연면적 100 m² 를 1소요단위로 할 것
③ 제조소등에 전기설비(전기배선, 조명기구 등은 제외한다)가 설치된 경우에는 당해 장소의 면적 100 m² 마다 소형수동식 소화기를 1개 이상 설치할 것
④ 옥내소화전은 제조소등의 건축물의 층마다 당해 층의 각 부분에서 하나의 호스접속구까지의 수평거리가 25 m 이하가 되도록 설치할 것

[해설] 소요단위의 계산방법
1) 제조소 또는 취급소의 건축물은 외벽이 내화구조인 것은 연면적 100 m² 를 1소요단위로 하며, 외벽이 내화구조가 아닌 것은 연면적 50 m² 를 1소요단위로 할 것
2) 저장소의 건축물은 외벽이 내화구조인 것은 연면적 150 m² 를 1소요단위로 하고, 외벽이 내화구조가 아닌 것은 연면적 75 m² 를 1소요단위로 할 것
3) 제조소등의 옥외에 설치된 공작물은 외벽이 내화구조인 것으로 간주하고 공작물의 최대수평투영면적을 연면적으로 간주하여 1) 및 2)의 규정에 의하여 소요단위를 산정할 것
4) 위험물은 지정수량의 10배를 1소요단위로 할 것

정답 ②

26

「위험물안전관리법 시행규칙」상 주유취급소의 고정주유설비 설치기준이다. (   ) 안에 들어갈 내용으로 옳은 것은?

> 고정주유설비는 고정주유설비의 중심선을 기점으로 하여 도로경계선까지 (   ) m 이상의 거리를 유지할 것

① 1
② 2
③ 3
④ 4

[해설] 고정주유설비의 중심선을 기점으로 하여 도로경계선까지 4m 이상, 부지경계선·담 및 건축물의 벽까지 2m(개구부가 없는 벽까지는 1m) 이상의 거리를 유지하고, 고정급유설비의 중심선을 기점으로 하여 도로경계선까지 4m 이상, 부지경계선 및 담까지 1m 이상, 건축물의 벽까지 2m(개구부가 없는 벽까지는 1m) 이상의 거리를 유지하여야 한다.

정답 ④

27

「위험물안전관리법 시행규칙」상 위험물제조소에 저장 또는 취급하는 위험물에 따라 설치해야 하는 주의사항을 표시한 게시판의 내용으로 옳지 않은 것은?

① 제1류 위험물 중 알칼리금속의 과산화물 – 물기주의
② 제2류 위험물(인화성고체 제외) – 화기주의
③ 제3류 위험물 중 자연발화성물질 – 화기엄금
④ 제5류 위험물 – 화기엄금

[해설] 제조소에는 보기 쉬운 곳에 저장 또는 취급하는 위험물에 따라 다음의 규정에 의한 주의사항을 표시한 게시판을 설치하여야 한다.
1) 제1류 위험물 중 알칼리금속의 과산화물과 이를 함유한 것 또는 제3류 위험물 중 금수성물질에 있어서는 "물기엄금"
2) 제2류 위험물(인화성고체를 제외한다)에 있어서는 "화기주의"
3) 제2류 위험물 중 인화성고체, 제3류 위험물 중 자연발화성물질, 제4류 위험물 또는 제5류 위험물에 있어서는 "화기엄금"

정답 ①

28

「위험물안전관리법 시행규칙」상 탱크안전성능시험자가 변경사항을 신고해야 하는 중요사항으로 옳지 않은 것은?

① 영업소 소재지의 변경
② 기술능력의 변경
③ 보유장비의 변경
④ 상호 또는 명칭의 변경

[해설] 탱크시험자가 시·도지사에게 등록한 사항 가운데 행정안전부령이 정하는 중요사항을 변경한 경우에는 그 날부터 30일 이내에 시·도지사에게 변경신고를 하여야 한다.
　※ 탱크안전성능시험자가 변경사항을 신고해야 하는 중요사항
　1. 영업소 소재지의 변경 : 사무소의 사용을 증명하는 서류와 위험물탱크안전성능시험자등록증
　2. 기술능력의 변경 : 변경하는 기술인력의 자격증과 위험물탱크안전성능시험자등록증
　3. 대표자의 변경 : 위험물탱크안전성능시험자등록증
　4. 상호 또는 명칭의 변경 : 위험물탱크안전성능시험자등록증

[정답] ③

29

「소방의 화재조사에 관한 법률 시행령」상 화재감정기관의 지정기준에서 전문인력 중 주된 기술인력 기준으로 옳지 않은 것은?

① 국가기술자격의 직무분야 중 화재감식평가 분야의 기사 자격 취득 후 화재조사 관련 분야에서 5년 이상 근무한 사람
② 화재조사관 자격 취득 후 화재조사 관련 분야에서 5년 이상 근무한 사람
③ 이공계 분야의 박사학위 취득 후 화재조사 관련 분야에서 2년 이상 근무한 사람
④ 소방청장이 인정하는 화재조사 관련 국제자격증을 소지한 사람

[해설] 화재감정기관의 지정기준 중 전문인력
　가. 주된 기술인력 : 다음의 어느 하나에 해당하는 사람을 2명 이상 보유할 것
　　1) 국가기술자격의 직무분야 중 화재감식평가 분야의 기사 자격 취득 후 화재조사 관련 분야에서 5년 이상 근무한 사람
　　2) 화재조사관 자격 취득 후 화재조사 관련 분야에서 5년 이상 근무한 사람
　　3) 이공계 분야의 박사학위 취득 후 화재조사 관련 분야에서 2년 이상 근무한 사람
　나. 보조 기술인력 : 다음의 어느 하나에 해당하는 사람을 3명 이상 보유할 것
　　1) 국가기술자격의 직무분야 중 화재감식평가 분야의 기사 또는 산업기사 자격을 취득한 사람
　　2) 화재조사관 자격을 취득한 사람
　　3) 소방청장이 인정하는 화재조사 관련 국제자격증 소지자
　　4) 이공계 분야의 석사 이상 학위 취득 후 화재조사 관련 분야에서 1년 이상 근무한 사람

[정답] ④

30

「소방시설 설치 및 관리에 관한 법률」 및 같은 법 시행령상 소방청장의 형식승인을 받아야 하는 소방용품으로 옳지 않은 것은?

① 분말자동소화장치
② 주거용 주방자동소화장치
③ 상업용 주방자동소화장치
④ 캐비닛형 자동소화장치

[해설] "형식승인 대상 소방용품"이란 별표 3의 소방용품(같은 표 제1호나목의 자동소화장치 중 상업용 주방자동소화장치는 제외한다)을 말한다.
※ 별표 3의 소방용품
1. 소화설비를 구성하는 제품 또는 기기
   가. 소화기구(소화약제 외의 것을 이용한 간이소화용구는 제외한다)
   나. 자동소화장치
   다. 소화설비를 구성하는 소화전, 관창(菅槍), 소방호스, 스프링클러헤드, 기동용 수압개폐장치, 유수제어밸브 및 가스관선택밸브
2. 경보설비를 구성하는 제품 또는 기기
   가. 누전경보기 및 가스누설경보기
   나. 경보설비를 구성하는 발신기, 수신기, 중계기, 감지기 및 음향장치(경종만 해당한다)
3. 피난구조설비를 구성하는 제품 또는 기기
   가. 피난사다리, 구조대, 완강기(지지대를 포함한다) 및 간이완강기(지지대를 포함한다)
   나. 공기호흡기(충전기를 포함한다)
   다. 피난구유도등, 통로유도등, 객석유도등 및 예비 전원이 내장된 비상조명등
4. 소화용으로 사용하는 제품 또는 기기
   가. 소화약제[별표 1 제1호나목2) 및 3)의 자동소화장치와 같은 호 마목3)부터 9)까지의 소화설비용만 해당한다]
   나. 방염제(방염액 · 방염도료 및 방염성물질을 말한다)
5. 그 밖에 행정안전부령으로 정하는 소방 관련 제품 또는 기기

[정답] ③

31

「소방의 화재조사에 관한 법률 시행령」상 화재조사전담부서에 배치해야 하는 화재조사관의 최소 기준인원으로 옳은 것은?

① 1명
② 2명
③ 3명
④ 4명

[해설] 소방관서장은 화재조사전담부서에 화재조사관을 2명 이상 배치해야 한다.

[정답] ②

32

「위험물안전관리법 시행규칙」상 이동탱크저장소의 이동저장탱크 구조에 관한 설명이다. ( ) 안에 들어갈 내용으로 옳은 것은?

> 이동저장탱크는 그 내부에 (ㄱ) L 이하마다 (ㄴ) mm 이상의 강철판 또는 이와 동등 이상의 강도·내열성 및 내식성이 있는 금속성의 것으로 칸막이를 설치하여야 한다.

① ㄱ : 3,000, ㄴ : 1.6
② ㄱ : 4,000, ㄴ : 1.6
③ ㄱ : 3,000, ㄴ : 3.2
④ ㄱ : 4,000, ㄴ : 3.2

[해설] 이동저장탱크는 그 내부에 4,000ℓ 이하마다 3.2㎜ 이상의 강철판 또는 이와 동등 이상의 강도·내열성 및 내식성이 있는 금속성의 것으로 칸막이를 설치하여야 한다.

[정답] ④

33

「소방시설 설치 및 관리에 관한 법률 시행령」상 특정소방대상물 중 지하구에 관한 설명이다. ( ) 안에 들어갈 내용으로 옳은 것은?

> 전력·통신용의 전선이나 가스·냉난방용의 배관 또는 이와 비슷한 것을 집합 수용하기 위하여 설치한 지하 인공구조물로서 사람이 점검 또는 보수를 하기 위하여 출입이 가능한 것 중 다음의 어느 하나에 해당하는 것
> 1) 전력 또는 통신사업용 지하 인공구조물로서 전력구(케이블 접속부가 없는 경우는 제외한다) 또는 통신구 방식으로 설치된 것
> 2) 1) 외의 지하 인공구조물로서 폭이 (ㄱ) m 이상이고 높이가 (ㄴ) m 이상이며 길이가 (ㄷ) m 이상인 것

① ㄱ : 1.2, ㄴ : 1.5, ㄷ : 50
② ㄱ : 1.2, ㄴ : 1.5, ㄷ : 100
③ ㄱ : 1.8, ㄴ : 2, ㄷ : 50
④ ㄱ : 1.8, ㄴ : 2, ㄷ : 100

[해설] 특정소방대상물 중 지하구
  가. 전력·통신용의 전선이나 가스·냉난방용의 배관 또는 이와 비슷한 것을 집합수용하기 위하여 설치한 지하 인공구조물로서 사람이 점검 또는 보수를 하기 위하여 출입이 가능한 것 중 다음의 어느 하나에 해당하는 것
    1) 전력 또는 통신사업용 지하 인공구조물로서 전력구(케이블 접속부가 없는 경우는 제외한다) 또는 통신구 방식으로 설치된 것
    2) 1)외의 지하 인공구조물로서 폭이 1.8m 이상이고 높이가 2m 이상이며 길이가 50m 이상인 것
  나. 「국토의 계획 및 이용에 관한 법률」 제2조제9호에 따른 공동구

[정답] ③

34

「소방시설 설치 및 관리에 관한 법률」 및 같은 법 시행령상 내용연수 설정대상 소방용품에 관한 설명이다. ( ) 안에 들어갈 내용으로 옳은 것은?

> 특정소방대상물의 관계인은 내용연수가 경과한 소방용품을 교체해야 한다. 이 경우 내용연수를 설정해야 하는 소방용품은 (ㄱ)를 사용하는 소화기로 하며, 내용연수는 (ㄴ)년으로 한다.

① ㄱ : 분말형태의 소화약제, ㄴ : 10
② ㄱ : 강화액 소화약제, ㄴ : 10
③ ㄱ : 분말형태의 소화약제, ㄴ : 7
④ ㄱ : 강화액 소화약제, ㄴ : 7

[해설] 특정소방대상물의 관계인은 내용연수가 경과한 소방용품을 교체해야 한다. 이 경우 내용연수를 설정해야 하는 소방용품은 분말형태의 소화약제를 사용하는 소화기로 하며, 내용연수는 10년으로 한다.

정답 ①

35

「소방시설 설치 및 관리에 관한 법률 시행령」상 소화펌프 고장 등 대통령령으로 정하는 중대위반사항으로 옳지 않은 것은?

① 화재수신기의 고장으로 화재경보음이 자동으로 울리지 않거나 화재수신기와 연동된 소방시설의 작동이 불가능한 경우
② 소화배관 등이 폐쇄·차단되어 소화수(消火水) 또는 소화약제가 자동 방출되지 않는 경우
③ 소화용수설비 주변 불법 주정차로 인하여 화재를 진압하는 데 필요한 물을 공급하기 어려운 경우
④ 방화문 또는 자동방화셔터가 훼손되거나 철거되어 본래의 기능을 못 하는 경우

[해설] 소화펌프 고장 등 대통령령으로 정하는 중대위반사항
1. 소화펌프(가압송수장치를 포함한다. 이하 같다), 동력·감시 제어반 또는 소방시설용 전원(비상전원을 포함한다)의 고장으로 소방시설이 작동되지 않는 경우
2. 화재 수신기의 고장으로 화재경보음이 자동으로 울리지 않거나 화재 수신기와 연동된 소방시설의 작동이 불가능한 경우
3. 소화배관 등이 폐쇄·차단되어 소화수(消火水) 또는 소화약제가 자동 방출되지 않는 경우
4. 방화문 또는 자동방화셔터가 훼손되거나 철거되어 본래의 기능을 못하는 경우

정답 ③

36

「소방시설 설치 및 관리에 관한 법률 시행령」상 특정소방대상물의 간이스프링클러설비 설치면제 기준이다. ( ) 안에 들어갈 설비에 해당하지 않는 것은?

> 간이스프링클러설비를 설치해야 하는 특정소방대상물에 ( ), ( ) 또는 ( )를 화재안전기준에 적합하게 설치한 경우에는 그 설비의 유효범위에서 설치가 면제된다.

① 옥내소화전설비
② 스프링클러설비
③ 물분무소화설비
④ 미분무소화설비

[해설] 간이스프링클러설비를 설치해야 하는 특정소방대상물에 스프링클러설비, 물분무소화설비 또는 미분무소화설비를 화재안전기준에 적합하게 설치한 경우에는 그 설비의 유효범위에서 설치가 면제된다.

정답 ①

37

「소방시설 설치 및 관리에 관한 법률」 및 같은 법 시행령상 소방청장이 정하는 내진설계 기준에 맞게 설치해야 하는 소방시설로 옳은 것만을 나열한 것은?

① 옥내소화전설비, 옥외소화전설비
② 스프링클러설비, 간이스프링클러설비
③ 포소화설비, 이산화탄소소화설비
④ 연결송수관설비, 연결살수설비

[해설] 소방시설의 내진설계 대상 : 옥내소화전설비, 스프링클러설비 및 물분무등소화설비
※ 물분무등소화설비의 종류 : 물분무소화설비, 미분무소화설비, 포소화설비, 이산화탄소소화설비, 할론소화설비, 할로겐화합물 및 불활성기체소화설비, 분말소화설비, 강화액소화설비, 고체에어로졸소화설비

정답 ③

38

「소방의 화재조사에 관한 법률 시행령」상 화재조사 절차로 옳지 않은 것은?

① 현장출동 중 조사
② 화재현장 조사
③ 사전조사
④ 정밀조사

[해설] 화재조사는 다음 각 호의 절차에 따라 실시한다.
  1. 현장출동 중 조사 : 화재발생 접수, 출동 중 화재상황 파악 등
  2. 화재현장 조사 : 화재의 발화(發火)원인, 연소상황 및 피해상황 조사 등
  3. 정밀조사 : 감식·감정, 화재원인 판정 등
  4. 화재조사 결과 보고

정답 ③

39

「소방시설 설치 및 관리에 관한 법률 시행령」상 건축허가 등의 동의대상물에 해당하지 않는 것은?

① 층수가 6층인 건축물
② 연면적 400제곱미터인 건축물
③ 지하층이 있는 건축물로서 바닥면적이 150제곱미터 이상인 층이 있는 것
④ 특정소방대상물 중 노유자(老幼者)시설로서 연면적 100 제곱미터인 건축물

[해설] 건축허가등의 동의대상물의 범위
1. 연면적이 400제곱미터 이상인 건축물이나 시설. 다만, 다음 각 목의 어느 하나에 해당하는 건축물이나 시설은 해당 목에서 정한 기준 이상인 건축물이나 시설로 한다.
   가. 학교시설 : 100제곱미터
   나. 노유자시설 및 수련시설 : 200제곱미터
   다. 정신의료기관(입원실이 없는 정신건강의학과 의원은 제외) : 300제곱미터
   라. 장애인 의료재활시설 : 300제곱미터
2. 지하층 또는 무창층이 있는 건축물로서 바닥면적이 150제곱미터(공연장의 경우에는 100제곱미터) 이상인 층이 있는 것
3. 차고 · 주차장 또는 주차 용도로 사용되는 시설로서 다음 각 목의 어느 하나에 해당하는 것
   가. 차고 · 주차장으로 사용되는 바닥면적이 200제곱미터 이상인 층이 있는 건축물이나 주차시설
   나. 승강기 등 기계장치에 의한 주차시설로서 자동차 20대 이상을 주차할 수 있는 시설
4. 층수가 6층 이상인 건축물
5. 항공기 격납고, 관망탑, 항공관제탑, 방송용 송수신탑
6. 의원(입원실이 있는 것으로 한정한다) · 조산원 · 산후조리원, 위험물 저장 및 처리 시설, 발전시설 중 풍력발전소 · 전기저장시설, 지하구(地下溝)
7. 요양병원. 다만, 의료재활시설은 제외한다.
8. 공장 또는 창고시설로서 「화재의 예방 및 안전관리에 관한 법률 시행령」 별표 2에서 정하는 수량의 750배 이상의 특수가연물을 저장 · 취급하는 것
9. 가스시설로서 지상에 노출된 탱크의 저장용량의 합계가 100톤 이상인 것

정답 ④

40

「소방의 화재조사에 관한 법률」 및 같은 법 시행령상 화재정보를 수집·관리할 때 활용하는 국가화재정보시스템의 운영에 관한 설명으로 옳은 것은?

① 시·도지사는 화재예방과 소방활동에 활용할 수 있는 국가화재정보시스템을 구축해 운영하여야 한다.
② 국가화재정보시스템을 활용하여 수집·관리해야 하는 화재정보는 화재원인, 화재피해상황, 화재유형별 화재위험성에 관한 사항 등이다.
③ 화재정보의 수집·관리 및 활용 등에 필요한 사항은 행정안전부령으로 정한다.
④ 국가화재정보시스템의 운영 및 활용 등에 필요한 사항은 시·도의 조례로 정한다.

[해설] • 소방청장은 화재조사 결과, 화재원인, 피해상황 등에 관한 화재정보를 종합적으로 수집·관리하여 화재예방과 소방활동에 활용할 수 있는 국가화재정보시스템을 구축·운영하여야 한다.
• 화재정보의 수집·관리 및 활용 등에 필요한 사항은 대통령령으로 정한다.
• 국가화재정보시스템의 운영 및 활용 등에 필요한 사항은 소방청장이 정한다.

[정답] ②

■ 이 기 덕
- 유튜브 대표강사
- 대형소방학원 원장(전)
- 소방기술사
- 소방시설관리사

질의응답 : http://cafe.daum.net/Daehyungpowerstudy

소방관계법규

2024년 9월 10일 초 판 인쇄
2024년 9월 20일 초 판 발행

저 자 소방공무원시험연구회
발행인 한인환 · 한재성
발행처 도서출판 **기문사**
등 록 1978. 8. 9. NO. 6-0637
주 소 서울시 동대문구 안암로 50-1(용두동) 홍신빌딩 3층
전 화 02) 2265-7214(代)/922-8662~3
팩 스 02) 922-8772

homepage : www.kimoonsa.co.kr
e-mail : book@kimoonsa.co.kr

ISBN : 978-89-7723-993-7   13350

저자와의 협의하에 인지생략

정가 : 38,000원

● 불법복사는 지적재산을 훔치는 범죄행위입니다.
저작권법 제97조의 5(권리의 침해죄)에 따라 위반자는 5년 이하의 징역 또는 5천만 원 이하의 벌금에 처하게 됩니다.